동영상 강의 🖥 나눔복지교육원
www.hrd-elearning.com

필기시험 완벽대비!

2025
임상심리사
필기 기출문제집
해설

2급

김형준 / 유상현 공저

이 책의 특장점!

‣ 2024년 필기 기출문제와 해설 수록
‣ 기출문제와 오답정리 : 필기문제에 대한 분석 도움
‣ [실력다지기], [심화학습] 등의 수록으로 이론 보충학습
‣ 저자 직강 동영상 강의(유료) 유튜브 검색 [나눔복지교육원]

PREFACE

2025년 임상심리사 2급 전문가를 꿈꾸시는 수험생 여러분의 최종합격을 기도합니다.

임상심리사는 인간의 심리적 건강 및 적응을 효과적으로 다루어 심신의 건강 증진을 돕는 전문가이며, 국민의 심리적 건강과 적응을 위해 임상심리학적 지식을 활용하여 심리평가, 심리치료 상담, 심리재활, 심리자문 등의 업무수행을 하게 됩니다.

다년간 임상심리사 2급 자격수험서를 이론서, 필기기출문제집, 실기기출문제 및 핵심요약집의 시리즈로 출간하여 합격을 하는데 도움을 드릴 수 있어 기쁜 마음이었습니다. 이젠 2025년의 합격을 위한 도약을 위해 [2025 임상심리사 2급 필기기출문제집]을 출간하였습니다.

[2025 임상심리사 2급 필기기출문제집]의 특징은 다음과 같습니다.

첫째, 2024년까지의 필기기출문제와 해설을 수록하여 수험생 여러분의 합격을 위한 학습에 길잡이가 되도록 하였습니다.

둘째, 기출문제의 오답정리로 필기시험문제를 온전하게 분석할 수 있도록 하여 수험생의 학습용으로 최적화 하였습니다.

셋째, [실력 다지기], [심화] 등의 보충적인 이론내용을 수록함으로서 문제와 관련된 추가학습이 할 수 있도록 내용을 정리하였습니다.

마지막으로 나눔복지교육원(www.hrd-elearning.com) 홈페이지에서 각 문제에 대한 해설 강의를 전문가들로부터 유료로 수강할 수 있으니, 이를 잘 활용해보시길 바랍니다.

감사의 말씀을 드립니다.

[2025 임상심리사 2급 필기기출문제집]이 출간될 수 있도록 함께 해 주신 유상현 교수님께 깊은 감사드리며, 편집과 제작을 맡아주신 고시고시 출판사 최진만 대표님과 임직원 여러분께 깊은 감사를 드립니다.

2025년 수험생 여러분의 최종합격과 여러분의 온 가정에 축복이 가득하시길 기원합니다.

편저자 대표 김형준 씀

임상심리사 2급 시험 개요

1. 개요

1) 자격 분류 : 국가기술자격증
2) 관련부처 : 보건복지부
3) 시험 시행기관 : 한국산업인력공단(www.q-net.or.kr)

2. 임상심리사 2급 전문가의 업무

1) 정신 건강에 문제를 겪는 환자 및 내담자들에 대한 정확한 평가를 위하여 인지능력, 정서, 성격, 적성 등 정신건강 제반사항에 대한 평가를 내린다.
2) 내담자들의 정서적, 성격적, 행동적 문제들에 개입하여 문제해결을 돕는다.
3) 면접과 심리검사의 방법을 이용하는데 이 중 심리검사는 임상심리사의 가장 중요한 평가 도구 중의 하나라고 할 수 있다.
4) 심리검사에는 한 개인의 지적 능력을 평가하는 지능검사에서부터 성격검사, 신경심리검사, 행동관찰 등 다양한 검사가 있다.
5) 심리검사 후 심리평가 보고서를 쓰는데 이 보고서는 정신과 전문의가 진단을 내리고 치료 계획을 세우는데 주요한 참고자료가 된다.
6) 임상적 기법의 평가, 이상행동 등에 관한 기초적 연구나 임상적 연구를 바탕으로 내담자에게 심리상담을 하며 내담자의 정서적, 성격적, 행동적 문제들을 심리학적인 방법으로 접근한다.
7) 정신건강과 관련된 제반 문제들에 대한 프로그램 개발을 위한 작업을 수행한다.
8) 심리치료에 관한 연구를 수행하기도 한다.
9) 심리치료 컨설턴트 또는 교육자로 활동하기도 한다.
10) 대학이나 종합병원에 소속된 교수진들은 오랫동안 구축된 자료를 토대로 심리상담을 새롭게 구성하거나 기존의 심리상담을 수정하고, 평가방법의 정확성 등을 연구하여 활용될 수 있도록 한다.
11) 이 외에도 대학에서 강의를 하거나 심리상담기관이나 병원, 다양한 정부기관에 심리상담 프로그램을 제공하기도 하며, 심리건강과 관련된 행정적인 업무를 수행하기도 한다.

3. 취득방법

1) 응시자격, 시험과목, 검정방법, 시험시간

응시자격		시험과목	검정방법	시험시간
임상심리와 관련하여 1년 이상 실습수련을 받은 자 또는 2년 이상 실무에 종사한 자로서 대학졸업자 및 졸업예정자 등	필기	1. 심리학개론 2. 이상심리학 3. 심리검사 4. 임상심리학 5. 심리상담	각 과목별 20문항씩, 객관식 4지 택일형 (100문제)	2시간 30분
	실기	임상실무	필답형	3시간

※ 임상심리사2급 응시자격은 한국산업인력공단에서 개별적으로 확인 가능

2) 합격기준

구분		합격기준
임상심리사 2급	필기	매 과목 40점 이상, 전 과목 평균 60점 이상
	실기	60점 이상

3) 필기시험 합격 후 실기시험의 응시자격은 필기시험 합격자 발표일로부터 2년간 유예

※ 한국산업인력공단(www.q-net.or.kr)에서 필기시험 면제기간을 개별적으로 확인 가능

4. 대학원 이수기간의 실무경력 인정

1) 대학원의 학과명, 전공명, 학위명 중 어느 하나에서라도 반드시 "심리, 상담, 치료"가 포함되는 과를 의미

2) 단, 직업상담과 같이 교과과정상 심리학분야와 명확히 거리가 먼 학과는 인정불가

※ 심리학 분야로의 인정 가능 확인을 위한 도움 자료

구분			인정여부
학과명	전공명	학위명	
유아교육학과	유아교육심리전공	문학석사	인정
교육학과	상담심리전공	교육학석사	인정
예술치료학과	미술치료전공	예술치료학석사	인정
아동심리치료학과	-	심리치료학석사	인정
상담학과	기독교(가족)상담	상담학석사	인정
심리치료학과	미술치료학전공	문학석사	인정

3) 예외조항 : 심리, 상담, 치료관련 학과가 아닌 경우, 임상심리사 2급의 필기과목인 심리학개론, 이상심리학, 심리검사, 임상심리학, 심리상담 중 3과목 이상을 대학원 이수기간 중 이수하였을 때 인정(학사과정은 해당 없음) 단, 이수과목 명칭이 필기과목과 동일해야 함.

5. 연도별 응시자 및 합격률

임상심리사 2급 합격률						
연도	필기			실기		
	응시	합격	합격률(%)	응시	합격	합격률(%)
2024년	8,975	5,920	66	7,634	3,028	39.7
2023년	7,941	5,928	74.7	7,521	2,965	39.4
2022년	5,915	4,644	78.5	6,792	2,054	30.2
2021년	6,469	5,465	84.5	6,461	2,614	40.5
2020년	5,032	4,003	79.44	3,674	870	23.68
2019년	6,016	4,012	66.67	3,015	292	9.68
2018년	5,621	3,885	69.10	6,189	1,141	18.4
2017년	5,294	4,442	83.69	6,196	1,063	17.18
2016년	5,424	4,492	82.72	5,810	1,327	22.86
2015년	4,442	3,174	73.02	5,330	826	16.34
2014년	3,455	3,151	91.2	3,367	476	14.14
2013년	2,405	2,070	86.10	2,136	770	36
2012년	1,475	875	59.30	1,201	345	28.70
2011년	1,092	802	73.40	1,037	177	17.10
2010년	900	785	87.20	1,013	363	35.80
2009년	763	675	88.50	814	28	3.40
2008년	622	589	94.70	640	178	27.80
2007년	475	457	96.20	490	311	63.50
2006년	293	266	90.80	293	80	27.30
2005년	164	146	90.90	209	77	36.80

6. 시험일정

회별	필기시험			응시자격 서류제출 (필기합격자 결정)	실기(면접)시험		
	원서접수 (휴일제외)	시험 시행	합격(예정)자 발표		원서접수 (휴일제외)	시험시행	합격자 발표
제1회	1.13(월) ~ 1.16(목)	2.7(금) ~ 3.4(화)	3.12(수)	2.7~3.21	3.24(월) ~ 3.27(목)	4.20(일)	6.13(금)
제2회	4.14(월) ~ 4.17(목)	5.10(목) ~ 5.30(금)	6.11(수)	5.12~6.20	6.23(월) ~ 6.26(목)	7.19(토)	9.12(금)
제3회	7.21(월) ~ 7.24(목)	8.9(토) ~ 9.1(월)	9.10(수)	8.11~9.19	9.22(월) ~ 9.25(목)	11.8(토)	12.24(수)

INFORMATION

임상심리사 2급 응시자격 서류제출

1. 응시자격

◆ 국가기술자격법 시행규칙 별표11의4(제10조의2제3항)

> ① 임상심리와 관련하여 1년 이상 실습수련을 받은 자 또는 2년 이상 실무에 종사한 자로서 대학졸업자 및 그 졸업예정자
> ② 외국에서 동일한 종목에 해당하는 자격을 취득한 자

※ 다만 ②호에 해당하는 외국자격은 현재 없으므로 ①호 기준만 적용됨

2. 응시자격에서 ① 호 기준으로 응시한 사람이 제출할 서류

1) 임상심리사 2급 응시자격 서류 제출 경우의 수(응시자격 요건)

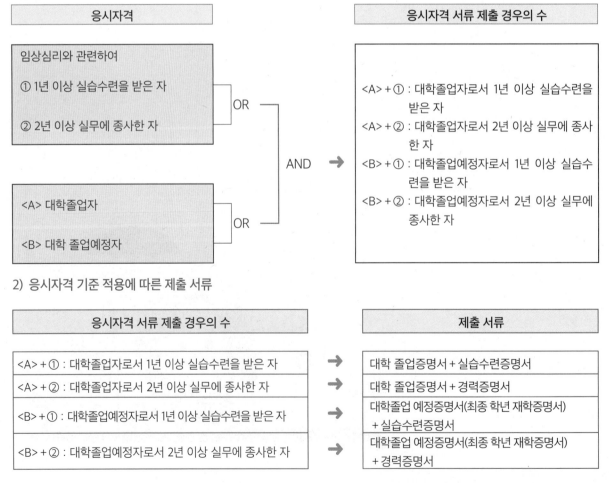

2) 응시자격 기준 적용에 따른 제출 서류

응시자격 서류 제출 경우의 수	제출 서류
\<A\> + ① : 대학졸업자로서 1년 이상 실습수련을 받은 자	대학 졸업증명서 + 실습수련증명서
\<A\> + ② : 대학졸업자로서 2년 이상 실무에 종사한 자	대학 졸업증명서 + 경력증명서
\<B\> + ① : 대학졸업예정자로서 1년 이상 실습수련을 받은 자	대학졸업 예정증명서(최종 학년 재학증명서) + 실습수련증명서
\<B\> + ② : 대학졸업예정자로서 2년 이상 실무에 종사한 자	대학졸업 예정증명서(최종 학년 재학증명서) + 경력증명서

3. 실습수련과 실무경력과의 차이

1) 실습수련과 실무경력의 일반적 비교

구분	실습수련	실무경력	비고
언제	실습수련기관에서 정한 시간 (고용보험 등 4대 보험 가입 ×)	근로계약을 체결한 근무 시간 (고용보험 등 4대 보험 가입 ○)	실무경력은 직장개념으로 고용보험 등 4대 보험에 가입함
어디서	병원, 상담센터(대학교 부설기관 포함) 등	병원, 상담센터(청소년상담센터, 심리연구소), 교정시설, 복지관 등	일반적으로 실무경력의 범위가 넓음
무엇을	심리상담, 심리검사, 심리평가, 심리치료 등의 임상심리와 관련된 실습	심리상담, 심리검사, 심리평가, 심리치료 등의 실무	
어떻게	실습수련 감독자(Supervisor)의 지도를 받아서	감독자의 지도 필요 없음	
왜	(전공이수 과정으로, 또는 정신보건임상심리관련) 실습 수련을 인정받기 위하여	일정 보수를 받으며 사회생활	

2) 근로계약을 체결하고 일정 보수를 받는 직장에서의 근무 개념인 실무경력과는 구분이 되며, "실습수련확인서(또는 실습수련증명서)"상에는 실습수련기간, 실습수련 내용, 실습수련 감독자의 내용이 기재되어 있어야 함

3) 실무 경력을 증빙하는 경우에도 임상심리와 관련된 업무를 수행했다는 내용 필요
   ① 경력증명서상에 재직기간, 담당 업무내용(심리상담, 심리검사, 심리평가, 심리자문, 심리치료 등)이 명시적으로 기재가 되어 있을 것
   ② 정확한 재직기간의 확인을 위하여 4대 보험(국민연금, 건강보험, 고용보험, 산재보험) 중 하나를 선택하여 경력증명서와 함께 제출
   ③ 실기접수 및 응시자격 서류제출 기간에는 고용보험 자료를 공단에서 전산 조회가 가능하므로 4대 보험 가입증명서 없이도 경력증명서만으로도 확인이 가능

4. 실습수련과 실무경력과의 차이

1) 실습수련확인서 서식은 법정서식으로 정해진 것은 없으나, 가급적 공단에서 지정한 서식(실습수련증명서)을 활용 – "실습수련확인서(또는 실습수련증명서)"상에는 실습수련기간, 실습수련 내용, 실습수련 감독자의 내용이 기재되어 있어야 함

2) 사설기관에서 실습수련을 받은 경우에는 기관의 확인을 위한 절차로 사업자등록증명원을 추가로 첨부하여 제출

5. 경력증명서 제출

실습수련확인서와는 달리 경력증명서는 국가기술자격법 시행규칙 별지 제7호의 법정서식을 활용하기를 권장. 다만, 회사 서식에도 재직기간, 담당 업무내용 등의 내용이 모두 기재되어 있다면 인정이 가능

6. 실습수련확인서 예시

실습수련증명서

주소	서울시 마포구 공덕동 370 - 4 (전화번호: 02 - 3271 - 9114)			
성명	(한글) 홍 길 동	주민등록번호		790101 - 1234567
증 명 사 항	실습기간	2010년 4월 1일 - 2011년 3월 31일		총합계 1년 월 일 (실습수련기간은 만으로 산정)
	실습시간	주 3회(1일 8시간)		
	실습수련 내용 (구체적으로 기재할 것)	장애아동관련 심리상담, 심리검사 등		
	실습수련 감독자(지도자)	박 ○ ○	비고	임상심리전문가 제○○호 (비고란은 의무기재사항 아님)

국가기술자격법 시행령 제12조의2 및 같은법 시행규칙 제14조제2항의 규정에 의한 국가기술자격검정(임상심리사 1,2급) 응시자격 증명을 위한 실습수련확인서를 제출합니다.

20 년 월 일
위 본인 홍 길 동 (서명 또는 인)

위 기재사항이 사실과 다름없음을 증명합니다.

20 년 월 일

기 관 명 : ○○병원
주 소 : 서울시 ○○구 ○○동 ○○○-○ 전화번호 : 02-○○○○-○○○○
사업자등록번호 또는 대표자 주민등록번호 : ○○○-○○-○○○○○○
대 표 자 : 김 ○ ○ (인)

한국산업인력공단 이 사 장 귀하

※ 주의사항 : 이 증명은 국가기술자격검정 응시자격 증명을 위한 것이므로 허위작성 또는 위조 등으로 사실과 다를 때에는 3년 이내에 동일한 자격종목에 응시할 수 없으며, 이미 취득한 자격의 취소 처분은 물론 형사처벌(공·사문서의 위조, 변조 등)을 받을 수 있습니다.
※ 국가기술자격법 시행령 제33조의2항(고유식별정보의 처리)에 근거하여 응시자격에 관한 수험자의 개인정보를 수집할 수 있습니다.

7. 경력증명서 예시

경 력 증 명 서

※ 뒤쪽의 경력증명서 작성방법을 읽고 작성하시기 바랍니다.   (앞 쪽)

제출인 (본인)	성 명 홍길동				주민등록번호 790101 - 1234567	
	전화번호 010 - 0000 - 0000					
	주 소 서울시 마포구 공덕동 370-4 (전화번호: 02-3271-9114)					

증명 사항	재직기간			소속 및 직위	담당 업무 내용 (구체적으로 작성할 것)
	2011년 1월 1일 ~ 2012년 12월 31일		2년 개월	상담심리사	심리검사 실시 및 해석상담(MMPI, MBTI, 진로발달 심리상담 등)
	년 월 일 ~	년 월 일	년 개월		
	년 월 일 ~	년 월 일	년 개월		
	년 월 일 ~	년 월 일	년 개월		
	년 월 일 ~	년 월 일	년 개월		

「국가기술자격법 시행령」 제12조의2제2항 및 같은 법 시행규칙 제14조제2항에 따라 국가기술자격 검정 응시자격 증명을 위한 경력증명서를 제출합니다.

20 년 월 일

위 본인   홍 길 동   (서명 또는 인)

한국산업인력공단 이사장 귀하

위 사항이 사실과 다름 없음을 증명합니다.

20 년 월 일

기관명 : ○○시 청소년 상담센터   전화번호 : ○○○○-○○○○

주 소 : ○○시 ○○동 ○○번지

사업자등록번호 또는 대표자 주민등록번호 :   ○○○ - ○○ - ○○○○○

대표자   김 ○ ○   (인)

한국산업인력공단 이사장 귀하

유 의 사 항

이 증명은 국가기술자격검정 응시자격 증명을 위한 것이므로 거짓으로 작성하거나 위조 등을 하여 사실과 다를 때에는 3년 이내에 동일한 자격종목에 응시할 수 없으며, 이미 취득한 자격의 취소처분은 물론 형사처벌(공문서·사문서의 위조, 변조 등)을 받을 수 있습니다.

임상심리사 2급 출제 기준(필기)

직무 분야	보건·의료	중직무분야	보건·의료	자격 종목	임상심리사 2급	적용 기간	2025. 01. 01 ~ 2029. 12. 31

○ 직무내용 : 국민의 심리적 건강과 적응을 위해 기초적인 심리평가, 심리검사, 심리치료 및 상담, 심리재활, 및 심리교육 등의 업무를 주로 수행하며, 임상심리사 1급의 업무를 보조하는 직무이다.

필기검정방법	객관식	문제수	100	시험시간	2시간 30분

필기과목명	문제수	주요항목	세부항목	세세항목
심리학 개론	20	1. 심리학의 역사와 개관	1. 심리학의 역사	1. 심리학의 정의와 목적
				2. 심리학의 성장과 발전
				3. 심리학의 최근 동향
		2. 발달심리학	1. 발달의 개념과 설명	1. 발달의 개념
				2. 발달연구의 접근방법
				3. 전생애 발달
			2. 발달심리학의 연구주제	1. 인지발달
				2. 사회 및 정서 발달
		3. 성격심리학	1. 성격의 개념	1. 성격의 정의
				2. 성격의 발달
			2. 성격의 이론	1. 정신역동이론
				2. 현상학적 이론
				3. 특성이론
				4. 인지 및 행동적 이론
				5. 심리사회적 이론
		4. 학습 및 인지 심리학	1. 학습심리학	1. 조건형성
				2. 유관학습
				3. 사회 인지학습
			2. 인지심리학	1. 뇌와 인지
				2. 기억 과정
				3. 망각
		5. 심리학의 연구 방법론	1. 연구방법	1. 측정
				2. 자료수집방법
				3. 표본조사
				4. 연구설계
				5. 관찰
				6. 실험
		6. 사회심리학	1. 사회지각	1. 인상형성
				2. 귀인이론

필기과목명	문제수	주요항목	세부항목	세세항목
이상 심리학	20	7. 동기와 정서	2. 사회적 추론	1. 사회인지
				2. 태도 및 행동
			1. 동기 심리학	1. 동기이론
				2. 동기의 기능
			2. 정서 심리학	1. 정서이론
				2. 정서의 기능
		1. 이상심리학의 기본개념	1. 이상심리학의 정의 및 역사	1. 이상심리학의 정의
				2. 이상심리학의 역사
			2. 이상심리학의 이론	1. 정신역동 이론
				2. 행동주의 이론
				3. 인지적 이론
				4. 통합이론
		2. 이상행동의 유형	1. 신경발달장애	1. 유형
				2. 임상적 특징
			2. 조현병 스펙트럼 및 기타 정신병적 장애	1. 유형
				2. 임상적 특징
			3. 양극성 및 관련 장애	1. 유형
				2. 임상적 특징
			4. 우울장애	1. 유형
				2. 임상적 특징
			5. 불안장애	1. 유형
				2. 임상적 특징
			6. 강박 및 관련 장애	1. 유형
				2. 임상적 특징
			7. 외상 및 스트레스 관련 장애	1. 유형
				2. 임상적 특징
			8. 해리장애	1. 유형
				2. 임상적 특징
			9. 신체증상 및 관련 장애	1. 유형
				2. 임상적 특징
			10. 급식 및 섭식장애	1. 유형
				2. 임상적 특징
			11. 배설장애	1. 유형
				2. 임상적 특징
			12. 수면 - 각성 장애	1. 유형
				2. 임상적 특징
			13. 성기능부전	1. 유형
				2. 임상적 특징
			14. 젠더 불쾌감	1. 유형
				2. 임상적 특징

필기과목명	문제수	주요항목	세부항목	세세항목
			15. 파괴적, 충동조절 및 품행 장애	1. 유형
				2. 임상적 특징
			16. 물질관련 및 중독 장애	1. 유형
				2. 임상적 특징
			17. 신경인지장애	1. 유형
				2. 임상적 특징
			18. 성격장애	1. 유형
				2. 임상적 특징
			19 변태성욕장애	1. 유형
				2. 임상적 특징
심리검사	20	1. 심리검사의 기본개념	1. 자료 수집 방법과 내용	1. 평가 면담의 종류와 기법
				2. 행동 관찰과 행동평가
				3. 심리검사의 유형과 특징
			2. 심리검사의 제작과 요건	1. 심리검사의 제작과정 및 방법
				2. 신뢰도 및 타당도
			3. 심리검사의 윤리문제	1. 심리검사자의 책임감
				2. 심리검사에 관한 윤리강령
		2. 지능검사	1. 지능의 개념	1. 지능의 개념
				2. 지능의 분류
				3. 지능의 특성
			2. 지능검사의 실시	1. 지능검사의 지침과 주의사항
				2. 지능검사의 절차
				3. 지능검사의 기본적 해석
		3. 표준화된 성격검사	1. 성격검사의 개념	1. 개발 과정
				2. 구성 및 특성
				3. 척도의 특성과 내용
			2. 성격검사의 실시	1. 성격검사의 실시와 채점
				2. 성격검사의 기본적 해석
		4. 신경심리검사	1. 신경심리검사의 개념	1. 신경심리학의 기본 개념
				2. 인지 기능의 유형 및 특성
				3. 주요 신경심리검사의 종류
			2. 신경심리검사의 실시	1. 면담 및 행동관찰
				2. 주요 신경심리검사 실시
		5. 기타 심리 검사	1. 아동 및 청소년용 심리검사	1. 아동 및 청소년용 심리검사의 종류
				2. 아동 및 청소년용 심리검사의 실시

필기과목명	문제수	주요항목	세부항목	세세항목
임상심리학	20		2. 노인용 심리검사	1. 노인용 심리검사의 종류
				2. 노인용 심리검사의 실시
			3. 기타 심리검사	1. 검사의 종류와 특징
				2. 투사 검사의 종류와 특징
				3. 기타 질문지형 검사의 종류와 특징
		1. 임상심리학의 역사와 개관	1. 임상심리학의 역사와 개관	1. 임상심리학의 성장과 발전
				2. 정신병리 접근법의 발달과정
				3. 진단체계 발달과정
				4. 발달정신병리
			2. 임상심리학의 이론	1. 정신역동 관점
				2. 행동주의 관점
				3. 생물학적 관점
				4. 현상학적 관점
				5. 통합적 관점
		2. 심리평가 기초	1. 면접의 제개념	1. 면접의 개념
				2. 면접의 유형
			2. 행동평가 제개념	1. 행동평가의 개념
				2. 행동평가의 방법
			3. 성격평가 개념	1. 성격평가의 개념
				2. 성격평가의 방법
			4. 심리평가의 실제	1. 계획
				2. 실시
				3. 해석
		3. 심리치료의 기초	1. 행동 및 인지행동 치료의 개념	1. 행동 및 인지행동 치료의 특징
				2. 행동 및 인지행동 치료의 종류
			2. 정신역동적 심리치료의 개념	1. 정신역동치료의 개념
				2. 역동적 심리치료 시행 방안
			3. 심리치료의 기타 유형	1. 인본주의치료
				2. 기타 치료
		4. 임상 심리학의 자문, 교육, 윤리	1. 자문	1. 자문의 정의
				2. 자문의 유형
				3. 자문의 역할
				4. 지역사회심리학
			2. 교육	1. 교육의 정의
				2. 교육의 유형
				3. 교육의 역할

필기과목명	문제수	주요항목	세부항목	세세항목
심리상담	20	5. 임상 특수분야	3. 윤리	1. 심리학자의 윤리
				2. 심리학자의 행동규약
			1. 개념과 활동	1. 행동의학 및 건강심리학
				2. 신경심리학
				3. 법정 및 범죄심리학
				4. 소아과심리학
				5. 지역사회심리학
		1. 상담의 기초	1. 상담의 기본적 이해	1. 상담의 개념
				2. 상담의 필요성과 목표
				3. 상담의 기본원리
				4. 상담의 기능
			2. 상담의 역사적 배경	1. 국내외 상담의 발전과정
			3. 상담관련 윤리	1. 윤리강령
		2. 심리상담의 주요 이론	1. 정신역동적 상담	1. 기본개념
				2. 주요 기법과 절차
			2. 인간중심 상담	1. 기본개념
				2. 주요 기법과 절차
			3. 행동주의 상담	1. 기본개념
				2. 주요 기법과 절차
			4. 인지적 상담	1. 기본개념
				2. 주요 기법과 절차
			5. 기타 상담	1. 기본개념
				2. 주요 기법과 절차
		3. 심리상담의 실제	1. 상담의 방법	1. 면접의 기본방법
				2. 문제별 접근방법
			2. 상담의 과정	1. 상담의 진행과정
				2. 상담의 시작과 종결
			3. 집단상담	1. 집단상담의 정의
				2. 집단상담의 과정
				3. 집단상담의 방법
		4. 중독상담	1. 중독상담 기초	1. 중독모델
				2. 변화단계이론
				3. 정신약물학
			2. 개입방법	1. 선별 및 평가
				2. 동기강화 상담
				3. 재발방지

필기과목명	문제수	주요항목	세부항목	세세항목
		5. 특수문제별 상담유형	1. 학습문제 상담	1. 학습문제의 기본특징
				2. 학습문제 상담의 실제
				3. 학습문제 상담시 고려사항
			2. 성문제 상담	1. 성문제 상담의 지침
				2. 성피해자의 상담
				3. 성 상담시 고려사항
			3. 비행청소년 상담	1. 청소년비행과 상담
				2. 비행청소년에 대한 접근방법
				3. 상담자의 역할
				4. 비행청소년 상담시 고려사항
			4. 진로상담	1. 진로상담의 의미 및 이론
				2. 진로상담의 기본지침
				3. 진로상담시 고려사항
			5. 위기 및 자살상담	1. 위기 및 자살상담의 의미 및 이론
				2. 위기 및 자살상담의 기본지침
				3. 위기 및 자살상담시 고려사항
			6. 장노년 상담	1. 장노년 상담의 의미 및 이론
				2. 장노년 상담의 기본지침
				3. 장노년 상담 시 고려사항

임상심리사 2급 출제 기준(실기)

직무 분야	보건·의료	중직무 분야	보건·의료	자격 종목	임상심리사 2급	적용 기간	2025. 01. 01 ~ 2029. 12. 31

○ 직무내용 : 국민의 심리적 건강과 적응을 위해 기초적인 심리평가, 심리검사, 심리치료상담, 심리재활, 및 심리교육 등의 업무를 주로 수행하며, 임상심리사 1급의 업무를 보조하는 직무이다.

○ 수행준거 : 1. 기초적인 심리평가를 수행하고 그 결과를 해석하고 적용할 수 있다.
            2. 임상심리학 지식을 통해 기초적인 심리상담 및 심리치료를 할 수 있다.

실기검정방법	필답형	시험시간	3시간

실기과목명	주요항목	세부항목	세세항목
임상실무	1. 기초심리 평가	1. 기초적인 심리검사 실 시/채점 및 적용하기	1. 지능검사를 지침에 맞게 실시, 채점하고 해석할 수 있다. 2. 표준화된 성격검사를 지침에 맞게 실시, 채점하고 해석할 수 있다. 3. 투사 검사를 지침에 맞게 실시, 채점할 수 있다. 4. 신경심리검사를 지침에 맞게 실시, 채점할 수 있다. 5. 다양한 행동 평가 방법을 활용하여 목표행동을 규정하고 자 료를 수집할 수 있다.
	2. 기초심리 상담	1. 심리상담하기	1. 내담자와 관계형성을 할 수 있다. 2. 내담자의 심리적 특성을 평가할 수 있다. 3. 상담 목표와 계획을 수립할 수 있다. 4. 수퍼비전 하에 상담을 진행할 수 있다.
	3. 심리치료	1. 심리치료하기	1. 내담자와 치료관계를 형성할 수 있다. 2. 기초 행동수정법을 적용할 수 있다. 2. 대인관계증진법을 적용할 수 있다. 3. 아동지도법을 적용할 수 있다. 4. 아동청소년 스트레스 관리 프로그램을 실시할 수 있다.
	4. 자문, 교육, 재활	1. 자문하기 2. 교육하기	1. 기초적인 자문을 할 수 있다 1. 심리교육프로그램을 개발할 수 있다. 2. 심리교육을 시행할 수 있다. 3. 심리건강을 홍보할 수 있다.
		3. 심리재활하기	1. 심리사회적 기능을 평가할 수 있다. 2. 심리재활 계획을 수립할 수 있다. 3. 심리재활 프로그램을 실시할 수 있다. 4. 사례관리를 할 수 있다.

임상심리사 2급 자격 취득자에 대한 법령상 우대현황

법령명	조문내역	활용내용
공무원임용시험령	제27조 경력경쟁채용시험등의 응시자격 등(별표7, 별표8)	경력경쟁채용시험등의 응시
공무원임용시험령	제31조 자격증 소지자 등에 대한 우대(별표12)	6급 이하 공무원 채용시험 가산대상 자격증
교육감 소속 지방공무원 평정규칙	제23조 자격증 등의 가산점	5급 이하 공무원, 연구사 및 지도사 관련가점사항
국가공무원법	제36조의2 채용시험의 가점	공무원 채용시험 응시가점
군무원인사법 시행령	제10조 경력경쟁채용 요건	경력경쟁채용시험으로 신규채용할 수 있는 경우
군인사법 시행규칙	제14조 부사관의 임용	부사관 임용자격
근로자직업능력 개발법 시행령	제27조 직업능력개발훈련을 위하여 근로자를 가르칠 수 있는 사람	직업능력개발훈련교사의 정의
근로자직업능력 개발법 시행령	제28조 직업능력개발훈련교사의 자격취득(별표2)	직업능력개발훈련교사의 자격
근로자직업능력 개발법 시행령	제44조 교원 등의 임용	교원임용시 자격증 소지자에 대한 우대
기초연구진흥 및 기술개발지원에 관한 법률 시행규칙	제2조 기업부설연구소 등의 연구시설 및 연구전담요원에 대한 기준	연구전담요원의 자격기준
연구직 및 지도직공무원의 임용 등에 관한 규정	제26조의2 채용시험의 특전(별표6, 별표7)	연구사 및 지도사공무원 채용시험시 가점
중소기업 인력지원 특별법	제28조 근로자의 창업 지원 등	해당 직종과 관련 분야에서 신기술에 기반한 창업의 경우 지원
지방공무원 임용령	제17조 경력경쟁임용시험등을 통한 임용의 요건	경력경쟁시험등의 임용
지방공무원 임용령	제55조의3 자격증 소지자에 대한 신규임용시험의 특전	6급 이하 공무원 신규임용시 필기시험 점수 가산
지방공무원 평정규칙	제23조 자격증 등의 가산점	5급 이하 공무원·연구사 및 지도사 관련 가점사항
행정안전부 소관 비상대비자원 관리법 시행규칙	제2조 인력자원의 관리 직종(별표)	인력자원 관리 직종
국가기술자격법	제14조 국가기술자격 취득자에 대한 우대	국가기술자격 취득자 우대
국가기술자격법 시행규칙	제21조 시험위원의 자격 등(별표16)	시험위원의 자격
국가기술자격법 시행령	제27조 국가기술자격 취득자의 취업 등에 대한 우대	공공기관 등 채용시 국가기술자격 취득자 우대
국회인사규칙	제20조 경력경쟁채용 등의 요건	동종직무에 관한 자격증소지자에 대한 경력경쟁채용
군무원인사법 시행규칙	제18조 채용시험의 특전	채용시험의 특전
비상대비자원 관리법	제2조 대상자원의 범위	비상대비자원의 인력자원 범위

INFORMATION

임상심리사 2급 시험 합격 Tip

1. 합격을 위한 준비 Tip

1) 필기시험 합격을 위한 준비 Tip

① 합격의 바이블인 기출문제는 반드시 확인 점검하길 바랍니다.

기출문제에 대해서는 두 번 이상의 학습이 요구되는데, 이는 임상심리사 2급 시험은 문제은행식 출제이기 때문에 필기시험을 가볍게 합격하기 위해서는 기출문제의 반복학습이 매우 중요합니다.

② [심리학개론], [심리검사], [이상심리학]에서 과락(40점 미만)이 나오지 않도록 이론적 내용을 철저하게 숙지하길 바랍니다.

포괄적인 영역을 담고 있는 [심리학개론]은 난이도의 기복이 심한 과목입니다. [심리학개론]의 학습 분량도 많습니다. [심리검사]는 각종 검사의 채점이나 해석이 나오면 어렵게 출제되는 부분이며, 이는 실기시험에서도 많은 문제가 출제됩니다. 각종 검사의 최신버전 내용(MMPI - 2, 웩슬러 지능검사 - 4번째 또는 5번째 판 등)에 대해 숙지하는 것이 바람직합니다. [이상심리학]에서는 DSM - 5의 전반적인 장애내용을 숙지해두는 것이 좋습니다.

③ [심리상담]이나 [임상심리학]은 필기시험에서 쉽지만, 실기시험에서 많은 문제가 출제되므로 이론을 잘 학습하길 바랍니다.

특히 [심리상담]이 실기시험에서 가장 많이 출제되므로 이론학습을 잘 해두시고 [임상심리학]은 필기시험에서 전형적으로 쉽게 출제되는 과목이지만, 이론을 등한시하면 안 되는데 그 이유는 실기시험에서 많이 출제되고 있기 때문입니다.

④ 필기시험이 CBT시험으로 변경되었습니다.

2022년 3회부터 필기 시험이 컴퓨터 기반 시험(CBT) 시험으로 변경된 만큼 기존 다양한 기출문제 유형을 미리 숙지하는 것이 중요합니다. 그리고 온라인 모의고사 형태의 모의시험을 최소한 한번 이상은 응시해보는 것도 도움이 될 것입니다.

2) 실기시험 합격을 위한 준비 Tip

① 필기시험과 마찬가지로 실기시험에서도 기출문제에서 40~50% 정도 출제가 되고 있기 때문에 기출문제는 될 수 있는 대로 모두 점검하길 바랍니다.

기출문제의 분량이 방대하지만, 합격을 위한 지름길이기 때문에 기출문제들을 점검하고 특히, 기출문제에서 반복되어 나온 문제, 새로운 유형의 문제들에 대해 집중적인 학습을 하시길 바랍니다. 그리고 많이 나오는 [심리검사], [심리상담] 과목을 중심으로 작성연습을 꼭 해야 합니다.

② 실기시험은 주관식/필답형으로 답안을 작성해야 하는 시험이기 때문에, 직접 작성연습을 해보는 것이 가장 최선의 길이라는 것을 명심하길 바랍니다.

사전에 작성 연습 없이 시험장에 간다면, 작성하는데 체계적인 답안을 써 내려가기가 쉽지 않습니다. 따라서 문제의 예시 답안을 직접 작성해보아야 합니다. 이러한 부단한 노력은 실제 시험장에서 자신감을 갖게 할 것이며, 차분히 체계적으로 답안을 써 내려가는데 많은 도움이 될 것입니다.

합격수기

드디어 실기시험까지 최종합격했습니다 ~ ^^

닉네임 : 착칸이

이번에 실기시험까지 합격했네요~^^

1차 필기시험은 5과목 제 나름대로 서브노트를 만들어서 이용했어요.
2003년부터 최근 기출문제를 보고 서브노트를 작성했지요.
국가자격시험은 문제은행으로 출제되어서 기출문제를 어느 정도 파악해서 공부하시면 합격하실 수 있을 것 같아요.

2차 실기시험은 많이 공부하셔야 할 것 같아요.
기출문제는 물론 나올 만한 문제들을 노트로 만들어서 외우시면 좋을 것 같습니다.
학습에 정답은 없어요.
전공서적을 꼼꼼히 공부하시거나 강의 하시는 교수님에게 물어서 정답을 만들었습니다.

이번에는 의외로 제가 만든 문제도 나와서 합격하지 않았나 생각해 봅니다.
그리고 1급 2차실기도 정리해서 외웠습니다. 혹시나 해서요...

인터넷에서 떠도는 답들은 정답이 아닌 것도 많기 때문에, 책을 보시고 정리하셨으면 좋을 것 같습니다.

그리고 김형준 교수님의 강의가 참 좋아요. 쉽게 설명해주시고 공부를 잘 할 수 있도록 동기를 부여해 주세요.

아무튼 공부하는 학생님들 열심히 하시면 합격이 다가옵니다.
저도 실기시험까지 3번 만에 합격했으니까, 여러분들은 더욱 더 잘 할 수 있다고 믿으리라 생각합니다.

감사합니다.

포기하지 않은 시험, 합격의 영광

닉네임 : 因쌤 - 강因

합격하지 못했으리라 생각하면서 혹시나 하고 핸드폰 문자를 들여다 본 순간 나도 모르게 함성을 지르고 말았습니다. 합격! 많은 시험을 치고 합격을 하면서 살아 왔지만 오늘처럼 기뻤던 적이 있었나 생각해봅니다.

제 나이 올해 49세.
작년 여름, 필기에서 합격을 하고 실기는 자신이 없어 아예 응시하지 않았고, 올해 첫 시험 실기도전에서 48점으로 불합격. 조금만 더 공부하면 합격할 수 있겠다는 생각으로 다시 도전, 실기시험 두 번째에 합격을 하였습니다.

작년엔 타 출판사, 올해는 나눔북의 기출문제와 요약본 한권으로 준비했습니다.
6월부터 계획을 세우고 전공 서적으로 공부하기 시작하여 기출문제를 분석하고 요약본을 먼저 읽고 다시 전공 서적으로 깊이 있게 공부하였습니다. 그렇게 한 과목씩 공부를 해 나갔습니다. 8월에 들어서는 두 출판사의 기출문제를 중심으로 출제영역의 빈도수를 파악하고, 한 문제에 두 출판사의 조금씩 다른 해설을 하나로 정리하였고, 기출문제는 2003년부터 거의 암기 하다시피 했습니다. 그리고 카페의 합격 수기와 시험정보 및 자료를 참고했습니다. 또 올해 1차 시험에서 실패한 요인을 분석하고 모자라는 부분에 시간투자를 하였습니다.

시험 날, 시험문제를 받아서 문제만 쭉 훑어보았는데 머리가 하얀 백지가 되는 당황함.ㅎㅎ
시험문제 방향이 전혀 다르게 출제된 것이었습니다. 다시 한 번 차분히 문제를 읽으며 답안을 작성하였습니다. 답을 적지 못한 하얀 빈칸들, 비워두지 않고 다 채웠습니다.
그리고 드디어 발표! 점수는 높지 않았습니다. 두 번 시험에 응시하면서 느끼게 된 생각은 평소에 상담, 심리치료, 심리검사 등에 대한 폭 넓은 공부를 해야 한다는 것입니다. 저는 정해진 모범답안처럼 작성하지 않았습니다. 평소 제가 알고 있는 내용을 중심으로 짧게 답안을 작성하였습니다. 평소에 공부를 해두면 시험답안 작성 시 유리할 것 같습니다. 자신이 이해한 만큼 작성하니 부분점수 인정이 좋았는지 제가 생각했던 것보다 점수가 잘 나왔습니다.

지금도 임상심리사가 되려고 도전하는 분들 모두 포기하지 마시고 지속적으로 공부하길 바랍니다. 청소년상담사에도 두 번 낙방했는데 이번 임상심리사 합격으로 용기를 얻어 내년에 다시 도전하려고 합니다. 모든 분들 힘내시고 화이팅 하시길~~~~^^*

CONTENTS

2024

임상심리사 2급
정답 및 해설

제1과목 | 심리학개론

| 001 | ① | 002 | ③ | 003 | ③ | 004 | ② | 005 | ④ | 006 | ② | 007 | ③ | 008 | ④ | 009 | ② | 010 | ④ |
| 011 | ③ | 012 | ② | 013 | ① | 014 | ④ | 015 | ④ | 016 | ④ | 017 | ① | 018 | ④ | 019 | ③ | 020 | ② |

001

① Fishbein의 합리적 행위이론은 개인의 행동은 행위의도에 의해 유발된다고 주장한다. 여기서 행위의도는 개인의 행위에 대한 태도와 행위에 대한 성과를 둘러싼 주관적 규범으로 구성된 함수이다.

실력다지기

합리적 행위이론(마틴 피시바인, Martin Fishbein)

1) 합리적 행위이론(theory of reasoned action)은 피시바인과 아젠(Fishbein & Ajzen, 1975)이 주장한 이론으로 학습이론과 가치기대이론, 인지일치이론, 귀인이론 등을 바탕으로 하고 있다.

2) 합리적 행위이론에 따르면 사람들이 특정 행동에 대해 긍정적인 태도를 가지고 있고, 자신에게 중요한 주변 사람들에게 그 행동이 용인될 수 있을 때(주관적 규범), 행동의도(동기)가 높아지게 된다.

3) 일반적으로 합리적 행위이론에서는 'BI = (AB)W1 + (SN)W2'라는 방정식으로 표현되는데, 이 때 BI는 행위 의도(Behavior Intention), AB는 행동에 대한 태도(Attitude toward Behavior), SN은 주관적 규범(Subjective Norm)을 의미하며, W1, W2는 각각 개인이 태도와 주관적 규범에 대해 부여하는 가중치를 의미한다.

4) 합리적 행위이론은 가치기대이론에 근거하여 개발되었는데, 가치기대이론에서 어떤 행위의 가치기대는 그 행위의 결과, 각각의 결과에 대한 가치와 행위를 수행하였을 때 그 결과가 일어날 가능성에 대한 기대의 합이라고 보았다.

5) 결과에 대한 가치는 객관적인 면과 주관적인 면을 고려하여 파악하여, 가치에 대한 주관적 판단으로 관심의 대상에 개인이 어느 정도 호감을 갖고 있는지를 나타내며 이 판단은 대개 '좋음'에서 '나쁨'까지의 연속척도로 측정한다.

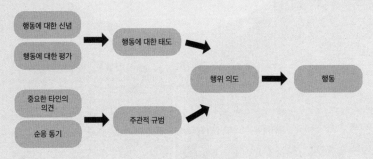

6) 합리적 행위이론에서 개인의 의도로 행위를 예측할 수 있다고 보고, 자기의지로 통제할 수 있는 행위를 설명하는 데 적용할 수 있으며 이 이론에서는 행위의도가 행위의 결정요인이며, 다른 요인들은 의도를 통하여 행위에 영향을 미친다고 가정한다.

7) 특정한 행위를 수행하는 데 있어서 개인의 의도는 행위에 대한 태도와 행위에 대한 사회적 혹은 일반적 개인의 규범이라는 두 요인에 의하여 결정된다.

8) 행위에 대한 태도의 두 가지 요소는 행위를 하면 어떤 결과가 일어날 것이라는 신념과 결과의 평가에 의하여 결정된다.

출처 : Fishbein, M., & Ajzen, I. (1975) / 그림출처 : 네이버

002 강화에 요구되는 반응의 수를 어떤 평균을 중심으로 변화시키는 강화계획은 변화(변동, 가변)비율계획이다.

실력다지기

간헐적 강화계획 4가지

1) 고정간격계획
   (1) 이전의 강화로부터 계산하여 일정한 시간이 경과한 뒤에 첫째 반응에 강화가 주어지는 계획이다.
   (2) 사례
       ① 수학문제를 풀 때, 5분에 한 번씩 고정적으로 강화를 준다.
       ② 월급제
2) 고정비율계획
   (1) 일정한 수의 반응을 한 뒤에 강화가 주어진다.
   (2) 사례
       ① 학생이 10문제를 풀 때마다 한 번의 강화를 준다.
       ② 성과급제
3) 변동간격계획
   (1) 강화의 시간적 주기를 일정하게 하는 것이 아니라, 그 주기(시간)를 변화시키는 방법이다.
   (2) 사례
       ① 5분 안에 아무 때나 한 번의 강화를 준다.
       ② 낚시
4) 변동비율계획
   (1) 고정된 반응률에 의하여 강화되는 것이 아니라, 반응률의 평균치를 중심으로 강화하는 것이다.
   (2) 즉, 몇 번 반응해야 강화가 나올지 모르므로 반응속도는 빨라지고 반응률은 높아지는 경향이 있다.
   (3) 사례
       ① 학생이 2문제를 풀면 한 번, 3문제를 풀면 또 한 번, 이러한 식으로 강화를 준다.
       ② 도박 행동

003 유아의 초기결핍이 지속적인 영향을 주는 영역은 유아의 발달과 관련이 있다. 언어와 지적능력의 발달은 유아기 때 학습의 경험이 영향을 주며, 정서적 발달은 주 양육자인 부모로부터의 지지 등이 영향을 주는 것으로 보고되고 있다. 다만, 운동기능은 유아기의 초기결핍이 지속적인 영향을 미치지 않는 것으로 보고되고 있다.

004 ▶ **고전적 조건형성의 네 가지 요소**

1) 무조건 반응(UnConditioned response ; UCR)

　유기체가 어떤 자극에 자동적으로 반응하는 것으로 학습되지 않은 자동적 반응이다.

　→ 실험에서 개는 먹이를 먹으면 자연적으로 침을 분비하는 반응을 한다.

2) 무조건 자극(unconditioned stimulus ; UCS)

　무조건 반응을 일으키는 자극이다.

　→ 침을 분비시키는 먹이를 의미한다.

　→ 무조건 반사는 무조건 자극에 대해 무조건 반응이 일어나는 것이다.

3) 조건자극(conditioned stimulus ; CS)

　무조건자극(먹이)과 짝지어져서 새로운 반응(침 분비)을 유발하는 자극(종소리)이다.

　→ 종소리는 원래 침 분비를 유발하지 않는 중성자극이었으나, 먹이와 연합됨으로써 먹이를 예고하는 신호
　로 작용한다.

4) 조건반응(conditioned response ; CR)

　조건자극(종소리)에 의해 새로이 형성된 반응(타액)이다.

　→ 조건반사는 조건자극에 대해 조건반응이 일어나는 것이다.

005 ▶ **기본적 귀인 오류(Fundamental Attribution Error)**

기본적 귀인 오류는 타인의 행동을 판단할 때 상황적 요인들을 충분히 고려하지 않는 데에서 오는 편향을 말
한다. 자신의 행동에 대해서 설명할 때는 주변 상황적 요인에 주로 의지하는 반면, 타인에 대해서는 그 사람의
성향적 자질에 그 원인이 있다고 쉽게 결론내리는 것이다(문제에서는 영희의 철수에 대한 생각).

실력다지기

1) 절감원리

　어떤 행동에 내부귀인을 할 수 있는 조건에서는 내부귀인을 하는 경향이 줄어들고 외부귀인을 하는
　경향이 늘어나는데, 이를 절감원리라고 하며 외부의 압력이 심한 상황에서의 행동, 강요된 행동, 어떤
　이익을 추구하려는 행동 등의 상황적 조건들이 명료하게 부각될수록 절감원리의 효과는 커진다.

2) 공변이론(독특성, 합의성, 일관성)

　절감원리는 다른 사람의 행동을 단 한번만 관찰했을 때 작용하는 귀인원리이고, 여러 번 관찰해서 귀
　인할 경우에는 공변원리라고 한다.

3) 대응추리이론

　① 사람들이 타인의 행위에 대해 의미 있는 원인을 알려고 한다는 가정에서 출발한다.

　② 타인이 보인 행동이 그 사람이 지니는 안정적인 특성 때문이라고 추론하게 되면 그 사람의 장래행
　　동을 예측하기 쉬워진다.

　③ 사람들은 행동을 보고 이에 상응하는 성향이나 성격을 추론한다고 보며 사람의 행동과 그 사람의
　　성향특성을 대응시키는 과정을 귀인이라고 본다.

　④ 사례 : 누가 나에게 말을 걸어오는 경우 '나를 좋아하는가?' 아니면 '그가 원래 친절해서인가?' 그것
　　도 아니면 '혼자 있기 지루해하는 성격 때문인가?' 등, 행동의 원인이 될 수 있는 그의 성향요인을 찾
　　아서 대응시키는 과정을 중요하게 생각한다.

006 실험법과 조사법의 차이점은 변인(변수)을 통제하는지의 여부이다. 실험법은 실험설계로서 외생변수(가외변인)의 통제, 무작위 할당(난선화), 원인의 조작, 결과의 비교가 특징이다. 그리고 조사법은 변인의 통제가 어려운 상태에서 모집단의 특성에 대한 분포 및 발생빈도 등의 특성을 파악하기 위한 조사이다.

007 태도의 3가지 주요 구성요소는 인지, 정서(감정), 행동적 요소이다. 귀인적 요소는 해당하지 않는다.

실력다지기

태도의 3가지 측면
1) 인지적 요소
   (1) 태도는 특정사항이나 상대방에 관한 과거경험 및 여러 가지 통로를 통해 인지하고 있던 정보들과 관련이 있다.
   (2) 인지적 요소는 상대의 성격, 학력, 나이, 취미, 외모, 일처리 능력 등에 대하여 이미 가지고 있는 정보를 통한 믿음을 말한다.
   (3) 즉, 인지적 요소 상황이나 상대방에 관한 수많은 일반정보들을 나름대로 조직화하여 형성된 믿음 체계이다.
2) 정서적 요소
   (1) 정서적 요소는 태도의 다른 한 측면은 상대방에 대해 좋다든지 혹은 싫다든지 하는 주관적이며 감정적인 경향을 말한다.
   (2) 즉, 어떤 사람은 여러 가지 상황으로 보아 믿을만하다든지, 사귈만한 상대인지 아닌지 하는 감정적 측면에서 갖는 태도이다.
   (3) 정서적 요소는 '좋다 - 나쁘다', '좋다 - 싫다'는 식의 감정요인이라 할 수 있다.
3) 행동적 요소
   (1) 행동적 요소는 대상에 대하여 개인이 특정방식으로 행동하려는 경향을 말한다.
   (2) 행동적 요소는 정보를 통한 인지적 요소와 감정으로 인한 정서적 요인으로 인해 상대방에 대해 가지고 있던 눈에 보이지 않던 것을 행동으로 가시화하려는 것이다.

008 ▶ **자발적 회복(Spontaneous Recovery)**
소거절차가 이루어진 후에도 음식물과 연합시키지 않은 채 다시 종소리만 반복적으로 개에게 들려주었을 때, 소거되었던 종소리에 침을 흘리는 반응이 재훈련 없이 다시 나타나는데, 이를 조건반응의 자발적 회복(Spontaneous Recovery)이라 한다. 이때 반응의 강도는 전의 절반 정도밖에 되지 않으나, <u>자발적 회복은 학습이란 영원히 소멸되는 것이 아님을 시사해 주고 있다.</u>

실력다지기

1) 자극일반화(Stimulus Generalization)
   조건자극과 유사한 다른 자극에 동일한 조건반응이 나타나는 것을 말한다. 이는 "자라 보고 놀란 가슴, 솥뚜껑 보고 놀란다."라는 우리 속담이 가지는 의미와 같으며 또한 산낙지를 먹다가 목에 걸린 적이 있는 아이가 산낙지를 피하려는 모습을 예로 들 수 있다.
2) 변별(Discrimination)
   자극을 구분하여 반응하는 것을 변별이라 하며 자극일반화는 자극 변별에 실패한 상태라 할 수 있다. 사례로는 산 낙지를 잘게 썰어서 우연히 먹은 아이는 다시 산낙지를 먹을 수 있게 된다. 이런 현상을 변별(Discrimination)이라고 한다.

3) 조형(shaping)

목표행동에 좀 더 가깝게 근접하는 행동을 연속적으로 강화하면서 그전의 행동은 소거하고 새로운 행동을 발달시키는 것을 말한다.

009 ② 소멸이론은 기억에 저장된 정보가 단순히 시간 경과에 의해 망각될 수 있다는 이론으로, 망각이 소멸에 의해 일어난다고 가정한다. 간섭이론(interference theory)은 망각은 기억이 손실된 것이 아니고 기억 이전이나 이후의 정보에 의해서 기억정보가 방해를 받기 때문에 생기는 현상으로 설명한다. 따라서 망각은 정보 간의 간섭 때문이라고 주장하는 것은 간섭이론이다.

010 ▶ 유인운동(유도운동)

운동단서가 시각적으로만 주어지는 경우 운동의 자극정보를 잘못 조직화하여 움직이고 있는 물체는 정지해 있는 것으로, 정지해 있는 물체는 움직이는 것으로 지각하는 현상이다.

실력다지기

1) 깊이지각

① 특정 대상이나 현상이 지각자로부터 어느 정도 떨어져 있는지를 지각하는 것이다.

② 대상들의 공간적 배치 관계 혹은 환경의 구조에 대한 지각 문제를 말한다.

③ 예컨대 지각자와 대상 간의 거리, 높낮이 지각 등의 문제이다.

2) 형태지각

① 2차 시각 영역은 물체의 모양을 판독하는 데 특별한 기능을 한다.

② 원숭이의 V6 영역(거울신경 영역 중 하나)을 손상시키면, 두 형태 간의 차이를 변별하는 능력이 상실된다.

③ 그러나 그러한 원숭이들도 물체의 크기와 같은 보다 단순한 측면은 볼 수 있다.

3) 가현운동

① 실제는 움직이지 않는데도 움직이는 것처럼 느끼는 심리적 현상이다.

② 사실은 사물이 고정되어 있지만 적당한 시간 간격을 두고 점멸하면 움직이는 것처럼 보인다.

011 ③ MMPI는 임상장면의 규준집단을 사용하여 개발되었다. 즉, 정신과적 진단분류를 위한 측정으로, 일반적 성격특성을 측정하기 위한 것은 아니지만, 병리적 분류의 개념이 정상인의 행동과 비교될 수 있다는 전제하에서 정상인의 행동설명 및 일반적 성격특성에 관한 유추도 어느 정도 가능할 수 있다. 반면, CPI는 정상인을 규준집단으로 개발된 검사이다.

오답노트

① MMPI와 CPI는 구조화된 검사이다.

② MMPI와 CPI는 질문지 검사이다.

④ MMPI와 CPI는 다양한 상황에서 피검자의 사고, 감정, 행동에 대해 묻는 자기보고형 검사이다.

012 ① 보상 지향단계 - 욕구충족의 수단(2단계) - 전인습 수준
② 상호 조화를 지향하는 단계 - 대인관계의 조화(3단계) - 인습 수준
③ 벌 및 복종 지향 단계 - 1단계 - 전인습 수준
④ 보편적인 도덕원리 지향 - 6단계 - 후인습 수준

콜버그(L. Kohlberg)의 도덕성 발달이론

전 인습적 수준 (9세 이전)	1 단계	벌과 복종지향	복종해야 하는 불변의 규칙이 있고 그 규칙을 어겼을 경우 벌을 받게 되며 벌을 받는 것은 나쁜 것이라고 생각한다.
	2 단계	욕구충족 수단	도덕적 행위가 자신과 타인을 만족시켜 주는 수단이지, 더 이상 고정적이거나 절대적인 것이라고는 생각하지 않는다.
인습적 수준 (9세 이후)	3 단계	대인관계 조화	동기와 감정이 정의로운가에 비추어 생각하며 결국 타인으로부터 얼마나 인정받을 수 있는가에 따라 판단한다.
	4 단계	법과 질서 준수	사회질서에 대해 광범위하게 사고하며 사회질서가 유지되기 위해서는 법에 복종해야 한다는 것을 강조한다.
후 인습적 수준 (특별한 개인 등)	5 단계	사회계약 정신	사람들이 필요로 하는 바를 충족시키지 못하면 동의나 민주적인 절차를 통해 변경시킬 수 있다고 본다.
	6 단계	보편적 도덕 원리에 대한 확신	① 가장 높은 도덕단계로서 옳고 그름을 개인양심에 비추어 판단하여야 한다. ② 양심의 원리는 구체적인 규칙이 아니고 법을 초월하는 '인간의 존엄성'이나 '정당성'과 같은 보편적 원리에 대한 확신이다.

013 ① 후광효과(Halo effect)는 피 평정자에 대한 일반적인 인상이 현재 평정하고 있는 특성의 평정에 영향을 주는 것을 의미한다. 어떤 사람에 대해 일단 '좋은 사람'이라는 인상이 형성되면, 그는 또한 능력도 뛰어나고, 성실하다는 등 긍정적인 특성을 모두 지니고 있을 것이라고 생각하는 경향이 있다.

초두효과는 순서적 정보가 제시될 때, 초기에 제시된 정보가 더 큰 영향을 미치는 현상이며 평균원리는 어떤 사람들에 대해 가지고 있는 여러 인상들에 대해 평가의 수준을 평균적으로 통합하는 것을 말한다.

014 ④ 미니스커트가 유행이어서 나도 미니스커트를 입는 사례가 동조로서 가장 적합하다. 동조는 외부지시나 압력에 따르는 것이 아니라, 사회적 흐름(유행)이나 다른 사람들의 행동, 기대에 일치하도록 자신의 행동을 바꾸거나 또는 유지하는 것을 말한다. 동조는 집단으로부터 이탈되는 것을 두려워하는 심리적 특성에서 기인한다고 볼 수 있기 때문이다.

동조(conformity)행동에 영향을 미치는 요인
1) 정보가 부족할 때, 타인이 정보원의 역할을 하기 때문에 동조현상이 일어난다고 볼 수 있으며, 다만 아주 명확한 상황에서도 집단적 의견에 동조하려는 경향이 있다.
2) 동조행동은 집단이 전문가로 이루어졌을수록, 자기 확신도가 적을수록, 집단의 응집성이 클수록, 집단의 크기가 커질수록, 만장일치일수록 동조의 경향성이 커진다.

015 ▶ **귀인이론의 성향**

1) 성취 상황 성공 및 실패의 원인에는 능력, 노력, 과제 난이도, 운의 네 가지 이유가 있다.

    (1) 능력(통제 불가능)과 노력(통제 가능)

        내적 요인이며, 능력은 비교적 안정적이고 변화되기 어렵다. 그러나 노력은 경우에 따라 어느정도의 차이가 있다(불안정적).

    (2) 과제 난이도(통제 불가능)와 운(통제 불가능)

        외적 요인이며, 과제 난이도는 근본적으로 안정적인 특성이다. 그러나, 운은 불안정적이며 예측 불가능하다.

실력다지기

	내적		외적	
	안정적	불안정적	안정적	불안정적
통제 가능	평소 노력	즉시적 노력	교사의 편견	타인의 도움
통제 불가능	고정된 능력	기분	과제 난이도	행운

016 내적 타당도를 위협하는 요소는 다시 말하면 인과관계 검증성이 떨어지는 경우를 말한다. 내적 타당도를 위협하는 요소는 역사요인, 성숙요인, 검사요인(시험효과), 도구요인(측정도구상의 문제), 통계적 회귀, 선정요인, 실험적 도태(상실)요인, 선정 - 성숙의 상호작용이 있다. 그리고 인과관계 검증성이 떨어지는 경우이므로 제3의 변수(예 외생변수) 개입은 인과관계를 추론하는 데 어려움을 주게 된다.

> ④ 낮은 통계 검증력 : 2종 오류가 높다는 것은 통계적 검증력이 낮다는 것을 의미하며 제2종의 오류는 귀무가설이 참이 아닌데도 귀무가설을 기각하지 않을 때 발생하는 오류를 말한다. 이를 흔히 베타 오류라고 부르며, 이를 검정력(검증력)이라고 부른다. 제2종의 오류는 표본의 크기가 커지면 감소하므로 적절한 크기의 표본을 추출하는 일이 무엇보다도 중요할 수 있다.

017 ▶ **매슬로우(Maslow)의 욕구위계이론 중 욕구 5단계**

결핍동기	생리적 욕구	1) 가장 강력한 욕구로서 유기체의 생존과 유지에 관련됨 2) 인간의 생존을 위해 필요한 음식, 물, 공기 등에 관한 생리적 욕구가 다른 욕구에 비해서 가장 기본적이고 강력함
	안전의 욕구	1) 질서 있고 안정적이며, 예언할 수 있는 세계에 대한 유기체의 욕구 2) 안전 욕구의 만족을 위해 보호, 질서, 공포와 불안으로부터의 자유가 요구됨
	소속과 애정의 욕구	개인은 다른 사람과의 친밀한 관계, 연인 관계를 맺기를 원하며 특별한 집단에 소속되기를 바람
	자기존중의 욕구	1) 자신으로부터의 존중과 타인으로부터의 존중을 필요로 하며 자아존중을 이루기 위해 유능감, 자신감, 성취, 독립, 자유 등을 갖는 것이 요구됨(→ 사회적 인정) 2) 자아존중의 욕구를 충족시킨 사람은 자신의 힘, 가치에 대해 확신을 가짐
성장동기	자아실현의 욕구	발달의 마지막 단계인 자아실현은 자신의 모든 잠재력과 능력을 인식하고 충족시키는 것으로 가장 높은 수준의 욕구임

모형	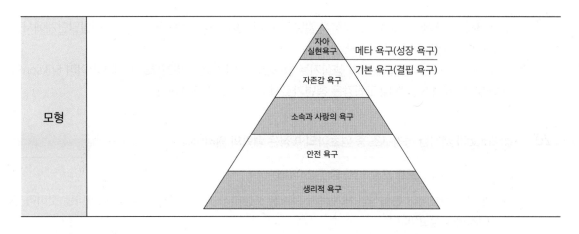

018 ▶ **X² 검증(카이제곱 검정)**

1) 두 범주형 변수가 서로 관계가 있는지 독립적인지를 판단하는 통계적 검정방법을 카이제곱검정(Chi - Square Test)이라 한다.

2) 변수의 독립

   X² 검증에서 관심이 있는 것은 두 변수 간의 독립 여부를 판단하는 것으로, 즉 문제의 사례에서 축구를 좋아하는 대학생과 야구를 좋아하는 대학생과의 차이가 있는지를 판단하는 것이다.

3) X² 검증은 두 변수가 독립이 아니라면, 즉 대학생들 간의 반응에 차이가 있다면 얼마나 차이가 있는가를 측정하는 데 관심이 있다.

실력다지기

1) t 검증
   ① 주로 두 집단 간의 차이의 여부를 분석할 때 사용하는 것이므로 독립변수는 2개이며, 종속변수가 하나인 경우 사용한다.
   ② 변수의 척도는 독립변수의 경우 두 집단으로 분리할 수 있는 명목변수가 되어야 한다. 즉, 성별과 같이 남자와 여자 집단으로 분리해 두 집단을 비교하는 경우에 사용할 수 있다.
   ③ 종속변수의 척도는 등간척도나 비율척도로 구성되어야 한다. 즉, 등간척도 이상의 척도를 갖고 있어야 한다.
   ④ t 검증을 사용하기 위해서는 네 가지 조건을 만족해야 한다.
      - 자료는 모두 동일 간격을 가진 연속형 수치여야 한다.
      - 두 집단은 서로 독립적이어야 한다.
      - 자료의 수치는 정규성을 가져야 한다.
      - 두 집단 각각에서 추정된 분산은 동일해야 한다.

2) F 검증
   ① 세 집단 이상 간의 차이가 있는지의 여부를 분석할 때 사용하는 통계방법이다.
   ② 독립변수는 3개 이상, 종속변수는 하나인 경우에 활용한다.
   ③ 변수의 척도는 독립변수의 경우 세 집단 이상으로 분류할 수 있는 명목변수여야 한다. 즉 종교 변수와 같이 개신교, 천주교, 불교의 세 집단 간에 차이의 여부를 비교할 때 사용 가능하다.

3) Z 검증
   표본의 크기가 크며(보통 30개 이상), 정규분포를 따를 경우에 많이 사용하는 검정 방법을 말한다.

019 ③ 약 3세~약 6세 : Freud의 심리성적 발달단계에서는 남근기, Erikson의 심리사회발달단계에서는 주도성 대 죄의식이다.
Freud의 심리성적 발달단계의 생식기는 청소년기부터 성인기 이전으로 13세부터이며 Erikson의 심리사회발달단계의 친근성 대 고립감은 청년기로서 23세~35세 정도이다.

020 ② Freud가 제시한 성격구조 중 원초아의 특징은 쾌락의 원리이다.

> 성격의 구조(지그문트 프로이트) 중 원초아(Id)
>
> 1) 성격의 원형이며 본질적인 체계로서 본능을 포함하고 있으며, 출생 시부터 타고나는 것이며, 정신에너지의 저장고이다.
> 2) 원초아(본능)은 일생동안 그 기능과 분별력이 유아적인 수준에 머물러 있으며 외부세계와 단절되어 있어 법칙, 논리, 이성 또는 가치에 대해 전혀 알지 못하므로 시간이나 경험에 따라서도 변화하지 않는다.
> 3) 원초아는 고통을 피하고 쾌락을 추구하는 쾌락원칙에 입각하여 작동한다.
> 4) 원초아는 1차적 사고를 하게 되는데 1차적 사고과정이란 본능 또는 무의식에서 유래되는 것으로 신체적 긴장을 경감시키는데 필요한 대상의 기억표상을 만드는 과정이다.

021	④	022	①	023	②	024	②	025	④	026	④	027	②	028	①	029	①	030	①
031	③	032	②	033	①	034	③	035	④	036	④	037	②	038	④	039	①	040	③

021 ④ 반항성 장애의 병인론과는 거리가 멀다.
① 최근에는 XYY증후군과 행동문제 간의 원인에 대해서 지지 연구가 부족한 편이다. - 유전적 요인
② 테스토스테론과 같은 호르몬과 관련 있다는 설명이 있다. - 생리적 요인
③ 정신분석학적으로는 초자아의 결함으로 이 장애를 설명한다. - 정신분석학적 요인

022 지각은 감각기관의 자극으로 생겨나는 외적 사물의 전체상(全體像)에 관한 의식을 말한다.
환각(hallucination)은 감각(지각)의 왜곡으로 인하여 사실이 아닌 것을 사실로 받아들이는 현상을 의미한다.

023 ② 알츠하이머형 치매와 밀접한 관련이 있다고 밝혀진 신경전달물질은 아세틸콜린과 세로토닌이다.
④ 뇌혈관 질환이나 비타민 B12 부족으로 인해 점진적인 기억과 인지장해를 보이는 경우에는 뇌혈관 영양 결핍성 치매로 진단을 한다.

실력다지기

알츠하이머 치매

알츠하이머병은 가장 흔한 치매로서, 전체 치매의 절반정도를 차지하고 있다. 이 치매는 정상뇌세포의 손상으로 아세틸콜린과 세로토닌이라는 신경전달물질이 감소되어 기억력, 언어기능, 판단력이 상실되고 성격이 변화되어 결국에는 스스로를 돌볼 수 있는 능력이 상실되는 질환이다. 점차적으로 발생하고 서서히 나빠지는데 아직까지 정확한 원인이 밝혀지지 않았다.

024 ② 백화점, 영화관 등 넓은 공간에 대한 지속적 공포 - 광장공포증에 해당한다.

실력다지기

공포증
1) 특정 공포증
  (1) 특정한 동물, 상황, 자연적 환경에 대한 공포증을 말한다.
  (2) 학습이론은 특정 공포증이 고전적 조건형성을 비롯하여 대리학습과 정보 전이에 의해서 습득될 수 있다고 본다.
  (3) 주된 치료법에는 체계적 둔감법, 노출치료, 참여적 모방 학습법 등이 있다.
2) 광장공포증
  특정한 장소에 대한 공포증으로서 공황발작을 수반하여 공황장애의 한 하위유형으로 간주되고 있다.
3) 사회공포증(Social phobia)
  (1) 다른 사람들과 상호작용하는 사회적 상황을 두려워하는 공포증이다.
  (2) 인지적 입장에서는 사회공포증이 부정적인 자기개념, 대인관계에 대한 역기능적 신념, 자신의 사회적 행동에 대한 부정적 평가, 자기초점적인 주의 등에 의해 유발되는 것으로 설명한다.

(3) 인지행동적 집단치료가 가장 효과적인 것으로 알려지고 있다.

(4) 사회공포증(Social phobia)은 낯선 사람과 이야기하거나, 다른 사람들 앞에서 연설을 하는 등의 사회적 상황에 대한 두려움과 불안이 있어서 그런 상황을 가능한 한 피하려 하는 병이다.

(5) 사회공포증 환자는 잘 모르는 사람과 대화를 하거나, 직장 상사와 이야기할 때 불안하고 긴장이 되어 얼굴이 붉어지거나, 가슴이 두근거리고, 말을 제대로 하지 못한다.

(6) 남들 앞에서 발표를 하는 등 남들이 자신을 관찰하고 평가하는 상황에 남의 시선을 의식하게 되고 그러한 상황을 두려워하여 자꾸 피하게 된다.

(7) 이러한 상황을 피하다 보면 나중에는 더욱 두려움이 커져서 더욱 그러한 상황을 회피하는 악순환을 되풀이 하게 된다.

(8) 사회공포증은 어떤 특정 상황만 두려워하는 사람과 광범위하게 여러 사회 상황을 두려워하는 사람으로 나눌 수 있다.

(9) 사회공포증은 10대 중반의 청소년기에 발병하는데 이는 지나친 자(自)의식으로 비롯되기 때문이다.

025 ④ 해리성 정체감 장애는 정체감(성격)의 수는 2개에서 100가지 이상 보고되고 있다. 대개는 10가지 이하의 정체감(성격)을 보인다. 특히 소아기에 심한 신체적 학대나 성적 학대를 경험한 경우 빈번하게 발생된다고 하지만, 소아기 기억들은 왜곡되기 쉽고 이런 장애를 가진 사람들이 최면 가능성이 높아 확실하지는 않다.

실력다지기

해리성 정체감 장애의 DSM - 5 진단기준(요약)

A. 2가지 이상의 뚜렷이 구분되는 주체성(정체성) / 인격이 환자를 교대로 통제한다.

B. 주요 개인정보 관련한 광범위 기억장애

C. 증상으로 인해 사회, 직업 기능의 현저한 장애

D. 증상이 문화나 종교적으로 넓게 받아들여지는 정상적인 범위를 벗어난 수준

E. 배제진단 - 물질 / 신체질환

026 1) 성격장애 A 그룹 : 기이하고 괴상한 행동특성을 나타내는 성격장애임

(1) 편집성 성격장애(Paranoid Personality Disorder)

(2) 조현성 성격장애(Schizoid Personality Disorder)

(3) 조현형 성격장애(Schizotypal personality Disorder)

2) 성격장애 B 그룹 : 극적이고 감정적이며 변화가 많은 행동이 주된 특징임

(1) 반사회성 성격장애(Antisocial Personality Disorder)

(2) 경계성 성격장애(Borderline Personality Disorder)

(3) 연극성 성격장애(Histrionic Personality Disorder)

(4) 자기애성 성격장애(Narcissistic Personality Disorder)

3) 성격장애 C그룹 : 불안과 두려움을 지속적으로 지니는 특징을 지니고 있음

(1) 회피성 성격장애(Avoidant Personality Disorder)

(2) 의존성 성격장애(Dependent Personality Disorder)

(3) 강박성 성격장애(Obsessive - Compulsive Personality Disorder)

027 ▶ **연극성 성격장애(Histrionic Personality Disorder)**
1) 과도하고 극적인 감정표현을 하고 지나치게 타인의 관심과 주의를 끄는 행동을 특징적으로 나타낸다.
2) 이러한 사람들은 항상 사람들로부터 주목받는 위치에 서고자 노력하고 외모에 신경을 많이 쓰며 자신을 과장된 언어로 나타내는 경향이 강하다.
3) 지나친 감정표현과 관심 끌기의 행동이 생활전반에 나타나는데 다음 특성 중 5개 이상의 항목을 충족시켜야 한다.
   (1) 자신이 관심의 초점이 되지 못하는 상황에서는 불편함을 느낀다.
   (2) 다른 사람과의 관계에서 흔히 상황에 어울리지 않게 성적으로 유혹적이거나 도발적인 행동을 특징적으로 나타낸다.
   (3) 감정의 빠른 변화와 피상적 감정 표현을 보인다.
   (4) 자신에게 관심을 끌기 위해서 지속적으로 육체적 외모를 활용한다.
   (5) 지나치게 인상적으로 말하지만, 구체적 내용이 없는 대화 양식을 가지고 있다.
   (6) 자기 연극화, 과장된 감정표현을 나타낸다.
   (7) 타인이나 환경에 의해 쉽게 영향을 받는 피 암시성이 높다.
   (8) 대인관계를 실제보다 더 친밀한 것으로 생각한다.

028 ① 모델링의 효과를 잘 설명하는 것은 2요인 학습이론이 아니라, 사회학습이론이다. 반두라는 모델링의 주된 기능을 반응 촉진(response facilitation), 억제와 탈억제(inhibition and disinhibition), 관찰 학습(observational learning)의 세 가지로 구별하였다.

029 ② 치매는 자기의 무능이나 손상을 숨기려 한다.
③ 우울증에서 알코올 등의 약물남용이 많다.
④ 우울증에서는 증상의 진행이 고르지 못한 데 반해 치매에서는 증상의 진행이 고르다.

실력다지기

치매와 구별할 수 있는 노인 우울증의 특징
1) 우울한 기분이 매우 두드러진다.
2) 일반 치매에 비해 인지기능 손상이 갑자기 나타난다.
3) 치매 환자들은 기억력이 떨어진 것을 감추려고 애쓰는데, 우울증 환자들은 기억력이 떨어진 것을 강조하며 도와달라고 말한다.
4) 최근 사건에 대한 질문을 받으면, 치매 환자들은 기억이 나지 않더라도 비슷하게 맞추려고 하는데, 우울증 환자들은 그냥 '모르겠다'고 쉽게 말해버린다.
5) 우울증상이 좋아졌다가 나빠졌다가 할 때 인지기능도 좋아졌다가 나빠졌다가 한다. 그러나 치매는 인지기능의 저하가 비교적 일정하게 유지된다.
6) 우울증에서 회복된 후에는 인지기능도 회복된다.
7) 우울증은 증상의 진행속도가 빠른 반면, 치매는 그 진행 속도가 느리다.
8) 우울증 환자는 자신의 인지능력 저하에 대해 불평을 하는 반면, 치매환자는 자신의 인지능력이 저하되어도 별로 불평하지 않는다.
9) 우울증 환자는 최근 기억과 오래 전 기억을 상실하는데 반해, 치매환자는 오래 전 기억보다는 최근 기억을 주로 상실한다.

예 치매를 앓는 분이 며느리는 기억을 하지 못하면서 어린 시절의 기억을 떠올리는 것이 그 경우에 해당된다.

10) 우울증 환자는 '귀찮다'는 말을 자주 하는 반면, 치매 환자는 귀찮다는 말보다는 매사에 더 잘하려고 노력하는 행동을 보인다.

030
① 반사환각 : 한 곳의 감각적인 자극으로 인하여 다른 기관에서 반응이 일어나는 현상을 말한다. 예컨대 치아를 자극했을 때 환청이 들리는 것을 말한다.

② 팬텀(phantom) 현상 : 이미 존재하지 않는 신체 부분에 대한 환각으로 사지를 절단한 후에 흔히 나타나는 현상이다. 이것은 사지절단 후에도 계속해서 그 부분의 감각을 느끼는 현상을 말한다.

③ 운동환각 : 운동 감각의 환각으로 신체가 공중에 뜨거나 잡아끌리거나 떨어져가는 느낌을 갖는 것이며, 조현병자나 또는 정상자의 경우 잠들 때의 환각에서 볼 수 있다.

④ 신체환각 : 사지가 절단되었거나, 말초신경이나 척수가 절단된 사지에서 일어나는 환상지 현상이 환각적 신체 경험 중 가장 흔한 형태이다.

※ 환상지 현상이란 일시적이긴 하지만, 사지가 절단된 환자가 아직 절단된 사지가 그대로 있는 것 같은 느낌을 가지는 현상을 말한다.

031
③ 사고와 언어가 괴이하거나 엉뚱하다.

※ 조현형 성격장애(Schizotypal personality Disorder) - 암기법 우리 형은 괴짜다!

실력다지기

조현성 성격장애(Schizoid Personality Disorder)

1) 분열성 성격장애는 감정표현이 없고 대인관계를 기피하여 고립된 생활을 하는 성격장애이다.

2) 이러한 성격의 소유자는 사람을 사귀려는 욕구가 없으며 생활 속에서 거의 즐거움을 느끼지 못하고 타인의 칭찬이나 비난에 무관심하며 주로 혼자 하는 활동에 종사하는 경우가 많다.

3) 우울증을 지니고 있는 경우가 흔하며 조현형, 편집성, 회피성 성격장애의 요소를 함께 지니고 있는 경우가 많다.

4) 사회적 관계에서 고립되어 있고 대인관계 상황에서 감정 표현이 제한되어 있는 특성이 성인기 초기부터 생활 전반에 나타나며 다음 특성 중 4개 이상의 항목을 충족시켜야 한다.
   (1) 가족의 일원이 되는 것을 포함하여, 친밀한 관계를 원하지도 즐기지도 않는다.
   (2) 거의 항상 혼자서 하는 활동을 선택한다.
   (3) 다른 사람과 성 경험을 갖는 일에 거의 흥미가 없다.
   (4) 만약 있다고 하더라도, 소수의 활동에서만 즐거움을 얻는다.
   (5) 직계가족 이외에는 가까운 친구나 마음을 털어놓는 친구가 없다.
   (6) 타인의 칭찬이나 비평에 무관심해 보인다.
   (7) 정서적인 냉담, 무관심 또는 둔마된 감정반응을 보인다.

032
② 편집성 성격장애는 타인의 행동을 적대적으로 해석하는 특성을 가지고 있다. 즉, 편집성 성격장애는 타인의 의도를 적대적인 것으로 해석하는 불신과 의심을 주된 특징으로 한다.

033 ① 주의력 결핍 및 과잉활동장애와 수줍음은 거리가 멀다.

▶ **주의력 결핍/과잉행동 장애(Attention Deficit/Hyperactivity Disorder, ADHD)**

1) 아동기에 많이 나타나는 장애로, 지속적으로 주의력이 부족하여 산만하고 과다활동, 충동성을 보이는 상태를 말한다.

2) 증상

  (1) 부주의, 과잉행동, 충동성을 보인다.

  (2) ADHD 아동들은 자극에 선택적으로 주의 집중하기 어렵고, 지적을 해도 잘 고쳐지지 않는다.

  (3) 선생님의 말을 듣고 있다가도 다른 소리가 나면 금방 그 곳으로 시선이 옮겨가고, 시험을 보더라도 문제를 끝까지 읽지 않고 문제를 풀다 틀리는 등 한 곳에 오래 집중하는 것을 어려워 한다. - 산만함

  (4) ADHD 아동들은 허락 없이 자리에서 일어나고, 뛰어다니고, 팔과 다리를 끊임없이 움직이는 등 활동 수준이 높다.

  (5) 생각하기 전에 행동하는 경향이 있으며 말이나 행동이 많고, 규율을 이해하고 알고 있는 경우에도 급하게 행동하려는 욕구를 자제하지 못하기도 한다. - 또래들과 어울리는 데 어려움

  (6) 유아기에는 증상으로 표현되기보다는 일상적인 행동이나 습관으로 나타날 수 있다.

  (7) 젖을 잘 빨지 못하거나 먹는 동안 칭얼거리고 소량씩 여러 번 나누어서 먹여야 하고, 잠을 아주 적게 자거나 자더라도 자주 깨며, 떼를 많이 쓰고 투정을 부리고 안절부절 못하거나, 과도하게 손가락을 빨거나 머리를 박고 몸을 앞뒤로 흔드는 행동을 하기도 한다.

  (8) 기어 다니기 시작하면 끊임없이 이리저리 헤집고 다니기도 하고 수면 및 수유 등 일과가 매우 불규칙적한 모습을 보이기도 한다.

034 ③ 공포 유발자극에 대한 과도한 불안반응 - 불안장애 중에서 특정 공포증에 해당한다.

> **실력다지기**
>
> 반사회성 성격장애(Antisocial Personality Disorder)
>
> 1) 사회적 규범이나 타인의 권리를 무시하는 행동양상을 주된 특징으로 한다.
>
> 2) 거짓말, 사기, 무책임한 행동, 폭력적 행동, 범법행위를 나타내고 이러한 행동에 대해서 후회나 죄책감을 느끼지 않는 경향이 있다.
>
> 3) 반사회성 성격장애자는 잦은 폭력과 범법 행동, 직업 적응의 실패, 가족 부양의 소홀, 성적 문란, 채무 불이행, 거짓말이나 사기 행각, 무모한 위험행동, 문화시설의 파괴행위 등을 나타냄으로써 주변 사람과 사회에 커다란 피해를 입히게 된다.
>
> 4) 아동기에 주의 결핍 - 과잉행동장애를 나타내거나 청소년기에 품행장애를 나타낸 경향이 있다.
>
> 5) 타인의 권리를 무시하거나 침해하는 행동양식이 생활전반에 나타나고 이러한 특성이 15세부터 시작되어야 하며 다음의 특성 중 3개 이상의 항목을 충족시켜야 한다.
>
>   (1) 다른 사람의 권리 침해
>
>   (2) 법에서 정한 사회적 규범을 준수하지 않으며 구속당할 행동을 반복한다.
>
>   (3) 개인의 이익이나 쾌락을 위한 반복적인 거짓말, 가명 사용, 타인을 속이는 사기 행동을 보인다.
>
>   (4) 충동성 또는 미리 계획을 세우지 못한다.
>
>   (5) 빈번한 육체적 싸움이나 폭력에서 드러나는 호전성과 공격성을 보인다.
>
>   (6) 자신이나 타인의 안전을 무시하는 무모성이 나타난다.

(7) 꾸준하게 직업 활동을 수행하지 못하거나 채무를 이행하지 못하는 행동으로 나타나는 지속적인 무책임성을 보인다.

(8) 타인에게 상처를 입히거나 학대하거나 절도행위를 하고도 무관심하거나 합리화하는 행동으로 나타나는 자책의 결여를 보인다.

6) 만 18세 이상이다.

7) 15세 이전에 품행장애를 나타낸 증거가 있어야 한다.

---

035 코르사코프 증후군

1) 비타민 B1(티아민)의 결핍으로 발생하는 신경계 질환이다.

2) 알코올 중독자에게 흔히 일어나는 병이며 그 외에도 비타민 B1을 넣지 않은 수액 주사를 오랫동안 맞은 중환자실 입원 환자 등에게서도 볼 수 있다.

3) 티아민 결핍으로 인해 발생하며 모든 생명체에게는 생존을 위해 티아민이 필요하지만 세균과 진균류 그리고 식물만이 체내에서 스스로 합성할 수 있기 때문에 다른 동물들은 먹이를 통해 티아민을 섭취해야 한다. 그런데 만성 알코올 중독자들은 제대로 된 식사를 하지 않고 술만 마시므로 전반적으로 영양공급이 부실해진다.

4) 또한 소화관에서 티아민의 흡수가 잘 되지 않고 알코올 중독으로 인한 지방간이나 간 섬유증(fibrosis)으로 인해 간에 저장된 티아민의 양이 줄어든다. 거기에 더해서 티아민의 체내 대사를 위해서는 마그네슘이 필요한데 만성적인 알코올 섭취로 인해 마그네슘이 결핍되고 이로 인해 티아민의 대사가 힘들어져서 체내 세포의 티아민 결핍을 더욱 부채질한다.

5) 이로 인하여 최근 및 과거 기억을 상실하고 새롭게 기억을 형성하지 못하는 인지손상장애이다.

실력다지기

간질

만성적인 신경 장애의 하나로, 이유 없는 발작을 특징으로 하며 뇌신경 세포의 불규칙한 흥분으로 뇌에 과도한 전기적 신호 발생을 원인으로 보고 있다.

혈관성 치매

① 뇌에 혈액 공급에 문제가 생기는 뇌경색으로 인한 치매를 말하며 노인에게 일어나는 치매 중 발병률을 기준으로 알츠하이머병에 이어 2위인 치매이다.

② 혈관성 치매는 경색이 일어난 곳의 수에 따라 단일 경색치매(single - infarct dementia)와 다중경색치매(Multi - infarct dementia)로 구분된다.

③ 보통 여러 곳에서 경색이 일어난 경우 치매로 이어진다.

헌팅턴 질환

① 상염색체(4번 염색체) 우성으로 유전되며 중년기에 발생하여 점점 진행하는 신경계의 퇴행질환으로 이상운동(무도증), 성격의 변화 및 치매가 나타나는 질환이다.

② 현재까지 헌팅턴 병의 진행을 막는 치료는 없다.

③ 조기 단계에서는 인지 장애와 더불어 정동장애(Mood disorder)로 인해 고통을 겪게 된다.

④ 우울증과 불안장애 등이 흔하며 적절한 상담과 삼환계 항우울제(Tricyclic antidepressant)나 benzodiazepine계 등의 약물이 도움을 줄 수 있다.

036 ④ 알코올 의존의 정신분석학적 원인으로는 과도하게 처벌적인 초자아와 구강기 고착이 있을 수 있으며, 이와 같은 무의식적인 갈등을 해소하기 위해 알코올을 사용한다고 한다.

037 ▶ **파국화(catastrophizing)**

1) 스트레스 상황들의 결과를 매우 부정적으로 파악하는 경향을 말한다. 즉, 이 왜곡은 개인이 걱정하는 한 사건을 취해서 지나치게 과장하여 두려워하는 것을 말한다.
2) 이런 오류를 가지는 사람들은 자신이 (또는 다른 사람이) 바로 그 상황이나 비슷한 상황들을 과거에 성공적으로 다루었음을 인식하지 못한다.
3) 범불안 장애 환자들은 인지내용에서 정신적 파국화(mental catastrophe) 경향을 보인다.
4) 자신을 계속 파국화시키는 사람은 재난에 대한 과장된 사고를 통해 세상에 곧 종말이 닥칠 것이라는 두려움 속에서 살아가도록 하는 원인이 된다.

> **실력다지기**
>
> ① 주지화(Intellectualization)
> 문학, 철학, 종교 등의 지적 활동에 몰입함으로써 성적 욕구나 갈등에서 벗어나고자 하는 것을 말한다. 난해한 관념적인 서적에 몰두하거나 추상적인 용어의 사용을 즐기며, 미술, 음악 등 예술적 관심이 증가하는 것은 청소년기 주지화의 한 양상으로 설명될 수 있다.
> ③ 침투적 사고(intrusive thoughts)
> 우연히 의식 속에 떠오르는 원치 않는 불쾌한 생각을 의미하며 대부분의 사람들이 흔히 경험하는 것이다. 이러한 침투적 사고는 일종의 내면적 자극으로서 그에 대한 의미를 부여하는 자동적 사고를 유발하게 된다. 즉 자동적 사고(automatic thoughts)는 침투적 사고에 대한 사고를 말하는데 거의 자동적으로 일어나고 매우 빨리 지나가며 잘 의식되지 않기 때문에 '자동적' 사고라고 부른다.
> ④ 노출(exposure)
> 위험이나 두려움을 지니고 있는 대상을 접하고 직면하는 것이다. 두려움과 위협을 느끼는 상황에 처할 때, 이전까지는 그저 회피하거나 도망치는 것으로 해결했던 것과는 달리, 반복적인 노출을 통해서 그런 두려움을 극복하려는 시도이다.

038 ④ 도파민을 활성화시키는 Amphetamine이 조현병 환자들의 증상을 강화시킨다.
* 도파민 과잉이 조현병을 유발한다는 도파민 가설은 환자에게 중추신경 흥분제인 암페타민(Amphetamine)을 투여하면 도파민계의 활성 증가가 일어나 조현병과 유사한 증상이 나타났다.

039 ▶ **정신지체수준에 따르는 기능영역 및 훈련가능 정도의 평가**

1) 정신지체(metal retardation)는 개인의 발달특성, 교육 및 훈련가능성, 직업적응도를 고려하여 분류할 수 있는데, 1차적으로 지능검사에 기초해 지체의 정도에 따라 분류한다.
2) IQ가 낮아도 사회적응을 잘하는 사람이 있고 비교적 높은 IQ를 가지고도 시설 등에서 지내는 경우가 있어 IQ와 사회성숙도를 함께 고려한다.
   (1) 가벼운 정도의 정신지체(IQ 50～70)
   교육 가능한 부류로서 전체 정신지체의 80% 정도를 차지하며 학령기 전에는 최소의 감각운동 지연만 있어서 흔히 비장애아와 구별되지 않을 수도 있고 10대 후반까지 6학년 수준의 학습이 가능하며 성년이 되면 최소의 독립생활을 할 수 있는 사회적·직업적 기술을 성취할 수 있다.

(2) 중간 정도의 정신지체(IQ 35~49)

훈련 가능한 부류로서 전체 정신지체자 중 약 12%가 이에 해당되며 학령기 전에 말하거나 의사소통이 가능하기도 하고 학령기에는 사회적·직업적 기술훈련으로 도움을 받을 수 있으나 2학년 수준 이상의 학습은 곤란하며 성년이 되면 적절한 지도하에 비숙련 또는 반숙련 노동이 가능하다.

(3) 심한 정신지체(IQ 20~34)

전체의 약 7%를 차지하고 학령기 전에 빈약한 운동발달 및 최소의 언어구사를 보이고 의사소통이 거의 불가능하며 학령기가 되어야 말하는 것을 배울 수 있고 초보적인 위생습관의 훈련이 가능해지고 성년기에는 완전지도하에서 단순작업을 할 수 있다.

(4) 극심한 정신지체(IQ 20미만)

전체의 약 1% 미만에 불과하지만 성년이 되어서도 언어의 발달이 극소하여 훈련에 의하여 신변처리 능력이 겨우 이루어질 수 있고 생활 전반에 지속적인 간호 및 지도가 필요하다.

040 ▶ **기능성 신경학적 증상 장애(=전환장애)**

1) 정신적 요인이 신체 증상으로 나타나는 신체화의 한 형태에 해당된다.

2) 기능성 신경학적 증상 장애의 경우 신경계(신경성) 장애 증상과 유사한 신체 증상이 나타난다. 증상은 갈등이나 기타 스트레스 등 정신적 요인에 뒤이어 발생할 수 있다.

3) 아동기 후기 또는 성인기 초기에 발달하는 경향은 있지만, 어느 연령에서나 나타날 수 있고 여성에서 더 일반적으로 나타난다.

041	③	042	③	043	③	044	②	045	④	046	②	047	②	048	③	049	④	050	②
051	②	052	①	053	③	054	④	055	②	056	③	057	③	058	①	059	②	060	④

041 ③ 비구조화된 면담은 개방형 질문을 사용하기 때문에 중요한 정보를 깊이 있게 탐색할 수 있다. 나머지 지문은 구조화된 면담의 장점(높은 신뢰도, 연구 활용도 높음, 점수화 용이 등)이다.

실력다지기

면담법

면담진행 절차에 따라 구조화된 면담법(structured interview)과 구조화되지 않은 면담법, 그리고 반구조화된 면담법으로 나눌 수 있다.

1) 구조화된 면담법
   (1) 사전에 치밀한 계획을 세워서 면담을 진행시키는 방법을 말한다.
   (2) 이 계획에는 면담상의 일반적인 주의사항, 질문내용, 구조화된 조사표, 질문의 순서, 질문의 방법 등이 요구된다.
   (3) 구조화된 면담법에서는 정보를 비교할 수 있고 신뢰도가 높으며 미숙한 면담자도 실시할 수 있을 뿐 아니라, 질문어구나 언어구성에서 오는 오류를 방지할 수도 있다.

2) 구조화되지 않은 면담법(비구조화 면담)
   (1) 면담목적만 명백히 하고 면담자에게 면담방법을 일임하는 방법을 말한다.
   (2) 필요한 정보를 알아내기 위해 질문의 구성이나 순서, 방법 등을 면담자가 다 알아서 하기 때문에 면담상황에 따라 융통성 있게 진행시킬 수 있다.
   (3) 그러나 면담을 위한 고도의 기술이 필요하며, 면담의 표준화를 할 수 없다는 문제점을 지니고 있다.

3) 반구조화된 면담법
   (1) 사전에 치밀한 계획은 세우되, 면담할 때는 면담자가 융통성 있게 진행시키는 방법을 말한다.
   (2) 면담진행에 있어 사전 계획의 영향을 많이 받기 때문에 구조화되지 않은 면담법에 비해 융통성은 훨씬 덜하다고 볼 수 있다.
   (3) 반구조화된 면담법은 구조화된 면담법과 비구조화된 면담법의 장단점을 절충한 것으로서 실제로 가장 많이 사용되고 있다.

042 ④ 단기 기억력 등 특정 능력은 한 가지 소검사에서만 측정되는 것이 아니라, 종합적인 고려에 의해 측정이 된다.

043 Luria - Nebraska 신경심리검사 척도에 ③ 집중은 없는 내용이다.

실력다지기

Luria - Nebraska 신경심리검사

Luria - Nebraska 신경심리검사(LNNB : Luria - Nebraska Neuropsychological Battery)는 운동, 리듬, 촉각, 시각, 언어이해, 언어표현, 쓰기, 읽기, 산수, 기억, 지적 과정의 11개의 소검사로 구성되어 있으며 신경심리학적 기능을 포괄적으로 평가할 수 있다. 이 검사는 환자의 결함을 평가할 때 요구되는 소검사만을 선별적으로 실시할 수 있기 때문에 검사시간이 짧으며 검사도구와 절차가 간편한 장점을 지니고 있다.

② 캘리포니아 성격검사(CPI)는 성격 특질이론 혹은 유형이론에 입각하여 개발된 성격 검사가 아니라, 정상적인 피험자에 사용할 수 있는 검사로서 만일 대인관계 효능성과 내적 통제에 대해서 정상적인 사람들에게 적용하도록 의도된다면, CPI는 좋은 검사가 된다.

실력다지기

성격 특질이론 혹은 유형이론에 입각하여 개발된 성격 검사들

1) 아이젱크 성격검사(EPI)
   (1) Eysenk는 소수의 성격차원만이 존재하며, 개인은 이러한 차원들에서 정도의 차이에 의해 독특한 특질을 소유하게 된다고 주장하였다.
   (2) Eysenk는 요인분석을 통하여 세 가지 성격 차원들을 발견하였는데 초기에는 외향성 - 내향성(extroversion - introversion) 차원과 안정성 - 불안정성(stability - instability) 차원 또는 신경증적 경향성(neuroticism) 차원이라고 불리는 두 개의 차원을 발견하였고, 그 후에 정신병적 경향성(psychoticism) 차원을 첨가하였다.
2) NEO - PI - R(NEO - Personality Inventory - Revised)
   (1) 올포트(Allport)는 주 특성, 중심 특성, 이차적 특성으로 구분하여 설명하고 있으며 아이젱크(Eysenck)는 그의 성격검사에서 정신병적 경향성, 외향성 - 내향성, 신경증적 경향성, 허위성(Lie) 척도를 제시하고 있다.
   (2) NEO - PI - R은 1992년 코스타와 맥크레이(Costa & Mccrae)에 의해 개발된 것으로서, CPI, MMPI, MBTI 등의 성격검사들을 [결합요인 분석]을 하여 공통적으로 추출되는 요인을 발견하고자 한 결과의 산물이다.
3) 다요인 인성검사(16 성격검사, 16 - PF)
   (1) Raymond B. Cattell의 성격특성이론을 근거로 제작하였으며, 거의 모든 성격범주를 포괄하고 있어 일반인들의 성격 이해에 매우 적합한 검사이다.
   (2) 이 검사는 임상장면에서 정신과 환자들의 문제를 진단하는데도 매우 유용한 검사이다.

④ 검사 - 재검사 신뢰도 방법으로 심리검사의 신뢰도를 구할 때는 경비가 많이 들고 시간이 너무 오래 걸려 비효율적이다.

실력다지기

검사 - 재검사 신뢰도 방법으로 심리검사의 신뢰도를 구할 때의 단점

1) 두 검사 사이의 시간 간격이 너무 길면 측정대상의 속성이나 특성이 변할 가능성이 있다.
   - 성숙효과 또는 반응민감성 효과
2) 반응 민감성에 의해 검사를 치르는 경험이 개인의 진점수를 변화시킬 가능성이 있다.
   - 성숙효과 또는 반응민감성 효과
3) 두 검사 사이의 시간 간격이 너무 짧으면 첫 번째 검사 때 응답했던 것을 기억해서 그대로 쓰는 이월효과가 있다. - 이월효과 또는 기억효과
4) 그 외에도 측정 기간 중에 일어난 통제 어려운 사건에 의한 영향인 역사요인(우연한 사건)과 물리적 환경의 변화가 영향을 미칠 수 있다.

046 ② 베일리 발달척도(BSID - Ⅱ)를 구성하는 하위 척도에 사회성 척도(social scale)는 없다.

BSID - Ⅱ 검사는 3가지 척도, 즉 정신척도(Mental Scale), 운동척도(Motor Scale), 행동평정척도(Behavior Rating Scale, BRS)로 구성되어 영유아의 언어, 인지, 대근육, 소근육 발달의 강점과 약점을 측정할 뿐만 아니라 영유아의 상호 작용 방식과 사회성도 함께 측정해 주는 포괄적인 종합검사로써 영유아 능력을 정확히 평가한다.

실력다지기

베일리(Bayley, 1969)의 영아발달척도(BSID - Ⅱ)

1) 검사 대상 : 생후 2~30개월 된 영아 대상
2) 영아발달척도의 구성 척도
    (1) 운동척도(Motor Scale) : 운동능력의 평가
        - 소근육 발달 : 잡기, 쓰기, 도구의 사용, 손 운동의 모방 등
        - 대근육 발달 : 구르기, 기기, 앉기, 서기, 걷기, 뛰기, 균형 잡기 등
    (2) 정신척도(Mental Scale)
        - 인지 발달 : 기억, 문제해결, 일반화, 분류, 변별, 타인 조망, 숫자 세기 등
        - 언어 발달 : 발성, 어휘, 수용 언어, 표현 언어, 전치사 사용 등
        - 개인/사회성 발달
    (3) 행동평정 척도(BRS: Behavior Rating Scale) : 사회적 반응이나 목표지향성 같은 아동의 행동평가
        - 아동의 주의 및 각성 상태
        - 과제 및 검사자에 대한 참여 정도, 정서 조절
        - 운동의 질
3) 운동척도와 지적 척도를 합쳐서 발달지수(DQ)를 계산함
4) 베일리 척도의 유용성
    영아들에게 정신적인 결함이나 신경학적 결함, 시각, 청각, 언어 또는 사회적 반응에서의 문제점을 발견해 내는 데 유용함

047 ② 외상성 뇌 손상의 심각도에 영향을 미치는 요인에 성격은 관련이 없다.

실력다지기

외상성 뇌 손상의 심각도에 영향을 미치는 요인 - 위험 요인(Risk Factors)

1) 외상성 뇌 손상(Traumatic brain injury : TBI)은 주로 교통사고, 넘어짐, 폭력의 행위, 스포츠 상해로부터 발생한다. - 반복된 두부외상
2) 여성보다 남성에게 2배 정도 더 많이 일어날 가능성이 있다. - 성별
3) 아동 또는 십대청소년에게 더 많이 일어날 가능성이 있다. - 연령
4) 약물 남용 - 상해 전 알코올 남용 여부
    (1) 외상성 뇌 손상을 입은 후 병원에 입원한 환자들 중 약 절반(40~60%)가량이 입원 당시에 약물에 취해있다.
    (2) 약물에 취한 어른들이 입은 외상성 뇌 손상 대부분의 원인은 자동차 사고, 추락, 폭행 순서이다.
    (3) 폭행과 관련된 수많은 손상은 알코올, 마약의 사용, 또는 공격한 사람이나 공격당한 사람 중 한 사람에 의한 알코올 및 마약 사용, 또는 그 두 사람 모두의 알코올 및 마약 사용과 관계가 있다.

5) 사회경제적 지위도 외상성 뇌 손상 확률에 영향을 끼친다.

소득이 낮은 사람들, 특히 인구밀도가 높은 지역(도심)에 사는 사람들은 인구밀도가 낮은 지역에 사는 고소득자들보다 외상성 뇌 손상(주로 폭행 및 추락으로 인해)에 걸릴 확률이 더 높다.

048 **▶ 학습성취도 관련 검사**

1) 기초학습 기능검사

2) 우드콕 - 존슨 학습능력평가 심리적 배터리(Woodcock - Johnson Psychoeducational Battery)

3) 광범위 성과테스트(Wide - Range Achievement Tests, WRAT),

4) 스탠포드 성취도 검사(Stanford Diagnostic Achievement Tests)

5) 메트로폴리탄 성취도 검사(Metropolitan Achievement Tests)

6) Peabody Individual Achievement Test

7) SRA 성취도 검사(SRA Achievement Test)

실력다지기

1) Vineland Adaptive Behavior Scales

Vineland 적응행동검사(Vineland Adaptive Behavior Scales, VABS)는 개인의 적응행동 기능을 평가하는 표준화된 검사이다. 1935년 미국의 교육심리학자 Edgar Doll이 개발한 이 검사는 1985년 한국에 도입되어 현재까지 사용되고 있다. VABS는 3세에서 90세까지의 모든 연령대를 대상으로 할 수 있다.

2) Wisconsin Behavior Rating Scale - 사회 적응능력 척도

Wisconsin Behavior Rating Scale(WBRS)은 발달 수준이 3세 이하인 개인의 적응 행동 기술을 평가하기 위해 설계된 검사도구이다. 11개의 하위 척도로 구성되어 있으며, 발달 장애를 가진 유아와 어린이의 적응 행동을 평가하는 데 신뢰성과 타당성이 높다.

3) Conners Teacher Rating Scale

Conners Teacher Rating Scale(CTRS)은 주로 ADHD(주의력 결핍 과잉 행동 장애)와 관련된 아동의 문제 행동을 평가하기 위해 교사가 사용하는 평가 도구이다. 이 척도는 3세에서 17세 아동을 대상으로 하며, ADHD 진단뿐만 아니라 치료 효과를 평가하는 데에도 유용하게 사용된다.

049 ④ GATB 직업적성검사의 하위검사에 운동기능검사는 없다.

▶ 일반적성검사(GATB)

하위 검사명(15개)	검출되는 적성(9개)		측정방식
기구대조검사	형태지각(P)		
형태대조검사			
명칭비교검사	사무지각(Q)		
타점속도검사	운동반응(K)		
표식검사			
종선기입검사			
평면도 판단검사	공간적성(S)		
입체 공간검사		지능(G)	
어휘검사	언어능력(V)		
산수추리검사	수리능력(N)		
계수검사			

환치검사	손의 재치(M)		동작(수행)검사
회전검사			
조립검사	손가락 재치(F)		
분해검사			

050 ② 지능검사는 보통 집단보다는 개인을 단위로 평가하는 경우가 많다. 웩슬러 지능검사는 집단용 검사라기보다는 개인용 검사에 해당한다. **집단 지능검사는 군대 알파(언어 능력) 검사, 군대 베타(동작 능력) 검사가 있다.**

051 ② MMPI와 비교할 때 성격평가 질문지(PAI)는 임상척도의 수가 더 많다.
> **CF** MMPI는 full form(566문항 = 550문항 + 동일문항 중복 16문항)과 short form(383문항)으로 구성되어 있으며 4개의 타당성 척도와 10개의 임상척도로 구성되어 있다.

실력다지기

성격평가 질문지 (PAI, Personality Assessment Inventory)

1) PAI의 개념
  (1) 성인의 다양한 정신 병리를 측정하기 위해 구성된 성격검사로 임상진단, 치료계획 및 진단집단을 변별하는 데 정보를 제공해 줄 수 있을 뿐만 아니라 정상인에게도 적용할 수 있는 성격검사이다.
  (2) 과거 정신장애 진단분류에서 중요하게 다루어지는 임상증후군들을 선별하여 측정할 수 있도록 하였다.
  (3) 성격평가질문지(PAI)는 미국의 심리학자 Morey(1991)가 개발한 성인용 성격검사로서 자기보고형 질문지이다.
  (4) 총 344문항, 총 22개 척도, 4점 척도(전혀 그렇지 않다(0), 약간 그렇다(1), 중간 정도이다(2), 매우 그렇다(3))로 구성되어 있다.
  (5) 4개의 타당성 척도, 11개의 임상척도, 5개의 치료척도, 2개의 대인관계 척도로 구성되어 있으며, 이 중 10개의 척도는 3~4개의 하위 척도를 포함하고 있다.
  (6) 각각의 척도들은 타당성 척도, 임상척도, 치료고려척도, 대인관계척도 등의 4가지 척도군으로 분류하고 있는데, 이 중에서 환자의 치료동기, 치료적 변화 및 치료결과에 민감한 치료고려척도, 대인관계를 지배와 복종 및 애정과 냉담이라는 2가지 차원으로 개념화하는 대인관계척도를 포함하고 있는 것이 특징이다.

2) PAI의 구성척도
  (1) 타당도 척도 : 비일관성 척도, 저빈도 척도, 부정적 인상척도, 긍정적 인상척도
  (2) 임상척도 : 신체적 호소 척도, 불안척도, 불안 관련장애 척도, 우울척도, 조증척도, 망상척도, 정신분열병 척도, 경계선적 특징 척도, 반사회적 특징 척도, 알코올 문제 척도, 약물문제 척도
  (3) 치료고려 척도 : 공격성 척도, 자살관념 척도, 스트레스 척도, 비지지 척도,
  (4) 대인관계 척도 : 지배성 척도, 온정성 척도

052 ▶ 4 - 9 / 9 - 4 형태(코트 타입) - MMPI
1) 생각과 행동의 과잉, 갈등, 자기중심적 사고방식으로 타인과의 마찰이 많다.
2) 반사회적 성격장애를 가질 수 있다.
3) 충동적이고 무책임하며 타인과 관계에서 신뢰성이 없다.
4) 우울증 환자의 경우 자살위험이 있다.
5) 활동에너지가 높다.

1) 척도 4에서 높은 점수의 의미
  ① 충동성, 참을성 부족, 즉각적인 충족 원함
  ② 욕구 좌절에 대한 인내력 부족
  ③ 결과를 고려하지 않은 채 행동으로 옮김
  ④ 경험으로부터 배우지 못함
  ⑤ 권위나 규범에 대한 거부감, 분노, 저항성, 비사교적, 반사회적 행동
  ⑥ 적대적, 공격적, 대립적, 고집 센
  ⑦ 공감/친밀감 형성 곤란, 자기중심적, 타인의 욕구/감정에 둔감
  ⑧ 과시적, 허세적
  ⑨ 무책임성, 신뢰 결여, 대인관계 악순환
  ⑩ 소란스럽고 갈등이 많은 가족관계, 가족구성원에 대한 비난
  ⑪ 외향적, 적극적, 정력적, 자발적, 그러나 명확한 방향 부재
  ⑫ 공허감, 슬픔, 두려움
  ⑬ 학업성취 저하, 직장생활 곤란, 결혼생활 문제
2) 척도 9에서 높은 점수의 의미
  ① 정서적 흥분성 및 불안정, 말이 빠르고 많음, 경쟁적, 화를 잘 냄
  ② 기분의 불안정한 변동, 주기적 우울감
  ③ 사고의 비약, 과대망상, 긴장, 안절부절, 충동억제 곤란
  ④ 자아팽창, 고양된 기분, 다양한 흥미
  ⑤ 과도하고 목적이 없는 활동, 생각보다 행동 선호
  ⑥ 외향적, 사교적, 어울림 선호, 지배적, 피상적

053 ③ 신뢰성 점수(F)가 T 80 이상인 사람은 고의적으로 나쁘게 왜곡하여 대답했을 가능성이 있다.

MMPI의 타당도 척도
1) 무반응 점수(?)
  MMPI – 2에서는 단축형 검사 실시를 쉽게 하기 위해서 원판 타당도 척도(L, F, K)와 임상척도들은 최초 370문항 안에 모두 배치하였기 때문에 대부분의 무응답 문항이 370번 문항 이후에 나타났다면, 단지 무응답 문항의 수가 많다는 이유만으로 전체 검사결과의 타당성을 의심할 필요는 없다.
2) L(Lie)척도(15문항) – 부인척도
  자신을 지나치게 완벽하고 이상적으로 꾸며내는 것을 포착한다.
3) F(InFrequency)척도(64문항) – 비전형척도
  (1) 응답이 얼마나 평균으로부터 벗어나 있는지(비전형적인지)를 측정한다.
  (2) 높은 점수의 경우 정신병이나 실직, 이혼, 사별 등에 의한 혼란된 감정상태를 반영하는 것이다.
4) K(Correction)척도(30문항) – 교정척도
  (1) 자기옹호나 자기방어, 그 반대로 자신의 결점 및 약점 노출 정도를 측정한다.

(2) 높은 점수를 보인 사람은 자신에 대해 지나치게 방어적이고 긍정적인 면만 나타내 보이려고 하는 사람이다.

(3) 중간 정도의 점수를 보인 사람은 자아강도가 높고 정서적 방어가 효과적이며 현실접촉이 좋으며 대처기술이 탁월한 사람이라고 평가할 수 있다.

5) F(비전형, Infrequency)척도

T점수	프로파일 타당성	점수 상승의 가능한 이유
80 이상	무효일 수 있음	무선반응 / 고정반응, 심각한 정신병리
65~79	과장된 것일 수 있음. 그러나 유효할 것임	문제를 과장하여 표현함
40~64	유효할 것임	
39 이하	방어적일 수 있음	문제를 부인하여 응답했을 수 있음

054 ④ WMS - R(또는 WMS - III)는 기억 장애를 보이고 있는 환자에게 기억 및 학습능력을 평가하는 데 가장 적합한 척도이다.

WMS - R(또는 WMS - III)

1) 개정판 Wechsler 기억 검사(Wechsler Memory Scale - Revised, WMS - R ; Wechsler, 1987)는 성인의 기억 기능을 평가하는 데 널리 사용되는 검사 도구 중 하나로, 난치성 간질 환자에서도 수술 전과 후의 기억력을 평가하는데 흔히 사용되고 있다.

2) WMS - R의 시각성 기억 검사가 지닌 한계점을 보완하기 위해 개발된 새로운 검사 도구들이 제3판 Wechsler 기억 검사(WMS - III ; Wechsler, 1997)에 제시되고 있다.

실력다지기

1) Trail Making Test(추적검사)

숫자나 문자 등을 선 잇기를 통해 집중력, 정신적 추적능력, 시각적 탐색, 운동기능을 측정한다.

2) SCL - 90 - R(간이정신 진단 검사)

9개의 증상척도와 3개의 타당성 척도로 구성된 90문항의 자기보고식 다차원 증상목록 검사로 정신 건강과 부적응 정신증을 측정하는데 사용하는 검사도구이다.

3) Face - Hand Test(얼굴 - 손 검사법)

이중 동시자극법으로 환자가 눈을 감은 상태에서 얼굴이나 손 등에 동시적으로 주어지는 자극을 맞추도록 함으로써 촉각 부주의, 감각계 이상을 평가하기 위한 지각검사이다.

055 직업지도를 하기 위하여 실시해야 할 표준화 검사는 적성검사가 적합하다. 적성검사는 많은 분야에서 자신이 담당할 직업을 성공적으로 수행하기 위하여 개개인의 특성과 직업분야에서 요구되는 특질을 서로 대비해서 그 적응정도를 측정하는 것이다.

056 ③ 문장완성검사(SCT)는 완성되지 않은 문장을 완성하도록 되어 있는 투사검사 중의 하나이다.

> **📝 오답노트**
>
> ① 심사숙고하여 떠오르는 생각을 기록하도록 하는 검사는 없다.
> ② 인격 심층에 관한 정보를 알기에 한계가 있다. 그 이유는 문장완성검사(SCT)가 투사적 검사이지만, 구조화되어 있어서 인격의 심층적 정보를 파악하는 데 한계가 있다.
> ④ 문장완성검사(SCT)는 구조화되어 있어서 상상력과 창의력을 평가하는 데 한계가 있으며 반면 로샤 검사나 주제통각 검사는 상상력과 창의력을 알아보는 데 적합하다.

057 ▶ 덴버발달 선별검사(Denver Development Screening Test : DDST)

대상	주요 특징	개발자

생후 1개월 ~ 6세 유아	1) 생후 1개월에서 6세까지의 Denver시에 거주하는 정상소아 1,036명을 대상으로 105개의 항목을 사용하여 표준화한 검사
	2) 4가지 영역
	  (1) 전체운동(gross motor)
	  (2) 언어(language)
	  (3) 미세운동 - 적응기능(fine motor - adaptive)
	  (4) 개인성 - 사회성(personal - social)
	3) 피검사자의 연령에 알맞은 여러 가지 과제를 제시하여 그것을 수행하도록 되어 있다.
		W. K Frankenburg (1967년)
		
		1990년 2판 개정

058

> **📝 오답노트**
>
> ② 신경심리평가에서는 전통적인 지적 기능평가와 성격평가가 필요하다.
> ③ 정상인과 노인의 기능평가에 사용된다.
> ④ 뇌손상은 단일한 행동지표라기보다는 다양한 지표에 의해 검사, 평가된다.

> **실력다지기**
>
> 신경심리검사
>
> 1) 신경심리검사의 의의
>   신경심리학적 평가란 신경심리학 검사도구들을 사용하여 피검사자의 정보처리 능력, 행동실행능력, 언어능력, 고등인지능력 등을 평가하여 뇌기능 손상에 대한 종합적인 평가를 내리고 뇌손상 부위와 정도를 추론하는 과정이다.
> 2) 종합심리평가
>   (1) 인지기능, 정서 상태, 성격 특징, 핵심 갈등 영역, 대인관계, 심리적 자원 등 심리적 기능 전반을 종합적으로 탐색·평가한다.
>   (2) 진단과 더불어 심리치료 계획 수립을 위한 체계적인 분석을 실시한다.
>   (3) 가장 포괄적인 심리평가로서 정신과적 진단 목적 또는 병사용 및 정신감정용 진단서에 첨부될 공인 보고서를 필요로 하는 경우에도 실시된다.
>   (4) 소요시간은 약 3시간 30분 정도이며, 심층면접이 포함된다.

059 ▶ 비네(Binet, 1905)

1) 지능이란 잘 판단하고, 이해하고, 추리하는 일반적이고 기본적 능력으로서 그 구성요소는 판단력, 이해력, 논리력, 추리력, 기억력이며, 이러한 기본적 능력이 행동차원에서 평가될 수 있다.

2) 비네는 1903년에 자기의 두 딸을 대상으로 기억, 상상, 의지 등에 대해 연구한 「지능의 실험적 연구」를 발표하고 1905년 Simon과 초등학교 입학 시에 있어서 정신박약아의 식별을 목적으로 한 30문항의 검사법을 제안하였다.

> **실력다지기**
>
> 1) 갈튼(Galton)
> 갈튼은 인간의 정신적 특성에 깊은 관심을 갖고 1859년에 『천재의 유전(Hereditary Genius)』이란 책을 발간하였다. 그 후 1873년에 『인간의 능력과 그 발달에 관한 탐구(Inquiries into Human faculty and Its Development)』란 책을 저술하였는데 이것을 인간의 개인차에 관한 과학적인 연구와 심리진단검사의 시초라고 본다.
>
> 2) 스피어만(Spearman, 1904)
> 모든 지적 기능에는 공통 요인과 특수 요인이 존재한다는 2요인설을 제시하였다.
>
> 3) 웩슬러(Wechsler, 1939)
> 지능은 유목적적으로 행동하고, 합리적으로 사고하고, 환경을 효과적으로 다루는 개인의 종합적인 능력으로 성격의 다른 부분과 분리될 수 없으며 이러한 인지적, 정서적, 동기적 측면을 모두 포함하는 전체적 능력이다.

060 ④ 배터리 검사는 자동화된 해석체계가 존재하고 있어 이는 다양한 심리검사를 실시하는 검사자의 채용을 촉진한다.

> **실력다지기**
>
> 심리검사 배터리(Test Standard Battery)
>
> 1) 배터리(Battery)란 <한 벌>, <한 갖추어진 기구들>이라는 의미로 심리검사는 배터리로 실시되어 평가되는 기능에 관한 자료가 종합적이다.
>
> 2) 심리검사는 한 가지 검사나 또는 몇 가지 검사가 상황에 따라 선택되어 실시되는 것이 아니라, 검사가 필요하여 실시되는 경우에는 표준 배터리 검사들이 필수적으로 함께 실시되어야 한다.
> 그 이유는 신뢰도가 증가되고 다른 수준의 성격측면과 여러 기능들이 측정되기 때문이다.
>
> 3) 예를 들면, 객관적 검사와 투사적 검사가 측정하는 성격의 차원이 다르며, 투사적 검사 간에도 측정되는 무의식 수준의 깊이가 다르다.
>
> 4) 개인의 성격과 능력, 임상적 증상을 종합적으로 평가할 수 있어 검사의 구성에 따라서 개개 환자의 원래 기능수준에 대한 평가가 가능하다.
>
> 5) 임상경험에서, 예를 들면 객관적 검사인 MMPI에서는 신경증적 수준의 증상이 표현되고 있으나 투사적 검사에서는 잠재되어 있는 정신병리적 요소가 표현되어 있거나 정신병리적 진행이 잠재적 수준에서 이루어지고 있음이 나타나는 경우가 있다.
>
> 6) 심리진단 검사(검사에 대한 충분한 이해가 있어야 가능)가 한 가지 또는 소수의 검사로 실시되어지는 경우, 예외적인 특수한 경우를 제외하고는 심리검사는 배터리로 실시되어야 한다.

7) 배터리로 사용되는 검사(연구와 임상평가 목적으로 사용 가능)

웩슬러 성인용 지능검사(Wechsler Intelligence Scale), 다면적 인성검사(MMPI), 로르샤흐 검사(Rorschach techniques), 주제통각검사(TAT), 인물화 검사(Draw – A – Person Test), 벤다 – 게슈탈트 검사(BGT), 문장완성검사(Sentence Completion test)

061	②	062	④	063	①	064	②	065	③	066	②	067	①	068	④	069	②	070	③
071	④	072	④	073	②	074	②	075	①	076	③	077	③	078	①	079	②	080	③

061 ▶ 임상심리학자의 윤리성

1) 유능성

임상심리학자는 자신이 수행할 역량이 있는 업무만 해야 하며 자신의 강점과 약점, 자신이 가지고 있는 기술과 그것의 한계에 대해 충분히 자각하여야 한다.

2) 성실성(정직)

임상심리학자는 전문인으로서 타인을 다룰 때 공정하고 거짓이 없어야 하고, 성실하고 정직한 자세로 내담자에게 자신의 서비스로부터 기대할 수 있는 바를 설명하며, 자신의 직업과 관련하여 스스로의 요구 및 가치가 어떠한 영향을 미치는지 알고 있어야 한다. 특히 성실성에서는 환자나 내담자와 부적절한 이중관계나 착취관계, 성적 관계를 금한다.

3) 전문적, 과학적인 책임

임상심리학자는 전문가로서 행동할 때 높은 수준을 유지해야 하며, 전문적이고 과학적인 기초 위에서 활동함으로써 자신의 지식과 능력의 범위를 인식할 의무가 있다.

4) 인간의 권리와 존엄에 대한 존중

임상심리학자는 타인의 비밀과 사생활 관리를 지켜주어야 하고, 각 개인의 개성과 문화의 차이에 민감해야 하며, 자신의 일방적인 지식과 편견을 지양해야 한다.

5) 타인의 복지에 대한 관심

임상심리학자는 전문적인 지식을 활용하여 타인을 돕기 위해 노력해야 하고 자신이 제공하는 서비스를 통해 타인의 삶의 질이 개선될 수 있도록 노력해야 한다.

6) 사회적 책임

임상심리학자는 자신의 기술을 사회에 이익이 되도록 사용해야 하고 타인을 돕고, 인간의 행동과 심리에 모순되거나 부당한 착취의 우려가 있는 정책에 대해 반대하여야 한다.

062

제2차 세계대전으로 인해 군인들에 대한 심리치료의 필요성이 급증하게 되었고, 정신과 인력은 부족하여 임상심리학자의 역할에 대한 요구가 증대되었다. 임상심리학이 전문직으로서 인정을 받고 영역이 크게 확대된 계기는 제2차 세계대전이다.

📝 오답노트

① 임상심리학의 발전에 최초로 가장 직접적인 공헌을 한 사람은 Witmer이다. Witmer는 심리학의 실용적인 적용영역을 '임상심리학'으로 명명하였다.

② 1910년대의 Witmer에 의해 표준화된 심리검사의 사용이 증가된 것이 아니라, 1905년 Binet - Simon은 아동의 정신지체를 변별하기 위해 지능검사를 개발하였다.

③ Witmer가 1896년 최초의 심리치료소(심리상담소)를 설립하여 학습장애나 행동장애를 겪는 아동에 대한 치료를 하였다.

063 ① 정신재활치료에서의 사례관리는 다양한 서비스들의 중복적인 공급 또는 부적절한 제공을 방지하기 위해 관련 서비스들을 조정, 통합하는 것으로, 임상심리학자의 고유한 역할은 아니다.

064 ② MMPI의 임상척도는 T점수로 변환하여 규준집단에서 비교한다. T점수는 평균 50, 표준편차 10이다.

065 ③ MMPI는 정신질환자를 평가하고 진단함에 있어, 보다 효율적이고 신뢰로운 심리검사를 개발하려는 목적으로 제작된 검사이다. 이는 이전의 논리적 제작방식에서 벗어나, 외적 준거접근 및 경험적 준거타당도 방식(준거집단 방법 및 경험적 접근법)을 활용하여 제작하였다.

066 ② 상담관계에서 내담자가 처음부터 새로운 방식에 잘 적응하고 반응하는 것이 아니며, 내담자는 자신의 문제에 대하여 잘 표현하지 못할 수 있으며 또한 자신의 문제에 대하여 이야기를 할 때 저항이 있을 수 있다.

067 ① 문제에서 학급에서 가장 잘 떠드는 철수는 수업 중 떠드는 행동을 하지 않는다면, 교사에게 칭찬을 받을 것이라고 지시를 받았다면 차별강화에 해당한다. 다만, 실제로 학급의 모든 학생들이 한 두 번씩은 수업 중 잡담을 하곤 한 것으로 봐서는 발생률이 낮은 행동에 대한 차별 강화(저율차별강화, differential reinforcement of lower rates of behavior: DRL)에 해당한다. 차별강화는 바람직한 목표 행동에 대해서는 강화를 하고 바람직하지 못한 행동에 대해서는 소거를 응용함으로써 문제행동을 줄여 나가는 강화기법이다.

> **실력다지기**
>
> 차별강화의 종류
>
> 1) 고율 차별강화(DRH : differential reinforcement of higher rates of behavior)
>   발생률이 높은 행동에 대한 차별 강화
> 2) 저율 차별강화(DRL : differential reinforcement of lower rates of behavior)
>   발생률이 낮은 행동에 대한 차별 강화
> 3) 무반응 차별강화(DRO : differential reinforcement of other behavior)
>   차별강화 문제가 되는 행동 이외의 다른 모든 행동에 대한 차별 강화
> 4) 대안행동 차별강화(DRA : differential reinforcement of alternative behavior)
>   표적행동에 대한 대체 행동을 강화함
> 5) 상반행동 차별강화(DRI : differential reinforcement of incompatible behavior)
>   표적행동과 양립할 수 없는 상반되는 행동을 강화함

068 자기보고형 성격검사는 객관적 검사로, 의도적 왜곡이 나타날 수 있다는 단점이 있다. 이를 극복하기 위해서는 투사적 검사가 좋다. 투사적 검사는 피검자가 방어하기 어렵기 때문에 결과의 왜곡가능성이 적다. ④ 로샤 검사는 투사적 검사의 일종이며, 투사검사는 애매모호한 자극을 통해 피검자의 무의식적 동기와 갈등을 추론하고자 하는 검사이다.

069 ② 실시와 해석에 자격이 있는 사람만이 심리평가 도구를 사용해야 한다. 경우에 따라서는 자격없는 사람이 검사를 사용해도 무방하다는 내용이 틀린 부분이다. 심리학자는 무자격자가 심리평가 기법을 사용하도록 허용해서는 안 된다.

070 문제에서 상담자 자신이 개인적인 문제와 관련하여 지나치게 공격적인 내담자 또는 잠재적인 동성애 갈등을 지닌 내담자 등 특정 문제를 보이는 내담자와의 관계에서 악영향이 발생한다고 하였으므로 상담자는 ③ 개인적 심리치료를 받는 것이 내담자와의 관계형성에서 도움이 된다.

071 과학자 - 전문가모형(scientist - practitioner model)은 1949년 미국 콜로라도 보울더(Boulder)에서 개최된 미국심리학회 회의에서 임상심리학자의 수련과 관련하여 제시된 모델이다. 심리학자의 역할에 있어, 전문가로서 내담자를 치료하는 기술을 연마하여 사용하는 측면과 과학자로서 새로운 이론이나 치료에 대해 개발하고 연구하는 측면을 모두 갖추어야 한다는 점을 강조하였다.
대부분의 연구는 집단에 초점을 두고 개인차가 무시되어 개인적인 특성이 상실되므로, 실험분석은 질적 분석과 논리적인 일반화 작업을 증진시켜야 한다. 따라서 ④ 집단비교연구법은 임상적 의문점을 잘 해결해주어, 임상현장에 많은 기여를 하였다는 내용은 틀린 부분이다.

072 ④ 1896년에 임상심리학의 시작으로 간주되는 심리상담소를 설립한 사람은 Lightner Witmer이다. Lightner Witmer는 1896년 최초의 심리치료소를 설립하여 학습장애나 행동장애를 겪는 아동에 대한 치료를 하였으며, 심리학의 실용적인 적용을 하는 영역을 '임상심리학'으로 명명하였다.

073 ② 비만 스트레스 관리 등과 가장 밀접히 관련되는 것은 건강심리학이다. 건강심리학은 건강을 증진하고 유지하는 것과 병을 예방하고 치료하는 것, 그리고 건강 및 그와 관련된 기능장애의 원인과 진단적 상관물을 밝히는 것에 대한 학문이다. 일상생활에서 현대인들의 건강과 밀접하게 연관된 금연, 체중조절(비만), 스트레스 관리 등을 위한 다양한 프로그램을 연구하여 적용하고 있다.
신경심리학은 두뇌 기능과 직접적으로 관련된 행동을 이해하고 평가하고 치료하는 것에 관한 학문이다. 법정심리학은 심리학의 방법, 이론 및 개념들을 법률체계에 적용하는 학문이다. 아동임상심리학은 정신 병리적 증상이 나타나게 된 아동과 청소년들을 대상으로 임상심리학이다.

074 ② 유사관찰은 제한이 가해진 환경에서 관찰하는 방법이다. 유사관찰은 통제된 관찰과 같은 의미로, 관찰대상과 장소와 방법을 한정하고, 행동을 인위적으로 일으키거나 조직적으로 변화시켜서 관찰하는 방법이다.

075 ① 주의력 결핍 - 과잉행동장애(ADHD)는 상황을 종합적으로 분석하고, 목표를 계획하고 실행하는 기능에 결함을 보인다는 측면에서 전두엽의 손상을 시사한다. 뇌의 전두엽은 사고력을 주관하고 행동을 조절한다. 또한 판단력, 감정조절, 집중력 조절, 기획능력 등을 책임진다. 상황분석, 목표계획 및 실행과도 관련된다.

076 ㄴ. 행동평가에서는 행동의 중요한 원인으로 특성을 강조하지 않는다. 여기에서 특성은 성격특징을 말하는 것으로, 전통적 행동관찰에 해당한다. 행동평가는 이와는 달리 특수한 상황에서 나타나는 내담자의 구체적인 행동, 사고, 감정 등을 강조한다.

077 ③ 교통사고를 당한 뒤 자동차에 대한 두려움이 생겨 퇴원하지 않겠다는 30대 여자환자에 대한 적합한 자문 활동으로는 행동적 기법을 통해 자동차에 대한 공포증을 치료해 주며 입원을 계속해서 얻는 부차적 이득이 있는지 평가해 볼 수 있을 것이다. 다만, 입원하고 있는 동안 장기적 정신분석치료를 통해 성격의 개조를 권하는 것은 바람직하지 않다. 일시적인 두려움이므로 장기적 정신분석치료까지는 필요치 않을 것이다.

078 ① 바이오 피드백은 바이올로지(biology)와 피드백(feedback)의 합성어이다. 이는 미국에서 일종의 자기 컨트롤법으로 쓰이고 있다. 바이오 피드백은 이전에는 불가능한 것으로 생각해 온 자율반응이나 뇌파도 스스로 컨트롤할 수 있음을 보여주는 것으로, 본태성 고혈압·긴장성 두통·편두통·부정맥·간질·천식·불안신경증·불면증 등의 치료법으로서 권장되고 있다.

079 ② <u>파킨슨병 및 헌팅턴병 같은 운동장애의 발병과 관련이 가장 큰 곳은 기저핵이다.</u>
기저핵(basal ganglia)은 미상핵(caudate nucleus), 담창구(globus pallidus), 피각(putamen) 등 종뇌에 있는 피질하 핵들의 집합으로서 운동통제에 관여한다.
1) 헌팅턴병(Huntington's Disease)은 기저핵(basal ganglia)의 질병으로, 미상핵(caudate nucleus)과 조가비핵(putamen)의 퇴행이 주요 원인이다. 헌팅턴병은 제어할 수 없는 몸의 움직임을 동반하는 데, 특히 팔, 다리가 경련하듯(jerky limb movement) 움직이곤 한다. 헌팅턴병은 점점 악화되어 인지장애, 감정장애까지 불러올 수 있으며, 결국에는 증상이 발현된 후 약 10~15년 정도에 죽음에 이르게 된다.
2) 파킨슨병(Parkinson's Disease)은 흑질(substantia nigra)에서 기저핵(basal ganglia)으로 뻗어있는 도파민 분비성 뉴런들을 일컫는 흑질 – 선상계(nigrostriatal system)에 문제가 생겨 발생한다. 주요 증상은 근육 경직(muscular rigidity), 몸의 떨림, 자세 불안정, 운동완서(bradykinesia ; slowness of movement ; 몸의 동작이 느려짐) 등이 있다. 운동완서에 의해 파킨슨 병에 걸린 사람은 앉은 상태에서 일어나기 어렵고, 일단 걷기 시작하면 멈추기 힘들다. 몸의 움직임이 생각에 비해 많이 지연(delay)된다. 이런 증상은 파킨슨병에 걸린 사람들의 운동신경은 기저핵이 손상을 입으면서 자율운동 조절과 습관적 반응작용이 일어나지 않아 발생한다.

080 ③ 조직옹호모델
조직옹호모델은 부모나 환자와의 동반자 관계를 개발하고, 특정 환자에 대해 적합한 치료과정 찾기 등이 목표가 된다. 여기에서 자문가의 추진력은 목표지향적이며 그 실행방식에 있어서 촉진적이어야 한다. 자문가는 문제해결을 위한 지식과 함께 옹호과정 지식에 대한 전문성을 지니고 있어야 하며, 법률지식뿐만 아니라 대중매체를 활용할 수 있어야 하고, 설득적 연설문 작성과 도움을 줄 수 있는 사회적 지지망을 구축해야 한다.

081	④	082	②	083	②	084	①	085	①	086	①	087	②	088	④	089	④	090	③
091	②	092	①	093	①	094	③	095	②	096	②	097	①	098	③	099	①	100	④

081 ④ 노인은 다른 내담자와는 달리 보호가 더 필요하다고 해서 상담자를 향한 의존을 허용해서는 안된다. 상담자는 노인 스스로 자신의 문제를 해결할 수 있도록 지원하여야 한다. 노인이 자립과 성장에 대한 희망을 가질 수 있도록 도와야 한다.

082 인지적 결정론에 따른 치료적 접근과 입장은 인지적 치료법에 해당한다. 합리적 정서치료, 인지치료, 자기교습 훈련은 모두 인지적 치료법에 해당한다. 반면에 ② 점진적 이완훈련은 행동적 기법이다. 점진적 이완훈련은 근육이나 신경의 긴장을 이완시키기 위해 고안된 하나의 치료방법이다. 이완이란 근육이나 신경의 긴장을 감소시키는 것으로 행동수정에서는 불안을 억제할 수 있는 모든 반응을 가리킨다.

> 자기교습훈련 [마이켄바움의 인지행동수정(Cognitive Behavior Modification)]
> 1) 내담자의 자기 - 언어화를 변화시키는 것을 중점적으로 다룬다.
> 2) 인지행동수정(CBM)의 기본전제는 행동변화가 일어나기 위해서는, 내담자들이 그들의 생각, 느낌, 행동과 '그들이 사람들에게 미치는 영향'을 알아야한다는 것이다.

083 사례관리 과정은 접수(Intake) → 사정(Assessment) → 계획(Plan) → 개입(Intervention) → 점검(Monitoring) → 평가(Evaluation)의 과정을 거친다. 목표를 정하거나 목표의 우선순위 정하기, 전략 세우기, 목표달성을 위한 최선의 전략 선택하기는 계획단계에 속한다.

084 **▶ 가족 구성원을 상실한 가족에게 나타나는 비애반응**
1) 신체적인 반응단계 – 신체적 고통
2) 죽은 사람의 기억과 이미지에 휩싸이는 단계
3) 죄책감의 단계
4) 적의반응 단계(적대하는 반응)
5) 일상적인 행동을 하기 어려운 단계

085 ① Rogers가 제시한 바람직한 상담자의 태도는 무조건적 긍정적 존중, 공감, 진실성이다. 내담자의 경험 또는 내담자의 사적인 세계를 상담자가 민감하게 그리고 정확하게 이해하려고 노력하는 공감적 이해를 의미한다.

086 ① 합리적 - 정서적 치료 상담의 ABCDE과정은 A(Activation event, 선행사건) → B(Belief, 신념) → C(Consequence, 결과) → D(Dispute, 논박) → E(Effect, 효과)이다.

087 ② 주로 겉으로 드러나는 내담자의 증상이나 장애행동을 없애거나 바람직한 적응행동을 습득시키는데 초점을 두는 상담접근법은 행동치료이다. 이는 바람직하지 못한 행동은 바람직한 행동과 같이 학습된 것이라는 입장과, 연구방법론에 있어 관찰 가능한 외현적 행동들을 대상으로 과학적인 연구를 강조하는 치료법이다.

088 ④ <u>두려워하는 상황이나 자신의 핵심감정을 명료하게 이해하고 수용하는 상태의 내담자의 경우 전화상담보다는 대인면담이 더욱 바람직하다.</u> 전화상담으로는 두려워하는 상황이나 자신의 핵심감정을 명료하게 이해하고 수용하기가 어렵기 때문이다.

089 ④ <u>[자기 자신이 시도하는 일은 결과적으로 제대로 되지 않을 것]이라는 비합리적 신념은 부정적 예언에 해당한다.</u> '결과적으로 제대로 되지 않을 것'이라는 부분이 힌트이다.

090 ③ 자기감찰(self - monitoring)은 자기점검, 자기관찰이라고도 하며, 내담자로 하여금 스스로 자신의 행동을 관찰하고 주간행동기록표, 일일활동일지, 자동적 사고 기록지 등을 작성하도록 하는 방법이다.

091 1) 치료집단(Therapy Groups)
치료집단은 주로 병원이나 임상장면에서 신경증적 장애·성격장애·정신과적 장애 등의 문제를 가진 집단원들을 대상으로, 성격의 분석 및 재구조화, 증상의 완화 등을 목적으로 장기집단의 형태로 운영된다.
2) 자조집단(Self - Help Groups)
자조집단은 공통의 문제나 관심을 가지고 있는 사람들이 모여, 문제로 인한 스트레스를 해결하고 자신의 생활양식을 바꾸거나 효율적으로 대처해 나갈 수 있도록 동기를 갖게 하는 지지체계를 형성하는 집단을 의미한다.

> ✏ **오답노트**
>
> ① 치료집단은 대개 생활의 특정 문제를 해결하는데 유리하며, 생활상의 여러 문제들을 다루기에는 자조집단이 더 적합하다.
> ③ 치료집단의 리더는 전문성을 가진 사람이 적합하며 자조집단의 리더로는 집단성원과 동일한 문제로 분투한 사람이 좋다.
> ④ 정신건강과 관련된 심각한 문제는 치료집단이 더 적절하다.

092 1) 적극적인 경청은 상대방의 말의 내용을 파악함은 물론, 상대방의 몸짓, 표정, 그리고 음성의 섬세한 변화를 알아차리며, 저변에 깔려있는 메시지를 감지하고, 나아가서는 그 사람이 말하지 못하는 내용까지도 육감적으로 직감하는 것을 내포한다.
2) 적극적 경청의 방해 요인들
(1) 다른 사람의 말을 적극적으로 경청할 의사가 없는 것
(2) 상대방에게 전적으로 주의를 기울이는 대신 자기가 다음에 하고 싶은 말을 생각하고 있는 것
(3) 자신의 역할이나 자기가 상대방에게 어떻게 보이느냐에 지나치게 신경을 쓰는 것
(4) 자신을 타인의 위치에 둠으로써 공감하는 태도 없이 상대를 평가하고 판단하는 것

093 ① <u>심리적으로 상처를 입을 가능성이 줄어들어 치료속도가 빠른 것은 개인상담의 장점이다.</u>

> **실력다지기**
>
> 집단상담
> 1) 집단상담의 장점
> (1) 개인상담에서는 내담자가 상담자와의 일대일 관계에서 오는 부담감이나 불안감을 느끼게 되지만 집단 속에서는 보다 편안함과 안정감을 가지게 된다.

(2) 집단상담 장면은 개인으로 하여금 어떤 외적인 비난이나 처벌에 대한 두려움 없이 새로운 행동을 검증해 볼 수 있는 실험실 역할을 하게 되어 새로 학습한 행동을 실제의 생활 속에서 실천할 수 있는지를 집단 안의 가상적 현실 속에서 검증할 수 있다.

(3) 집단상담에서는 동료들 간에 서로의 관심사나 감정을 터놓고 이야기할 수 있기 때문에 구성원들은 쉽게 소속감과 동료의식을 발전시킬 수 있다.

(4) 집단상담은 집단원들에게 넓은 범위의 다양한 성격(특히 연령, 성별, 흥미, 성장배경, 사회경제적 지위, 문제의 형태 등이 다양한 개인들)의 소유자들과 접할 수 있는 기회를 부여해 줌으로써 풍부한 학습 경험을 할 수 있다.

(5) 서로 경청하고 수용하고 지지하고 대면할 수 있는 구성원이 많다는 점에서 집단상담은 개인상담에서 보다 학습효과가 더욱 클 수 있다.

(6) 집단 속에서는 개인이 한편으로는 직접 참여하면서도 다른 한편으로는 물러서서 관망할 수도 있다.

(7) 특정한 대화의 내용을 취급하는데 고통이나 위협을 느끼는 경우 그는 다른 구성원들을 관찰하면서도 함께 생각하고 느끼므로 자기 자신과 타인 이해에 도움이 될 수 있고 자신의 문제해결에 필요한 통찰을 얻을 수 있다.

(8) 집단상담은 개인상담을 회피해 온 사람이 상담집단에서 용기를 얻어 개인 상담을 신청할 수 있게 한다.

(9) 시간과 비용 면에서 경제적이다.

2) 집단상담의 단점

(1) 구성원 개개인에게 모두 만족을 줄 수는 없다.

(2) 집단상담에서는 특정 내담자의 개인적인 문제가 충분히 다루어지지 않을 가능성이 많다.

(3) 집단상담 경험에 흘려서 집단경험 그 자체를 목적으로 삼는 경우 집단이 현실도피의 기회가 되어버릴 수 있다.

(4) 참여자들이 심리적으로 준비가 되기 전에 자기의 마음속을 털어놓아야 한다는 집단압력을 받기 쉽다.

(5) 모든 사람이 집단상담에 적합하지는 않다([예] 많은 의심, 지나친 적대감, 심한 정서장애 등).

(6) 집단상담이 개인의 생활양식과 가치관에 변화를 초래할 경우, 개인이 안정감을 상실할 가능성이 있다.

(7) 동료들과의 상담집단이 대체로 유리하지만 그 반대의 경우도 생길 수 있는데, 이는 비슷한 연령과 생활환경을 가진 참여자들로 구성되면 참여자들의 공통적인 문제가 주로 논의되기 쉬우며, 다른 다양한 성격과 수준의 참여자들로부터 자극을 받거나 배울 기회가 없게 된다.

094 문제의 사례에서 ③ 공연히 들떠서 말을 많이 한 점은 자살 징후에 해당하지 않는다.

실력다지기

청소년 자살 경고적 징후(위험인자)

1) 타인에게 자살할 것이라고 위협을 하거나 죽고 싶다는 말을 자주 하는 것

2) 죽음에 대해 지나치게 생각하거나 몰두하는 것

3) 충동적으로 행동하는 것

4) 지속적인 슬픔을 느끼거나 가족 상실로 인한 슬픔이 지속되는 것

5) 친구 또는 좋아하는 활동을 포기하는 것

6) 학교 성적이 갑작스럽게 떨어지는 것

7) 섭식 또는 수면습관이 급작스럽게 변하는 것

8) 심각한 죄의식과 수치감을 갖는 것

9) 자신의 가치에 대해 회의감을 갖는 것

10) 약물을 남용하는 것

11) 자살을 시도하는 것

12) 아끼는 물건을 다른 사람에게 주거나 버리는 행위 등

095 ② 정신분석에서 내담자의 저항은 중요한 의미가 있다. 전이(저항)의 의미를 해석하여 내담자가 이를 통찰하게 하는 과정을 반복적으로 거치는 훈습으로, 내담자를 더욱 더 건강하게 할 수 있기 때문이다.

096 ② 투사는 자신의 결점이나 무능을 다른 사람의 것으로 옮기거나, 다른 사람도 그것이 있다는 것을 이야기하여 자신의 열등감에서 벗어나려는 기제를 말한다.

097 ① 접수면접에서 자살의도를 보고한 내담자에게 취해야 할 조치에서 올바른 태도는, 즉시 경찰에 알리는 것보다는 자살의도에 대하여 그 다음 회기 때도 내담자에게 물어서 이에 대처해 나가는 것이 좋다.

내담자의 자살의도에 대한 상담자의 대처방법

1) 내담자의 자살위험신호를 주의 깊게 살핀다.

2) 내담자가 자신의 감정을 자유롭게 표현하도록 하며 관심을 보인다.

3) 내담자의 자살과 자살의도에 대해 자유로우면서도 직접적으로 묻는다.

4) 내담자를 몰아붙이는 모습을 삼가며 내담자가 방어적인 자세를 취하지 않도록 한다.

5) 내담자를 공감으로 대한다.

6) 정신건강의학과 전문의나 자살예방센터에 도움을 청하는 등 적극적인 조치를 취한다.

098 지금과 여기, 현재의 체험을 중시하는 치료이론은 인간중심적 치료, 게슈탈트 치료, 실존치료 등이다. 다만, ③ 지그문트 프로이트(S. Freud)의 정신분석 상담이론은 현재보다는 과거를 중시하는 상담이론이다. 프로이트는 인간의 행동이 무의식적 동기와 과거 어린 시절인 생후 5년간의 생활경험에 의해 결정된다고 보았다.

099 ① 집단상담자가 집단구성원의 느낌보다는 지적인 측면에 관심을 기울인다면, 집단구성원들도 자신을 표현하는데 소극적인 태도를 보일 수 있기 때문에 바람직하지 않다. 집단상담자는 집단 구성원들의 현재의 느낌과 생각을 자각하고 이를 적극적으로 표현할 수 있도록 해야 한다.

100 문제에서 긍정적 존중의 용어가 많이 출현하였다. 이는 ④ 수용적 존중에 대한 설명이다. 기본적인 수준에서는 내담자의 감정, 경험 및 잠재력에 대해 긍정적인 존중과 관심을 전달하는 것이며, 궁극적인 수준에서는 내담자를 한 인간으로서의 가치와 자유인으로 잠재력에 대해 매우 깊은 긍정적 존중을 전달하는 것이다. 이는 내담자에 대한 수용을 의미하는 개념이다.

제2회 임상심리사 2급 필기 정답 및 해설

제1과목 | 심리학개론

| 001 | ③ | 002 | ④ | 003 | ③ | 004 | ③ | 005 | ② | 006 | ① | 007 | ③ | 008 | ④ | 009 | ④ | 010 | ④ |
| 011 | ② | 012 | ② | 013 | ④ | 014 | ① | 015 | ④ | 016 | ① | 017 | ① | 018 | ③ | 019 | ② | 020 | ③ |

001 변산도란 한 집단의 점수분포의 흩어진 정도를 요약해주는 지수를 말한다. 변산도를 나타내는 지수로는 여러 가지가 있는데, 범위, 사분위편차, 표준편차 등이 있으며 문제에서 1반 학생들의 지능지수 분포는 80~140인 반면에, 2반 학생들의 분포는 95~120이므로 한 집단의 점수분포의 흩어진 정도가 달라 변산도는 서로 다르다고 할 수 있다.

002 ④ 어떤 행동에 대해 돈을 주거나 칭찬을 해 주는 것은 일반적으로 이차 강화물이다.
1) 일차 강화물 : 음식이나 성적 자극처럼 다른 조건이나 사전 학습이 없어 그 자체만으로 강화하는 속성이 있는 선천적 강화물이다. 일차 강화물은 그 효과는 강력하지만 가짓수가 적고 학습에서 제한된 역할을 한다.
2) 이차 강화물은 일차 강화물과 연합되었을 때 비로소 강화력을 갖기 때문에 조건강화물이라고도 한다. 일반적으로 칭찬, 인정, 미소, 긍정적 피드백이 그 사례이다.

실력다지기

강화물

1) 1차 강화물

어떤 반응을 학습시키는 데 필요한 강화물 중 음식이나 물, 전기충격의 종료 등은 유기체의 생물학적인 요구를 충족시켜 주는 것이므로 1차 강화물(primary reinforcer)이라고 불린다. 그런데 학습은 항상 1차 강화물에만 의존하는 것은 아니다.

2) 2차 강화물 또는 조건 강화물(conditioned reinforcer)

어떤 자극들은 유기체의 생물학적 요구와 전혀 상관없지만 1차 강화물과 짝지어짐으로써 강화력을 획득하게 된다. 이를 조건 강화물(conditioned reinforcer)이라고 하는데, 그 대표적인 예가 돈이다. 돈이란 쇳조각 또는 종이 조각에 불과하지만, 음식 등 우리가 원하는 무엇인가와 짝지어져 왔기 때문에 마치 1차 강화물과 같은 힘을 갖게 된 것이다.

3) 사회적 강화물

조건 강화물과 달리 1차 강화물과 짝지어진 적이 없음에도 불구하고 강화력을 갖고 있는 다른 자극들도 있다. 예컨대, 교사는 단순히 고개를 끄덕여 주거나 "잘했어."라는 말만으로도 충분히 학생의 반응을 강화할 수 있다. 사람의 경우에는 이렇게 타인에게서 인정이나 칭찬, 관심을 받는 것이 강력한 강화물로 작용하는데, 이를 사회적 강화물(social reinforcer)이라 한다.

003   ③ 내적 타당도는 인과성을 추론할 수 있는 정도를 말한다. 이론적으로 정립된 논리적 인과관계의 타당성, 즉 종속변수의 변화가 독립변수에 의한 것인지, 아니면 다른 조건에 의한 것인지 판별하는 기준이다. 실험으로 나타난 연구결과가 가정한 원인 때문인지 아니면 다른 제3의 요인 때문인지를 정확하게 설명하는 정도를 말한다.

실력다지기

내적 신뢰도

검사를 구성하고 있는 부분 검사나 문항들이 측정하고자 하는 내용을 얼마나 일관성 있게 측정하였느냐 하는 문제이다. 내적 일관성 신뢰도는 검사를 구성하는 두 부분검사 간의 유사성에 의해 추정되는 반분 검사 신뢰도와 문항 간의 측정의 일관성에 의해 추정되는 문항 내적 일관성신뢰도가 있다. 내적일관성 신뢰도는 반분 검사 신뢰도, K - R 20, K - R 21, Hoyt 신뢰도, 크론바흐 α가 있다.

004   Freud가 제시한 성격의 구조가 발달하는 순서는 ③ 원초아(구강기) - 자아(항문기) - 초자아(남근기)이다.

005   ② Carl Rogers의 성격이론에서 심리적 적응에 가장 중요한 역할을 하는 것을 가정하는 개념은 자기(self)이다.

실력다지기

자기(self)

개인의 현상적 혹은 지각적 장의 분화된 부분이며, '나'에 대한 의식적 지각과 가치를 포함하며, 개인이 자신에 대해 인지하는 특성들의 집합이며 자기 개념은 유기체적 가치화 과정에 의해 이루어진다. 현실적 자기와 이상적 자기가 있다.

CF 자아이상(ego ideal)

'나는 이렇게 되어야 한다.'라는 자신에 대한 요구를 의미한다. 자아이상은 성장과정에서 부모로부터 받은 칭찬이나 부모가 추구하는 가치를 내재화시키는 가운데 형성되는 것으로, 양심과 함께 초자아를 구성한다. 그런데 자아이상이 너무 높으면 이상적인 자신의 모습과는 거리가 먼 초라한 자신과 현실에 실망하고 우울해지기 쉽다.

006   ① 가용성 발견법(가용성 어림법)
사건의 가능성을 기억의 가용성에 근거하여 추정하는 방법으로 사례들이 쉽게 마음에 떠오르면, 그러한 사건이 흔하다고 가정하게 된다. 이는 사람들이 흔히 범하는 확률추론 과정의 오류이다.

② 대표성 발견법
사건의 가능성을 특정한 원형에 얼마나 잘 대표하거나 그 원형과 잘 들어맞는 것으로 보이느냐에 따라서 판단하는 것으로 대표성 발견법은 즉각적인 판단을 가능하게 해주지만 판단이 정확하진 않다.
③ 확증 편향
의사결정자가 그들의 주장을 확증하는 증거에 더 무게를 두고, 더 잘 알아차리고, 더 활발하게 찾는 행동을 보이는 경우를 일컫는다. 따라서 확증 편향은 증거 수집에서 선택편향의 일종으로 볼 수 있다.
예 한 실험에서 피험자에게 곧 외향적인 사람 혹은 내향적인 사람을 만나게 될 것이라고 알려주었다. 그들은 상대방에 대해 잘 알아보기 위해서 묻고 싶은 질문들을 준비된 것 중에서 고르라는 요구를 받자, 본래 받았던 외향적 혹은 내향적 성격을 확인하려는 질문을 골랐다고 한다.

④ 연역적 추리

　　전제가 되는 일반적 명제와 같이 논리를 사용해서 개별의 사례에 향하는 추리법이다. 대표적인 방법이 3단 논법으로, 'A는 B이다. C는 A이다. 따라서 C는 B이다.'라는 논리의 전개에서 결론이 유도된다. 이 추리는 이미 이론이나 모델, 명제가 존재하고, 그것이 가설로서 개개의 사례에 적합여부를 검증하는 이론검증형의 연구에 사용하는 추리의 방법이다.

007 　신경증적 불안은 무의식과 관련된 불안이므로 Id의 충동과 Ego의 억제 사이의 무의식적 갈등으로부터 발생한다고 할 수 있다.

실력다지기

불안의 개념 및 종류

1) 불안의 개념 : 불안(anxiety)이란 위험이 가까이 있다는 신호를 자아가 느끼는 것이다.

2) 불안의 종류

　(1) 현실적 불안 – 현실세계의 위협에 대한 자아의 불안을 의미한다.
　（ 사례 　시험이 다가오면 불안해하는 경우）
　(2) 신경증적 불안 – 본능의 충동이 의식 속으로 들어옴으로 인해 느껴지는 불안이다.
　（ 사례 　성적, 공격적 충동이 느껴지면 불안해하는 경우）
　(3) 도덕적 불안 – 원초아의 충동이 부도덕한 방식으로 충족을 얻으려고 할 때, 죄책감이나 수치심을 통한 초자아의 처벌 위험을 느껴서 불안을 느끼는 경우이다.

008 　④ 어떤 반응이 부분적 강화보다는 계속적 강화로 획득되면 소거시키기가 더 쉬워진다. 계속적 강화보다는 부분강화가 소거를 더욱 지연시킨다.

실력다지기

1) 조형(shaping)

　(1) 원하는 목표행동을 단계적으로 조작하여 최종적으로 동물이 하기를 바라는 반응에 점차적으로 근접해 가도록 하는 것이다.
　(2) 기대하는 반응과 행동을 학습하고 목표로 삼는 바람직한 행동으로 강화시켜 점진적인 과정을 거쳐 나아가는 행동 양상이다.
　(3) 우편함에서 편지를 물어오게끔 개를 조성하기
　　우편함 근처에 다가가면 강화 → 우편함을 건드리면 강화 → 편지를 물면 강화 → 가져오면 강화
　CF DRO(differential reinforcement of other behavior) – 차별강화
　　　학생이 바람직하지 못한 행동을 정해진 시간 동안 하지 않고 있을 때 강화하는 차별강화의 한 방법이다. 다시 말해서 한 아이의 여러 행동 종목 중 어느 하나만을 골라 선택적으로 강화하는 방법이다.

2) 미신(징크스)

　(1) 유기체의 반응이 실제로 특정 결과를 초래한 원인이 아님에도 불구하고 마치 그런 것처럼 그 반응을 계속하는 것이다.
　(2) 보상과 아무런 관련이 없으면서 완전히 우연히 한 어떤 행동이 강화에 선행한 경우 그 행동이 고정적으로 계속되려는 경향이다.

3) Premack 원리
(1) 가능성이 높은 활동이, 가능성이 낮은 활동에 대해 강화물이 될 수 있다는 원리이다.
(2) 새로운 행동(A : 숙제하는 것)은 그 행동을 한 후 학습자가 쉽사리 보이는 옛 행동(B : 야구경기 관람)이 즉각적으로 따를 때 학습이 된다는 것, 즉 B행동이 A행동과 관련성이 있을 때 학습이 증진된다는 것이다.

009 ④ 기억에서 입력된 정보 속성의 유사성에 따라서 망각이 일어나는 것을 간섭이라고 한다.

실력다지기

망각이 일어나는 이유

1) 부호화, 저장, 인출과정의 결함 또는 그러한 결함들의 조합에 의해서 일어난다.
2) 망각의 원인 – 소멸, 간섭, 인출실패
(1) 소멸 – 흔적 쇠퇴설(trace decay theory)
    망각의 원인에 대한 초기 이론으로 기억흔적이 시간이 흐르면서 희미해지기 때문에 망각이 일어난다고 본다. 머릿속에 저장된 내용을 계속 사용한다면 흔적이 더욱 뚜렷해져 소멸되지 않지만, 사용하지 않거나 또는 사용의 빈도가 적으면 흔적이 점차 쇠퇴해서 망각 현상을 가져온다고 본다.
(2) 간섭
    ① 간섭이론(interference theory)
        망각은 기억이 손실된 것이 아니고 기억 이전이나 이후의 정보에 의해서 기억정보가 방해를 받기 때문에 생기는 현상으로 설명한다.
    ② 망각을 유발하는 간섭의 종류
        ㉠ 역행간섭
            새로운 정보가 이전의 정보의 파지를 방해할 때 발생하는 것으로서 예를 들어, 친구의 핸드폰 번호가 바뀌면 예전 번호를 기억하기 어려운 경우이다.
        ㉡ 순행간섭
            이전의 정보가 새로운 정보의 파지를 간섭하는 것으로서 예를 들어 몇 년간 사용하던 주차 장소가 바뀌면 새로 바뀐 주차장소를 기억하기 어려운 경우이다.
(3) 인출실패
    기억 속에 저장되어 있더라도 제대로 인출되지 않는 것이 망각이라고 본다. 어떤 정보를 최초에 부호화하는 과정에서 같이 처리되었던 단서정보를 제시할 때 그 단서가 기억의 인출을 돕는데, 이 때 인출단서와 최초 부호화 간의 잘못된 만남으로 생기는 인출실패가 망각의 원인이라고 본다.

010 ① Pavlov의 개의 소화과정 연구 - 고전적 조건형성의 응용
② 고차적 조건형성 - 고전적 조건형성의 응용
③ 자극 일반화와 변별 - 고전적 조건형성과 조작적 조건형성의 응용
④ 미신적 행동과 학습된 무력감 - 조작적 조건형성의 응용

실력다지기

고순위(고차적) 조건형성(higher - order conditioning)

1) 한 단계의 조건형성에서 조건자극(CS)이었던 자극이 다음 단계의 조건형성에서 무조건 자극(UCS)으로 사용되는 경우의 학습이다.
2) 실험
　(1) 종소리와 먹이를 짝지어 타액분비를 조건화시킨다.
　(2) 종소리를 불빛과 반복하여 짝지어 제시하면, 불빛에 대해서 타액분비를 나타낸다.
　(3) 인간의 경우 많은 조건반응은 고차 조건화의 산물인데, 예를 들어, 돈은 음식과 같은 무조건 자극(UCS)과 짝지어져 있고 돈은 수표와도 짝지어지기 때문에 수표에 대해서도 조건반응(CR)이 나타나게 된다.

011 어떤 사람의 발달이 방해를 받은 결과로 그 사람이 특정 발달단계에 그대로 머물러 있게 하는 방어기제는 고착이다.

① 퇴행 : 비교적 단순한 초기의 발달단계로 후퇴하는 행동이다. 즉, 요구가 크지 않은 유아기의 단계로 되돌아가 안주하려는 방어수단이다.
② 고착 : 고착에는 두 가지 유형이 있다. 하나는 성적 만족의 대상에 대한 고착이 있고, 또 하나는 성적 만족의 방법에 대한 고착이 있다. 성격발달의 단계 중 어느 한 단계에 머물러 다음 단계로 발달하지 않음으로써 다음 단계가 주는 불안에서 벗어나려 하는 방어기제이다.
③ 반동형성 : 자아는 때때로 반대행동을 함으로써 오히려 금지된 충동이 표출되는 것으로부터 자신을 조절하거나 방어하는데 이를 반동형성이라고 한다.
④ 전위 : 위협, 무의식적 충동 등을 덜 위협적인 대상에게 옮기는 것이다.

012 설단현상은 어떤 사실을 확실히 알고 인지하고 있으나 여러 정보가 복잡하게 얽혀 있을 경우, 또는 시험과 같이 심리적 압박이 심할 경우와 같이 기억의 인출에 실패하는 현상을 뜻한다.
① 청킹(군집화) : 단기기억에 관한 연구에서 사용되는 용어들 가운데 하나로, 기억 대상이 되는 자극이나 정보를 서로 의미 있게 연결시키거나 묶는 인지과정을 지칭하고 이러한 인지과정은 결과적으로 단기기억의 용량을 확대시키는 효과가 있다.
② 인출 : 장기기억에 저장된 정보를 단기기억의 의식적 수준으로 끌어내는 과정으로 기억 저장고에서 정보를 재생하는 것이다.
③ 약호화(부호화) : 특정한 부호로 만드는 것을 말한다. 즉 외부에서 들어오는 자극을 정보화해서 기억에 넣는 과정은 컴퓨터 키보드를 통해 각종 정보를 입력시키는 것과 비슷하다.

013   ④ 사회적 태만 : 책임감 분산 때문에 주로 발생하는 것으로 혼자 일할 때보다 집단으로 일할 때 노력을 덜 해서 개인당 수행이 저해되는 현상이다.

> ① 사회적 촉진 : 혼자 일 때보다 타인이 존재할 때 개인의 수행이 더 좋아지는 현상이다.
> ② 사회적 동조 : 집단 내에서 자신의 감정이나 견해와 달리 구성원의 태도나 반응에 자신도 따라가는 현상이다.
> ③ 집단적 극화 : 혼자서는 할 수 없는 비이성적이고 극단적인 행동을 무리 속에 섞여 있을 때는 서슴없이 하기도 하는 것으로 집단 상호작용이 더 극단적인 의사결정을 초래하는 현상이다. 집단 속에서 개성이 상실되어 집단행위에 민감해지는 현상을 몰개인화라 한다.

014   ▶ **조형(shaping)**

1) 원하는 목표행동을 단계적으로 조작하여 최종적으로 동물이 하기를 바라는 반응에 점차적으로 근접해 가도록 하는 것이다.

2) 기대하는 반응과 행동을 학습하고 목표로 삼는 바람직한 행동으로 강화시켜 점진적인 과정을 거쳐 나아가는 행동 양상이다.

015

> 📝 **오답노트**
>
> ① 자신의 양심을 판단기준으로 삼는 것은 후(後) 인습적 수준으로 보편적 도덕원리(양심)에 해당한다.
> ② 나쁜 일을 해도 신체적 처벌을 받지 않으면 괜찮다고 생각하는 것은 전(前) 인습적 수준으로 벌과 복종 지향(1단계)이다.
> ③ 타인의 인정을 받기 위하여 규칙이나 도덕을 지키는 것은 인습적 수준이며, 법과 질서유지(4단계)에 해당한다.

016   ① 평균편차 : 한 집단의 산술평균으로부터 모든 점수까지의 거리의 평균으로서, 사분편차보다는 신뢰로우나 표준편차와 같은 이론적·수리적 해석은 어렵다.

② 범위 : 범위는 한 점수분포에 있어서 최고점수에서 최하점수까지의 거리를 의미하며 [R = 최고점수 - 최하점수 + 1]이며 변산지수로서 안정성이 없다.

③ 표준편차 : 평균으로부터의 편차점수를 제곱하여 합하고 이를 사례수로 나누어서 그 제곱근을 얻어낸 것으로, 모집단의 범위와 변산도를 가장 잘 설명하는 통계방법이다.

④ 상관계수 : 변수 간의 관계의 정도와 방향을 하나의 수치로 요약해 표시해 주는 지수이다. 이 관계의 정도는 수치의 0에서 1사이의 절대값으로 나타낸다. 상관계수는 - 1.00에서 + 1.00사이의 값을 취하게 된다. 이 때 0에 가까울수록 상관관계는 낮아지는 것이며, 절대값 1에 가까워질수록 상관관계는 높아진다. 증감의 방향이 + 인 경우에는 정적인 상관관계, - 인 경우에는 부적인 상관관계가 있는 것으로 본다.

017   ① 신경증적 불안 - 본능의 충동이 의식 속으로 들어옴으로 인해 느껴지는 불안이다.

      사례 성적, 공격적 충동이 느껴지면 불안해하는 경우

018 ▶ **Erikson의 심리사회적 이론**

ㄷ. 성격은 전 생애를 통해 발달한다.

단, 만 5세 이전의 경험에 의해 결정된다고 본 학자는 지그문트 프로이트이다.

ㄹ. 성격발달의 사회문화적 요인을 강조한다.

단, 사회문화적 요인을 강조하지 않은 학자는 지그문트 프로이트이다.

CF ㄱ. 초기경험이 성격발달에 중요하다고 주장한 학자는 지그문트 프로이트이다.

019 ▶ **인지 부조화이론(cognitive dissonance theory)**

1) 우리의 신념 간에 또는 신념과 실제로 보는 것 간에 불일치나 비일관성이 있을 때 생기는 것으로, 인지 부조화 이론에 따르면 개인이 믿는 것과 실제로 보는 것 간의 차이가 불편하듯이 인지 간의 불일치가 불편하므로 사람들은 이 불일치를 제거하려 한다.

2) 인지 부조화를 경험하면 개인은 평형상태를 유지하려는 경향 때문에 불편함을 느끼게 되고 자신의 신념이나 행동을 바꿈으로써 이를 해결하려고 시도한다.

3) 이는 개인의 관점에서 보면 인지 부조화를 극복하여 인지 조화를 얻는 것이 더욱 편한 감정을 느낌으로 더욱 바람직한 것이다.

실력다지기

설득(응종, Compliance)을 일으키는 기법 - 사람들을 응종하게 하는 방법

1) 문간에 발 들여 놓기 기법(foot in the door technique)

이 방법은 어떤 사람에게 처음에는 작은 요구에 동의하게 만든 다음, 일단 그 사람이 작은 요구에 응하면, 더 큰 요구를 하는 방법이다.

2) 면전의 문 기법(door in the face technique)

면전에서 문 닫기 효과(door - in - the - face effect)라고도 하며 이는 문간에 발 들여놓기의 정반대 방법인 면전의 문 기법(door in the face technique)은 처음에 매우 큰 요구를 하고, 그 다음에 더 작은 요구를 함으로써 작은 요구에 대한 응종을 증가시키는 기법이다.

3) 낮은 공 기법(low ball technique)

(1) 사람들에게 불완전한 정보에 기초하여 어떤 일에 동의하도록 요구받고, 그 후 전체의 요구의 내용을 들려주는 방법이 낮은 공 기법이다.

(2) 한 경우는 연구자가 학생에게 전화를 걸어 아침 7시에 계획된 연구에 참가해 달라고 부탁한다. 다른 경우에는 연구자가 전화를 걸어 어떤 연구에 참가해 달라고 부탁한다. 그리고 학생이 승낙을 하면 연구가 아침 7시에 계획되었다고 알려준다. Cialdini 등(1978)은 이 두 가지 방법을 비교하였을 때 첫 번째 방법에서는 25%의 학생들만이 참가에 동의하였으나, 두 번째 방법에서는 55%의 학생이 동의함을 발견했다. 이 기법이 낮은 공 기법으로 불리는 이유는 야구에서 투수의 공이 낮게 들어오다가 갑자기 높아지는 것을 비유한 것이다. 이 방법이 효과를 보는 이유는 사람들이 일단 어떤 행동코스에서 개입하게 되면, 심지어 기본 규칙들이 바뀌었을 때라도 취소를 꺼려하기 때문인 것으로 알려지고 있다.

4) 그것이 전부가 아닙니다 기법(that's not all technique)

(1) 이것은 주로 세일즈에 많이 사용되는 방법이다.

(2) 예를 들면, 한 세일즈맨이 고객에게 새로 나온 전자오븐을 설명하고 가격을 제시한다. 고객이 구매에 대한 결정을 신중히 검토하고 있는 동안 외판원은 "그렇지만 그것이 전부가 아닙니다."라고 부언한다. 지금 당신에게만 특별히 전자오븐을 구입하면 전자오븐용 접시세트를 무료로 증정한다고 제시한다. 이 세일즈맨은 처음부터 전자오븐을 사면 접시세트를 무료로 제공한다고 말할 수도 있었지만, 무료접시에 대한 내용을 나중에 설명함으로써 '특별한 판매'와 '당신만을 위한 혜택'이라는 점을 부각시킨다. 이 기법은 사람들이 구매에 대한 결정을 하는 순간 구매에 더욱 매력적인 제안을 제시함으로써 구매를 증진시키는 방법이다.

020 ③ 사회적 촉진 : 일반적으로 누군가가 옆에 있으면 경쟁의식을 느끼고 긴장하며 행동의 속도가 빨라짐

> ① 몰개성화 : 평소에 얌전하던 사람이 군중 속에 휘말리면 자기도 모르는 사이에 흥분하고 대담해짐
> ② 군중 행동 : 군중이 특정 사건을 대상으로 똑같은 감정적 반응을 일으킨 결과로 발생하는 집합적 행동
> ④ 동조 행동 : 한 사회 집단의 구성원들이 그 집단 특유의 사고나 감정, 행동 양식 따위를 공유하고 그대로 답습하는 행동

021	②	022	②	023	③	024	②	025	④	026	①	027	④	028	②	029	①	030	②
031	④	032	④	033	①	034	③	035	②	036	②	037	①	038	②	039	①	040	②

021 ① 편집성 성격장애 - 다른 사람에 의해 부당하게 취급되거나 이용될 것이라는 생각 때문에 타인에 대한 의심과 불신감을 특징적으로 나타낸다.

③ 히스테리성(연기성) 성격장애 - 이성에 대한 관심과 욕구가 지나치게 강하고, 외모와 신체적 매력을 통해 관심을 끌려는 행동이 지배적이다.

④ 회피성 성격장애 - 타인으로부터 호감을 받기를 갈망하지만 비난 또는 거절을 받을지도 모른다는 두려움 때문에 지속적으로 대인관계를 기피하게 된다.

022 <u>문제의 사례는 1차적으로 ② 망상장애의 질투형이라고 볼 수 있다. 편집성 성격장애가 되지 않는 이유는 부인은 대학 졸업 후 20여 년간 교사 생활을 해왔고 현재 학교 생활에 별 문제는 없기 때문에 그리 많은 심각성은 없다고 할 수 있다.</u>

실력다지기

망상장애

망상장애에는 7가지의 유형이 있다.

색정형, 과대형, 질투형, 피해형, 신체형, 혼재형, 불특정형이 있다.

1) 색정형

(1) 중심이 되는 망상은 보통 영화의 스타와 같은 유명한 사람이나 유력한 사람이 자기를 열렬하게 사랑하고 있다는 것이다.

(2) 이 형태는 망상을 숨기려고 노력하기도 하지만 흔히 상대방에게 전화를 걸거나 편지나 선물을 보내고 집을 방문하거나 심지어 감시하고 계속 접근하여 접촉하려는 노력을 한다.

(3) 이런 환자에게서 흔히 볼 수 있는 역설적 행동(paradoxical conduct)은 망상의 대상이 되는 사람이 말이나 신체적으로 사랑을 부정하는데도 이 모든 것을 애정을 비밀스럽게 나타내는 증거라고 해석하는 것이다.

(4) 환자의 대부분이 여자이지만 법적으로 문제가 되는 경우는 대부분이 남자이다.

(5) 특히 남성들은 망상의 대상을 추적하려 하고 자신이 상상하고 있는 위험으로부터 그 대상을 구원하려고 시도하는 과정에서 법과 마찰을 일으킨다.

(6) 예를 들어 망상장애를 갖고 있는 남자는 그를 정말로 사랑하고 있다고 믿는 여성의 남편을 살해하려고 기도할 수 있다.

2) 과대형

(1) 가장 흔한 형태의 과대망상은 자신이 어떤 위대한 그렇지만 알려지지 않은 능력을 가졌다거나, 대통령과 특별한 관계를 가지고 있다고 주장하는 경우이다.

(2) 과대망상은 종교적인 내용을 가질 수도 있어 망상을 가진 환자가 종교집단의 지도자가 될 수도 있다.

3) 질투형

(1) 망상이 배우자의 부정과 연관될 때 부부 간의 편집증(conjugal paranoia) 또는 Othello syndrome 이라고 불린다.

(2) 남자가 여자보다 흔하고, 심해지면 배우자를 말로 혹은 신체적으로 학대를 하고 심지어 배우자를 살해하기도 한다.

(3) 대개 환자들은 상대방의 시간의 공백, 흐트러진 옷차림, 이불의 얼룩과 같은 사소한 증거를 수집하여 자신의 망상을 정당화하는 데 사용한다.

(4) 따라서 자신의 상상 속의 부정을 막기 위해 엄청난 노력을 하는데 예로써 혼자 외출을 못하게 하거나, 몰래 미행을 하거나 등등의 일들을 한다.

4) 피해형

(1) 가장 흔한 형태의 망상장애로 피해망상은 단순하거나 정교할 수 있으며, 보통 한 가지의 단일한 주제를 갖거나 일련의 주제들이 서로 연결되어 있다.

(2) 자신이 음모의 대상이 되거나, 속임을 당하고 있다거나, 추적을 당하고 있다거나, 자신도 모르게 약물이나 독약을 먹고 있다고 생각하거나, 악의적으로 중상을 당하고 있다거나, 어떤 장기적인 목표를 추구하는데 있어서 방해를 받고 있다고 생각한다.

(3) 이런 환자들은 때때로 원망하고 분노하여, 자신이 상처를 받는다고 생각하면 박해자에게 폭력을 사용할 수도 있다. 또는 법에 호소하거나, 정부기관에 호소함으로써 이를 해소해 보려고도 한다.

5) 신체형

(1) 질병에 대하여 갖고 있는 확신의 정도에 따라 건강염려증과 망상장애의 신체형과 구분을 한다.

(2) 가장 흔한 망상은 감염, 피부에 벌레가 서식한다는 생각, 추형 공포증(예를 들면 보기 흉한 코나 유방 등), 피부나 입, 자궁에서 나는 체취에 관한 망상, 신체의 일부가 제대로 기능을 못하고 있다는 망상 등이다.

(3) 남녀에서 똑같이 일어나며 드문 질환으로 여겨진다.

023   ③ 율동적인 동작 또는 음성은 틱(tic)의 특징이 아니다.

실력다지기

틱 장애

1) 얼굴 근육이나 신체 일부를 갑작스럽게 움직이거나 갑자기 이상한 소리를 내는 이상행동을 반복적으로 나타내는 경우를 말한다.

2) 틱은 갑작스럽고 재빨리 일어나는 비(非) 목적적인 행동이 동일하게 반복되는 현상을 말한다.

3) 이러한 틱 장애는 ① 운동 틱과 음성 틱이 1년 이상 지속적으로 나타나는 경우인 뚜렛 장애, ② 둘 중에 한 가지 틱이 1년 이상 지속적으로 나타나는 만성적 운동/음성 틱 장애, ③ 일시적으로 운동 틱이나 음성 틱이 나타나는 틱 장애로 구분된다.

4) 틱 장애의 DSM - 5 진단기준(요약)

	뚜렛장애	지속성(만성) 운동/음성 틱 장애	잠정적 틱 장애
A	틱(갑작스럽고 빠르게 반복되는, 불규칙한 상동적 운동 또는 발성)		
	다수의 운동 틱+음성 틱	운동 틱 or 음성 틱	
B	1년 이상 지속		1년 미만
C	18세 이전 발병		
D	물질(정신자극제) 및 신체질환(뇌염, 헌팅톤병 등) 배제		
E	-	뚜렛장애 아님	뚜렛장애, 지속성 틱 장애 아님

024 ▶ **표현된 정서**

1) 조현증 환자들의 친척이 그 환자에게 많은 비판이나 정서적으로 과도하게 관여(간섭)된 태도를 말한다.

2) 가족의 표현된 정서가 조현증 환자의 질병의 경과에 대한 좋은 예언인자이다.

025 ④ 실패경험에 대한 전반적 귀인은 우울의 일반화를 조장한다.

실력다지기

Abramson 등의 우울증의 귀인이론(attributional theory of depression)

1) 우울증 귀인이론은 학습된 무기력이론이 지니고 있는 문제점을 해결하기 위해서 1978년 Abramson, Seligman, Teasdale(1987)은 사람을 피험자로 하여 소음이나 풀 수 없는 문제를 주어 실패경험을 하게 하는 실험을 하였을 때 동물과는 다른 심리적 과정을 발견하였다.

  (1) 즉 통제 불능 상태가 자신 때문인지? 아니면 외부적 상황 때문인지를 판단하는 귀인방향에 따라서 무기력 양상이 달라짐을 발견하게 되었다.

  (2) 이러한 발견에 근거하여 우울증에 취약한 사람은 독특한 인지적 특성을 지니며 이러한 인지적 특성은 어떤 결과에 대한 원인을 설명하는 귀인양식에 반영된다는 것이다.

2) Abramson의 주장에 따르면, 우울증에 취약한 사람들은 실패경험에 대해서 내부적, 안정적, 전반적 귀인을 하는 경향이 있다는 것이다.

3) 이러한 세 가지 귀인양식은 우울증의 세 가지 측면과 관련되어 있는데, 즉 실패경험에 대한 내부적 – 외부적 귀인은 자존감 손상과 우울증의 발생에 영향을 미치며, 안정적 – 불안정적 귀인은 우울증의 만성화 정도와 관련되어 있고, 전반적 – 특수적 귀인은 우울증의 일반화 정도를 결정하게 된다.

  (1) 실패경험(예 성적불량, 사업실패, 애인과의 결별 등)에 대해서 내부적 귀인(예 능력부족, 노력부족, 성격적 결함 등)을 하게 되면, 자존감에 손상을 입게 되어 우울감이 증진된다. 그러나 같은 실패경험이라도 외부적 귀인(예 잘못된 시험문제, 전반적 경기 불황, 애인의 변덕스러움 등)을 하게 되면, 자존감의 손상은 적게 된다.

  (2) 실패경험에 대한 안정적 귀인이 우울증의 만성화와 장기화에 영향을 미친다. 즉, 실패경험을 능력부족이나 성격적 결함과 같은 안정적 요인에 귀인하게 되면 무기력과 우울감이 장기화 될 수 있다. 그러나 실패를 노력부족 등과 같은 일시적인 불안정적 요인에 귀인하게 되면 일시적으로 무기력할 수 있으나 곧 회복될 수 있을 것이다.

  (3) 실패경험에 대한 전반적 – 특수적 귀인은 우울증의 일반화에 영향을 미친다.
    실패경험을 전반적 요인(예 전반적 능력 부족, 성격전체의 문제 등)에 귀인하게 되면, 우울증이 전반적인 상황으로 일반화될 수 있다. 예를 들어 수학과 관련된 능력에만 문제가 있는 것이 아니라, 전반적인 지적능력의 부족 때문이라고 성적불량에 대해서 전반적 귀인을 하게 되면 수학시험뿐만 아니라 모든 과목의 시험에서 무기력한 행동을 보이게 될 것이다.

026 ▶ **장애에 따라 사용하는 방어기제 외우기** 암기법

1) **강박장애** : 강박 – 고(분). 취. 반. 대. (고립(= 분리 = 격리), 취소, 반동형성, 대치)

2) **전환장애** : 전환 – 억. 동. 전. 투. (억압, 동일시, 전환, 투사)

3) **망상장애** : 망상 – 투. 부. 반. (투사, 부정, 반동형성)

4) **불안장애** : 불안 – 회. 전. 상. (회피, 전치, 상징화)

<table>
<tr><td colspan="2">

투사

1) 방어기제 중 하나로서 스트레스 및 불안의 위협에서 자신을 보호하기 위해 실제적인 욕망을 무의식적으로 속이면서 대체하는 양식이다.

2) 자신의 자아에 내재해 있으나 받아들일 수 없는 것들을 다른 사람의 특성으로 돌려 버리는 수단으로서 자신의 심리적 속성이 타인에게 있는 것처럼 생각하고 행동하는 것이다.

예 자기 자신이 화가 나 있는 것은 의식하지 못하고 상대방이 화를 냈다고 생각하는 것

</td></tr>
</table>

027 ④ <u>물질사용으로 인해 지속적으로 반복적으로 신체적·정신적·문제가 생긴다는 것을 알면서도 계속 물질을 사용한다(코카인 때문에 우울증이 유발되었음을 알면서도 코카인을 사용하고, 알코올로 인해 궤양이 악화된다는 것을 알면서도 계속 음주를 한다).</u>

028 문제에 대해 신체적 원인을 발견하지 못했고 배 밑의 신체부분에 감각을 잃게 되었고 움직일 수 없었다는 점으로 보아, ② <u>전환장애</u> 가능성이 높다.

실력다지기

신체화장애와 전환장애

1) 신체화장애

(1) 장기간 지속되어 온 다양한 종류의 신체적 증상을 호소하는 장애이다.

(2) 부정적 감정을 억압할 때 생겨날 수 있으며, 신체적 증상으로 인한 이차적 이득에 의해서 강화된다.

(3) <u>신체화장애를 지닌 사람은 신체적 변화에 주의를 많이 기울이고 신체 감각을 증폭하여 지각하며 신체적 증상의 원인을 질병으로 잘못 해석하는 경향이 있다.</u>

(4) 만성적인 경과를 나타내며 치료하기 어려운 장애로 알려져 있다.

(5) 신체화장애의 DSM - 5 진단기준(요약)

> A. 일상생활에 심각한 장애를 초래하는 한 가지 이상의 신체 증상
>
> B. 신체 증상 및 건강에 대한 걱정과 관련된 다음 중 한 가지 이상의 생각, 느낌 또는 행동
>
>   (1) 과도하고 지속적으로 증상의 심각성에 대해 생각함
>
>   (2) 건강 또는 증상에 대한 지속적으로 과도한 불만
>
>   (3) 이런 증상 또는 건강을 걱정하는 것에 과도한 시간과 에너지를 소비함
>
> C. 증상이 지속적(6개월 이상), 단 한 가지 증상이 쭉 지속될 필요는 없음(증상이 중간에 바뀌어도 진단 가능)

2) 전환장애

(1) <u>전환(conversion)이란 정신적인 에너지가 신체증상으로 변환되었다는 의미이며, 고전적으로 히스테리 신경증이라고 불리던 질환으로 신체 마비나 감각 이상과 같이 주로 신경학적 손상을 시사하는 소수의 신체적 증상을 나타내는 장애이다.</u>

(2) <u>증상은 심리적 갈등 욕구가 원인이 되어 신경계 증상이나 수의 운동기관의 증상이 한 가지 이상 오지만, 정밀 검사를 하여도 해부 생리학적인 기전으로 설명되지 않는 경우 진단을 내리게 된다.</u>

(3) 사춘기나 성인초기에 잘 발병되며 여성에게서 더 많이 나타난다.

(4) 정신분석적 입장에서는 전환 장애가 무의식적인 욕구와 그것을 표출하는 것에 대한 두려움의 타협으로 생긴다고 본다.

(5) 행동주의적 입장에서는 전환증상을 충격적 사건이나 정서적 상태 후에 생기는 신체적 이상이 외부적으로 강화된 것이라고 설명하고 있다.

(6) 전환장애의 DSM - 5 진단기준(요약)

> A. 수의운동 / 감각기능의 이상이나 결손
> B. 증상이 신경학 또는 의학적인 상태에 부합하지 않음
> C. 배제진단 - 다른 의학적 또는 정신장애
> D. 증상이나 결손으로 인해 사회직업적 또는 다른 중요한 기능적 장애나 고통

029 ① 기능적 유뇨증 - 성인기까지 발전하는 것은 아님

유뇨증(=야뇨증)

1) 기능적 유뇨증은 아동들이 신체적 장애가 없음에도 불구하고 배변 훈련을 할 나이를 지나서도 옷이나 침대에 무의식적으로 혹은 고의로 지속적으로 오줌을 싸는 경우를 의미한다.

2) 유뇨증은 오줌이 불수의적으로 나오는 것으로 정의하며 낮에 오줌싸는 것을 주뇨증이라고 하며 아동이 낮과 밤 모두 오줌을 싸는 것을 일컬어 '복합성 유뇨증'이라 정의한다.

3) 야뇨증은 남아가 여아보다 두 배 정도 많게 보이지만 주뇨증은 여아들 사이에서 더욱 보편적인 경향이다.

4) 태어나서 한 번도 소변을 가려본 적이 없는 경우 일차성 유뇨증이라고 하며 소변을 가리다가 사회 환경적 스트레스 등으로 소변을 다시 가리지 못하는 경우를 이차성 유뇨증이라고 한다.

> ② 지능이 낮은 자폐증 - 자폐는 일생동안 지속되는 양상을 보인다.
> ③ 어린 나이에 시작된 품행장애 - 품행장애는 성인기에 반사회성 성격장애를 보일 가능성이 있다.
> ④ 주의력 결핍 및 과잉행동 장애 - 품행장애와 함께 성인기에 반사회성 성격장애를 보일 가능성이 있다.

030 ▶ 조현병

1) 양성 증상 : 망상, 환각, 지리멸렬한 사고 장애, 괴이하고 혼란된 행동 등 생산성 증상

2) 음성 증상 : 무언증, 감정이 무뎌짐, 자폐증, 사회적 격리, 철퇴 및 자발성의 감소, 주의력 결핍 등 결핍성 증상(예후 나쁨)

031 ④ 해리성 정체감 장애가 있는 사람은 최면에 잘 걸린다는 연구결과 보고가 있다. 이것이 장애의 소인이라고 주장하는 연구보고도 있다.

실력다지기

해리성 정체감 장애(다중 성격장애)

1) 한 사람 안에 둘 이상의 각기 다른 정체감을 지닌 인격이 존재하는 장애이다.

2) 아동기의 외상적인 경험과 관련되어 있는 것으로 이해되고 있다.

3) 신(新)해리이론은 개인의 인지체계를 통합적으로 관리하는 중앙통제체계로부터 하위 인지체계가 분리되어 독립적인 기능을 함으로써 해리성 정체감 장애와 같은 해리 현상이 나타난다고 하였다.

4) 해리성 주체장애의 DSM – 5 진단기준(요약)

   A. 2가지 이상의 뚜렷이 구분되는 주체성(정체성) / 인격이 환자를 교대로 통제한다.

   B. 주요 개인정보와 관련한 광범위 기억장애

   C. 증상으로 인해 사회, 직업 기능의 현저한 장애

   D. 증상이 문화나 종교적으로 넓게 받아들여지는 정상적인 범위를 벗어난 수준

   E. 배제진단 – 물질 / 신체질환

032 ▶ **치매**

1) 노년기에 나타나는 대표적 정신장애로서 다양한 인지적 기능이 퇴화하는 경우를 말한다.

2) 기억력이 현저하게 저하되고 언어나 운동기능이 감퇴하며 물체를 알아보지 못하고 일상생활에 필요한 여러 가지 적응능력이 전반적으로 손상된다.

3) 기억장애를 필수적으로 포함하여 실어증, 실행증(失行症), 실인증, 실행 기능의 장애가 나타날 경우 치매로 진단된다.

4) ① 뇌세포의 점진적 파괴로 인해 발생하며 치매증상이 서서히 진행되는 것이 주된 특징인 알츠하이머형 치매와 ② 뇌출혈이나 뇌졸중 등에 의한 뇌혈관의 파열로 인해 뇌세포가 손상되어 치매증상이 나타나는 경우인 혈관성 치매, ③ 두부 외상으로 인한 치매, ④ 파킨슨 질환으로 인한 치매 등으로 다양하게 구분된다.

실력다지기

섬망(delirium)

1) 의식이 흐릿하고 주의를 집중하지 못하며 사고의 흐름이 일관성이 없는 장애로서 주변상황을 잘못 이해하며, 생각의 혼돈이나 방향상실 등이 일어나는 정신의 혼란상태이다.

2) 일반적인 의학적 조건에 의한 물질 중독성, 물질 금단성, 복합 원인에 의한 섬망이 있다.

3) 섬망은 보통 중독·발열·심부전(心不全) 및 대뇌에 부상을 당했을 때 등 뇌에 나쁜 영향을 끼치는 신체적 결함으로 인해 일어난다.

4) 주위환경 변화가 심하면 섬망상태가 더 잘 일어나기 때문에 섬망이 나타나려고 할 때 환자를 집에서 병원으로 옮기는 것은 환자에게 위협이 될 수 있는데, 이때 가족이 곁에 있으면 위협을 훨씬 줄일 수 있다.

5) 원인이 되는 신체적 조건이 개선되면 섬망 증상은 곧 없어진다.

6) 그러나 독물의 제거뿐 아니라 뇌의 피해 정도나 신체의 회복능력에 따라서도 회복속도가 달라진다.

033 ② 과대망상 – 정신분열형 성격장애(Schizotypal personality Disorder)

   ③ 정서의 변동 – 경계선 성격장애(Borderline Personality Disorder)

   ④ 정서적 무관심 – 정신분열성 성격장애(Schizoid Personality Disorder)

실력다지기

편집성 성격장애(Paranoid Personality Disorder)

1) 편집성 성격장애는 타인의 의도를 적대적인 것으로 해석하는 불신과 의심을 주된 특징으로 한다.

2) 다른 사람이 자신을 부당하게 이용하고 피해를 주고 있다고 왜곡하여 생각하고 친구의 우정이나 배우자의 정숙성을 자주 의심하며 자신에 대한 비난이나 모욕을 잊지 않고 가슴에 담아 두어 상대방에게 보복하는 경향이 있다.

3) 주변 사람들과의 지속적인 갈등의 경험으로 스트레스를 많이 경험하고 우울증, 공포증, 강박장애, 알코올 남용과 같은 정신장애를 나타낼 가능성이 높다.

4) 강한 스트레스가 주어질 때 짧은 기간 동안 심리적 혼란을 경험하여 망상장애나 정신분열증으로 발전되는 경우도 있다.

5) 정신분열형, 정신분열성, 자기애성, 회피성, 경계선적 성격장애의 요소를 함께 지니고 있는 경우가 많다.

6) 타인의 동기를 악의에 찬 것으로 해석하는 등 광범위한 불신과 의심이 성인기 초기에 시작되어 여러 가지 상황에서 나타나며 다음 7가지 특성 중 4개 이상을 만족시켜야 한다.

(1) 충분한 근거 없이 다른 사람에게 착취당하고 해를 당하거나 속임을 당하고 있다고 의심한다.

(2) 친구나 동료의 성실성이나 신용에 대한 부당한 의심을 한다.

(3) 정보가 자기에게 악의적으로 사용될 것이라는 부당한 공포 때문에 터놓고 얘기하기를 꺼린다.

(4) 타인의 말이나 사건 속에서 자신을 비하하거나 위협하는 숨겨진 의미를 찾으려 한다.

(5) 원한을 오랫동안 풀지 않는다.

(6) 자신에 대한 모욕, 손상, 경멸을 용서하지 않는다.

(7) 타인은 그렇게 생각하지 않지만 자신의 인격이나 명성이 공격 당했다고 인식하고 즉시 화를 내거나 반격한다.

(8) 이유 없이 배우자나 성적 상대자의 정절에 대해 반복적으로 의심한다.

034 ㄱ. 의심이나 편집증적 사고 – 조현형 성격장애(Schizotypal personality Disorder)
ㄴ. 괴이한 사고와 언어 – 조현형 성격장애(Schizotypal personality Disorder)

실력다지기

조현성 성격장애(Schizoid Personality Disorder)

1) 가족의 일원이 되는 것을 포함하여, 친밀한 관계를 원하지도 즐기지도 않는다.

2) 거의 항상 혼자서 하는 활동을 선택한다.

3) 다른 사람과 성 경험을 갖는 일에 거의 흥미가 없다.

4) 만약 있다고 하더라도, 소수의 활동에서만 즐거움을 얻는다.

5) 직계가족 이외에는 가까운 친구나 마음을 털어놓는 친구가 없다.

6) 타인의 칭찬이나 비평에 무관심해 보인다.

7) 정서적인 냉담, 무관심 또는 둔마된 감정반응을 보인다.

조현형 성격장애(Schizotypal personality Disorder)

1) 관계망상과 유사한 사고(분명한 관계망상은 제외)를 한다.

2) 행동에 영향을 미치는 괴이한 믿음이나 마술적 사고([예] 미신, 천리안에 대한 믿음, 텔레파시나 육감, 아동이나 청소년의 경우 기괴한 환상이나 집착)를 한다.

3) 신체적 착각을 포함한 유별난 지각 경험을 한다.

4) 괴이한 사고와 언어([예] 애매하고 우회적이며 은유적이고 지나치게 자세하게 묘사되거나 또는 상동증(常同症)적인 사고와 언어)를 보인다.

5) 의심, 편집증적 사고를 보인다.

6) 부적절하거나 메마른 정동(정서적 요소)을 보인다.

7) 괴이하고 엉뚱하거나 특이한 행동이나 외모를 보인다.

8) 직계가족 외에는 가까운 친구나 마음을 털어놓을 수 있는 사람이 없다.

9) 과도한 사회적 불안(이러한 불안은 친밀해져도 줄어들지 않으며 자신에 대한 부정적인 판단보다는 편집증적 공포와 연관되어 있음)을 보인다.

035 ② 환경에 적응하기 위한 생체의 기본적 반응 양식을 불안이라고 한다.

> **✐ 오답노트**
>
> ① 주관적으로 경험되는 불쾌한 정서이다.
> ③ 걱정의 원인이 분명하지 않고 모호한 두려움으로 표현된다.
> ④ 생리적 각성은 나타난다. 대개 다음의 3가지로 나누어 설명한다.
> ㉠ 운동성 긴장 - 떨림, 근육 긴장, 안절부절 못함, 피로감
> ㉡ 자율신경계 항진 - 호흡곤란, 두근거림, 발한 또는 냉(冷)하고 습한 손, 구갈, 어지러움, 소화장애, 화끈거림이나 오한, 빈뇨, 삼키기 불편함이나 인후 이물감
> ㉢ 각성이나 조심성 - 긴장감, 심하게 놀람, 집중력 장애, 불면, 자극 과민성 등

036 1) 성격장애 A 그룹 : 기이하고 괴상한 행동특성을 나타내는 성격장애임
    (1) 편집성 성격장애(Paranoid Personality Disorder)
    (2) 조현성 성격장애(Schizoid Personality Disorder)
    (3) 조현형 성격장애(Schizotypal personality Disorder)
2) 성격장애 B 그룹 : 극적이고 감정적이며 변화가 많은 행동이 주된 특징임
    (1) 반사회성 성격장애(Antisocial Personality Disorder)
    (2) 경계성 성격장애(Borderline Personality Disorder)
    (3) 연극성 성격장애(연기성 성격장애, Histrionic Personality Disorder)
    (4) 자기애성 성격장애(Narcissistic Personality Disorder)
3) 성격장애 C그룹 : 불안과 두려움을 지속적으로 지니는 특징을 갖고 있음
    (1) 회피성 성격장애(Avoidant Personality Disorder)
    (2) 의존성 성격장애(Dependent Personality Disorder)
    (3) 강박성 성격장애(Obsessive - Compulsive Personality Disorder)

037

> 품행장애의 진단 기준
>
> A. 다른 사람의 기본적 권리를 침해하고 나이에 맞는 사회적 규범 또는 규칙을 위반하는 지속적이고 반복적인 행동 양상으로, 지난 12개월 동안 다음의 15개 기준 중에서 적어도 3개 이상에 해당되고, 지난 6개월 동안 적어도 1개 이상의 기준에 해당된다.
>
>   사람과 동물에 대한 공격성
>
>   1. 자주 다른 사람을 괴롭히거나, 위협하거나, 협박함
>   2. 자주 신체적인 싸움을 시작함
>   3. 다른 사람에게 심각한 신체적 손상을 입힐 수 있는 무기를 사용함(예: 방망이, 벽돌, 깨진 병, 칼, 총).

4. 다른 사람에게 신체적으로 잔인하게 대함

5. 동물에게 신체적으로 잔인하게 대함

6. 피해자가 보는 앞에서 도둑질을 함(예 노상 강도, 소매치기, 강탈, 무장 강도)

7. 다른 사람에게 성적 활동을 강요함

재산의 파괴

8. 심각한 손상을 입히려는 의도로 고의적으로 불을 지름

9. 다른 사람의 재산을 고의적으로 파괴함(방화로 인한 것은 제외)

사기 또는 절도

10. 다른 사람의 집, 건물 또는 차를 망가뜨림

11. 어떤 물건을 얻거나 환심을 사기 위해 또는 의무를 피하기 위해 거짓말을 자주 함 (즉, 다른 사람을 속임)

12. 피해자와 대면하지 않은 상황에서 귀중품을 훔침 (부수거나 침입하지 않고 상점에서 물건 훔치기, 문서 위조)

심각한 규칙 위반

13. 부모의 제지에도 불구하고 13세 이전부터 자주 밤늦게까지 집에 들어오지 않음

14. 친부모와 살거나 부모를 대신한 가정에서 사는 동안 밤에 적어도 2회 이상 가출, 또는 장기간 귀가하지 않은 가출이 1회 있음

15. 13세 이전에 무단결석을 자주 함

B. 행동 장애가 사회적, 학업적, 또는 직업적 기능 영역에서 임상적으로 현저한 손상을 초래한다.

C. 18세 이상일 경우, 반사회적 성격장애의 기준에 부합되지 않는다.

실력다지기

적대적 반항장애

적대적 반항장애의 필수 증상은 권위 인물에 대해 반복되는, 거부적, 도전적, 불복종적, 적대적 행동이 적어도 6개월 이상 지속된다.

간헐적 폭발성 장애

공격적 충동이 조절되지 않아, 심각한 공격적 행동이나 재산 및 기물을 훼손하는 파괴적 행동을 반복적으로 나타내는 경우이다.

038 ② 동성애(homosexuality)와 성 정체감 장애는 구분된다.

동성애

1) 동성인 사람에 대해서 성적인 애정과 흥분을 느끼거나 성적 욕구를 충족시키기 위한 성행위를 하는 경우를 말한다.

2) 동성애자는 자신의 생물학적 성이나 성역할에 해서 불편감을 겪지 않으며 성전환을 원하지도 않는다.

3) 물론 일부의 동성애자 중에는 성정체감 장애를 지니는 경우가 있다.

4) 미국의 정신의학회에서 다수의 동성애자들이 양호한 사회적 적응을 하고 있어 동성애를 정신장애 분류체계에서 삭제하였다.

5) 현재 동성애는 독특하지만 정상적인 성적 성향이자 생활방식으로 인정되고 있다.

039 ▶ **취약성 스트레스 모델**

1) 취약성 – 스트레스 모델은 특정한 장애에 걸리기 쉬운 개인적 특성인 취약성과 환경으로부터 주어지는 심리사회적 스트레스가 상호작용하여 정신장애가 유발된다는 입장이다. 이상행동을 유발하는 다양한 원인적 요인을 통합적으로 설명하려는 이론이다.

2) 즉, 정신장애에 걸리기 쉬운 개인이 지니고 있는 생물학적, 심리적 취약성과 환경으로부터 주어지는 스트레스, 즉 생물학적·심리적·사회적 스트레스가 상호작용을 함으로써 정신장애가 유발된다는 것이다.

3) 개인의 취약성이란 특정한 장애에 걸리기 쉬운 개인적 특성을 의미하는데, 유전적 소인을 비롯하여 환경과의 상호과정을 통해 형성된 신체적·심리적 취약성 모두를 포함한다.

4) 예컨대 개인의 취약성이란 생리적 과민성이나 성격적 특성과 같이 개인이 지속적으로 지니고 있는 특성을 뜻한다.

5) 이러한 취약성에는 타고난 기질뿐만 아니라 성장 과정에서 부모와의 관계를 통해 형성된 아동기 감정양식이 포함되기도 한다.

6) 즉, 어머니로부터 충분한 사랑을 받지 못할 경우 강한 정서적 불안정성, 불신감, 분노감, 사랑에 대한 지나친 갈망과 회피 등 양가적 감정 등을 갖게 된다.

040 사고 – 행위 융합(thought – action fusion)은 강박장애에 해당한다.

실력다지기

일반화된 불안장애

1) 비현실적이고 과도한 불안과 걱정이 두 개 이상의 환경에서 일어난다.

2) 걱정이 없는 날보다 걱정에 괴로워하는 날이 많다.

3) 어린이나 사춘기에는 학업, 체육행사, 사람이 보는 앞에서 일하는 것에 대한 걱정과 불안일 수도 있다.

4) 환자는 불안할 때 과다 활동을 하거나 긴장된 움직임을 보인다.

5) 어쩔 줄 모르고, 경계심을 보이고 주도면밀하게 주변을 관찰한다.

6) 증상

호흡이 짧다. 질식되는 감각, 심장박동이 빨라진다. 땀이 난다. 경계심을 보이고 주변을 주도면밀하게 살핀다. 벼랑 끝에선 느낌, 놀람 반응이 과장된다. 정신집중이 어렵다 등

사고 – 행위 융합(thought – action fusion)

1) 도덕적으로 완전성을 지향하는 것은 강박증의 1차적 병리 증상이다.

2) 도덕적 완전을 지향하는 것이 그리 나쁜 것은 아니지만 지나치다는 점에서 문제가 된다.

3) 이들은 유달리 높은 도덕적 수준을 유지하려 하는데, 심하면 거의 완전성에 가까울 정도이다. 대개 이런 도덕적 완전성에는 사고행위의 융합이 자리한다는 관점이 있다.

4) 사고 – 행위의 융합(thought – action fusion)은 생각이 곧 행동이라는 현상이다.

5) 강박증 환자는 아무런 행동을 하지 않았는데도, 생각한 것만으로도 행동한 것이나 다름없다고 느낀다.

6) 이들에게는 생각이 행동과 같은 의미를 갖고, 생각 자체에 과도한 의미와 중요성을 부과하는 잘못된 사고 경향을 보인다.

7) 이런 시각에서 사고 – 행위의 융합은 분명히 잘못된 것인데, 그 이유는 생각 자체에 과도한 의미를 부여하여 생각과 행위의 경계를 허물어뜨리고, 생각이 바로 행동과 같은 실제성을 띤 것으로 여겨지기 때문이다.

8) 연구자들은 강박증 환자들에게 나타나는 사고 – 행위 융합에서 두 가지 과정을 상정한다.

9) 하나는 도덕성 융합의 오류이고, 다른 하나는 가능성 융합의 오류이다.

10) 도덕성 융합의 오류는 잘못된 생각을 하는 사람은 잘못된 짓을 하는 사람과 별로 다를 바 없다고 여기는 편으로, 즉 나쁜 생각을 하는 것과 그 행동을 실제로 하는 것 사이에는 도덕적으로 차이가 없다는 것이다.

11) 반면 가능성의 융합이란 생각과 행동의 가능한 조화로서, 어떤 생각을 하고 있으면 실제 그런 일이 일어날 가능성이 높아질 것이라는 방식이다.

041	①	042	③	043	④	044	④	045	③	046	②	047	①	048	③	049	③	050	④
051	①	052	①	053	③	054	④	055	①	056	④	057	①	058	④	059	②	060	②

041 ▶ **로렌츠바이크의 그림좌절 검사(picture frustration test)**

1) 그림좌절검사는 로젠츠바이크(Rosenzweig)가 창안한 것으로서, 이는 어떤 욕구가 좌절된 상태를 그린 만화 비슷한 25매의 인물표정이 나타나 있지 않은 그림으로 되어 있다.

2) 이 검사는 피험자로 하여금 좌절된 주인공의 반응을 대신하게 하여, 그 결과를 분석하여 그의 성격을 진단한다.

3) 그림좌절검사 카드의 실례를 제시하면 다음과 같다.

<자아좌절 장면의 예>   <초자아좌절 장면의 예>

4) 만화 형식으로 그려진 익명의 표정이 없는 두 사람이 등장한다.

5) 한 사람은 어떤 말을 하고 있고 적당히 좌절된 상태의 다른 한 사람은 반응이 생략되어 있는데, 이런 그림이 25매가 있다.

6) 피검사자는 만화 속에 이 좌절자가 할 말을 대신 써 놓도록 요구받는다.

7) 이 검사의 가정은 피검사자는 자신을 만화 속의 좌절된 인물과 동일시하게 되어 그 반응 속에 자신의 반응 경향을 투사할 것이라는 것이다.

8) <u>그림좌절 검사(picture frustration test)에서는 표출되는 공격성의 세 방향은 내부지향형, 외부지향형, 회피지향형이다.</u>

042 ▶ **코드타입(code type, 상승척도 쌍)**

1) 임상척도 중에서, 가장 높은 2개 혹은 3개의 척도(예 2 - 7, 1 - 3, 4 - 7, 2 - 4 - 9 등)

2) T점수가 65점 이상일 때 코드타입으로 분류

3) 정의된(defined) 코드타입만 해석이 권장됨

4) 척도 5와 0은 코드타입 분류에서 제외

    (1) 1 - 3 / 3 - 1 유형 - 건강염려증 + 히스테리 : 전환장애의 가능성이 있다.

    (2) 2 - 0 / 0 - 2 유형 - 우울증 + 내향성 : 만성 우울증의 가능성이 있다.

    (3) 6 - 8 / 8 - 6 유형 - 편집증 + 정신분열증 : 편집성 정신분열증과 분열성 성격장애의 가능성이 있다.

    (4) 4 - 9 / 9 - 4 유형 - 반사회성 + 경조증 : 반사회성 성격장애 가능성이 있다.

043 ④ 전문가들로 하여금 검사 내용을 판단하게 한다. - 내용타당도

실력다지기

구성체 타당도를 구체적으로 점검(평가)하는 방법

1) 새로 만든 검사와 유사한 기존의 검사와의 상관관계를 검토한다.
2) 요인분석법으로 많은 수의 문항이나 도구를 상호 상관관계를 분석해서 묶어줌으로써 요인이라 부르는 적은 수로 줄여 구성 개념을 검토한다.
3) 간단한 상관계수, 요인분석, 수렴적 - 식별적 타당화 등
4) 수렴적 - 식별적 타당화 : 다특성 - 다방법 행렬표 분석
   (1) 수렴적(집중) 타당도 : 같은 구인을 측정하는 도구 간에는 높은 상관이 발견되어야 함
   (2) 식별적(차별) 타당도 : 다른 구인을 측정하는 도구 간에는 낮은 상관이 발견되어야 함

044 ④ Pa(편집증) 척도의 변화폭은 임상척도를 의미한다. 피검자의 검사태도 및 프로파일의 타당도를 알아보기 위해 고려해야 할 사항은 타당도 척도와 시간 등이 관련된다.

실력다지기

MMPI의 타당도 척도

1) 피검자가 자신의 상태에 대한 인식이 부족하여 제대로 된 대답을 하지 못하였든지, 아니면 고의로 올바른 대답을 하지 않았든지 간에 검사자는 피검사자가 올바르게 반응하지 않았을 가능성에 대해서 알고 있는 것이 중요하다.
2) MMPI는 이와 같은 문제들을 고려하기 위하여 피검자가 취한 검사태도에 대해서까지 측정할 수 있도록 한 최초의 검사이다.
3) Meehl과 Hathaway는 검사태도를 두 가지로 나누어, 좋게 보이려는 태도(faking - good)와 나쁘게 보이려는 태도(faking - bad)로 구분하고 이것들을 측정하기 위한 방법들을 고안하였다.
4) 이렇게 개발된 타당도 척도들은 ?, L, F, K의 4가지 척도들인데 이들 타당도 척도들은 잘못된 검사태도를 탐지하게 해줄 뿐 아니라, 임상척도와 함께 검사 장면 외에서의 행동에 대하여 유추할 수 있는 자료까지도 제공해 준다.

045

오답노트

① Spearman은 지능을 일반적인 지적 활동과 관련되는 일반요인(g - factor)으로 구분하였다.
② Cattell은 지능을 선천적이며 개인의 경험과 무관한 유동성 지능과, 후천적이며 학습된 지식과 관련된 결정성 지능으로 구분하였다.
④ Guilford는 지능에 대한 3차원적 구조모델을 제안하였는데 내용, 조작, 결과의 모든 가능한 조합으로 지능의 요인들을 제시하고 있다.

046 ② 영아의 능력은 분명히 구별되지 않는 여러 가지 요인으로 구성되어 있다는 가정에 근거한다.

> **실력다지기**
>
> 베일리 영유아 발달검사(Bayley Scales of Infant Development)
>
> 1) 베일리 영유아 발달검사는 영유아의 현재 발달기능을 개별적으로 측정하고 영아의 발달적 진전을 측정하기 위해서 검사이다.
> 2) 즉, 영·유아를 대상으로 그들의 발달 수준을 측정하고 정상 발달에서의 이탈을 평가하는 정평있는 도구이다.
> 3) 1993년에 BSID를 수정한 BSID - II는 3가지 척도 - 정신척도(Mental Scale), 운동척도(Motor Scale), 그리고 행동평가 척도(Behavior Rating Scale, BRS) - 로 구성되어 있다.
> 4) Bayley는 영아를 대상으로 하는 평가는 나이 든 아동이나 성인을 대상으로 하는 것과 다른 별도의 절차가 요구된다고 생각하였고, 아동의 흥미를 끌 수 있는 과제와 장소를 제공하여 관찰 가능한 행동적 반응들을 유도해내도록 고안하였다.
> 5) 정신척도와 운동척도, 그리고 영아 행동기록을 실시하면서, 임상가들은 아동을 동일한 연령 또래와 비교하기 위한 많은 정보를 얻을 수 있으므로 BSID는 발달평가 battery의 한 부분으로서 가장 유용한 진단적 도구로 사용되어 왔다.
> 6) 1개월부터 42개월까지 영유아를 대상으로 검사할 수 있다.
> 7) Bayley 검사는 발달지수를 통해 발달적으로 지연된 아동을 규명할 수 있으며 진단평가 후 개입프로그램을 시작한 이후 아동의 변화과정을 도표화할 수 있다.
> 8) BSID는 부모에게 아동 발달에 관해 가르치기 위한 도구로써 사용되기도 하며 연구도구로도 유용하다.
> 9) 베일리 검사는 일종의 편차 IQ 점수와 많이 비슷한 한 정신발달 지표(Mental Development Index)를 산출하는데, 이것은 평균이 100이고 표준편차가 15이다.

047 ② 예언타당도 - 검사 점수와 예측 행동 자료가 일정한 시간을 두고 수집된다.
③ 차별타당도 - 관심 있는 동일 특성을 측정하는 검사 외의 다른 대안적 방법에서 측정된 내용과의 관계를 보는 것이다.
④ 내용타당도 - 특정한 도구가 아니라, 검사자나 연구자에 의해 제작된 도구와 연구목적의 정확성에 대한 평정이다.

048 ③ 언어성과 동작성 검사로 구성되어 있는 것은 웩슬러 검사이다.

> **실력다지기**
>
> 스탠포드 - 비네(Stanford - Binet) 검사
>
> 1) 1916년, 스탠포드 대학의 터만(Terman)이 비네 검사를 개정한 것이다.
> 2) 비율 IQ 도입 : IQ = 정신연령÷생활연령×100
> 3) 비율 IQ의 적용은 20세 이전의 사람에게만 적합하다. 왜냐하면, 모든 검사 문항에 정확히 답을 해도 정신연령은 최대 20세까지 밖에 나오지 않기 때문이며 또한 IQ와 정신연령의 구분도 간단치 않은 문제이다.
> 4) 스탠포드 - 비네검사는 1937년 두 개의 동형검사로 개정되었는데, 비율 IQ 대신 편차 IQ를 채택하고 있다.

5) 언어추리, 추상적·시각적 추리, 수량추리, 단기기억 등을 포함한 15개의 소검사로 구성되어 있는데, 약 1시간 15분 정도 소요된다.

6) 개인의 생활연령(chronological age, 흔히 말하는 나이)에 맞는 어휘검사를 먼저 실시한 다음 그 반응 수준에 근거하여 나머지 검사들의 시작점을 정한다.

7) 각 소검사 실시 후 4문항 중 3문항을 틀릴 경우 검사를 중단한다.

8) 1971년에 개정되었는데, 내용은 초판과 동일하며 평균 100, 표준편차 16인 편차 IQ를 채택하고 있다.

049 ③ 검사가 측정하고자 하는 속성을 제대로 측정하였는지를 논리적 사고에 입각한 논리적 분석과정을 통해 전문가들의 주관적으로 판단하는 타당도는 내용타당도이다.

실력다지기

타당도

1) 내용타당도(안면타당도) : 재고자 하는 속성을 재고 있는가?
   해당 분야의 전문가들에게 척도의 문항들을 면밀히 검토하고 평가

2) 준거타당도 : 예언타당도와 공인타당도(동시타당도)
   (1) 예언타당도 : 적성검사 점수와 직무수행 정도 간의 상관을 예측하는 것이다.
   (2) 공인타당도 : 같은 속성을 잰다고 가정되는 두 검사 간(현존하고 공인된 것과 비교)의 상관정도를 표시한다.

3) 구인타당도(구성개념, 구념 타당도)
   (1) 검사가 측정하는 속성, 즉 특성이 무엇인가에 대한 정보를 의미한다(측정된 속성이 이론에서 말하는 개념에 일관되게 나타나는지, 그 속성이 무엇인지에 대한 정보).
   (2) 간단한 상관계수, 요인분석, 수렴적 – 식별적 타당화 등
   (3) 수렴적 – 식별적 타당화 : 다특성 – 다방법 행렬표 분석
      ① 수렴적(집중) 타당도 : 같은 구인을 측정하는 도구 간에는 높은 상관이 발견되어야 함
      ② 식별적(차별) 타당도 : 다른 구인을 측정하는 도구 간에는 낮은 상관이 발견되어야 함

050 ④ 선별검사(screening test)는 외관상 차이를 보이지 않지만, 특정 상태나 질병을 가진 사람과 그렇지 못한 사람을 구별하기 위한 검사이다. 집단용 지능검사에서 적합하다.

오답노트

① 개인용 검사에 비해 지적 기능을 보다 신뢰성 있게 파악하기 어렵다. 이유는 집단검사는 검사장면에서 발생할 수 있는 여러 가지 오차 요인을 통제하기가 어려워 신뢰성이 낮기 때문이다.

② 집단검사는 실시와 채점, 해석이 간편하다.

③ 개인용 검사에 비해 임상적인 유용성이 낮다. 그 이유는 집단검사는 검사장면에서 발생할 수 있는 여러 가지 오차 요인을 통제하기가 어려워 신뢰성이 떨어지기 때문이다.

051 교육진단검사(psychoeducational Profile: PEP)

대상	주요 특징	개발자
생활연령 1세~12세 / 정신연령 1세~5세인 아동	1) 95문항의 발달척도와 44문항의 병리척도로 구성 2) 발달척도는 모방, 지각, 작은 근육운동, 큰 근육운동, 눈 손 협응, 언어이해 능력 그리고 언어표현 능력 등의 7개 하위영역으로 구성 3) 아동의 기능적 발달수준 측정 4) 병리척도는 대인감정, 사람 사귀기, 물건 다루기, 그리고 언어 등의 5개 하위영역으로 구성되어 병리적 행동이나 정신장애의 정도 평가	Schopler, Reichler (1979년)

052 ① 신경심리검사는 가벼운 초기 뇌 손상의 진단에는 효과적이다.

실력다지기

신경심리검사의 측정영역

1) 뇌는 각 부위가 단독적으로 어떤 기능을 수행하는 것이 아니라 인접 조직이나 대뇌의 관련 부위가 상호 작용함으로써 여러 기능을 수행하게 된다.
2) 우리 몸에서 일어나는 모든 반응과 기능들은 두뇌에서의 명령에 의한 것이며 두뇌의 특정부위의 이상은 그 부위가 관여하는 모든 기능에 대한 결손을 가져오게 된다.
3) 신경심리 검사는 행동상으로 나타나게 되는 두뇌의 이상을 판단하기 위한 도구라고 할 수 있다.
4) 여러 신경심리 검사가 현재 사용되고 있으며 운동영역, 촉각, 시각, 언어 능력, 쓰기, 읽기, 기억 등의 평가가 이루어진다.
5) 각 검사들은 정상인의 수행을 기준으로 표준화 되어 손상을 가진 환자들의 결손정도를 측정하게 된다.

053 지능검사가 개인의 일반적인 능력을 측정하는 것이라면, 적성검사는 특정 학업과정이나 직업에 대한 앞으로의 수행능력과 적응도를 예측하는 검사를 말한다.

054 ④ 자기 자신을 과장되게 표현하려는 피검자보다는 언어적인 방어가 심한 환자에게 유용하다.

실력다지기

BGT(Bender - Gestalt Test)

1) 개념
   간단한 기하학적 도형이 그려져 있는 9개의 자극 카드를 피검자에게 한 장씩 차례로 보여주면서 그것을 종이 위에 따라 그리도록 하고 여러 가지 변형된 추가 단계를 실시한 뒤, 여기서 나온 정보들을 통해서 인지, 정서, 성격 같은 피검자의 심리적 특성들에 대해서 분석하는 검사이다.
2) BGT는 어떤 사람들에게 유용한가?
   (1) 언어적인 방어가 심한 환자에게 유용하다.
      여기에 속하는 환자들로는 강박적이고 이지적인 사람이거나 말로 자기 합리화를 하는 것이 배어 있는 사람들이 있다.
   (2) 문화나 언어적인 배경을 뛰어넘을 수 있는 검사라는 점에서 피검자가 언어적인 능력이 제한되어 있는 사람이나 언어표현을 자유롭게 하지 못하는 환자에 적용될 수 있다.
   (3) 뇌 손상 여부가 의심스러운 사람들에게 사용된다.

① 언어성 검사로 뇌 손상을 평가한다면 아주 심각한 손상의 경우를 제외하고는 이들의 병리적 증상은 간과되기 쉽다.

② 왜냐하면 언어적 시행은 시지각 협응 기능에 비해 뇌 손상의 영향을 적게 받기 때문이다.

③ 신경증적인 진단 평가에 있어 손상의 정도가 적어 간과될 수 있는 환자들을 진단하는데 도움이 된다.

(4) 정신지체를 좀 더 정확히 진단하는 데 도움이 된다.

① 정신지체 진단은 일차적으로 지능검사를 실시하고 이에 따라 진단할 수 있기는 하나, 지능검사의 결과로만 정신지체를 진단한다면 정서적인 문제로 자신의 지적인 능력을 충분히 발휘하지 못한 피검자를 정신지체로 잘못 평가할 가능성도 있다.

② 정신지체의 진단에는 지능검사와 더불어 BGT가 내포된 검사 배터리를 실시함으로써 진단의 오류를 줄일 수 있다.

(5) 완충검사(buffer test)로 쓰일 수 있다.

① 임상가들이 환자를 대상으로 검사를 실시할 경우 지능검사나 그 밖의 성격검사를 실시하기 이전에 BGT를 실시하는 이유는 피검자와 검사자 간의 라포형성에 도움이 되기 때문이다.

② 이 검사는 피검자들의 검사에 대한 긴장을 덜어주는 역할을 한다. 즉, 검사자에게 아는 바를 반응하거나 애매한 자극에 얼굴을 마주 보고 반응해야 하는 지능검사나, 로샤·TAT 검사 등과는 다르게 BGT는 단지 도형을 그리는 작업에 몰두하게 되어 긴장 완화와 함께 라포형성에 도움이 된다.

055 MMPI의 임상척도 중 자신의 신체적 기능 및 건강에 대하여 과도하고 범적인 관심을 갖는 양상을 측정하는 척도는 임상척도 중 건강염려증 척도(Hs)에 해당한다.

실력다지기

척도 1(건강염려증, 심기증, Hs, Hypochondriasis)

막연한·애매한·비특정적인 신체 증상 호소, 만성통증, 소화기 증상, 허약감, 무기력, 피로감, 불면증, 스트레스에 대한 신체반응, 낮은 자기효능감, 자신이 부족하고 효율성이 떨어진다는 느낌, 심리적으로 세련되지 못한, 심리적인 마인드가 부족한, 불평불만, 비판적, 비관적, 그러나 간접적으로만 적개심 표현, 불행감, 이기적, 자기중심적, 냉소적, 부정적, 인생의 쓴맛 등

056 MMPI 8~9 척도의 높은 점수의 특징

1) 다른 사람들에게 자기중심적, 유아적인 기대를 함

2) 자신에게 많은 관심을 보여줄 것을 요구, 충족되지 않으면 분노 / 적대적 행동

3) 타인과의 정서적 관계형성에 대한 두려움, 친밀한 관계 회피, 위축, 고립

4) 과잉 활동적, 정서적 불안정, 동요, 흥분, 지나치게 큰 목소리

5) 비현실적으로 과장된 자기평가 : 웅대, 허풍, 변덕

6) 전문적인 도움의 필요성 부정

7) 성취욕구 강하고 성취에 대한 압박 심하지만, 실제수행은 빈약

8) 지나친 공상 / 백일몽에 몰두

9) MMPI 8~9 척도의 높은 점수는 조현증, 양극성 장애의 진단이 가능하다.

057   시지각 - 운동통합의 발달검사 - VMI (Visual Motor Inventory)

1) 만 4세 이상부터 13세까지 실시하는 시각 - 운동 통합발달검사로, 학습과 행동장애를 초기에 발견하도록 고안된 선별검사이다.

2) 시각 - 운동통합 발달검사는 집단을 대상으로 사용할 수도 있지만, 개인용으로 사용하는 것이 보다 보편적이다.

3) 검사지는 아동들이 모사할 24개의 기하도형을 제시하고 있다.

4) 기하도형은 굵은 검정색으로 인쇄되어 있고 각 페이지마다 3개씩의 기하도형이 배열되어 있으며, 각 도형 아래에는 아동이 도형을 모사할 공간이 마련되어 있다.

5) 기하도형은 가장 단순한 것에서 가장 복잡한 것으로 난이도에 따라 배열되어 있다.

6) 각 도형은 경험의 차이에 크게 좌우되지 않고 아동의 흥미를 유지하며 실시할 수 있는 도형으로 구성되어 있다.

실력다지기

CPT (Continuous Performance Test)

CPT는 지속 수행 능력, 즉 '집중의 상태를 얼마나 잘 유지할 수 있는가'에 대한 검사로서 컴퓨터를 이용해서 대상자의 주의력과 충동성을 검사하기 위해 개발된 검사방법이다.

CBCL(Child Behavior Check List)

1) Achenbach(1991)의 아동, 청소년 행동평가척도(Child Behavior Check List : CBCL)로서 부모가 평정하며, 4~18세를 대상으로 한다.

2) 아동 및 청소년의 정서·행동 장애의 문제를 진단하고 평가하는 것은 매우 중요한데, 이러한 문제는 대상 아동 및 청소년의 정서·행동적 문제가 학교에서 자신의 학업 성취뿐만 아니라 다른 학생에게도 문제가 되어 학교생활이 더 어려워질 수 있기 때문이다.

3) 이러한 악순환을 방지하기 위해 학습지도 전에 미리 그 아동의 상태를 파악하고 그에 따라 중재하는 것이 필요하다.

4) 아동의 상태를 파악하는 데에 사용하는 평가도구는 여러 가지가 있지만, 그 중 아동과 청소년을 평가하기 위해 가장 널리 사용되는 것이 바로 아동·청소년 행동평가척도이다.

058   ④ Rorschach 검사는 지각과 성격의 관계를 측정하는 투사적 성격검사이다.

실력다지기

신경심리검사의 종류

1) Bender - Gestalt Test (BGT)

2) Free drawing : DAP

3) Rey - Osterrieth complex Figure Test

4) Wisconsin Card Sorting Test

5) Wechsler Memory Scale

6) MAS (Memory Assessment Scale)

7) Trail Making Test

8) K - DRS (korean - Dementia Rating Scale).

9) K - BNT (Korean - Boston naming test)
10) SNSB (Samsung Neuro psychological Screening Battery)

059 삿갓형(∧형) : L척도와 K척도 점수가 낮고 F척도 점수가 높다. - F척도는 상승해 있고 L척도는 보통 수준이며 K척도가 낮은 경우
1) 심리적 및 정서적 상태
   (1) 스스로 불편감을 느끼고 인정하며 도움을 원하는 상태이다.
   (2) 가장하지 않으며 자신의 증상을 호소하고 있고 자아강도는 약화된 상태이다.
   (3) 우울하고 불안하며 걱정이 많고 긴장을 많이 하는 상태이다.
2) 행동적 상태
   (1) 주의집중이 곤란하고 많이 긴장되고 예민하며 안절부절 못하고 우울하다.
   (2) 타인에게 쉽게 의지한다.
3) 사고적 상태
   사고장애를 보이며 내성적이고 과잉 사고형이다.
4) 개인적 불편감
   무기력, 불안, 긴장, 초조, 우유부단함, 무능력함을 경험함, 만성적이기보다는 초기 상태이며 극도의 고통을 느끼고 있는 급성 신경증적 상태이다.
5) 적응상태
   강박증, 사고장애, 히스테리, 성격장애, 우울이 모두 높으며 아주 힘들어하고 복잡한 상태이다.

060 ② 기초학습 기능검사가 평가하는 영역에 공간추론 능력은 없다.

실력다지기

성취도 검사의 일종인 기초학습 기능검사 평가영역
1) 기초학습 기능검사(KEDI - Individual Basic Learning skills test)는 학습능력과 수행정도를 평가하는 검사들 중 대표적인 것으로서 정보 처리, 셈하기, 읽기 I (문자와 낱말을 재인하고 발음하는 능력), 읽기 II (독해력), 쓰기(철자의 재인)의 5개 하위 소검사들로 구성되어 있으며, 유치원부터 초등학교 6학년 아동까지 실시가 가능하다.
2) 각 소검사 원 점수들은 연령규준과 학년규준에 따라 평가치로 전환되며 5개의 소검사 평가치 점수를 합산하여 전체 학년배치 수준 점수가 산출된다.
3) 이 때 지능지수(IQ)에 의해 산출된 조정된 정신연령을 구하여서 각 소검사들의 점수를 조정된 정신연령과 비교하여서 학습장애 여부를 진단한다.
4) 기초학습 기능검사의 검사대상 아동은 유치원부터 초등학교 6학년까지이며 능력이 부족한 장애아동을 대상으로 기초능력을 평가하는 데 사용된다.
5) 이 검사는 학생의 학습 수준이 정상과 어느 정도 떨어지는가를 알아보거나 학습 진단 배치에서 어느 정도 수준의 아동 집단에 들어가야 하는가를 결정하는데 도움을 주는 도구이며, 특히 학생들의 선수 학습 능력이나 학습 결손상황의 파악, 학생들이 부딪히고 있는 학습장애의 현상이나 요인들을 밝혀내고 개별화 교육프로그램(IEP)을 작성하는데 기여할 수 있을 것이다.

6) 조기 취학의 가능 여부 판별, 미취학 아동의 가능 여부 판별, 미취학 아동의 수학 여부 판별, 선수학습 능력과 학습의 결손 상황파악, 학습장애 요인 분석, 아동의 학습수준이 정상과의 이탈 정도를 판정, 각 학년별·연령별 규준을 설정하여 학력 성취도를 쉽게 알 수 있다.

7) 기초 학습기능 검사의 검사명 및 측정요소
   (1) 정보처리
      정보에 대한 학습자의 지각 과정, 자극에 반응하는 시각 - 운동과정, 시각적 기억과 양, 길이, 무게 및 크기에 대한 관찰능력과 묶기, 분류하기, 공간적 특성과 시간에 따라 순서 짓기 등의 조직 능력, 학습자의 추론 및 적용 능력, 유추, 부조화된 관계 알기 등의 관계 능력 측정
   (2) 셈하기 - 계산능력
      숫자 변별, 수 읽기 등 셈하기의 기초 개념부터 간단한 가, 감, 승, 제, 십진 기수법, 분수, 기하, 측정 영역의 계산 및 응용문제 등 실생활에 필요한 기초적인 수학적 지식과 개념을 측정하는 문항으로 구성
   (3) 읽기 I(문자와 낱말의 재인)
      문자(낱자와 낱자군)를 변별하고 낱말을 다른 사람들이 이해할 수 있는 언어음으로 읽는 문항들로 구성되어 있으며, 읽기 능력을 측정하는 검사
   (4) 읽기 II(독해력)
      하나의 문장을 제시하고 그 문장의 의미, 즉 문장에 나타난 간단한 사실과 정보를 기억하고 재생하는 능력 평가
   (5) 쓰기 - 철자법 능력
      아동들이 얼마나 낱말의 철자를 잘 알고 있는가를 측정하는 검사

| 061 | ② | 062 | ② | 063 | ① | 064 | ② | 065 | ④ | 066 | ② | 067 | ③ | 068 | ① | 069 | ③ | 070 | ① |
| 071 | ③ | 072 | ④ | 073 | ③ | 074 | ② | 075 | ② | 076 | ④ | 077 | ① | 078 | ④ | 079 | ① | 080 | ③ |

061 심리사회적 또는 환경적 스트레스와 조합된 생물학적 또는 기타 취약성이 질병을 일으킨다는 것은 병적 소질(질병 소인) - 스트레스 조망이다. 생물학적 또는 기타 취약성은 병적 소질에 해당하며 심리사회적 또는 환경적 스트레스는 스트레스에 해당하므로 병적 소질(질병 소인) - 스트레스 조망이 옳은 내용이다.

062 ② 수련을 끝낸 임상심리 전문가들이 집단 개업활동을 할 때 주의해야 할 사항은 직업적인 경쟁과 성격적인 충돌 가능성이 있어서 상호 간에 갈등이 초래되어 본연의 업무를 함에 있어 어려움이 있을 수 있다는 점이다.

063 ① 고전적 조건형성의 원리를 응용한 치료기법은 혐오치료이다.
CF 토큰경제, 타임아웃, 부적 강화 등은 조작적 조건화와 관련된다.

064 아동 또는 청소년의 폭력비행에 대해 부모가 심하게 야단을 치거나, 훈계 및 매로 다스리게 하는 것은 오히려 비행을 더욱 야기할 수 있다.

065 ④ Wölpe의 상호억제원리(상호제지이론)와 밀접히 관련된 행동치료기법은 체계적 둔감법이다.
체계적 둔감법은 주로 공포나 불안을 제거하기 위하여 제시한 행동치료법이다. 체계적 둔감법의 순서는 1) 이완상태를 끌어 낸 다음 2) 불안위계목록을 작성하고 3) 낮은 강도에서 높은 강도의 순서로 불안이나 공포상태를 경험하게 하여 혐오자극에 의해 유발된 불안 혹은 공포자극의 영향을 감소시키는 방법이다.

066 ② 임상심리학의 발전에 최초로 가장 직접적인 공헌을 한 사람은 Witmer이다. Witmer는 심리학의 실용적인 적용영역을 '임상심리학'으로 명명하였다. Witmer가 1896년 최초의 심리치료소(심리상담소)를 설립하여 학습장애나 행동장애를 겪는 아동에 대한 치료를 하였다.

067 ③ 정상적인 적응을 하고 있는 사람들의 경우에는 심리검사와 같은 생소한 상황에 직면한다고 할지라도 임상적으로 무의미한 일반적인 행동까지 평가보고서에 포함시키는 것은 바람직하지 않다. 이는 정상적인 적응을 하고 있는 사람이기 때문이다.

068 ① 심리치료를 통해 가장 양호한 성과를 거둘 것으로 예상되는 환자는 급성기에 있는 환자이다. 즉, 최근 스트레스와 관련하여 급성 증상을 보이는 환자는 심리치료를 시작할 경우 치료효과가 양호하며 정신과적 장애로 이어지는 경우가 적은 편이다.

069 행동평가에서 명세화해야 하는 것은 ABC 패러다임으로 설명할 수 있다.
행동평가는 선행 요인(선행조건, antecedents) - 행동(목표행동, behavior) - 후속 결과(행동결과, consequences)의 약자를 따서 행동의 ABC 패러다임이라고 한다. ③ 성격특질은 해당되지 않는다.

070 ① 효과적인 경청을 위한 방법으로 내담자가 심각하게 말하는 내용에 대해 그대로 받아들이는 태도가 중요하다. 즉, 내담자가 심각한 듯 이야기를 할 때 중단시키지 않고 이를 잘 경청하는 것이 중요하다.

071 ③ 내담자의 미해결된 과제를 지금 - 여기서 해결하도록 조력하는 상담은 형태주의 상담, 즉 게슈탈트 상담이론이다. 즉, '지금 - 여기'에서 미해결된 과제에 초점을 맞추고 해결하고자 하는 상담은 게슈탈트 치료이다.

072 ④ 뇌의 편측성 효과를 탐색하는 방법은 이원청취기법(양분 청취법, Dichotic Listening Technique)이다. 이원청취기법은 각 메시지를 양쪽 귀에 하나씩 들려준 다음 메시지의 재생률을 측정하는 방법으로, 반응정도에 따라 뇌의 편재화된 기능(편측성 효과)을 파악할 수 있다. 뇌의 편측성(대뇌 편재화)의 경우 뇌량의 수초화는 좌반구와 우반구를 연결해서 정보의 교환과 협응이 원활하게 한다.

073 ③ 세계에 대한 개인의 지각과 자신의 경험세계를 강조하여 자기실현의 추구를 가정하는 상담은 인본주의 학자인 로저스의 인간중심 상담이론이다. 인간중심 상담이론은 자기(개념)와 경험의 불일치를 문제상황으로 보고 내담자 자신의 경험세계를 강조하여 자아실현하는 것을 상담의 목표로 삼고 있다.

074 ② 반응성 효과가 적고, 관찰자로 하여금 광범위한 자연 장면에서 행동을 기록할 수 있도록 해주기 때문에 생태학적 타당도를 높일 수 있는 행동평가 방법은 참여관찰법이다. 이는 관찰하고자 하는 개인의 자연스러운 환경에 관여하고 있는 관찰자로 하여금 관찰하게 하는 방식이다. 비참여관찰의 경우 반응성의 효과(조사반응성)가 큰 특징이 있다.

075 ② 평가적 면접에서 면접자의 태도로서 그 중요도가 가장 낮은 것은 해석이다. 로저스가 제시한 인간중심상담이론에 따르면 면접자의 중요 3가지 태도는 진실성, 무조건적 긍정적 존중(수용), 공감적 이해(이해)가 있다.

076 ④ 뇌파검사는 뇌의 자발적인 전기활동을 파악하기 위한 비침습적(비침입적)인 검사방법이다. 대뇌겉질에서 기원하는 전류는 많은 신경세포의 동시 활성화를 통한 전기의 흐름으로 나타나는데 이를 두피에 붙인 전극을 통해 기록하는 검사를 뇌파검사라고 한다. 뇌 - 기계 접속기술(Brainmachine Interface, BMI)은 인체에 직접 연결되는 침습적(침입적) 기술과 인체에 손상이 없는 비침습적(비침입적) 기술로 구분된다.

실력다지기

양전자방출단층촬영(Positron Emission Tomography, PET)

체내에 양전자를 방출하는 동위원소가 붙은 방사성 의약품을 주입한 후 체내에 분포한 양전자로부터 방출되는 감마선을 검출하여 단층영상을 만드는 영상법으로 인체 내에서 일어나는 다양한 생화학적·기능적 변화를 영상으로 관찰하고 질병을 진단하는 침입적 방법이다.

WADA 검사(와다검사)

경동맥을 통해 마취제를 주사하여 한쪽 뇌의 기능을 일시적으로 마비 후 마취되지 않은 반대쪽 뇌의 기능을 평가함으로써 뇌의 우성반구를 확인하는 침입적 검사이다.

심전극(Depth Electrode, 심부전극)

통상 뇌파기록에는 전극과 두피 위에 놓고 기록하나, 전극을 뇌내, 특히 기저신경핵과 시상 등에 삽입하는 일이 있기 때문에 침입적 방법이다.

077 ① 체계적 둔감법은 자극과 반응의 관계이므로 기본 절차는 고전적 조건형성의 원리에 기초한 치료기법이다. 즉, 불안·공포를 제거하기 위해 불안과 양립할 수 없는 이완 반응을 끌어낸 다음, 불안을 유발시키는 경험을 상상하게 하여 불안을 제거하는 방법으로 고전적 조건화의 원리에 기초한 것이다.

078 ④ 1950년대 이후 항정신병 약물치료제 개발은 탈시설화 운동과 함께, 정신병원에 입원하기보다는 지역사회에서 일상적인 생활이 가능하게 되었다.

079 두뇌기능의 국재화(localization of function)는 두뇌의 특정 영역이 특정한 기능을 수행한다는 원칙이다. 이에 대해 비판한 Lashley는 쥐의 미로실험을 통해 두뇌의 손상정도에 따라 학습수행에 차이는 있지만, 학습된 경험의 내용이 두뇌의 특정 영역과 긴밀히 관계되는 것은 아니라고 주장하였다.

✎ 오답노트
> ② Wernicke 영역은 좌반구 측두엽 손상으로 수용적 언어결함과 관련된다.
> ③ Broca 영역은 좌반구 전두엽 손상으로 표현 언어결함과 관련된다.
> ④ 뇌의 국재화 기능문제 확인에는 외과적 검사보다 MRI 및 CT로 가능하다.

080 ① 후두엽 - 망막에서 들어오는 시각정보를 받아 분석하며, 이 영역이 손상되면 안구가 정상적인 기능을 하더라도 시력을 상실하게 된다.
② 측두엽 - 언어를 인식하는 데 중추적인 역할을 하며, 정서적 경험이나 기억에 중요한 역할을 담당한다.
④ 두정엽 - 보고 들은 정보를 종합해서, 알맞게 몸을 움직이도록 한다. 운동에 관한 정보를 받아들이지는 않는다. 두정엽은 기관에 운동명령을 내리는 운동중추가 있다. 체감각 피질과 감각연합영역이 있어 촉각, 압각, 통증 등의 체감각 처리에 관여하며 피부, 근골격계, 내장, 미뢰로부터의 감각신호를 담당한다.

| 081 | ② | 082 | ① | 083 | ③ | 084 | ① | 085 | ① | 086 | ③ | 087 | ② | 088 | ④ | 089 | ② | 090 | ② |
| 091 | ③ | 092 | ③ | 093 | ① | 094 | ④ | 095 | ② | 096 | ② | 097 | ① | 098 | ③ | 099 | ① | 100 | ③ |

081 로저스가 제시한 인간중심상담이론에 따르면 면접자의 중요 3가지 태도는 진실성, 무조건적 긍정적 존중(수용), 공감적 이해(이해)가 있다. ② 객관적 관찰은 없는 내용이다.

082 ① 가족치료의 이론적 근거는 체계이론에 입각한 것이다. 한 성원의 문제는 다른 전체에 영향을 미치고 다시 그 성원에 영향을 미치는 순환적 인과성(순환의 사고), 관계와 체계의 사고, 비합산(비총합성)의 원칙(전체는 각 부분의 합보다 크다) 등이 있다.

083 ③ 응집력이 높은 집단은 지금 - 여기에서의 사건이나 일에 초점을 맞춘다. 집단응집력이란 구성원들이 느끼는 집단에 대한 매력이며 이것은 집단구성원들이 집단 안에서 느끼는 따뜻하고 편안한 느낌, 다른 사람들에게 무조건적으로 수용 받는다는 느낌을 의미한다(Yalom, 1995). 응집력은 집단에 대한 매력, 집단원에 의해 나타나는 동기수준, 집단원들의 조화된 노력이다(이장호, 1996).

084 ① 정신분석적 상담에서 내적 위험으로부터 아이를 보호하고 안정시켜주는 어머니의 역할처럼, 내담자가 막연하게 느끼지만 스스로는 직면할 수 없는 불안과 두려움에 대해 상담자의 이해를 적절한 순간에 적합한 방법으로 전해주면서 내담자에게 의지가 되어주고 따뜻한 배려로 마음을 녹여주는 활동은 버텨주기 기법이다.
　　　　CF 현실검증(reality testing)은 정신분석 이론에서 자아가 수행하고 있는 가장 주요한 기능의 하나로써, 현실의 조건과 상태를 여러 가지 기준에 비추어 비교하고 평가하고 판단하는 것이다.

085 ① 전화상담에서 가장 중심이 되어야 하는 활동은 위기상황에 대한 판단이다. 그 이유는 전화상담의 기법은 기본적인 위기개입의 기법들을 전화라는 특수상황에 응용하는 것이기 때문이다. 전화상담은 익명으로 자신의 문제를 노출시킬 수 있기 때문에 체면을 유지하면서 긴급한 요구를 성취할 수 있는 편의성이 있다.

086 정신분석기법으로 자유연상, 해석, 저항의 분석, 전이의 분석, 공감과 경청, 훈습 등이 있다.
③ 억압은 방어기제의 유형 중 하나로 의식하기에 너무나 고통스럽고 충격적인 기억을 무의식영역으로 추방시키는 것이다.

087 ② 청소년들의 바람직한 목표행동을 설정해두고, 이 행동에 근접하는 행동을 보일 때 단계적으로 강화를 주어 점진적으로 바람직한 행동에 접근하도록 만드는 치료기법은 행동조성법(behavior shaping, 조형)이다. 행동조성법은 목표행동에 근접하는 행동을 보일 때마다 강화를 하여 점진적으로 목표행동을 학습시키는 방법이다.

088 재활모형의 3단계(손상, 장애, 핸디캡) 중 핸디캡(불이익) 단계에서 발생하는 예는 사회적 참여(직업생활)의 제한이다. 따라서 ④ 취업이 안 되는 것이 옳은 내용이다.

① 환각, 망상이 나타나는 것 : 손상(Impairment)

② 직무능력이 부족한 것 : 장애(Disability)

③ 일상 생활기술이 부족한 것 : 장애(Disability)

089 ▶ **진로교육을 실시하기 위한 일반적인 지도단계** (암기법) 식탐준취)

1) 진로인식 단계

여러 가지 일과 직업에 대한 경험을 통해 일과 직업의 중요성을 깨닫고, 그에 대한 건전한 태도와 가치관을 형성하는 시기이다.

2) 진로탐색 단계

직업 세계에 대한 이해와 자신의 적성과 흥미에 대한 이해를 토대로 자신에게 적합한 직업들을 직접 탐색하는 시기이다.

3) 진로준비 단계

취업에 필요한 각종 지식 및 기술을 습득하고, 직업 선택 계획을 구체적으로 세워야 하는 시기이다.

4) 취업단계

취업에 필요한 각종 지식 및 기술을 습득하였으며 취업이 이루어진 시기이다.

090 ② 체계적 둔감법은 불안·공포를 제거하기 위해 불안과 양립할 수 없는 이완반응을 끌어낸 다음, 불안을 유발시키는 경험을 상상하게 하여 불안을 제거하는 방법으로 고전적 조건화의 원리에 기초한 것이다. 이는 자극과 반응의 관계를 응용한 사례이다.

091

📝 **오답노트**

① 배제모델은 대안들을 하나씩 순차적으로 줄여가는 진로의사결정 모델이다.

② 기대모델은 진로선택 시 유인가와 기대의 상호작용에 의해 진로를 결정한다.

④ 갈등모델은 의사결정 과정에서 항상 갈등이 발생한다고 가정한다.

실력다지기

진로의사결정 모델

1) Vroom의 기대모델

(1) 주요 개념

① 일역할(work role) : 역할 종사자에 의하여 행해진 일련의 기능

② 동기(motivation) : 자발적인 행동을 조절하는 과정

③ 유인가(valence) : 특정한 결과에 대한 정서적 방향성

④ 기대(expectancy) : 선택이 현실화 될 수 있다는 믿음

(2) 의사결정자들로 하여금 특정한 진로를 선택하게 만드는 힘은 모든 결과들에 대한 유인가의 총합과 기대의 강도와 직접적으로 연관된다.

2) Janis와 Mann의 갈등모델
   (1) 각 개인이 의사결정을 하려고 할 경우에는 언제나 갈등이 발생한다는 것을 가정한다.
   (2) 의사결정에 있어서 세심한 접근을 하는 것은 의사결정자에게 결정 후의 스트레스를 최소화시키는
       경향이 있다고 가정한다.
   (3) 스트레스와 의사결정상의 갈등 간의 관계에 대한 기본가정을 전제로 한다.
   (4) 위협과 기회는 의사결정을 촉진한다.
   (5) 의사결정의 스트레스는 위협이나 기회가 생길 때마다, 의사결정자가 현재 행동의 방향을 얼마나
       분명히 하느냐 하는 정도와 상관이 있다.
3) Tversky의 관점에 따른 배제모델
   (1) 배제모델은 대안들을 하나씩 순차적으로 줄여가는 진로의사결정 모델이다.
   (2) 보유하고 있는 대안들이 실제로 배제된 대안들보다 더 우수하다는 것을 보장하지 못한다.
   (3) 주관적 평가(예 가치), 객관적 강제(예 물리적 필요와 태도), 직업 그 자체의 성질(예 작업환경, 월급,
       명성 등)에 기반을 두고 등급화한다.
   (4) 가장 중요한 관점의 등급이 수용할 만한지 확인한다.
   (5) 고려되고 있는 관점에 대해 수용할만한 등급에서 벗어난 진로들을 배제한다.
4) Mitchell과 Beach의 주관적 기대효용모델(효용모델)
   (1) 사람들이 어떻게 의사결정을 해야 하는가를 보여주기 위해 개발하였다.
   (2) 의사결정자들이 바람직한 결과를 얻을 수 있는 가능성의 극대화를 도와주는 것이다.
   (3) 가능성의 극대화 원리
       의사결정자가 여러 결과들에 직면했을 때, 각 결과의 가치나 효용, 그 결과 발생의 가능성에 따라서
       취하게 될 행동을 예상할 수 있다는 것이다.

092 ③ 인간은 완성을 추구하는 경향이 있다는 전제조건은 형태주의(Gestalt)상담에 해당되는 내용이다. 형태주
     의상담에서 인간은 완성을 추구하는 경향성이 있으며 그로 인해 자신의 현재(지금 - 여기) 욕구에 따라 게
     슈탈트(형태)를 완성해 나아간다고 본다.

실력다지기

인간 실존조건의 기본적 차원
1) 명제 1 : 자기 인식의 능력
   (1) 나는 살아 있고 경험하는 존재라는 것을 아는 것이다.
   (2) 나는 나 자신의 존재를 선택하며 이 때 선택은 지금 내가 무엇을 하고 싶은지에 대한 선택을 의미
       한다.
   (3) 자신에 대한 자각을 할 때 비로소 환경과 타인에 의한 희생에서 벗어날 수 있다.
2) 명제 2 : 자유와 책임
   인간은 자신에게 자유가 주어져야 하고 이에 대한 책임 주체가 된다.
3) 명제 3 : 정체감과 대인관계의 추구
   자신 존재에의 용기, 개인적 경험, 관계의 경험을 강조하며 이에 따라 대인관계를 추구하는 것이다.
4) 명제 4 : 의미의 추구
   이는 낡은 가치관을 없애는 문제이며 새 의미의 창조를 의미한다.

> 5) 명제 5 : 삶의 조건인 불안 존재
>   불안은 생존하기 위한 욕구로써 역기능적인 요소인 것만은 아니다.
> 6) 명제 6 : 죽음과 비존재에 대한 인식
>   죽음과 비존재에 대한 인식은 삶에 대한 열정이나 창조성의 근원이 된다.

093 ① 문제로 지목된 가족원에게 초점을 두어 사례를 개념화하면 바람직하지 않다. 만약 그렇게 하면 가족치료가 아닌 개인치료가 될 것이다. 다시 말하면 가족치료는 가족을 하나의 체계로 간주하여 가족 전체의 역동 속에서 문제를 파악하는 것이 좋다.

094 인간중심 상담기법에서 내담자의 심리적 부적응, 부조화된 행동 그리고 이해할 수 없는 행동의 가장 중요한 원인은 ④ 자기개념과 현재 경험 간의 불일치에 의해 발생한다고 강조한다.
① 무의식적 갈등은 정신분석상담 ② 자각(알아차림)의 부재는 형태주의 상담 ③ 현실의 왜곡(인지적 왜곡)과 부정은 인지 - 정서적 상담의 개념에 해당한다.

095 ② 과정목표는 내담자의 변화에 필요한 상담분위기 조성과 관련된 것으로, 과정목표에 대한 결과 책임은 내담자가 아니라, 상담자에게 있다.

096 ② 성피해 아동이 보이는 방어기제의 하나인 퇴행행동은 성피해 아동에게서 자연스러운 반응으로 나타날 수 있을 것이다. 다만 이러한 퇴행행동을 모두 받아 준다면, 아동의 정서적 및 사회성 발달에 부정적인 영향을 미칠 수 있기 때문에 모두 받아주는 것은 문제가 된다.

097 ① 자살방지센터에서 긴급한 자살 상황에 처한 사람으로부터 걸려온 전화를 받는 자원봉사자의 가장 효과적인 행동요령으로 옳은 것은 점검표(check list)를 앞에 놓고, 전화를 건 사람에게 자세한 질문을 하는 것이다. 나머지 지문은 해서는 안 되는 일들이다.

098 ③ 집단상담에서의 집단구성원들의 자기 - 드러내기(자기노출)는 성공적인 상담을 위한 필수적인 요건이다.

실력다지기

집단성원의 비생산적 행위
1) 여러 성원이 한 성원에게 계속 감정을 표출하거나 질문을 하는 경우
2) 특정 집단 구성원에게 개인적 정보를 캐묻는 경우
3) 집단 활동과 관련이 없는 사회현상에 대한 자신의 의견을 늘어놓는 경우
4) 질문자의 질문에 대한 답변을 하기보다는 자신의 질문만을 계속 하는 경우
5) 자신의 문제나 책임을 마치 다른 사람의 것처럼 전가하는 경우
6) 비논리적인 말을 길게 함으로써 다른 집단성원들을 지루하게 만드는 경우

099 ① 가족상담에서 가족 구성원 중 8세에서 13세의 아동은 참석시키지 않는다는 원칙은 없다. 가족상담은 체계적인 접근에서 기본적으로 모든 가족성원의 참여가 전제된다. 아동은 초기발달 단계에서 가족의 영향을 가장 많이 받기 때문에 가족상담에 아동을 참석시키는 것은 아동발달 및 가족발달을 이해하는데 효과적인 방법이다.

100 행동주의 집단상담의 절차는 상담관계 형성 → 문제가 되는 행동의 정의 및 평가 → 현재 상태(기초선) 파악 → 문제에 적합한 상담목표를 구체화 → 상담계획을 공식화하고 방법을 적용(상담기술 적용) → 결과를 객관적으로 평가하고 피드백 → 상담종결의 순서로 이루어진다

제3회 임상심리사 2급 필기 정답 및 해설

제1과목 | 심리학개론

001	②	002	①	003	③	004	②	005	①	006	④	007	③	008	①	009	④	010	③
011	①	012	①	013	①	014	④	015	①	016	①	017	①	018	④	019	③	020	②

001   개를 대상으로 한 Pavlov의 고전적 조건형성 실험의 내용을 응용한 것이다.
고기 덩어리는 무조건 자극, 불빛은 조건자극이며 이에 대한 타액 분비는 조건반응이면서 무조건 반응이기도
한다. 따라서 ② A(조건반응) - 타액분비, B(무조건 반응) - 타액분비가 옳은 내용이다.

002   ① 심적 회전은 2차원적이거나 3차원적인 물체의 심상을 회전하는 능력이며 주로 지각의 역할을 하는 우뇌
에서 사용되며 이는 공간적 처리 능력의 시간과 지능과 연계되고 심적 회전은 인간의 정신세계에서 일어
나는 아날로그적 지식 표상의 활용 형태이다.

> **실력다지기**
>
> 심적 회전 - 지각에 기초한 표상 : 상사(相似)적(analog) 표상체계
>
> 1) 심적 회전은 2차원적이거나 3차원적인 물체의 심상을 회전하는 능력이며 주로 지각의 역할을 하는 우
> 뇌에서 사용되며 이는 공간적 처리 능력의 시간과 지능과 연계되고 심적 회전은 인간의 정신세계에서
> 일어나는 아날로그적 지식 표상의 활용 형태이다.
> 2) 이러한 심상표상은 Paivio, Shepard 및 Kosslyn 등에 의해 깊이 연구되었고 심상의 여러 특징들이 밝
> 혀졌다.
> 3) 심상표상은 공간적 매체상에서 일어나며 외계의 물리적 공간의 간격 속성이 그대로 유지되어 심상의
> 각 부분이 대상의 한 부분과 상응하게 된다.
> 4) 시각 자극에 대한 심상 실험 결과에 의하면, 심상 상에서 한 점에서 다른 점까지 마음의 눈으로 훑어보
> 는 시간은 실제 대상 상에서 그 두 점 사이의 거리에 비례한다는 결과가 도출되었다.

003   ③번은 피아제의 도덕성 발달이론이다.
피아제는 아동의 도덕발달을 세 단계로 보았다.
1) 1단계는 전 도덕적 단계로, 도덕이나 규칙의 존재를 모르는 단계이다.
2) 2단계는 타율적 도덕단계로, 행위의 옳고 그름이 외적인 준거와 행위의 결과에 의해 판단된다고 본다. 예
를 들어, 어머니를 도우려다가 5개의 컵을 깬 경우와 몰래 과자를 먹으려다가 1개의 컵을 깬 경우, 의도와
는 상관없이 결과적으로 더 많은 컵을 깬 아이가 나쁘다고 판단한다.

3) 3단계는 자율적 도덕단계로, 아동은 행위의 결과와 더불어 의도를 함께 고려하여 비록 1개의 컵을 깼다고 하여도 의도가 나쁘기 때문에 착한 의도로 5개의 컵을 깬 아동보다 더 비도덕적이라고 판단한다.

004 ② 잠재학습(latent learning)을 설명한 학자는 톨만이다.

실력다지기

톨만(Tolman)의 잠재학습

1) 인지도(cognitive map)
   (1) 미로를 사용한 쥐 실험으로 학습의 인지적 요인을 강조한다.
   (2) 사람이나 침팬지뿐만 아니라, 쥐도 인지학습을 할 수 있음을 실험을 통해 보여주었다.
   (3) 톨만은 동물이 미로에 대한 일종의 정신적인 지도인 인지도(cognitive map), 곧 미로가 어떻게 생겼는가에 대한 지식을 학습한다고 주장한다.
2) 잠재학습
   (1) 학습에 대해 초기에 인지적으로 해석한 사람은 톨만이다.
   (2) 쥐의 미로 학습
   (3) 톨만은 쥐가 미로를 통과하면서 학습하는 것을 인지도(cognitive map), 즉 미로에 대한 정신적 지도를 형성하는 것으로 보았다.
   (4) 톨만은 학습이 강화 없이도 가능하며 강화는 단지 학습한 것을 수행으로 나타나도록 하는데 도움을 준다고 주장한다.
   (5) 쥐의 미로 학습 – 세 집단의 쥐들을 매일 미로를 달리게 하였다.
      ① 미로의 끝 목표점에 도달하면 먹이를 준다. – 첫 번째 집단
      ② 목표점에 도달해도 먹이를 주지 않는다. – 두 번째 집단
      ③ 처음 10일 동안은 목표점에 도달해도 먹이를 주지 않았다가 11일째부터는 먹이를 준다. – 세 번째 집단
      ④ 세 번째 집단은 12일째부터 오류 수가 급격하게 줄어들어 첫 번째 집단과 비슷하게 나타났다.
      ⑤ 이것은 세 번째 집단이 처음 강화를 받지 않을 때도 첫 번째 집단의 쥐들과 마찬가지로 학습이 되었는데 강화가 없었기 때문에 수행으로 나타나지 않았다.
      ⑥ 그러나 강화를 받고 이미 학습한 것을 갑자기 사용하였는데 이것을 잠재학습(latent learning)이라고 한다.
   (6) 잠재학습
      이미 학습은 되었으나 보상이 주어질 때까지는 학습한 것이 나타나지 않고 잠재해 있는 것이다.
   (7) 톨만은 강화를 학습에 필수적인 것으로 보지 않았으며, 강화는 학습에 영향을 미치는 것이 아니라 학습한 것의 수행에 영향을 미친다고 보았다.

005 ▶ **할로우(Harlow)의 어린 원숭이 대리모 실험**
1) 새끼 원숭이들을 어미에게서 떼어내어 철사로 되어 있고 젖꼭지를 단 인형과 담요로 덮여있고 젖꼭지를 단 인형 대리모에게 각각 할당하였다.
2) 새끼 원숭이는 철사 인형보다는 담요로 된 인형에 매달려 있었다.
3) 먹이가 아닌 접촉위안(contact comfort)이 어미에게서 형성하는 애착에 더 중요한 변수가 되었다.

006 ④ 노년기 때는 기존의 성역할이 강화되는 것이 아니라 성역할 지각의 변화가 일어나, 노인은 이전과 는 달리 일생동안 자기 자신에게 억제되었던 성역할의 방향으로 전환되어 간다.

> **실력다지기**
>
> 노년기의 심리적 변화
>
> 1) 우울증 경향의 증가
>
> 신체적 질병, 배우자의 죽음, 경제사정의 악화, 사회와 가족들로부터의 고립, 일상생활에 대한 자기통제 불능, 지나온 세월에 대한 후회가 원인이다.
>
> 2) 내적 성향 및 수동성의 증가
>
> 노화해감에 따라 사람은 사회적 활동이 점차 감소하고 사물의 판단과 활동방향을 외부보다는 내부로 돌리는 행동양식을 갖게 된다.
>
> 3) 성역할 지각의 변화
>
> 노인은 이전과는 달리 일생동안 자기 자신에게 억제되었던 성역할의 방향으로 전환되어 간다.
>
> 4) 경직성의 증가
>
> 동작성 지능검사나 학습능력의 저하라는 결과를 초래한다.
>
> 5) 조심성의 증가
>
> 6) 친근한 사물에 대한 애착심
>
> 7) 유산을 남기려는 경향
>
> 8) 의존성의 증가
>
> 신체적, 경제적 능력의 쇠퇴와 더불어 의존성이 증가한다.

007 ① 대상영속성 개념의 결핍 - 감각운동기
② 감각운동 도식에 의해 세상 이해 - 감각운동기
③ 자아 중심성(모든 것을 자신의 관점과 다른 사람의 관점을 구별하지 못함) - 전조작기
④ 부분 - 전체 관계에 대한 통찰(유목화의 개념 획득을 의미함) - 구체적 조작기

008 ▶ **올포트(Allport)의 특질론**
올포트는 특질은 개인에게 여러 가지 다른 자극이나 상황에 대해 유사한 방식으로 반응하도록 조작하는 실체로서, 개인의 사고, 정서 및 행동을 결정하는 중요한 역할을 한다고 주장하며 올포트는 행동에 미치는 정도에 따라 주(기본) 특질(cardinal trait), 중심특질(central trait), 이차적 특질(secondary trait)로 구분하였다.
1) 주 특질(cardinal trait)
 (1) 주 특질은 영향력이 매우 커서 한 개인의 행동 전반에 영향을 미치며 이러한 주 특질의 지배를 받는 사람은 마치 주 특질의 노예가 되어있는 것처럼 여겨진다.
 (2) 눈만 뜨면 재산을 모으려고 한다든지, 권력을 잡으려고 애쓰는 사람들은 주 특질을 소유한 사람들인데, 다행스럽게 이러한 열정적인 주 특질은 소수의 사람들만이 가지게 된다.
2) 중심 특질(central trait)
 (1) 중심 특질은 주 특질보다 행동에 미치는 영향력은 적지만, 비교적 보편적이고 일관된 영향을 끼치는 것으로 우리가 한 개인을 기술할 때 사용하는 특성들이다.
 (2) 어떤 사람은 시간을 잘 지키고, 사리가 분명하며 믿을 수 있다고 한 개인의 특성을 기술한다면, 이는 중심특질에 해당한다.

3) 이차적 특질(secondary trait)

    (1) 이차적 특질은 중심 특질보다 덜 보편적이고 덜 일관적인 영향을 미치는 것이다.

    (2) 한 개인이 학교에서는 깔끔하지만 집에서는 깔끔하지 않은 경우 이차적 특질에 해당한다.

009   ▶ 자극 일반화

1) 특정 자극에 대해서 반응하는 것을 학습한 유기체가 원래의 자극과 유사한 자극에 대해서도 비슷한 방식으로 반응하는 것이다. 즉, 어떤 조건자극이 일단 조건 형성되고 나면, 이 자극과 유사한 다른 자극들도 무조건 자극과 연합된 적이 없음에도 불구하고 조건반응을 야기하는 것이다.

2) 새로운 자극이 원래의 자극과 유사할수록 일반화의 가능성도 높아진다.

010   ▶ Kelley의 공변 원리에 의한 3가지 정보 (암기법 공변은 특이한 일관과 일치)

1) 여러 번의 관찰을 통해 얻어진 정보에 기초한 귀인과정

2) 공변 원리에서 활용되는 정보

    (1) 원인의 독특성(특이성) : 어떤 결과가 특정 원인이 있을 때만 발생하는가?

    (2) 시간적 및 상황적 일관성 : 시간 및 상황의 변화에 관계없이 특정 자극에 대해 항상 동일한 결과가 발생하는가?

    (3) 원인의 일치성(동의성) : 특정 원인과 결과와의 관계를 다른 관찰자들도 동일하게 지각하는가?

011   ① 부분 보고법과 전체 보고법을 이용한 Sperling의 기억에 관한 실험은 감각기억에 대한 것이며 기억의 용량(크기)을 보기 위함이다.

> **실력다지기**
>
> 부분 보고법과 전체 보고법을 이용한 스펄링(Sperling)의 기억에 관한 실험
>
> 1) 감각기억 또는 감각저장(sensory register, SR)은 외부의 자극이 우리의 감각기관에 들어왔을 때, 처리되지 않고 일시적으로 머무는 기억이다.
>
> 2) 인간은 시각, 청각, 촉각, 미각, 후각의 5가지 감각을 통하여 정보를 받아들이는데, 그 중에서도 시각의 감각기억을 영상저장 또는 영상기억(iconic memory)라고 한다.
>
> 3) 영상기억의 연구는 스펄링(Sperling, 1960)의 연구가 대표적이다.
>
> 4) 스펄링(Sperling)의 실험 – 부분 보고법과 전체 보고법
>
>   (1) 스펄링(Sperling)은 4×3의 문자 자극판을 피험자에게 순간 노출기를 사용하여 0.05초(50ms) 동안 제시했다. 처음에는 가능한 한 기억할 수 있는 문자를 모두 보고하라고 했더니(전체 보고법), 그 결과 평균 4.5개를 보고하였다.
>
>   (2) 그러나 스펄링(Sperling)은 피험자들이 순간적으로 4.5개 정도만 보는 것인지, 아니면 보고하는 동안 영상기억이 지워졌기 때문인지 의문이 생겼다.
>
>   (3) 따라서 이번에는 문자 자극판 제시 후에 바로 고음, 중음, 저음 중 하나를 제시하였다.
>
>   (4) 만약 고음이 제시되면 맨 윗줄을, 중음이 제시되면 가운데 줄을, 저음은 아랫줄을 보고하도록 하였다(부분 보고법).
>
>   (5) 그 결과 피험자들은 한 줄 당 3개 이상의 문자를 보고하였다.
>
>   (6) 결국 영상기억의 저장용량은 9개 이상인 것이다.

5) 스펄링(Sperling)의 또 다른 실험

    (1) 스펄링(Sperling)은 영상기억의 지속시간을 측정하기 위해서, 부분 보고법과 시간 지연을 사용했다.

    (2) 문자 자극판을 제시한 후에, 전혀 지연을 하지 않고 소리(고음, 중음, 저음)를 제시하고, 그 다음은 0.01초(10ms) 지연 후에 소리를 제시하고, 그 다음 0.05초(50ms) 등의 방법으로 2초까지 소리를 지연시켜 보았다.

    (3) 그 결과 1초 지연이 되었을 때 보고한 수가 평균 4.5개로 이것은 전체 보고법을 사용했을 때와 같은 수가 나왔다.

    (4) 부분 보고법을 사용하는 것이 전체 보고법을 사용하는 것보다 더욱 그 결과가 좋다면, 영상기억이 남아 있다고 할 수 있으나, 이 둘의 결과가 같다면, 영상기억이 남아있지 않다고 할 수 있다.

    (5) 결국 영상기억의 지속 시간은 1초라는 것이다.

6) 위의 실험들을 토대로 영상기억에 대하여 정리를 하자면, 영상기억의 용량은 9개 이상이고, 지속시간은 1~2초이며, 후속자극에 의해 파괴가 된다고 할 수 있다.

---

012 앳킨슨과 쉬프린(Atkinson과 Shiffrin)의 다단계 모형 다시 말하면, 부호화 → 저장 → 인출의 순서로 이루어진다.

> 정보(외부자극) → 감각기억 → 단기기억 → 저장 → 장기기억 → 인출 → 반응

---

013 ① 경험의 주관적인 측면을 강조한다.

> 칼 로저스의 현상학적 이론 주요개념
>
> 자기개념, 긍정적인 경험, 자기개념과 경험의 불일치, 무조건적 긍정적 존중, 공감적 이해, 인본주의 이론, 유기체, 진실성, 충분히 기능하는 사람, 현상학적 장, 긍정적 존중에의 욕구 등의 개념이 있다.

---

014 ④ Freud는 적응적인 성격이란 3가지 성격요소(원초아, 자아, 초자아) 중 어느 한 요소가 지배적이고 다른 두 요소가 조화를 이루는 경우가 아니라, 3가지가 서로 균형을 이루는 경우라고 하였다.

---

015 ① 사람들은 자신의 지식과 감정 그리고 행동의 모든 측면이 일치하지 않으면 불쾌감을 경험하는 것이 인지부조화이다.

> **오답노트**
>
> ② 사람들의 의견과 태도는 행동과 일치하지 않을 수도 있고 일치할 수도 있다.
> ③ 사람들은 집단 속에서 집단의 뜻에 동조하지 않을 경우 인지부조화가 일어난다.
> ④ 인지부조화는 타인과의 관계문제가 아니라, 자신의 지식과 감정 그리고 행동의 모든 측면에서 불일치한 경우 발생한다.

> **실력다지기**
>
> 인지 부조화 이론
>
> (1) 1957년 사회심리학자 페스팅거(Festinger)가 제기한 이론으로, 현상의 실체에 대한 지각, 판단, 사고 등의 지식이 결합되어 형성된 하나의 인지가 다른 인지들과 논리적으로 불일치하여 발생한 부조화 관계를 말한다.

(2) 인지 부조화 이론은 원래 사람들의 자기 자신에 대한 지각과 그 환경에 대한 지각과의 관계를 취급한 것으로서, 이들 두 가지 지각이 서로 관계가 없을 때는 이들은 서로가 무관하다고 생각한다.

(3) 또한, 한쪽의 지각이 다른 쪽의 지각을 지지할 때는 이들은 서로 협력하여 화합하는 관계에 있다고 여긴다.

(4) 부조화는 서로 관계되는 두 가지 지각이 모순될 때 생기며 이 부조화는 심리학적으로 매우 불쾌한 긴장을 발생하고 개인에게 긴장 또는 부조화를 감소시기 위하여 양립할 수 없는 지각의 한쪽을 수정하는 노력을 하게끔 한다.

(5) 즉, 어떤 의미에서 그 사람은 '조화 또는 균형의 조건'을 회복하기 위한 대안적 행동을 취하게 된다.

016 ① 정신분석학(정신역동이론, 심리적 결정론) - 조작적 조건형성(행동주의적 학습이론, 환경적 결정론)

CF 인본주의적 관점, 실존주의적 관점, 현상학적 관점은 결정론적 관점을 거부한다.

017 ① 후광효과 : 어떤 사람에 대해 일단 "좋은 사람"이라는 인상이 형성되면, 또한 능력도 뛰어나고, 성실하다는 등등 긍정적인 특성을 모두 지니고 있을 것이라고 생각하는 경향이 있다. 문제에서 하나를 보면 열을 안다는 속담처럼 타인을 지각할 때 내적으로 일관되게 평가하는 경향과 관련된다.

예 잘생긴 남학생은 당연히 목소리도 멋있을 것이고, 매너도 좋을 것이다.

실력다지기

▶ 긍정적 편파 : 낙천성의 원리로서 사람에 대한 평가에서만 주로 발생한다.

예 시험에 합격하면 자신의 능력이나 노력이라는 내부적 요인으로 귀인하고 시험에 불합격하면 난이도나 운이라는 외부적 요인으로 귀인하는 경향이 있다.

▶ 자기 이행적 예언 : 미래에 관한 개인의 기대가 그 미래에 영향을 주는 경향성을 의미하는 것으로 '자기 충족적 예언'이라고도 한다. '우리는 기대한 대로 보게 된다.'는 말이 있는데, 이것이 바로 그런 경향성을 말해주는 것이다.

예 어떤 사람에 대해 불신감을 가질 때, 그 사람의 모든 다른 행동에 대해서도 의혹을 가지게 된다.

▶ 단순 접촉효과 : 낯선 자극이나 낯선 사람도 자주 접하면 좋아지거나 혹은 익숙해지는 현상을 말한다. 통상적으로 사람들은 단순한 자극보다는 복잡한 자극에 더 강한 호감을 느낀다. 그리고 움직임이 없는 자극보다는 변화가 있는 자극에 더 호감을 느낀다.

예 집단상담에서 처음에는 서먹하다가 어느 정도 친해지면 자신을 노출하게 된다.

018 ▶ **인지부조화의 구체적 조건**

1) 행동의 선택 - 자발적 선택

태도와 관련되는 행동이 상황적 압력에 의해서가 아니라 스스로가 선택한 행동일 때 부조화를 경험한다.

2) 돌이킬 수 없는 행동 - 취소 불가능한 개입

자신이 취한 행동을 취소할 수 없을 때 부조화를 경험한다.

3) 행동의 결과 예측 - 불충분한 유인가

자신이 선택한 행동이 바람직하지 못한 결과를 가져올 것을 알거나 예견할 수 있었는데도 행동을 하면 부조화를 경험한다.

019 ① 동시조건 형성 : 조건자극(CS)과 무조건자극(UCS)이 동시에 제시되는 경우
② 흔적조건 형성 : 조건자극(CS)이 먼저 제시되지만, 무조건자극(UCS)이 제시되기 전에 조건자극(CS) 종료 되는 경우
③ 지연조건 형성 : 조건자극이 무조건 자극보다 0.5초 전에 주어지기 시작하고 조건자극이 진행되는 동안 에 무조건 자극이 주어지는 조건형성 방법으로 조건자극(CS)이 먼저 제시되어 무조건자극(UCS)이 제시 될 때까지 지속되는 경우
④ 역행조건 형성 : 무조건자극(UCS)이 먼저 제시되고 조건자극(CS)이 나중에 제시되는 경우
☞ 조건자극(CS)이 먼저 제시되고 무조건자극(UCS)이 나중에 제시되는 지연조건형성과 흔적조건형성이 학 습이 잘 된다.

> 조건형성이 이루어지는 효과적인 순서
>
> 지연조건 형성 > 흔적조건 형성 > 동시조건 형성 > 역행조건 형성

020 ▶ **미신행동(= 징크스)**
1) 유기체의 반응이 실제로 특정 결과를 초래한 원인이 아님에도 불구하고 마치 그런 것처럼 그 반응을 계속 하는 것이다. 즉, 유발된 행동과 보상이 우연히 동시에 발생하여 학습되는 행동이다.
2) 보상과 아무런 관련이 없으면서 완전히 우연히 한 어떤 행동이 강화에 선행한 경우 그 행동이 고정적으로 계속되려는 경향이다.

| 021 | ② | 022 | ② | 023 | ④ | 024 | ④ | 025 | ③ | 026 | ② | 027 | ② | 028 | ③ | 029 | ② | 030 | ① |
| 031 | ③ | 032 | ② | 033 | ④ | 034 | ② | 035 | ④ | 036 | ② | 037 | ② | 038 | ① | 039 | ③ | 040 | ② |

021 ② 벤조디아제핀은 신경전달물질인 GABA의 효과를 향상시켜 진정 작용, 수면 작용, 항불안 작용, 항경련 작용, 근육 이완과 기억상실을 일으킨다. 이 같은 특성으로 인해서 벤조디아제핀은 불안 완화, 불면증, 흥분, 발작, 경련, 알코올 중독과 의학적 혹은 치과에서 마취를 하기 전에 사용된다.

022 ② 양극성 장애가 기분 부전장애보다 더 극단적인 기분 변동을 일으킨다.

실력다지기

기분장애

기분장애는 지나치게 저조하거나 고양된 기분상태가 지속되어 현실생활의 적응에 심각한 어려움을 겪게 되는 정신장애이며 이러한 기분장애는 우울증과 양극성 장애로 구분된다.
1) 우울장애
  (1) 지속적인 우울한 기분과 일상생활에 대한 흥미나 즐거움의 현저한 저하를 비롯하여 식욕 및 체중의 변화, 수면의 변화, 지연되거나 초조한 행동, 피로감과 활력 상실, 무가치감과 죄책감, 사고력 및 집중력의 저하, 죽음에 대한 생각 및 자살기도 등의 증상을 나타내는 장애이다.
  (2) ① 심한 우울증상이 2주 이상 반복적으로 나타나는 주요 우울장애와 ② 경미한 우울증상이 2년 이상 장기간 나타나는 기분 부전장애(기분 저하증)가 있다.
2) 기분 부전장애
  (1) 기분 저하증은 모든 인구의 3~5%에서 나타나며, 임상에서 흔히 볼 수 있는 질환이다.
  (2) 기분 저하증은 남성보다 여성에게 더 흔하고, 젊고 미혼인 경우, 경제적 수입이 낮은 경우 더 많다.
  (3) 주요 우울장애, 불안장애, 약물남용 등의 정신과적 질환이 동반되는 경우가 흔하다.
  (4) 증상
    ① 핵심적인 임상양상은 매우 장기간 지속되는 우울 상태이다.
    ② 환자들이 자신의 상태를 '괜찮다'고 이야기하는 기간이 며칠 또는 몇 주씩 있기도 하지만, 대부분의 기간은 지쳐 있고 우울해 한다.
    ③ 모든 것이 힘들고, 흥미가 없다.
    ④ 항상 생각에 잠겨 있거나 불만이 많고 숙면을 취하지 못한다.
    ⑤ 그러나 일상생활의 기본적 요구는 수행이 가능하다.
  (5) 임상 양상
    ① 기분 저하증은 증상이 지속되는 특징이 있는 만성질환이지만, 증상의 심한 정도는 일시적으로 변화를 보이기도 한다.
    ② 증상들은 주요 우울장애 증상들과 비슷하다.
    ③ 기분 저하증에서의 우울 증상의 심한 정도는 일반적으로 주요 우울장애보다 덜하며, 기분 저하증 환자들은 어떠한 정신병적 증상도 보이지 않는다.

3) 양극성 장애

(1) 구분

① 제1형 양극성 장애 : 우울한 기분상태와 고양된 기분상태가 교차되어 나타나는 장애로서 기분이 비정상적으로 고양되어 조증상태를 특징으로 한다.

② 제2형 양극성 장애 : 조증상태의 증상이 상대적으로 미약하게 나타나는 경조증 상태와 우울증 상태를 주기적으로 나타낸다.

③ 순환성 장애 : 경미한 우울증 상태와 경조증 상태가 2년 이상 장기적으로 순환되어 나타난다.

(2) 양극성 장애는 유전적 영향을 많이 받는 정신장애이며 신경 전달물질, 신경 내분비계통의 기능 등의 생물학적 요인이 밀접하게 관련된 것으로 알려지고 있다.

(3) 정신분석적 입장에서는 양극성 장애의 조증 증세를 무의식적 상실이나 자존감 손상에 대한 방어나 보상 반응으로 보고 있다.

(4) 인지적 입장에서는 우울증의 경우와 마찬가지로 현실에 대한 인지적 왜곡이 조증 상태를 유발한다고 본다.

(5) 대표적 치료방법은 항(抗)조증 약물을 사용하는 약물치료이다.

(6) 양극성 장애는 지속적인 투약과 더불어 자신의 증상을 지속적으로 관찰하고 생활 스트레스를 관리하는 인지행동적 치료가 함께 병행되어야 한다.

023   금단증상이란 장기간 사용했던 약물을 더 이상 복용하지 못하게 되었을 때 신체가 적응하는 과정에서 나타나는 신체적·정신적 산물들이며 일시적인 증상이다. 그러나, ④ 알코올의 생리적 의존은 내성과 금단증상을 나타나게 하며 옐리넥의 알코올 의존의 4단계(Jellinek 1952)에서 만성단계(술에 대한 통제력 상실, 술을 마시는 것 외에는 무관심)에서 금단현상을 보인다.

실력다지기

<알코올 의존의 4단계(Jellinek, 1952)>

1단계	전 알코올 증상단계 (pre alcoholic phase)	사교적 목적, 즐기는 단계, 긴장 해소, 대인관계 원활, 알코올의 긍정적 효과 경험
2단계	전조단계 (prodromal phase)	음주량과 빈도 증가, 망각현상(blackout), 음주 동안의 사건을 기억하지 못함
3단계	결정적 단계 (crucial phase)	술을 수시로 마심, 빈번한 과음으로 여러 가지 부적응적 문제 발생
4단계	만성단계 (chronic phase)	알코올에 내성이 생김, 심한 금단증상, 술에 대한 통제력 상실, 술을 마시는 것 외에는 무관심

024   ④ 반대 성의 옷을 입는 경우인 복장도착적 물품음란증으로 진단하는 것은 성도착증의 하위유형으로 진단된다. 따라서 성 정체감 장애와 성도착증이 다르므로 이는 옳지 않은 내용이다.

CF 복장도착적 물품음란증

보통 복장도착증을 가진 남자는 여자 옷을 수집하여 옷을 바꿔 입는데 사용한다. 옷을 바꿔 입고 있는 동안 자신을 성적 공상 속의 남자 주인공과 상대방이 여성이라고 상상하면서 자위행위를 한다. 이 장애는 이성애적인 남자에게서만 보고되고 있다.

성 정체감 장애의 진단기준

1) 강하고 지속적인 반대 성과의 성적 동일시(반대 성이 된다면 얻게 될 문화적 이득을 단순히 갈망하는 정도여서는 안 된다), 소아의 경우에서 다음 사항 중 네 가지 이상의 양상이 드러난다.

　(1) 반복적으로 반대 성이 되기를 소망한다.

　(2) 소년은 옷 바꿔 입기 또는 여성 복장 흉내 내기를 좋아한다. 소녀는 오로지 인습적인 남성 복장만을 고집한다.

　(3) 놀이에서 강력하고 지속적인 반대 성역할에 대한 선호, 혹은 반대 성이라고 믿는 지속적인 환상을 보인다.

　(4) 반대 성의 인습적인 놀이와 오락에 참여하기를 간절히 원한다.

　(5) 반대 성의 놀이 친구에 대한 강한 편애를 보인다.

2) 청소년과 성인에서 이 장애는 반대 성이 되고 싶다는 욕구의 표현, 빈번히 반대 성으로 행세하는 것, 반대 성으로 살거나 취급 받고자 하는 소망 그리고 반대 성의 전형적인 느낌과 반응을 자신이 갖고 있다는 확신과 같은 증상들이 나타난다.

3) 1차 및 2차 성징을 제거하려는 성전환 수술에 집착한다.

4) 자신의 생물학적 성에 대해 지속적으로 불쾌감을 느낀다.

025　③ 지적 장애(intellectual disability)는 18세 이전에 발병한다.

026　▶ 뚜렛 장애

1) 틱은 자신이 의도한 것이 아닌데, 갑작스럽고 빠르며 반복적이고 비율동적이며 상동적으로 나타나는 몸의 특정 부위의 움직임이나 소리이다.

2) 뚜렛 장애는 여러 가지 운동 틱과 한 가지 또는 그 이상의 음성틱이 1년 이상의 기간 동안 지속되는 질병이다.

3) 틱은 보통 5~7세 무렵에 발생해서 10~11세까지 심해지며 틱은 그 동안 악화되기도 하고 호전되기도 하는 만성적인 문제로 나타나며, 성인기가 되면 감소하는 경향이 뚜렷하다.

4) 일부(5~10%)에서는 성인기까지 별 호전 없이 지속되는 경우도 있다.

5) 틱 장애 환자들 중 30~50%에서 강박장애, 주의력 결핍 과잉행동 장애 등을 동시에 가지며 사회적 거절과 낙인에 따른 기분 장애와 사회성 문제를 가지는 경우가 많다.

6) 따라서 이에 대한 적절한 평가와 치료가 필수적이다.

027　② 성별 불쾌감은 DSM-5에서 새로 생긴 진단분류로 성기능 장애에 포함되지 않는다.

성기능장애(Sexual Dysfunctions)의 하위유형(DSM - 5)

1) 사정지연장애(Delayed Ejaculation)

2) 발기장애(Erectile Disorder)

3) 남성 성욕감퇴장애(Male Hypoactive Sexual Desire Disorder)

4) 조기사정장애(Premature Ejaculation) = 조루증

5) 여성 절정감 장애(Female Orgasm Disorder)

6) 여성 성적 관심/흥분장애(Female Sexual Interest/Arousal Disorder)

7) 성교통증장애(Genito - Pelvic Pain/Penetration Disorder)

028 ③ 타인으로부터 이용당할 가능성에 민감한 경우는 충분한 근거 없이 다른 사람에게 착취당하고 해를 당하거나 속임을 당하고 있다고 의심하는 경우로서, 편집성 성격장애(Paranoid Personality Disorder)이다. 편집성 성격장애의 증상 중에 다음의 사항이 포함되어 있다.

ⓐ 충분한 근거 없이 다른 사람에게 착취당하고 해를 당하거나 속임을 당하고 있다고 의심한다.

ⓑ 친구나 동료의 성실성이나 신용에 대한 부당한 의심을 한다.

실력다지기

범불안 장애

1) 다양한 상황에서 만성적 불안과 과도한 걱정을 나타내는 경우를 말한다.

2) 정신분석적 입장에서는 성격구조 간의 역동적 불균형에 의해 경험되는 부동(不動) 불안이 범불안 장애의 핵심적 증상이라고 본다.

3) 행동주의적 입장에서는 이 장애를 다양한 자극상황에 대해 경미한 공포반응이 조건형성되어 나타나는 일종의 다중 공포증이라고 설명한다.

4) 인지적 입장에 따르면, 위험에 예민한 인지도식으로 인해 생활 속의 잠재적 위험요인에 과민하고 위험한 결과의 발생가능성과 치명성을 과대평가하며 그에 대한 대처능력을 과소평가하는 인지적 특성이 범불안 장애를 유발한다.

5) 범불안 장애에 대한 주요 치료법은 인지행동치료와 약물치료이다.

6) 범불안장애의 DSM - 5 진단기준(요약)

A.	6개월 이상 기간 중 대부분 동안 지속되는 매사([예] 공부, 직장생활)에 대한 지나친 불안과 걱정
B.	걱정을 주체할 수 없음
C.	다음 6가지 증상 중 3가지 이상(소아에서는 1가지) (1) 초조 및 예민 (2) 피로감 (3) 집중력 저하 / 머릿속이 하얘지는 느낌 (4) 짜증 (5) 근육 긴장 (6) 수면장애
D.	이로 인한 심한 고통, 또는 사회 / 직업 기능의 장애
E.F.	배제진단 – E : 물질 / 신체질환, F : 다른 질환

029 ② 전조단계(prodromal phase)에서는 음주에 대해 죄의식을 가지고 음주 동안 일어난 일에 대해서는 기억하지 못한다.

실력다지기

젤리넥(Jellinek) 알코올 의존 4단계

1) 알코올 의존(alcohol dependence)

  (1) 잦은 음주로 내성이 생기고 섭취량과 마시는 빈도가 늘면서 술에 의존하게 되는 현상

  (2) 알코올 사용이 물질의존의 진단기준을 충족시킬 경우, 알코올 의존으로 진단

  (3) 알코올의 생리적 의존은 내성과 금단증상을 나타나게 함

  (4) 알코올 내성 : 술에 잘 취하지 않음, 점점 더 많은 양을 마시게 됨

  (5) 알코올 금단증상 : 손 떨림, 불안, 초조, 구토, 불면증

  (6) 알코올 의존으로 인해 직장, 가정, 대인관계, 건강 등 심리사회 문제 초래

(7) 12개월 이상 지속되면 알코올 의존 진단

2) 알코올 의존의 4단계(Jellinek 1952) - 암기법 전조결성

1단계	전 알코올 증상단계 (pre alcoholic phase)	사교적 목적, 즐기는 단계, 긴장 해소, 대인관계 원활, 알코올의 긍정적 효과 경험
2단계	전조단계 (prodromal phase)	음주량과 빈도 증가, 망각현상(blackout), 음주 동안의 사건을 기억하지 못함
3단계	결정적 단계 (crucial phase)	술을 수시로 마심, 빈번한 과음으로 여러 가지 부적응적 문제 발생
4단계	만성단계 (chronic phase)	알코올에 내성이 생김, 심한 금단증상, 술에 대한 통제력 상실, 술을 마시는 것 외에는 무관심

030 ① 반응성 애착장애는 유아기, 소아기, 청소년기의 기타 장애에 해당한다.

▶ **광범위성 발달장애**

1) 여러 발달 영역에서 심한 결함이나 광범위한 장애가 특징이며, 사회적 상호작용의 장애, 의사소통의 장애와 상동증적 행동과 관심 그리고 활동이 포함됨

2) 자폐성 장애, 레트 장애, 소아기 붕괴성 장애, 아스퍼거 장애, 달리 분류되지 않는 광범위성 발달장애

031 ▶ **점진적 노출법**

1) 불안장애에 대한 행동치료에 근거하는 학습이론은 대개 행동주의적 학습이론을 응용한다. 고전적 조건화, 도구적 조건화, 조작적 조건화로 대변되는 행동주의적 학습이론은 불안 감소, 행동 수정 등의 목적을 달성하기 위해 활용된다.

행동치료의 사례로서는 바람직하지 않은 행동에 대한 대처기법을 배우게 되는데, 특히 점진적인 노출 방법을 통해서 이루어진다.

2) 단기적·점진적 노출치료 - 공황장애에 가장 효과적인 치료법

내담자를 짧은 시간동안(보통 몇 초부터 몇 분까지), 즉 불안을 유발하는 수준이 낮은 사건에서 높은 수준의 사건으로 점진적으로 노출하는 치료법이다.

(1) 체계적 둔감법의 3단계 과정

① 불안의 상반된 근육이완

근육이완은 근육긴장, 심장박동, 맥박, 호흡의 증가와 같은 증상을 나타내는 불안과는 상반된 반응으로 가장 흔히 사용하는 방법이다.

② 불안 위계표 작성하기

불안을 유발하는 사건의 목록을 불안유발 정도에 따라 서열화한 것으로 불안 조사표(일종의 자기보고식 목록으로 불안을 일으키게 하는 일반적인 사건들을 모아놓은 것)를 작성할 수 있다.

③ 둔감화 과정

치료자는 내담자를 편안한 의자에 앉도록 하고 모든 근육을 이완하라고 지시하면서 불안위계표에 작성된 불안수준이 낮은 장면부터 자세하게 설명하면서 실제로 그 상황에 접한 것처럼 생생하게 상상할 수 있도록 상세하게 묘사해야 한다.

(2) 실생활 노출치료

내담자를 실제로 두려워하는 사건에 노출시키는 체계적 둔감법으로 단시간 동안 점진적으로 이루어지고 내담자가 노출에 두려워하거나 불쾌감을 느끼면 중단할 수 있다.

032   ▶ **소인 - 스트레스 이론**

조현병에 걸리기 쉬운 약한 뇌를 가진 사람은(질병 소인), 환경적인 스트레스 상황에서(스트레스)조현병이 발병할 수 있다고 생각하는 이론이 소인 - 스트레스이론(diathesis - stress theory)이다. 즉, ④ 소인은 스트레스 상황에서 발현된다고 설명하는 것이 가장 옳은 내용이다.

실력다지기

취약성 - 스트레스 - 대응능력 모형

1) 현재 전문가들이 지지하는 원인론은 '취약성 - 스트레스 - 대응능력 모형'이다. 이 이론은 3가지 복합적인 원인요소를 가정하는데, '조현병에 걸리기 쉬운 약한 뇌를 가진 사람이(취약성), 환경적인 스트레스에 직면하여(스트레스), 자신의 대응능력으로 그것을 감당하지 못할 때(대응능력), 조현병이 발병한다'고 설명한다.

2) 우리는 누구나 체질적으로 신체부위 중 한두 군데가 약하다. 어떤 사람은 위장이 약하고, 또 어떤 사람은 심장이 약하다. 마찬가지로 뇌가 약한 사람도 있을 것이다. 이것이 취약성의 차원이다.

3) 그런데 위장이 약한 사람이 낯선 음식을 먹거나 과식하게 되면 탈이 나듯이, 뇌가 약한 사람이 낯선 환경에 처하거나 복잡한 일에 시달리게 되면, 정보처리를 제대로 못해서 머리가 혼란스러워질 것이며, 심하면 뇌의 기능에 탈이 날 것이다. 이것이 스트레스 차원이다.

4) 그러나 설혹 취약성이 높은 사람이 스트레스 상황에 처해 있다 할지라도, 자신의 대응능력이 우수하여 스트레스를 잘 처리해 낸다면 조현병은 발병하지 않을 것이다. 비유하자면 위장이 약한 사람이 거친 음식물을 먹어야 할 경우에, 그것을 잘 갈아서 부드럽게 만들어서 먹는다면 배탈이 나지 않을 것이다. 이것이 대응능력의 차원이다.

5) '취약성 - 스트레스 - 대응능력 모형'에 따르면 방금 설명한 3가지 차원이 복합적으로 작용하여 조현병 발병 여부를 결정하므로, 사람에 따라서 발병과정이 다양할 수 있다고 설명한다. 예를 들어서 어떤 사람은 약한 뇌를 갖고 있음에도 불구하고 환경적 스트레스가 별로 없거나, 대응능력이 우수하여 발병하지 않을 수도 있고, 또 다른 사람은 비교적 강한 뇌를 갖고 있음에도 불구하고, 나머지 2가지 요소가 워낙 열악하여 발병할 수도 있다.

033   ④ 환각 : 양성증상 / 나머지는 음성증상이다.
   ▶ **조현병**
   1) 양성 증상 : 망상, 환각, 지리멸렬한 사고 장애, 괴이하고 혼란된 행동 등 생산성 증상
   2) 음성 증상 : 무언증, 감정이 무뎌짐, 자폐증, 사회적 격리, 철퇴 및 자발성의 감소, 주의력 결핍 등 결핍성 증상(예후 나쁨)

034   ▶ **편집성 성격장애(Paranoid Personality Disorder)의 주요 증상과 임상적 특징**
1) 편집성 성격장애는 타인의 의도를 적대적인 것으로 해석하는 불신과 의심을 주된 특징으로 한다.
2) 다른 사람이 자신을 부당하게 이용하고 피해를 주고 있다고 왜곡하여 생각하고 친구의 우정이나 배우자의 정숙성을 자주 의심하며 자신에 대한 비난이나 모욕을 잊지 않고 가슴에 담아 두어 상대방에게 보복하는 경향이 있다.
3) 주변 사람들과의 지속적인 갈등의 경험으로 스트레스를 많이 경험하고 우울증, 공포증, 강박장애, 알코올 남용과 같은 정신장애를 나타낼 가능성이 높다.

4) 강한 스트레스가 주어질 때 짧은 기간 동안 심리적 혼란을 경험하여 망상장애나 정신분열증으로 발전되는 경우도 있다.

5) 조현형, 조현성, 자기애성, 회피성, 경계선적 성격장애의 요소를 함께 지니고 있는 경우가 많다.

6) 타인의 동기를 악의에 찬 것으로 해석하는 등 광범위한 불신과 의심이 성인기 초기에 시작되어 여러가지 상황에서 나타나며 다음 7가지 특성 중 4개 이상을 만족시켜야 한다.

    (1) 충분한 근거 없이 다른 사람에게 착취당하고 해를 당하거나 속임을 당하고 있다고 의심한다.

    (2) 친구나 동료의 성실성이나 신용에 대한 부당한 의심을 한다.

    (3) 정보가 자기에게 악의적으로 사용될 것이라는 부당한 공포 때문에 터놓고 얘기하기를 꺼린다.

    (4) 타인의 말이나 사건 속에서 자신을 비하하거나 위협하는 숨겨진 의미를 찾으려 한다.

    (5) 원한을 오랫동안 풀지 않는다.

    (6) 자신에 대한 모욕, 손상, 경멸을 용서하지 않는다.

    (7) 타인은 그렇게 생각하지 않지만 자신의 인격이나 명성이 공격당했다고 인식하고 즉시 화를 내거나 반격한다.

    (8) 이유 없이 배우자나 성적 상대자의 정절에 대해 반복적으로 의심한다.

035   ▶ 삼환식 항우울제와 부작용

1) 일반적으로 항우울제는 화학적으로 분자구조가 3개의 고리로 되어 있는 삼환식 항우울제와 모노아민산화효소(MAO) 억제제의 2가지로 분류된다.

2) 항우울제는 1950년대 말에 개발되어 우울증(슬픔이나 사기 저하 때 느끼는 정상적인 반응과는 다른 만성 질환에서 오는 절망)을 치료하기 위해 널리 사용되고 있다.

3) 삼환식 항우울제는 도파민과 노르에피네프린 같은 뇌아민의 수송체계를 저해하여 중추신경계에 영향을 미치는 것으로서, 이미프라민·아미트립틸린·데시프라민·노르트립틸린과 그외 많은 화합물을 포함한다.

4) 몇몇 사람에게서는 뇌·심장 독성이 보고되었으며 그 밖의 부작용으로는 구내건조·변비·현기증·심계항진이 나타나며 시야가 흐려질 수 있다.

5) 삼환식 항우울제는 울증을 조증(燥症)으로 바뀌게 하는 작용이 있다.

036   ② 기분장애의 '카테콜아민(catecholamine) 가설'은 우울증이 노르에피네프린의 부족에 기인한다는 입장이다.

실력다지기

기분장애의 '카테콜아민(catecholamine) 가설'

1) 카테콜아민 가설(catecholamine hypothesis)은 우울증을 뇌신경화학적인 요인으로 설명하려는 대표적 이론으로서 이는 오늘날 항우울제의 약물치료를 가능하게 만드는 이론이다.

2) 카테콜아민은 신경전달물질인 노르에피네프린, 에피네프린, 도파민을 포함하는 호르몬이다.

3) 이 가설에서는 개인에게 카테콜아민이 결핍되면 우울증이 생기고, 반대로 과다하면 조증이 생긴다는 것이며 이 가설은 뇌의 신경 연접부와 관련해 노르에피네프린이나 세로토닌에 의해 지배된다는 원리에 기초한다.

4) 치료에서도 어떤 약물은 노르에피네프린에 반응하는가 하면, 어떤 약물은 세로토닌에 의해 더 반응하는데, 특히 카테콜아민 중에서 에피네프린이나 도파민보다는 노르에피네프린이 기분장애에 중요한 역할을 한다고 한다.

5) 이 가설에 따르면 기분장애는 뇌의 신경화학적 활동 변화에 의해 생기며, 우울증은 특정 신경전달물질, 즉 카테콜아민이 문제를 일으켜 생겨난다.

6) 이 가설은 사람을 피험자로 직접 실험을 할 수 없다는 문제가 있지만, 이런 문제에도 불구하고 이 가설은 상당히 인정되는데, 이를 뒷받침하는 근거로 다음 3가지를 들 수 있다.

(1) 먼저 이 가설은 여러 동물 연구에서 간접적으로 뒷받침 된다.

　실험적으로 쥐의 노르에피네프린 수준을 낮췄을 때 쥐는 우울증 환자처럼 위축되고 무반응적 행동을 나타냈다.

(2) 다음 약물치료 과정에서 우연히 발견된 사실들이 이 가설을 뒷받침한다.

① 고혈압 환자의 혈압강화제로 사용되는 리설핀(reserpine)을 복용한 환자 중 때때로 우울 증상을 호소하는 것이 보고됐다.

② 이 연구에서 리설핀이 뇌에 카테콜아민 계열의 신경전달물질의 공급을 감소시키는 효과가 있음이 밝혀졌다.

(3) 마지막으로 우울증 약물이 개발되면서 카테콜아민 가설이 본격 지지됐다.

① 이로 인해 삼환계 항우울제와 모노아민 옥시다제 억제제(MAO) 현상을 완화시키는 중요 치료약물로 사용되기 시작했다.

② 이 약물들이 우울증상을 감소시키는 이유는 뇌에 노르에피네프린이나 세로토닌의 활동수준을 증가시키기 때문으로, 카테콜아민 가설을 강력 지지하는 결과로 여겨졌다.

037　② 과잉행동과 충동성은 주의력 결핍 및 과잉행동 장애의 증상이다.

실력다지기

자폐 스펙트럼 장애의 DSM - 5 진단기준(요약)

A.	지속적인 사회적 상호작용, 의사소통의 장애 1. 사회/감정적 상호성 없음 2. 비언어적 상호작용 안 됨(눈맞춤, 표정, 몸짓 등) 3. 타인과 관계를 발전, 유지, 이해하지 못함
B.	반복 / 상동 / 제한적인 행동, 관심사 1. 상동 / 반복운동 2. routine이나 ritual의 고수(판에 박힌 또는 습관(형식) 고수) 3. 상동 / 제한된 관심사 집착 4. 자극에 대해 과도하거나 저하된 반응
C.	증상의 시작이 초기 발달기
D.	이로 인하여 학업, 직업, 의사소통에 막대한 지장
E.	배제진단 - 지적 장애, 발달지연

038 ① 사회 공포증은 10대 중반의 청소년기에 주로 발생한다. 청소년기에 발병되는 이유는 모두가 자신을 바라보고, 본인 중심으로 움직인다는 자의식 때문이다.

실력다지기

사회 공포증(Social phobia)

1) 다른 사람들과 상호작용하는 사회적 상황을 두려워하는 공포증이다.
2) 인지적 입장에서는 사회 공포증이 부정적인 자기개념, 대인관계에 대한 역기능적 신념, 자신의 사회적 행동에 대한 부정적 평가, 자기초점적인 주의 등에 의해 유발되는 것으로 설명한다.
3) 인지행동적 집단치료가 가장 효과적인 것으로 알려지고 있다.
4) 사회공포증(Social phobia)은 낯선 사람과 이야기하거나, 다른 사람들 앞에서 연설을 하는 등의 사회적 상황에 대한 두려움과 불안이 있어서 그런 상황을 가능한 한 피하려 하는 병이다.
5) 사회공포증 환자는 잘 모르는 사람과 대화를 하거나, 직장 상사와 이야기할 때 불안하고 긴장이 되어 얼굴이 붉어지거나, 가슴이 두근거리고, 말을 제대로 하지 못한다.
6) 남들 앞에서 발표를 하는 등 남들이 자신을 관찰하고 평가하는 상황에 남의 시선을 의식하게 되고 그러한 상황을 두려워하여 자꾸 피하게 된다.
7) 이러한 상황을 피하다 보면 나중에는 더욱 두려움이 커져서 더욱 그러한 상황을 회피하는 악순환을 되풀이 하게 된다.
8) 사회공포증은 어떤 특정 상황만 두려워하는 사람과 광범위하게 여러 사회 상황을 두려워하는 사람으로 나눌 수 있다.

039 ③ 사회적으로 정해진 규칙을 위반하거나 타인의 권리를 침해한다. - 반사회성 성격장애

실력다지기

적대적 반항장애의 진단기준(DSM-5)

A. 분노/과민한 기분, 논쟁적/반항적 행동 또는 보복적인 양상이 적어도 6개월 이상 지속되고, 다음 중 적어도 4가지 이상의 증상이 존재한다.
　이러한 증상은 형제나 자매가 아닌 적어도 한 명 이상의 다른 사람과의 상호작용에서 나타나야 한다.

분노/과민한 기분

1) 자주 욱하고 화를 냄
2) 자주 과민하고 쉽게 짜증을 냄
3) 자주 화를 내고 크게 분개함

논쟁적/반항적 행동

4) 권위자와의 잦은 논쟁, 아동이나 청소년의 경우 성인과 논쟁함
5) 자주 적극적으로 권위자와의 요구나 규칙을 무시하거나 거절함
6) 자주 고의적으로 타인을 귀찮게 함
7) 자주 자신의 실수나 잘못된 행동을 남의 탓으로 돌림

보복적 특성

8) 지난 6개월 안에 적어도 두 차례 악의에 차 있거나 앙심을 품음

040 ② 남성이 사정에 어려움을 겪으며 성적 절정감을 느끼지 못하는 장애는 지루증이다.

사정을 할 것 같은 기분이 들지만, 음경의 근육이 강하게 수축해 쾌감의 절정에 도달하며 정액의 방사가 잘 되지 않는 현상을 말한다. 지루의 원인은 정신적 문제가 크게 작용한다. 상대 여성에게 성적 매력을 못 느낄 때, 아내에 대한 불만이나 적개심을 가지고 있을 때, 자신의 뜻과 관계없이 여성이 성관계를 원하거나 임신을 종용할 때, 성행위 자체에 죄책감을 가지고 있을 때 지루로 연결될 수 있다.

실력다지기

조루증

남성 조루는 스트레스 같은 심리적 요인으로 생기기 때문에 근본적인 치료가 어렵다고 생각하는 사람이 많다. 하지만 최근 들어 조루의 원인이 뇌 신경전달물질인 세로토닌의 기능 저하로 밝혀져 이를 해결하기 위한 연구가 활발하게 진행되고 있다.

남성 발기장애

발기가 완전히 불가능한 경우, 발기가 안 되는 경우가 자주 있을 때, 발기가 잠시만 지속될 때 등이다.

성교 통증장애

장애 성교 통증은 전정염, 질 위축, 질 감염 등의 의학적 문제에 의하여 발생하기도 하고 생리적 또는 심리적 배경에 의해서도 생길수도 있다.

1) 성교 통증

질 성교 시 지속적 또는 간헐적으로 발생하는 성기 통증을 말한다.

2) 질경

질경은 일반적으로 남성의 성기가 질로 삽입되어 들어올 때 발생하는 통증이 여성 자신의 의지와는 무관하게 조건반사적으로 작용하여 질 수축상태가 발생하는 경우가 있고, 심리적 요소나 감정적 요소에 의하여 2차적으로 발생할 수도 있다.

3) 기타 성교 통증

실제 삽입이 이루어지지 않은 상태에서 성적 자극만으로 발생하는 통증이 지속되거나 재발하는 경우이다.

041	④	042	④	043	④	044	①	045	③	046	②	047	③	048	①	049	③	050	③
051	④	052	④	053	①	054	③	055	②	056	②	057	①	058	④	059	③	060	①

041 ④ 학업성취도 검사는 현재 상태에 있어서 지식이나 기술, 혹은 성취도의 수준을 측정하는 것으로, 비언어성 검사보다 언어성 검사와 상관관계가 더 높은 편이다.

042 실행적 기능(executive function)을 담당하는 뇌 부위는 전두엽이다. 전두엽 관리기능의 주요한 요소로는 인지적 유연성, 창의성, 계획력, 판단력, 추상적 사고, 통찰력, 자발성, 억제력 등이 가장 많이 거론된다. 문제에서는 실행적 기능(executive function)을 담당하는 뇌 부위가 손상된 환자라고 하였으므로 전두엽 부위가 손상된 것으로 이해하면 된다. 따라서 순서대로 진행하는 일들, 즉 계획력에 문제가 발생한다.
① 벤더 도형검사(BGT)에서 도형의 배치 순서를 평가하는 항목의 점수가 유의하게 낮게 나타날 것이다.
② 웩슬러 지능검사에서 차례 맞추기 소검사의 점수가 유의하게 낮게 나타날 것이다.
③ Stroop test의 간섭시행 단계에서 특히 점수가 낮게 나타날 것이다.
④번은 상관없는 내용이다.

043

📝 **오답노트**

① 지능검사에서 발견한 피검자의 행동특징과 반응내용은 결과해석에 중요하다.
② 지능검사는 개인의 능력을 측정하는 성능검사의 하나이며 개인이 현재까지 학습해 온 것을 측정하는 의미도 있다. – 언어성 검사
③ 한 피검자의 프로파일 양상을 해석할 때 각 피검자 고유의 과거력, 행동특징, 현재의 상황들까지 고려할 필요가 있다.

044 ① 1~3 : 우울감이 아닌 심리적 문제(히스테리)가 신체적 증상으로 전환되어 나타난다. – 전환장애가 될 가능성이 있다.

045

📝 **오답노트**

① 수검자가 '이 사람은 남자인가요? 여자인가요?'라고 묻는 경우, 검사 요강을 참고하여 성별을 알려주는 것이 아니라, 검사자는 수검자가 보이는 대로 상상하여 이야기를 만들어보라고 요구한다.
② 수검자의 반응이 지나치게 피상적이고 기술적인 경우 검사자는 상상의 흐름을 방해하지 않는 범위에서 중간질문을 한다.
④ 모든 수검자에게 20장의 카드를 사용한다.

주제통각검사(Thematic Apperception Test, TAT)

1) 욕구이론을 펼친 머레이(Murray)와 모간(Morgan)에 의해 1935년 개발되었다.

2) 31장의 그림판이 있는데 모두 20매의 그림(11매는 공통, 성인 남자용 9매, 성인 여자용 9매, 소년용 9매, 소녀용 9매)을 제시하고 이 그림이 어떤 상황인지, 과거에 어떤 일로 인해 지금의 상황이 되었는지, 그리고 앞으로 이 일이 어떻게 진행되어 갈 것인지에 대해 상상력을 최대한 동원하여 이야기를 꾸며보라고 지시한다.

3) 피검사자가 꾸며낸 이야기에 그 사람의 성격이 투사되어 있을 것이라고 가정하고 그 이야기를 분석하여 성격을 진단하고자 한다.

4) 여러 가지 해석방법이 사용되고 있으나 '욕구(내적) – 압력(환경) 관계 분석법'이 가장 많이 사용된다.

5) 분석 내용은 주인공의 주요한 욕구, 갈등, 불안, 주위 인물에 대한 지각, 방어기제, 초자아의 적절성, 자아의 강도 등이다.

046

1) 정신장애의 진단을 목적으로 하는 심리검사는 MMPI(미네소타 다면적 인성검사, 준거집단 접근법에 의한 심리검사)이다.

2) 원래 MMPI는 1940년대 미국 미네소타 대학의 심리학자인 Stark Hathaway와 정신과 의사인 Jovian Mckinley에 의하여 비정상적인 행동을 객관적으로 측정하기 위한 수단으로 만들어졌다.

3) MMPI의 일차적인 목적은 정신과적 진단분류를 위한 측정으로, 일반적 성격특성을 측정하기 위한 것은 아니지만, 병리적 분류의 개념이 정상인의 행동과 비교될 수 있다는 전제하에 MMPI를 통한 정상인의 행동 설명 및 일반적 성격특성에 관한 유추도 어느 정도 가능할 수 있다.

047

검사제작 과정은 검사목적의 명세화 → 검사목적에 관한 조작적 정의 → 문항 작성 및 수정 → 예비검사 실시와 문항분석 → 최종검사 제작 → 신뢰도, 타당도, 규준 작성의 순서로 이루어진다.

<표준화 검사의 제작과정>

과제	기법
1. 가설개념의 영역 규정(측정 대상의 개념화)	문헌연구
2. 문항표집(문항 제작)	문헌연구, 사례에 대한 통찰
3. 사전검사 자료 수집	표본조사
4. 측정도구 세련화	문항분석/요인분석
5. 본 검사의 자료수집	표본조사
6. 신뢰도 평가	신뢰도 계수
7. 타당도 평가	타당도 계수
8. 규준 개발	통계집단별 분포

048

▶ **다면적 인성검사(MMPI)의 9번 임상척도 상승과 관련된 해석**

1) Ma척도는 정신적 에너지의 정도를 측정하며 이 척도가 측정하는 성격의 기본차원은 열의이다.

2) 이 척도의 정상적 점수대는 활동적이고 외향적이며 정력적이라고 할 수 있지만, 지나치게 높은 점수(T점수 75점 이상)의 경우 조증 증상, 즉 사고의 비약, 과대 망상, 기분의 변동성, 환각, 과잉활동성, 정서적 흥분 등을 시사한다.

3) 반면에, 이 척도에서의 다소 낮은 점수(T점수 40점대)는 활력이 부족하고 기가 다소 죽어 있음을 시사하며 이 척도의 점수가 지나치게 낮은 경우(T점수 35이하)에는 masked depression(우울감을 느끼거나 표현하는 것은 아니지만, 활력과 의욕이 없고, 세상살이에 별다른 재미를 느끼지 못하는 우울증)의 가능성을 검토해 보아야 한다.

049 ③ 다면적 인성검사(MMPI)의 해석방식 중 '내용에 근거한 해석'은 단일 문항들의 낮은 신뢰도가 문제점으로 지적이 되지만 내용에 근거한 해석과정으로서 경험적인 해석방법이 추가되고 있다.

실력다지기

다면적 인성검사(MMPI)의 해석방식

1) 형태해석(Configurational Interpretation)
   (1) 임상척도 간 상관관계나 임상 증후 간 중복 때문에 피검자의 MMPI 결과는 몇 개의 척도가 동시에 하나의 형태를 이루면서 상승하는 경향이 있다.
   (2) 형태 분석은 T점수가 70점 이상으로 상승된 임상척도들을 하나의 프로파일로 간주하여 해석하는 2 - 코드, 3 - 코드 방식이 있다.
   (3) 다시 말하자면 임상척도 가운데 척도 2와 척도 7이 T점수 70점 이상으로 상승되어 있으면 2 - 7코드형이 된다.
   (4) 또한 타당도 척도와 임상척도 가운데 의미 있게 점수가 상승하는 척도들을 묶어서 전체 형태로 보는 방식이 있다.
   (5) 그리고 전체 임상척도의 프로파일에 대한 형태적 분석방식도 있다.
   (6) 이러한 각 형태분석 방식은 서로 배타적이라기보다 보완적이며 단계적으로 진행하면서 해석할 수 있다.

2) 내용에 근거한 해석(Content - based Interpretation)
   MMPI에 대한 연구개발과 임상 적용을 프로파일들의 경험적 연구와 이를 근거로 한 내용적 해석을 강조한 것이며 내용 해석은 피검자가 검사 문항에 응답하는 과정에서 문항의 의미와 내용에 솔직하고 직접적으로 반응한다는 가정을 전제로 한다.
   (1) 요인분석적 접근
      MMPI 전체 문항들이나 특정척도에서 요인을 밝혀내는 접근인데, 그 대표적인 경우가 "불안", "억압" 척도로서, MMPI의 표준 임상척도 간 상관관계를 분석하여 요인척도 "A"(불안)와 "R"(억압)이 개발된 것이다.
   (2) 내용해석에 대한 논리적 접근
      논리적 분석에 따라 내용척도를 개발하려는 시도로 이루어졌으며 상승된 척도의 내용차원의 "의미"를 검토함으로써 척도에 대한 논리적이거나 직관적인 분석을 바탕으로 하여 이루어져야 한다.
   (3) 내용해석에 대한 '결정 문항' 접근
      ① 이 접근은 피검자들이 문항에 대한 자신의 반응을 통해서 개인적인 문제를 드러낼 것이라는 가정을 전제로 하고 있으며, 어떤 문항들은 다른 문항들보다 더 중요하게 문제영역을 결정적으로 반영한다고 간주된다.
      ② 이 방식은 단일 문항들의 낮은 신뢰도가 문제점으로 지적이 되지만 내용에 근거한 해석과정으로서 경험적인 해석방법이 추가되고 있다.

3) 특수척도의 해석 (Special scale interpretation)
  (1) 현재 MMPI에 대한 연구와 실시는 주로 타당도 척도, 임상척도, 내용척도, 그리고 다른 특정한 또는 실험적인 척도를 사용하고 있다.
  (2) MMPI의 경우 지배성이나 편견과 같은 성격특성 혹은 행동특성을 측정하거나 약물남용이나 만성적 질병과 같은 다양한 증후군을 예측하려는 목적에 따라 부가적인 척도들이 개발되었다.
  (3) 이러한 부가척도 중 소수의 특정 척도는 널리 연구되고 임상적으로 활용되어 왔다. 자아강도척도, 일반적 부작용, 불안측정 요인척도, 알코올 남용척도 등이 있다.

050 ▶ 척도 6 : 편집증(Paranoia, Pa)
1) 주로 대인관계에서의 민감성, 의심성, 집착증, 피해의식, 자기정당성을 나타내는 내용으로 되어있다.
2) 40개 문항으로 구성되어 있다.
3) 조금 높을 때(T점수 60에서 70)는 대인관계의 민감성을 나타내지만, T점수 70 이상으로 높을 때는 이러한 예민성에 의심성이 첨가된다.
4) 높은 점수
  (1) 의심이 많고, 적대적, 경계심이 많고, 지나치게 민감, 논쟁을 좋아하며, 남을 탓하기를 잘한다.
  (2) 자기중심적, 자기 정당화가 행동 전반에서 특징적으로 나타난다.
  - 자기는 항상 충분한 대우를 받고 있지 못하다고 생각하며 타인이 자기에게 악의를 가지고 자기에게 해를 끼치려 한다는 망상적 피해의식으로 타인에 대한 분노와 비난이 강하다.
5) 낮은 점수
  (1) 대체로 고집이 세고, 회피적, 지나치게 조심스러워한다.
  (2) 자기중심적, 자기에게 직접적으로 관계된 일이 아니면 관심을 갖지 않고, 문제해결의 유연성이 부족하다.
  (3) T점수가 35점 이하로 내려갈수록 편집증적 증상이 심할 수도 있다.

051 ▶ 성격검사 개발 방법
1) 논리적·이론적 방법
  (1) 어떤 이론이나 모델을 바탕으로 검사문항을 구성하는 연역적 방법이다.
  (2) 특정 성격이론이 제시하는 심리적 구인을 측정하기 위한 문항을 개발하고 검사결과가 이론과 일치하는지 구인타당도를 산출한다.
  (3) 잭슨(Jackson)의 성격조사검사와 MBTI(Myers - Briggs Type Indicator)가 있다.
2) 준거집단 방법
  (1) 실제 임상자료를 바탕으로 성격검사를 개발하는 경험적 방법이다.
  (2) 예를 들어, 임상적으로 정신분열증으로 진단된 사람에게서 특징적으로 나타나는 성격특성을 표집하여 검사문항을 구성한 후 정상적 집단의 사람에게 실시하여 이 두 집단을 지속적으로 잘 구별해주는 문항을 추려내어 검사를 제작하는 것이다.
  (3) MMPI(Minnesota Multiphasic Personality Inventory) 등이 있다.
3) 요인분석 방법
  (1) 성격특성을 기술하는 문항을 개발하여 요인분석이라는 통계분석방법을 사용하여 성격요인을 추출하고 그에 해당하는 문항들로 검사를 구성하는 것이다.
  (2) 대표적인 검사로는 커텔(Cattell)의 16성격 요인검사(sixteen Personality Factors), NEO - PI 검사 등이 있다.

052 ④ 피검자가 환자이고, 개인적으로 실시할 경우에는 검사자와 피검자 간에는 친화력이 중요하다.

실력다지기

MMPI 검사실시 시 일반적 유의사항

1) 검사를 실시·채점하는 데 있어서 표준화 과정에서 사용한 방법과 조금이라도 차이가 있으면 검사결과는 표준화 과정에서 나온 규준에 비추어 해석한다는 것은 무의미하게 된다.
2) 검사자는 검사요강을 숙독하여 검사 실시방법 및 유의사항을 고려하여야만 피검사자의 인성요인을 정확히 측정할 수 있다.
3) MMPI를 실시하기 전에 우선 고려해야 할 사항은 피검사자의 상태이다.
4) 검사문항이 다른 심리검사에 비해 월등히 많아 많은 시간을 요구하기 때문에 피검사자가 피로에 지쳐 있지 않고 권태를 느끼지 않을 시간대를 선택하여 검사를 실시하는 것이 바람직하다.
5) 피검사자의 독해력 여부를 확인하는 일이다.
   (1) MMPI를 제대로 응답할 수 있느냐의 가장 중요한 요인의 하나는 독해력이다.
   (2) 원래 MMPI의 문항제작 시 초등학교 6학년 수준의 문장으로 구성했으므로 초등학교 이상의 정규 교육을 받은 사람이면 별 어려움 없이 MMPI를 할 수 있다.
6) 피검사자의 연령과 지능수준을 고려해야 한다.
   (1) 원래 검사를 실시할 수 있는 피검사자의 연령 하한선을 16세로 잡았으나, 현재는 독해력만 인정되면 12세까지도 가능하다고 본다.
   (2) 재표준화된 한국판 MMPI에서도 중학생 이상의 규준치가 마련되어 있다.
   (3) Wechsler 성인용 검사에서 언어성 검사 IQ가 80 이하인 사람들은 MMPI를 응답하기에 불가능한 것으로 본다.
7) 검사 장소는 충분히 밝은 조명과 공간이 확보되어 있고 환기도 잘 되며 조용한 곳이어야 한다.
8) 검사는 개인별로 할 수도 있고 집단으로 할 수도 있으며, 소요시간은 보통 60분에서 90분이 보통이다.

053 BGT 검사는 투사적 검사의 하나로, 문화적 요인이나 교육적 배경에 별로 영향을 받지 않으며, 언어표현 능력이 없는 피검자에게 유용하고 정신지체가 있는 피검자에게도 사용 가능하다. 또한 신경심리검사로, 두뇌의 기질적인 손상 유무를 밝히기 위한 목적에도 사용된다. 다만, 이를 목적으로만 사용되는 것은 아니다.

실력다지기

BGT 검사

1) 기질적 장애를 판별하려는 목적에서 널리 사용한다.
2) 뇌 손상 이외에 정신증, 정신지체, 그 밖의 성격적인 문제를 진단하는 데 적용될 수 있다.
3) 시지각 – 운동 성숙수준, 정서적인 상태, 갈등의 영역, 행동통제의 특성이 드러난다.

054 ③ 어느 한 문항이 특정 속성을 측정한다고 생각되면 특정척도에 포함시키는 논리적, 이성적 방법에 따라 제작된 것은 잭슨(Jackson)의 성격조사 검사와 MBTI(Myers - Briggs Type Indicator)이다.

> MMPI(1차 세계대전 배경, 객관적 검사, 정신과적 진단분류를 위한 측정 원칙, 일반적 성격특성에 관한 유추 가능)
>
> 1) 준거집단 방법으로서 실제 임상자료를 바탕으로 성격검사를 개발하는 경험적 방법이다.₩
> 2) 예를 들어, 임상적으로 정신분열증으로 진단된 사람에게서 특징적으로 나타나는 성격특성을 표집하여 검사문항을 구성한 후 정상적 집단의 사람에게 실시하여 이 두 집단을 지속적으로 잘 구별해주는 문항을 추려내어 검사를 제작하는 것이다.

055 ② 웩슬러(Wechsler)

지능은 유목적적으로 행동하고, 합리적으로 사고하고, 환경을 효과적으로 다루는 개인의 종합적인 능력으로 성격의 다른 부분과 분리될 수 없으며 이러한 인지적, 정서적, 동기적 측면을 모두 포함하는 전체적 능력이다.

① 비네, ③ 갈튼, ④ 스턴의 지능의 정의이다.

056 ▶ **Thurstone이 제안한 지능에 관한 다요인(7가지)**

1) 언어이해 요인, 기억 요인, 추리 요인, 공간관계를 시각화하는 능력 요인, 수 요인, 단어 유창성 요인, 지각 속도 요인을 제시하였다.
2) 언어적 이해요인 : 단어 이해력 측정하는 요인 (동의어, 반의어 등)
3) 단어 유창성 요인 : 단어의 신속한 산출을 요구 ('D'로 시작하는 단어를 말하세요.)
4) 수 요인 : 기초적인 산수 문제에 의해 측정 (더하기, 곱하기 등)
5) 공간 관계 요인 : 정신적 조작을 필요로 하는 검사 (깃발 검사, 도형검사, 카드 도형검사)
6) 기억요인 : 단순한 기억력 검사 (단어나 문장의 회상 - 기억)
7) 추리요인 : 주어진 자료에서 일반 원칙 알아내기 (1. 3. 5. 7. 9....)
8) 지각 속도 요인 : 상징들의 신속한 재인식을 요구하는 검사 (숫자 찾기 검사 등)

057 ① 전형적인 신경증 증상보다는 심각한 정신병리를 나타낼 수 있다. 그리고 점수가 매우 높을 때 부정 왜곡 경향으로 의도적인 왜곡을 보일 수도 있다.

F(비전형, Infrequency) 척도

T점수	프로파일 타당성	점수 상승의 가능한 이유
80 이상	무효일 수 있음	무선반응(random response) / 고정반응, 심각한 정신병리
65~79	과장된 것일 수 있음, 그러나 유효할 것임	문제를 과장하여 표현함
40~64	유효할 것임	
39 이하	방어적일 수 있음	문제를 부인하여 응답했을 수 있음

058 ④ 아래의 그림을 보면, 편차지능지수 100을 다른 표준점수로 환산한다면, Z점수로는 0, T점수로는 50에 각각 해당된다.

편차지능지수 100은 평균이므로 Z점수는 평균이 0, 표준편차가 1이며, T점수는 평균이 50, 표준편차가 10이다(T점수 = 50 + 10Z).

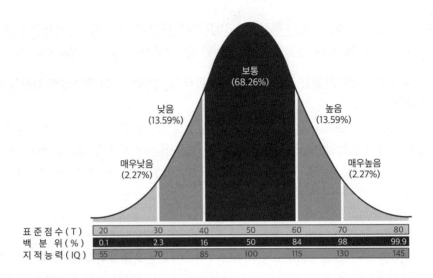

표 준 점 수 (T)	20	30	40	50	60	70	80
백 분 위 (%)	0.1	2.3	16	50	84	98	99.9
지 적 능 력 (IQ)	55	70	85	100	115	130	145

059
① Gardner의 다중지능이론(7개의 지능)

Gardner는 지능을 하나의 문화권 또는 여러 문화권에서 가치 있게 인정되는 문제를 해결하고 결과를 창조해 내는 능력이라 정의하고 주관적인 요인분석 방법을 통하여 인간의 지능은 7개의 각각 독립적인 부분들로 구성된다고 주장하였다.

② Guilford의 3차원의 지능구조모형(Structure - of - Intellect, SI)

지능이란 4개의 내용, 5개의 조작, 6개의 산출 등 각 차원의 요소들이 상호 작용하여 120개의 지능구조단위로 구성되어 있다고 주장하였다.

③ Spearman의 지능의 2요인설(two - factor - theory)

• g - 요인(general factor) : 일반지능이란 언어문제, 수 문제, 도형문제를 해결할 때 내용을 초월하여 공통적으로 작용하는 능력과 귀납적 추론, 연역적 추론, 기억, 암기 등과 같은 지적 활동의 종류를 초월해 공통적으로 영향을 미치는 능력을 의미한다.

• s - 요인(specific factor) : 특수지능이란 언어문제나 수 문제와 같은 어떤 특정영역의 문제를 해결하는 데 사용되는 능력을 의미한다.

④ Thurstone의 기본정신능력(primary mental abilities, PMA)

다수의 지능검사를 개발하여 중학생과 대학생에게 실시한 후 다요인 분석방법을 이용하여 구분된 여러 가지 요인들 가운데 언어이해 요인, 추리요인, 수 요인, 기억요인, 단어유창성 요인, 공간 시각화 요인 등 7가지의 공통적 요인을 밝혀내고, 이들이 지능을 구성하는 가장 기본적인 요인이라고 주장하였다.

> ① Gardner, ② Guilford, ④ Thurstone은 지능의 일반적인 측면을 강조한 전통적인 지능이론에 반대하여 지능의 다양한 측면을 연구하였다.

060
주의력 결핍 및 과잉활동장애(ADHD)로 진단된 아동의 웩슬러 지능검사상 수행이 저하되기 쉬운 소검사는 숫자와 관련된 소검사이다. 그 이유는 주의 집중력이 부족한 아동은 주의력 결핍 및 과잉활동장애(ADHD)의 특징이기 때문이다.

061	①	062	②	063	②	064	④	065	①	066	④	067	①	068	③	069	①	070	③
071	①	072	②	073	②	074	④	075	④	076	②	077	③	078	③	079	②	080	③

061 ② 내용 타당도 - 면접 항목이 변인이나 구성의 다양한 측면을 적절하게 측정하는 정도
③ 공존 타당도 - 면접 점수가 관련 있으나, 독립적인 다른 면접 점수나 혹은 행동과 상호 연관되어 있는 정도
④ 예언 타당도 - 검사 점수가 미래의 어떤 시점에 관찰 됐거나 획득한 점수나 행동을 예측하는 정도

062 내담자로부터 많은 정보를 얻어내는데 효과적인 질문방식은 개방형 질문과 간접적 질문이다. 개방형 질문은 반응자가 자유롭게 자신의 의견을 나타낼 수 있도록 만든 문항형태이다. 간접형 질문은 직접적으로 언급하기보다는 간접화법을 인용하여 질문하는 것이며 내담자에게 편하게 응답을 구하는 방식이기 때문에 내담자로부터 많은 정보를 얻어내는데 효과적인 질문이다.

063 ② <u>후두엽은 시각과 연관이 있다.</u> 후두엽은 뇌 뒤쪽에 있으며, 이 후두엽에는 시각 중추가 있어서 시각 피질이라고도 부른다. 눈으로 들어온 시각 정보는 시각피질에서 눈으로 본 물체의 모양이나 위치, 운동 상태를 분석한다.

064 ④ <u>극단적인 흑백사고와 파국적 사고 등의 인지왜곡에 대한 접근을 시도하고 문제해결접근, 그리고 체계적 둔감화와 같은 방법을 포함하는 치료방법은 인지행동치료이다.</u>
CF ③ 변증법적 행동치료(DBT)는 다이어렉티컬 행동치료라고도 하며, 심리연구가이자 치료사인 마샤 리네한 박사가 개발한 심리치료 기술이다. 자신의 고통스러운 감정을 조절하는 방법을 터득하고 그 능력을 향상시킴으로써 자해나 자살 같은 위기 상황에 처하지 않도록 돕는 심리요법이다. 이는 경계선적 증상들과 만성적 자살 위기, 섭식장애, 충동적 행동장애 및 각종 중독장애를 치료하는 데도 효과적인 것으로 밝혀졌다.

065

> ✏ **오답노트**
>
> ② 자문가는 자문을 요청한 기관보다는 피자문자나 피자문자의 책임업무와 관련이 있다.
> ③ 자문가는 피자문자가 의뢰하는 문제에 중점을 두어야 한다.
> ④ 자문가는 피자문자를 대신하여 내담자를 치료하는 직접적인 역할을 수행하는 것은 아니다.

066 심리평가보고서(psychological test report)는 통합적으로 환자를 이해하고 평가자료의 의미를 해석, 그것을 토대로 환자에 대한 통합된 설명을 제공하는 보고서로, 환자에 대한 의견을 공유할 수 있는 수단으로 의뢰자를 고려하여 작성한다.
1) 심리평가 보고서 작성 시 고려할 점
  (1) 의뢰자가 읽기 쉬운 방식(readable manner)으로 작성해야 한다.
  (2) 의뢰자가 누구이며 의뢰목적이 무엇인지 확인하여 보고서의 구성방식이나 내용을 달리한다.
  (3) 의뢰자가 이미 알고 있는 바와 전혀 모르는 바를 구분하여 염두에 둔다.

2) 심리학적 평가보고서 작성 시 포함될 사항

  (1) 검사사유(심리검사가 의뢰된 이유)

  (2) 행동관찰

  (3) 검사 결과 및 해석

    인지영역 - 지적능력, 인지영역 - 사고, 정서(emotion)및 감정(feeling) 영역, 대인관계

  (4) 진단적 예언(예후)과 치료적 제안

  CF 질환의 원인은 기록하지 않는다.

067 ① 바이오피드백은 바이올로지(biology)와 피드백(feedback)의 합성어이다. 이는 미국에서 일종의 자기컨트롤법으로 쓰이고 있다. 바이오피드백은 근육 긴장을 이완시키고, 심장의 박동을 조정하고, 혈압을 통제하는 훈련을 받는 것이다. 이전에는 불가능한 것으로 생각해 온 자율반응이나 뇌파도 스스로 컨트롤할 수 있음을 보여주는 것으로, 본태성 고혈압·긴장성 두통·편두통·부정맥·간질·천식·불안신경증·불면증 등의 치료법으로서 권장되고 있다.

068 ③ 환자와 심리전문가 간의 관계적 융통성의 내용은 심리학자의 윤리원칙에 없는 내용이다.

윤리규약은 미국심리학회에 의해 1953년에 출간된 이후로 8번 갱신되었다. 가장 최신판은 1992년 12월에 출간되었다. 심리학자의 Canada 윤리규약의 가장 최근판은 1995년에 출간되었는데, 미국 규약과 다른 점보다 유사한 점이 더 많다. 여기에는 유능성, 존중, 기밀성, 동의서, 사회적 정의 그리고 상해 및 착취 회피가 있다.

> **실력다지기**
>
> 미국 윤리규약 APA 윤리 강령
>
> 1) 역량(유능성)
>
>   심리학자는 자신이 수행할 역량이 있는 업무만 한다.
>
> 2) 정직(성실성)
>
>   심리학자는 전문인으로서 타인을 다룰 때 공정하고 거짓이 없어야 한다.
>
> 3) 전문적이고 과학적인 책임
>
>   심리학자는 전문가로서 행동할 때 높은 수준을 유지해야 한다.
>
> 4) 인간의 권리와 존엄성에 대한 존중
>
>   심리학자는 타인의 비밀과 사생활 관리를 지켜주어야 한다.
>
> 5) 타인의 복지에 대한 관심
>
>   심리학자는 전문적인 지식을 활용하여 타인을 돕기 위해 노력해야 한다.
>
> 6) 사회적 책임
>
>   심리학자는 자신의 기술을 사회에 이익이 되도록 사용해야 한다.

069 합리적 정서행동치료의 비합리적 신념의 차원 중 인간문제의 근본요인은 당위적, 절대적 사고이다. '반드시 ~ 해야 한다'는 식의 사고를 말한다.

070 ③ 고위험군 대상의 집중적인 개입을 권장하는 것은 3차 예방수준에 해당한다. 대안적 예방모델에서는 '지정된 예방개입'이 증상발현이나 장애를 발전시킬 소질을 시사하는 생물학적 지표를 통해 확인한 '고위험'상태의 개인을 대상으로 한다.

실력다지기

지역사회 심리학 예방의 개념

1) 1차 예방 : 질병의 감수기로, 해로운 환경이 질병을 야기하기 전에 제거하는 것이다.
2) 2차 예방 : 질병의 초기로, 정신건강 문제의 조기 확인 증진과 정신장애로 발전하지 않도록 초기 단계에서 문제를 치료하는 것을 포함한다.
3) 3차 예방 : 질병의 장애기로 고위험군 대상에 해당하며, 진단된 정신장애의 영향을 줄이는 것이 중요하며 주요초점은 사회복귀이다.

071 ① Kraepelin은 정신병리의 유형에 관한 분류를 하였으며 1883년 출간한 '정신의학개론'에서 정신질환에 대한 초기 분류체계를 소개하여 정신질환의 생물학적 속성을 명확히 하고자 시도하였다.
② 주제통각검사(TAT) – Murray와 Morgan
③ 집단지능검사인 Army 알파 개발 – Goddard와 Terman
④ 의식에 관한 연구를 무의식의 영역까지 확대하여 연구 – S. Freud

072 ▶ **자문의 단계** (암기법) 이평중 / 종추)
1) 질문의 이해
    (1) 의뢰한 자문의 성질과 목적을 정확히 이해한다.
    (2) 자문가는 자신이 유능하고 전문적인 자문을 제공하기 위한 수련, 경험, 전문성을 지니고 있는가를 결정한다.
    (3) 자문에 대한 피자문자의 준비성과 개방성이 요구된다.
2) 평가
    (1) 의뢰된 질문의 성질을 충분히 조사해야 한다.
    (2) 의뢰한 자문의 내용과 실제적으로 필요로 하는 자문의 내용이 일치하지 않을 수 있다.
    (3) 조직의 관습, 신념, 규칙, 일반적인 조직의 풍토를 평가한다.
    (4) 평가 내용을 종합하여 문제를 진단하고 목표를 설정하며, 개입하는 방법이나 전략의 윤곽을 잡는다.
3) 중재
    (1) 자문가가 변화를 위한 실제적인 조언이나 제안을 제공하고 실행하는 단계이다.
    (2) 중재가 실행되고 있는 과정 및 성과에 대한 검토나 평가도 포함한다.
4) 종결
    (1) 협의된 자문 목적이 충족된 경우 종결한다.
    (2) 자문가의 목적이 이루어질 수 없는 것이라고 결론을 내리는 경우에도 종결한다.
    (3) 자문가의 중재나 조언이 사용되지 않는다.
5) 추적
    (1) 행동과 습관은 한 번에 변화되기 어려우므로 주기적인 추적 회기가 요구된다.
    (2) 새롭게 제기되는 문제에 대한 후속 중재 혹은 프로그램이 요구될 수 있다.

073 ② Joseph Wölpe의 상호교호적 억제(reciprocal inhibition), 즉 상호제지이론은 불안과 양립할 수 없는 반응을 유발시킴으로써 자극과 불안 간의 결합을 약화시키는 절차이다. 대표적 사례로는 체계적 둔감화가 있다.

074 ④ 심리평가 결과를 범주적 진단분류(장애의 유무 판단)와 차원적 진단분류(장애의 정도 판단) 중 어느 하나만을 선택할 필요는 없다. 범주적 진단분류는 진단을 유목화하여 내리는 접근방식을 말한다. 증상이나 행동들을 유목으로 나누고 각 유목의 질적인 차이를 강조한다. 차원적 진단분류는 증상이나 행동을 양적으로 바라보는 접근방식이다. 양적인 차원에서 정도의 차이를 평가한다. 즉, 심리평가 결과를 양과 질적인 수준으로 고려할 수 있다는 것이다.

> **✏️ 오답노트**
>
> ① 심리결과의 유용성은 평가대상(target)의 기저율(base rate)과 관련된다.
> ② 정신분열증 유무검사의 경우 일반 전집에서 오경보(false positive)의 가능성이 있을 수 있다.
> ③ 전문가에 의한 임상적 판단은 대개 통계적 판단보다 일관되게 우월하게 나타나지는 않는다.

075 ① 변연계 손상 - 기억, 추리, 판단 등 고차적 인지 기능에 결함
② 후두엽의 손상 - 주로 시지각과 시각학습에서의 결함
③ 측두엽의 손상 - 언어표현의 결함 : 실어증(Wernicke's aphasis)의 경우 뇌의 좌반구 측두엽 뒤쪽에 입은 손상 때문에 생기는 언어장애이다.
> **CF** 후두엽은 뇌 뒤쪽에 있으며, 이 후두엽에는 시각 중추가 있어서 시각 피질이라고도 부른다. 눈으로 들어온 시각 정보는 시각피질에서 눈으로 본 물체의 모양이나 위치, 운동 상태를 분석한다.

076 ② 비만, 스트레스 관리 등과 가장 밀접히 관련되는 것은 건강심리학이다. 건강심리학은 건강을 증진하고 유지하는 것과 병을 예방하고 치료하는 것, 그리고 건강 및 그와 관련된 기능장애의 원인과 진단적 상관물을 밝히는 것에 대한 학문이다. 일상생활에서 현대인들의 건강과 밀접하게 연관된 금연, 체중조절(비만), 스트레스 관리 등을 위한 다양한 프로그램을 연구하여 적용하고 있다.
① 신경심리학은 두뇌 기능과 직접적으로 관련된 행동을 이해하고 평가하고 치료하는 것에 관한 학문이다.
③ 법정심리학은 심리학의 방법, 이론 및 개념들을 법률체계에 적용하는 학문이다.
④ 아동임상심리학은 정신 병리적 증상이 나타나게 된 아동과 청소년들을 대상으로 임상심리학이다.

077 ③ 부정적인 자기개념에서 비롯된 자동적 사고들은 부정적 자동적 사고를 야기하므로 대부분 비합리적인 사고들이다.

078 ③ 바이오피드백 기법은 다른 개입 방안을 함께 사용하면서 시행될 때 효과가 우수한 편이다. 바이오피드백은 바이올로지(biology)와 피드백(feedback)의 합성어이다. 이는 미국에서 일종의 자기 컨트롤법으로 쓰이고 있다. 바이오피드백은 이전에는 불가능한 것으로 생각해 온 자율반응이나 뇌파도 스스로 컨트롤할 수 있음을 보여주는 것으로, 본태성 고혈압·긴장성 두통·편두통·부정맥·간질·천식·불안신경증·불면증 등의 치료법으로서 권장되고 있다.

079 ② 환자에게 자신의 메시지를 정교화하도록 도울 뿐만 아니라 면접자가 그 메시지를 이해하고 있다는 것을 확실히 하기 위하여 사용되는 의사소통기법은 명료화(명확화)이다. 명료화는 내담자의 막연하고 모호한 대화를 분명하게 하는 것이며 내담자의 대화내용을 분명히 하고 내담자가 표현하고자 하는 바를 정확히 지각하였는지를 확인하는 기법이다.

080 ③ 약물치료의 정신적 부작용에 대한 정보는 심리학적 자문 프로그램이 아니다. 대개 심리학적 자문은 임상 심리사의 역할인데, 약물치료의 정신적 부작용에 대한 정보는 의료인이 하는 역할로, 거리가 멀다.

　CF 심리학적 자문 프로그램의 사례

　　1) 만성적인 문제를 지닌 환자의 재활을 위한 프로그램

　　2) 자살, 강간 및 폭력을 당한 환자에 대한 위기개입 프로그램

　　3) 청소년 성(性)행동과 아동기의 비만문제를 개입하기 위한 프로그램

　　4) 정신건강의 증진이 요구되는 청소년을 위한 정신건강증진 프로그램

　　5) 청소년 대상의 학교 부적응 및 학교폭력에 대한 문제에 대한 프로그램

　　6) 부부관계 및 이혼에 관한 가정문제를 해결하기 위한 프로그램

　　7) 실직자 및 구직자를 위한 정신건강을 위한 프로그램

081	③	082	④	083	②	084	②	085	②	086	②	087	②	088	③	089	④	090	④
091	②	092	①	093	①	094	③	095	③	096	④	097	①	098	④	099	②	100	③

081 ③ 유대(결속), 작업의 동의(과업), 목표에 동의(목표)가 Bordin(1979)이 제시한 치료동맹(작업동맹)의 3대 요소이다. '결속'은 참여자들 간의 관계의 질을 말하고 '목표'는 치료적 여행의 목적지이며 '과업'은 이 목표를 성취하는 수단이다.

082 ① 다른 많은 이론들과는 달리 가치중심적 진로상담 모델에서는 흥미가 진로결정에 별로 큰 역할을 하지 않는다. 즉, 흥미는 가치만큼 행동형성에 큰 역할을 하지는 않는다고 본다.
② 가치는 일반적으로 세습된 특성(선천적)과 경험(후천적)의 상호작용을 통해 개발되는 것이다.
③ 개인이 우선권을 부여하는 가치들은 그리 많지 않다.

실력다지기

가치중심적 진로접근 모형

1) 브라운(Brown)의 가치중심적 진로접근법은 인간의 기능이 개인의 가치에 의해 상당 부분 영향을 받고 형성되는 것이라는 가정에서 비롯된다.
2) 흥미는 가치만큼 진로결정에 큰 역할을 하지 않고 가치들은 원하는 목표 상태에 방향을 제공하며 목표설정에 중추적인 역할을 함에 따라 진로결정과정에서 가장 중요한 작용을 하므로 가치는 행동역할을 합리화하는 강력한 결정요인이다.
3) 가치는 개인이 환경 속에서 행동을 지도하는 것으로써 중요성에 따라 우선순위가 매겨진다.

083 ② 정상발달 중이며 발달과정의 문제가 주증상이라면 단기상담에 적합하다. 반사회적 성격장애, 지지적인 대화 상대자가 전혀 없다든지, 만성적이고 복합적인 문제가 있다면 단기상담에 적합하지 않다.

실력다지기

단기상담이 적합한 내담자

1) 호소하는 문제가 비교적 구체적인 경우
2) 주 호소문제가 발달 과정상의 문제인 경우, 즉 임신, 출산, 자녀양육 등 부모로서의 역할을 비롯하여 은퇴, 죽음, 노화 등 인간으로서 겪는 다양한 발달 과업에 수반하는 심리적 변화를 겪는 내담자의 경우
3) 호소문제가 발생하기 이전에 비교적 기능적인 생활을 하였을 경우
4) 내담자 주위에 지지적인 대화 대상자가 있는 경우
5) 과거나 현재에 상호보완적인 좋은 인간관계를 가져 본 일이 있는 경우, 즉 인간관계에서 소통이 잘 되고 정신기능이 능률적인 내담자의 경우 그 문제가 심각하지 않고 표면적인 것에 불과한 경우
6) 내담자가 자신의 문제를 분명하게 인식하고 문제의 해결책을 명확하게 알기를 원하는 경우
7) 위급한 상황에 놓인 군인, 학생 등의 각종 조직이나 기관의 구성원인 경우
8) 내담자의 생활이나 지위에 최근 어떤 변화가 일어나서 내담자가 정서적인 어려움을 갖고 있을 경우, 즉 급성적으로 발생한 문제로 고통받는 내담자
9) 인생에 중요한 영향을 끼친 주요 인물과 최근에 사별 또는 이별했을 경우

084 ① 알코올 중독치료에서 많이 활용하고 있는 상담은 개인상담보다는 자조집단, 집단상담이다.

③ 알코올 남용은 알코올 의존보다 경미한 상태로 내성이나 금단증상은 없으나, 신체적·심리적 및 사회적으로 문제가 나타난다.

④ 알코올 중독에 대한 심리치료에서 치료 초기에 무의식적 사고와 감정에 대한 해석을 자주 사용하지 않는다. 해석은 치료의 중기과정에서 많이 사용한다.

085 성폭력 피해자 심리상담 초기단계의 유의사항으로 ② 상담자가 상담내용의 주도권을 가지는 것이 아니라, 내담자에게 상담내용의 주도권을 주며 지금 – 여기의 시점에서 표현할 수 있는 내용에 대해서 얘기할 수 있도록 배려해야 한다.

실력다지기

성폭력 피해자 심리상담 초기단계의 유의사항

1) 내담자와 신뢰관계를 유지함으로써 라포관계 형성에 힘을 기울여야 한다.
2) 내담자에게 상담 내용의 주도권을 준다.
3) 지금 – 여기의 시점에서 표현할 수 있는 내용에 대해서 얘기할 수 있도록 배려해야 한다.
4) 내담자의 비언어적 메시지에 주의를 기울이며, 적절한 반응이 요구된다.
5) 성폭력 피해로 인한 합병증 등 여러 가지 증상을 파악해야 한다.
6) 내담자가 피해의 문제가 없다고 부인한다면, 이를 받아들이며 언제든지 상담의 기회가 있음을 권고하고 알려주어야 한다.

086 가장 낮은 수준의 공감적 표현방법이 반영기법이라면, 가장 높은 수준의 공감적 표현방법은 해석기술이 여기에 해당한다. ② 내담자가 표현한 것에 정확한 의미와 정서를 추가하는 것은 표현한 것에 대한 설명으로 해석에 해당한다.

087 현실치료에서 Glasser가 제시한 8가지 원리
1) 개인적인 따뜻한 만남의 관계를 맺는다.
2) 감정보다는 행동에 중점을 둔다.
3) 현재에 초점을 맞춘다.
4) 가치판단을 내리도록 한다.
5) 계획을 세운다.
6) 계획에 따라 반드시 실천을 하겠다는 약속을 다짐받는다.
7) 변명은 금물이다.
8) 결코 처벌하지 않는다.

088 ③ 자신조차 승인할 수 없는 욕구나 인격특성을 타인이나 사물로 전환시킴으로써 자신의 바람직하지 않은 욕구를 무의식적으로 감추려는 방어기제는 투사이다.

089 ④ '조건문 형태의 문장으로 생각을 표현하기'는 Beck의 인지치료에서 치료 초기에 감찰과 수정의 주요 표적이 되는 '자동적 사고'를 찾는 방법에 해당하지 않는다.

> **실력다지기**
>
> 자동적 사고를 찾는 방법
>
> 1) 감정의 변화 즉시 질문하기
>   내담자가 감정을 나타낼 때 이는 중요한 자동적 사고가 방금 일어났다는 신호이다.
> 2) 사고기록지 작성
>   내담자는 자동적 사고를 기록하는 과정에서 중요한 인지에 주의를 기울이게 될 뿐 아니라 체계적인 방법으로 자동적 사고를 찾는 연습을 할 수 있다.
> 3) 자동적 사고 체크리스트
>   가장 많이 사용되는 자동적 사고 체크리스트는 주로 경험적 연구에서 치료에 따른 자동적 사고의 변화를 측정하기 위해 사용되었다.
> 4) 심리교육
>   대개 치료자들은 치료 초기에 자동적 사고의 특성과 함께 자동적 사고가 감정과 행동에 어떻게 영향을 미치는지에 관해 간략히 설명한다.
> 5) 심상
>   내담자가 상상을 통해 중요한 사건을 다시 회상하도록 하여 사건이 일어났을 당시의 생각과 감정을 떠올리도록 돕는 것이다.
> 6) 역할극
>   치료자가 내담자의 인생에서 어떤 한 사람의 역할을 맡아 자동적 사고를 자극하는 상호작용을 모의적으로 해 보는 것이다.

090 ④ 학습상담은 학습문제와 관련되어 있는 것이 개인의 심리적 문제일 것이다. 무력감을 경험하며 학습장애가 있을 시 충동성이나 공격성이 있을 수 있는데, 이에 대한 접근도 요구된다.
따라서 학습문제의 원인에 대한 전반적인 탐색이 이루어져야 하며 표준화검사를 실시하여 내담자의 현재 상태를 파악하는 것이 중요하다.

091 ② 현실치료 상담의 치료기법으로 유머 사용하기, 맞닥뜨리기(직면), 토의와 논쟁, 역설적 기법, 언어충격 등이 있다.

092 집단상담의 과정 중 과도기적 단계 : 안정되고 신뢰로운 분위기를 조성해서 작업단계 준비
1) 의존성 : 집단상담자가 집단을 주도하고, 지시하고, 충고하고, 평가해 주기를 기대하는 의존성 다루기
2) 저항 : 집단상담자가 지도성의 책임을 이양하면 집단은 저항함
3) 갈등 : 저항이 처리되고 집단원들이 집단에 참여하기 시작하면, 처음으로 나타나는 지금 - 여기의 상호작용이 집단상담자나 다른 집단원들을 향한 부정적 감정의 표출로 이어지고 상담자는 필요한 지지와 도전을 제공하는 역할을 해야 하는 단계(지배, 통제, 힘에의 노력)
4) 응집성 : 저항과 갈등을 생산적으로 처리하고 나면, 집단은 점차 응집성을 발달시킴

093 ① 알코올 중독자 상담은 개인적으로 이루어질 수도 있으며, 가족체계에 문제가 있을 시 가족과 함께 치료가 이루어지는 가족치료로 이루질 수 있다. 따라서 가족을 포함하여 타인의 방해를 받지 않기 위하여 비밀리에 상담한다는 내용은 옳지 않다.

094 ③ 치료자는 가능한 비언어적인 방법으로만 아동의 행동을 지시하는 것이 아니라, 치료자는 어떤 방법으로도 어린이의 행동과 대화를 지시하지 않는다. 비지시적 놀이치료이기 때문이다.

> **실력다지기**
>
> Axline이 제시한 놀이치료자가 갖추어야 할 원칙 8가지
>
> 1) 치료자는 어린이와 따뜻하고 친근한 관계를 가능한 한 빨리 형성하도록 한다.
> 2) 치료자는 어린이를 있는 그대로 수용한다.
> 3) 치료자는 어린이가 자신의 감정을 완전히 자유롭게 표현할 수 있도록 하기 위해 허용적인 분위기를 조성한다.
> 4) 치료자는 어린이가 표현하는 감정을 예민하게 느끼고 인정하며, 어린이가 자신의 행동에 대한 통찰력을 갖도록 느낌이나 생각을 반영해 준다.
> 5) 치료자는 어린이가 기회만 주어지면 자신의 문제를 해결할 능력을 갖고 있음을 존중하고 선택의 책임과 변화를 시도할 자유가 어린이에게 있다고 인정한다.
> 6) 치료자는 어떤 방법으로도 어린이의 행동과 대화를 지시하지 않는다.
> 7) 치료자는 치료를 서두르지 않는다. 치료는 점진적인 과정임을 치료자가 인식한다.
> 8) 치료자는 어린이가 다른 사람과 관계를 맺는 것은 자신의 책임이라는 것을 알도록 하기 위해서만 제한을 가한다.

095 ▶ **Holland의 인성이론 주요개념** (암기법 홀랜드 : 일차 / 정치계)

1) 일관성

　어떤 쌍들은 다른 유형의 쌍들보다 공통점을 더 많이 가지고 있으며 조작하는 방법은 홀랜드 코드 첫 두 문자를 사용한다.

2) 차별성

　하나의 유형에는 유사성이 많지만 다른 유형에는 별로 유사성이 없다는 개념이다.

3) 정체성

　개인유형과 환경의 보충화를 조직해주는 요인으로, 개인의 정체성은 목표, 흥미, 재능에 대한 명확하고 견고한 청사진이며 환경의 정체성은 조직의 투명성, 안정성, 목표·일·보상의 통합이라고 규정한다.

4) 일치성

　자신의 인성유형과 비슷하거나 정체성이 있는 환경유형에서 일하거나 생활할 때 일치성이 높아지게 된다.

5) 계측성

　6각형 모형에서 유형 간의 거리는 그것들 사이의 이론적인 관계(상관성)에 반비례한다.

096　④ 가족상담 기법 중 가족들이 어떤 특정한 사건을 언어로 표현하는 대신에 공간적 배열과 신체적 표현으로 묘사하는 기법은 가족조각 기법(경험적 가족치료)이다. 이는 가족구성원에게 어떤 위치에 있게 하고, 그들이 의사소통과 관계 유형을 어떻게 지각하는지를 명백히 보여주기 위해서 다른 가족성원들의 신체적 배치를 의미한다.

　① 재구조화는 구조적 가족치료모델의 기법으로서, 가족성원이 다른 역할을 수행하는 전체의 한 부분으로서로 원활하게 상호작용을 할 수 있도록 가족 체계를 활성화시키는 것이다. 여기에는 '경계 만들기', '균형 깨뜨리기' 등이 있다.

　② 순환질문은 전략적 가족치료모델의 기법으로서, 가족성원들이 문제에 대해 단선적인 시각에서 벗어나 순환적 인과성에 의해 문제의 순환성을 깨닫도록 하기 위해 연속적으로 질문을 하는 것이다.

　③ 탈삼각화는 다세대적 가족치료의 기법으로서, 제3자를 두 사람의 관계에서 분리시켜 가족 내에 형성되어 있는 삼각관계를 벗어나게 함으로써 가족원들이 자아분화가 되도록 돕는 기법이다.

097　① 합리적 - 정서적 치료 상담의 ABCDE과정 중 D가 의미하는 것은 논박(Dispute)이다. A(Activation event)는 선행사건, B(Belief)는 신념, C(Consequence)는 결과, D(Dispute)는 논박, E(Effect)는 효과이다.

098　④ 진로상담은 직업선택과 직업생활에서 순응적인 태도를 함양하는 과정은 아니다.

　진로상담의 목표는 내담자가 자기 자신과 직업세계에 대해 알지 못했던 사실을 발견하도록 도와주는 것으로, 내담자가 이미 잠정적으로 선택한 진로결정을 확고하게 해주는 것이다. 또한 내담자의 의사결정능력을 증진시키고 직업의식을 확립시키는 등 내담자의 성장과 능력향상에 그 목적이 있다.

099　① 내담자가 피해의 문제가 없다고 부인한다면, 일단 이를 받아들이며 언제든지 상담의 기회가 있음을 권고하고 알려주어야 한다.

　③ 상담초기에는 성 피해자로 인한 내담자의 심리적 외상을 신속하게 탐색하고 치유할 수 있도록 적극적으로 개입하는 것보다 내담자와 신뢰관계를 유지함으로써 관계형성에 힘을 기울여야 한다. 그리고 내담자의 비언어적 메시지에 주의를 기울이며, 적절한 반응이 요구된다.

　④ 내담자에게 상담내용의 주도권을 주며 지금 - 여기의 시점에서 표현할 수 있는 내용에 대해서 얘기할 수 있도록 배려해야 한다.

100　형태치료(게슈탈트 치료)에서 접촉-경계 혼란을 일으키는 여러 가지 심리적 현상 - 접촉을 방해하는 것

　1) 내사(내면화, 투입, introjection)

　개체가 환경과의 접촉을 통하여 자신에게 필요한 것을 외부로부터 받아들일 때 무비판적으로 받아들여서 자신의 것으로 동화시키지 못한 채 남아있으면서 개체의 행동이나 사고방식에 악영향을 미치는 타인의 행동방식이나 가치관이다.

　2) 투사(projection)

　개체가 자신의 생각이나 욕구, 감정 등을 타인의 것으로 지각하는 현상으로 개체가 자신의 욕구나 감정을 자신의 것으로 자각하고 접촉하는 것을 두려워한 나머지 그것에 대한 책임 소재를 타인에게 돌리면서 책임을 회피한다.

3) 융합(confluence)

    (1) 밀접한 관계에 있는 두 사람이 서로 간에 차이점이 없다고 느끼도록 합의함으로써 발생하게 되며 공허감과 고독을 피하기 위해 시작되고 유지된다.

    (2) 서로 지극히 위해주고 보살펴주는 것처럼 보이지만, 내적으로는 서로 독립적으로 행동하지 못하고 의존 관계에 빠진 경우

4) 반전

    (1) 개체가 다른 사람이나 환경에 하고 싶은 행동을 자기 자신에게 하는 것 또는 타인이 자기에게 해 주기를 바라는 행동을 스스로 자기 자신에게 하는 것이다.

    (2) 환경이 용납하지 않은 행동을 하지 않으면서 자신이 처벌이나 불이익을 받지 않으려는 것이다.

    (3) 대상이 자기 자신이기는 하지만, 반전행동을 통하여 부분적으로 욕구나 충동을 해소한다.

5) 편향(deflection)

    (1) 감당하기 힘든 내적 갈등이나 환경 자극에 노출될 때 이에 압도당하지 않으려고 자신의 감각을 둔화시켜서 환경과의 접촉을 피하거나 약화시키는 것이다.

    (2) 이 때 개체는 환경과의 접촉에서 사용되어야 할 에너지를 철회함으로써 접촉을 피한다.

MEMO

2023

임상심리사 2급
정답 및 해설

제1회 임상심리사 2급 필기 정답 및 해설

제1과목 │ 심리학개론

001	④	002	①	003	①	004	④	005	①	006	②	007	①	008	②	009	①	010	③
011	④	012	①	013	①	014	②	015	③	016	①	017	④	018	②	019	②	020	①

001 생리적 욕구는 가장 강력한 욕구로서 생존에 필요한 음식, 물, 공기 등에 관한 욕구이다.

매슬로의 욕구위계이론 중 욕구 5단계		
결핍동기	생리적 욕구	1) 가장 강력한 욕구로서 유기체의 생존과 유지에 관련됨. 2) 인간의 생존을 위해 필요한 음식, 물, 공기 등에 관한 생리적 욕구가 다른 욕구에 비해서 가장 기본적이고 강력함.
	안전의 욕구	1) 질서있고 안정적이며, 예언할 수 있는 세계에 대한 유기체의 욕구. 2) 안전 욕구의 만족을 위해 안전, 보호, 질서, 공포와 불안으로부터의 자유가 요구됨.
	소속과 애정의 욕구	개인은 다른 사람과의 친밀한 관계, 연인 관계를 맺기를 원하며 특별한 집단에 소속되기를 바람.
	자기존중의 욕구	1) 자신으로부터의 존중과 타인으로부터의 존중을 필요로 하며 자아존중을 이루기 위해 유능감, 자신감, 성취, 독립, 자유 등을 갖는 것이 요구됨.(→ 사회적 인정) 2) 자아존중의 욕구를 충족시킨 사람은 자신의 힘, 가치에 대해 확신을 가짐.
성장동기	자아실현의 욕구	발달의 마지막 단계인 자아실현은 자신의 모든 잠재력과 능력을 인식하고 충족시키는 것으로 가장 높은 수준의 욕구임 - 가장 중시하는 욕구

002 부호화 특수성(encoding specificity)의 원리는 기억의 인출단서가 부호화 했던 것과 유사할 때 인출가능성이 크다는 이론이다.

② 회상은 기억해내야 할 대상(target)을 직접 보지 않는 상태에서 간접적 단서에만 의지하여 표적(target)을 인출하는 방식이며, 재인은 표적을 직접 보고 있는 상태에서 그것을 사전에 접하였는지 판단하는 인출 방식이라 할 수 있다. 즉, 회상과 재인은 모두 명시적 인출 방법이다.

③ 기억탐색 과정은 부호화하고 저장했던 정보를 기억에서 끄집어내는 인출 과정을 말한다.

④ 설단현상은 장기기억에 존재하는 특정한 정보에 대해 정확하게 접근할 수 없기 때문에 발생하는 것으로 특정 정보가 저장되어 있다는 증거로 볼 수 있다.

003 행동수정에서 강화인이나 처벌인은 반응 이후 즉시적으로 주는 것이 효과적이다.

> **처벌의 효과적인 사용방법**
>
> 1) 어떤 행동을 하려는 강력한 동기를 가지고 있는데, 다른 방법으로는 그 동기를 충족시킬 수 없을 경우에 하는 처벌은 비효과적이다.
> 2) 처벌은 일시적으로 행동을 억압할 뿐, 영구적으로 약화시키지는 못한다.
> 3) 처벌의 효과를 높이려면 일관성 있게 처벌이 부여되어야 한다.
> 4) 처벌의 대상이 행동한 사람이 아니라 행동 자체라는 것을 분명히 한다.
> 5) 바람직하지 못한 행동 대신 다른 대안적 행동에 대한 정보를 제공하여야 한다.

004 시상하부는 자율신경계와 내분비계 그리고 생존과 관련된 행동을 통제하는 곳이다.

005 부신은 클루코코르티코이드와 카테콜아민 등의 호르몬을 분비하면, 이는 스트레스 및 혈압을 조절하는 역할을 한다.

실력다지기

부신의 역할

1) 부신(콩팥위샘)은 콩팥 위에 위치한 내분비기관으로, 크게 겉질(피질)과 속질(수질)로 이루어져 있다.
2) 겉질에서는 글루코코르티코이드, 염류코르티코이드, 남성 호르몬을, 속질에서는 에피네프린, 노르에피네프린과 같은 카테콜아민을 만들고 분비한다. 글루코코르티코이드는 스트레스나 자극에 대한 우리 몸의 대사와 면역 반응을 조절하고, 염류코르티코이드는 알도스테론이라고도 하며 혈압, 혈액량, 전해질 조절에 관여한다. 남성 호르몬은 이차 성징의 발현에 영향을 준다.
3) 부신속질(콩팥위샘속질)은 에피네프린과 노르에피네프린을 만들고 분비하는데, 이는 혈압 조절에 중요한 역할을 한다.

송과선

1) 송과선은 척추동물의 간뇌 등면에 돌출해 있는 내분비선으로 대뇌의 등면을 따라 앞으로 뻗어 두부의 피부를 통과하여 들어오는 빛을 감수(感受)할 수 있다.
2) 사람의 송과선은 뇌에 부속한 내분비기관으로, 멜라토닌을 생성·분비한다. 눈으로 들어오는 광자극이 망막에서 수용되면 흥분은 신경을 거쳐 대부분 시각중추로 보내지는데 일부는 신경섬유를 거쳐 간뇌의 시교차상핵(視交叉上核)에 전달된다.

006 형태주의 학습에 관한 중요한 연구는 볼프강 쾰러에 의해서 이루어졌으며, 통찰적인 해결을 중요시하였다. 대개 이런 통찰적인 해결책이 나올 때까지는 일정 시간이 걸리는 것으로, 시간변인에 주로 관심을 갖는다는 내용은 틀린 내용이다.

> **실력다지기**
>
> 통찰학습의 4가지 특징
> 1) 미해결에서 해결상태로의 이행이 갑작스럽고 완전하다.
> 2) 통찰로 얻은 해결책에 기초한 수행은 보통 부드럽고 오류가 없다.
> 3) 통찰에 의해 얻은 해결책은 상당한 시간 동안 유지된다.
> 4) 통찰에 의해 얻은 원리는 다른 문제에 쉽게 적용될 수 있다.

007 정신분석적 입장에서 비행기 여행에 대해 상당한 두려움을 가지고 있는 환자와 면담한다면 그 환자의 무의식 세계를 탐색할 필요가 있다. 무의식적 갈등의 전이현상에서 두려움의 원인을 파악할 수 있기 때문이다.

008 ① 일반적으로 검사도구가 측정하고자 목적한 바를 측정할 때 그 검사도구는 타당도가 있다고 한다.

③ 검사 - 재검사 신뢰도는 동일집단의 사람들에게 검사를 반복적으로 사용했을 때 동일한 결과가 나오는 정도이다.

④ 준거타당도는 어떤 검사가 그 검사를 실시한 결과를 통해서 알고자 하는 준거변수와의 상관 정도를 말한다.

009 과자의 양이 적다는 어린 꼬마에게 모양을 다르게 했더니 많다고 좋아했다면 이 아이는 전조작기의 특성을 보이고 있는 것이다. 즉, 보존성의 원리를 어렴풋이 이해하기 시작하는 단계로 볼 수 있다. 보존개념이란 물체가 모양에 따라 그 양이나 수가 변하지 않음을 말한다.

010 성격 특성들 간의 관련성에 관한 개인적 신념으로서, 타인의 성격을 판단하는 틀로 이용하는 것은 암묵적 성격이론 또는 내현성격이론이다. 즉, 한 가지 인상에서 여러 다른 인상으로 새끼 치듯이 나가는 것은 '어떤 특성을 가진 사람은 다른 어떤 특성도 갖고 있다'라는 식으로 특성들 간의 연관에 대한 생각을 갖고 있기 때문인데, 이를 암묵적 성격이론 또는 내현성격이론이라고 한다.

> 기본적 귀인 오류 (Fundamental Attribution Error)
> 1) 기본적 귀인 오류는 타인의 행동을 판단할 때 상황적 요인들을 충분히 고려하지 않는 데에서 오는 편향을 말한다.
> 2) 자신의 행동에 대해서 설명할 때는 주변 상황적 요인에 주로 의지하는 반면, 타인에 대해서는 그 사람의 성향적 자질에 그 원인이 있다고 쉽게 결론내리는 것이다.
> 3) 사례
> 철수는 영희와의 약속장소에 지하철로 가는 도중 안전사고가 발생하여 정한 시간에 늦었음에도 불구하고, 영희는 철수가 약속시간을 잘 지키지 않는 성격특성을 가지고 있다고 생각한다.

011 동조는 다른 사람들의 행동 또는 기대에 일치하도록 자신의 행동을 바꾸거나 또는 유지하는 것을 말한다. 따라서 개인이 집단에 매력을 느낄수록 동조하는 경향이 더 많을 것이다.
① 과제가 어려울수록 동조가 많이 일어난다.
② 집단에 의해서 수용 받고 있다고 느낄수록 동조하는 경향이 더 많은 것이 아니라, 수용적 분위기에 의해 심리적 위안을 얻은 상황에서 동조에 거부할 확률이 더 높아진다.
③ 집단의 크기, 즉 구성원 수가 많을수록 동조의 가능성이 증가하는 경향이 있지만, 7명 정도를 초과하면 동조의 증가 추세는 점차 줄어든다.

012 유사한 자극의 차이를 식별하는 것을 변별이라고 한다.
② 차별화 : 각각에 차이를 두어 둘 이상의 대상이 구별된 상태를 의미한다.
③ 일반화 : 어떤 특정한 자극에 대한 반응이 형성된 뒤에, 그 자극과 다소 다른 자극을 주어도 동일한 반응을 나타내는 것이다.
④ 행동조형 : 최종 목표행동을 여러 단계로 나누어 낮은 단계부터 하나씩 강화하여 점진적으로 목표행동에 접근시키는 방법이다.

013 독특성은 어떤 결과가 특정 원인이 있을 때만 발생하는 것에 기초한 공변의 원리이다.

> **실력다지기**
>
> 켈리(Kelley)의 공변 원리에 의한 3가지 정보 (암기법 공변은/특이한 일관과 일치)
> 1) 여러 번의 관찰을 통해 얻어진 정보에 기초한 귀인과정이 공변의 원리이다.
> 2) 공변 원리에서 활용되는 정보
>   (1) 원인의 독특성(특이성) : 어떤 결과가 특정 원인이 있을 때만 발생하는가?
>   (2) 시간적 및 상황적 일관성 : 시간 및 상황의 변화에 관계없이 특정 자극에 대해 항상 동일한 결과가 발생하는가?
>   (3) 원인의 일치성(동의성) : 특정 원인과 결과와의 관계를 다른 관찰자들도 동일하게 지각하는가?

014 자발적 회복(Spontaneous Recovery) : 소거절차가 이루어진 후에도 음식물과 연합시키지 않은 채 다시 종소리만 반복적으로 개에게 들려주었을 때, 소거되었던 종소리에 침을 흘리는 반응이 재훈련없이 다시 나타나는데, 이를 조건 반응의 자발적 회복(Spontaneous Recovery)이라 한다. 이때 반응의 강도는 전의 절반 정도밖에 되지 않으나, 자발적 회복은 학습이란 영원히 소멸되는 것이 아님을 시사해 주고 있다.

015 임의의 영점을 가지고 있는 척도는 등간척도이며, 절대적 영점을 가지고 있는 척도는 비율척도이다.

016 성격이란, 개인이 환경에 따라 반응하는 특징적인 양식으로서, 타인과 구별되게 하는 독특하고, 일관성이 있으며, 안정적인 사고, 감정 및 행동방식의 총체라고 할 수 있다. 적응성은 해당되지 않는다.

017 도덕적 가치는 초자아(Super ego)에 해당하는 내용이다.

018 뉴런은 자연적 전하를 띠는데, 이를 안정 전위(resting potential, 뉴런의 세포막 안과 밖 사이의 전하차이)라고 부른다. 활동전위(action potential)는 동작전위라고도 하며, 근육·신경 등 흥분성 세포의 흥분에 의한 세포막의 일시적인 전위 변화를 말한다. 세포막에 존재하는 나트륨·칼륨 등의 여러 이온 펌프의 활동에 의해 세포 안팎의 이온 조성은 차이가 있는데, 이러한 이온 조성차로 세포막 안쪽이 60~90 mV의 음전위(정지전위)를 나타낸다.

019 로렌츠(Lorenz)의 새끼 오리 연구는 결정적 시기에 이루어진 각인에 의한 애착을 보여 주었다.

> **로렌츠(Lorenz)의 이론**
>
> 각인(imprinting)은 거위 등 알을 낳는 조류에게 나타나는 현상이다. 1973년 노벨 생리의학상을 수상한 오스트리아의 동물학자이자, 비교행동학자인 콘라트 로렌츠(Konrad Lorenz, 1903~1989)는 오리나 거위, 백조, 기러기 같은 조류들은 부화한 뒤 어느 특정한 시점에 가장 먼저 눈에 들어온 대상을 엄마로 인식, 애정을 쏟아 붓게 된다는 독특한 생태를 발견하게 되었다. 이를 가리켜서 '각인현상(imprinting)'이라고 하고, 그 특정한 시기를 '결정적 시기(critical period)'라고 한다.

> ✏️ **오답노트**
>
> ① 할로우(Harlow)의 원숭이 실험은 애착형성에서 음식 제공보다 신체 접촉이 더 중요하다는 것을 보여주었다.
> ③ 볼비(Bowlby)는 어린 시절 형성된 애착행동체계가 오래 지속되며, 뒤에 겪는 다른 여러 가지 경험으로 인해 수정될 가능성도 없다고 보았다. → 관계의 내적 작동모델
> ④ 에인스워스(Ainsworth)의 실험에서 안정애착의 유아는 엄마와 함께 있는 동안 방을 탐색하고 엄마가 떠났을 때 혼란스러워하지만 다시 돌아왔을 때 따뜻하게 맞아준다. 안정 애착(secure attachment)은 민감성과 반응성, 일관성 있는 양육을 통해 형성된다. 즉, 양육자가 자녀에게 민감성이 높고 반응도가 높을수록 안정애착이 발달한다.

020 문제의 사례는 매일 정오에 어플리케이션에 들어와 출석체크를 하는 사람들에게 어플리케이션 내에서 사용할 수 있는 토큰을 제공하였다. 즉, '매일 정오시간'마다가 힌트이다. 일정한 시간간격마다 강화가 주어지는 형태이기 때문에 고정간격(fixed interval) 강화계획에 해당한다.

| 021 | ③ | 022 | ② | 023 | ② | 024 | ① | 025 | ② | 026 | ④ | 027 | ② | 028 | ① | 029 | ② | 030 | ④ |
| 031 | ④ | 032 | ④ | 033 | ② | 034 | ④ | 035 | ③ | 036 | ② | 037 | ② | 038 | ③ | 039 | ② | 040 | ④ |

021 외상 후 스트레스 장애는 강간, 폭행, 교통사고, 자연재해, 가족이나 친구의 죽음 등 충격적 사건에 뒤따라 침습 증상, 지속적 회피, 인지와 감정의 부정적 변화, 각성과 반응성의 뚜렷한 변화 등이 나타나는 심리적 장애이다.

022 강력한 성적 흥분을 느끼기 위해 반대 성의 옷을 입는다. – 의상 성도착증으로서, 성적 쾌락을 얻기위해 이성(異性)의 옷을 입는 성적 이탈을 의미한다.

023 Young에 의해 개발된 것으로, 전통적인 인지치료를 통해 긍정적인 치료효과를 보지 못했던 만성적인 성격문제를 지닌 환자와 내담자를 위한 치료법은 심리도식 치료(schema therapy)이다.

> **실력다지기**
>
> 심리도식 치료 (schema therapy)
>
> 1) 심리도식치료(Schema Therapy)는 미국의 임상심리학자 Jeffrey E. Young이 개발한 통합적인 심리치료이다.
> 2) Jeffrey E. Young은 성격장애를 효과적으로 치료하는 방법을 제시하기 위해서 인지행동치료, 대상관계치료, 게슈탈트치료 및 정신분석치료의 핵심요소를 통합하였으며, 다양한 심리장애의 밑바닥에 깔려있는 만성적인 성격문제를 이해하는 개념 틀로 18가지 유형의 초기 부적응도식(early maladaptive schema)을 소개하였다.
> 3) 또한 시시각각 변하는 내담자의 상태를 설명하기 위해서 양식(mode)이라는 새로운 개념을 도입하였다.
> 4) 심리도식치료로 인해 내담자의 성격문제를 풍성한 내용(content)으로 설명할 수 있을 뿐만 아니라 다각적 전략(strategy) 즉, 인지적 치료전략, 행동적 치료전략, 체험적 치료전략, 관계적 치료전략으로 치료할 수 있다.

024 해리장애는 의식, 기억, 행동 및 자기 정체감의 통합적 기능에 갑작스러운 이상을 나타내는 정신장애로, 충격적인 경험을 한 이후 발생되는 경향이 있으며, '억압'이라는 방어기제를 주로 활용한다.

025 자기애성 성격장애의 대인관계는 착취적이다.

> **실력다지기**
>
> 자기애의 원인에 대한 정신역동적 접근
>
> 1) 프로이트
>   심리적 에너지가 자신에게로 향해져 자신의 신체를 성적인 대상으로 취급하는 태도. 타인과의 상호작용 속에서 성숙한 형태의 자기애를 발전시키지 못하고, 유아기적 자기애에 고착된 상태를 병리적 자기애로 보았다.

2) 코헛(Kohut)

부모의 과잉보호나 특이한 성장과정으로 자신의 웅대성에 대한 좌절경험을 하지 못하거나, 반대로 지나친 좌절을 경험하게 되면 자기애성 성격장애로 발전될 수 있다.

3) 컨버그(Kernberg)

자신을 특별하게 대우해주고 칭찬해주며, 헌신적인 사랑을 베풀어 주는 이상적인 어머니상이 혼합되어, 자신이 특별한 존재라는 생각을 하게 되고, 웅대한 자기상을 형성하게 된다.

026 의존성 성격장애자는 자신이 혼자서는 세상에 대처할 수 없고, 의지할 사람이 필요하다고 생각한다.

027 발달 정신 병리에서 성별, 기질, 부모의 불화, 부모의 죽음이나 이별, 긍정적 학교 경험의 부족 등은 병리를 유발할 수 있는 위험요인이다. 그 반대로 긍정적으로 작용한다면 보호요인이라고 한다.

028 해리성 정체성 장애는 알코올 등의 직접적인 생리적 효과로 일어나는 경우는 포함되지 않는다.

실력다지기

해리성 정체성 장애 : 내 안에 또 다른 누군가가 있는 것 같은 상태

1) 진단 기준

A. 둘 또는 이상의 별개의 성격 상태로 특징짓는 정체성의 붕괴로 어떤 문화권에서는 빙의경험으로 설명된다. 정체성의 붕괴는 자기감각과 행위 주체감에 현저한 비연속성을 포함하는데 관련된 변화가 정동, 행동, 의식, 기억, 지각, 인지 그리고 감각 - 운동 기능에 동반된다. 이러한 징후와 증상들은 다른 사람의 관찰이나 개인의 보고에 의해 알 수 있다.

B. 매일의 사건이나 중요한 개인적 정보 그리고 또는 외상적 사건의 회상에 반복적인 공백으로 통상적인 망각과는 일치하지 않는다.

C. 증상이 사회적, 직업적, 기타 중요 기능 영역에서 임상적으로 심각한 고통이나 장애를 일으킨다.

D. 장애는 널리 받아들여지는 문화나 종교적 관례의 정상적인 요소가 아니다.

E. 증상은 물질의 생리적 효과(알코올성 중독 상태에서 일시적 기억상실 또는 혼돈된 행동)나 의학적 상태(예 복합성 부분 발작)로 인한 것이 아니다.

029 성적 가학장애는 성도착 장애(Paraphilic Disorders)의 하위유형으로 시간이 경과함에 따라 강도가 높아진다.

실력다지기

성적 가학 장애 (Sexual Sadism Disorder)

1) 성적 피학 장애와 반대되는 경우로서, 상대방으로 하여금 고통이나 굴욕감을 느끼게 함으로써 성적 흥분을 즐기거나 그러한 성적 행위를 반복하는 경우이다.

2) 가학적인 성적 공상은 아동기부터 시작되는 경향이 있지만, 가학적 행위가 시작되는 연령은 대부분 초기 성인기이다.

3) 성적 가학 장애는 보통 만성적이며 동의하지 않는 상대에게 가학적 성행위를 행하여 체포될 때까지 반복되는 경향이 있다. 시간이 경과함에 따라 강도가 높아진다.

성적 피학장애 (Sexual Masochism Disorder)

1) 굴욕을 당하거나 매질을 당하거나 묶이는 등 고통을 당하는 행위를 중심으로 성적 흥분을 느끼거나 성적 행위를 반복하는 경우이다.

2) 고통을 당하는 행위는 실제적인 것일 수도 있고 가상적인 것일 수도 있다.

3) 상상은 아동기부터 존재하나 실제 피학적 성행위는 대개 성인 초기에 시작된다.

4) 성적 피학장애는 보통 만성적이며 동일한 피학적 성행위를 반복하는 경향이 있다.

5) 시간이 경과함에 따라 피학 행위의 정도가 심화되어 극단적 형태는 저산소 기호증(Hypoxyphilia)이다.

030 ▶ **신체증상 및 관련장애(Somatic Symptoms and Related Disorders)의 하위유형**

1) 신체증상장애(Somatic Symptom Disorder) : 신체화장애

2) 질병불안장애(Illness Anxiety Disorder) : 건강염려증

3) 전환장애(Conversion Disorder)

4) 의학적 상태에 영향을 미치는 심리적 요인(Psychological Factors Affecting Other Medical Conditions)

5) 허위성 장애(Factitious Disorder)

031 보상결핍증후군은 빈약한 애착관계가 뇌에 부정적인 영향을 주어 보상에 대한 결핍을 느끼게 되고, 갈망을 유발하는 과정이다. 이 증후군은 개인이 일상생활에서 보상을 얻지 못하는 생화학적/신경학적 무능력의 결과라고 본다. 즉, 보상회로에 작용을 하는 도파민이 부족해져 발생하는 증상군으로, 도파민 부족이 이러한 증후군의 원인이 된다고 가정하고 있다.

032 모두 옳은 내용이다.

만성적인 불안을 느끼는 사람들의 경우

1) 잠재적 위험에 예민하여, 위험한 사고와 위협적인 사건에 관한 정보에 관심이 많고, 위험한 단서를 예민하게 포착한다.

2) 잠재적 위험이 실제 발생할 확률을 과도하게 높게 평가한다.

3) 실제 발생될 부정적 결과를 지나치게 치명적으로 평가한다.

4) 실제 발생 시 자신의 대처능력을 과소평가한다.

5) 현실적 근거가 없는 자신만의 규칙을 갖고 있다.

033 우울증의 원인이 되는 우울 유발적 귀인(depressogenic attribution)현상은 실패원인을 내부적, 안정적, 전반적 요인에 귀인한다.

034 ① 자신도 모르게 일정한 몸짓을 하며 때로는 괴상한 소리를 내기도 한다. - 틱장애
② 엄마와 떨어지는 것에 대한 불안으로 학교가기를 거부한다. - 분리불안장애
③ 사회적으로 정해진 규칙을 위반하거나 타인의 권리를 침해한다. - 품행장애

적대적 반항성 장애

1) 진단적 특징
  (1) 반항성 장애의 필수 증상은 권위 인물에 대해 반복되는, 거부적, 도전적, 불복종적, 적대적 행동이 적어도 6개월 이상 지속된다(진단 기준 A).
  (2) 다음 행동 가운데 적어도 4가지 행동이 빈번하게 발생한다.
    ① 화내기
    ② 어른과 논쟁하기
    ③ 적극적으로 어른의 요구나 규칙을 무시하거나 거절하기
    ④ 고의적으로 타인을 귀찮게 하기
    ⑤ 자신의 실수나 잘못된 행동을 남의 탓으로 돌리기
    ⑥ 타인에 의해 기분이 상하거나 쉽게 신경질 내기 ⑦ 화내고 원망하기
    ⑧ 악의에 차 있거나 앙심을 품고 있기
  (3) 반항성 장애가 진단 내려지기 위해서는 나이가 비슷하고 동일한 발달 수준에 있는 다른 사람들에게서 전형적으로 관찰되는 것보다 그러한 행동이 더 빈번해야 하고, 그러한 행동이 사회적, 학업적, 직업적 기능에 심각한 장애를 초래해야 한다(진단 기준 B).
  (4) 행동장애가 정신증적 장애 또는 기분장애 기간에만 나타난다(진단 기준 C).
  (5) 품행장애 또는 반사회성 인격장애의 진단 기준에 맞는다면(18세 이상의 개인에서), 반항성장애는 진단 내려지지 않는다.

---

035 ① 이 장애가 경과되는 도중 어느 시점에서 강박적 사고나 강박적 행동이 지나치거나 비합리적임을 인식한다.
② 강박관념은 반복적이고 지속적인 사고, 충동 또는 심상으로, 이 주요 증상은 장애가 경과하는 도중 어느 시점에서 침입적이고 부적절한 것이라고 경험되며, 현저한 불안이나 고통을 일으키므로 이는 자아 - 동조적(ego - syntonic : 자신에게는 문제가 없고 환경의 원인으로 생각하는 것)이라기보다 자아 - 이질적(문제 있다고 느끼고 괴로워함)이다.
④ 강박장애 환자의 사고, 충동, 심상은 실생활 문제를 단순히 지나치게 걱정하는 것과는 다르다.

036 대구 지하철 참사현장에서 생명의 위협을 경험한 이후, 재 경험 증상, 회피 및 감정 마비증상, 과도한 각성상태를 1개월 이상 보이고 있는 30대 후반의 여성의 경우 외상 후 스트레스 장애와 관련이 있다.

037 일반적 성격장애의 DSM-5의 진단기준에는 지속적인 유형이 물질(남용약물 등)의 생리적 효과나 다른 의학적 상태로 인한 것이 아니어야 한다고 되어 있다.

038 유병률은 인종 간 차이가 있다.

아래의 [실력 다지기]에 있는 연구결과를 참고하길 바란다.

Kariker-Jaffe et al.(2013)의 연구

Kariker-Jaffe 등은 전반적은 소득불평등뿐 아니라 미국의 특수성을 고려하여 인종 간 소득불평등을 함께 고려하여 불평등 지수와 음주량, 음주문제를 살펴보았다. 전국조사인 National Alcohol Study 자료를 활용하여 미국 50개주를 분석한 결과, 지역의 인종 간 소득불평등(지역 내 인종 간 빈곤률 계산) 수준이 높을수록 흑인과 히스패닉계의 음주문제가 높게 나타났다. 흑인-백인 간 빈곤률 비율이 높으면 음량이 높았고, 흑인의 음주문제와 의존률이 높았고, 히스패닉-백인 간 빈곤률로 측정한 불평등 수준이 높으면 백인과 흑인의 음주량이 높아지고, 히스패닉계의 음주문제와 의존 가능성이 높은 것으로 나타났다. 즉, 인종 간 소득불평등이 큰 주에서 백인에 비해 흑인이나 히스패닉, 즉 소수인종의 음주문제와 의존 위험성이 높다는 결과로 나타났고, 같은 양을 마셔도 흑인과 히스패닉 계 사람들은 더 심각한 정도의 음주문제를 경험한다는 것으로 나타났다. 이러한 결과는 음주문제가 사회적, 정책적 맥락의 문제일 수 있다는 점을 내포하며, 낙후된 지역일수록 사람들이 음주량이 많지 않다고 해도 더 많은 알코올 문제를 경험한다는 것을 알 수 있다.

039 여성과 남성에게서 유병률이 비슷하지 않고 <u>반사회성 성격장애는 남성이 여성보다 6배 정도 더 많다.</u> 반사회성 성격장애는 15세 이전에 품행장애가 시작된 증거가 있어야 하며, 18세 이후에 진단이 가능하다. 그리고 나이가 증가하면서 증상이 감소하는 경향을 보인다. 다만, 나이가 들면서 파괴적인 행동이 줄어들기도 하지만, 건강염려증이나 우울증을 호소하는 경우도 있다.

040 무언어증(alogia)은 조현병(schizophrenia)의 <u>음성증상</u>이다.

조현병(schizophrenia)[1]

1) 양성 증상

양성 증상은 조현병에서 겉으로 드러나는 비정상적이고 괴이한 증상, 건강한 사람에게서는 발견할 수 없는 정신병적 증상을 의미한다. <u>대표적인 양성 증상에는 환청이나 환시 같은 감각의 이상, 비현실적이고 기괴한 망상</u>
<u>같은 생각의 이상</u>, 그리고 생각의 흐름에 이상이 생기는 사고 과정의 장애, 긴장증(catatonia) 등이 있다. 양성 증상은 겉으로 보기에는 대단히 기괴하고 심각해 보이지만, 음성 증상에 비하면 약물 치료에 의해 비교적 빨리쉽게 좋아지는 증상이기도 하다.

2) 음성 증상

양성증상은 있어서는 안 될 것이 새로 생기는 증상이라면, 음성증상은 있어야 할 것이 없어지는 증상이다.

(1) <u>무언어증(alogia)</u> : 말을 거의 못하는 경우뿐만이 아니라, 말이 많더라도 의미가 전달되는 말이 거의 없다.

---

1 출처 : 김성철. 조현병(Schizophrenia)의 모든 것 이해하기(1). 팜리뷰. 약학정보원

(2) 무쾌감증(anhedonia) : 즐거움을 느끼지 못하고 원래 흥미 있던 일에도 크게 반응하지 않는다. 우울증의 증세와 유사하다.

(3) 무욕증(avolition) : 취미를 가지는 데도 흥미가 없고, 성욕 등 신체적 욕구도 줄어든다. 자극에 대한 반응도 약해진다.

(4) 단조로운 정동(affective flattening) : 정동(드러나는 감정)이 단조로워진다. 겉으로 보기에 매우 단조롭고 억양 없는 목소리로 말하고, 표정 변화도 별로 없다. 실제로는 피부 전도도를 관찰해보면 생리적인 변화는 일반인과 별 차이가 없지만 겉으로 드러나는 점만 그렇다. 감정(emotion)도 단조로워질 수 있다. 정동이 드러나는 표현이라면 감정(emotion)은 실제 환자가 느끼는 것이다.

3) 분열증상(disorganized symptoms)

분열 증상은 집중력을 유지하기 어렵고 새로운 정보를 학습하거나 자신의 생각을 정리하는 능력이 저하되는 증상을 말한다. 예전에는 능숙하게 처리하던 일도 제대로 해내지 못하고 기억력이나 문제해결 능력도 현저히 감소한다. 지각과 행동이 현실과 심각한 괴리가 있는 경우와 관련되는 증상이다. 이를 파과(破瓜) 증상이라고도 한다. 말의 앞뒤가 맞지 않거나, 전혀 상관없는 것들을 연관 지어 말한다. 말이나 사고를 함에 있어서 핵심에 다다르지 못하고 세세한 부분에 겉돌기만 하는 우원증(迂遠症)을 동반하기도 한다. 사고에 있어서 상반되는 내용을 동시에 주장하기도 하며, 논리를 비약하는 경향이 있다. 또한 인지 증상은 눈에 잘 띄지는 않지만 조현병 환자의 사회적, 직업적 기능을 감퇴시켜 환자들이 사회에 복귀하지 못하고 실직하여 좌절감을 겪는다.

4) 잔류 증상

조현병 환자들은 치료에 의해서든 자연적이든 심한 급성기에서 벗어나게 되면 잔류기에 접어들게 된다. 이 기간은 음성 증상과 인지 기능의 장애가 주된 증상으로 나타난다. 이러한 잔류증상이 환자의 일상생활에 지장을 주지 않게 하는 것이 중요한데, 약물치료와 더불어 재활치료와 인지행동치료를 함께 하는 것이 도움이 된다.

| 041 | ③ | 042 | ④ | 043 | ④ | 044 | ④ | 045 | ③ | 046 | ④ | 047 | ② | 048 | ③ | 049 | ① | 050 | ① |
| 051 | ② | 052 | ② | 053 | ① | 054 | ② | 055 | ④ | 056 | ③ | 057 | ② | 058 | ③ | 059 | ③ | 060 | ③ |

041 NEO - PI - R은 성격검사로 신경인지장애 환자를 대상으로 실시하기에 적합하지 않다.

① MMSE : Mini - Mental State Examination, 간이정신상태검사

② CERAD : Consortium to Establish a Registry for Alzheimer's Disease

> **CERAD 평가집**
>
> 1) 1986년 미국에서는 알츠하이머병 환자를 위한 표준화된 평가 및 진단을 위해 National Institute on Aging의 연구비 지원을 받아 알츠하이머병 연구자들로 구성된 연구협의체인 CERAD(the Consortium to Establish a Registry for Alzheimer's Disease)가 결성되었다.
> 2) CERAD 평가집은 CERAD에서 개발된 표준화된 평가도구로 국내에서는 CERAD - K를 사용한다.
> 3) CERAD - K 임상 평가집은 지침에 따라 환자의 인구학적 자료, 병력, 개인력, 가족력, 임상력, 신체검사, 신경학적 검사, 임상병리 및 영상학적 검사, 일상생활동작평가나 치매행동평가척도를 위한 선별검사, 한국어판 간이 블레스트 검사 등의 평가를 시행하고 전산상 등록하여 제시된 기준에 따라 치매를 진단한다.
> 4) 처음에는 알츠하이머병을 진단하기 위한 목적으로 개발되었으나 이후 혈관성 치매, 파킨슨병 치매와 같은 비알츠하이머병에 대한 진단 항목도 추가되었다.

④ COWA Test : Controlled Oral Word Association Test, 통제단어연상검사

> **COWA Test**
>
> COWAT은 범주 유창성 검사와 글자 유창성 검사의 두 종류로 구성되어 있는 생성이름대기 검사이다. COWAT가 전두엽 손상의 탐지에 매우 유용하다는 사실은 여러 선행 연구들(e.g., Vilkki & Holst, 1994)에서 이미 밝혀진 바 있으며 최근에는 국내외에서 치매환자의 평가에 COWAT가 널리 사용되고 있다.

042 MMPI - 2에서는 단축형 검사 실시를 쉽게 하기 위해서 원판 타당도 척도(L, F, K)와 임상척도들은 최초 370문항 안에 모두 배치하였기 때문에 대부분의 무응답 문항이 370번 문항 이후에 나타났다면, 단지 무응답 문항의 수가 많다는 이유만으로 전체 검사결과의 타당성을 의심할 필요는 없다.

> **? (무응답, cannot say) 척도**
>
> 1) ? 척도는 ① 빠뜨린 문항과 ② '그렇다'와 '아니다'에 모두 응답한 문항의 단순한 합산임
> 2) 한 문항도 빠짐없이 응답하도록 권유가 필요함
> 3) 원 점수 30 이상이면 전체 결과가 무효일 수 있음

043 SAT(노인용 주제통각 기법; Senior Apperception Technique)는 노인용 주제통각 기법으로 노인을 대상으로 한다.

실력다지기

검사별 대상자 연령범위

KPRC	K - CBCL	K - Vineland - II
만 3~17세 아동의 보호자를 대상	만 4~17세 학생을 대상으로 부모가 평가	연령범위가 0~90세까지임

044 선로잇기 검사는 주의력 및 전두엽 손상을 평가하는 유용한 도구이다.

실력다지기

선로잇기 검사 (Trail making test; TMT)

1) 선로잇기 검사는 임상신경심리학 영역에서 가장 흔히 사용되는 검사의 하나로써 간편하고, 검사시간이 짧지만 뇌 기능을 예민하게 탐지한다는 점이 입증되어 널리 사용되어왔다.

2) 선로잇기 검사에서의 수행능력 저하는 전두엽 부위의 다양한 손상과 연관되어 있다고 알려져 있다.

3) 선로잇기 검사는 A형과 B형으로 구성되어 있으며, 시지각능력(visual perceptual ability), 시각적 주사 (visual scanning), 지속적인 주의 집중능력 및 전두엽 손상을 평가하는 유용한 도구이다.

045 Category Test는 추상개념 형성능력을 측정하며, 전두엽 실행기능 평가에 효과적이다. 나머지 신경심리 검사는 주의력 손상을 측정과 관련된 검사이다.

046 MMPI는 원판의 용어를 그래도 사용하면서, DSM 체계의 최신 진단 분류의 흐름에 부합하지 않는 측면이 있다. 가령 척도 7(Pt)의 '신경쇠약(psychasthenia)'이라는 용어 또는 척도 1, 척도 2와 척도 3을 통칭하는 '신경증적 3요소(neurotic triad)'라는 용어 등은 최신의 DSM 체계로는 설명하기 어렵다. 따라서 MMPI 척도가 DSM체계와 일치한다는 표현은 적절하지 않다.

047 주의력 결핍 및 과잉활동장애(ADHD)로 진단된 아동의 웩슬러 지능 검사상 수행이 저하되기 쉬운 소검사는 숫자와 관련된 소검사이다. 그 이유는 주의 집중력이 부족한 아동은 주의력 결핍 및 과잉활동장애(ADHD)의 특징이기 때문이다.

	소검사명	측정 내용	관련 요인	문항수
언어성	상식	일반적이고 비의도적인 사실과 지식	• 가정의 풍부한 초기 환경 조건 • 선천적인 능력 • 학교생활 및 문화적 경험	30
	공통성	논리적·추상적 사고 및 개념	상동(위와 같음)	17
	산수	계산능력(가감승제)	사고력, 수리능력, 주의 집중력	18

048 F(비전형 척도) 75점, F(P)(비전형 - 정신병리 척도) 80점 이상이라면 문제를 과장하여 표현하였을 가능성이 높음

F(p) 비전형 - 정신병리 척도의 해석	
T점수	프로파일 해석
T ≥ 100	무효 (무선반응 또는 부정왜곡 가능성)
70 - 99	유효하나 과장됨 (문제를 과장하여 표현함)
T ≤ 69	유효

049 피검자가 자해행위를 할 위험성이 있다면 비밀보장의 한계사유에 해당한다.

> **비밀보장의 한계**
>
> 상담자는 아래와 같은 내담자 개인 및 사회에 임박한 위험이 있다고 판단될 때 매우 조심스러운 고려 후에, 내담자에 관한 정보를 적정한 전문가 혹은 사회 당국에 제공할 수 있다.
> 1) 내담자의 생명이나 사회의 안전을 위협하는 경우
> 2) 내담자가 감염성이 있는 치명적인 질병이 있다는 확실한 정보를 가졌을 경우
> 3) 내담자가 심각한 학대를 당하고 있을 경우
> 4) 법적으로 정보의 공개가 요구되는 경우

050 ▶ **표준화 검사의 개발 과정**
검사목적 구체화 → 측정방법 검토 → 예비검사 시행 → 문항수정 → 본검사 제작 → 검사문항 분석 → 검사사용 설명서 제작

051 할로(halo) 효과는 후광효과라고도 한다.
① 면담은 평가뿐 아니라 심리치료로 연결되기 때문에 치료적 의미를 갖는다.
③ 면담의 객관적 결과물을 얻기 위하여 구조화 면담을 활용한다.
④ 진단에 대한 신뢰도를 높이기 위하여 면담의 신뢰도와 타당도를 고려하여야 한다.

052 신경심리검사는 MRI, PET 등 첨단 뇌영상 촬영기법으로 탐지하기 어려운 미세한 장애를 탐지하는 데 중요한 역할을 한다.

053 게젤 발달검사(The Gesell developmental schedules, 1925)는 영유아용 발달 검사 중 가장 오래된 도구로 생물학적 성숙이론에 배경을 두고 있으며, 생후 4주에서 5세까지의 영유아를 대상으로 적응행동(adaptive behavior), 대근육운동(gross motor), 소근육운동(fine motor), 언어(language), 개인 - 사회적 행동(personal - social behavoir)의 5개의 하위영역으로 구성되어 있는 직접관찰을 통한 부모보고식 평가이다.
② Bayley의 영아발달 척도(BSID : Bayley Scales of Infant Development, 1969)
③ 시지각 발달 검사(DTVP : Developmental Test of Visual Perception, 1966)
④ 사회성숙도 검사(VSMS : Vineland Social Maturity Scale, 1935)

재구성 임상 척도(Restructured Clinical Scales, RC)의 개발

1) MMPI 임상 척도의 가장 큰 제한점은 척도간의 높은 상관이다.
2) 임상 척도를 개발할 때 경험적 문항 선정의 방법을 사용한 불가피한 결과이기는 하지만, 임상 척도간의 높은 상관은 각 임상 척도의 해석과 예측이 차별적이기 힘들게 만든다.
3) MMPI - 2에서는 이러한 문제의 해결책으로 재구성 임상 척도가 개발되었다.
4) RC척도는 각각의 임상 척도가 다른 척도와는 구분되는 핵심적인 임상적 특성을 측정한다는 가정 하에 만들어졌다.

054 ① 반응의 질적 측면도 통합적으로 해석되어야 한다.
③ 피검사자의 정서적 및 성격적 특징도 통합적으로 해석되어야 한다.
④ 과거의 기능에 관한 정보도 내담자를 이해하는 중요한 정보가 된다.

055 코너스 평정척도(Conners Rating Scale)는 객관적 검사로, 주로 ADHD 진단을 위한 척도로 사용된다.
① 운동성 가족화 검사(KFD) - 투사적 성격검사
② 집 - 나무 - 사람 그림 검사(HTP) - 투사적 성격검사
③ 아동용 주제통각검사(CAT) - 투사적 성격검사

056 신경심리학적 평가란 신경심리학 검사도구들을 사용하여 피검사자의 정보처리 능력, 행동실행 능력, 언어능력, 고등인지능력 등을 평가하여 뇌기능 손상에 대한 종합적인 평가를 내리고 뇌 손상 부위와 정도를 추론하는 과정이다. 따라서 신경심리평가는 주로 뇌손상 여부를 판단하는 목적으로 사용한다.

057 검사 점수를 해석할 때 그 사람의 배경이나 수행동기 등을 고려해야 한다.

검사결과 해석 시 주의할 사항

1) 해석과정 중간 중간 내담자의 반응을 유도하여 정확하게 이해하고 있는지 확인
2) 내담자가 이해할 수 있는 용어를 사용하도록 하고, 내담자가 검사에서 얻고자 하는 목표에 초점을 맞추어 설명
3) 대상에 따라 다르게 접근할 수 있겠지만, 수검자에게는 가능성과 대안에 무게를 두어 설명
4) 검사결과 제시된 점수를 받아들이는 자세 안내
   (1) 검사결과에 제시된 점수는 성적이 아님
   (2) 높은/낮은 영역을 함께 고려하되 무엇에 주목할지에 따라 결과는 다르게 이해될 수 있음
   (3) 검사결과는 규준에 의한 상대적인 위치를 보여주는 것이므로(가치관 검사 제외) 평소 자신이 느끼던 것과 다른 결과가 제시될 수도 있음
   (4) 너무 작은 점수 차이에 집중하기보다는 전체적인 경향성을 고려할 것
5) 검사결과를 활용하여 진로 선택 시 다음의 사항을 고려하도록 안내
   (1) 흥미, 적성은 변화할 수 있고, 개발 및 보완 가능함
   (2) 검사결과로 진로를 결정하려 하기보다 주체적으로 스스로 결정하는 것이 중요함

058 일반능력지수(GAI)는 언어이해 지표와 지각추론 지표로 구성된다. 동형찾기는 처리속도 지표에 해당한다.

WAIS - IV의 주요 구조		
지표점수(Index Scales)의 구조		
전체척도(Full Scale)	일반능력 지표(GAI)	언어이해 지표(VCI)
		지각추론 지표(PRI)
	인지효능 지표(CPI)	처리속도 지표(PSI)
		작업기억 지표(WMI)

059 표준화(standardization)는 검사의 실시 및 해석상의 동일성을 유지하는 데 필요한 세부 사항들이 잘 정리되어 있는 것을 말한다. 표준화에는 검사자극의 표준화, 실시방식의 표준화, 채점방식의 표준화 등이 있다. 표준화를 하는 목적은 검사 실시 및 해석에 영향을 미치는 외적 변수들의 영향을 가능한 한 제거하는 것이다.

> 규준(norm)
> 수검자의 심리검사 점수를 해석할 때, 기준으로 삼는 표준화된 점수자료는 규준(norm)이라고 한다. 즉, 다른 대표적인 집단의 사람들의 점수와 비교해서 해석하며 비교기준이 되는 점수들을 규준이라고 한다.

060 ① 표준등급은 원점수를 1부터 9까지 아홉 개의 범주로 나눈 것이다. 즉, 표준등급은 원 점수를 1~9등급까지의 범주로 나누는 것으로 스테나인(stanine)이라고 한다. 원 점수를 크기 순서에 따라 배열한 후, 제시된 백분율에 맞추어 표준등급을 부여한다. 이는 매우 쉽고 이론적 토대도 타당하여 널리 이용하고 있다(내신 등급제).
② 평균이 80점이고 표준편차가 5점인 집단에서 60점을 받은 사람의 Z점수는 -4.0이다.
[계산식] : 원 점수-평균/표준편차 ⇒ 60 - 80/5 = -4.0
③ Z점수가 2.0인 사람의 T점수는 70점이다.
[계산식] : T점수 = 50 + (10×Z점수) ⇒ 50 + (10×2) = 70점
④ 백분위는 특정 개인의 점수를 그가 속한 집단에서 그 사람보다 점수가 낮은 사람들의 비율로 나타낸 것이다. 백분위는 표준화집단에서 특정 점수 이하인 사례의 비율을 말한다. 예를 들어, 100명 중에 10위를 한 경우에 백분위는 90이 된다. 즉, 그 점수보다 낮은 사람의 비율이 전체의 90%라고 한다. 이는 서열척도의 하나이다.

061	③	062	①	063	③	064	④	065	②	066	②	067	②	068	③	069	④	070	①
071	③	072	②	073	①	074	②	075	①	076	③	077	①	078	①	079	③	080	③

061 연구자가 종소리를 들려주고 10초 후 피실험자에게 전기 자극을 주었다는 것은 무조건 자극(UCS)이 제시되기 전에 조건자극(CS) 종료되는 경우이므로 흔적조건형성이다.

062 내담자의 경험에 초점을 두고 심리치료적 상호작용에서 감정이입, 따뜻함, 무조건적인 긍정적 존중을 강조한 접근은 인본주의 접근(로저스)이다.

063 ① 투사(projection) : 주어진 상황에서 결과에 대해 타인에게 책임을 전가하는 행동을 한다.
② 퇴행(regression) : 이전의 만족방식이나 이전 단계의 만족대상으로 후퇴한다.
④ 반동형성(reaction formation) : 무의식적 추동과는 정반대로 표현한다.

064 문제의 보기 중에서 아동의 바람직하지 않은 행동을 감소시키기 위해 사용할 수 있는 적합한 기법은 과잉교정이다. '교정'이라는 단어가 힌트가 된다. 행동연쇄(Chaining), 토큰경제(Token economy), 주장훈련(Assertive training)은 바람직한 행동의 증가를 위한 기법들이다.

065 건강심리학은 건강을 증진하고 유지하는 것과 병을 예방하고 치료하는 것, 그리고 건강, 병 및 그와 관련된 기능장애의 원인과 진단적 상관물을 밝히는 것에 대한 심리학의 교육적, 과학적, 직업적 기여를 모두 모은 것을 말한다(Matarazzo, 1980).
건강심리학의 관심은 비만, 흡연, 스트레스 관리 등에 있다.

066 당신은 그 상황에서 분노를 경험했나요? → 폐쇄형 질문에 해당한다.

067 심리학 박사학위 프로그램은 1968년 일리노이대학교에서 처음 시작되었다.

068 <u>제 1, 2차 세계대전 당시 신병들에 대한 심리평가의 요구는 임상심리학에서 심리평가의 중요성과 심리검사 제작의 필요성을 촉진시켰다.</u> 제2차 세계대전으로 인해 군인들에 대한 심리치료의 필요성이 급증하게 되었고, 정신과 인력은 부족하여 임상심리학자의 역할에 대한 요구가 증대되었다. 임상심리학이 전문직으로서 인정을 받고 영역이 크게 확대된 계기는 제2차 세계대전이다.

> 1차 세계대전과 2차 세계대전 사이의 임상심리학 역사
> 1) 심리학자에 의한 평가활동의 지속과 확장 : 다양한 심리검사가 제작, 활용됨
>   (1) Strong 직업흥미검사
>   (2) Wechsler - Bellevue 지능검사
>   (3) MMPI(다면적 인성검사)
>   (4) 투사적 검사들(정신역동적 원리에 입각) : Rorschach test, TAT, Drawing test, BGT 등
> 2) 심리치료 영역에서의 역할 증대
>   (1) 개업활동 시작

(2) 정신과적 문제, 정서·행동적 문제를 가진 아동에 대한 개입으로 확장

　　(3) 놀이치료기법 개발

3) 임상심리학자의 직업적인 갈등 → 직업적 정체성을 형성하기 위한 임상심리학자의 투쟁

　　(1) 정신의학계와의 갈등 → 심리치료가 의학적 활동이어야 한다.

　　(2) 심리학계 : 전통적 학문적 기초, 과학적 연구가 약해지는 것을 우려 → 임상심리학은 비과학적 접근이다.

　　(3) 이론적 견해 : 당시의 심리학의 행동주의적 조류 → 임상심리학은 당시 정신분석적 접근을 중시하였다.

069　'엄마'라는 언어(조건반응)가 어머니의 행동(조건자극)과 엄마(무조건자극)가 반복적으로 연합됨으로써 획득된다는 것은 조건 자극에 의해 새로이 형성된 반응인 '엄마'라는 언어습득을 이끌어내는 것을 의미하므로 고전적 조건형성과 관련이 있다.

고전적 조건형성(파블로프)

1) 무조건 자극(US) : 자동적/생득적 반응을 유발하는 자극

2) 무조건 반응(UR) : 학습되지 않은 자동적/생득적 반응

3) 조건 자극(CS) : 무조건 자극과 짝지어져 새로운 반응을 유발하는 자극

4) 조건 반응(CR) : 조건 자극에 의해 새로이 형성된 반응

070　부정적인 자기개념에서 비롯된 자동적 사고들은 부정적 자동적 사고를 야기하므로 대부분 비합리적인 사고들이다.

071　인간중심치료에서 자기와 경험 간의 일치를 촉진시키고, 자기실현을 하도록 치료자가 지녀야 할 특성은 무조건적 긍정적 존중, 공감, 진실성이다. 객관적인 이해는 해당되지 않는다.

실력다지기

인간중심치료(인본주의 치료)에서 자기와 경험 간의 일치를 촉진시키고, 자기실현을 하도록 치료자가 지녀야 할 특성

1) 진실성(자기 일치감)

　　(1) 치료자는 내담자와의 관계에 있어서 자기 일치감을 가져야 한다.

　　(2) 치료자는 방어적인 모습이 없이 진실해야 하며, 내담자와의 관계에서 일치되어 있어야 한다.

2) 무조건적인 긍정적 관심

　　(1) 치료자는 내담자에게 무조건적인 긍정적 관심을 제공해야 한다.

　　(2) 치료자는 긍정적 관심을 내담자에게 전달할 수 있어야 하며, 내담자 자신이 어떠한 존재이고, 어떠한 존재로 될 수 있는가에 대해 존중해 주어야 한다.

3) 공감적 이해

　　(1) 치료자는 내담자의 경험과정에 민감하게 관련되어야 하며, 이 경험이 이해되었다는 것을 내담자에게 효과적으로 전달할 수 있어야 한다.

　　(2) 치료자는 내담자가 자기 자신을 표현하는 데 나타나는 두려움을 잊어버리고, 자신의 유기체적 경험과 보다 밀접한 접촉을 많이 하도록 따뜻한 분위기를 만들려고 노력해야 한다.

072 심리치료 과정에서 저항이 일어나는 일반적인 이유는 치료자가 가진 가치나 태도가 환자에게 위협적이기 때문이 아니라, 환자가 자신의 변화로 인해 주변 사람들의 시선이나 태도가 부정적으로 변할 수 있다는 생각에 두려움을 느끼기 때문에 저항이 일어난다.

실력다지기

심리치료 과정에서 저항이 일어나는 일반적인 이유
1) 환자가 변화를 원할지라도 환자의 삶에 중요한 영향을 미치는 타인들이 현 상태를 유지하도록 방해할 수 있기 때문에 저항이 일어난다.
2) 부적응적 행동을 유지함으로써 얻은 2차적 이득을 환자가 포기하기 어렵기 때문에 저항이 일어난다.
3) 익숙한 행동을 변화시키려는 시도가 환자에게 위협을 주기 때문에 저항이 일어난다.
4) 환자가 자신의 변화로 인해 주변 사람들의 시선이나 태도가 부정적으로 변할 수 있다는 생각에 두려움을 느끼기 때문에 저항이 일어난다.

073 ② 과거력의 역할을 중시하는 것은 정신역동적 평가에 해당된다.
③ 행동평가의 목적은 행동과잉이나 행동결핍 찾아내기, 현재 문제행동의 원인을 밝히기 위해 강조된다.
④ 행동평가이므로, 초맥락적 일관성보다는 상황적 특성을 강조한다.

074 Glasser의 통제 이론은 현실치료와 관련된 것으로, 이는 정신분석적인 접근에 대해 거부하는 입장이다.

실력다지기

정신역동적 관점
1) 이 관점은 정신의 에너지, 인간행동이 결정되는 상황적 맥락, 정신과 환경의 상호 작용에 따라 성격이 역동적으로 작용한다고 보는 입장이다.
2) 프로이트를 시작으로 아들러(1870~1937)의 개인심리학, 칼 융(1875~1961)의 분석심리학, 호나이(1885~1952)의 신경증적 성격이론, 설리반(1892~1949)의 대인관계이론, 머레이(1893~1988)의 욕구 및 동기이론, 프롬(1900~1980)의 성격유형이론, 그리고 정체감 위기란 개념으로 유명한 에릭슨(1902~1994)의 심리사회적 발달이론 등이 대표적이다.
3) 이 중에서 프로이트와 머레이는 정신분석학파로 구분되며 행동의 여러 측면들은 인간의 성격 안에 내재된 무의식적이며 감춰진 힘(forces)에 기인한다고 보는 반면, 신(新)정신분석학파로 분류되는 아들러, 호나이, 설리반, 프롬, 에릭슨, 페어베언 등은 인간의 주요동기는 무의식이 아니라 의식적인 측면이고, 성적(性的)인 힘보다는 사회적이고 문화적인 힘이 더 중요하다고 보았다.
4) 대인관계 이론은 다른 사람들과의 관계를 중요시하는 정신분석학파이지만, 프로이드(Freud)의 이론이 너무 생물학적인 이론에 치우쳐 있다는 점에 불만을 표시하였다.

075 불안을 유발하는 특정한 대상이나 상황이 불안하지 않은 상황으로 변화하도록 돕는 것은 부적응적인 조건형성을 없애는 치료적 방법인 역 조건형성(counter - conditioning)이다.

> **부연**
>
> 역 조건형성 (counter - conditioning)
>
> 1) 원리 : 자연적으로 조건형성이 소멸되는 소거와 달리, 역조건 형성에서는 부적응적인 조건반응(CR)을 일으킨 조건자극(CS)을 그 사람이 좋아하는 무조건자극(UCS)과 짝지어 조건자극(CS)에 대한 새로운 조건반응(CR)을 학습시킨다.
> 2) (사례) 물에 빠져 죽을 뻔한 사람의 경우 물을 내담자가 좋아하는 어떤 것과 짝지어 물에 대해 좋은 느낌을 학습시키는 것이다.

076 형태주의적 접근은 1950년대 이전에 등장하였다.

> **실력다지기**
>
> 형태주의 심리학의 개관과 발달
>
> 1) 형태주의적 접근은 Frederich(Frederick or Fritz) Salomon Perls에 의해 창안되었다.
> 2) Perls는 S. Freud의 냉대를 받으면서 골드슈타인의 유기체 이론과 Jan Smuts의 생태학 이론을 토대로 개체와 환경을 하나의 전체적인 통합체로 보는 새로운 철학을 정립하기 시작하였다.
> 3) 1942년, Freud의 공격 본능 이론을 비판하는 새로운 이론을 개발하여 'Ego, Hunger and aggression' – 자아, 배고픔, 공격 – 이라는 형태주의적 심리치료에 대한 최초의 책을 펴내면서 Freud와 완전히 결별하였다.
> 4) 1950년, '알아차림(awareness)'에 관한 이론을 정립하는 한편, 처음으로 'Gestalt therapy(게슈탈트 치료)'라는 용어를 제시하였다.

077 ② DSM - IV에 있던 다축진단체계를 폐지하였다.

③ DSM - IV에 있던 모든 진단이 유지된 것은 아니다. 다른 장애의 유형으로 이동하기도 하고 새로운 장애유형이 포함되기도 하였다.

④ 모든 진단은 정신병리의 차원모형에 근거하고 있는 것은 아니다.

> **실력다지기**
>
> GAF 점수
>
> 1) 글로벌 기능 평가(GAF, 다축진단체계에 의한 점수체계)는 정신건강전문가가 개인이 일상생활에서 얼마나 잘 작동하는지 평가하는 점수 시스템이다.
> 2) 이 척도는 한 때 사람의 삶과 일상적인 기능 및 기술에 대한 정신 질환의 영향을 측정하는 데 사용되었다.
> 3) 점수의 범위는 0에서 100까지이며, 100은 우수한 기능을 나타낸다.
> 4) 정신건강전문가인 의사는 점수를 지정하기 전에 사회적, 직업적, 학교 및 심리적 기능으로 일상 생활에서 얼마나 어려움을 겪고 있는지 고려한다.
> 5) 이런 채점 시스템은 정신장애 진단 및 통계 매뉴얼 (DSM) 제3판에 최초로 등장했다.
> 6) DSM - 5 매뉴얼에서는 GAF 점수가 나타나지 않는다.

078 치료효과에 긍정적인 영향을 미치는 유능한 치료자의 특성으로 인간적 자질과 전문적 자질이 요구된다. 치료자에게 중요한 인간적 자질로 모우러는 '인간적 성숙'을 로저스는 '도움을 주려는 의욕'을 제시했으며, 전문적 자질은 훈련하고 학습해야 할 카운슬링의 전문적 지식, 기법 및 태도를 의미한다. 문제의 보기에서 의사소통 능력, 치료적 관계 형성 능력, 자기관찰과 관리기술 등은 관련이 있으나, 이론적 모델은 거리가 멀다.

079 스페리(R. W. Sperry)의 분리뇌 실험을 실시한 목적은 좌뇌와 우뇌의 기능적 분리에 관한 것이었다. 1981년 스페리(R. W. Sperry)가 노벨상을 수상한 업적은, 간질 환자를 치료하기 위해 좌뇌와 우뇌(right and left hemispheres) 사이에 신호를 전달하는 두뇌 영역인 뇌량(corpus callosum)을 분리한 것이다. 그는 좌측 뇌 반구는 언어기능이 우수하며, 우측 뇌반구는 공간적 기능이 우수하다는 것을 밝혀냈다.

080 개인의 과거 경험으로부터 비롯된 내용의 개인무의식을 주장한 학자는 분석심리이론의 학자인 칼 융(C. Jung)이다.

    CF 아들러(Adler)의 개인심리학의 개념으로는 열등감 극복, 사회적 관심, 생활양식, 우월성 추구 노력, 가상적 목표 등이다.

> **실력다지기**
>
> 칼 융의 분석심리이론의 정신의 구조 중 개인무의식
>
> 1) 의식에 인접하여 있으며, 쉽게 의식화되고, 망각된 경험이나 감각경험으로 구성된다.
> 2) 개인무의식의 자료는 개인의 과거경험으로 비롯된 내용이다.
> 3) 개인무의식은 지그문트 프로이트의 전의식과 무의식을 포함한 개념이다.
> 4) 개인무의식의 내용은 의식되었던 것이었지만, 그 내용이 중요하지 않거나 고통스러운 것으로 망각되었거나 억제된 자료의 저장소와 관련이 있다.
> 5) 너무 약해서 의식에 도달할 수 없거나 의식에 머물 수 없는 경험은 모두 개인무의식에 저장된다.

| 081 | ① | 082 | ④ | 083 | ③ | 084 | ③ | 085 | ④ | 086 | ① | 087 | ① | 088 | ① | 089 | ③ | 090 | ④ |
| 091 | ③ | 092 | ① | 093 | ③ | 094 | ② | 095 | ④ | 096 | ④ | 097 | ② | 098 | ① | 099 | ③ | 100 | ③ |

081 성폭력 피해자 심리상담 초기단계의 유의사항으로 상담자가 상담내용의 주도권을 가지는 것이 아니라, 내담자에게 상담내용의 주도권을 주며 지금 - 여기의 시점에서 표현할 수 있는 내용에 대해서 이야기할 수 있도록 배려해야 한다.

실력다지기

성폭력 피해자 심리상담 초기단계의 유의사항

1) 내담자와 신뢰관계를 유지함으로써 라포관계 형성에 힘을 기울여야 한다.

2) 내담자에게 상담 내용의 주도권을 준다.

3) 지금 - 여기의 시점에서 표현할 수 있는 내용에 대해서 얘기할 수 있도록 배려해야 한다.

4) 내담자의 비언어적 메시지에 주의를 기울이며, 적절한 반응이 요구된다.

5) 성폭력 피해로 인한 합병증 등 여러 가지 증상을 파악해야 한다.

6) 내담자가 피해의 문제가 없다고 부인한다면, 이를 받아들이며 언제든지 상담의 기회가 있음을 권고하고 알려주어야 한다.

082 모두 옳은 내용이다.

개인심리학의 기본적 오류 (Mosak, 1989)

1) 정의 : 개인의 생활양식의 자기 패배적 측면으로 다른 사람으로부터의 철회나 회피, 이기심 또는 권력에 대한 열망을 반영하는 자기 패배적 양상을 의미한다.

2) 다섯가지 범주

(1) 과잉일반화 : "세상에 공정함이란 없다."

(2) 안전에 대한 그릇된 확신 : "잘못하면 끝이 날 거야."

(3) 삶의 요구에 대한 잘못된 지각 : "나의 생활은 너무 힘들다."

(4) 개인가치의 평가절하 또는 부인 : "나는 근본적으로 멍청하다."

(5) 그릇된 가치 : "누가 상처를 받든지 말든지 개의치 말고 일등이 돼라."

083 내담자, 상담자 모두 기본적 배경(문화, 인종, 성별 등)을 고려해야 한다.

084 NLP 상담기법은 인간의 우수성과 잠재력을 개발하는 새로운 상담 접근 방법으로 NLP 상담기법의 전제조건 에 해당한다.

> ### NLP(Neuro - Linguistic Programming) 상담기법
>
> 1) NLP(Neuro - Linguistic Programming, 신경언어 프로그래밍)는 1970년대 중반에 미국의 심리학자이 자 정보통신전문가인 밴들러(R. Bandler)와 캘리포니아대학의 언어학 교수인 그라인더(J.Grinder)가 창시한 기법이다.
> 2) 각 방면에서 탁월한 성과를 보인 사람들의 성공사례를 모방하면서 시작되어 미국의 게슈탈트 치료의 창시자인 펄스(F. Perls), 가족치료로 유명한 사티어(V. Satir), 세계적으로 유명한 정신과 의사이자 최 면치료자인 에릭슨(M. Erickson) 등을 모델로 연구하였다.
> 3) 인간 성취와 우수성 개발을 위하여 다학제 간의 전문가(정보통신, 신경과학, 수학, 언어학, 커뮤니케이 션, 정신분석, 가족치료, 게슈탈트, 심리학)들이 학문의 담을 헐고 공동으로 참여한 심리공학적 성취기 술로서, 인간경험을 구조적 측면에서 총체적(감각기능, 뇌의 정보처리 방식, 주관적 경험, 생리심리적 연동성, 언어의 역할과 의미 등), 통합적으로 다루기 위해 만들어진 것이다.
> 4) NLP의 전제조건
>   (1) 지도는 영토가 아니다.
>   (2) 정신과 육체는 하나의 체계이다.
>   (3) 경험은 구조를 가지고 있다.
>   (4) 모든 행동은 긍정적 의도에서 나온다.
>   (5) 선택할 수 있다는 것은 그렇지 못한 것보다 바람직하다.
>   (6) 사람들은 그 당시에 할 수 있는 가장 최선의 선택을 한다.
>   (7) 실패란 없다. 다만 피드백이 있을 뿐이다.
>   (8) 타인의 세계관을 존중하라.
>   (9) 누군가 할 수 있다면 다른 사람도 배울 수 있다.
>   (10) 사람들은 이미 필요한 모든 자원을 가지고 있다.

085 사람들은 고통, 좌절, 스트레스를 비롯하여 감각자극이나 내적 자극에 대한 반응을 나타내는 식별역이 다르 기 때문에 중다양식적 접근을 활용한다.

086 내담자가 과도기 단계 이후에 생산적인 작업을 위해 강도 높은 자기 개방을 하였다가 이후 불안을 느껴 철수 할 수 있다.

087 해비거스트(R. J. Havighurst, 1972)는 생애별 발달과업 모형을 제시하였다. 발달과업은 유아기, 아동기, 청소 년기, 청년기, 중년기, 노년기 등의 단계로 나누어진다.

088 청소년 상담자는 내담자에 대한 상담 기록 및 보관을 규정에 따라 시행한다.

089 상담의 목표는 내담자마다 다양하게 적용될 수 있다.

090 약물중독의 진행 단계는 실험적 사용단계 → 사회적 사용단계 → 남용단계 → 의존단계로 이루어진다.

부연

약물중독의 4단계

1) 1단계 : 실험적 사용단계 처음에는 호기심과 동료들의 권유로 감정의 변화를 경험하는 것이 즐겁고 동료들과 어울릴 수 있는 것이 좋아서 시작을 한다.

2) 2단계 : 사회적 사용단계 적극적으로 기분이 좋아지기 위해서 사용하거나 오락적으로 사용하는 단계이다.

3) 3단계 : 약물 남용단계

(1) 점차 조절능력을 상실하고 행동이나 감정에도 변화가 나타난다.

(2) 일상생활의 문제가 발생하기도 하지만, 일정한 시간에만 약물을 복용한다.

4) 4단계 : 약물 의존단계

(1) 한시라도 약물이 없으면 불안하여 매일 사용하는 단계이다.

(2) 기분이 좋아지기 때문에 사용한다기보다는 금단증상 등 좋지 않은 느낌이 오지 않도록 하기 위해서 약물을 사용한다.

091 인간중심 상담기법에서 내담자의 심리적 부적응이 초래되는 원인으로 가정하는 것은 자기와 경험 간의 불일치이다.

부연

로저스(Rogers)의 성격이론

1) Rogers의 성격이론에서 심리적 적응에 가장 중요한 역할을 하는 것은 자기(self)이다.

2) 자기(self)는 로저스의 성격 이론에서 가장 중요한 구성개념으로, 지속적인 인식체계이며 자기 존재에 대한 인식으로 자신을 소중히 여기는 가치를 포함한다.

3) 자기와 경험의 불일치의 경우 개인이 자신의 유기체적 경험을 자기 개념과 일치하는 것으로 통합할 때 건강한 심리적 적응이 가능하다고 본다.

092 장기간 사용 중이던 약물을 얼마 동안 사용하지 않았을 때 심리적으로 초조하고 불안함을 느낄 뿐 아니라 약물에 대한 열망과 메스꺼움 등의 신체적인 불쾌감을 경험하는 것은 금단증상이다.

CF 내성 : 약물의 반복 복용에 의해 약효가 저하하는 현상이다.

093 SQ3R 독서전략은 Francis Robinson에 의해 1941년 처음 소개된 모델로, Survey(개관), Question(질문), Read(읽기), Recite(암송), Review(복습)의 과정을 앞 글자를 따서 SQ3R 이라고 한다.

심화학습

SQ3R 전략

1) SQ3R은 '개관하기, 질문하기, 자세히 읽기, 암기하기, 재검토하기'의 과정으로 구성되며, 각각의 과정은 다음과 같은 읽기 활동으로 이루어진다.

2) SQ3R 독서법은 먼저 글 전체를 미리 훑어보면서(Survey) 글 내용 체계를 살펴 스스로 질문을 만든 다음(Question), 정독하여 글을 읽는다(Reading).

3) 이후 읽은 내용을 다시 머릿속에 되새겨보거나(Recite), 자기가 낸 질문에 대한 대답을 비평하는 (Reviewing) 단계로 세분화하면서 글 내용을 다시 살핀다.

4) SQ3R은 글 읽기 과정 전체를 학습독서 과정으로 정한 것이다.

094 청소년 비행의 원인을 사회학적 관점에서 설명하는 이론은 아노미이론, 생태학이론(문화 갈등이론), 사회해체론, 하위문화이론, 차별적 접촉이론, 중화기술이론, 사회적 유대이론(사회통제이론), 낙인이론이 있다. 욕구실현이론은 해당되지 않는다.

095 ① 상담자의 전문적 훈련으로 인해 실제 상담과정을 잘 이끌어나갈 수 있다.

② 심리상담은 조력과정으로 좋은 결과를 산출하면 좋겠지만, 과정과 결과 모두를 중요시한다.

③ 심리상담은 내담자가 중심이 되어야 하기 때문에, 상담자의 가치관을 중심으로 성과가 산출되도록 하는 것은 옳지 않다.

096 상담 초기단계에서는 정보탐색과 상담관계를 형성하는 단계로 개방형 질문이 많이 사용된다. 직면, 자기개방, 심층적 질문 등은 상담사와 내담자가 신뢰로운 관계를 형성한 이후에 사용하는 것이 적절하다.

097 무의식을 의식화하고 자아를 강화시키는 것은 <u>정신분석상담의 목적</u>에 해당한다.

실력다지기

합리정서행동치료(REBT) - 엘리스(Albert Ellis)

1) 합리정서행동치료는 정신분석적, 인간중심적, 형태주의 접근과는 다르며 사고, 판단, 행동을 강조한다는 점에서 인지치료 및 행동치료와 공통점이 더 많다.

2) 합리정서행동치료는 인지, 정서, 행동이 서로 영향을 주고, 상호 인과관계를 가진다는 가정을 기초로 한다.

3) 합리정서행동치료는 3가지 양식들과의 상호작용을 꾸준히 강조하고 있으므로, 중다양식적 접근 또는 통합적 접근이라는 특징이 있다.

4) 치료목표

합리정서행동치료에서 사용되는 많은 방법들은 내담자가 더 현실적이고 실현가능한 인생철학을 습득함으로써 정서적 문제나 자기 패배적 행동들을 최소화하는 것을 목표로 한다.

5) 치료자의 역할

(1) 합리정서행동 치료자들은 교육을 강조하며 근본적으로 인지적이며 지시적인 행동과정으로 치료자와 내담자 간의 밀접한 인간관계에 대해서는 그리 신경을 쓰지 않는다.

(2) 합리정서행동 치료자들은 내담자에게 많은 장애 행동을 유발하는 기본적 비합리적인 사고를 찾아내도록 격려한다.

(3) 합리정서행동 치료자들은 내담자에게 자신의 생각이 타당한지를 확인하도록 한다.

(4) 합리정서행동 치료자들은 논리적 분석을 통해 내담자의 비합리적 신념을 최소화한다.

(5) 합리정서행동 치료자들은 내담자의 신념이 얼마나 비생산적이며 어떻게 정서적, 행동적 장애를 일으키는지 보여준다.

(6) 합리정서행동 치료자들은 비합리적 사고를 경험적 토대를 가진 더 합리적인 사고로 대치할 수 있는 방법을 설명한다.

098 제시된 지문은 정화에 해당한다. 정화(카타르시스)는 감정의 개방을 통해 내적 긴장을 완화시켜 집단에서 생산적인 작업을 촉진시킨다.

집단상담의 치료요인(얄롬)

1) 희망을 심어주기
(1) 집단의 구성원들은 종종 비슷한 문제를 지녔으나 치료의 효과로 인해 회복된 다른 사람과 만나게된다.
(2) 집단치료가 끝날 무렵 환자들이 다른 환자의 회복을 지켜보는 것이 얼마나 중요했는지에 관한 언급을 하는 것을 종종 듣곤 하며, 이로 인해 치료효과에 대한 희망이 생길 수 있다.

2) 보편성
모임의 초기 단계에서 나만 이렇다는 환자의 느낌이 사실이 아님을 보여주는 것은 환자에게 상당한 위안이 된다.

3) 정보전달
치료자나 환자들이 제공하는 충고, 제안 또는 직접적 지도뿐만 아니라 치료자가 제시해 주는 정신건강, 정신질 환, 일반 정신역동에 관한 교수적 강의를 포함한다.

4) 이타주의
자기가 남들에게 중요할 수 있다는 사실을 발견하는 경험은 생기를 주며 그들의 자아존중감을 북돋워준다.

5) 모방행동
(1) 치료초기에는 동일시할 집단의 치료자를 더 필요로 하기 때문에 모방행동은 집단치료의 후기보다는 초기에 더 중요한 역할을 한다.
(2) 모방행동이 오래 가지는 못할지라도 새로운 행동을 실험할 수 있도록 경직된 개인을 풀어 주고 결국 이를 통해 적응적 연속순환을 시작할 수 있게 된다.

6) 초기가족의 교정적 재현
가족 내 갈등이 교정적으로 다시 살아난다.

7) 사회화 기술의 발달
기본적인 사회기술의 개발인 사회학습은 가르칠 기술의 본질과 그 과정의 명료성이 집단치료의 유형에 따라 매우 다양하기는 하지만, 모든 집단치료에서 작용하는 치료적 요인이다.

8) 대인관계학습
집단성원과의 상호작용을 통해 자신의 대인관계에 대한 통찰과 자신이 원하는 관계 형성에 대한 아이디어를 가질 수 있으며, 대인관계 형성의 새로운 방식을 시험해 볼 수 있다.

9) 집단 응집력
응집력은 집단원들이 집단에 남아 있도록 하는 모든 힘의 합이나, 좀 더 간단히 구성원들이 느끼는 집단의 매력이며 구성원들이 집단에서 따뜻함과 편안함, 소속감을 느끼고 집단을 가치 있게 여긴다.
(1) 응집력이 높은 집단은 자기개방을 많이 한다.
(2) 응집력은 집단상담의 성공에 매우 중요한 요소가 된다.
(3) 응집력이 높은 집단은 지금 – 여기에서의 사건이나 일에 초점을 맞춘다.
(4) 응집력이 높은 집단은 집단의 규범이나 규칙을 지키지 않는 다른 집단원을 제지한다.

10) 정화(카타르시스)
정서를 개방적으로 표현하는 것은 집단치료에 절대적으로 필요한 것이다.

11) 실존적 요인들

자신이 다른 사람들로부터 아무리 많은 지도와 지지를 받는다 할지라도 자기 인생을 살아가는 방식에 대한 궁극적인 책임은 자신에게 있다는 점을 알게 된다.

099 [ㄱ] 집단상담은 원하면 누구나 쉽게 참여할 수 있는 것은 아니다. 부적합한 대상도 존재하기 때문이다. 즉, 과다한 의심증, 지나친 적대적 감정, 심한 정서적 장애를 가지고 있는 사람 등은 부적합하다.
[ㄹ] 특정 내담자의 문제를 충분히 다루지 못할 가능성이 많다.

실력다지기

집단상담의 단점
1) 구성원 모두에게 만족을 줄 수 없다.
2) 상담의 비밀보장이 어렵다.
3) 집단의 압력이 가해지면 개인의 개성이 상실되기 쉽다.
4) 어떤 구성원은 집단에서 신뢰감을 발전시키기가 어렵다.
5) 특정 내담자의 문제를 충분히 다루지 못할 가능성이 많다.
6) 시간적으로나 문제별로 집단을 구성하기 쉽지 않다.
7) 집단 상담이 모든 내담자에게 적합하지는 않다. 즉, 과다한 의심증, 지나친 적대적 감정, 심한 정서적 장애를 가지고 있는 사람 등은 부적합하다.
8) 집단상담 자체에 심취하여 성장을 위한 것이 아닌, 그 자체가 목적이 되어 현실도피 수단이 될 수 있다.

100 글래서(W. Glasser)가 제시한 현실치료 과정은 WDEP로 이해하면 된다. 즉, Want(바람) -Doing(실행) -Evaluation(평가) -Plan(계획)의 순서로 이루어진다.
CF ③ E의 의미는 기대(expectation)가 아니라, Evaluation(평가)이다.

제2회 임상심리사 2급 필기 정답 및 해설

제1과목 | 심리학개론

001	②	002	①	003	②	004	④	005	④	006	②	007	④	008	③	009	①	010	③
011	①	012	①	013	④	014	②	015	②	016	①	017	②	018	①	019	②	020	③

001 극단값은 과거의 경험으로는 그 존재 가능성을 확인할 수 없기 때문에 일반적인 기대 영역 바깥에 놓여 있는 관측 값을 가리키는 통계학 용어이다. 극단값의 영향을 가장 많이 받는 문제점이 있는 것은 산술평균이며 중앙치와 최빈치는 극단값의 영향을 덜 받는다.

002 미신행동(징크스)은 보상과 아무런 관련이 없으면서 완전히 우연히 한 어떤 행동이 강화에 선행한 경우 그 행동이 고정적으로 계속되려는 경향이다. 유기체의 반응이 실제로 특정 결과를 초래한 원인이 아님에도 불구하고 마치 그런 것처럼 그 반응을 계속하는 것이다.

> scallop(고정간격) 현상 - 고정간격 강화
>
> 1) 일정 시간이 지난 후 나오는 첫 번째 반응에 강화를 주는 계획이다.
> 2) Skinner Box의 쥐도 이를테면 2분 간격의 고정계획으로 강화를 주면, 일단 강화를 받은 후는 반응률이 뚝 떨어지고 2분이 가까워질수록 반응률이 높아진다.
> 3) 따라서 강화 후 반응률이 뚝 떨어져서 대부분의 기간 동안은 천천히 반응하다가 간격기간이 다 되어가서 강화가 가까워지면 반응률이 급격히 높아지는 scallop현상을 보인다.

003 심리검사가 측정하고자 하는 내용이나 속성을 실제 얼마나 잘 측정하는지는 타당도의 개념이다.

004 ① 사회학습이론에서는 성격이 인지과정이나 동기에 의한 영향을 인정한다.
② Bandura는 개인이 자신의 노력으로 원하는 결과를 얻을 수 있다는 신념이나 기대를 자기효능감이라고 하였다.
③ 사회학습이론에서는 행동에 대한 환경적 변인의 상호적인 영향을 강조한다.

005 Freud의 심리성적 발달단계에서 초자아가 형성되는 시기는 남근기(3~6세)이다.

006 독립변인은 원인을 말하며 이는 실험처치를 말한다. 따라서 주로 실험참가자가 실험에 임하기 전의 자연적 상태를 측정하는 변인이 아니라, 실험적 처치 자체를 의미한다.

007 로저스의 현상학적 이론은 자기개념과 경험이 일치하지 않을 때 불안과 내적 혼란을 경험할 가능성이 높다고 설명한다. 이러한 경우 경험을 부정하거나 왜곡하지 않도록 하기 위해서는 타인이 이 학생을 무조건적이고 긍정적으로 존중해주고 공감해 주어야 한다는 것이 로저스의 인간중심상담이다.

008 청킹이란 여러 개의 낱개 자극들을 의미 있는 하나의 단위로 묶어 부호화하는 방법으로 단기기억의 기억용량이 증가하도록 하는 부호화 방법이다.

009 표본추출에서 표본의 크기가 클수록 표집오차도 줄어든다.

010 일반적으로 타인들이 자기와 비슷하다고 판단하는 경향을 유사성 가정(assumed similarity)이라고 한다.

실력다지기

인상형성

1) 인상형성

    일반적으로 매우 짧은 시간과 한정적인 정보만을 가지고 상대방에 대한 전반적인 인상을 형성하며, 어떤 사람에 대해 일단 한 번 형성된 인상은 상당히 오랜시간 동안 지속된다.

2) 인상형성의 차원

    평가적 차원(좋은 사람 – 나쁜 사람)이 우선적으로 판단되는데, 이러한 평가적 차원 내에 지적인 평가(똑똑하다, 현명하다 등)와 사회적 평가(성실하다, 친절하다 등)으로 나누어 질 수 있다.

3) 인상에 관한 정보의 통합

  (1) 평균원리(averaging principle)

    성격특성의 점수에 대한 평균을 최종 인상형성에 사용한다.

  (2) 가중평균원리(weighted averaging principle)

    어떤 사람에게 중요하다고 생각하는 특성에 더 많은 비중을 두어 전반적인 인상형성을 한다.

4) 인상형성의 특징

  (1) 후광효과(halo effect)

    어떤 사람에 대해 일단 좋은 사람이라는 인상이 형성되면, 능력도 뛰어나고 똑똑하다는 긍정적인 특성이 있을 것이라고 생각하는 경향이다.

  (2) 부적 효과(negativity effect)

    좋은 특성과 나쁜 특성을 똑같이 가지고 있을 때, 그 사람에 대한 평가가 중립적이라기보다는 나쁜 사람이라는 쪽으로 형성되는 경향이다.

  (3) 정적 편향(positivity bias)

    일반적으로 다른 사람을 평가하는데 부정적 평가를 하려기보다는 긍정적 평가를 하는 경향이 있는데, 이를 타인에 대해 관대하게 봐주려고 하는 경향이라고 하여 관용 효과(leniency effect)라고도 한다.

  (4) 유사성 가정(assumed similarity)

    일반적으로 사람들은 타인들이 자기와 비슷하다고 판단하는 경향이다.

내현성격이론 (Implicit Personality Theory)

1) 사람들은 누구나 살아가면서 나름대로 독특한 성격판단의 기준을 터득하게 되며 누구나 사회생활과 대인 경험을 통하여, 혹은 민간의 속설이나 독서와 관상학 등을 통하여 나름대로 사람의 성격을 파악하는 기준을 지니게 된다.

2) 예를 들어 키가 큰 사람은 싱겁다든가, 입술이 얇은 사람은 신의가 없다든가, 달변인 사람은 신뢰성이 없다든가, 뚱뚱한 사람은 마음이 여유롭고 마른 사람은 신경질적이라든가, 곱슬머리인 사람은 고집이 세다든가 하는 것 등이다.

3) 이처럼 사람들이 개인적 경험에 의하여 나름대로 터득하여 지니게 되는 자신만의 독특한 성격 판단의 기준을 '내현 성격 이론'이라고 한다.

4) 내현 성격 이론은 사람들의 어떤 신체적 행동적 특성이 성격 특성과 서로 도식적인 관련성이 있다는 개인적 신념이다.

011   Maslow와 그의 욕구위계이론에서 배고픔, 목마름 등과 같은 결핍욕구보다는 자아실현의 성장욕구를 중시한다.

012   사고의 경직성이 증가한다.

실력다지기

노년기의 심리적 변화

1) 우울증 경향의 증가
   신체적 질병, 배우자의 죽음, 경제사정의 악화, 사회와 가족들로부터의 고립, 일상생활에 대한 자기통제 불능, 지나온 세월에 대한 후회가 원인이다.

2) 내적 성향 및 수동성의 증가
   노화해감에 따라 사람은 사회적 활동이 점차 감소하고 사물의 판단과 활동방향을 외부보다는 내부로 돌리는 행동양식을 갖게 된다.

3) 성역할 지각의 변화
   노인은 이전과는 달리 일생동안 자기 자신에게 억제되었던 성역할의 방향으로 전환되어 간다.

4) 경직성의 증가
   동작성 지능검사나 학습능력의 저하라는 결과를 초래한다.

5) 조심성의 증가

6) 친근한 사물에 대한 애착심

7) 유산을 남기려는 경향

8) 의존성의 증가
   신체적, 경제적 능력의 쇠퇴와 더불어 의존성이 증가한다.

013   변산도란 한 집단의 점수분포의 흩어진 정도를 요약해주는 지수를 말한다. 변산도를 나타내는 지수로는 여러 가지가 있는데, 범위, 사분위편차, 표준편차 등이 있으며 문제에서 1반 학생들의 지능지수 분포는 80~140인 반면에, 2반 학생들의 분포는 95~120이므로 한 집단의 점수분포의 흩어진 정도가 달라 변산도는 서로 다르다고 할 수 있다.

014 실험법과 조사법의 차이점은 변인(변수)을 통제하는지의 여부이다. 실험법은 실험설계로서 외생변수(가외변인)의 통제, 무작위 할당(난선화), 원인의 조작, 결과의 비교가 특징이다. 그리고 조사법은 변인의 통제가 어려운 상태에서 모집단의 특성에 대한 분포 및 발생빈도 등의 특성을 파악하기 위한 조사이다.

015 행동주의적 입장에서는 성격을 과거 경험에 의해서 학습된 행동성향으로 파악하고 있다는 점에서 과거 경험의 중요성을 부인하지 않는다. 그러나 상황이 바뀌어 다른 행동이 강화를 받게 된다면 과거와는 전혀 다른 새로운 행동성향이 나타날 수도 있다고 본다. 따라서 상황적 변인(환경)을 중시한다.

016 자기 고양적 편견 (self-serving bias)은 어떤 개인이 조직의 성공이 자신으로 인한 것으로 여기는 반면, 실패의 경우 다른 구성원의 탓으로 돌리는 경향을 말한다. 일반적으로 자기 고양적 편견은 공동체 사회에서 성공을 자신의 입신양명을 위해 가로채려는 반면, 실패의 책임을 회피하려는 모양으로 자주 발견할 수 있다. 하나의 사례는 공부를 잘 하면 학생은 자신의 능력이나 노력 때문이라고 생각하며, 공부를 잘 못하면 학생은 선생님이나 시험 문제 때문이라고 생각한다는 것이다.

> **CF** 허구적 일치성 효과 (false consensus effect)
>
> 허구적 일치성 효과 (false consensus effect)란, 예를 들어 바람기 있는 남자는 자신의 여자 친구가 업무상 남자를 만나면 바람을 피운다고 추측하기 쉽다는 것으로, 객관적인 절차 없이 남들도 자신과 같을 것이라고 짐작하는 것을 허구적 일치성 효과 (false consensus effect)라고 한다.

017 무조건 자극(UCS)이 조건자극(CS)에 선행하는 경우 조건자극(CS)이 무조건자극(UCS)을 전혀 예측하지 못하기 때문에 조건 반응이 발생하기 어렵다.

실력다지기

조건자극(CS)과 무조건자극(UCS) 사이의 시간적 관계
1) 동시 조건형성
    조건자극(CS)과 무조건자극(UCS)이 동시에 제시되는 경우
2) 지연 조건형성
    조건자극(CS)이 먼저 제시되어 무조건자극(UCS)이 제시될 때까지 지속되는 경우
3) 흔적 조건형성
    조건자극(CS)이 먼저 제시되지만, 무조건자극(UCS)이 제시되기 전에 조건자극(CS) 종료되는 경우
4) 역행 조건형성
    무조건자극(UCS)이 먼저 제시되고 조건자극(CS)이 나중에 제시되는 경우
※ 조건자극(CS)이 먼저 제시되고 무조건자극(UCS)이 나중에 제시되는 지연조건형성과 흔적조건형성이 학습이 잘 된다. (지연 > 흔적 > 동시 > 역행) 즉, 역행조건형성의 경우 조건자극(CS)이 무조건자극(UCS)을 전혀 예측하지 못하기 때문에 가장 비효과적이다.

018 명명척도는 정보 차이만 담고 있는 척도로 운동선수의 등번호는 적절한 예이다.

척도의 종류

1) 명명척도(= 명목척도) : 정보 차이만을 담고 있는 척도
　　예 성별, 지역, 눈 색깔 등
2) 서열척도(= 순위척도) : 상대적 크기, 순위 관계에 관한 정보도 담고 있는 척도
　　예 석차, 만족도 등
3) 등간척도(= 동간척도) : 수치 차이가 반영하는 속성 차이가 동일하다는 등간정보도 포함
　　예 지능지수, 온도 등
4) 비율척도 : 수의 비율에 관한 정보도 담고 있는 척도로 절대영점이 있는 변수를 측정한 경우에 얻을 수 있음
　　예 길이, 무게 등

019 몰개성화(deindividuation)란, 집단에 포함된 한 개인이 자신의 정체성이나 개인적인 의견, 의지 등을 잃어버리고 집단 속에 융합되어 집단원으로만 존재한다고 개인이 느끼는 심리적인 상태이다. 몰개성화(deindividuation)는 반사회적인 가치, 정의롭지 않은 행동들에 대해 사회가 미리 정해놓은 법과 규칙들을 잘 수행하고 지켜낼 수 있도록 도와줄 수도 있지만, 그 반대로 규칙과 법이 잘못된 것이거나 개인이 잘못 이해하고, 맹목적으로 믿고 있을 경우에는 부정적인 결과를 가져올 수도 있다.

020 자전거 타기와 같은 절차기억은 암묵기억의 일종이다.

장기기억의 외현기억과 암묵기억[1]

1) 장기기억은 자신이 기억하고 있는 것을 자각하면서 말로 서술할 수 있느냐 또는 없느냐에 따라 전자인 외현기억과 후자인 내현기억(암묵기억)으로 나누어진다고 했다. 외현기억은 어떤 사람의 얼굴, 대상의 이름, 어떠한 사실이나 과거의 경험과 같이 의식적으로 회상해 낼 수 있는 기억들이다. 자발적인 의지로 끄집어 낼 수 있는 기억, 우리가 공부를 해서 습득하고 이용할 수 있는 기억들이라는 뜻이다. 이러한 외현기억이 없으면 대부분의 학습된 것들은 반사적이고 원시적으로 작용할 것이다. 그러므로 자발적인 학습을 하는 주체이며 내 자신이 창조하는 외부세계의 모든 것, 즉 의식할 수 있는 사고, 자각, 감정 등의 심리적 사건들을 제공한다.
2) 외현기억
　외현기억은 일화기억과 의미기억으로 나누어진다.
　(1) 일화기억
　　일화기억은 경험에 의한 시간, 장소, 사건들에 대한 기억이다. 단편적인 한 부분만을 말하는 것이 아니라 시간의 흐름에 따른 장소에서의 사건에 대한 경험들을 말한다.

1　출처 : http://blog.daum.net/ssu42th

(2) 의미기억

의미기억은 어떠한 사건이나 대상에 대한 사실에 대한 기억이다. 일반적으로 말하는 교육을 통해서 습득되는 지식들인데 범주화 과정을 거쳐서 저장이 되는 개념적인 지식을 말한다. 범주화라는 것은 올빼미, 참새를 '조류'라는 범주로 같이 분류하고 늑대와 양을 '포유류'라는 범주로 분류해서 기억으로의 저장이 쉽게 체계화 시키는 것을 말한다.

3) 암묵기억

암묵기억은 학습을 통하여 습득된 활동이나 기술, 특정한 무의식적인 행동들의 기억을 말한다. 암묵기억은 절차기억, 조건화, 점화(priming) 효과로 나눌 수 있다.

(1) 절차기억

절차기억은 자전거타기, 악기 연주하기와 같은 특별한 기술에 대해 '어떻게 하느냐?' 하는 방법에 대한 기억이다. 보통 이러한 기술에 대한 기억들은 한번 저장이 되면 평생 동안 저장되기도 한다.

(2) 조건화

조건화는 고전적 조건화, 조작적 조건화, 연합적 조건화, 공포 조건화 등의 기억들을 말한다. 조건화란 한 자극의 조건 뒤의 상황이 학습됨으로써 일단 학습으로 인해 기억으로 저장이 되면 뒤의 상황이 연출되지 않아도 앞의 한 자극의 조건만으로도 뒤의 상황을 예측하여 행동이나 반사가 일어나는 것을 말한다. 가장 쉬운 예를 들어보면 개에게 종을 울리고 밥을 지속적으로 주게 되면 일정 시간이 지나서 개에게 종만 울리고 밥을 주지 않아도 개는 밥을 줄 것이라는 것을 예상하여 침을 흘리는 반사(고전적 조건반사)가 일어난다. 또 특정한 길을 가다가 집 앞의 개에게 물렸다면 다음에는 그 길을 가지 않으려고 하는 것도 조건화(공포 조건화)이다.

(3) '점화(priming)' 효과

이것은 한 매개체를 통해서 과거의 기억들이 표상(representation)되는 것을 말한다. 특히 인체의 90%가 시각입력으로부터 외부정보를 얻고 있는 만큼 시각적인 매개체를 통한 점화가 가장 많고, 표상 또한 시각적으로 대부분 이루어진다. 예를 들어 어린 시절 사진을 보았다면 그때의 경험들이 떠오를 것이다. 사진이라는 하나의 매개체를 통해서 원하든 원하지 않던 간에 자동적으로 떠오르는 것이다. 물론 거기서 더 많은 기억은 의지적인 노력에 의해서 떠올릴 수 있기도 하다. 시각적인 매개체뿐만 아니라 특정한 향기나 맛 등의 외부의 감각들에서도 점화를 통한 회상이 일어날 수 있으며 심지어 내부의 사색 과정에서도 문득 다른 과거의 경험이나 사건, 사실들이 떠오를 수 있다.

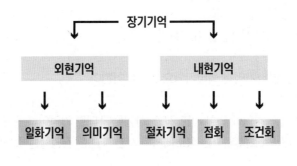

<장기기억의 유형[2]>

021	②	022	④	023	②	024	④	025	④	026	③	027	②	028	①	029	④	030	①
031	④	032	③	033	④	034	②	035	③	036	①	037	①	038	④	039	④	040	③

021 동기와 즐거움의 상실 등이 여기에 속한다. - 음성증상

실력다지기

조현병의 음성증상 (negative symptoms, diminished function)

양성증상이 있어서는 안 될 것이 새로 생기는 증상이라면, 음성증상은 있어야 할 것이 없어지는 증상이다.

1) 자발적인 언어의 제한(alogia)

말을 거의 못하는 경우 뿐만 아니라, 말이 많더라도 의미가 전달되는 말이 거의 없다.

2) 무쾌감증(anhedonia)

즐거움을 느끼지 못하고, 취미를 가지는 데도 흥미가 없고, 성욕도 줄어든다.

3) 자극에 대한 행동유발 저하(avolition)

활동을 많이 하기 싫어한다.

4) 단조로운 정동(affective flattening)

겉으로 보기에 매우 단조롭고 억양없는 목소리로 말한다. 안면 표정의 변화도 별로 없다. 실제로는 피부전도도를 관찰해보면 생리적인 변화는 일반인과 차이가 없고, 겉으로 드러나는 점만 그렇다.

5) 감정의 감소

정동이 드러나는 표현이라면 감정(emotion)은 실제 환자가 느끼는 것이다. 실제 감정 자체도 줄어든다.

6) 집중력 저하

022 정신장애는 인지적 기능의 편향 및 결손과 밀접하게 연관되어 있는 것은 인지적 입장의 이론이다. 그리고 인간의 감정과 행동은 주관적, 심리적 현실에 의해서 결정되는데 이는 자신의 주관적인 신념이나 사고가 주 원인이 된다는 것이다.

023

외상 후 스트레스 장애(PTSD)와 Edna Foa 박사의 지속노출치료(PE)

1) 외상 후 스트레스장애(Post - Traumatic Stress Disorder, PTSD)

(1) 외상 후 스트레스 장애는 자신이나 타인에게 죽음이나 상해 당할 것에 대한 실제적 혹은 지각된 위협을 수반하는 사건을 경험하거나 목격(외상)한 후 나타나는 정신적인 고통이 1개월 이상 지속되는 경우를 의미한다.

(2) 주로 성범죄, 가정폭력, 각종 재해, 사고, 고문 등과 같은 사건 사고로 인하여 발생하며, 증상은 구체적으로 충격의 재경험, 회피 그리고 과경계 증상으로 나타난다.

(3) 충격을 다시 경험하는 피해자의 경우에는 기억, 꿈, 환각을 통해 사건 당시와 같은 강렬한 느낌이 재연될 수 있다.

(4) 회피 증상을 경험하는 경우 외상과 관련된 상황, 생각과 활동을 회피하고 활동에 대한 흥미가 감소하고 타인과의 관계가 분리되며 감정의 범위가 제한된다.

(5) 마지막으로 각성의 증가 증상으로는 수면 장애, 분노 폭발, 주의집중 곤란과 과다 경계 증상이 나타날 수 있다.

(6) 외상 후 스트레스 장애로 어려움을 겪는 피해자들은 감정이 비현실적이고, 분노심과 피해의식에 휩싸이며 수치심을 느끼기 쉽다.

(7) 어린이의 경우에는 경험 자체에 대한 꿈 대신에 악몽을 꾸는 경향이 있고, 위통, 두통, 학교 공포, 외부인에 대한 공포로 나타날 수 있다.

(8) 또한 알코올이나 약물 남용, 자해적 행동과 자살 시도, 직업적 무능력, 대인관계 어려움이 나타날 수 있다.

2) 에드나 포아(Edna Foa)의 지속노출치료(PE, Prolonged Exposure)

(1) 지속노출 기법으로써, 성폭력, 가정폭력, 재난, 사고, 범죄, 고문 등 각종 외상 후 스트레스 장애(PTSD)를 단기간에 매우 효과적으로 치료할 수 있는 과학적으로 검증된 유일한 심리치료 기법이다.

(2) 다시 말하면, 현재 과학 수준에서 PTSD를 치료할 수 있는 가장 좋은 심리치료법은 지속노출치료(Prolonged Exposure Therapy, PE)이다.

(3) 최소 3개월에서 6개월 정도 안에 대부분의 증상이 완화되는 과학적으로 효과가 검증된 치료기법이며, 미국에서는 대부분의 병원과 심리클리닉에서 매우 각광받고 있는 심리치료이다.

024　김씨의 경우 반사회성 성격장애(일종의 싸이코패스)와 관련이 있다. 이 성격장애의 요인을 판단할 경우 ③번과 같은 생물학적 요인, ①번, ②번과 같은 환경적인 요인을 살펴볼 수 있다. 테스토스테론 호르몬의 수치가 정상 수준인지 여부는 관련이 없다.

025　학습장애 아동은 뇌 손상이 있을 수 있거나, 인지적 정보처리과정에 문제가 있을 수 있다.

026　사회불안장애는 공포스러운 사회적 상황이나 활동상황에 대한 회피, 예기 불안으로 일상생활, 직업및 사회적 활동에 영향을 받는다.

① 생리학적으로 교감신경계의 활성 등의 생리적 반응에서 기인하며 기본적으로 불안과 공포 등은 교감신경계의 활성화에 기인한다.

② 터널이나 다리에 대해 공포반응이 일어나는 경우이다. - 특정 공포증(상황형)

④ 특정 뱀이나 공원, 동물, 주사 등에 공포스러워 한다. - 특정 공포증

027　DSM - 5에서 주요 우울장애는 주기적인 활력의 증가와 감소가 아니라, 거의 매일의 피로나 활력 상실의 핵심증상이다.

실력다지기

주요 우울증 삽화의 진단 기준

1) 다음 증상 가운데 5개(또는 그 이상) 증상이 연속 2주 기간 동안 지속되며, 이러한 상태가 이전 기능으로부터의 변화를 나타내는 경우; 위의 증상 가운데 적어도 하나는 우울 기분이거나, 흥미나 즐거움의 상실이어야 한다.

주의　명백한 일반적인 의학적 상태나 기분과 조화되지 않는 망상이나 환각으로 인한 증상이 포함되지 않는다.

(1) 하루의 대부분, 그리고 거의 매일 지속되는 우울한 기분이 주관적인 보고(슬프거나 공허하다고 느낀다)나 객관적인 관찰(울 것처럼 보인다)에서 드러난다.

　　주의　소아와 청소년의 경우는 과민한 기분으로 나타나기도 한다.

(2) 모든 또는 거의 모든 일상 활동에 대한 흥미나 즐거움이 하루의 대부분 또는 거의 매일같이 뚜렷하게 저하되어 있을 경우(주관적인 설명이나 타인에 의한 관찰에서 드러난다.)

(3) 체중 조절을 하고 있지 않은 상태(예 1개월 동안 체중 5% 이상의 변화)에서 의미 있는 체중 감소나 체중 증가, 거의 매일 나타나는 식욕 감소나 증가가 있을 때

　　주의　소아의 경우 체중 증가가 기대치에 미달되는 경우 주의할 것

(4) 거의 매일 나타나는 불면이나 과다 수면

(5) 거의 매일 나타나는 정신 운동성 초조나 지체(주관적인 좌불안석 또는 처진 느낌이 타인에 의해서도 관찰 가능하다)

(6) 거의 매일의 피로나 활력 상실

(7) 거의 매일 무가치감 또는 과도하거나 부적절한(망상적일 수도 있는) 죄책감을 느낌(단순히 병이 있다는 데 대한 자책이나 죄책감이 아님)

(8) 거의 매일 나타나는 사고력이나 집중력의 감소, 또는 우유부단함(주관적인 호소나 관찰에서)

(9) 반복되는 죽음에 대한 생각(단지 죽음에 대한 두려움뿐만 아니라), 특정한 계획없이 반복되는 자살 생각 또는 자살 기도나 자살 수행에 대한 특정 계획

2) 증상이 혼재성 삽화의 기준을 충족시키지 않는다.

3) 증상이 사회적, 직업적, 기타 중요한 기능 영역에서 임상적으로 심각한 고통이나 장애를 일으킨다.

4) 증상이 물질(예 약물 남용, 투약)이나 일반적인 의학적 상태(예 갑상선 기능저하증)의 직접적인 생리적 효과로 인한 것이 아니다.

5) 증상이 사별에 의해 잘 설명되지 않는다. 즉, 사랑하는 사람의 상실 후에 증상이 2개월 이상 지속되거나, 현저한 기능 장애, 무가치감에 대한 병적 집착, 자살 생각, 정신증적 증상이나 정신성 운동 지체가 특징적으로 나타날 경우에만 이 장애의 진단이 내려진다.

028　벤조디아제핀은 신경전달물질인 GABA의 효과를 향상시켜 진정작용, 수면작용, 항불안 작용, 항경련 작용, 근육이완과 기억상실을 일으킨다. 이 같은 특성으로 인해서 벤조디아제핀은 불안완화, 불면증, 흥분, 발작, 경련, 알코올 중독과 의학적 혹은 치과에서 마취를 하기 전에 사용된다.

029　수정 탈출이 어렵거나 곤란한 장소 또는 공황발작과 같이 갑작스런 곤경에 빠질 경우 도움을 받을 수 없는 장소나 상황에 대한 공포를 나타내는 불안장애는 광장공포증이다.

② 사회공포증은 다른 사람들과 상호작용하는 사회적 상황을 두려워하는 공포증이다.

③ 폐쇄공포증은 밀실공포라고도 하며 '창문이 작거나 없는 밀실에서 극심한 공포를 느끼는 증상'을 일컫는다. 이 경우 엘리베이터를 타는 것도 무척이나 힘들며 고소공포증과 마찬가지로 공황발작을 일으킬 수 있다.

030　신경증적 경향성(N) : 스트레스에 대한 반응, 기분변화 정도, 우울성향, 정신상태와 관련된 신체적 질병 유무 : 정서적인 가변성이나 과민성

② 외 - 내향성(E) : 타인과 어울리는 사교성, 타인과의 관계에서의 사회적 주도성, 적극성

③ 정신병적 경향성(P) : 정신병력과 관계 있으며 비정상적으로 표출되는 공격성, 비동조성, 불일치성, 충동성 등

④ 허위성(L) : 자신에 대한 과장된 평가경향 또는 솔직성

031 게슈탈트치료는 정신장애에 대한 사회문화적 치료라기보다는 형태주의 심리학에 기반한 개인치료라고 할 수 있다.

032 <u>칼 아브라함 : 우울증은 구강기와 항문기의 가학적 성향에서 나온다고 보았다.</u>
칼 아브라함은 우울증은 구강기와 항문기의 가학적 성향에서 나오며 반동형성이 주된 기저이며, 자존심 저하, 재미없음, 내향화가 흔히 관련된다고 하였다.

> **코헛(Kohut)의 자기심리학**
>
> Heinz Kohut하면 자기심리학이 연상된다. 다른 대상관계 이론가들과 마찬가지로 그도 대상 표상과 인간관계가 성격 형성과 기능에 미치는 영향에 많은 관심을 두었다. 특히 다른 사람들과의 관계가 자기 인식 발달에 중요함을 강조했다. Kohut은 유아기에 중요 욕구를 충족시켜주는 사람들을 자기대상이라고 했는데, 이는 그들이 유아에게는 확장된 자기로 인식되기 때문이다. 아이들의 요구에 지나치게 잘 응해주거나 적절히 응해 주지 못하게 되면, 자기 개념이 제대로 발달하지 못하여 자기도취적 성격을 만들어 낼 수도 있다. 이런 사람은 타인으로부터의 관심과 보살핌을 과도하게 계속적으로 요구할 수도 있다. Kohut이 기술한 과정은 초기 분리 - 개인화의 과정과 여러 면에서 유사하다. 마흘러와 마찬가지로, Kohut도 초기의 부모와의 관계가 미래의 인간관계를 결정한다고 생각했다. 적절한 자기감 형성은 성숙적이고 독립적인 관계가 이루어지도록 한다. 그러나 부적절한 자기감의 발달은 불평등감, 과도한 요구, 심한 혼란 등의 관계를 산출한다.

033 <u>분노나 복수를 하기 위해서 훔치는 것은 아니며 망상이나 환각에 반응하여 훔치는 것과도 다르다.</u>

실력다지기

> **병적 도벽**
> 남의 물건을 훔치고 싶은 충동을 참지 못해서 반복적으로 도둑질을 하는 경우이다.
> 1) 개인적으로 필요치 않은 하찮은 물건을 훔침
> 2) 훔친 물건을 살 만한 돈을 가지고 있음
> 3) 훔친 물건은 버리거나 다시 제자리에 몰래 갖다 놓기도 함
> 4) 미리 계획된 행동이 아닌 충동적 행동으로 언제나 혼자 저지름
> 5) 훔치다 붙잡혀서 사회적 체면을 손상받지 않을까 하는 우려로 우울, 불안, 죄책감에 시달리기도 함
> 6) 동반질환 : 만성우울, 신경성 식욕부진증, 과식욕, 방화광(특히 여성에서)
> 7) 대부분 소매상에서 훔침
> 8) 개인적으로 쓸모가 없거나 금전적으로 가치가 없는 물건을 훔치려는 충동을 저지하는데 반복적으로 실패한다.
> 9) 훔치기 전에 고조되는 긴장감을 경험한다.
> 10) 훔친 후에 기쁨, 충족감, 안도감을 느낀다.

034 급식 및 섭식장애에서 부적절한 보상행동에는 <u>스스로 유도하는 구토 또는 하제, 이뇨제, 관장제의 남용</u>이 있다.

실력다지기

급식 및 섭식장애 중 신경성 식욕부진증 진단 기준

1) 연령과 신장에 비하여 체중을 최소한의 정상 수준이나 그 이상으로 유지하기를 거부한다.
2) 낮은 체중임에도 불구하고 체중 증가와 비만에 대한 극심한 두려움이 있다.
3) 체중과 체형이 체험되는 방식이 왜곡되고, 체중과 체형이 자기 평가에 지나친 영향을 미치며, 현재의 낮은 체중의 심각함을 부정한다.
4) 월경이 시작된 여성에서 무월경, 즉 적어도 3회 연속적으로 월경 주기가 없다(만일 월경 주기가 에스트로겐과 같은 호르몬 투여 후에만 나타날 경우 무월경이라고 간주된다).
5) 유형의 세분화
   (1) 제한형 : 신경성 식욕 부진증의 현재 삽화 동안에 규칙적으로 폭식하거나 하제를 사용하지 않음(즉, 스스로 유도하는 구토 또는 하제, 이뇨제, 관장제의 남용이 없음)
   (2) 폭식 및 하제 사용형 : 신경성 식욕 부진증의 현재 삽화동안 규칙적으로 폭식하거나 하제를 사용함(즉, 스스로 유도하는 구토 또는 하제, 이뇨제, 관장제의 남용).

035 사회공포증(사회불안장애)은 다른 사람들과 상호작용하는 사회적 상황을 두려워하는 공포증이다. <u>사회불안장애(사회공포등)은 공포가 너무 지나치거나 비합리적임을 인식한다.</u>

<u>Pavlov의 실험으로 밝힌 실험 신경증(experimental neurosis)은 자극변별의 실패</u>

1) Pavlov는 조건 형성의 원리들이 다양한 여러 현상을 설명한다고 생각하였다.
2) 특히, 그는 이 원리들을 사람의 성격과 관련시켰는데, 그 이유는 개와 인간의 근본적인 차이는 흥분과 억제 간의 균형이라고 생각했기 때문이다.
3) 흥분 성향인 사람은 지나치게 멋대로 하려는 경향을 보이며, 억제 성향인 사람은 반응의 기민성이 부족한 경향을 보인다.
4) Pavlov는 흥분과 억제의 갈등이 신경증(neurosis)의 기초라고 생각하였다.

036 <u>어린 나이에 시작된 품행장애는 성인기에 반사회성 성격장애를 보일 가능성이 있어서</u> 아동기 발병형은 청소년기 발병형에 비해 성인기까지 지속되는 경향이 있다.

037 <u>모르핀과 헤로인은 진정제의 대표적 종류이다.</u>

CF 흥분제(각성제)는 암페타민, 코카인, 에페드린, 메틸페니데이트, 카페인 등이며, 진정제는 알코올, 헤로인, 모르핀, 바리움, 벤조다이아제핀 등이다.

038　노출(exposure) 및 반응 방지(response prevention) 기법은 강박장애 환자의 치료로 유명하다.

> **심화학습**
>
> 강박장애 환자의 치료기법 및 효과적인 치료과정 4단계
>
> 1) 노출(exposure) 및 반응 방지(response prevention) 기법 - ERP
>   노출 및 반응 방지 기법은 강박증 환자가 불안을 느끼는 어떤 상황에 노출시킨 후에 불안을 줄이기 위해서 보이는 강박행동을 못 하도록 막는 것이다.
> 2) 치료과정 4단계
>   (1) 1단계 : 치료 프로그램의 과정과 목적 공유
>   치료프로그램(ERP)의 과정과 목적 등을 환자와 공유하여 환자가 치료과정에 적극적으로 임하고 동기부여를 할 수 있도록 한다.
>   (2) 2단계 : 노출 및 반응방지법 진행
>   환자의 불안과 증상으로 나타나기까지의 과정에 대한 이해를 바탕으로 불안을 스스로 완화하는 방법을 연습하는 동시에 강박행동을 줄이는 데까지 연습이 이루어지도록 한다.
>   (3) 3단계 : 왜곡된 인지적 평가 수정
>   환자가 흔히 왜곡되게 인지하는 경우와 상황은 어떤 것들이 있는지 확인하고 그 다음으로 환자 스스로가 자신의 왜곡된 인지를 알고 평가하여 이를 올바르게 고쳐나가는 방법을 익혀나가도록 한다.
>   (4) 4단계 : 재발 방지 및 효과 평가
>   이 과정은 환자 가족이 생각하기에 환자가 호전증상을 보이고 있는 상황에서 불필요하게 느껴질 수 있지만, 이 과정을 통해 강박증 재발과 더 악화될 수 있는 상황과 대처방법에 대해 논의하고 익히며 종결하게 된다.

039　질병불안장애(illness anxiety disorder)는 DSM-5 분류상 신체증상 및 관련 장애에 해당한다. 신체증상 및 관련 장애의 하위유형으로는 신체증상장애, 질병불안장애, 전환장애, 허위성 장애가 있다.

> **실력다지기**
>
> 불안장애(Anxiety Disorders)　**암기법**　불안장애 = 공사/선분/특광범
>
> 1) 불안과 공포를 주된 증상으로 하는 장애
> 2) 하위유형
>   (1) 분리불안장애(Separation Anxiety Disorder)
>   (2) 선택적 무언증(Selective Mutism)
>   (3) 특정 공포증(Specific Phobia)
>   (4) 사회불안장애(Social Anxiety Disorder) = 사회공포증
>   (5) 공황장애(Panic Disorder)
>   (6) 광장공포증(Agoraphobia)
>   (7) 범불안장애(Generalized Anxiety Disorder)

040　아세틸콜린(acetylcholine)은 신경세포에서 주변 신경세포 또는 근육이나 분비선의 세포로 신호를 전송하기 위해 분비되는 신경전달물질이다. 아세틸콜린(acetylcholine)은 세포의 상호 소통을 도와주며, 아세틸콜린은 기억, 학습 및 집중에 도움을 준다.

041	④	042	②	043	①	044	③	045	④	046	②	047	④	048	④	049	①	050	④
051	④	052	①	053	③	054	②	055	①	056	②	057	③	058	①	059	①	060	②

041 FBS 척도는 증상타당성을 의미한다. 이 척도의 높은 점수는 신체적, 인지적 증상에 대한 과대보고를 시사한다.

실력다지기

증상타당도 척도 (Symptom Validity, FBS)

1) 2011년 7월부터 MMPI - 2 타당도 척도 상에서 증상 타당도 척도(Symptom Validity, FBS)가 추가되었다.
2) FBS(증상 타당도) 척도
FBS 척도는 총 43개의 문항으로 구성되어 있으며, 개인 상해 소송(personal injury litigation) 장면에서 자신의 증상을 과장하는 사람들을 가려내기 위한 목적 하에 개발되었다(Lees - Haley, English와 Glenn, 1991).

042 심리평가는 전문지식, 면담, 행동관찰, 심리검사를 포함하는 것이다. 즉, 심리평가란 개인의 다양한 심리적 속성(지능, 성격, 이상행동, 정신병리 등)을 심리학적 전문지식에 근거하여 면접, 행동관찰, 심리검사 등의 방법을 통해 단기간에 평가하는 작업을 말한다. 따라서 직업관은 거리가 멀다.

043 코너스 평정척도(Conner's Rating Scale)는 ADHD 평정척도에 해당한다. 즉, 아이의 행동을 잘 보고 관찰한 후 여러 문항을 점수로 매겨 ADHD의 가능성을 추측하는 방법이다. 이는 연속수행과제, 주의력 등 의 측정영역이 있다. ADHD의 진단검사는 한국판 ADHD진단검사, WWP 활동평정척도, 주의력결핍과잉행동장애 종합교사평정척도, 주의력결핍 과잉행동장애 평정척도, 코너스 교사평정척도, 코너스 부모평정척도, 축약형 질문지, 가정상황질문지, 학교상황질문지가 있다. 낯선 상황(strange situation) 검사(에인스워스)는 애착행동을 측정하여 애착유형을 분석하는 것이다.

코너스 교사평정척도 (Conners Teacher Rating Scale: CTRS)

1969년에 Conners가 개발한 것으로 39문항으로 구성되었으나 Goyett 등(1978)이 이것을 바탕으로 개정한 것은 28문항으로 구성되어 있다. 행동문제, 과잉행동 등을 측정하는데에 유용하지만 우울, 불안 등의 문제를 측정하는 데에는 유용하지 않다. 약물효과 혹은 처치 프로그램의 효과를 알아보는데 효과적으로 이용될 수 있다. 과잉행동 지수의 점수가 1.5이상인 경우와 각 요인별로 규준집단의 평균치에서 상위 2표준편차 이상인 경우 ADHD로 진단된다.

코너스 부모평정척도 (Conners Parents Rating Scale: CPRS)

1970년에 Conners가 개발한 것으로 93항과 개정판 48문항이 있다. 3세~17세 아동 570명을 대상으로 보고하였으며 ADHD를 처음으로 진단하는 것으로 사용되기보다는 약물효과나 부모훈련 효과 혹은 아동의 자기조절 훈련의 효과를 알아보고자 하는데 더욱 효과적이다. 하위요인은 품행문제, 학습문제, 심신문제, 충동 - 과잉행동문제, 불안 등의 요인과 과잉행동 지수를 나타내는 문항으로 분리하여 채점한다. 과잉행동 지수의 점수가 1.5이상인 경우와 각 요인별로 규준집단의 평균치에서 상위 2표준편차 이상인 경우 ADHD로 진단된다.

044 베일리 발달척도(BSID - Ⅱ)를 구성하는 하위 척도에 사회성 척도(social scale)는 없다.

Bayley 발달척도(BSID - Ⅱ)를 구성하는 하위 척도

1) 운동척도(Motor Scale) : 운동능력의 평가
 - 소근육 발달 : 잡기, 쓰기, 도구의 사용, 손 운동의 모방 등
 - 대근육 발달 : 구르기, 기기, 앉기, 서기, 걷기, 뛰기, 균형 잡기 등
2) 정신척도(Mental Scale)
 - 인지 발달 : 기억, 문제해결, 일반화, 분류, 변별, 타인 조망, 숫자 세기 등
 - 언어 발달 : 발성, 어휘, 수용 언어, 표현 언어, 전치사 사용 등
 - 개인/사회성 발달
3) 행동평정 척도(BRS : Behavior Rating Scale) : 사회적 반응이나 목표지향성 같은 아동의 행동평가
 - 아동의 주의 및 각성 상태
 - 과제 및 검사자에 대한 참여 정도, 정서 조절
 - 운동의 질

045 보스턴 이름대기 검사(한국판)는 15세 이상의 성인 남녀에게 적용되며, 뇌졸중, 간질, 뇌 외상, 퇴행성 뇌질환에 수반되어 나타나는 [언어영역의 손상 정도]를 측정하는 검사로서 종합적인 신경심리 및 신경언어학적 평가도구의 일부로서 중요한 역할을 하고 있다. 실어증은 물론 치매의 조기 발견, 치매의 정도를 판별하는 데 효과적이며 또한 알츠하이머성 치매와 가성치매 간의 감별 진단에도 적용될 수 있고, 언어장애 환자들을 대상으로 한 임상 연구 활동에도 중요한 검사이다. 보스턴 이름대기 검사(한국판)를 실어증 환자를 대상으로 실시하는 경우 전반적인 환자의 상태를 알아보기 위해 언어검사를 먼저 실시한 후 세부검사로 이름대기 검사를 실시한다. 보스턴 이름대기 검사(한국판)는 언어장애 환자들을 대상으로 한 임상연구 활동에 적용이 가능하다.

전두엽 / 집행기능 평가를 위한 신경심리검사들

전두엽 / 집행기능은 Motor impersistence, Contrasting Program, Go - No - Go, Fist - Edge - Palm, Alternating Hand movement, Alternating Square and Triangle, Luria Loop, Controlled Oral Word Association Test(COWAT) 및 Korean - Color Word Stroop Test(K - CWST), 위스콘신 카드분류검사(WCST), 하노이 탑 검사(Tower of Hanoi test)로 평가한다.

046
1) 지능지수 또는 IQ는 지적 능력을 수치적으로 측정하기 위해 고안된 시험에 의해 산출되는 점수이다.
2) IQ라는 용어는 독일의 Intelligenz - Quotient에서 변화한 것으로 독일의 정신학자 윌리엄 스턴(William Stern)이 1912년에 현대의 어린이들의 인지 검사(20세기 초에 알프레드 비네, Theodore Simon가 개발한 것과 같은)의 점수를 매기는 방식으로 제안한 것이며, 이 용어는 생활 속에서 일상적으로 쓰인다.
3) Stern이 사용한 IQ산출 계산방식인 비율지능지수(RIQ)는 (피험자의 정신연령÷피험자의 생육(신체)연령)×100 으로 산출된다.
4) 예를 들어 만 나이 5세의 아동이 지능검사를 실시한 결과 6세의 정신연령을 가지고 있었다면 이 아동의 비율지능지수는 (6 ÷ 5) × 100 = 120 임을 알 수 있다.

047   문항의 난이도가 높아질수록 개인의 능력을 변별할 수 있는 가능성이 줄어든다. 난이도가 적절해야 변별력도 좋아진다.

실력다지기

신뢰도 계수

1) 신뢰도 계수는 신뢰도를 추정하는 데 사용된다.

2) 신뢰도는 전체변량 가운데 진점수에 의한 변량이 어느 정도이고 오차에 의한 변량이 어느 정도인지를 말하는 것이므로 신뢰도에 의해 산출된 값(계수)은 한 검사의 신뢰도 추정치가 된다.

3) 신뢰도 계수는 상관계수를 제곱한 의미, 즉 결정계수와 같이 해석된다.

4) 예를 들어, 신뢰도가 0.81이라는 것은 81%가 검사의 진점수 변량에 의해 설명되며 나머지 19%는 오차변량이라는 의미이다.

5) 신뢰도 계수가 낮아 신뢰도가 확보되지 않으면 타당도도 낮아지게 된다.

048   ① 성취나 적성 모두는 유전의 영향과 환경의 영향을 받는 것으로 본다.

② 성취도 검사와 적성검사의 차이는 문항형식이나, 측정하는 것이 무엇인가가 아니라, 검사를 제작하는 방법과 제작자의 목적에 있다.

③ 대부분의 학자들은 적성을 일반능력보다는 특수능력으로 본다.

049   ② 심리평가 면담 시 내담자 본인에게 얻은 정보보다는 다른 정보 출처를 최우선으로 한다. Ryan, Hammond, Beers(1998)는 다양한 출처로부터 정보를 수집하기 위한 지침을 제안하기도 하였다. 예를 들어 입원환자의 경우 직원들과 함께 아동의 상호작용을 관찰하거나, 아동의 행동 및 부모 – 자녀 상호작용에 대해 직원으로부터 정보를 얻도록 제시하였다.

③ 면담 초기 정보획득을 위해 구체적인 사안을 다루는 개방형 질문으로 시작한다.

④ 심리검사를 받는 이유와 증상에 대한 질문은 면담의 첫 부분에 한다.

050   아동용 주제통각검사(CAT)는 아동의 발달적 수준을 측정하기 위한 것이 아니라, 성격을 측정하는 투사형 성격검사이다.

실력다지기

인물화 검사

인물화 검사는 아동의 지적 수준을 조사하고 청각장애와 신경의 결함등을 가진 아동을 연구하는 것이 목적이다. 특히 인물화 검사에 의해 측정하는 "지능"의 개념은 지적 성숙, 엄밀히 말해서 개념적 성숙이란 의미로 생각하는 것이 좋다. 이것은 아동이 인간의 모습에 대해서 갖고 있는 개념의 한 표본으로 보기 때문이다. 따라서 인물화에 의해 측정되는 지능은 선천적인 정신능력이기 보다 학습에 의해 측정되고 시간의 경과에 따라 반응이 풍부해진 지적 성숙을 의미하며 본 검사는 이런 지능을 측정하는 것을 그 목적으로 한다.

사회성숙도 검사

사회성숙도 검사는 자조(SH - self help), 이동(L - locomotion), 작업(O - occupation), 의사소통(Ccommunication), 자기관리(SD - self direction), 사회화(S - socialization) 등과 같은 변인으로 구성되는 사회적 능력, 즉 적응행동을 평가 혹은 측정하는 도구이다.

BGT

벤더도형검사(BGT)는 임상가들에 의해 가장 자주 사용되는 심리학적 검사의 하나로 원래 두뇌의 기질적 장애를 평가하기 위한 목적으로 제작되었으나, 현재는 뇌 손상이나 시각 - 운동 협응에 대한 발달적 평가 외에, 성격평가를 위한 투사적 기법 등 다양한 목적으로 폭넓게 사용되고 있다.

051 일반능력지수는 언어이해지수와 지각추론지수의 합산점수로 산출한다.

> ### 비네 (A. Binet)
> 1) 비네는 1905년 의사 T. Simon의 도움을 받아 정신박약아를 판정하기 위한 검사를 작성하였으며 이것이 지능검사의 시초라고 일컬어지고 있고 이 때문에 Binet는 지능검사의 아버지라고 불리고 있다.
> 2) 비네는 일반지능의 본질로서 일정한 방향을 설정하고 그것을 유지하는 능력, 목표달성을 위해 일하는 능력, 행동의 결과에 대해서 수정하는 능력 등의 세 가지 면을 들고 있다.
> 3) 즉, 비네는 새로운 상황에의 적응행동을 지능으로 보고 지능의 본질로서 방향성, 목표 적합성 및 수정(자기비판)의 세 가지 측면을 생각하고 있다.

실력다지기

지능

1) Terman : 지능을 추상적 사고를 할 수 있는 능력으로 보았다.
2) Binet : 지능에는 판단력, 실제적 감각, 주도력, 그리고 환경에 대한 적응력이 포함되어야 한다고 보았다.
3) Wechsler : 지능은 합리적으로 사고할 수 있는 능력, 목적을 갖고 행동하는 능력, 그리고 환경에 효과적으로 대처하는 능력으로 간주하였다.
4) Horn : 유동적 지능(fluid intelligence)과 결정적 지능(crystallized intelligence)의 2차원으로 구별하였다.

052 신뢰도는 검사를 한 번 실시해서 산출할 수 있는데, 그것은 문항 내적합치도(내적 일관성 방법)인 크론바흐 알파계수를 측정하는 것이다. 가장 많이 활용하는 방법이다.

053 BSID - II (Bayley Scale of Infant Development - II)는 운동척도, 행동척도, 정신척도의 3가지 척도로 구성되어 있다.

실력다지기

베일리 영유아발달검사(BSID)와 하위 척도

1) 베일리 영유아발달검사 1판(Bayley Infant Scale of Development, BSID, 1969)88
    (1) 검사 대상 : 생후 2~30개월 된 영아 대상
    (2) 영아발달척도의 구성 척도
        ① 운동척도(Motor Scale) : 운동능력의 평가
            ㉠ 소근육 발달 : 잡기, 쓰기, 도구의 사용, 손 운동의 모방 등
            ㉡ 대근육 발달 : 구르기, 기기, 앉기, 서기, 걷기, 뛰기, 균형 잡기 등

② 정신척도(Mental Scale)

　　㉠ 인지 발달 : 기억, 문제해결, 일반화, 분류, 변별, 타인 조망, 숫자 세기 등

　　㉡ 언어 발달 : 발성, 어휘, 수용 언어, 표현 언어, 전치사 사용 등

　　㉢ 개인/사회성 발달

③ 행동 평정 척도(BRS : Behavior Rating Scale) : 사회적 반응이나 목표지향성 같은 아동의 행동 평가

　　㉠ 아동의 주의 및 각성 상태

　　㉡ 과제 및 검사자에 대한 참여 정도, 정서 조절

　　㉢ 운동의 질

(3) 운동척도와 지적 척도를 합쳐서 발달지수(DQ)를 계산함

(4) 베일리 척도의 유용성

　영아들에게 정신적인 결함이나 신경학적 결함, 시각, 청각, 언어 또는 사회적 반응에서의 문제점을 발견해 내는 데 유용함

2) 베일리의 영유아발달검사 2판(BSID – Ⅱ, 1993)89

(1) 검사 대상 : 생후 1~42개월 된 영아로 확장

(2) 1970년 이후의 영아기 인지 연구의 결과를 참조하여 성장 후의 지능을 예측할 수 있는 문항을 첨가함.

덴버발달 선별검사 (Denver Development Screening Test : DDST)

덴버발달 선별검사는 자폐아동을 선별하기보다는 유아가 연령에 비해 체격이 작고 걷는 것이 안정적이지 않으며, 말할 수 있는 단어가 '엄마, 아빠'로 제한되어 있는 경우 이를 진단하기 위한 검사이다.

054

Horn(1985)의 지능모델

1) 유동성 지능을 반영하는 Wechsler 소검사

　빠진 곳 찾기, 차례 맞추기, 토막 짜기, 모양 맞추기, 공통성 문제, 숫자 외우기

2) 결정성 지능을 반영하는 Wechsler 소검사

　기본 지식문제, 어휘 문제, 공통성 문제, 이해문제

055

로샤검사의 질문단계

로샤검사의 질문단계는 피검자가 반응한 내용을 검사자가 정확하게 부호화하고 채점할 수 있도록 도와주지만, 때로는 잘못된 질문을 통하여 피검자의 응답을 유도하여 로샤검사 자료의 타당성을 저해하게 되므로 적절한 질문방식을 익혀야 한다.

1) 질문목적

　피검자가 카드에서 보았던 것을 검사자가 그대로 볼 수 있고 이에 따라 정확하게 부호화하고 채점하고자 하는 것이 질문의 목적이다.

　이러한 목적을 달성하려면 피검자에게 왜 질문이 필요하며 무엇을 이야기하도록 기대되는지를 이해시켜야 한다.

---

2) 질문단계 설명

　질문을 시작하면서 질문의 목적을 표준방식으로 설명해야 한다.

> "나는 당신이 보고 말했던 것을 그대로 보고자하며 당신이 보았던 그대로 볼 수 있기를 바랍니다. 이제 한 번에 하나씩 검토해나갈 겁니다. 이제 당신이 말했던 그대로 내가 읽으면 당신은 나에게 어디서 그렇게 보았는지를 알려주시기 바랍니다. 그리고 그렇게 보도록 만든 것이 무엇인지를 나도 알 수 있고 당신이 본 그대로를 나도 볼 수 있도록 말해주기를 바랍니다. 이해가 됩니까?"

3) 질문단계 진행

　(1) 피검자가 충분히 이해하고 준비된 상태라면 하나씩 카드를 건네주면서 "여기서 당신은 … 이렇게 이야기했습니다."라고 말하면서 피검자의 말을 그대로 반복해준다.

　(2) 어떤 피검자들은 무엇이 그렇게 보도록 만들었는지를 말하기 어려워하는데 이 때 그렇게 보도록 만든 것이 무엇인지를 설명하도록 요구해야 한다.

4) 질문의 결정

　(1) 일단 피검자의 응답이 주어지고 난 다음 위치(어디서 그렇게 보았는지), 결정요인(무엇이 그렇게 보도록 만들었는지), 반응 내용(어떤 내용인지)의 3가지 항목에 대해 채점할 수 있어야 한다.

　(2) 질문단계에서 피검자가 반응의 위치를 밝히고 나면 검사자는 반응기록지에 반응 번호별로 반응의 위치를 기록해두고 표시해 두어야 한다.

　(3) 비교적 쉽게 채점될 수 있는 반응위치와 반응 내용과는 다르게 결정요인은 정확히 알아내어 채점하는 것이 어렵다.

　(4) 대부분의 피검자는 결정요인을 명확하게 지각하고 있지 않는 상태이므로 스스로 결정요인을 쉽게 말할 수 없으므로 검사자가 질문을 해야 한다.

056 [ㄷ] 컴퓨터로 실시하는 심리검사도 특정한 교육과 자격이 필요하다.

057 구성타당도는 평가도구에 의해 구성개념이 제대로 측정되었는가를 말하는 것이다. 즉, 측정도구로 측정한 결과와 이론개념이 부합하는가의 문제로 구성개념에 대한 평가도구의 충실성을 말한다.

058 F척도는 비전형 척도로 보통사람들과는 다른 생각(정신병을 가진 사람), 이상한 태도, 이상한 경험을 가진 사람에게서 높아지는 경향이 있다.

059 신뢰도는 검사에서 측정하고자 하는 특성을 얼마나 일관되게 측정하고 있는가를 의미한다.
주제통각검사는 비표준화된 투사적 검사이다. HTP, KFD, SCT, Rorschach, CAT/TAT, BGT 등이다.
CF ② MMPI, ③ MBTI, ④ 성격 5요인 검사(Big five)는 객관적 검사(자기보고식 검사)이다.

> **참고**
>
> 투영 검사법(projective test) 또는 투사적 기법은 질문지법의 결점을 보완하는 검사로서 약한 자극이나 구성요소를 주어, 특별한 경계심을 일으키지 않고, 자유롭게 반응시켜서 개인의 욕구나 동기나 정서 등을 파악하려고 하는 성격진단의 한 방법이다. 투사적 검사라고도 한다.

060 스탠포드 - 비네 검사에 의해 지능지수(IQ)의 개념이 최초로 도입되었다.
CF 비율지능지수(IQ) = 정신연령/생활연령 × 100

| 061 | ④ | 062 | ④ | 063 | ④ | 064 | ③ | 065 | ③ | 066 | ③ | 067 | ④ | 068 | ③ | 069 | ② | 070 | ① |
| 071 | ② | 072 | ④ | 073 | ④ | 074 | ① | 075 | ③ | 076 | ④ | 077 | ① | 078 | ③ | 079 | ① | 080 | ① |

061 내담자의 동의를 반드시 받고 인적 사항을 포함한 상담 내용을 잡지에 기고하여야 한다.

062 뇌의 편측성 효과를 탐색하는 방법은 이원청취기법(양분 청취법, Dichotic Listening Technique)이다. 이원청취기법은 각 메시지를 양쪽 귀에 하나씩 들려준 다음 메시지의 재생률을 측정하는 방법으로, 반응정도에 따라 뇌의 편재화된 기능(편측성 효과)을 파악할 수 있다. 뇌의 편측성(대뇌 편재화)의 경우 뇌량의 수초화는 좌반구와 우반구를 연결해서 정보의 교환과 협응이 원활하게 한다.
① 미로검사는 지능검사에 있는 것으로, 계획능력의 측정을 위해 많이 활용하는 방법이다. 미로 추적은 미로를 따라 표적을 찾아가는 검사이다.

063 주로 과음, 흡연, 노출증 등의 문제를 해결하기 위해 활용되는 치료적 접근법은 혐오치료이다. 혐오치료법은 부적응적이고 지나친 탐닉이나 선호를 제거하는 데 사용되는 행동치료 방법이다. 혐오치료에서 주로 사용되는 자극은 전기와 화학약물이다. 전기치료에서는 환자가 바람직하지 않은 행동을 할 때마다 약간 고통스러운 전기 쇼크를 가한다. 이 방법은 변태성욕을 치료하는 데 사용되어왔다. 화학치료법에서는 바람직하지 않은 행동과 결합될 때, 구토와 같은 불쾌한 효과를 내는 약물이 환자에게 투여된다. 이 방법은 약을 복용하고 술을 마시면 구토증이 일어나게 하여 알코올 중독 치료에 흔히 사용되어왔다.

064 사회기술 훈련 프로그램(대인관계 향상 등)의 구성요소로, 문제해결 기술, 의사소통 기술, 자기주장 훈련 등이 포함된다. 증상관리 교육은 거리가 있다.

> **실력다지기**
>
> 사회기술의 구성요소
> 1) 미시적(微視的) 구성요소
>   (1) 사회적 각성 또는 수용기술 : 상대방의 반응과 기분 상태를 정확하게 파악하고 인식하는 능력이다.
>   (2) 인지기술, 문제해결기술, 처리기술 : 가능한 대안(代案) 중에서 최선의 해결책을 선택하는 기술로서 문제해결기술, 추상적(抽象的) 사고능력, 등이 필요하다.
>   (3) 행동적 테크닉 또는 표현(자기주장)기술 : 대인관계 상황에서 언어적·비언어적 요소를 효율적으로 사용하여 적절하게 표현하는 기술이다.
> 2) 대국적 구성요소
>   미시적(微視的) 구성요소들이 복합적으로 이루어져서 사회기술이 되는 것으로서, 표현사건 해결기술, 위생관리기술, 사교기술, 자기주장기술, 금전관리기술, 스트레스관리기술, 직업유지기술, 일상생활기술 등이 있다.

065 정신질환자의 사회복귀정책은 많은 지역사회 자원이 연계되는 사례관리가 활발히 이루어지므로 기관에 수용하는 정책보다 국가예산이 적게 소요된다.

066   인본주의, 현상학 이론의 학자인 Rogers는 내담자 중심이론을 발전시켰다.

067   ① 그 프로젝트가 성공하지 못한 것은 나 때문이다. – 개인화
　　　　② 나는 완벽해져야 하고 나약함을 보여서는 안 된다. – 절대적 사고(당위적 사고)
　　　　③ 나는 성공하거나 실패하거나 둘 중 하나이다. – 이분법적 사고

068

> **유사관찰법 (통제관찰법, analogue observation)**
> 1) 관찰의 효율성을 높이기 위해 내담자가 문제행동을 보이는 상황을 조작[예 일방거울(one - way mirror)] 해놓고 그 조건에서의 문제행동을 관찰하는 것이다.
> 2) 예를 들어, 가족관계, 사회적 관계, 아동의 행동, 부부 간 행동을 상담실(임상심리클리닉에 설치된 일방거울이 있음)에서 평가하거나 역할참여놀이 상황에서 평가하는 것이다.
> 3) 발생빈도가 낮고 자연스런 환경에서는 관찰하기 어려운 행동의 경우 유용하다.

문항분석

> **자연관찰법 (naturalistic observation)**
> 내담자의 집, 학교, 병원 등에서 자연스럽게 나타나는 문제행동을 관찰하는 것이다.
>
> **자기관찰법 (self - monitoring)**
> 개인은 미리 계획된 시간표에 따라 관찰행동의 발생이나 기타 특징에 대해 기록하는 것으로, 자신의 행동, 사고, 정서 등을 스스로 관찰하고 기록한다.
>
> **참여관찰법 (participant observation)**
> 개인의 주변 인물 가운데 관찰자를 선정하여 이 관찰자가 참여하여 행동평가를 하는 것으로, 내담자와 자연스런 환경에서 같이 생활하고 있는 사람이 관찰하여 보고하도록 하는 것이다.

069   연구자가 종소리를 들려주고 10초 후 피실험자에게 전기 자극을 주었다는 것은 무조건 자극(UCS)이 제시되기 전에 조건자극(CS) 종료되는 경우이므로 흔적조건형성이다.

실력다지기

> **조건자극(CS)과 무조건자극(UCS) 사이의 시간적 관계**
> 1) 동시 조건형성
> 　　조건자극(CS)과 무조건자극(UCS)이 동시에 제시되는 경우
> 2) 지연 조건형성
> 　　조건자극(CS)이 먼저 제시되어 무조건자극(UCS)이 제시될 때까지 지속되는 경우
> 3) 흔적 조건형성
> 　　조건자극(CS)이 먼저 제시되지만, 무조건 자극(UCS)이 제시되기 전에 조건자극(CS) 종료되는 경우
> 4) 역행 조건형성
> 　　무조건자극(UCS)이 먼저 제시되고 조건자극(CS)이 나중에 제시되는 경우
> 5) 조건자극(CS)이 먼저 제시되고 무조건자극(UCS)이 나중에 제시되는 지연조건형성과 흔적조건형성이 학습이 잘 된다.

070 　말기 암 환자인 내담자가 구체적인 자살계획을 보고할 때는 비밀보장 제외 사유에 해당한다. 생명보호가 윤리의 제1원칙이기 때문이다. 나머지는 비밀보장 제외 사유와 관련이 없다.

071

WAIS - IV의 구성 - [ ]는 보충 소검사이며 나머지는 핵심 소검사	
지표	소검사
언어이해 지표(VCI) 4가지	공통성, 지식(상식), 어휘, [이해]
지각추론 지표(PRI) 5가지	토막짜기, 퍼즐, 행렬추리, [빠진 곳 찾기, 무게비교]
작업기억 지표(WMI) 3가지	숫자, 산수, [순서화]
처리속도 지표(PSI) 3가지	기호쓰기, 동형 찾기, [지우기]

암기법

1) 언(언어이해) : 어 / 이 / 공/ 지
2) 지(지각추론) : 빠 / 퍼 / 토 / 행 / 무
3) 작(작업기억) : 산 / 수 / 순
4) 처(처리속도) : 동 / 기 / 지
　CF　보충검사 : 이 / 빠 / 무 / 순 / 지(핵심소검사는 나머지)

072 　임상장면에서 심리검사를 실시할 때 자주 사용하는 MMPI, K - WAIS, Rorschach, TAT와 같은 검사들이 반드시 포함되어야 하는 것은 아니다.

073 　흡연자의 흡연개수, 비만자의 음식섭취는 자기탐지, 즉 자기감찰(자기관찰법)이 적절하다. 자기관찰법은 자신의 행동, 사고, 정서 등을 스스로 관찰하고 기록하는 것이다. 이는 비용이 저렴하고 자신의 행동에 대한 피드백으로 문제행동을 통제하는 장점이 있다.

074 　② 행동평가의 목적은 행동과잉이나 행동결핍 찾아내기, 현재 문제행동의 원인을 밝히기 위해 강조된다.
　③ 행동평가이므로, 초맥락적 일관성보다는 상황적 특성을 강조한다.
　④ 과거력의 역할을 중시하는 것은 정신역동적 평가에 해당된다.

075 　Rogers가 제안한 내담자의 긍정적 변화를 촉진시키기 위한 치료자의 3가지 조건은 진실성(진솔성, 일치성, 솔직성), 무조건적 긍정적인 관심, 정확한 공감적 이해이다. 창의성은 해당되지 않는다.

076 　가장 높은 수준의 공감적 표현방법은 '해석'이며, 내담자가 표현한 것에 정확한 의미와 정서를 추가하는 것은 표현한 것에 대한 설명의 하나인 '해석'이다.

　CF　심상이란, 내담자가 상상을 통해 중요한 사건을 다시 회상하도록 하여 사건이 일어났을 당시의 생각과 감정을 떠올리도록 돕는 것이다. 해석은 내담자 자신의 내면과 부합하는 심상을 면접자가 수용하는 동시에 표현한 것에 정확한 의미를 설명하는 것을 의미한다.

077 Seligman의 학습된 무기력과 관련한 것은 우울증이다. 우울증의 원인이 되는 우울 유발적 귀인(depressogenic attribution)현상은 실패원인을 내부적, 안정적, 전반적(일반적)요인에 귀인한다.

> **Abramson 등의 우울증의 귀인이론 (attributional theory of depression)**
>
> 1) 우울증 귀인이론은 학습된 무기력 이론이 지니고 있는 문제점을 해결하기 위해서 진행되었다. 1978년 Abramson, Seligman, Teasdale(1987)은 사람을 피험자로 하여 소음이나 풀 수 없는 문제를 주어 실패 경험을 하게 하는 실험을 하였을 때 동물과는 다른 심리적 과정을 발견하였다.
>   (1) 즉, 통제 불능 상태가 자신 때문인지 아니면 외부적 상황 때문인지를 판단하는 귀인방향에 따라서 무기력 양상이 달라짐을 발견하게 되었다.
>   (2) 이러한 발견에 근거하여 우울증에 취약한 사람은 독특한 인지적 특성을 지니며 이러한 인지적 특성은 어떤 결과에 대한 원인을 설명하는 귀인양식에 반영된다는 것이다.
> 2) Abramson의 주장에 따르면, 우울증에 취약한 사람들은 실패경험에 대해서 내부적, 안정적, 전반적 귀인을 하는 경향이 있다는 것이다.
> 3) 이러한 세 가지 귀인양식은 우울증의 세 가지 측면과 관련되어 있는데, 즉 실패경험에 대한 내부적 - 외부적 귀인은 자존감 손상과 우울증의 발생에 영향을 미치며, 안정적 - 불안정적 귀인은 우울증의 만성화 정도와 관련되어 있고, 전반적 - 특수적 귀인은 우울증의 일반화 정도를 결정하게 된다.

078 삼차 예방은 질병의 장애기로서, 장애를 극복하고 사회에 복귀하는 것에 주안점을 두기 때문에 프로그램의 주요 초점은 사회 복귀이며, 직업능력 증진부터 내담자의 자기개념 증진에 걸쳐 있다고 할 수 있다.
일차 예방은 질병의 감수성기, 이차 예방은 질병 초기에 해당한다.

079 - 구조주의 학파 : 마음도 과학적으로 연구할 수 있다고 생각하고 이를 위해 의식의 내부를 들여다보려고 시도(내성법)하였으며, 이 학파는 의식의 경험을 구성하는 기본요소를 확인하는 것이 주된 목적이었다.
- 기능주의 학파 : 외적 행동과 정신과정의 목표는 무엇인가가 주된 관심사였으며, 진화론과 관련이 있으며, 외적 경험이 사람들로 하여금 어떻게 환경에 잘 적응하도록 하는지에 관심이 있었다.

080 자신이 승인할 수 없는 욕구나 성격특성을 타인이나 사물로 전환(타인의 책임으로 전가)시킴으로써 자신의 바람직하지 않은 욕구를 무의식적으로 감추려는 방어기제는 투사(projection)이다.

081	④	082	④	083	③	084	③	085	③	086	①	087	②	088	④	089	③	090	④
091	③	092	①	093	②	094	③	095	②	096	③	097	②	098	②	099	②	100	③

081

> **임의적 추론**
> 1) 충분한 근거도 없이 막연히 느껴지는 감정에 근거하여 결론을 내리는 오류이다.
> 2) 결론을 지지할 만한 증거도 없고 오히려 반대 증거가 있음에도 불구하고 임의대로 결론을 내리는 것이다.
> 3) 예 '내가 그렇게 느껴지는 것을 보니, 사실임에 틀림없다.', '불길한 느낌이 들어 일이 잘못된 게 틀림없어.'라고 생각하는 경우

082 접촉(환경과의 접촉), 지금 - 여기, 자각(알아차림)과 책임감 등을 중시하는 치료이론은 게슈탈트 치료(형태주의 상담)이다.

083 문제에서 상담자는 "내가 당신의 아버지를 기억나게 하는 것은 아닌지 의문스럽군요. 당신은 아버지가 모든 것을 아는 것처럼 행동한다고 말했었지요."라고 말을 한 것으로 보아 내담자의 전이에 대한 해석을 해주고 있다. 해석은 내담자가 과거의 생각과는 다른 참조체제를 바탕으로 자신의 문제를 바라볼 수 있도록 돕는 것으로 해석은 가장 어려우면서 '무의식 세계에 대한 전문적 분석능력'을 요한다.

084 최종결정과 선택은 내담자에게 있다. 이는 내담자의 자기결정권과도 관련된다.

085 치료자는 가능한 비언어적인 방법으로만 아동의 행동을 지시하는 것이 아니라, 어떤 방법으로도 어린이의 행동과 대화를 지시하지 않는다. 비지시적 놀이치료이기 때문이다.

086 사이버상담은 전화상담처럼 자살을 비롯한 위기 상담이라는 뚜렷한 목적을 갖고 시작된 것이 아니라, 기존의 면대면 상담과 전화상담에 참여하지 않았던 새로운 내담자군의 출현을 가져온 것을 감안할 때 뚜렷한 목적이 없는 일반상담으로 시작되었다.

> **사이버 상담**
> 사이버 상담은 도움을 필요로 하는 사람, 즉 내담자의 문제를 해결하고 생각, 감정, 행동 측면의 인간적 성장을 위해 사이버 공간에서 수행되는 만남을 의미한다. 그러므로 전통적 상담과 그 목적에 있어서는 동일하되, 그 목적을 이루기 위해 사용하는 매체의 차이로 인해 여타 대면상담이나 전화상담과는 방법상의 차이가 있다는 점에 있다. 사이버상담은 컴퓨터통신이 단순한 정보교환이나 의사소통의 수준을 넘어서서 인간의 내면세계까지 다루게 된 결과, 내담자의 문제를 해결하고 성장을 촉진하는 것을 돕는 과정까지 담당하게 된 결과로 가능해졌다.

087 직업상담원의 역할로 직업창출은 거리가 멀다.

> 직업상담자의 역할
>
> 1) 치료자 및 조언자의 역할
> 2) 자료제공자의 역할
> 3) 기관/단체들과의 협의자 및 직업심리검사의 해석자
> 4) 기타 : 상담자, 지원자, 관리자 등
> 5) 내담자 자신을 이해하고 직업의식을 촉구하며 직업생활에 도움을 줄 수 있는 프로그램 개발 및 개발된 프로그램을 실제로 적용한다.
> 6) 적용 후 그 결과에 따른 평가에 의해 프로그램을 보완하며 다른 프로그램 개발자에게 자료를 제공하게 된다.
> 7) 성격장애, 약물중독, 자기능력 비하 등의 고정관념을 갖는 심리적이고 정신적인 요인의 문제로 직업에 적응하지 못하는 내담자에게는 심리치료자로서의 역할을 한다.
> 8) 지시적인 역할보다는 내담자 스스로가 문제를 해결할 수 있도록 조언하는 역할을 한다.

088 도벽 행위는 일단 발생하면 반복되고 습관화되며 특히 청소년 비행 중 가장 일반적이고 흔히 있을 수 있는 행위로서 우발적이고 기회적이며 또 다른 비행과 복합되어 나타날 수 있다는 점이 문제이다.

089 자극통제법은 행동수정의 한 기법으로, 자극통제란 단서들에 의해 조성된 행동을 그 단서들을 통제함으로써 조절하는 일을 일컫는다. 자극통제의 방법으로는 문제행동을 조장시키는 환경단서들을 피하도록 하는 것(흡연의 가능성을 줄이기 위하여 이틀에 담배를 한 갑만 사는 것), 어떤 행동에 적절한 상황과 적절하지 못한 상황을 변별하도록 하는 것(부하의 잘못을 지적하는 적절한 상황을 상사가 구분하도록 하는 것)이 있다. 문제에서 인터넷 중독의 상담전략 중 게임 관련 책자, 쇼핑 책자, 포르노 사진 등이 인터넷 사용을 생각하게 되는 단서들이며 이를 없애는 것은 자극통제법이다.

090 인지행동치료의 기본 가정에는 감정과 행동의 이면에 있는 인지를 핵심적인 문제원인으로 여기지만, 인지, 정서, 행동적인 측면의 치료를 시행한다.

091 행동주의 상담의 한계로, 상담자와 내담자의 관계보다는 기술을 지나치게 강조한다.

행동주의 상담의 공헌	행동주의 상담의 한계
1) 치료기법의 체계적인 접근 2) 기법의 다양화 3) 중재가 가능한 모든 사람에게 적용할 수 있는 다양한 영역에 적용 가능 4) 실험 연구와 치료 결과에 대한 평가 가능	1) 행동은 변화시킬지 모르나 감정은 변화시키지 못함 2) 행동치료자들은 치료에서 중요하게 관련되는 요인들을 무시함 3) 통찰을 제공하지 않음 4) 현재 행동에 관련한 과거의 원인들을 무시함 5) 치료자에 의한 통제와 조작

092 ② 치료는 문제를 분석하여 상담자가 정확한 처방을 내리는 일이다.
③ 상담은 상담자가 해결방법을 제시하고 내담자가 이에 따르게 하는 것이 아니다.
④ 교육(지도)은 정보의 제공을 주로 하는 활동이다.

093 상담에 대한 동기가 낮은 내담자는 비자발성이 있으므로 단기상담에는 부적합하다. 그리고 성격장애로 진단된 경우는 대부분이 단기상담에 적합하지 않다.

실력다지기

단기상담이 적합한 내담자

1) 호소하는 문제가 비교적 구체적인 경우
2) 주 호소문제가 발달 과정상의 문제인 경우, 즉 임신, 출산, 자녀양육 등 부모로서의 역할을 비롯하여 은퇴, 죽음, 노화 등 인간으로서 겪는 다양한 발달 과업에 수반하는 심리적 변화를 겪는 내담자의 경우
3) 호소문제가 발생하기 이전에 비교적 기능적인 생활을 하였을 경우
4) 내담자 주위에 지지적인 대화 대상자가 있는 경우
5) 과거나 현재에 상호 보완적인 좋은 인간관계를 가져 본 일이 있는 경우, 즉 인간관계에서 소통이 잘 되고 정신 기능이 능률적인 내담자의 경우 그 문제가 심각하지 않고 표면적인 것에 불과한 경우
6) 내담자가 자신의 문제를 분명하게 인식하고 문제의 해결책을 명확하게 알기를 원하는 경우
7) 위급한 상황에 놓인 군인, 학생 등의 각종 조직이나 기관의 구성원인 경우
8) 내담자의 생활이나 지위에 최근 어떤 변화가 일어나서 내담자가 정서적인 어려움을 갖고 있을 경우, 즉 급성적으로 발생한 문제로 고통받는 내담자
9) 인생에 중요한 영향을 끼친 주요 인물과 최근에 사별 또는 이별했을 경우

094 장기간 사용 중이던 약물을 얼마 동안 사용하지 않았을 때 심리적으로 초조하고 불안함을 느낄 뿐 아니라 약물에 대한 열망과 메스꺼움 등의 신체적인 불쾌감을 경험하는 것은 금단증상이다.

095 청소년기에 부모에 대한 이유 없는 반항이나 저항을 보이는 경우는 일반적인 행동이라고 할 수 있다.

실력다지기

청소년 자살 경고적 징후 (위험인자)

1) 타인에게 자살할 것이라고 위협을 하거나 죽고 싶다는 말을 자주 하는 것
2) 죽음에 대해 지나치게 생각하거나 몰두하는 것
3) 충동적으로 행동하는 것
4) 지속적인 슬픔을 느끼거나 가족 상실로 인한 슬픔이 지속되는 것
5) 친구 또는 좋아하는 활동을 포기하는 것
6) 학교 성적이 갑작스럽게 떨어지는 것
7) 섭식 또는 수면습관이 급작스럽게 변하는 것
8) 심각한 죄의식과 수치감을 갖는 것
9) 자신의 가치에 대해 회의감을 갖는 것
10) 약물을 남용하는 것
11) 자살을 시도하는 것
12) 아끼는 물건을 다른 사람에게 주거나 버리는 행위 등

096 현실치료 이론에서 기본적인 욕구는 (1)소속과 사랑의 욕구, (2)힘의 욕구, (3)즐거움의 욕구, (4)자유의 욕구, (5)생존의 욕구이다. (암기법 소힘즐자생) 자존감은 해당되지 않는다.

097 공감적 이해에 해당하는 내용이다.

> **실력다지기**
>
> 인간중심치료 이론에서 치료자의 태도
>
> 1) 진실성(진지성, 일치성, 솔직성)
>   상담자는 내담자와의 관계에서 경험하는 것을 충분하고 솔직하게 표현한다.
> 2) 무조건적 긍정적인 관심
>   상담자가 내담자를 판단하지 않고 내담자가 나타내는 감정이나 행동 특성들을 있는 그대로 수용하며 존중하는 태도를 말한다.
> 3) 공감적 이해
>   상담자가 내담자의 경험 또는 주관적인 세계를 민감하게, 그리고 정확하게 이해하려고 노력하는 것을 말한다.

098 상담의 기술 중 내담자의 감정에 대한 명확한 이해를 포함하여 내담자의 진술을 반복하거나 재표현하기도 하는 것은 감정반영이다. 감정반영을 사용하면 내담자는 자신이 느끼는 것을 알아차리고, 자신의 감정을 수용하게 된다. 또한 상담사가 내담자의 경험을 이해하고 있다고 느끼게 된다.

099 스트레스 접종 훈련(stress inoculation training)은 마이켄바움(D. Meichenbaum)이 개발한 인지행동기법으로, 스트레스 환경과 유사한 상황에 내담자를 미리 노출시켜 긍정적인 자기암시 혹은 자기대화(self-talk)를 할 수 있게 하는 것이다. 스트레스 접종 기법은 자기대화
(self-talk), 이완훈련, 심호흡 연습, 재구조화 연습으로 이루어지는데, 예상되는 신체적, 정신적 긴장을 약화시켜 내담자가 충분히 자신의 문제를 다룰 수 있도록 준비시키는 기법이다.

100 행동의 감소 또는 증상의 완화를 목표로 하는 기법으로 비바람직한 행동을 감소시키는 [ㄱ]. 정적 처벌(positive punishment)과 공포나 불안을 감소시키는 [ㄷ]. 이완훈련(relaxation training), [ㄹ]. 체계적 둔감화(systematic desensitization) 등이 있다.
CF [ㄴ]. 부적 강화(negative reinforcement)는 바람직한 행동을 증가시키는 기술이다.

제3회 임상심리사 2급 필기 정답 및 해설

제1과목 | 심리학개론

001	②	002	③	003	②	004	③	005	①	006	④	007	②	008	①	009	①	010	③
011	④	012	④	013	③	014	②	015	②	016	②	017	①	018	③	019	①	020	④

001

> **횡단적 연구방법**
>
> 서로 다른 연령, 인종, 종교, 성별 소득수준, 교육수준 등 광범위한 사람들의 표집이다. 횡단조사란, 인구의 횡단을 조사하는 것이다. 즉, 일정 시점에서 특정 표본이 가지고 있는 특성을 파악하거나 이 특성에 따라 집단을 분류하는 것이다.

실력다지기

1) 횡단적 접근법(cross - sectional approach)
   (1) 횡단적 접근은 연령이 다른 여러 개인(또는 집단)을 어느 시점에서 동시에 실험하거나 조사하는 방식이다.
   (사례 아동의 자존감 연구를 위해 3, 6, 9, 12세 아이들 중 50명씩 표집해서 발달을 연구하는 경우)
   (2) 횡단적 접근법은 연령이 다른 개인(또는 집단) 간에 나타나는 발달적인 차이를 단기간에 한꺼번에 비교하려고 할 때 사용된다.
   (3) 종단적 접근은 시간이 너무 오래 걸리기 때문에 대부분의 발달연구가 횡단적 접근방식에 의존하고 있다.
   (4) 선발된 개인이나 집단이 특정 연령층을 대표하기 때문에 연구대상을 표집할 때 대표성이 보장되어야 한다.
   (5) 장점
   동시에 여러 연령층을 연구할 수 있어 시간과 경비가 절감되어 경제성이 있다.
   (6) 단점
   ① 연령차이 뿐 아니라 출생연대가 달라서 기인하는 상이한 시대적 배경이 혼합적으로 개입될 수 있다.
   ② 발달과정을 일관성 있게 이해하는 데 어려움이 있다.
2) 종단적 접근법(longitudinal approach)
   (1) 종단적 접근이란 동일한 개인(또는 집단)을 장기간에 걸쳐서 계속 추적하여 연구하는 방식을 말한다.

(2) 이 접근방식은 개인(또는 집단)이 연령과 더불어 연속적으로 발달해가는 양상, 즉 연령변화(age change)를 밝히고자 할 때 사용된다.

(3) 동일한 연구대상을 선정하여 일정한 시간 간격을 두고 발달 양상이 어떻게 변화하는가를 연구한다.

(4) 장점

횡단적 접근법에서 밝힐 수 없는 연속적이고 진정한 발달과정을 알 수 있다. 즉 발달의 연속성을 살필 수 있다.

(5) 단점

① 연구기간이 길고 경비가 많이 들어 비경제적이며 대상 집단을 추적하기 어렵다.

② 특정 집단을 대표하는 소수에게서 얻은 자료를 일반화하는 데 어려움이 있다.

③ 연구대상자의 이사, 사고, 사망 등에 의한 탈락이 나타나는 문제점이 있다.

④ 학문적 발전에 따른 새로운 이론과 측정도구를 적용하지 못하는 방법론적 문제가 있다.

⑤ 반복적인 검사도구의 사용으로 인한 신뢰성의 문제가 제기된다.

3) 횡단적 - 단기 종단적 접근법(short - term longitudinal approach)

(1) 횡단적 접근법과 종단적 접근법을 절충한 방법이다.

(2) 3년~5년 동안 횡단적 설계의 대상 집단을 단기간 추적해서 종단적으로 발달 변화를 연구하는 것이다.

(3) 사례

3, 6, 9세의 3개 집단 아동들을 연구한 후, 3년 후에 연구했던 3개의 집단을 다시 연구하는 경우

002 검사의 내용이 측정하려는 속성과 일치하는지를 논리적으로 분석·검토하여 결정하는 것은 내용타당도이다. 주로 성취검사에 적용되는 타당도로써, 검사구성 시에 전문가, 즉 출제자의 안목과 지식에 의해서 확보되어야 하는 타당도이다.

① 공존타당도 : 새로 개발된 검사를 이미 타당도가 인정된 기존의 동일한 속성을 측정하는 검사와 상관관계를 구하여 타당도를 측정하는 방법이다. 준거타당도는 공존타당도와 예언타당도로 구별된다.

② 구성타당도 : 검사가 해당 이론적 구성개념이나 특성을 잘 측정하는 정도를 말한다. 심리검사가 포함하고 있는 행동 표본들이 실제 그 검사로 측정하고자 하는 구성개념을 잘 반영하는가 하는 것이 구성타당도이다.

④ 예언타당도 : 한 검사에서의 수행을 기준이 되는 다른 독립적인 측정치와 상관계수를 구하여 타당도 계수로 삼는 방법이다.

003 개인은 상징화되지 않은 감정들로 구성되어 있는 것이 아니라, 어떤 경험을 변별하고 경험에 반응할 수 있는 것이다. 나머지는 옳은 내용이다.

① 자기에는 지각된 자기(현실적 자기) 외에 되고 싶어 하는 자기(이상적 자기)도 포함된다.

004 극단값은 과거의 경험으로는 그 존재 가능성을 확인할 수 없기 때문에 일반적인 기대 영역 바깥에 놓여있는 관측 값을 가리키는 통계학 용어이다. 극단값의 영향을 가장 많이 받는 문제점이 있는 것은 산술평균이며 중앙치와 백분위는 극단값의 영향을 덜 받는다.

① 최빈치 : 양적 자료 또는 질적 자료 중에서 도수가 가장 많은 관찰치의 값을 말한다.

② 백분위 : 자료를 크기순으로 정리하여 백등분하였을 때 각 등분점에 위치하는 자료를 말한다.

③ 산술평균 : 수리 통계학의 평균 계산법으로, n개의 변수의 산술평균은 변수들의 총합을 변수의 개수 n으로 나눈 값이다.

④ 중앙치 : 자료들을 크기 순서로 나열하였을 때 중간에 해당하는 관찰치를 말한다.

005 인지부조화이론에 의하면, 어떤 사람이 맛이 없는 빵을 10개나 먹고 난 후 자신이 무척 맛이 있었다고 말할 것이다.

부연

인지부조화이론 (cognitive dissonance theory)

1) 우리의 신념 간에 또는 신념과 실제로 보는 것 간에 불일치나 비일관성이 있을 때 생기는 것으로, 인지부조화이론에 따르면 개인이 믿는 것과 실제로 보는 것 간의 차이가 불편하듯이 인지 간의 불일치가 불편하므로 사람들은 이 불일치를 제거하려 한다.

2) 인지부조화를 경험하면 개인은 평형상태를 유지하려는 경향 때문에 불편함을 느끼게 되고 자신의 신념이나 행동을 바꿈으로써 이를 해결하려고 시도한다.

3) 이는 개인의 관점에서 보면 인지부조화를 극복하여 인지 조화를 얻는 것이 더욱 편한 감정을 느낌으로 더욱 바람직한 것이다.

006

형태재인 (pattern recognition)

1) 개념

(1) 감각기억 내의 입력자극 정보와 장기기억을 대조하여 현재 주어진 자극의 형태로부터 의미를 이끌어 내는 과정이다.

(2) 영상기억이나 잔향기억 내용들이 의미를 부여받기 위해서는 그것의 정보내용과 부합되는 장기기억과 대조가 되어야 한다.

2) 이론 또는 모형

(1) 판형이론(template theory)

입력된 자극들이 기억되어 있는 판형들과의 비교로 의미를 이끌어 내며 형태재인이 이루어지기 위해서는 반드시 입력되는 자극정보와 정확하게 일치하는 기억정보가 장기기억 속에 존재해야한다고 가정하는 이론이다.

(2) 원형대조이론(심상대조이론, prototype matching theory)

① 형태의 필수적인 요소들을 간추린 기억목록에 의해 의미를 이끌어 낸다.

② 예 할머니에 대한 원형 목록 '머리가 희다', '주름살이 깊다', '눈빛이 너그럽다', '키가 작다' 등

(3) 특징분석 모형(feature analysis model)

① 정보처리 첫 단계에서 분석된 뒤, 그 특징에 기초하여 의미를 이끌어 낸다.

② 예 'ㄹ'의 경우 'ㅡ', 'ㅣ'의 특징요소(획)가 분석된 뒤, 그 획의 조합형태를 토대로 'ㄹ'을 재인함

007 ① 주커만은 자극추구에서 비롯되는 행동적 기질이 생물학적 기초, 즉 유전과 관련이 있다고 보고하고 있다.
② 옳은 내용이다. 노르에피네프린(NE)이라는 신경전달물질은 스트레스나 위기 상황에서 분비되는 것이다. 자극추구 성향이 높은 사람은 스트레스를 경험하고 노르에피네프린(NE)이라는 신경전달물질을 통제하는 체계에서 낮은 흥분수준을 보인다는 보고가 있다.
③ 주커만(Zuckerman)은 자극추구 성향에 관한 척도를 제작했다.
④ 아이젱크는 인간의 성격을 내향성 - 외향성, 신경증적 경향성, 정신병적 경향성의 3가지 특질로 구분하였다.

008 의미망 모형에 따르면 버터라는 단어를 판단하는 데 걸리는 시간은 간호사보다 빵이라는 단어가 먼저 제시되었을 때 더 빠르다. 이유는 하나의 개념인 마디와 또 다른 마디가 연결되는 교차점이 서로 멀리 떨어져 있을수록 판단하는 시간이 느리다는 주장이 있기 때문이다.

> **실력다지기**
>
> **퀼리언(Quillian)의 의미망 모형**
> 1) 퀼리언(Quillian)의 의미망 모형의 기본 입장은 지식이 의미망으로 표상된다는 것이다.
> 2) 이 망은 개념 마디들과 이 마디들을 연결하는 명칭이 부여되고 방향이 결정된 관계들로 이루어지는 질서 있는 망이다.
> 3) 이 의미망에서 어떤 개념의 의미란 그것과 연결된 마디와 관계들의 전체 형태에 의해 주어지며 각 개념 마디는 대체로 자연 언어의 단어에 해당하는 마디인데, 어떤 마디는 그에 해당하는 단어가 없는 마디도 있다.
> 4) 의미망의 특징
>   (1) 범주 개념 마디에 해당하는 'type'(보편함)과 그 예에 해당하는 'token'(例項 또는 個項)을 구분하여, 'A is - a B'라는 관계에 의해 'A'가 'B'라는 type의 한 token임을 나타내어 이것은 동일 개념이 서로 다른 여러 개념들과의 연결됨을 경제적으로 표상 가능하게 한다.
>   (2) 특성 상속(feature inheritance)의 특징이 있는데, 이는 상위 범주인 type의 속성을 하위 범주인 한 token이 default 값으로 상속받는 것이다.
>   (3) 어떤 개념 마디에서나 다른 마디들로 무한한 개수의 관계적 연결을 지닐 수 있다는 것으로서 이러한 다양한 연결의 가능성은 다양한 의미 표상을 가능하게 해준다.
>   (4) 확산적 활성화 특성으로서, Collins와 Loftus(1975) 등은 의미망에서 표상 마디의 활성화 값이 마디 간의 연결 등을 통해 다른 마디들로 확산되어 그 마디들의 활성화 수준을 높인다고 했다.
>   ① 활성화란 표상구조에서 얼마만큼의 정보 처리 활동이 이루어졌는가를 나타내는 추상적 양으로서 그 정도 또는 수준이 숫자로 표현된다.
>   ② 두 개 이상의 개념들의 의미적 관계를 파악, 처리한다는 것은 그 개념 마디들에서부터 활성화가 확산되어 연결고리들을 따라 퍼져 가다가 그 확산이 서로 마주쳐 교차될 때 그 개념 마디들 사이에 길이 생기며 그 길이 추적되어 그에 의해 그 개념들 사이의 의미 관계가 파악되는 것이라고 본다.

009 ② 안정적으로 애착된 아동들은 엄마가 없는 낯선 상황에서도 주위를 적극적으로 탐색하지 않았다. 엄마가 없거나 낯선 사람과 함께 있을 때는 약간 놀라면서 탐색하는 것이 줄었으나, 엄마가 다시 돌아왔을 때 적극적으로 엄마에게 접근하여 접촉하려고 하였다.

③ 유아는 6~8개월 정도 많은 것을 통해 양육자에 대한 인식을 하게 되고 엄마에게 분명한 애착을 보이는 시기는 생후 12개월부터이다.

④ 애착은 동물들에게는 유사한 현상을 찾아볼 수 있다. 대표적인 실험은 로렌츠의 거위 각인실험이 있다.

010 동조는 다른 사람들의 행동 또는 기대에 일치하도록 자신의 행동을 바꾸거나 또는 유지하는 것을 말한다. 따라서 개인이 집단에 매력을 느낄수록 동조하는 경향이 더 많을 것이다.

① 집단에 의해서 수용 받고 있다고 느낄수록 동조하는 경향이 더 많은 것이 아니라, 수용적 분위기에 의해 심리적 위안을 얻은 상황에서 동조에 거부할 확률이 더 높아진다.

② 집단의 크기, 즉 구성원 수가 많을수록 동조의 가능성이 증가하는 경향이 있지만, 7명 정도를 초과하면 동조의 증가 추세는 점차 줄어든다.

④ 과제가 어려울수록 동조가 많이 일어난다.

011

> Kelley의 공변 원리에 의한 3가지 정보 (암기법 공변은 특이한 일관과 일치)
>
> 1) 여러 번의 관찰을 통해 얻어진 정보에 기초한 귀인과정
> 2) 공변 원리에서 활용되는 정보
>   (1) 원인의 독특성(특이성) : 어떤 결과가 특정 원인이 있을 때만 발생하는가?
>   (2) 시간적 및 상황적 일관성 : 시간 및 상황의 변화에 관계없이 특정 자극에 대해 항상 동일한 결과가 발생하는가?
>   (3) 원인의 일치성 : 특정 원인과 결과와의 관계를 다른 관찰자들도 동일하게 지각하는가?

012 장기기억이란 온갖 경험 내용이 비교적 영구적으로 대뇌에 저장되며, 기억해 낼 필요가 없는 한 의식하지 못하고 지내는 기억이다. 장기기억에는 여러 기억체계가 있다. 이 가운데서 행위체계인 절차적 기억체계를 제외한 다른 장기기억 체계들은 모두 표상체계이며 이들에는 온갖 지식들이 표상(表象)으로서 저장되어 있다. 이러한 지식들은 여러 유형의 부호, 즉 지각적, 의미적 부호 등의 다원적 부호로 저장되어 있다. 각종 사물에 대한 일반 지식, 각종 기술 지식, 언어적 개념과 문법에 대한 지식, 각종 심상(心象)들, 자신의 감정들, 개인적인 경험 내용 등이 저장되어 있다.

따라서 언어적 재료에 대한 장기기억의 주된 특징은 무한대의 저장능력, 의미적 부호화, 비교적 영속적이다.

013 자아는 지그문트 프로이트에 의하면 항문기의 배변훈련 과정을 겪으면서 발달한다.

실력다지기

1) 원초아(Id)
    (1) 성격의 원형이며 본질적인 체계로서 본능을 포함하고 있으며, 출생 시부터 타고나는 것이며, 정신
        에너지의 저장고이다.
    (2) 원초아(본능)는 일생동안 그 기능과 분별력이 유아적인 수준에 머물러 있으며 외부세계와 단절되
        어 있어 법칙, 논리, 이성 또는 가치에 대해 전혀 알지 못하므로 시간이나 경험에 따라서도 변화하
        지 않는다.
    (3) 원초아는 고통을 피하고 쾌락을 추구하는 쾌락원칙에 입각하여 작동한다.
    (4) 원초아는 1차적 사고를 하게 되는데 1차적 사고과정이란 본능 또는 무의식에서 유래되는 것으로
        신체적 긴장을 경감시키는데 필요한 대상의 기억표상을 만드는 과정이다.
2) 자아(Ego)
    (1) 자아는 외적·세계의 직접적인 영향에 의해 수정된 본능의 일부이다.
    (2) 자아는 성격의 조직적이고 합리적이며 현실 지향적 체계로서, 성격의 집행자이다.
    (3) 자아는 본능과 초자아 사이의 갈등을 조정하고 본능을 통제하는 데 사용된다.
    (4) 자아는 본능적 충동을 충족시킬 수 있는 바람직한 대상과 방법이 발견될 때까지 정신에너지의 맹
        목적인 방출을 지연시키고 만족을 지연시키는 현실원칙에 입각하여 작동된다.
    (5) 자아는 2차적 사고과정을 하게 되는데 1차적 사고과정이 대상의 표상을 만드는 것이라면 자아는
        실제로 그러한 대상을 발견하는 데 작동하는 것이다.
    (6) 2차적 사고과정은 긴장감소를 위해 수립한 행동계획의 실현가능성을 판단하는데 이것을 현실검
        증이라고 한다.
    (7) 현실검증을 통하여 충동을 더욱 잘 지배할 수 있게 되며, 환상과 현실을 구분할 수 있는 능력이 강
        화된다.
3) 초자아(Super ego)
    (1) 초자아는 성격의 도덕적인 부분이며 심판자로서 자아와 함께 작용하여 개인이 자신의 행동을 통제
        할 수 있게 해준다.
    (2) 초자아는 성격발달의 기제인 동일시 과정이 초자아를 형성해서 에너지를 공급하는 작용을 한다.
    (3) 즉, 부모나 양육자의 말이나 행동 등에 담겨져 있는 가치, 신념, 행동 등을 내면화하는 과정에서 형
        성되는 것이다.
    (4) 초자아는 자아이상과 양심이라는 두 개의 하위체계로 구성된다.
        ① 자아이상은 부모가 도덕적으로 바람직한 것이라고 간주하는 것으로서, 부모의 칭찬에 의해 형
           성되는 부분이다.
        ② 양심은 부모가 도덕적으로 나쁘다고 간주하는 것으로서 부모의 처벌에 의해 형성된다.

014 아들러(개인심리이론)의 개념 – 출생순위의 특징, 우월감, 열등감, 생활양식, 사회적 관심, 자아의 창조적 힘(힘에 대한 의지), 가상적 목표 등이 있다.

실력다지기

호네이의 신경증적 성격이론

호네이는 프로이트의 정통적 정신분석의 이탈자로서 아들러처럼 성격형성에 사회적 관계를 강조하였다. 호네이는 인간은 성적 혹은 공격적 힘(Eros & Thanatos)에 의해서가 아니라 안전과 사랑(safety & love)의 욕구에 의해 동기화된다고 보았다. 호네이의 신경증적 성격이론의 개념으로는 아동의 안전 욕구, 기본적 불안, 신경증 욕구(개인이 안전을 얻기 위해 기본적 불안을 처리하는 데 사용하는 방어적 태도) 등 10가지의 욕구, 신경증 경향성이 있다.

015 피아제의 인지발달이론에서 대상영속성 개념을 처음으로 획득하는 시기는 감각운동기가 적합하다. 문제에서 [처음으로]라는 단어가 힌트가 된다. 이는 대상영속성의 형성과 같은 내용이다.

016 절차기억은 행위나 기술에 관한 기억으로 장기기억에 해당한다.

실력다지기

단기기억 (Short - term Memory)

1) 감각기억을 거친 자극 정보가 장기기억에 저장되기 전에 거치는 일차적 작업대 또는 작업과정으로, 단기기억은 활동 중인 기억, 또는 인지과정을 통제하는 중앙 통제적 기억으로서 작동중인 기억이라는 용어를 사용한다.
2) 단기기억에 정보가 머무르는 시간은 평균적으로 3~5초, 길어야 30초 정도 정보를 기억한다. 그러나 정보를 반복하여 되뇌는 시연(rehearsal)을 하면 그 정보가 단기기억으로 머무르는 시간이 늘어나고 장기 기억으로 들어가 저장된다.
3) 단기기억에 들어온 정보는 처음에는 시각적, 청각적 부호형태로 유지되고 처리되기 쉬운 언어 의미적 형태로 변화한다.
4) 단기기억의 용량은 제한되어 있고, 단기기억에서 한 번에 나를 수 있는 용량은 7개 내외이며 정보들을 덩어리 짓기(chunking)를 통해 제한된 기억용량을 극복할 수 있다.
5) 단기기억을 장기기억 속에 부호화하지 않으면 사라진다.

017 실험연구는 변인들 간의 관계를 발견하기 위해 독립변인을 인위적으로 조작한 통제된 상황 하에서 종속변인에 미치는 영향을 측정한다. 보기의 사례에서 인위적으로 정장과 캐주얼 복장(독립변수)으로 그룹을 만들어 면접점수(종속변수)를 측정하였기 때문에 실험연구에 해당한다.

018 타인에 대한 이타성을 나타내는 성격요인은 우호성이다.

> **실력다지기**
>
> 성격 5요인 모형의 특질
>
> 1) 개방성(O, openness to experience)
>   상상력이 풍부하고 창의적이며 호기심이 많고 생각이 깊은 경향
> 2) 성실성(C, conscientiousness)
>   조직적이고 책임감이 있으며 철저하고 근면하며 신중한 경향
> 3) 외향성(E, extraversion)
>   따뜻하고 사교적이며 자기주장을 하며 활동적인 경향
> 4) 우호성(A, agreeableness)
>   타인에게 친절하며 이타적이고 솔직하고 협동적인 경향
> 5) 신경증적 경향성(N, neuroticism)
>   불안과 분노와 적대감과 우울과 자의식과 충동성이 높으며 상처받기 쉬운 경향

019 ① 판단의 근거로 자유, 행복추구의 권리 등과 같은 가치를 반영하는 보편적인 윤리원칙을 언급한다.
　　→ 후인습 수준 : 6단계(보편적 도덕윤리에 관한 원칙)
② 판단의 근거로 주로 처벌이나 보상을 언급한다. → 전인습 수준 : 1단계(벌과 복종)
③ 판단의 근거로 인간관계의 유지, 사회질서와 법률 준수를 언급한다.
　　→ 인습적 수준 : 3단계(대인관계의 조화), 4단계(법과 질서 준수)
④ 규칙은 절대적인 권위에 의해 만들어져 부여된 것은 변화시킬 수 없다고 언급한다.
　　→ 피아제의 타율적(사실적) 도덕기

> **실력다지기**
>
> 피아제(Piaget)의 도덕성 발달이론
>
> 도덕성 발달이 인지발달에 기초하여 이루어진다고 주장하였다.
> 1) 1단계 : 전(前) 도덕성 단계(4세 이전)
>   규칙이나 질서에 대한 도덕적 인식이 전혀 없는 단계이다.
> 2) 2단계 : 타율적 도덕성 단계(heteronomous morality stage) - 10세 이전
>   항상 옳고 그름의 준거를 가지고 결과만으로 판단하며, 규칙이란 절대적인 권위에 의해 만들어져 부여되어 변화할 수 없다고 생각한다.
> 3) 3단계 : 자율적 도덕성 단계(autonomous morality stage) - 10세 이후
>   행위의 결과와 의도를 함께 고려하여 판단하며, 규칙은 사회적인 합의이며, 상황에 따라서 합의에 의해 규칙이 변화할 수 있음을 이해하기 시작한다.
> 4) 인지적 성숙과 사회적 경험이 중요한 역할을 하는 것으로, 도덕성 발달에 영향을 미친다.

020 고순위 조건형성이란, 조건 형성된 조건자극(예 : 종소리)은 다른 조건형성과정에서 무조건 자극의 역할을 하여 중성자극(예 : 불빛)을 조건화시킬 수 있다.

> **CF** 역 조건형성(counter-conditioning)은 개를 무서워하는 아이에게 사탕을 이용하여 개를 좋아하도록 만든다든지, 물에 대한 공포감을 줄이기 위해 자신이 좋아하는 것과 물을 연합하여 물에 대한 공포감을 줄이는 사례와 관련이 있다. 즉, 역 조건형성은 특정 조건자극에 대한 바람직하지 못한 조건반응을 바람직한 조건반응으로 대치하는 방법이다.

문항분석

① 자극 일반화 : 조건 형성된 조건자극이 아니라도 조건자극과 유사한 자극에 대해서는 조건반응이 발생한다.

② 지연조건형성이나 흔적조건형성은 약간의 차이가 있지만, 조건자극이 무조건 자극보다 먼저 제시되는 것으로, 동시조건형성이나 역행조건형성보다 더욱 조건형성이 잘 된다.

③ 자발적 회복 : 한번 소거된 조건자극이라도 시간이 지난 후, 유사한 상황에서 조건반응이 다시 발생한다.

| 021 | ③ | 022 | ④ | 023 | ② | 024 | ② | 025 | ① | 026 | ① | 027 | ① | 028 | ③ | 029 | ① | 030 | ④ |
| 031 | ③ | 032 | ④ | 033 | ② | 034 | ③ | 035 | ③ | 036 | ③ | 037 | ① | 038 | ② | 039 | ② | 040 | ③ |

021

레트장애

1) 레트장애의 특징은 생후 5개월까지는 정상적으로 발달하다가 생후 6~24개월 사이에 점진적으로 뇌 장애가 발생하면서 손을 비틀거나 손가락을 핥거나 물어뜯는 등의 상동성 손 운동을 보인다.

2) 이미 배워서 습득된 말을 하지 못하게 되어 수용성 및 표현성 의사소통장애가 오며 정신운동지체와 운동실조를 보인다.

3) 두뇌 성장이 감퇴되어 레트장애아의 75%는 경련성 질환으로 고생한다.

4) 불규칙적인 호흡, 과호흡, 무호흡 등 호흡기 계통 증상이 많다.

5) 질병이 경과되면 근육긴장도가 증가되어 강직 또는 경직되므로 약 10년이 지나면 대부분 휠체어를 사용하게 되며, 또한 말도 할 수 없게 된다.

6) 정확한 원인은 밝혀지지 않았으며, 여아에서만 발생되고, 일란성 쌍둥이에서는 그 일치율이 100%이다.

실력다지기

1) 아스퍼거 장애

(1) 아스퍼거 증후군은 만성 신경정신 질환으로 이 질환을 가진 아이들은 다른 사람들의 느낌을 이해하는 것에 무능하며, 비정상적인 외고집, 언어 소통 기능의 부족, 사회적 신호에 무감각, 도피와 특별히 관심 있는 것에 강박적으로 빠져듦 등을 경험한다.

(2) 많은 임상전문가는 아스퍼거 증후군이 늦은 발병 시작(보통 30개월 전에는 인지되지 않음)과 자폐증을 가진 아이들에서 일반적으로 지연되는 말하기가 지연되지 않는 사실에 의해 분화된 자폐증의 아류아형(sub - type)이라고 믿는다.

(3) 아스퍼거 증후군의 정확한 원인은 알 수 없으며 아스퍼거 증후군은 여성보다 대개 남성에게 더 영향을 미친다.

(4) DSM - 5에서는 자폐장애, 아스퍼거 장애, 아동기해체 장애, PDD-NOS 등이 자폐 스펙트럼 장애로 통합되었다.

2) 소아기 붕괴장애

(1) 소아기 붕괴성 장애(Childhood disintegrative disorder, CDD)는 언어, 사회적 기능 그리고 운동기술에서의 발달 지연의 늦은 시작(3세 이상)이 특징인 희귀 질환이다.

(2) 1930년 오스트리아의 교육자 Heller가 3~4세까지 정상 발달을 하다가 심하게 악화되는 증례들을 보고한 후 유아기 치매(Dementia infantile)라고 알려졌다.

(3) 발병시점에서 언어의 심한 장애가 오면서 지능과 행동의 악화를 보인다.

(4) 행동, 정서 증상과 환각이 동반된다.

(5) 신경학적 장애 또는 확실한 기질적인 문제가 없다.

3) 자폐증

자폐증이 있는 사람들은 주로 세 가지 영역, 즉 의사소통, 사회적 상호작용과 행동에서 어려움을 겪는다.

022 순환성장애는 양극성 및 관련 장애(Bipolar and Related Disorders)에 해당한다.

조현병 스펙트럼 및 기타 정신증적 장애의 하위유형

1) 조현병(Schizophrenia)

2) 조현형 성격장애(Schizotypal Personality Disorder)

3) 망상장애(Delusional Disorder)

4) 단기 정신증적 장애(Brief Psychotic Disorder)

5) 조현양상 장애(Schizophreniform Disorder)

6) 조현정동장애(Schizoaffective Disorder)

7) 긴장성 강직증(Catatonia)

023 두려움, 불안, 회피가 아동과 청소년의 경우 최소 4주 이상, 성인의 경우 전형적으로 6개월 이상 지속된다.

분리불안장애 진단 기준(DSM-5)

1) 집 또는 애착 대상과의 분리에 대한 불안이 발달 수준에 부적절하게 과도한 정도로 나타나며, 다음 중 최소한 3가지 이상의 상황에서 드러난다.

　(1) 집 또는 주된 애착 대상과 분리되거나 분리가 예상될 때 반복적으로 심한 불안을 느낀다.

　(2) 중요한 애착 대상을 상실하거나 그들에게 해로운 일이 일어날 것에 대해 지속적으로 과도하게 걱정한다.

　(3) 운 나쁜 사고(예: 길 잃기, 납치, 사고, 질병)가 발생해 중요한 애착 대상과 분리될 것이라는 비현실적이고 지속적인 걱정을 한다.

　(4) 분리에 대한 불안 때문에 학교나 그 밖의 장소에 지속적으로 가기 싫어하거나 거부한다.

　(5) 혼자 있거나 중요한 애착 대상 없이 지내는 것에 대해 지속적이고 과도한 두려움을 느끼거나 거부한다.

　(6) 중요한 애착 대상이 가까이 있지 않은 상황이나 집을 떠나는 상황에서는 잠자기를 지속적으로 싫어하거나 거부한다.

　(7) 분리를 주제로 하는 악몽을 반복적으로 꾼다.

　(8) 중요한 애착 대상과의 분리가 예상될 때 반복적인 신체 증상(예: 두통, 복통, 오심, 구토)을 호소한다.

2) 두려움, 불안, 회피가 아동과 청소년의 경우 최소 4주 이상, 성인의 경우 전형적으로 6개월 이상 지속된다.

3) 장해가 임상적으로 유의한 고통감을 초래하거나 사회적, 학업적, 직업적 또는 다른 중요한 영역에서 기능 손상을 초래한다.

4) 장해가 다른 정신 장애로 더 잘 설명되지 않는다. 예를 들어, 집을 떠나는 것에 대한 거부가 자폐 스펙트럼 장애에서 보이는 변화에 대한 지나친 저항; 정신증적 장애에서 보이는 분리에 대한 망상, 환각; 광장 공포증에서 보이는 믿을 만한 사람을 동반하지 않은 상태에서 외출을 거절하는 것; 범불안 장애에서 보이는 중요한 사람이 병에 걸리거나 위험에 빠지는 것에 대한 염려; 질병 불안 장애에서 보이는 병에 걸리는 것에 대한 염려 등으로 더 잘 설명되지 않는다.

024 ① 일반적으로 발병 연령의 성별 차이가 있다. 즉 성별의 발생율 차이는 없지만 질병의 시작(onset) 연령(호발연령)이나 질병의 경과(course)가 다르다. 남성에서는 10대 후반에서 25세 전후에 많이 발생한다. 남성의 조현병 발병은 여성에 비하여 더 빠르다.
③ 음성증상이 더 만성적으로 나타나, 예후가 좋지 않다.
④ 장애의 발병 이래 상당 부분의 시간 동안 일, 대인관계 혹은 자기관리 같은 주요 영역의 한 가지 이상에서 기능 수준이 발병 전 성취된 수준 이하로 현저하게 저하된다.

025 지속성 우울장애 (dysthymia)는 적어도 2년 동안, 하루의 대부분 우울한 기분이 있고, 우울 기분이 없는 날보다 있는 날이 더 많고, 이는 주관적인 설명이나 타인의 관찰로 드러난다.

> ※ 주의
> 소아와 청소년에서는 기분이 과민한 상태로 나타나기도 하고, 기간은 적어도 1년이 되어야 한다.

CF 우울증의 평균 발병연령은 20대 후반에서 30대 초반이다. 여성이 남성에 비해 우울증이 약 2배 정도 많다.

026 ② 광장공포증의 남녀 간 비율을 비교하면, 남자가 더 많다. 2016년 우리나라 통계자료에 따르면 평생유병률은 남자가 0.8%, 여자가 0.6%였다.
③ 발병률은 19세~29세에 가장 높다.
④ 광장공포증이 있으면 광장공포증을 동반한 공황장애로 진단할 수 있다.

실력다지기

광장공포증

광장공포증은 공포증의 한 가지 유형으로 불안증상이 생겼을 때 도움받기 어렵거나 급해 빠져나갈 수 없는 광장 같은 공간이나 비행기 안 같은 상황에 놓이는 경우 심하게 두려워하거나 회피가 심한 것을 말한다. 평생유병률은 전체 0.7%, 남자 0.8%, 여자 0.6%였고, 일년유병률은 0.2%, 남자 0.3%, 여자 0.1%로 나타났다. 기혼집단에 비해 이혼/별거/사별 집단이, 도시보다는 농촌에 거주하는 집단이 광장공포증의 위험도가 높은 것으로 발견되었다.

027 노출장애는 동의하지 않는 사람에게 자신의 성기나 신체 일부를 반복적으로 나타내는 경우로, 성기노출과 관련된 성적 환상이나 행위가 6개월 이상 지속되어 사회적 적응에 문제가 되는 정신장애를 의미하며, 노출 대상은 사춘기 이전의 아동에게 국한되지 않는다.

실력다지기

노출장애 (exhibitionistic disorder)
1) 낯선 사람에게 자신의 성기를 노출시키는 것이다. - 성도착적 초점
2) 보는 사람을 놀라게 하거나 충격을 주고자 하는 것이지, 실제로 성행위를 시도하고자 하는 경우는 거의 없다.
3) 성기를 노출시켰다는 상상을 하면서 자위행위를 하기도 한다.

4) 보통 18세 이전에 발생되나 그 이후에 시작될 수도 있다.
　: 청소년기나 성인기 초기에 시작되는 것으로 알려져 있다.
5) 40세 이후에는 상태가 완화되는 것으로 보인다.

028　활동 의욕이 줄어들어 과다 수면을 취한다. - 우울 삽화와 관련이 있다.

029　[ㄷ]. 전환장애는 대부분 순수한 의학적 질환의 증상과 유사하다. 증상은 심리적 갈등 욕구가 원인이 되어 신경계 증상이나 수의 운동기관의 증상이 한 가지 이상 오지만, 정밀검사를 하여도 해부 생리학적인 기전으로 설명되지 않는 경우 진단을 내리게 된다.

실력다지기

전환장애

1) 전환(conversion)이란 정신적인 에너지(예: 불안하다는 생각)가 신체증상(예 배 밑의 신체부분에 감각을 잃게 되었고 움직일 수 없었음)으로 변환되었다는 의미이며, 고전적으로 히스테리 신경증이라고 불리던 질환이다.
2) 증상은 심리적 갈등 욕구가 원인이 되어 신경계 증상이나 수의 운동기관의 증상이 한 가지 이상 오지만, 정밀검사를 하여도 해부 생리학적인 기전으로 설명되지 않는 경우 진단을 내리게 된다.
3) 사춘기나 성인초기에 잘 발병되며 여성에게서 더 많이 나타난다.

030　적어도 1개월 동안 비영양성·비음식물질을 먹는 장애는 이식증이다. 이식증은 급식 및 섭식장애(Feeding and Eating Disorders)의 하위유형으로, 비영양성 물질을 먹는 것이 발달수준에 부적절하며, 먹는 행동이 문화적으로 허용된 관습은 아니다.

031　성정체감 장애는 성기능 부전과 별개이다.

실력다지기

성기능 장애(Sexual Dysfunctions)의 하위유형(DSM - 5)
1) 사정지연장애(Delayed Ejaculation)
2) 발기장애(Erectile Disorder)
3) 남성 성욕감퇴장애(Male Hypoactive Sexual Desire Disorder)
4) 조기사정장애(Premature Ejaculation) = 조루증
5) 여성 절정감 장애(Female Orgasm Disorder)
6) 여성 성적 관심/흥분장애(Female Sexual Interest/Arousal Disorder)
7) 성교통증장애(Genito - Pelvic Pain/Penetration Disorder)

032   자폐스펙트럼 장애는 사회적 – 감정적 상호성의 결함, 관계 발전, 유지 및 관계에 대한 이해의 결함, 상동증적이거나 반복적인 운동성 동작을 보인다.

> **📝 오답노트**
>
> ② 일반적인 의학적 상태 : 자폐스펙트럼 장애가 일반적인 의학적 상태를 동반하는 경우는 일반적인 의학적 상태와 일치되는 검사소견이 관찰되어야 한다.
> ① 품행장애 : 동물에게 신체적으로 잔혹하게 대함
> ③ 이식증 : 비영양성 물질을 지속적으로 먹음

033   ① 사회적 선택설 : 조현병 환자는 발병 후 도시에서 빈민거주지역으로 이동한다.
③ 생물학적 요인 : 조현병이 뇌의 특정 영역의 구조적 손상에 의해 유발된다.
④ 어머니의 부적절한 양육태도 : 조현병이 냉정하고 지배적이며 갈등을 심어주는 어머니에 의해 유발된다.
    CF 사회적 유발설 : 낮은 사회계층에 속하는 사람은 타인으로부터의 부당한 대우, 낮은 교육수준, 낮은 취업기회 및 취업조건 등으로 많은 스트레스와 좌절경험을 하게 되며 그 결과 조현병으로 발전할 수 있다.
    CF 표현된 정서(표출정서) : 조현병 환자의 가족은 비판적이고 분노감정을 과도하게 표현할 뿐 아니라 환자에 대해 과도한 간섭을 한다.

034   진단기준 평가 : 지적장애 개인의 지능 지수는 오차범위를 포함해서 대략 평균에서 2표준편차 이하로 평가한다. 이는 15의 표준편차와 평균이 100인 검사에서 65~75점을 의미한다.

> **실력다지기**
>
> **지적장애의 개념적 영역, 사회적 영역, 실행적 영역(경도 기준)**
>
> 1) 개념적 영역
>   학령기와 성인기에는, 읽기나 쓰기, 수학, 시간, 돈이 포함된 학업적 기술의 습득에 어려움이 존재하는데, 그 연령대에서 기대되는 것에 충족되기 위해서는 하나 이상의 영역에서의 도움이 필요하다.
> 2) 사회적 영역
>   같은 연령대의 전형적인 발달과 비교할 때, 사회적 상호작용에서의 미성숙이 존재한다.
>   예를 들면, 동료들의 사회적 단서를 정확하게 감지하는데 어려움이 있을 것이다.
> 3) 실행적 영역
>   성인기에는, 일반적으로 식료품 쇼핑이나 교통이용, 가사와 자녀 – 돌보기, 영양가 있는 음식준비하기, 은행업무와 돈 관리하기에서 도움이 필요하다.

035

> **통합이론**
>
> 1) 취약성(질병 소인) – 스트레스 모델
>   취약성 – 스트레스 모델은 특정한 장애에 걸리기 쉬운 개인적 특성인 취약성(질병 소인)과 환경으로부터 주어지는 심리사회적 스트레스가 상호작용하여 정신장애가 유발된다는 입장이다.
> 2) 생물 심리사회적 모델
>   생물 심리사회적 모델은 기존의 특정한 이론적 입장에 구애받지 않은 탈이론적 입장으로써 이상행동과 정신장애의 이해와 치료를 위해서 생물학적, 심리적, 사회적 요인을 종합적으로 고려해야 한다는 입장이다.

036 ① 교차중독 현상은 진단기준에 포함되지 않는다.
② 알코올로 인한 법적문제는 진단기준에 포함되지 않는다.
④ 음주량과 음주횟수처럼 수량화된 내용의 진단기준은 없다.

037 다음 밑줄친 부분이 섬망의 진단기준과 관련이 있다.
- 의학적 상태, 물질 중독이나 금단, 치료약물의 사용 등으로 일어난다는 증거가 있다.
- 주의를 집중하는 것이 어렵고, 이해할 수 없는 말을 중얼거린다.
- 방향 감각이 없고 자신의 이름을 말하지 못한다.
- 위의 증상들이 갑자기 나타나고, 몇 시간이나 몇 일간 지속되다가 그 원인을 제거하면 회복되는 경우가 많다.

실력다지기

섬망의 진단기준(DSM-5)
1) 주의의 장애(즉, 주의를 기울이고, 집중, 유지 및 전환하는 능력 감소)
2) 장애는 단기간에 걸쳐 발생하고(대개 몇 시간이나 며칠), 기저 상태의 주의와 의식으로부터 변화를 보이며, 하루 경과 중 심각도가 변동하는 경향이 있다.
3) 부가적 인지장애(예 기억 결손, 지남력 장애, 언어, 시공간 능력 또는 지각)
4) 진단기준 1)과 3)의 장애는 이미 존재하거나, 확진되었거나, 진행 중인 다른 신경인지장애로 더 잘 설명되지 않고, 혼수와 같이 각성 수준이 심하게 저하된 상황에서는 일어나지 않는다.
5) 병력, 신체 검진 또는 검사 소견에서 장애가 다른 의학적 상태, 물질 중독이나 금단(즉, 남용약물 또는 치료약물로 인한), 독소 노출로 인한 직접적, 생리적 결과이거나, 또는 다중 병인 때문이라는 증거가 있다.

038 장기간의 알코올 사용과 관련이 있는 코르사코프 증후군(Korsakoff's syndrome)은 뇌의 티아민(비타민 B₁)의 결여에 의해 생기는 신경학적 장애이다. 기억 상실-작화 증후군(aamnestic-confabulation syndrome)이라고도 불리는 이 증후군은 신경 정신학자 세르게이 코르사코프(Sergei Korsakoff)에 의해 명명되고 대중화되었다.
④ 황인종은 백인이나 흑인에 비해 술에 약한 사람이 많다. 그 이유는 황인종에 알코올의 독을 없애주는 효소(아세트알데히드 탈수소효소)가 부족하기 때문이라는 연구결과가 있다.

039 DSM-5에서는 성격장애를 A, B, C 세 개의 군집으로 분류하였다. 군집 B에 속하는 성격장애는 반사회적 성격장애, 자기애성 성격장애, 경계선 성격장애, 연극성(히스테리성) 성격장애가 있다. ② 의존성(dependent) 성격장애는 군집 C에 속한다.

실력다지기

성격장애의 유형
10가지 유형의 성격장애는 세 개 군(A, B, C)으로 묶을 수 있다. 각 군에 속한 유형은 특정 기본성격 특성을 공유하지만, 각 장애에는 뚜렷한 특징이 있다.
1) A군집
이상하거나 괴상해 보이는 것을 특징으로 하며, 이 군에는 다음과 같은 성격장애가 포함되고, 각 장애에는 뚜렷한 특징이 있다.

(1) 편집성 : 불신 및 의심

(2) 조현성 : 타인에 대한 무관심

(3) 조현형 : 이상하거나 괴상한 생각 및 행동

2) B군집

극적이거나, 감정적이거나, 변덕스러워 보이는 것을 특징으로 하며, 이 군에는 다음과 같은 성격장애가 포함되고, 각 장애에는 뚜렷한 특징이 있다.

(1) 반사회적 : 사회적 무책임, 타인을 무시, 개인적 이득을 위해 타인을 기만하고 조작

(2) 경계성 : 홀로 있는 것이 어려움(버려지는 것에 대한 두려움 때문), 감정 제어가 어려움, 충동적인 행동

(3) 연극성(히스테리성) : 관심을 얻으려는 극적인 행동

(4) 자기애성 : 연약한 자존감, 타인의 존경심을 필요로 함. 자부심에 대한 과장된 견해(과대성이라 함)

3) C군집

불안하거나 두려워 보이는 것을 특징으로 하며, 이 군에는 다음과 같은 성격장애가 포함되고, 각 장애에는 뚜렷한 특징이 있다.

(1) 회피성 : 거절의 두려움으로 인해 대인 접촉을 회피

(2) 의존성 : 복종 및 의존성(타인이 돌봐주는 것을 필요로 하기 때문)

(3) 강박성 : 완벽주의, 엄격 및 고집

040 [ㄱ]. 정신분석적 관점은 개인의 원초아(id)가 현실적 제약으로 충족되지 못할 때 이상행동이 나타난다고 본다.

| 041 | ③ | 042 | ④ | 043 | ③ | 044 | ④ | 045 | ② | 046 | ④ | 047 | ② | 048 | ② | 049 | ① | 050 | ③ |
| 051 | ① | 052 | ④ | 053 | ② | 054 | ④ | 055 | ④ | 056 | ③ | 057 | ③ | 058 | ② | 059 | ③ | 060 | ② |

041 지능검사로서는 성인용 웩슬러 지능검사가 많이 사용되기는 하지만, 병전(premobid) IQ 수준도 추정할 수 있다. 신경심리학적 평가란 신경심리학 검사도구들을 사용하여 피검사자의 정보처리 능력, 행동실행 능력, 언어 능력, 고등인지능력 등을 평가하여 뇌기능 손상에 대한 종합적인 평가를 내리고 뇌 손상 부위와 정도를 추론하는 과정이다.

① 실행증(Apraxia)은 주어진 과제를 제대로 이해하고 있고, 정상적으로 그것을 실행할 수 있는 운동 능력을 가지고 있음에도 불구하고 그 과제를 제대로 수행하지 못하는 상태를 의미한다. 구성 실행증(Constitutional apraxia)은 구성장애라고도 하며 지형적 구성을 그리지 못하는 경우를 말한다. 이는 두정엽의 기능 장애로 인한 문제이다.

④ 실어증(뇌 손상으로 인해 말을 잊어버리거나, 상황에 맞지 않는 말을 사용하는 경우)은 수용기술(말의 의미를 이해하는 기술)과 표현기술(말로 표현하는 기술)로 나누어 측정한다.

실력다지기

지능검사와 신경심리검사는 무엇이 다른가?

1) 지능검사와 신경심리검사가 인지검사라는 점에서 기본적으로 유사한 검사라는 인식이 있다.

2) 지능검사와 신경심리검사가 측정의 목적이나 방법에서는 의미 있는 차이를 보이지 않지만, 측정의 영역에서는 명확한 차이를 보인다.

3) 지능검사는 주로 주의, 언어, 시공간기능에 국한된 인지검사인 반면, 신경심리검사는 주의, 언어, 시공간기능, 기억, 관리기능의 주요한 인지영역을 모두 측정한다.

4) 따라서 지능검사와 신경심리검사는 후자가 보다 종합적인 인지검사라는 점에서 가장 실질적인 차이가 있다.

042 1) 개인용 지능검사를 통해 수집할 수 있는 정보는 지적 능력, 운동능력(동작성 검사), 학습 교육수준 등이다.

2) 지능이 보다 총체적 인간의 유능성을 의미한다고 하지만, IQ 검사는 제한된 수의 능력만을 측정한다.

3) 언어적 추리나 추상적 기호를 다루는 능력은 강조되지만 기계적 기술, 예술적 재능, 창의성, 실용적 지식들은 제외되어 있다.

043

임상척도 4 : 반사회성 (Psychopathic Deviate, Pd)

1) 높은 점수의 의미

(1) 충동성, 참을성 부족, 욕구좌절에 대한 인내심이 부족, 모험적, 경험으로부터 배우지 못함

(2) 권위나 규범에 대한 거부감, 분노감, 저항성

(3) 첫인상은 정력적이고 외향적이어서 좋을 수 있으나 오래 사귀면 무책임성, 신뢰성 결여 등을 알게 됨

(4) 주관적인 불안이나 우울감을 호소하는 것은 비교적 적음

(5) 이 척도가 나타내는 충동성은 반드시 행동이 외부적으로 표현되는 것을 의미하지는 않으며, 척도 8, 9가 같이 상승하면 비행률이 높고 척도 1, 2, 7이 상승하면 반대로 비행률이 저하됨

044 기능적 장애는 심리적 원인에 해당한다. 신경심리검사는 기질성 뇌손상과 뇌기능장애를 판단하는데 도움이 된다.

신경심리검사 또는 신경심리평가의 목적

1) 신경심리평가를 위해 신경심리검사를 사용하여 뇌와 행동과의 관계에 따른 신경심리장애의 여부를 총체적 및 계량적으로 측정해서 평가하는 것이다.

2) 신경심리평가는 환자와의 면담이나 관찰을 통해서 전체적인 뇌기능을 알아보고(전반적 외모, 신체 운동, 감정, 사고과정의 형태와 내용, 지각능력 등) 신경심리검사를 통해서 대뇌피질(cortex)과 피질 (subcortex)하의 인지적 기능을 알아본다(주의력, 언어능력, 건망증, 공간구성능력, 실행능력, 계산능 력, 손가락 인지능력, 좌우지남력 등).

3) 신경심리평가의 목적

   (1) 대뇌 손상의 유무, 정도, 종류를 알아본다.

   (2) 기질성 뇌질환과 기능성 정신장애를 구별한다. – 단, 기능적 장애의 원인을 판단하는데 도움이 되 는 것은 아니다.

   (3) 뇌수술 이전과 이후 또는 재활치료의 이전과 이후의 효과를 비교한다.

   (4) 사고 후 법적 및 보상 문제에 대비하고, 치료적인 효과 여부를 알아본다.

   (5) 재활과 치료평가 및 연구에 유용하다.

   (6) CT나 MRI와 같은 뇌영상 기법에서 이상소견이 나타나지 않을 때 유용할 수 있다.

   (7) 나아가, 각종 뇌 손상에 관한 학술적 연구 및 두뇌 – 행동 관계에 관한 가설을 검증하는 것이다.

045 Jung의 심리학적 유형에 기초하여 개발된 검사는 이론적 방법인 MBTI이다.

마이어 - 브리그스 유형 지표(MBTI)

1) 우리 각자가 가지고 태어난 선천적인 경향을 알아보고자 하는 것이다.

2) 4개 차원(세상에 대해 어떤 태도를 갖는가, 무엇으로 인식하는가, 어떻게 결정하는가, 채택하는 생활 양식은 무엇인가)으로 응답자를 분류(외향·내향, 감각·직관, 사고·감정, 판단·인식)한다.

3) MBTI에서는 인간 행동의 일관성과 상이성은 각 개인이 외부로부터 정보를 수집하고, 자신이 수집한 정보에 근거해서 행동을 위한 결정을 내리는데 있어서 각 개인이 선호하는 방법이 근본적으로 다르 다고 본다.

4) 선호성을 나타내는 4가지 지표가 있는데 이러한 지표들의 조합에 따라 인간의 성격을 16가지 유형으 로 분류한다.

046

지남력(orientation)

㉠ 지남력의 장애는 통상 시간, 장소, 사람에 대한 지남력으로 구분한다.

㉡ 장애가 와도 통상 이 순서대로 오고, 호전될 때에는 역순을 따른다.

㉢ 오늘이 며칠인지, 지금이 몇 시쯤인지, 지금 있는 장소가 어딘지, 무엇하는 곳인지, 주위에 있는 사람 들이 누구인지, 그들과의 관계는 어떤 관계인지를 물어본다.

① 신뢰도

정신상태 검사의 보고서 작성 시에 꼭 포함시켜야 하는 항목으로 환자의 신뢰도와 자신의 상황을 어느 정도 정확히 보고할 수 있는지에 대한 능력이다.

② 주의

주의 능력은 계산을 시켜보든지 혹은 특정 자음이나 모음으로 시작하는 단어 5개를 말해 보라고 하여 계산한다.

③ 통찰

자신이 정신장애를 앓고 있다는 것에 대해 깨닫는 정도

047 <u>신경심리 평가 시 성별은 고려하지 않는다.</u>

실력다지기

신경심리평가

1) 신경심리평가는 뇌 손상이 의심되거나 실제 손상이 있는 경우, 그 손상 여부와 정도에 대해 정밀하게 평가할 수 있는 검사를 말한다.

2) 뇌 손상 환자에 특화된 심리검사를 실시하고, 뇌 손상으로 인한 각종 인지기능의 손상 여부를 객관적으로 판정함으로서, 치료계획을 세우는데 도움을 준다.

3) 예를 들면, 뇌 손상 여부의 평가, 뇌 수술 전후 뇌기능검사, 변별진단, 치매판별 등이 포함된다.

4) <u>신경심리 평가 시 고려해야 할 사항은 뇌 손상의 정도, 뇌 손상 후 경과시간, 뇌 손상 당시 연령, 뇌 손상 전 환자 상태 등을 파악한다.</u>

048 일반적인 기능적 분석(평가)에 유용한 것보다는 선택될 검사가 검사실시의 목적, 즉 아동 문제의 이해에 적합한 풍부한 정보를 제공하는가를 보아야 한다. 이는 성인을 대상으로 하는 일반적인 평가가 아니기 때문이다.

실력다지기

발달검사를 사용하여 아동을 평가할 때 고려해야 할 사항

1) 아동문제와의 관련성

선택될 검사의 실시목적, 즉 아동 문제의 이해에 적합한 풍부한 정보를 제공하는가를 보아야 한다.

2) 표준화, 타당도, 신뢰도에 대한 고려

검사 목적이 명확하고 구체적인 치료 목적이 제시되면 검사를 선택하게 된다.

검사자가 검사를 선택할 때 가장 기본적으로 고려해야 할 점은 '표준화된 표본으로 검사를 제작하였는가?, 타당성 있는 검사인가?, 검사를 신뢰할 수 있나?'이다.

3) 실용성

검사 실시와 채점의 간편성, 시행시간, 심리검사의 경제성 등을 검토하여, 가능하면 시행과 채점이 간편하고 시행시간도 적절하고 검사비용도 지나치게 부담되지 않는 검사를 선정하여야 한다.

4) 유형별 장단점

심리검사는 특정되는 검사 내용과 제작 방법에 따라 주관적인 투사 검사와 객관적 검사로 구별될 수 있다.

어떤 검사도 완벽한 상태는 아니며 각각의 장단점을 지니고 있으므로 평가자가 이러한 점을 인식하고 검사 실시 및 해석과정에서 이를 고려하여야 할 것이다.

5) 비형식적인 관찰

표준화된 검사 뿐 아니라 때로는 비형식적인 관찰도 평가에 많은 도움을 줄 수 있다.

검사가 종료되면 아동에게 인형을 주고 부모와 놀도록 하는 것이 일반적인 비구조화된 상황으로 볼 수 있다.

6) 부모와의 대화

검사자는 아동에게 초점을 맞추어야 하지만, 아동의 부모와 별도로 부모의 걱정, 검사자가 필요한 정보, 의논하고 싶은 화제에 대하여 이야기 할 필요가 있다.

049 객관적으로 수량화하는 것이 상대적으로 어려운 것은 비구조화된 면담의 특징이다.

050 파지(retention)는 Guilford의 지능구조 입체모형설의 구성내용이 아니다.

실력다지기

길포드(Guilford) - 지능구조 입체모형설

1) 내용(시각적, 청각적, 상징적, 의미론적, 행동적), 산출 = 소산(단위, 유목, 관계, 체계, 변환, 함축), 조작(평가, 수렴적 사고, 확산적 사고, 기억파지(= 기억장치), 기억저장, 인지)의 세 차원으로 구성되어 있다.

2) 이 세 차원의 조합에 따라 180개의 능력으로 구성(초기에는 120개의 능력으로 구성되었다고 했다가 이후 150개의 능력이라고 수정하였으며, 가장 최근에는 180개 능력으로 구성되어 있다고 주장함)되어 있다.

3) 조작 차원 중 수렴적 사고는 하나의 정답을 찾아 가기 위해 생각을 모아가는 방식의 사고를 말하고, 확산적 사고는 다양한 가능성 있는 대안을 찾기 위해 생각을 퍼뜨리는 방식의 사고를 말한다.

4) 길포드에 의하면, 창의력은 확산적 사고와 관련이 깊다고 한다.

051 ① 어휘문제(35개)

일반 지능의 주요 지표를 측정하며 학습능력과 일반 개념의 정도를 측정하는 검사로서 검사자가 단어의 뜻을 물어보면 수검자는 이에 답하도록 되어 있다.

② 기본지식 문제(29개)

개인이 갖고 있는 기본 지식의 정도를 측정한다.

③ 산수문제(16개)

수 개념의 이해와 주의 집중력을 측정한다.

④ 빠진 곳 찾기(20개)

사물의 본질적인 부분과 비본질적인 부분을 구별하는 능력과 시각적 예민성을 측정하는 검사로써 수검자는 하나의 그림이 나와 있는 카드를 보고 그림에서 무엇이 빠져있는지를 맞추어야 한다.

예 꼬리가 없는 돼지 그림 카드 제시

052 ④ 적성검사

적성검사는 많은 분야에서 특정 학업과정이나 자신이 담당할 직업을 성공적으로 수행하기 위하여 개개인의 특성과 분야에서 요구되는 특질을 서로 대비해서 그 적응정도를 측정하는 것이다.

① 성격검사

전반적인 성격 특징, 자아 개념, 정서 반응 양식, 내적 갈등, 스트레스 대처 방식, 대인 관계 양상들을 집중적으로 평가하여 현재 문제의 배경이 되는 성격적 특성을 이해하고 효과적인 치료의 방향과 전략을 수립하는 데 도움이 되는 정보를 얻을 수 있다.

② 지능검사

추상적 사고력·판단력·추리력·통찰력 등의 고등 정신능력, 학습하는 능력, 새로운 장면이나 새로운 문제에의 적응능력 혹은 순응력을 측정하는 검사이다.

③ 능력검사

인지적 검사, 성능검사라고도 하며 지능검사, 적성검사, 성취도 검사 등이 있으며 극대수행검사이며 문항에 정답이 있다. 응답의 시간이 제한되어 있고 최대한의 능력발휘를 요구하는 검사이다.

053 MMPI 5번 척도가 높은 여대생은 전통적인 성역할과 다른 모습을 보이기 때문에 여성적 흥미에 무관심을 보인다. 다만, 반드시 남성적인 흥미를 나타내지는 않는다.

실력다지기

척도 5 : 남성특성 - 여성특성(Masculinity - Feminity)

1) 높은 점수의 의미

점수가 높을수록, 전통적인 성역할과 다른 모습을 보임

(1) 남성 : 광범위한 취미, 심미적인 흥미, 교육수준과 비례

(2) 여성 : 높은 점수 드묾. 여성적 흥미에 무관심, 가족 갈등

2) 낮은 점수의 의미

점수가 낮을수록, 전통적인 성역할과 동일시하는 모습을 보임

(1) 남성 : 남성적 특징(힘, 정력)을 강박적으로 강조함, 공격적, 모험적, 거칠고 부주의함, 생각보다 행동이 앞섬

(2) 여성 : 수동적, 복종적, 유순함, 의존적, 위축, 자기 - 연민

054 아동을 직접 검사하지 않고 보호자의 보고에 의존하는 발달검사도구도 있는데, 그 중에 하나가 덴버발달선별검사, 아동·청소년 행동평가척도(Child Behavior Check List, CBCL) 등이 있다.

② 영유아가 발달상 빠른 발달과 성장이 이루어지므로 다양한 영역을 측정할 수 있다.

① 발달검사는 주로 언어이해 및 표현능력으로 구성되어 있는 것이 아니라, 인지, 언어, 사회성, 운동, 감각, 정서조절 기능 등 다양한 영역을 측정한다.

③ 발달검사의 목적은 유아의 지적능력 파악이 아니라, 영유아의 발달상태 파악, 발달지체나 정신지체의 문제를 조기에 발견하는데 있다.

055 웩슬러 지능검사의 점수체계는 개인 간의 해석 또는 규준 분석 과정이 중요한데, 한 피검사자의 수행을 표준화 집단의 같은 연령대의 다른 피검사자의 수행에 비추어서 상대적으로 비교 평가한다. 즉, 연령교정 표준점수로 환산점수를 제공한다. 따라서 동일한 원점수를 얻어도 연령에 따라 지능지수가 달라질 수 있다.
① 아동용(WISC)과 성인용(WAIS) 검사의 지능지수 산출방식은 동일하다.
② 언어성 지능과 동작성 지능의 평균은 100, 표준편차는 15로 동일하다.
③ 11개 하위검사는 평균이 10, 표준편차가 3인 표준점수로 환산한 환산점수로 산출된다.

056 일반적으로 기억과제에서 어려운 과제보다 쉬운 과제를 더 잘 수행하는 것이 옳은데, 반대로 쉬운 과제에 비해 어려운 과제에서 더 나은 수행을 보였다면 꾀병(허위성)을 의심할 수 있을 것이다.
즉각 기억과제와 지연 기억과제의 수행에서 모두 저하를 보일 때, 뚜렷한 병변이 드러나며 작위적(의도적으로 일부러 하는)인 반응을 보일 때, 단기기억 점수는 정상범위이나 다른 기억점수가 저하를 보일 때는 실제적으로 손상을 받았을 경우를 의미한다.

057 카우프만 아동용지능검사(K-ABC)는 2세 6개월~12세 5개월의 아동을 대상으로 한다. 반면에 아동용 웩슬러 지능검사(WISC)는 4판의 경우 6세 0개월~16세 11개월까지의 아동을 대상으로 하기 때문에 동일한 연령대의 아동을 대상으로 한다고 보기 어렵다.

실력다지기

카우프만 아동용 지능검사(K - ABC : Korean Kaufman Assessment Battery for Children)
1) 특수아동, 영재아동 및 학습장애 아동의 평가 및 교육적 처치에 탁월한 지능검사 도구
2) 목적 : 영재아동 판별 및 좌뇌 IQ, 우뇌 IQ, 인지과정처리 IQ, 습득도 IQ 측정
3) 대상 : 2세 6개월~12세 5개월
4) 소요시간 : 45~75분
5) 특징
  (1) 정보처리이론을 바탕으로 개발된 검사로서 기존 내용중심의 검사와 달리 아동이 왜 그러한 정도의 수행을 하였는지에 대한 설명이 가능하다.
  (2) 학교 현장이나 교육 현장에서 문제해결능력과 학습한 정도를 서로 비교할 수 있으며, 또한 좌뇌 지향적인지, 우뇌 지향적인지에 대한 비교분석이 가능하다.
  (3) 발달수준에 근거한 연령별 실시, 하위검사 구분
    기존의 검사들은 피검자의 발달수준을 고려하지 않은 채 모든 연령이 동일한 검사를 실시함으로써 피검자들이 실제 그 검사를 실시할 수 있는가의 역량이 고려되지 않고 있다. 카우프만 아동용 지능검사는 이를 보완하였다.
  (4) 좌·우뇌의 기능을 고루 측정하는 하위검사 구성
    대부분의 지능검사들이 좌뇌의 기능을 측정하는 하위검사들로 구성되어, 우뇌가 발달한 아동이나, 우뇌중심권 문화권에서 성장한 아동들은 상대적으로 지능이 평가절하되는 경향이 있다. 카우프만 아동용 지능검사는 이를 보완하였다.
  (5) 처리중심의 검사
    대부분의 지능검사들은 내용중심의 검사로서 지능의 구성요인을 측정하는 데 그쳐, 실제 검사결과를 가지고 이를 학습현장이나 임상현장에서 활용을 하는 데 제한이 있다. 카우프만 아동용 지능검사는 이를 보완하였다.

(6) 5가지 지능점수의 산출

① K - ABC는 인지처리과정이론에 근거하여 지능을 인지처리과정으로 보고 이를 문제 또는 과제의 해결이 순차 처리적이냐 동시 처리적이냐에 따라 분리하여 측정한다.

② 지능사정에 있어 언어능력이 배제된 비언어성 척도를 마련하여 언어장애 아동의 지능을 효과적으로 사정 할 수 있다.

③ 학교나 가정, 기타 후천적으로 습득한 지식을 지능척도와 분리하여 평가함으로써 아동의 문제해결능력과 그러한 문제해결력을 사용해 얻어진 습득된 능력을 비교할 수 있게 해준다.

(7) 척도구성(5가지)

동시처리 척도, 순차처리 척도, 인지처리과정 척도, 습득도 척도, 비언어성 척도

058 수검자의 특성을 파악하여 목적달성에 적절한 검사를 선정해야 한다.

실력다지기

심리검사를 선정할 때 고려하여야 할 사항

1) 심리검사 선정을 위해서는 각 심리검사가 지니고 있는 검사로서의 기본 조건과 특징, 장점 및 단점을 이해하는 것이 요구된다.

2) 심리검사를 선정할 때 고려하여야 할 사항은 다음과 같다.

(1) 심리검사의 목적을 분명히 하고 목적달성에 적절한 검사를 선정해야 한다.

(2) 표준화된 검사를 사용하는 경우 검사의 신뢰도를 검토해 보아야 한다.

(3) 표준화된 검사일지라도 검사의 타당도가 검사요강에 제시되어 있지 않은 경우가 있는데, 이는 신뢰도 검증에 비해 타당도 검증이 쉽지 않기 때문에 타당도 검증을 거치지 않고 표준화 검사로 사용되기 때문이다.

(4) 심리검사의 실용성을 고려해 보아야 하는데, 즉 검사 시행과 채점의 간편성, 시행시간, 심리검사지의 경제성 등을 검토해야 할 것이다.

059 중앙집중경향(central tendency)치는 평균, 최빈치, 중앙치이다. 중앙집중경향(central tendency)은 자료의 특성을 대표할 만한 하나의 수치로 나타낸 것으로, 자료가 집중되는 위치 또는 중심이 되는 위치를 통계치를 통해 보여 주게 된다. 중앙집중경향을 '집중경향치' 또는 '집중치'라고도하며 대표적인 통계치로는 최빈값, 중앙값, 평균을 들 수 있다. 집중경향치는 변수값이 분포 상에서 어느 정도에 위치하고 있는지를 나타내어 준다. 한 변수값의 분포에 대해 요약할 수 있는 대표적인 값이라고 할 수 있으며, 특정 값을 변수값의 분포에서 다른 값과 비교할 때 어느 정도에 위치하고 있는지를 알 수 있도록 하는 기준이 된다(Heiman, 2003).

060 [ㄴ]. 상관계수가 0.2일 경우 두 변인간의 관계를 4% 정도 설명한다는 의미이기도 하다. 결정계수(R제곱)는 상관계수의 제곱값으로, 0에서 1 값을 가지며, 높은 값을 가질수록 추정된 회귀식의 설명력이 높다. 상관계수가 0.2일 경우, 상관계수의 제곱값은 0.04이므로 설명력은 4%가 된다.

[ㄹ]. 한 변인이 감소할 때 다른 변인도 감소한다면 정적상관 관계이다. 한 변인이 감소할 때 다른 변인도 감소하거나, 한 변인이 증가할 때 다른 변인도 증가한다면 정적상관 관계이다.

CF 한 변인이 감소할 때 다른 변인도 증가하거나, 한 변인이 증가할 때 다른 변인도 감소하는 경우이다.

061	③	062	①	063	③	064	③	065	③	066	②	067	④	068	③	069	②	070	④
071	③	072	③	073	②	074	④	075	②	076	①	077	④	078	③	079	①	080	①

061 자기감찰(self - monitoring)은 자기점검, 자기관찰이라고도 하며, 내담자로 하여금 스스로 자신의 행동을 관찰하고 주간행동기록표, 일일활동일지, 자동적 사고 기록지 등을 작성하도록 하는 방법이다. 문제에서 체중조절을 위하여 식이요법을 시행하는 사람이 매일 식사의 시간, 종류, 양과 운동량을 구체적으로 기록하였으므로 자기감찰(self - monitoring)에 해당한다.

062 임상심리학의 발전에 최초로 가장 직접적인 공헌을 한 사람은 Witmer이다. Witmer는 심리학의 실용적인 적용영역을 '임상심리학'으로 명명하였다. Witmer는 Pennsylvania 대학교에 1896년 최초의 심리치료소(심리상담소)를 설립하여 학습장애나 행동장애를 겪는 아동에 대한 치료를 하였다.

063 암, 당뇨 등을 가진 환자들을 위한 효과적인 집단개입의 형태는 심리교육적 집단치료이다. 암, 당뇨와 같이 건강상 문제가 있을 경우 심리적인 위축 등이 나타날 수 있으므로 이를 집단구성원과 공유하여 위안을 얻음과 동시에 문제를 해결해 나갈 수 있는 마음가짐을 가질 수 있는 장점이 있어 가장 적절하다.

064 정신병리가 의심될 때 주로 사용하는 구조화된 정신의학적 면접법은 정신상태평가이다. 정신상태평가는 원래 신체적 의학평가를 기초로 한 것으로, 중요한 정신기능의 체계를 점검한다. 그리고 정신상태 평가의 '원(raw)'자료를 전반적인 배경정보와 통합하여 환자에 대한 일관된 인상을 정리하고 진단을 내리게 된다.

065 임상심리학자만의 전통적 역할은 심리검사를 통한 평가일 것이다. 심리검사를 통한 평가는 임상심리학자의 가장 고유하고도 중요한 역할이라고 볼 수 있으며 임상심리학자의 정체성을 결정짓는 주된 요소이다.

066 임상심리사가 개인적인 심리적 문제를 갖고 있다든지, 너무 많은 부담 때문에 지쳐있다든지, 교만하여 더 이상 배우지 않고 배울 필요가 없다고 생각하거나, 해당되는 특정 전문교육수련을 받지 않고도 특정 내담자군을 잘 다룰 수 있다고 여긴다면, 유능성을 위배하는 것이다. 유능성의 경우, 임상심리학자는 자신의 강점과 약점, 자신이 가지고 있는 기술과 그것의 한계에 대해 충분히 자각하여야 한다는 윤리원칙이다.

067 주의력검사는 대뇌기능의 편재화 평가와는 관련이 없다. 대개 인간의 신체 중 쌍으로 이루어진 눈이나 손 또는 발은 대뇌기능의 편재화를 평가하는데 있어 유용한 검사도구로 활용될 수 있다.
예 문제 지문의 손잡이(handedness)검사, 발잡이(footedness) 검사, 눈의 편향성 검사 등

068 아동의 심리적 문제를 해결하기 위한 상담에는 흔히 아동과의 직접적 면담 이외에도 가족상담이나 놀이치료 및 행동수정 등의 방법이 활용되고 있다. 아동상담의 대상은 사회적인 또는 법률적인 미성년자들이므로 아동에게 치료 중 일어난 일은 성인의 경우와 달리, 부모 등에게 알려야 하는 상황이 발생할 수 있다. 이는 비밀보장의 예외가 될 수 있다는 점을 유의하면 된다.

069 규준은 특정 집단의 전형적인 또는 평균적인 수행 지표를 제공해 준다. 그리고 비교하고자 하는 집단의 검사 점수의 분포를 규준이라 한다. 규준은 원점수의 규준집단에서의 상대적 위치를 가늠해 보기 위한 자료로써, 규준은 대개 모집단을 대표할 수 있는 표본에서 얻어진 점수의 분포로 제시된다.

070 접수면접은 환자가 내원하여 처음으로 받는 면접으로서 라포 형성, 제공되는 서비스에 대한 일반적인 설명, 그리고 접수한 기관에서 치료가 어려울 경우 다른 기관으로의 의뢰 등을 생각해 볼 수 있다. 다만, 환자가 자신이나 다른 사람을 해칠 중대한 위험상태에 있는지 결정하는 단계는 치명성에 대한 사정으로 이는 조사와 진단과정에서 이루어지는 것이다.

071 Beck이 제시한 우울증상을 경험하는 사람들의 인지삼제(cognitive triad)는 자신, 미래, 세상이다. 자신에 대한 비관적인 생각, 미래에 대한 염세적인 생각, 세상에 대한 부정적인 생각이 그것이다.

072 혐오치료법에서 주로 사용되는 자극은 전기와 화학약물이다. 전기치료에서는 환자가 바람직하지 않은 행동을 할 때마다 약간 고통스러운 전기 쇼크를 가한다. 이 방법은 변태성욕을 치료하는 데 사용되어 왔다. 화학치료법에서는 바람직하지 않은 행동과 결합될 때, 구토와 같은 불쾌한 효과를 내는 약물이 환자에게 투여된다. 이 방법은 약을 복용하고 술을 마시면 구토증이 일어나게 하여 알코올 중독 치료에 흔히 사용되어 왔다.

073 점심시간이나 기타 휴식시간 동안에 임상사례에 대해 동료들에게 자문을 요청하는 형태는 비공식적인 동료 집단 자문에 해당한다.

> **실력다지기**
>
> 자문의 대상에 따른 자문의 유형
>
> 1) 비공식적인 동료집단 자문
>   자신의 임상사례를 동료들에게 자문을 요청하는 형태
> 2) 내담자 중심 사례 자문
>   한 영역의 전문가가 임상심리학자에게 자문을 요청하는 형태
> 3) 프로그램 중심 행정 자문
>   심리치료의 프로그램 구성, 과정에 대한 자문을 요청하는 형태
> 4) 피자문자 중심 사례 자문
>   피자문자가 경험하는 문제에 대한 자문을 요청하는 형태
> 5) 피자문자 중심 행정 자문
>   기관 내의 행정적인 문제나 인사문제와 관련된 자문 형태

074 환자가 처방한 대로 약을 잘 복용하고, 의사의 치료적 권고를 준수하게 하기 위한 가장 적절한 방법은 치료자가 약의 효과 등에 대해 친절하고 상세하게 설명하는 것이다.

075 ① 필압은 에너지 수준과 긴장정도, 충동성과 공격성에 대한 정보를 시사한다. 강한 필압은 성격이 단호하고 자기주장성이 높다.
③ 지우기는 내적 갈등을 의미하며, 지우개를 과도하게 많이 사용한 사람은 내적 갈등이 심하고, 우유부단하며, 불안과 초조가 높다.
④ 집 그림 중에서 지붕은 내적 공상 활동에 대한 정보를 제공하는 중요한 지표이다.

076 공격성 척도(AGG) - 치료고려 척도

> **실력다지기**
>
> **성격평가 질문지(PAI, Personality Assessment Inventory)의 구성척도**
>
> 4개의 타당성 척도, 11개의 임상척도, 5개의 치료척도, 2개의 대인관계 척도로 구성되어 있으며, 이 중 10개의 척도는 3~4개의 하위 척도를 포함하고 있다.
> 1) 타당도 척도(4)
>   비일관성 척도, 저 빈도 척도, 부정적 인상척도, 긍정적 인상척도
> 2) 임상척도(11)
>   신체적 호소 척도, 불안 척도, 불안 관련장애 척도, 우울 척도, 조증 척도, 망상 척도,조현병 척도, 경계선적 특징 척도, 반사회적 특징 척도, 알코올 문제 척도, 약물문제 척도
> 3) 치료고려 척도(5)
>   공격성 척도, 자살관념 척도, 스트레스 척도, 비지지 척도, 치료거부 척도
> 4) 대인관계 척도(2)
>   지배성 척도, 온정성 척도

077 시각적 처리와 시각적으로 중재된 기억의 일부 측면에 관여하는 뇌의 위치는 후두엽이다. 눈으로 들어온 시각정보가 시각피질에 도착하면 사물의 위치, 모양, 운동 상태를 분석한다. 여기에 장애가 생기면 눈의 다른 부위에 이상이 없더라도 볼 수 없게 된다.

> **문항분석**
>
> ① 전두엽(前頭葉, frontal lobe)은 대뇌반구의 전방에 있는 부분으로 전전두엽 관련 영역을 가져 기억력·사고력 등의 고등행동을 관장하며 다른 연합영역으로부터 들어오는 정보를 조정하고 행동을 조절한다. 또한 추리, 계획, 운동, 감정, 문제해결에 관여한다.
> ② 측두엽(側頭葉, temporal lobe)은 대뇌반구의 양쪽 가에 있는 부분으로 청각연합영역과 청각피질이 있어 청각정보의 처리를 담당한다.
> ③ 두정엽(頭頂葉, parietal lobe)은 기관에 운동명령을 내리는 운동중추가 있다. 체감각 피질과 감각연합영역이 있어 촉각, 압각, 통증 등의 체감각 처리에 관여하며 피부, 근골격계, 내장, 미뢰로부터의 감각신호를 담당한다.

078 언어치료는 언어치료사의 역할로, 임상심리사가 수행하는 역할이 아니다.

079 조작적 조건형성과 관련하여 강화(reinforcement)에 영향을 미치는 변인으로 박탈수준(동기화 조작 또는 확립조작)이 있는데, 유기체의 박탈 수준이 높을수록 강화물의 효과가 크다. 예를 들어, 배부른 쥐보다 음식물이 박탈된 굶주린 쥐에게 음식물은 강화물로서 더 큰 효과를 갖는 것이다.
② 효과가 큰 강화물은 효과가 작은 강화물보다 더 효과적이다. → 강화물의 특징
③ 학습이 일어나는 비율은 행동에 대한 강화물이 뒤따르는 정도에 따라 달라진다. → 수반성
④ 반응과 강화 결과 사이의 간격이 가까울수록 학습이 더 잘 일어난다. → 근접성

강화(reinforcement)에 영향을 미치는 변인

1) 수반성

행동과 그 결과 사이의 상관의 정도로, 학습이 일어나는 비율은 행동에 강화물이 뒤따르는 정도에 따라 달라진다.

2) 근접성

반응과 그 강화 결과 사이의 간격은 조작적 조건형성의 비율에 강력한 영향을 미치며, 간격이 짧을수록 학습이 더 빨리 일어난다.

3) 강화물의 특징

(1) 강화물의 효과크기도 영향을 미치지만, 강화물의 효과 크기와 학습과의 관계는 직선적이지는 않고 질적인 차이도 있다.

(2) 즉, 일반적으로 강화물 크기를 증가시킬수록 그 증가분에서 얻어지는 이득은 줄어든다.

4) 과제의 특징

(1) 강화의 대상이 되는 행동의 특징들 중 어떤 것들은 얼마나 쉽게 그 행동이 증강될 수 있는가에 영향을 미친다.

(2) 사례

민속촌에서 줄 타는 것을 보고 그 위에서 걷는 것을 배우는 것보다는 평균대 위에서 걷는 것을 배우는 것이 더 쉽다.

5) 동기화 조작(=확립조작)

(1) 일반적으로 박탈 수준이 높을수록 강화물은 더 큰 효과를 갖는다.

(2) 사례

배부른 쥐보다 굶주린 쥐에게 음식물이 강화물로서 더 큰 효과를 갖는 것이다.

6) 기타 변인

(1) 개인차

개인차에 따라 조작적 학습에 차이를 보인다.

(2) 과거의 학습 경험

비슷한 것을 학습해본 경우 학습은 더 빠르게 일어나는데, 그 사례로 요리를 해본 적이 없는 사람이 짜파게티를 끓이는 것보다 라면이라도 끓여본 사람이 짜파게티를 더 잘 끓일 것이다.

(3) 서로 경합하는 수반성의 역할

① 어떤 행동이 강화뿐 아니라 처벌적인 결과도 초래한다면, 또는 다른 종류의 행동들에 대해서도 강화물들이 동시에 존재한다면, 그 행동을 강화하는 것의 효과는 매우 다를 것이다.

② 사례

10억이라는 뇌물이 공짜로 들어온다면 누구나 다 좋아하겠지만, 그에 따른 처벌도 함께 뒤따르는 것이다.

080 각 개인의 특징들의 변산성(variability)이 크기 때문에 실험집단과 통제집단(비교집단)에 속하는 사람들의 특성 차이를 최소화해야 하는데, 이 때 필요한 것은 두 집단의 동질성을 확보하기 위한 참가자 배정의 무선할당 (random assignment)이다. 즉, 무선 배치(random assignment, 무선화 배정, 무작위 할당)은 서로 다른 처치에 각 사례들을 배치하는 실험기법으로, 실험설계에서 두 집단들 사이에 동등성을 확보하기 위해 실시된다.

| 081 | ② | 082 | ① | 083 | ② | 084 | ④ | 085 | ① | 086 | ③ | 087 | ② | 088 | ① | 089 | ④ | 090 | ③ |
| 091 | ① | 092 | ① | 093 | ④ | 094 | ② | 095 | ① | 096 | ① | 097 | ② | 098 | ④ | 099 | ④ | 100 | ③ |

081 문제원인을 이해하는데 초점을 두는 것은 정신분석적 가족치료의 내용이다.

> **실력다지기**
>
> 해결중심 가족치료의 기본원리
>
> 1) 건강하고 긍정적인 것에 초점 두기
> 2) 강점, 자원, 증상까지 치료에 활용하기
> 3) 탈이론, 비규범, 내담자 견해 존중하기
> 4) 간단하고 단순한 방법 선호하기
> 5) 변화는 불가피하다.
> 6) 현재에 초점을 맞추고 미래지향적이다.
> 7) 내담자와의 협력관계를 중요시한다.

082 사회적 비행은 행위자의 편에서 볼 때 비행집단 내에서 인정되는 방식으로 욕구를 실현하는 적응적인 행동 양식이라고 볼 수 있어 소속된 비행 하위집단 내에서 통용되는 삶의 방식들은 자존감과 소속감을 가져다 줄 수 있지만, 장기적으로 적응적이라고 할 수는 없다.

> **실력다지기**
>
> 비행의 유형 (워너, Weiner의 구분)
>
> 1) 사회적 비행
>   (1) 심리적 문제가 없이 비행 하위문화의 구성원으로 저지르는 비행이다.
>   (2) 비행집단 내에서는 인정되는 방식이므로 행위자 입장에서는 적응적인 행동양식이다.
>   (3) 초등학교 시절 부모의 보호와 훈육을 받지 못하고 반사회적 또래의 영향을 많이 받은 사람의 경우 가 많다.
> 2) 심리적 비행
>   (1) 성격적 비행
>   ① 자신의 행동을 통제하는 능력 부족, 공격적이고 쾌락 추구적인 충동을 행동으로 즉시 옮긴다.
>   ② 유아기나 아동기에 거절당한 경험으로 타인의 감정을 공감하는 능력을 발달시키지 못한 경우나, 아동 후기에 부적절하거나 일관적이지 못한 훈육과 감독에서 비롯된다.
>   (2) 신경증적 비행
>   ① 자신의 욕구를 충족시킬 수 없을 때 자신의 욕구를 표현하는 방식으로 저지르는 비행이다.
>   ② 주로 단독으로 저지르며, 급작스럽고 상황적으로 이루어지는 행동이다.
>   ③ 가족환경의 변화로 가족 구성원들 간에 애정과 관심에 변화가 있을 때 발생할 수 있다.
>   (3) 정신병적 비행
>   정신병이나 두뇌의 기질적 손상으로 설명되는 비행이다.

083 내담자의 억압된 감정에 대한 해석은 정신분석 심리치료이다.
지금 - 여기(현재 강조), 미해결 과제 또는 회피, 환경과의 접촉 등은 게슈탈트 상담의 주요 개념이다.

084

> 인간중심치료 이론에서 치료자의 태도
>
> 1) 진실성(진지성, 일치성, 솔직성)
>   상담자는 내담자와의 관계에서 경험하는 것을 충분하고 솔직하게 표현한다.
> 2) 무조건적 긍정적인 관심
>   상담자가 내담자를 판단하지 않고 내담자가 나타내는 감정이나 행동 특성들을 있는 그대로 수용하며
>   존중하는 태도를 말한다.
> 3) 공감적 이해
>   상담자가 내담자의 경험과 감정을 이해하려고 노력하는 것을 말한다.

085 만성정신과 환자를 위한 정신재활치료에서 사례관리의 목적은 환자에게 필요한 다양한 서비스를 조정, 통합하는 것이다. 사례관리는 원스톱 서비스의 개념으로, 다양한 욕구를 해결하기 위해 다양한 서비스를 연계, 통합, 조정하여 자원의 힘을 빌어서 실천하는 지역사회보호이다.

086 Glasser의 현실요법 상담이론에서 가정하는 기본적인 욕구는 소속과 사랑의 욕구, 통제력(힘)에 대한 욕구, 자유에 대한 욕구, 재미(즐거움)에 대한 욕구, 생존의 욕구 등 5가지(암기법 소힘즐자생)이다. 자존의 욕구는 Maslow의 욕구위계에 해당되는 개념이다.

087 사회공포증 치료에서 극복을 위한 집단치료 프로그램 내용 중 불안을 유발하기 때문에 지금까지 피해왔던 상황을 더 이상 회피하지 않고 그 상황에 직면하게 하는 일종의 행동치료기법은 노출훈련이다. 사회공포증 (Social phobia)은 낯선 사람과 이야기하거나, 다른 사람들 앞에서 연설을 하는 등의 사회적 상황에 대한 두려움과 불안이 있어서 그런 상황을 가능한 한 피하려 하는 질환이다. 사회공포증으로 고통 받는 사람들이 하는 훈련의 대부분이 노출훈련이다. 이 노출훈련으로 최대의 성과를 얻기 위해서는 두려워하는 상황에 가능한 한 자주 노출하고, 공포감이 줄어들 때까지 두려운 상황에 머물러 있는 것이 중요하다.

088 사회학습이론의 관점에서 본다면 직업에서 요구하는 직무내용은 항상 변화할 수 있음을 예측하고 대비한다는 내용이 옳다. 그 이유는 사회학습이론의 관점에서 진로발달 과정과 관련 있는 요인은 1) 유전적 요인과 특별한 능력, 2) 환경조건과 사건, 3) 학습경험, 4) 과제접근 기술이다. 이 중에서 직업에서 요구하는 직무내용은 사회학습이론에서 제시하는 직업선택에 영향을 미치는 요인 중 환경조건과 사건에 해당된다.

실력다지기

사회학습이론

1) 진로선택 과정을 단순화하려는 시도로 진로선택을 결정하는 데 영향을 미치는 삶의 사건들에 관심을 보였다(크롬볼츠, 미첼, 겔라트).
2) 진로발달 과정과 관련 있는 요인
   (1) 유전적 요인과 특별한 능력
      개인의 진로 기회를 제한하는 타고난 특질이다.

> (2) 환경조건과 사건
> 　환경에서의 특정한 사건이 기술발달, 활동, 진로선호 등에 영향을 미친다.
> (3) 학습경험
> 　도구적 학습경험(과거의 학습경험이 직업적 행동에 대한 도구로 작용하는 것)과 연상적 학습경험(중립적 상황에 대한 부정적, 긍정적 반응)으로 나눈다.
> (4) 과제접근 기술
> 　문제해결 기술, 작업습관, 정신구조, 정서적 반응, 인지적 반응 등 개인이 개발시켜 온 기술 일체를 포함한다.

089 장애인을 위한 심리재활 프로그램 중 집단치료에서 신체장애집단의 구성원 선발은 신체장애의 종류에 따라야 하는 것은 아니다. 이질적인 장애의 종류를 지니고 있더라도 집단치료는 가능할 수 있다.

090 체계적 둔감법은 불안·공포를 제거하기 위해 불안과 양립할 수 없는 이완반응을 끌어낸 다음, 불안을 유발시키는 경험을 상상하게 하여 불안을 제거하는 방법으로 고전적 조건화의 원리에 기초한 것이다. 이는 자극과 반응의 관계를 응용한 사례이다.

091 정신분석 상담에서 전이분석이 중요한 이유로 가장 옳은 것은 내담자에게 현재 관계에 대한 과거의 영향을 깨닫게 해 준다는 내용이다. ④번의 경우는 전이를 통해 무의식의 내용을 파악하는 것에 그치는 것이므로 가장 옳은 내용은 아니다. 전이는 내담자가 무의식 속에 잠재되어 있는 아동기에 부모 또는 가족들의 경험에서 느꼈던 감정이 의식영역의 상담자에게로 옮겨지는 것을 말한다. 정신분석 상담자는 여러 가지 형태의 전이를 잘 다루고 분석함으로써 내담자의 적응기제를 이해하고 이를 치료적으로 활용할 수 있다.

092 직무수행의 속성이 다차원적일 때는 단일 검사보다는 복수 검사를 선택하는 것이 바람직하다.

093 성폭력 피해자 상담 시, 상담자는 심리상담 초기단계에서 치료관계(라포) 형성에 힘쓰면서, 상담내용의 주도권을 가지기보다 내담자에게 상담내용의 주도권을 주는 것이 좋다. 그리고 내담자에게 현재 상황에서 표현할 수 있는 내용에 대해서만 이야기할 수 있도록 배려해야 한다.

094 초기에 외상 자체를 부정하는 것이 회복 과정을 방해하는 것은 아니다. 그 이유는 초기에 외상 자체를 부정하는 것이 신체적 장애 발생에 따른 심리적 적응단계로 자연스러운 과정이기 때문이다(Kreugger1981 ; 1982). 신체적 장애 발생에 따른 심리적 적응단계는 제1단계 충격(shock ; 외상 시 나타나는 즉각적인 반응), 제2단계 부정(denial ; 초기에 외상 자체를 부정하는 것), 제3단계 우울반응(depressive reaction ; 장애나 질병의 심각성과 정도를 이해하고 완전히 인정하게 될 때), 제4단계 독립에 대한 저항(reaction against independence ; 독립적으로 자기간호와 재활의 노력이 가능할 때 나타나는 반작용), 제5단계 적응(adaption ; 회복과정을 거쳐 삶에 적응)을 거치게 된다.

095 상담 초기 단계에서 사용하기에 가장 적합한 기법은 경청이다.
내담자의 이야기를 주의 깊게 듣게 되면, 내담자의 문제를 이해할 수 있고, 상담자-내담자 간의 신뢰관계를 형성할 수 있게 된다.

096 고트프레드슨의 직업포부 발달이론은 직업과 관련된 개인의 발달단계를 (1)힘과 크기 지향성 (2)성역할 지향성 (3)사회적 가치 지향성 (4)내적 및 고유한 자아 지향성 등 4단계로 구분한다.

> **실력다지기**
>
> 고트프레드슨(갓프레드슨, Gottfredson)의 발달이론 - 직업적 포부이론
> 1) 직업적 포부의 발달이 중요하고 사회계층, 지능수준 및 다양한 경험은 진로선택의 중요한 요인이며, 이미지에 맞는 직업을 희망하기 때문에 직업발달에서 자아개념이 진로선택의 중요요인이다. 따라서 자아성찰과 사회계층의 맥락에서 직업적 포부가 더욱 발달된다고 본다.
> 2) 직업포부의 발달단계
>   (1) 직업과 관련된 개인발달 단계 : 힘과 크기 지향성(3~5세), 성역할 지향성(6~8세), 사회적 가치 지향성(9~13세), 내적 고유한 자아 지향성(14세 이후)의 단계로 구분한다.
>   (2) 직업적 선호와 발달단계 : 자아개념이 발달하면서 포부에 대한 한계를 설정하며 사회경제적 배경과 지능수준을 강조한다.
>   (3) 직업과 관련된 개인의 발달단계를 4단계로 나눈다. **암기법** 힘 - 성 - 사 - 내
>   ㉠ 힘과 크기 지향성(3~5세) : 사고과정이 구체화되며 어른이 된다는 것의 의미를 알게 된다.
>   ㉡ 성역할 지향성(6~8세) : 자아개념이 성의 발달에 의해서 영향을 받게 된다.
>   ㉢ 사회적 가치지향성(9~13세) : 사회계층에 대한 개념이 생기면서 자아를 인식하게 되며 직업에 대한 귀천의식이 생긴다.
>   ㉣ 내적 및 고유한 자아 지향성(14세~) : 자아성찰과 사회계층의 맥락에서 직업적 포부가 더욱 발달하게 된다.

097 주창 대화(advocacy talk)는 내담자의 저항을 심화시키는 상담자의 대화반응이다. 설득이나 비난과 비판 등이 포함되며, '내가 전문가이니 내말을 들어라'와 같은 메시지를 전달하기 때문에 내담자로 하여금 저항행동을 불러일으키게 된다.

098 임상심리학의 시작은 1896년 L. 위트머가 펜실베이니아 대학에 몸이 불편한 아동을 위해 클리닉을 개설하고, 1909년 W. 힐리가 빗나가는 청소년들의 개진을 위한 시설 건설을 시작으로 한다.

099 ① 백(A. Beck)은 내담자의 기분과 행동은 생각이나 가정에 의해 영향을 받는다고 주장하였다.
② 백(A. Beck)은 내담자의 역기능적 인지도식을 찾아 가설을 세우고 이 가설의 타당성을 체계적으로 검증해야 한다고 주장하였다.
③ 백(A. Beck)의 인지치료에서는 내담자 치료를 위해 언어적, 인지적, 행동적 기법을 사용한다.

백(A. Beck)의 인지치료 기법들[1]

1) 언어적 기법

내담자에게 인지치료의 이론적 근거를 설명하고, 자신의 부정적 자동적 사고를 인식하고 감찰하여 역기능적 사고일지에 기록하는 것을 가르친다. 그리고 이를 논리성, 타당성, 적응성의 측면에서, 긍정적 행동을 촉진하는지 아니면 병리성 유지에 기여하는가의 측면에서 서로 토론하면서 검토한다.

2) 인지적 기법

내담자의 잘못된 생각과 부적응적인 가정을 파괴하고 검증하는 것을 목표로 한다. 이는 매우 바람직한 학습경험들로 이루어지는 데 내담자들은 이를 통해 다음을 배우게 된다.

(1) 부정적 자동적 사고를 감찰하기

(2) 인지, 정서, 행동 간의 관련성을 인식하기

(3) 왜곡된 자동적 사고의 증거와 반대 증거를 검토하기

(4) 이러한 편파 된 인지를 보다 더 현실지향적인 해석으로 대체하기

(5) 경험을 왜곡하는 소인으로 작용하는 역기능적 신념 파악하고 수정하기

3) 행동적 기법

보다 심각한 우울증 내담자에게 사용하는 것으로 행동을 변화시키기 위한 것 뿐 아니라 어떤 행동과 연관된 인지를 이끌어내기 위해 사용된다. 이는 무기력함을 없애고 내담자를 움직여서 건설적인 행동을 하도록 하는 데 상대적으로 더욱 효과적이다. 또한 행동목표의 성취를 통해 성공경험을 하게 하는 것은 인지적 기법을 적용한 것보다도 "난 아무 것도 할 수 없어"라는 식의 잘못된 신념을 수정하는 데 효과적일 수 있다.

④ 엘리스(A. Ellis)의 합리정서행동치료(REBT)에서는 비합리적 생각을 합리적인 생각으로 바꾸기 위해 적극적인 논박을 사용한다. → ABCDE모형

실력다지기

백(A. Beck)의 인지치료(cognitive therapy)[2]

내담자는 인지와 정서와의 관계뿐만 아니라 인지나 가정들을 인식하고 관찰하며 제어하는 법을 배운다. 이것은 행동적 기법뿐만 아니라 언어적 기법도 포함한다. 이것은 또 내담자가 인지적 왜곡을 수정할 수 있도록 과제를 부과하고 잘못된 가정들에 대한 통계자료를 모으고 기록된 여러 자료를 사용하는 것을 포함한다. 그리고 대안적인 해석을 하는 것을 포함한다. 백(A. Beck)은 자기관찰을 할 수 있는 체계적인 기술을 내담자에게 가르쳐야 한다고 주장하는데, 이것은 내담자가 그의 사고와 정서 간의 관계를 볼 수 있도록 해주기 위해서이다. 내담자는 자신의 행동에 대한 어떤 가설을 만들어서 특수한 문제해결법을 적용하며 그러한 상황에 대처하는 기술을 배우게 된다.

1 류승민(2022). 아론 백(A. Beck)의 인지이론. 한국통합심리상담협회 홈페이지.
2 류승민(2022). 아론 백(A. Beck)의 인지이론. 한국통합심리상담협회 홈페이지.

100　원래는 인지치료는 우울사고에 대한 신념과 역기능적 태도를 바꾸는 것인데, 그 효과가 우울한 생각의 내용에도 변화를 일으켰다. 인지치료에서 강조하는 것은 생각의 내용을 바꾸는 것이었다. 마음챙김에 기반한 인지치료(MBCT)에서는 생각의 내용과 의미를 바꾸는 것을 중시하지 않는다. 그보다 MBCT는 내담자가 생각을 다른 방식으로, 즉 그 일이 내 자신의 특별한 측면이거나 실제 현실을 반영한 것이 아니라, 단지 정신적 사건으로 생각하도록 돕는다. 핵심 기법은 마음챙김(mindfulness)이다. 이를 통해 우울증이 재발해도 나쁜 생각을 곱씹지 않도록 하는 것이다. 전통적인 인지행동치료에서는 환자의 부정적인 인지의 내용을 수정해서 적응적으로 변화시키려고 할 것이다. 이와 반대로, 마음챙김에 기반한 인지치료 중 하나인 마음챙김에 기반한 수용-전념치료는 인지의 기능에 초점을 맞추고, 경험 회피에 대응하는 감정조절 전략을 촉진한다.[3]

실력다지기

마음챙김에 기반한 인지치료(MBCT, Mindfulness-based cognitive therapy)[4]

1) 마음챙김(mindfulness)이란, 불교 명상 수행의 한 요소인 사티(sati)에서 유래한 개념으로, 현재 순간순간의 경험에 의도적으로 그리고 비판단적으로 주의를 기울임으로써 얻어지는 일종의 자각(awareness)을 뜻한다(Kabat-Zinn, 1990).

2) 즉, 매 순간 경험하는 신체감각, 생각, 감정, 외부자극(상황 및 맥락) 등을 주의 깊게 지켜봄으로써 자신에게 무슨 일이 일어나는지 명료하게 알아차릴 수 있는 상태를 말한다. 이를 조작적으로 정의하자면, 마음챙김은 주의 집중의 한 형태로, 자신의 주의를 스스로 조절하는 것과 자신의 경험에 대한 개방적이고 수용적인 태도의 두 가지 요소로 구성된다(Bishop et al., 2004).

3) 이러한 개념은 현대 서구에서 카바트-진(Kabat-Zinn)에 의해 마음챙김 기반 스트레스 감소(Mindfulness Based Stress Reduction, MBSR)라는 프로그램으로 치료 장면에 접목되어, 만성 통증과 스트레스관련 질병을 가진 사람들을 위해 개발되었다

4) 마음챙김(mindfulness) 기반 치료란, 최근에 건강관련 심리학 및 임상, 상담 분야에서 정신장애, 정신건강 또는 안녕감을 개선 또는 증진시키는데 있어 가장 각광을 받고 있는 것은 마음챙김(mindfulness) 기반 심리치료이다.

5) 마음챙김(mindfulness) 기반 치료는 카바트-진(Kabat-Zinn, 2003)이 마음챙김에 기초한 스트레스-감소 프로그램(Mindfulness-Based Stress Reduction, MBSR)이라는 체계적인 훈련 프로그램으로 개발하여 의료장면에서 시행한 이후, 현재까지 다양한 신체질환 및 정신장애의 치료에 광범위하게 적용됨과 동시에, 그 효과를 보고한 연구들이 계속 증가되고 있다.

6) 관련 프로그램
(1) MBSR(Mindfulness Based Stress Reduction)
(2) MBCT(Mindfulness Based Cognitive Therapy)
(3) ACT(Acceptance and Commitment Therapy)
(4) DBT(Dialectical Behavior Therapy)

3　출처 : 임성철(2018). 수용-전념치료를 통한 당뇨병 자가관리와 정신건강 증진. J Korean Diabetes 2018;19:186-191
4　이혜진 외(2015), 마음챙김 기반 치료의 효과: 메타분석 연구, 한국심리학회, 34(4): 991-1038

MEMO

2022

임상심리사 2급
정답 및 해설

제1회 임상심리사 2급 필기 정답 및 해설

제1과목 | 심리학개론

001	③	002	②	003	④	004	②	005	②	006	①	007	②	008	④	009	④	010	①
011	④	012	①	013	②	014	③	015	④	016	③	017	③	018	③	019	③	020	②

001
사례연구는 질적 연구방법론의 하나로 이론적 조망에 근거하여 특정 사례 또는 사례들을 주제로 삼고 총체적인 자료 수집을 통해 연구를 수행하는 것을 말한다.

사례연구에서의 자료수집 방법은 다양하며, 문서(document), 기록(record), 면접(대면, 전화), 직접관찰, 참여관찰, 기타(장비, 도구, 예술품, 노트, 컴퓨터 출력물) 등이 모두 포함될 수 있다.

> **실력다지기**
>
> 1) 실험연구 : 변인들 간의 관계를 발견하기 위해 수행하며, 연구자가 원인적 요인(독립변인)을 의도적으로 변화시켰을 때 그 영향으로 인한 결과적 요인(종속변인)의 변화에서 두 변인 간의 인과관계를 규명할 수 있다.
> 2) 상관연구 : 변인들 간의 관계를 밝히는 연구방법으로 어떤 이상행동을 나타내는 여러 사람들의 특성을 객관적 평가도구를 통해 수집하여 그러한 자료 간의 관계를 살펴보는 방법이다.
> 3) 혼합연구 : 단일 연구나 조사 프로그램에서 질적인 접근과 양적인 접근을 함께 활용해 자료를 수집하거나 분석하고, 결과를 통합해 추론을 이끌어내는 방법이다.

002
로저스(Rogers)는 인간중심상담이론의 창시자이다. 행동주의 이론가로는 고전적 조건형성의 파블로프, 조작적 조건형성의 스키너, 관찰학습의 반두라 등이 있다.

003
기억 연구에서 집단이 회상한 수가 집단 개개인이 회상한 수보다 적은 것은 협력 억제 효과라고 한다.

책임감 분산 효과는 방관자 효과라고도 하며, 다른 사람들의 행동에 따라 판단하여 행동하는 현상을 말한다. 즉, 방관자의 수가 많을수록 도움을 받을 가능성이 적어진다.

스트룹 효과는 과제에 대한 반응 시간이 주의에 따라 달라지는 효과를 말한다. 예를 들어, 글자와 색상이 일치하지 않는 경우 답을 말하는데 시간이 오래 걸리거나 틀린 답을 말하게 된다.

청킹(Chunking)은 정보를 의미 있는 묶음으로 만드는 것을 말하는데, 이렇게 했을 때 효율적으로 기억할 수 있다.

004 일정시점에 다양한 그룹의 사람들에게 어떤 특성에 대한 자료를 수집하였다면 횡단적 연구방법에 해당한다.
종단적 연구방법은 한 시점이 아닌 상당 기간에 걸쳐 연구하는 것이 특징이다.
교차비교 연구방법은 변수를 교차하여 통계적으로 비교하는 방법이다.
단기종단적 연구방법은 횡단연구와 종단연구를 절충한 연구방법으로 비교적 짧은 시간 내에 시간경과에 따른 발달양상을 연구하는 방법이다.

005 자극 일반화란 조건형성이 이루어진 이후에 조건자극과 유사한 자극이 있을 경우 같은 반응을 보이는 것을 말한다.

실력다지기

왓슨의 알버트 실험

1) 동물을 무서워하지 않지만 깨지는 소리를 무서워하는 생후 9개월 된 아기를 선정하여 알버트라고 명명함
2) 처음에는 흰 쥐를 주고 알버트가 관심을 보일 때 무서운 소리를 내서 공포심을 갖도록 함.
3) 알버트는 깨지는 소리 없이 흰쥐만 보여줘도 울게 됨.
4) 이후 흰 쥐와 비슷한 흰 토끼, 흰 수염을 단 산타클로스에게도 공포심을 갖게 됨.(자극 일반화)

006 실험자가 조작하는 처치변인은 독립변인이며, 그에 따라 영향을 받는 변인은 종속변인이다.
매개변인은 독립변인과 종속변인 사이의 관계를 연결해주는 변인이다.
조절변인은 독립변인과 종속변인의 관계를 체계적으로 변화시키는 변인이다.

007 초자아는 프로이트의 심리성적발달단계 상 남근기에 해당하며, 부모와의 동일시를 통해 사회적 규범을 받아들이면서 초자아가 발달된다.

008 아이젱크는 인간의 성격을 내향성 - 외향성, 신경증적 경향성, 정신병적 경향성의 3가지 특질로 구분하고, 성격특질이 서열적으로 조직화되어 있다고 보았다.
Cattell은 인간의 성격을 원천 특질과 표면 특질로 구별하였는데 원천 특질이 기본적인 특질에 해당한다.
Cattell은 세 가지 방식으로 특질을 분류하였으며, 공통특질 대 독특한 특질, 능력특질 대 기질특질 대 역동적 특질, 원천 특질 대 표면특질이다.
Cattel은 지능을 성격의 한 요인인 능력특질로 보았다.

실력다지기

커텔(Cattell)의 특질론

커텔은 개인의 특징적 행동을 설명할 수 있는지의 여부에 따라 특질을 표면특질과 근원특질로 분류하였다.
1) 표면특질
   (1) 표면특질은 인간이 보이는 다양한 행동들 중에서 각기 서로 관련되어 있다고 여겨지는 일련의 행동들을 묶어 놓은 것이다.
   (2) 표면특질은 환경의 영향을 받아 실제 자신의 의도와는 다른 행동 패턴을 보여야 하는 경우에 발생한다.

(3) 미소를 짓는 행동, 인사를 하는 행동, 타인을 돕는 행동 등은 서로 함께 나타나는 경향이 있는데 이는 친절성 특질을 나타내며, 타인을 비방하거나, 얼굴을 찌푸리거나, 타인을 괴롭히는 일련의 행동은 공격성 특질을 나타낸다.

2) 근원특질
(1) 근원특질은 성격의 핵심을 이루는 것으로 개인의 행동, 생각 및 정서에 영향을 주어, 행동의 일관성을 결정짓는 역할을 한다.
(2) 근원특질은 표면특질에 해당하는 행동의 진정한 원인이 무엇인지에 대한 설명을 제공하게 된다.
(3) 친절성과 공격성의 특질에 속하는 일련의 행동들을 나타내는 사람의 저변에는 정서적 불안이라는 근원특질이 존재할 수 있는데, 한 개인은 타인에게 소외 받을지도 모른다는 정서적 불안감 때문에 타인에게 친절하게 대하기도 하고, 때로는 공격적으로 행동하기도 한다.

Cattell은 지능을 선천적이며 개인의 경험과 무관한 유동성 지능과, 후천적이며 학습된 지식과 관련된 결정성 지능으로 구분하였다.

009 성격이란 개인이 환경에 따라 반응하는 특징적인 양식으로서, 타인과 구별되게 하는 독특하고, 일관성이 있으며, 안정적인 사고, 감정 및 행동방식의 총체라고 할 수 있다.
④ 개인의 자율성은 포함되지 않는다.

010 형태주의 학습에 관한 중요한 연구는 볼프강 쾰러에 의해서 이루어졌으며, 통찰적인 해결을 중요시하였다. 대개 이런 통찰적인 해결책이 나올 때까지는 일정 시간이 걸리는 것으로, 시간변인에 주로 관심을 갖는다는 내용은 틀린 내용이다.

실력다지기

통찰학습의 네 가지 특징

1) 미해결에서 해결 상태로의 이행이 갑작스럽고 완전하다.
2) 통찰로 얻은 해결책에 기초한 수행은 보통 부드럽고 오류가 없다.
3) 통찰에 의해 얻은 해결책은 상당한 시간 동안 유지된다.
4) 통찰에 의해 얻은 원리는 다른 문제에 쉽게 적용될 수 있다.

011 에릭슨의 심리사회적 발달이론에서 노년기는 자아통합대 절망감의 시기로 절망감의 위기를 맞게 된다.

실력다지기

에릭슨의 심리사회적 발달단계

1단계 유아기 – 기본적 신뢰감 대 기본적 불신감
2단계 초기 아동기 – 자율성 대 수치심과 의심
3단계 학령 전기 – 주도성 대 죄의식
4단계 학령기 – 근면성 대 열등감
5단계 청소년기 – 자아정체감 형성 대 자아정체감 혼란
6단계 성인 초기 – 친밀감 대 고립감
7단계 장년기 – 생산성 대 침체감
8단계 노년기 – 자아통합 대 절망감

012 행동주의이론에서는 고전적 조건형성을 통해 대부분의 정서적인 반응들이 학습된 결과라고 본다.

> **✎ 오답노트**
>
> ② 중립자극은 무조건 자극 직후에 제시되어야 한다. → 직전에 제시되어야 한다.
> ③ 행동변화의 효과를 거두기 위해서는 적절한 반응의 수나 비율에 따라 강화가 이루어져야 한다. → 강화를 점차로 늘리면 강화의 효과가 떨어진다.
> ④ 모든 자극에 대한 모든 반응은 연쇄(chaining)를 사용하여 조건형성을 할 수 있다. → 행동연쇄는 행동에 대한 일련의 순차적 반응을 분석하여 자극 – 반응의 연결과정을 통하여 행동 수정을 하는 것이다.

013 자기지각이론(self – perception theory)
벰(Bem, 1972)의 자기지각이론(Self Perception Theory)은 사람들이 자신의 행동이나 행동이 일어나는 상황에 대한 자신의 지각에 기초하여 자신의 태도를 파악한다는 것이다.

> **참고**
>
> 인지부조화이론(cognitive dissonance theory)
>
> 우리의 신념 간에 또는 신념과 실제로 보는 것 간에 불일치나 비일관성이 있을 때 생기는 것으로, 인지부조화이론에 따르면 개인이 믿는 것과 실제로 보는 것 간의 차이가 불편하듯이 인지 간의 불일치가 불편하므로 사람들은 이 불일치를 제거하려 한다.
>
> 자기고양편파이론
>
> 결과가 좋으면 자신에게 귀인하고, 그 결과가 좋지 않으면 외부요인에 귀인하는 현상을 말한다.

014 집단사고는 집단의 리더가 민주적일 때보다는 오히려 지시적일 때 발생한다.

> **실력다지기**
>
> 집단사고(Janis)
> 1) 집단사고란 집단 구성원 간에 존재하는 지나친 일치화(concurrence) 경향으로 특징지어지는 집단 의사결정의 한 모습을 말한다.
> 2) Janis(1983)에 따르면, 집단사고(groupthink)란 집단내의 압력으로 인해 정신적 효율성과 현실 적합성 및 도덕적 판단이 결함되고, 이런 상태에서 의사결정을 하는 것을 일컫는다.
> 3) 집단사고는 3가지 조건에서 흔히 발생하게 된다.
>   (1) 첫 번째 조건은 집단내의 높은 응집력(high group cohesiveness)이다.
>   (2) 두 번째 조건은 집단의 구조적 문제들로, 외부의견으로부터의 집단의 고립(insulation of group from outside opinions), 지시적인 리더(directive leader) 등을 특징으로 한다.
>   (3) 세 번째 조건은 위기 상황(crisis situation)으로, 외부 위협으로부터의 강한 스트레스나 리더의 의견 외에는 더 나은 해결책의 부재 상황 등을 특징으로 한다. 이러한 상황에서 집단구성원들은 리더의 의견에 반대하거나 리더와 다른 의견을 제시하기가 어렵고, 오히려 비합리적일 수 있는 리더의 의견을 보다 적극적으로 옹호하고 강화시키는 행동을 하게 된다."

015 기본적 귀인 오류(Fundamental Attribution Error)

기본적 귀인 오류는 타인의 행동을 판단할 때 상황적 요인들을 충분히 고려하지 않는 데에서 오는 편향을 말한다.

자신의 행동에 대해서 설명할 때는 주변 상황적 요인에 주로 의지하는 반면, 타인에 대해서는 그 사람의 성향적 자질에 그 원인이 있다고 쉽게 결론내리는 것이다.

016 의미망 모형에 따르면 버터라는 단어를 판단하는 데 걸리는 시간은 간호사보다 빵이라는 단어가 먼저 제시되었을 때 더 빠르다. 이유는 하나의 개념인 마디와 또 다른 마디가 연결되는 교차점이 서로 멀리 떨어져 있을수록 판단하는 시간이 느리다는 주장이 있기 때문이다.

실력다지기

퀼리언(Quillian)의 의미망 모형

1) 퀼리언(Quillian)의 의미망 모형의 기본 입장은 지식이 의미망으로 표상된다는 것이다.

2) 이 망은 개념 마디들과 이 마디들을 연결하는 명칭이 부여되고 방향이 결정된 관계들로 이루어지는 질서 있는 망이다.

3) 이 의미망에서 어떤 개념의 의미란 그것과 연결된 마디와 관계들의 전체 형태에 의해 주어지며 각 개념 마디는 대체로 자연 언어의 단어에 해당하는 마디인데, 어떤 마디는 그에 해당하는 단어가 없는 마디도 있다.

4) 의미망의 특징

(1) 범주 개념 마디에 해당하는 'type'(보편함)과 그 예에 해당하는 'token'(例項 또는 個項)을 구분하여, 'A is - a B'라는 관계에 의해 'A'가 'B'라는 type의 한 token임을 나타내어 이것은 동일 개념이 서로 다른 여러 개념들과의 연결됨을 경제적으로 표상 가능하게 한다.

(2) 특성 상속(feature inheritance)의 특징이 있는데, 이는 상위 범주인 type의 속성을 하위 범주인 한 token이 default 값으로 상속받는 것이다.

(3) 어떤 개념 마디에서나 다른 마디들로 무한한 개수의 관계적 연결을 지닐 수 있다는 것으로서 이러한 다양한 연결의 가능성은 다양한 의미 표상을 가능하게 해준다.

(4) 확산적 활성화 특성으로서, Collins와 Loftus(1975) 등은 의미망에서 표상 마디의 활성화 값이 마디 간의 연결 등을 통해 다른 마디들로 확산되어 그 마디들의 활성화 수준을 높인다고 했다.

① 활성화란 표상구조에서 얼마만큼의 정보 처리 활동이 이루어졌는가를 나타내는 추상적 양으로서 그 정도 또는 수준이 숫자로 표현된다.

② 두 개 이상의 개념들의 의미적 관계를 파악, 처리한다는 것은 그 개념 마디들에서부터 활성화가 확산되어 연결고리들을 따라 퍼져 가다가 그 확산이 서로 마주쳐 교차될 때 그 개념 마디들 사이에 길이 생기며 그 길이 추적되어 그에 의해 그 개념들 사이의 의미 관계가 파악되는 것이라고 본다.

017 동조는 다른 사람들의 행동 또는 기대에 일치하도록 자신의 행동을 바꾸거나 또는 유지하는 것을 말한다. 따라서 개인이 집단에 매력을 느낄수록 동조하는 경향이 더 많을 것이다.

> **✏️ 오답노트**
>
> ① 집단의 크기, 즉 구성원 수가 많을수록 동조의 가능성이 증가하는 경향이 있지만, 7명 정도를 초과하면 동조의 증가 추세는 점차 줄어든다.
> ② 과제가 어려울수록 동조가 많이 일어난다.
> ④ 집단에 의해서 수용 받고 있다고 느낄수록 동조하는 경향이 더 많은 것이 아니라, 수용적 분위기에 의해 심리적 위안을 얻은 상황에서 동조에 거부할 확률이 더 높아진다.

018 시간의 흐름에 따른 성숙효과는 피험자의 내적변화를 이끌게 되고, 피험자의 반응에 영향을 주게 된다. 즉, 피험자의 반응성은 성숙효과의 결과이며 내적 타당도의 저해요인은 아니다.

> **실력다지기**
>
> 내적 타당도 저해요인
>
> 1) 외부사건   2) 시간적 경과에 따른 성숙효과
> 3) 테스트 효과   4) 도구효과
> 5) 실험대상자 변동   6) 통계적 회귀
> 7) 변수 간 인과관계 방향의 모호성(어느 것이 원인인지 불확실한 경우)
> 8) 선택과의 상호작용   9) 편향된 선별

019 외현기억은 의식적이며, 암묵기억은 무의식적이다.

020 비율척도는 절대영점이 존재하는 것으로 길이는 비율척도에 해당한다.
성별은 명목척도, 석차는 서열척도, 온도는 등간척도에 해당한다.

| 021 | ① | 022 | ③ | 023 | ② | 024 | ③ | 025 | ① | 026 | ① | 027 | ① | 028 | ④ | 029 | ② | 030 | ③ |
| 031 | ④ | 032 | ④ | 033 | ② | 034 | ③ | 035 | ① | 036 | ③ | 037 | ④ | 038 | ② | 039 | ① | 040 | ③ |

021

② 알코올로 인한 법적문제는 진단기준에 포함되지 않는다.

③ 교차중독 현상은 진단기준에 포함되지 않는다.

④ 음주량과 음주횟수처럼 수량화된 내용의 진단기준은 없다.

실력다지기

알코올 사용장애의 진단 기준(DSM-5)

알코올 사용장애는 과도한 알코올 사용으로 인해 발생하는 심리적 장애를 포함한 부적응적인 문제를 말한다. 알코올 사용장애에 대한 DSM-5의 진단기준은 다음과 같으며, 2개 이상에 해당하면 알코올 사용장애로 진단되고 해당 개수에 따라 중독의 심각도가 달라진다.

1) 임상적으로 심각한 기능 손상이나 고통을 유발하는 알코올 사용의 부적응적인 패턴이 다음 중 2개 이상의 방식으로 지난 12개월 이내에 나타났어야 한다.

2) 알코올을 흔히 예상했던 것보다 더 많은 양 또는 더 오랜 기간 마신다.

3) 알코올 사용을 줄이거나 통제하려는 지속적인 노력을 기울이지만 매번 실패한다.

4) 알코올을 획득하고 사용하고 그 효과로부터 회복하는 데 많은 시간을 허비한다.

5) 알코올을 마시고 싶은 갈망이나 강렬한 욕구를 지닌다.

6) 반복적인 알코올 사용으로 인해서 직장, 학교나 가정에서의 주된 역할 의무를 수행하지 못한다.

7) 알코올의 효과에 의해서 초래되거나 악화되는 사회적 또는 대인관계적 문제가 반복됨에도 불구하고 지속적으로 알코올을 사용한다.

8) 알코올 사용으로 인해서 중요한 사회적, 직업적 또는 여가 활동이 포기되거나 감소된다.

9) 신체적 위험이 존재하는 상황에서도 반복적으로 알코올을 사용한다.

10) 알코올에 의해서 초래되거나 악화될 수 있는 지속적인 신체적 또는 심리적 문제가 있음을 알면서도 알코올 사용을 계속한다.

11) 내성이 다음 중 하나의 방식으로 나타난다.

　(1) 중독이 되거나 원하는 효과를 얻기 위해서 현저하게 증가된 양의 알코올이 필요하다.

　(2) 같은 양의 알코올을 지속적으로 사용함에도 현저하게 감소된 효과가 나타난다.

12) 금단이 다음 중 하나의 방식으로 나타난다.

　(1) 알코올의 특징적인 금단 증후군이 나타난다.

　(2) 금단증상을 감소하거나 피하기 위해서 알코올을 마신다.

022 ① 알코올 중독의 남녀 비율은 비슷한 수준은 아니다. 남성이 더 많으며, 다만 여성의 알코올 중독 비율이 점
차 증가하고 있다.

② 여성은 유전적으로 남성과 같이 알코올 중독의 가능성이 있으며 여성이 남성보다 더 높은 요인은 심리적,
환경적 요인들이다.

③ 여성 알코올 중독자들은 남성 알코올 중독자들보다 우울을 더 많이 경험하고 자살시도 횟수가 더 많은 것
은 여성이 심리적, 환경적 요인들의 영향을 더 많이 받기 때문이다.

④ 여성은 비록 같은 몸무게라도, 같은 양의 알코올을 섭취했다고 할지라도 남자에 비해 더 취한다. 이는 여
성이 남성에 비해 체액이 적고 체지방이 많기 때문이며, 알코올은 여성의 체지방에는 분해되지 않아서 상
대적으로 여성의 혈액에 알코올의 집중도가 남성에 비해 높기 때문이다.

> 최근 연구에 의하면 여성은 위에 알코올을 분해할 수 있는 탈수소효소를 적게 갖고 있다는 것이 밝혀졌
> 다. 같은 몸무게이면서 같은 양의 알코올을 섭취했을 때, 여성은 남성에 비해 30% 이상의 알코올을 혈
> 액에서 더 흡수하게 된다. 즉, 여성에게 한 잔의 술은 남성에게 두 잔의 술과 같은 영향을 신체에 미친다.

023 ② 조증 삽화, 혼재성 삽화 또는 경조증 삽화가 없어야 하고, 순환성 장애의 진단 기준을 충족시키지 않아야
한다.

실력다지기

지속성 우울장애의 진단 기준

1) 적어도 2년 동안 하루의 대부분 우울한 기분이 있고, 우울 기분이 없는 날보다 있는 날이 더 많으며, 이
는 주관적인 설명이나 타인의 관찰로 드러난다. 소아와 청소년에서는 기분이 과민한 상태로 나타나기
도 하고, 기간은 적어도 1년이 되어야 한다.

2) 우울기 동안 다음 2가지(또는 그 이상)의 증상이 나타난다.

(1) 식욕 부진 또는 과식　　　　　　　　(2) 불면 또는 수면과다

(3) 기력(활력)의 저하 또는 피로감　　　(4) 자존감 저하

(5) 집중력 감소 또는 결정 곤란　　　　　(6) 절망감

3) 장애가 있는 2년 동안(소아나 청소년에서는 1년) 연속적으로 2개월 이상, 진단 기준 A와 B의 증상이
존재하지 않았던 경우가 없었다.

4) 장애가 있던 처음 2년 동안(소아와 청소년에서는 1년) 주요 우울증 삽화가 나타나지 않았다. 즉, 장
애가 만성 주요 우울장애 또는 주요 우울장애, 부분 관해로 잘 설명되지 않는다. 기분부전장애가 발
생되기 전, 주요 우울증 삽화가 완전히 회복된 경우가 있다(2개월간 중요한 징후와 증상이 없는). 또
한 기분부전장애가 처음 시작된 2년(소아나 청소년에서는 1년) 후, 주요 우울장애의 삽화가 추가적으
로 나타날 수 있다. 그런 경우 주요 우울증 삽화의 진단 기준을 충족시킬 때 두 진단이 모두 내려진다.

5) 조증 삽화, 혼재성 삽화 또는 경조증 삽화가 없어야 하고, 순환성 장애의 진단 기준을 충족시키지 않
아야 한다.

6) 장애가 정신분열증이나 망상장애와 같은 만성 정신증적 장애의 기간에만 발생되어서는 안 된다.

7) 증상이 물질(약물 남용, 투약) 또는 일반적인 의학적 상태(갑상선 기능 저하증)의 직접적인 생리적 효
과로 인한 것이 아니다.

024 ③ 정신장애가 뇌의 생화학적 이상에 의해서 유발된다고 보는 것은 <u>생물학적 입장</u>이다.
CF 양극성 장애와 조현병은 유전을 비롯한 생물학적 요인에 영향을 받는다. 생물학적 요인은 유전적 요인, 뇌의 구조적 손상, 뇌의 생화학적 이상 등이 해당된다.

실력다지기

이상심리의 이론적 모형 중 생물학적 입장

<u>정신장애가 뇌의 생화학적 이상에 의해서 유발될 수 있다</u>고 본다. 인간의 뇌는 약 150억 개의 신경세포(neuron)로 구성된 정보전달 체계이다. 신경세포 간의 정보전달은 화학적 물질에 의해서 이루어지는데, 이러한 화학물질을 신경전달물질(neurotransmitter)이라고 한다. 지금까지 50여 종의 신경전달물질이 알려져 있는데, 뇌의 부위에 따라서 특정한 신경전달물질에 민감한 신경세포들이 모여 있는 경향이 있다. 이처럼 신경정보의 전달과 밀접히 관련되어 있는 신경전달물질은 다양한 심리적 기능에 영향을 미치게 된다. 정신장애와 관련하여 주목을 받고 있는 주요한 신경전달물질은 도파민, 세로토닌, 노어에피네프린 등이다. 이러한 물질의 과다 혹은 결핍 상태가 정신장애와 관련되어 있다는 것이 생물학적 입장이다.

025 ① <u>순환성장애는 양극성 및 관련 장애(Bipolar and Related Disorders)에 해당한다.</u>

실력다지기

▶ 조현병 스펙트럼 및 기타 정신증적 장애의 하위유형

1) 조현병(Schizophrenia)
2) 조현형 성격장애(Schizotypal Personality Disorder)
3) 망상장애(Delusional Disorder)
4) <u>단기 정신증적 장애(Brief Psychotic Disorder)</u>
5) <u>조현양상 장애(Schizophreniform Disorder)</u>
6) <u>조현정동장애(Schizoaffective Disorder)</u>
7) 긴장성 강직증(Catatonia)

026 ① 사회불안장애는 공포스러운 사회적 상황이나 활동상황에 대한 회피, 예기 불안으로 일상생활, 직업 및 사회적 활동에 영향을 받는다.
② 특정 뱀이나 공원, 동물, 주사 등에 공포스러워 한다. - <u>특정 공포증</u>
③ 터널이나 다리에 대해 공포반응이 일어나는 경우이다. - <u>특정 공포증(상황형)</u>
④ 사회불안장애는 생리학적으로 <u>교감신경계의 활성</u> 등의 생리적 반응에서 기인하며, 기본적으로 <u>불안과 공포 등은 교감신경계의 활성화에 기인한다.</u>

실력다지기

자율신경계

말초신경계통에 속하는 신경계로 우리 몸속의 장기와 심장, 외분비샘, 내분비샘을 통제하여 우리 몸의 환경을 일정하게 유지하는 역할을 한다. 자율신경계는 교감신경과 부교감신경으로 나눌 수 있다. <u>교감신경은 위급한 상황에 빠졌을 경우 빠르게 대처할 수 있도록 도와주는 역할</u>을 하며, <u>부교감신경은 위급한 상황에 대비하여 에너지를 저장해두는 역할을 한다.</u>

027 ① 뚜렛장애(Tourette's Disorder)는 여러 가지 운동 틱과 1가지 또는 그 이상의 음성 틱이, 장애의 경과 중 일부 기간 동안 나타난다. 단, 두 가지 틱이 반드시 동시에 나타나는 것은 아니다.

실력다지기

▶ 뚜렛 장애(Tourette's Disorder) 진단 기준

1) 여러 가지 운동 틱과 1가지 또는 그 이상의 음성 틱이, 장애의 경과 중 일부 기간 동안 나타난다. 단, 두 가지 틱이 반드시 동시에 나타나는 것은 아니다(틱은 갑작스럽고, 빠르고, 반복적, 비율동적, 상동증적인 동작 또는 음성이다).

2) 틱은 1년 이상의 기간 동안 거의 매일 또는 간헐적으로 하루에 몇 차례씩(대개 발작적으로) 일어나고, 이 기간 동안에 틱이 없는 기간이 3개월 이상 지속되지는 않는다.

3) 장해는 사회적, 직업적, 또는 다른 중요한 기능 영역에서 심각한 고통이나 장해를 일으킨다.

4) 18세 이전에 발병한다.

5) 장해는 물질(예 자극제)이나 일반적인 의학적 상태(예 헌팅턴 병 또는 바이러스성 뇌염)의 직접적인 생리적 효과로 인한 것이 아니다.

상동증적 운동장애(Stereotypic Movement Disorder) 진단 기준

1) 반복적이고, 억제할 수 없는 것처럼 보이고, 비효율적인 운동 행동(예: 손 흔들기, 손장난하기, 몸 흔들기, 손가락을 무의미하게 움직이기, 머리 부딪치기, 물어뜯기, 피부 또는 몸의 구멍을 후비기, 자기 몸을 때리기).

2) 정상적인 활동을 심하게 방해하고, 치료를 받아야 할 만큼 자기 신체에 해로운 결과를 초래한다(또는 보호 장비를 사용하지 않았다면 그와 같은 손상을 초래할 것이다).

3) 만약 정신지체가 있는 경우라면, 상동증적 행동 또는 자해적 행동이 치료의 초점이 될 만큼 충분히 심각하다.

4) 이런 행동은 강박적 행동(강박장애), 틱(틱 장애), 광범위성 발달장애의 증상인 상동증, 머리카락 뽑기(발모광)에 의해 잘 설명되지 않는다.

5) 물질이나 일반적인 의학적 상태의 직접적인 생리적 효과로 인한 것이 아니다.

6) 이러한 행동이 적어도 4주 동안 지속되어야 한다.

028 ④ 무논리증(alogia)은 Bleuler가 제시한 조현병의 4가지 근본증상에 해당하지 않는다.

실력다지기

블루러(Bleuler)가 제시한 조현병(정신분열병)의 4가지 근본증상

1911년 스위스의 E. Bleuler는 소위 조발성 치매가 반드시 불치의 병도 아니며, 병의 경과나 예후보다는 인격의 통합이 와해되고 관념연합이 이완, 해체되는 이 병을 정신분열증 schizophrenia이라고 고쳐 부를 것을 제안하였다. 그는 중요 기본 증상으로 연상장애, 둔마된 감정, 자폐증, 양가감정(소위 4A 증상)을 말했고 망상, 환각은 부수적 증상이라 했다.

Bleuler의 4As는 연상(Associations)장애 - 정서(Affect)장애 - 자폐적 사고(Autistic thinking) - 양가감정(Ambivalence)이다.

〔암기법〕 조현병 4A = 양자/연정

029   ② 앉아 있도록 요구되는 상황에서 자리를 떠나는 것은 '과잉행동-충동' 증상에 해당한다.

CF 주의력 결핍 및 과잉행동장애(ADHD)를 적절히 치료하지 않으면 적대적 반항장애, 품행장애, 불안장애, 우울장애 등 여러 다른 질환이 동반될 가능성이 높고 가족갈등, 학습문제, 사회기술 부족, 감정 조절 어려움 등 부차적 문제를 동반하는 경우가 많다

실력다지기

▶ **주의력 결핍 및 과잉행동장애(ADHD)[1]**

주의력 결핍과 과잉행동 장애의 진단은 아래 1) 또는 2)번 중 한 가지일 때 가능하다.

1) '부주의'에 관한 다음 증상 가운데 6가지 이상의 증상이 6개월 동안 부적응적이고 발달 수준에 맞지 않는 정도로 지속된다.
   (1) 흔히 세부적인 면에 대해 면밀한 주의를 기울이지 못하거나, 학업, 작업, 또는 다른 활동에서 부주의한 실수를 저지른다.
   (2) 흔히 일을 하거나 놀이를 할 때 지속적으로 주의를 집중할 수 없다.
   (3) 흔히 다른 사람이 직접 말을 할 때 경청하지 않는 것으로 보인다.
   (4) 흔히 지시를 완수하지 못하고, 학업, 잡일, 작업장에서의 임무를 수행하지 못한다.(반항적 행동이나 지시를 이해하지 못해서가 아님)
   (5) 흔히 과업과 활동을 체계화하지 못한다.
   (6) 흔히 지속적인 정신적 노력을 요구하는 과업(학업 또는 숙제 등)에 참여하기를 피하고, 싫어하고, 저항한다.
   (7) 흔히 활동하거나 숙제하는 데 필요한 물건들(예 장난감, 학습 과제, 연필, 책 또는 도구)을 잃어버린다.
   (8) 흔히 외부의 자극에 의해 쉽게 산만해진다.
   (9) 흔히 일상적인 활동을 잊어버린다.

2) '과잉행동-충동'에 관한 다음 증상 가운데 6가지 이상의 증상이 6개월 동안 부적응적이고 발달 수준에 맞지 않을 정도로 지속된다.
   (1) 과잉행동 증상
   (2) 흔히 손발을 가만히 두지 못하거나 의자에 앉아서도 몸을 꼼지락거린다.
   (3) 흔히 앉아 있도록 요구되는 교실이나 다른 상황에서 자리를 떠난다.
   (4) 흔히 부적절한 상황에서 지나치게 뛰어다니거나 기어오른다. (청소년 또는 성인 경우에는 주관적인 좌불안석으로 제한될 수 있다)
   (5) 흔히 조용히 여가 활동에 참여하거나 놀지 못한다.
   (6) 흔히 '끊임없이 활동하거나' 마치 '자동차(무엇인가)에 쫓기는 것'처럼 행동한다.
   (7) 흔히 지나치게 수다스럽게 말을 한다.
   (8) 충동성 증상
   (9) 흔히 질문이 채 끝나기 전에 성급하게 대답한다.
   (10) 흔히 차례를 기다리지 못한다.
   (11) 흔히 다른 사람의 활동을 방해하고 간섭한다(예 대화나 게임에 참견한다).

---

[1]   출처 : 서울대병원 홈페이지

3) 장해를 일으키는 과잉행동-충동 또는 부주의 증상이 7세 이전에 있었다.

4) 증상으로 인한 장해가 2가지 또는 그 이상의 장면에서 존재한다. (예 학교 또는 작업장, 가정에서)

5) 사회적, 학업적, 직업적 기능에 임상적으로 심각한 장해가 초래된다.

6) 증상이 광범위성 발달장애, 조현병, 또는 기타 정신증적 장애의 경과 중에만 발생하지 않으며, 다른 정신 장애(예 기분장애, 불안장애, 해리성 장애, 또는 인격장애)에 의해 잘 설명되지 않는다.

030 ③ 문제의 사례에서 대학원생은 자신이 꿈속에 사는 듯 느껴졌고, 자기 신체와 생각이 자기 것이 아닌 듯 느껴졌다. 그리고 자신의 몸 일부는 왜곡되어 보였고, 주변 사람들이 로봇처럼 느껴졌다면, 해리장애 중 이인화/비현실감 장애에 해당한다.

CF 해리성 둔주(dissociative fugue)는 자신의 과거나 정체감에 대한 기억을 상실하여 가정과 직장을 떠나 방황하거나 예정 없는 여행을 하는 장애이다. 세상 지식에 대한 기억은 보존된다.

031 ① 인지 기능의 저하 여부는 병전 수행 수준을 기준으로 삼는다.

② 40대 및 50대에 발생되는 조기 발병형(조발성)은 유전자 돌연변이와 흔히 관련되지만, 가족력이나 유전자 검사에서 원인이 되는 유전적 돌연변이의 증거가 꼭 있어야 하는 것은 아니다.

③ 주요 신경인지장애는 한 가지 이상의 인지적 영역(복합 주의, 실행 기능, 학습 및 기억, 지각-운동 기능 또는 사회적 인지)에서 과거의 수행 수준에 비해 심각한 인지적 저하가 나타나는 경우로, 기억 기능의 저하가 항상 나타나는 것은 아니다.

④ 알츠하이머병은 발병 연령에 따라 65세 미만에서 발병한 경우를 조발성(초로기) 알츠하이머병, 65세 이상에서 발병한 경우 만발성(노년기) 알츠하이머병으로 구분할 수 있다. 알츠하이머병은 65세 이상에서 발병하고 점진적으로 진행하는 만발성이 많고, 보통 70대와 80대에 시작된다. 40대 및 50대에 발생되는 조기 발병형(조발성)은 유전자 돌연변이와 흔히 관련된다.

주요 신경인지장애(Major Neurocognitive Disorders)

1) 한 가지 이상의 인지적 영역(복합 주의, 실행 기능, 학습 및 기억, 지각-운동 기능 또는 사회적 인지)에서 과거의 수행 수준에 비해 심각한 인지적 저하가 나타나는 경우이다.

2) 원인적 요인으로 작용하는 질환(알츠하이머 질환, 뇌혈관 질환, 충격에 의한 뇌 손상, HIV 감염, 파킨슨 질환 등)에 따라 다양한 하위 유형으로 구분한다.

---

032 ④ 두려움, 불안, 회피가 아동과 청소년의 경우 최소 4주 이상, 성인의 경우 전형적으로 6개월 이상 지속된다.

실력다지기

분리불안장애 진단 기준(DSM-5)

1) 집 또는 애착 대상과의 분리에 대한 불안이 발달 수준에 부적절하게 과도한 정도로 나타나며, 다음 중 최소한 3가지 이상의 상황에서 드러난다.

(1) 집 또는 주된 애착 대상과 분리되거나 분리가 예상될 때 반복적으로 심한 불안을 느낀다.

(2) 중요한 애착 대상을 상실하거나 그들에게 해로운 일이 일어날 것에 대해 지속적으로 과도하게 걱정한다.

(3) 운 나쁜 사고(예 길 잃기, 납치, 사고, 질병)가 발생해 중요한 애착 대상과 분리될 것이라는 비현실적이고 지속적인 걱정을 한다.

(4) 분리에 대한 불안 때문에 학교나 그 밖의 장소에 지속적으로 가기 싫어하거나 거부한다.

(5) 혼자 있거나 중요한 애착 대상 없이 지내는 것에 대해 지속적이고 과도한 두려움을 느끼거나 거부한다.

(6) 중요한 애착 대상이 가까이 있지 않은 상황이나 집을 떠나는 상황에서는 잠자기를 지속적으로 싫어하거나 거부한다.

(7) 분리를 주제로 하는 악몽을 반복적으로 꾼다.

(8) 중요한 애착 대상과의 분리가 예상될 때 반복적인 신체 증상(예: 두통, 복통, 오심, 구토)을 호소한다.

2) 두려움, 불안, 회피가 아동과 청소년의 경우 최소 4주 이상, 성인의 경우 전형적으로 6개월 이상 지속된다.

3) 장해가 임상적으로 유의한 고통감을 초래하거나 사회적, 학업적, 직업적 또는 다른 중요한 영역에서 기능 손상을 초래한다.

4) 장해가 다른 정신 장애로 더 잘 설명되지 않는다. 예를 들어, 집을 떠나는 것에 대한 거부가 자폐 스펙트럼 장애에서 보이는 변화에 대한 지나친 저항; 정신증적 장애에서 보이는 분리에 대한 망상, 환각; 광장 공포증에서 보이는 믿을 만한 사람을 동반하지 않은 상태에서 외출을 거절하는 것; 범불안 장애에서 보이는 중요한 사람이 병에 걸리거나 위험에 빠지는 것에 대한 염려; 질병 불안 장애에서 보이는 병에 걸리는 것에 대한 염려 등으로 더 잘 설명되지 않는다.

033 ② 강박성 성격장애 - C군 성격장애

034 ③ 마찰도착장애 - 변태성욕장애

실력다지기

성기능장애(Sexual Dysfunctions; 성기능부전)의 하위유형(DSM - 5)

1) 사정지연장애(Delayed Ejaculation)
2) 발기장애(Erectile Disorder)
3) 남성 성욕감퇴장애(Male Hypoactive Sexual Desire Disorder)
4) 조기사정장애(Premature Ejaculation) = 조루증
5) 여성 절정감 장애(Female Orgasm Disorder; 여성 극치감 장애)
6) 여성 성적 관심/흥분장애(Female Sexual Interest/Arousal Disorder)
7) 성교통증장애(Genito - Pelvic Pain/Penetration Disorder)

035 다음 밑줄친 부분이 섬망의 진단기준과 관련이 있다.

- 의학적 상태, 물질 중독이나 금단, 치료약물의 사용 등으로 일어난다는 증거가 있다.
- 주의를 집중하는 것이 어렵고, 이해할 수 없는 말을 중얼거린다.
- 방향 감각이 없고 자신의 이름을 말하지 못한다.
- 위의 증상들이 갑자기 나타나고, 몇 시간이나 몇 일간 지속되다가 그 원인을 제거하면 회복되는 경우가 많다.

실력다지기

섬망의 진단기준(DSM-5)

1) 주의의 장애(즉, 주의를 기울이고, 집중, 유지 및 전환하는 능력 감소)
2) 장애는 단기간에 걸쳐 발생하고(대개 몇 시간이나 며칠), 기저 상태의 주의와 의식으로부터 변화를 보이며, 하루 경과 중 심각도가 변동하는 경향이 있다.
3) 부가적 인지장애(에 기억 결손, 지남력 장애, 언어, 시공간 능력 또는 지각)
4) 진단기준 1)과 3)의 장애는 이미 존재하거나, 확진되었거나, 진행 중인 다른 신경인지장애로 더 잘 설명되지 않고, 혼수와 같이 각성 수준이 심하게 저하된 상황에서는 일어나지 않는다.
5) 병력, 신체 검진 또는 검사 소견에서 장애가 다른 의학적 상태, 물질 중독이나 금단(즉, 남용약물 또는 치료약물로 인한), 독소 노출로 인한 직접적, 생리적 결과이거나, 또는 다중 병인 때문이라는 증거가 있다.

036 ③ 전환증상은 의학적 증거로 설명되지 않지만 꾸며낸 것은 아니다.
① 전환장애 진단을 위해서는 증상이 신경학적 질병으로 설명되지 않아야 한다.
② 전환증상은 다양하지만 특히 흔한 것은 보이지 않음, 들리지 않음, 마비, 무감각증 등이다.
④ 전환증상은 내적 갈등의 자각을 차단하는 일차 이득이 있고, 책임감으로부터 구제해주고 동정과 관심을 끌어내는 이차 이득이 있다.

심화학습

전환장애

1) 기능장애를 설명할 수 있는 기질적인 원인은 없는데도 운동기능이나 감각기능의 상실과 손상이 있다.
2) 전환증상은 다양하지만, 보이지 않거나 마비가 오는 등 부분적이거나 전체적으로 나타나기도 하고 문화마다 증상이 다르기도 하다.
3) 의학적 증거로 설명되지 않지만 꾸며낸 것은 아니며, 증상들은 의식적 통제에서 독립된 불수의적인 반응이며, 신체기능이 정상적으로 기능하고, 의식적으로 거부하는 것이 아니다.
4) 심리적 갈등의 결과 : 두 가지 중요한 목적을 가지는데, 내적 갈등의 자각을 차단하는 일차이득, 책임감으로부터 구제해주고 동정과 관심을 끌어내는 이차이득이 있다.
5) 전환장애 환자들은 증상에 대해 크게 놀라지 않는 '아름다운 무관심'을 가진다.
6) 증상이 선택적이라는 면에서 기질적 병리가 원인이 아니라고 할 수 있다.
7) **사례**

A씨는 자주 불안하다는 생각을 하곤 했으며 가족들과 다투고 나면 온 몸이 쑤시곤 했다. 어느 날 방안에 누워있는데 천장에 걸려있는 전등이 자신에게 떨어지면 큰일이라는 생각이 들었고 실제로 전등이 자신의 배 위로 떨어진다는 상상을 했다. 그런데 웬일인지 배 밑의 신체부분에 감각을 잃게 되었고 움직일 수 없었다. 병원을 찾았으나 신체적 원인을 발견하지 못했다.

037 ④ 성별 불쾌감은 변태 성욕장애와 다른 별개의 장애군이다.

> **심화학습**
>
> 변태 성욕장애
>
> 1) 소아성애장애
>   성적 흥분을 위해 사춘기 전 아이들과의 성적 접촉을 선호하거나 혹은 필요로 한다. 적어도 16세 이상이어야 하며 대상이 되는 어린이보다 5세 이상 나이가 많아야 한다.
> 2) 노출장애
>   성적 흥분을 얻기 위해 낯선 사람들에게 성기를 노출하는 것을 선호하거나 혹은 필요로 하며, 이는 자위행위와 동반될 수 있다.
> 3) 관음장애
>   낯선 이들이 성행위를 하거나 혹은 옷을 벗는 것을 보아야 성적으로 흥분하고, 이는 자위행위와 동반될 수 있다.
> 4) 마찰도착장애
>   성적 흥분을 얻기 위해 붐비는 장소의 낯선 이에게 신체를 접촉하거나 문지르는 것을 선호하거나 필요로 한다.
> 5) 성적가학장애
>   성적 흥분을 위해 타인에게 고통이나 굴욕감을 주는 것을 선호하거나 필요로 한다.
> 6) 성적피학장애
>   성적 흥분을 얻기 위해 고통이나 굴욕감을 받는 것을 선호하거나 필요로 한다.
> 7) 물품음란장애
>   성적 흥분을 위해 도착적 물건(팬티, 브라, 스타킹, 신발 등)을 선호하거나 필요로 한다.
> 8) 의상도착장애
>   이성애적 남성이며, 성적 흥분을 위한 방법으로 이성의 복장을 착용한다.
> 9) 달리 분류되지 않는 변태성욕장애

038 ② 대인관계의 자아상 및 정동의 불안정성, 심한 충동성을 보이는 광범위한 행동 양상으로 인해 사회적 부적응이 초래되는 성격장애는 경계선 성격장애이다.

> **실력다지기**
>
> 경계선 성격장애의 임상적 특징
>
> 1) 실제적이거나 가상적인 유기를 피하기 위한 필사적인 노력
>   ※ 주의 : 진단기준 5에 열거한 자살 또는 자해 행위는 포함되지 않음
> 2) 극단적인 이상화의 평가절하가 반복되는 불안정하고 강렬한 대인관계 양식
> 3) 정체감 혼란 : 심각하고 지속적인 불안정한 자아상 또는 자아 지각
> 4) 자신에게 손상을 줄 수 있는 충동성이 적어도 2가지 영역에서 나타난다.
>   낭비, 성관계, 물질남용, 무모한 운전, 폭식
>   ※ 주의 : 진단기준 5에 열거한 자살 또는 자해 행위는 포함되지 않음
> 5) 반복적인 자살행동, 자살시늉, 자살위협, 자해행위

6) 현저한 기분의 변화에 따른 정도의 불안정성

   간헐적인 심한 불쾌감, 과민성, 불안 등이 수 시간 정도 지속되지만 수일은 넘지 않음

7) 만성적인 공허감

8) 부적절하고 심한 분노 또는 분노를 조절하기 어려움

   자주 울화통을 터뜨림, 항상 화를 내고 있음, 자주 몸싸움을 함

9) 일과성으로 스트레스에 의한 망상적 사고 또는 해리 증상

039 ② 음성증상이 더 만성적으로 나타나, 예후가 좋지 않다.

③ 장애의 발병 이래 상당 부분의 시간 동안 일, 대인관계 혹은 자기관리 같은 주요 영역의 한 가지 이상에서 기능 수준이 발병 전 성취된 수준 이하로 현저하게 저하된다.

④ 일반적으로 발병 연령의 성별 차이가 있다. 즉 성별의 발생율 차이는 없지만 질병의 시작(onset) 연령(호발연령)이나 질병의 경과(course)가 다르다. 남성에서는 10대 후반에서 25세 전후에 많이 발생한다. 남성의 조현병 발병은 여성에 비하여 더 빠르다.

조현병

1) 양성 증상 : 망상, 환각, 지리멸렬한 사고 장애, 괴이하고 혼란된 행동 등 생산성 증상

2) 음성 증상 : 무언증, 감정이 무뎌짐, 자폐증, 사회적 격리, 철퇴 및 자발성의 감소, 주의력 결핍 등 결핍성 증상(예후 나쁨)

조현병(Schizophrenia)의 진단기준

1) 다음 증상 중 둘(혹은 그 이상)이 1개월의 기간(성공적으로 치료가 되면 그 이하) 동안의 상당 부분의 시간에 존재하고, 이들 중 최소한 하나는 (1) 내지 (2) 혹은 (3) 이어야 한다.

   (1) 망상   (2) 환각   (3) 와해된 언어(예 빈번한 탈선 혹은 지리멸렬)

   (4) 극도로 와해된 또는 긴장성 행동

   (5) 음성 증상(예 감퇴된 감정 표현 혹은 무의욕증)

2) 장애의 발병 이래 상당 부분의 시간 동안 일, 대인관계 혹은 자기관리 같은 주요 영역의 한 가지 이상에서 기능 수준이 발병 전 성취된 수준 이하로 현저하게 저하된다. (혹은 아동기 또는 청소년기에 발병하는 경우, 기대 수준의 대인관계적, 학문적, 직업적 기능을 성취하지 못함)

3) 장애의 지속적 징후가 최소 6개월 동안 계속된다. 이러한 6개월의 기간은 진단기준 A에 해당하는 증상 (예 활성기 증상)이 있는 최소 1개월 (성공적으로 치료되면 그 이하)을 포함해야 하고, 전구 증상이나 잔류 증상의 기간을 포함할 수 있다. 이러한 전구기나 잔류기 동안 장애의 징후는 단지 음성 증상으로 나타나거나, 진단 기준 1)에 열거된 증상의 2가지 이상이 약화된 형태 (예 이상한 믿음, 흔치 않은 지각 경험)로 나타날 수 있다.

4) 조현정동장애와 정신병적 양상을 동반한 우울 또는 양극성 장애는 배제된다. 왜냐하면 [1] 주요우울 또는 조증 삽화가 활성기 증상과 동시에 일어나지 않기 때문이거나 [2] 기분 삽화가 활성기 증상 동안 일어난다고 해도 병의 활성기 및 잔류기 전체 지속 기간의 일부에만 존재하기 때문이다.

5) 장애가 물질(예 남용약물, 치료약물)의 생리적 효과나 다른 의학적 상태로 인한 것이 아니다.

6) 자폐스펙트럼장애나 아동기 발병 의사소통장애의 병력이 있는 경우, 조현병의 추가 진단은 조현병의 다른 필요 증상에 더하여 뚜렷한 망상이나 환각이 최소 1개월(성공적으로 치료되면 그 이하) 동안 있을 때에만 내려진다.

040 ③ 급속 순환성 양상 동반은 주요 우울장애에 동반되는 세부 유형(양상)에 해당하지 않는다. <u>급속 순환성 양상 동반은 양극성 및 관련 장애(Bipolar and Related Disorders)에 동반되는 세부 유형(양상)이다.</u>

심화학습

주요 우울장애에 동반되는 세부 유형(양상)

주요 우울장애 진단명을 기록할 때 용어는 다음의 순서대로 나열되어야 한다. 주요우울장애, 단일 또는 재발성 삽화, 심각도/정신병적 양상 동반/관해 여부 명시자, 그리고 현재 또는 가장 최근 삽화에 해당하는 진단 부호가 없는 다수의 명시자의 순서이다. 명시할 것은 다음과 같다.

1) 불안증 동반
2) <u>혼재성 양상 동반</u>
3) <u>멜랑콜리아 양상 동반</u>
4) <u>비전형적 양상 동반</u>
5) 기분과 일치하는 정신병적 양상 동반
6) 기분과 일치하지 않는 정신병적 양상 동반
7) 긴장증 동반
8) 주산기 발병 동반
9) 계절성 동반(재발성 삽화에서만 가능)

041	①	042	③	043	①	044	④	045	④	046	④	047	③	048	①	049	③	050	④
051	④	052	①	053	④	054	①	055	④	056	④	057	①	058	②	059	②	060	①

041 일반적으로 기억과제에서 어려운 과제보다 쉬운 과제를 더 잘 수행하는 것이 옳은데, 반대로 쉬운 과제에 비해 어려운 과제에서 더 나은 수행을 보였다면 꾀병(허위성)을 의심할 수 있을 것이다.
② 즉각 기억과제와 지연 기억과제의 수행에서 모두 저하를 보일 때, ③ 뚜렷한 병변이 드러나며 작위적(의도적으로 일부러 하는)인 반응을 보일 때, ④ 단기기억 점수는 정상범위이나 다른 기억점수가 저하를 보일 때는 실제적으로 손상을 받았을 경우를 의미한다.

042 전환증상을 나타낼 경우가 많은 것은 1-3/3-1번 코드 타입과 관련된다.

실력다지기

MMPI - 2 코드 쌍 2 - 6 / 6 - 2의 해석

1) 이 유형의 연구 자료는 매우 적다.
2) 특징은 의심과 불신, 분노, 적대감, 공격성 등의 성격적 특징을 지닌 것으로 묘사된다.
3) 사소한 비판이나 거절에도 극도로 민감하게 반응한다.
4) 2번 척도가 많이 상승할 경우 타인에 대한 분노감을 내재화(internalization)하여 스스로를 비난하며 우울감을 경험한다.
5) 피로감, 호소 건강문제에 집착하는 것으로 기술되기도 하였으며, 스트레스에 적절히 대처하지 못하며 수면곤란, 활력 감퇴, 무망감 등을 경험하며 이들 중 일부는 자살을 시도한 적 있다고 한다.
6) 이 프로파일의 형태는 잘 고쳐지지 않는 만성적인 적응 양상을 의미한다. "

043 구성장애는 구성 실행증을 의미하며 두정엽의 기능 장애와 관련이 있다. 지형적 구성이 어렵기 때문에 토막짜기 과제에서 주어진 모양을 만들 수 없다.

실력다지기

실행증(Apraxia)

주어진 과제를 제대로 이해하고 있고, 정상적으로 그것을 실행할 수 있는 운동 능력을 가지고 있음에도 불구하고 그 과제를 제대로 수행하지 못하는 상태를 의미한다.

1) 구성 실행증(Constitutional apraxia) – 구성장애
   지형적 구성을 그리지 못함 / 두정엽의 기능 장애
2) 착의 실행증(Dressing apraxia)
   옷을 제대로 입지 못함 / 두정엽 기능 장애
3) 보행 실행증(Gait apraxia)
   서 있다가 걷기 시작하는 것을 어려워하는 증상을 느낌 / 전두엽 및 전뇌량 병변
4) 안구 운동 실행증(Oculomotor apraxia)
   스스로 안구를 움직이는 능력이 손상된 상태 / 두정엽 - 후두엽 병변

5) 관념 운동성 실행증(Ideomotor apraxia)

생각과 행동이 분리되어 있는 상태. 어떤 행동은 생각대로 잘 되지만 다른 특정한 행동에 대해서는 움직임을 수행하지 못함 / 우성 대뇌반구의 병변

6) 관념 실행증(Ideational apraxia)

하나하나의 움직임들은 그대로 수행하지만 연속적인 움직임을 제대로 해내지 못함 / 전두엽 병변

044
1) 편차 점수를 사용하는 동일한 지능검사는 편차지능지수를 의미하는 웩슬러 지능검사이다.
2) 웩슬러 지능검사의 점수체계는 개인 간의 해석 또는 규준 분석 과정이 중요한데, 한 피검사자의 수행을 표준화 집단의 같은 연령대의 다른 피검사자의 수행에 비추어서 상대적으로 비교 평가한다.
3) 즉, 연령교정 표준점수로 환산점수를 제공한다.
4) 따라서 문제처럼 동일한 사람에게 교육 수준이나 환경의 영향, 질병의 영향 등과 같은 모든 가외 변인을 통제한 상태에서 20세, 30세, 40세 때 편차 점수를 사용하는 동일한 지능검사를 실시하였다면 편차지능지수 방식에 의한 각 연령대별 평균치에 해당하므로 연령의 차이에 의해 점수가 변하지 않아 지능은 변하지 않는다.

045
척도 9(경조증 척도)는 개인의 전반적인 에너지와 활동수준을 평가하며, 정서적 흥분성, 기분의 불안정성, 사고의 비약, 웅대한 자기감 등을 반영한다.

실력다지기

경조증(Hypomania) - 9(Ma)

(1) 문항 내용
① 경조증 환자 집단의 반응을 근거로 구성하였다.
② 정신적 에너지를 측정하는 척도로 높을수록 정력적이고, 무엇인가를 하지 않고는 못 견디는 특징을 평가한다.
③ 지나치게 자신만만하고 예민성을 부인하며, 자신에 대한 과대평가 정도를 측정한다.

(2) 높은 점수의 의미
① 정서적 흥분성, 불안정성, 말이 빠르고 많으며, 경쟁적이고 화를 잘 낸다.
② 기분의 불안정한 변동, 주기적인 우울감이 나타난다.
③ 사고의 비약, 과대망상, 긴장, 안절부절, 충동억제 곤란이 나타난다.
④ 자아팽창, 비현실적 웅대성, 고양된 기분, 다양한 흥미를 나타낸다.
⑤ 과도하고 목적 없는 활동, 대인관계에서 외향적, 사교적이며, 지배적이고 피상적인 관계를 맺는다.

(3) 진단적 특성
① 대부분 프로파일에서 척도 2와 7이 낮게 나온다.
② Ma > 80일 경우, 조증장애를 의심해 볼 수 있으며, 척도 4와 동반상승 될 경우 감정발산이 현저하다.
③ Ma < 40일 경우, 척도 2의 높은 점수보다 심각한 우울증을 나타낼 가능성이 많으며, 점차 활기를 회복하면서 자살 위험성이 커질 수 있다.

046 웩슬러 지능검사는 편차지능지수 개념을 도입하였다.

웩슬러 검사와 스탠포드 - 비네 검사 비교

웩슬러 검사와 비네 검사는 둘 다 개별적으로 실시되는 지능 검사이며 두 척도 간에는 주요한 차이점이 많다.

1) 웩슬러 검사는 하위검사별로 배열 실시되며, 비네 검사는 연령수준별로 배열 실시된다.
2) 웩슬러 검사는 언어과제와 수행과제(동작성)를 포함하고, 비네 검사는 내용면에서 언어에 비중을 두고 있다.
3) 웩슬러 검사는 언어, 수행, 전체 척도에 대한 지능지수와 하위검사 점수를 제공하는데, 비네 검사는 전체 지능지수 하나와 정신연령 점수를 제공한다.
4) 비네 검사는 주로 2~18세 어린이용으로 고안되고 성인용으로도 실시될 수 있다. 이에 비해 WAIS는 성인용(15세 이상)으로 고안되었으며, 6~16세 어린이용(WISC - R)과 4~6세 6개월용(WPPSI) 척도들이 개발되었다.
5) 웩슬러 검사는 점수 척도이고, 비네 검사는 연령척도이다.
6) 웩슬러 검사의 경우 모든 대상에 동일한 하위검사들이 실시되고, 비네 검사의 경우 내용이 연령수준에 따라 다르다.
7) 웩슬러 검사는 진단용으로 더 적합하다.

047 연령에 의해 영향을 받으며, 동작성 검사와 관련된 지능은 유동적 지능이다.

Cattell과 Horn(1966)의 지능모델

▶ 유동성 지능(Fluid Intelligence : Gf)
• 연령이 높아질수록 뇌 손상에 의해 감소될 수 있다.
• 비언어적이며, 문화적 경험과 적게 관련된다.
• 정신작용과 과정을 중시하며, 학습된 능력이 아니다.
• 복합적인 정보에 대한 처리와 문제해결능력을 측정한다(ex. 언어추리력).

▶ 결정성 지능(Crystallized Intelligence : Gc)
• 연령이 높아질수록 꾸준히 증가하며, 뇌 손상에 의해 감소되지 않는다.
• 문화적 경험으로 발달하는 지식 또는 기능과 관련된다.
• 숙달된 인지적 능력으로 학습된 능력과 연관된다.
• 정보의 단순한 회상이나 재인과 같은 구체적 능력을 측정한다(ex. 어휘력).

048 적성검사는 개인이 앞으로 얼마나 잘 학습할 수 있는가를 예측하는 반면에 학업성취도 검사는 현재 상태에 있어서 지식이나 기술, 혹은 성취도의 수준을 측정한다. 따라서 학업적성과 실제 학업성취도는 일치하지 않을 수 있다.

049 비율표집(ratio sampling)은 표집 방법과는 거리가 멀다.

> **실력다지기**
>
> 확률표집(확률 표본추출)의 종류 (암기법) 단층집계 확률
>
> 1) 단순무작위 표집   2) 층화표집 = 유층표집
> 3) 집락표집 = 군집표집   4) 계통적 = 체계적 = 계층적 표집

050 피검자가 자해행위를 할 위험성이 있다면 비밀보장의 한계사유에 해당한다.

> **실력다지기**
>
> 비밀보장의 한계
>
> 상담자는 아래와 같은 내담자 개인 및 사회에 임박한 위험이 있다고 판단될 때 매우 조심스러운 고려 후에, 내담자에 관한 정보를 적정한 전문가 혹은 사회 당국에 제공할 수 있다.
> 1) 내담자의 생명이나 사회의 안전을 위협하는 경우
> 2) 내담자가 감염성이 있는 치명적인 질병이 있다는 확실한 정보를 가졌을 경우
> 3) 내담자가 심각한 학대를 당하고 있을 경우
> 4) 법적으로 정보의 공개가 요구되는 경우

051 장기기억능력(long - term memory)은 측두엽과 관련된다.
기억작용에도 측두엽이 일정 부분 관여한다. 기억기능을 담당하는 해마가 측두엽 바로 안쪽에 자리해 있어 기억 형성에 일정한 역할을 담당한다.
특히 장기기억은 측두엽 신피질(Temporal neocortex)에 저장되는 것으로 알려져 있다.

> **실력다지기**
>
> 전두엽
>
> 1) 전두엽은 어떤 상황이 위험한지, 위험하지 않은지의 여부를 결정하는 데 중요한 역할을 한다.
> 2) 전두엽은 동기유발(의욕)로 주의 집중을 하게하고, 계획을 세우거나 결심을 하는 등의 목표 지향적인 행위를 주관하며, 인간성과 도덕성을 관장한다.
> 3) 전두엽이 손상을 받으면 계획을 세우고 복잡한 행동을 하거나 아이디어를 구상하는 일이 불가능해질 뿐만 아니라, 새로운 환경에 적응하지 못하고 비합리적인 자극에 예민해지게 된다.

052 MMPI에서 2, 7 척도가 상승한 패턴에서는 행동화(acting - out) 성향은 나타나지 않는다.
강박증과 관련된 방어기제는 고립, 취소, 반동형성, 대치이다.
행동화(acting - out)는 반사회성 성격장애의 경우, 주요방어기제로 사용한다.
행동화는 공격적인 사고와 감정 및 외현적 행동들을 충동적으로 표출하는 경향이다.
사회적으로 용납되지 않는 행동을 바람직한 형태로 바꾸어 표현하지 않고 결과에 대한 고려 없이 직접적으로 방출하게 된다. 분노발작(temper tantrum)이 행동화의 특징적인 예이다.

053 다면적 인성검사는 경험적 준거방식의 검사구성으로 임상척도 간에 중복되는 문항이 많아서 이를 변별하기 위해 재구성임상척도를 개발하였다.

재구성 임상 척도(Restructured Clinical Scales, RC)의 개발

1) MMPI 임상 척도의 가장 큰 제한점은 척도간의 높은 상관이다.
2) 임상 척도를 개발할 때 경험적 문항 선정의 방법을 사용한 불가피한 결과이기는 하지만, 임상 척도간 의 높은 상관은 각 임상 척도의 해석과 예측이 차별적이기 힘들게 만든다.
3) MMPI - 2에서는 이러한 문제의 해결책으로 재구성 임상 척도가 개발되었다.
4) RC척도는 각각의 임상 척도가 다른 척도와는 구분되는 핵심적인 임상적 특성을 측정한다는 가정 하에 만들어졌다.

054 지능을 일반요인(또는 공통요인)과 특수요인으로 구분한 학자는 스피어만이다.

지능의 이론적 개념

1) 비네(Binet, 1905)
지능이란 잘 판단하고, 이해하고, 추리하는 일반적이고 기본적 능력으로서 그 구성요소는 판단력, 이 해력, 논리력, 추리력, 기억력이며, 이러한 기본적 능력이 행동차원에서 평가될 수 있다.
2) 스피어만(Spearman, 1904)
모든 지적 기능에는 일반 요인(G)과 특수 요인(S)이 존재한다는 2요인설을 제시하였다.
3) 손다이크(Thorndike, 1909)
추상적, 언어적 능력과 실용적 지능, 사회적 지능 등의 특수 능력을 분류하였다.
4) 웩슬러(Wechsler, 1939)
지능은 유목적적으로 행동하고, 합리적으로 사고하고, 환경을 효과적으로 다루는 개인의 종합적인 능 력으로 성격의 다른 부분과 분리될 수 없으며 이러한 인지적, 정서적, 동기적 측면을 모두 포함하는 전 체적 능력이다.
5) 써스톤(Thurstone, 1941)
지능의 다요인이론으로 기본정신 능력으로 7개 요인을 제시(7 - PMA)하였다.
6) 커텔(Cattell, 1971)
유동성 지능(fluid intelligence)과 결정성 지능(crystallized intelligence)으로 구분하였다.
7) 가드너(Gardner, 1983)
독립적 9요인(언어적, 음악적, 논리 - 수학적, 공간적, 신체 - 운동적, 개인 간, 개인 내 요소, 자연탐구, 실존지능)을 제시하였다.

055 MBTI는 융의 성격유형 이론을 기반으로 하는 이론적, 합리적 요인에 따른 검사구성방법이다.

056 바인랜드 적응행동척도 2판(K - Vineland - II)은 사회성숙도 검사(SMS)의 개정판이다.
이는 연령범위가 0~90세까지이다. 사회성숙도 검사(SMS)는 0~30세인 것과 비교하면 80세 이상의 노인 집단용 규준이 마련되어 있다는 것이 특징이다. 측정영역은 의사소통영역, 일상생활기술영역, 사회화영역, 운동영역, 부적응 행동영역이다.

057 기능적 분석은 문제행동의 기능을 평가하는 방법이다. 발달검사는 규준 집단과의 비교를 통해 발달기능을 평가하는 것이 필요하다.

> **실력다지기**
>
> 발달검사를 사용하여 아동을 평가할 때 고려해야 할 사항
>
> 1) 아동문제와의 관련성
>   선택될 검사가 검사실시의 목적, 즉 아동 문제의 이해에 적합한 풍부한 정보를 제공하는가를 보아야 한다.
> 2) 표준화, 타당도, 신뢰도에 대한 고려
>   검사 목적이 명확하고 구체적인 치료 목적이 제시되면 검사를 선택하게 되는데, 이 때 검사자가 가장 기본적으로 고려해야 할 점은 '표준화된 표본으로 검사를 제작하였는가?, 타당성 있는 검사인가?, 검사를 신뢰할 수 있나?'이다.
> 3) 실용성
>   검사 실시와 채점의 간편성, 시행시간, 심리검사의 경제성 등을 검토하여, 가능하면 시행과 채점이 간편하고 시행시간도 적절하고 검사비용도 지나치게 부담되지 않는 검사를 선정하여야 한다.

058 문장완성검사는 융(Jung)의 단어연상검사를 기초로 하여 갈톤(Galton)의 자유연상법, 분트(Wundt)와 카텔(Cattell)의 단어연상법을 거쳐 라파포트(Rapaport)와 동료들에 의해 성격진단을 위한 투사법으로 발전되었다.

059 공통성문제는 두 단어에 대한 공통성을 추상적으로 표현할 수 있는 능력을 측정하는 검사로 언어적 개념형성능력과 추상적 사고 능력을 측정한다.

> **실력다지기**
>
> K - WAIS - IV 소검사 측정 능력
>
> (1) 언어이해 지표
>   ① 공통성 : 추상적 사고, 언어적 개념형성
>   ② 어휘 : 언어적 개념 형성 및 언어 표현 능력
>   ③ 상식(기본 지식) : 결정화된 지능, 학습과 경험을 통해 축적된 지식
>   ④ 이해 : 관습적 기준, 사회적 판단력, 성숙도
> (2) 지각추론 지표
>   ① 토막짜기 : 공간구성력, 지각적 조직력
>   ② 행렬추론 : 유동성 지능, 추상적 추론 능력
>   ③ 퍼즐 : 시공간 구성능력, 추론 능력
>   ④ 무게비교 : 추상적 추론 능력
>   ⑤ 빠진 곳 찾기 : 시간적 예민성, 사물의 본질적 세부사항에 대한 시각적 재인
> (3) 작업기억 지표
>   ① 숫자
>   ㉠ 바로 따라 하기 : 기계적 암기, 청각적 주의력
>   ㉡ 거꾸로 따라 하기, 순서대로 따라 하기 : 작업기억, 정보변환

② 산수 : 주의집중, 연산능력, 수추론 능력

③ 순서화 : 청각적 작업기억, 계열화

(4) 처리속도

① 동형찾기 : 처리속도, 시각적 변별, 동기

② 기호쓰기 : 처리속도, 시 지각 - 운동 협응, 동기

③ 지우기 : 처리속도, 각성, 시각적 선택주의

060 브로카 실어증은 운동성 실어증이라고도 하며, 문법에 맞지 않는 표현이나 짧은 말로 의사소통을 하는 증상을 보인다. 상대방의 말은 이해하지만 표현이 어려워진다. 반면 베르니케 실어증은 표현은 가능하지만 상대방의 말을 이해하지 못하는 증상이 나타난다.

실력다지기

실어증(aphasia)의 종류

1) 브로카 실어증(broca's type aphasia)

브로카 영역은 대뇌피질의 한 영역으로, 운동성 언어의 중추이다. 즉, 말을 하는 기능을 지배하는 부위이다.

이곳이 손상되면 말을 할 수 없게 된다. 주로 편측 마비(right hemiplegia)와 감각의 이상이 동반된다.

프랑스의 외과의사 브로카가 실어증 연구를 하다가 대뇌피질이 부위에 따라 서로 다른 기능을 수행한다는 것을 밝혀내는 과정에서 발견하였다.

2) 베르니케 실어증(Wernicke's type aphasia)

베르니케 영역(Wernicke's area)은 뇌의 좌반구에 위치하는 특정부위로 청각피질과 시각피질로부터 전달된 언어정보의 해석을 담당한다.

수용적-유창실어증적인 증상이 나타나며, 표현 기능은 유지되지만 상대의 말과 글을 이해하지 못하고 의미 없는 말들이 연결되는 식으로 지리멸렬해지는 등의 증상이 나타난다. 이는 독일의 신경정신과 의사인 카를 베르니케(Carl Wernicke)가 발견하였다.

3) 전도성 실어증(conduction aphasia)

브로카 영역과 베르니케 영역을 이어주는 궁형소속(arcuate fasciculus)에 병변이 발생할 경우 나타나게 된다.

환자는 상대방의 말을 이해하고 문장을 구사하는데 문제가 없지만, 상대방의 말을 따라하지 못하는 증상이 나타난다.

4) 초피질성 운동 실어증(transcortical motor aphasia)

반복하는 능력은 유지되어 있으나 듣고 이해하는 말하는 것이 빈곤하고 언어 유창성은 떨어진다.

5) 초피질성 감각 실어증(transcortical sensory aphasia)

우세반구의 전두엽 부분이나 피질하 영역에 손상이 있을 경우 발생한다.

베르니케 실어증과 유사하나 말을 따라 하는 능력에는 이상이 없다.

6) 전반적 실어증(global aphasia)

뇌의 손상부위가 매우 커서 언어에 대한 이해와 표현 모두에 어려움을 보이는 경우로, 실어증 중에서도 치료가 가장 어렵다.

우측 편측마비(right hemiplegia)와 감각의 이상이 동반되게 된다

061	②	062	④	063	①	064	②	065	②	066	②	067	②	068	①	069	④	070	②
071	③	072	③	073	②	074	②	075	④	076	④	077	①	078	④	079	③	080	④

061 ② 내담자 평가 시 문제행동의 선행조건, 환경적 유인가, 보상의 대체원, 귀인방식 등의 요소는 인지행동적 평가방법에 해당한다. 인지적 행동평가는 문제행동의 이면에 있는 인지과정을 평가하며, 내담자의 인지 과정은 치료효과가 있을 때 변하며, 문제행동을 지속 또는 악화시키는 원인이 되기도 한다.

062 ① 나는 성공하거나 실패하거나 둘 중 하나이다. - 이분법적 사고
② 나는 완벽해져야 하고 나약함을 보여서는 안 된다. - 절대적 사고(당위적 사고)
③ 그 프로젝트가 성공하지 못한 것은 나 때문이다. - 개인화
④ 이 일이 잘되지 않으면 다시는 이 일과 같은 일을 할 수 없을 것이다. - 파국화

> **실력다지기**
>
> 파국화 (catastrophizing)
>
> 1) 스트레스 상황들의 결과를 매우 부정적으로 파악하는 경향을 말한다. 즉, 이 왜곡은 개인이 걱정하는 한 사건을 취해서 지나치게 과장하여 두려워하는 것을 말한다.
> 2) 이런 오류를 가지는 사람들은 자신이 (또는 다른 사람이) 바로 그 상황이나 비슷한 상황들을 과거에 성공적으로 다루었음을 인식하지 못한다.
> 3) 범불안 장애 환자들은 인지내용에서 정신적 파국화(mental catastrophe) 경향을 보인다.
> 4) 자신을 계속 파국화시키는 사람은 재난에 대한 과장된 사고를 통해 세상에 곧 종말이 닥칠 것이라는 두려움 속에서 살아가도록 하는 원인이 된다.

063 ① 30대 여성의 다면적 인성검사 MMPI - 2 결과, 3 - 1 - 2의 유형(3코드)이며, 이 중에서 3 - 1(2코드)의 유형에 가깝다. 따라서 스트레스 상황에서 신체증상이 과도하고(Hs : 건강염려증) 회피적 대처를 할 소지가 크다(Hy : 히스테리).
② 망상, 환각 등의 정신증적 증상이 나타나기 쉽다. - Sc(조현병)
③ 반사회적 행동을 보일 가능성이 크다. - Pd(반사회성)
④ 외향적이고 과도하게 에너지가 항진되어 있기 쉽다. - Ma(경조증)

064 ② 임상심리학의 발전에 최초로 가장 직접적인 공헌을 한 사람은 위트머(Witmer)이다. Witmer는 심리학의 실용적인 적용영역을 '임상심리학'으로 명명하였다. Witmer는 Pennsylvania 대학교에 1896년 최초의 심리치료소(심리상담소)를 설립하여 학습장애나 행동장애를 겪는 아동에 대한 치료를 하였다.

065 ② 울피(Wölpe)의 체계적 둔감법의 경우 불안, 공포 등을 줄이기 위한 노력으로 내담자의 의지와 대처능력이 어느 정도 있을 때 가능하다. 따라서 적절한 대처능력이 있으나 특정상황에 심각한 불안을 보이는 내담자가 적합한 대상이다.

066 ② 내담자의 말과 행동에서 표현된 기본적인 감정, 생각 및 태도를 상담자가 다른 참신한 말로 부연해주는 것은 반영기법(정서 되돌려주기)이다. 즉, 내담자의 말과 행동에서 표현된 기본적인 감정·생각 등을 상담자가 다른 말로 진술해 보는 기법이다.

067 ② 유사관찰은 제한이 가해진 환경에서 관찰하는 방법이다. 유사관찰은 통제된 관찰과 같은 의미로, 관찰대상과 장소와 방법을 한정하고, 행동을 인위적으로 일으키거나 조작적으로 변화시켜서 관찰하는 방법이다.

068 ① 임상심리학자는 내담자와 이중관계를 갖지 말아야 하는 것과 관련이 깊은 윤리원칙은 성실성의 원칙이다. 임상심리학자는 전문인으로서 타인을 다룰 때 공정하고 거짓이 없어야 하고, 성실하고 정직한 자세로 내담자에게 자신의 서비스로부터 기대할 수 있는 바를 설명하며, 자신의 직업과 관련하여 스스로의 요구 및 가치가 어떠한 영향을 미치는지 알고 있어야 한다. 특히 성실성에서는 환자나 내담자와 부적절한 이중관계나 착취관계, 성적 관계를 금한다.

실력다지기

임상심리학자의 윤리성

1) 유능성
임상심리학자는 자신이 수행할 역량이 있는 업무만 해야 하며 자신의 강점과 약점, 자신이 가지고 있는 기술과 그것의 한계에 대해 충분히 자각하여야 한다.

2) 성실성(정직)
임상심리학자는 전문인으로서 타인을 다룰 때 공정하고 거짓이 없어야 하고, 성실하고 정직한 자세로 내담자에게 자신의 서비스로부터 기대할 수 있는 바를 설명하며, 자신의 직업과 관련하여 스스로의 요구 및 가치가 어떠한 영향을 미치는지 알고 있어야 한다. 특히 성실성에서는 환자나 내담자와 부적절한 이중관계나 착취관계, 성적 관계를 금한다.

3) 전문적, 과학적인 책임
임상심리학자는 전문가로서 행동할 때 높은 수준을 유지해야 하며, 전문적이고 과학적인 기초 위에서 활동함으로써 자신의 지식과 능력의 범위를 인식할 의무가 있다.

4) 인간의 권리와 존엄에 대한 존중
임상심리학자는 타인의 비밀과 사생활 관리를 지켜주어야 하고, 각 개인의 개성과 문화의 차이에 민감해야 하며, 자신의 일방적인 지식과 편견을 지양해야 한다.

5) 타인의 복지에 대한 관심
임상심리학자는 전문적인 지식을 활용하여 타인을 돕기 위해 노력해야 하고 자신이 제공하는 서비스를 통해 타인의 삶의 질이 개선될 수 있도록 노력해야 한다.

6) 사회적 책임
임상심리학자는 자신의 기술을 사회에 이익이 되도록 사용해야 하고 타인을 돕고, 인간의 행동과 심리에 모순되거나 부당한 착취의 우려가 있는 정책에 대해 반대하여야 한다.

069 ④ 위치감각과 공간적 회전 등의 개별적인 신체 표상과 관련이 있는 대뇌 영역은 두정엽이다. 두정엽(Parietal Lobe)은 뇌의 윗부분 중앙 위치에 있으며, 전체의 약 21% 정도를 차지하며, 일차 체감각피질과 연합피질로 구성되어 있으며, 이해의 영역으로 공간지각, 운동지각, 신체의 위치판단 등을 담당한다. 신체 각 부위의 개별적인 신체 표상을 비롯하여 입체적, 공간적 사고, 수학적 계산 및 연상기능 등을 수행한다.

두정엽은 보고 들은 정보를 종합해서, 알맞게 몸을 움직이도록 한다. 두정엽은 체감각 피질과 감각연합 영역이 있어 촉각, 압각, 통증 등의 체감각 처리에 관여하며 피부, 근골격계, 내장, 미뢰로부터의 감각신 호를 담당한다.

070 ② 바람직한 행동을 한 아동에게 그 아동이 평소 싫어하던 화장실 청소를 면제해 주었더니, 바람직한 행동이 증가했다면 부적 강화이다.

071 ③ 점심시간이나 기타 휴식시간 동안에 임상사례에 대해 동료들에게 자문을 요청하는 형태는 비공식적인 동 료집단 자문에 해당한다.

실력다지기

자문의 대상에 따른 자문의 유형

1) 비공식적인 동료집단 자문
   자신의 임상사례를 동료들에게 자문을 요청하는 형태
2) 내담자 중심 사례 자문
   한 영역의 전문가가 임상심리학자에게 자문을 요청하는 형태
3) 프로그램 중심 행정 자문
   심리치료의 프로그램 구성, 과정에 대한 자문을 요청하는 형태
4) 피자문자 중심 사례 자문
   피자문자가 경험하는 문제에 대한 자문을 요청하는 형태
5) 피자문자 중심 행정 자문
   기관 내의 행정적인 문제나 인사문제와 관련된 자문 형태

072 ③ 자연관찰법(naturalistic observation)은 내담자의 집, 학교, 병원 등에서 자연스럽게 나타나는 문제행동 을 관찰하는 것이다. 일반적으로 자연관찰법은 공개상태에서 이루어지기 때문에 비밀보장이 어렵다.

실력다지기

자연 관찰법

1) 관찰자가 조작하거나 통제할 수 없는 자연 상태에서 일상적으로 발생하는 사건이나 행동을 관찰하는 연구방법이다.
2) 이점
   실험 상황이 아닌 지극히 자연스러운 상황, 앞으로의 연구에 대한 좋은 아이디어를 고려할 수 있으며, 실험연구의 대안이라고 할 수 있다.
3) 문제점
   (1) 자연적으로 상황이 만들어질 때까지 기다리는 시간과 비용이 많이 든다.
   (2) 인과관계를 확신하기 어렵다.
   (3) 갑작스러운 변인이 작용할 수 있으며, 관찰 대상자의 편향에 따라 결과가 크게 좌우되며, 관찰자마 다 관찰 결과가 다를 수 있어 결과에 대한 신뢰도가 낮은 편이다.

073 ② 상식, 어휘문제는 언어적 지각과 추상적 사고 수준을 평가할 수 있으므로, 상식, 어휘문제 점수가 유의하게 높았다는 것은, 문제 상황에서 정서적 반응에 영향을 받기보다는 사고적 반응이 강하다는 것을 나타낸다. 따라서 높은 주지화 경향을 보인다.

074 ② 심리상담 및 심리치료의 과정 중 상담관계에서 내담자는 처음부터 새로운 방식으로 반응하고 행동하게 되는 것이 아니라, 처음에는 내담자의 방어적인 태도로 인해 상담관계 형성이 그리 쉽지 않다.

075 ① Spearman - g지능 개념을 제시했다.
② Yerkes - Army Alpha 검사를 개발했다.
③ Witmer - 정신지체아 특수학교에서 심리학자로 활동했다.

076 ① 공황발작, ② 외상 후 스트레스 장애, ③ 조현병의 음성증상은 정신의학에서 다루는 것이다. 만성통증 관리는 행동의학에서 주로 다루는 주제이다.

실력다지기

행동의학[2]

1) 행동의학은 건강 행동에 관한 과학과 의학의 영역을 모두 아우르며, 질병예방, 진단, 치료, 재활에 관한 지식과 기술을 통해 행동변화를 만들어내는 분야이다.
2) 임상 환경에서 행동의학은 기본적으로 환자를 지지함(Supportive Care)을 기본으로, 환자의 인격을 존중하고 환자의 평소 생활을 이해하는 것을 바탕으로 치료를 시행하는 것이다. 따라서 환자의 상황에 맞게 적절한 행동 처방을 제시함으로써 치료의 효과를 높일 수 있다.
3) 환자의 건강과 관련된 행동을 파악하고, 환자가 이에 대해서 변화시키고자 하는 의지가 어느 정도인지 파악해야 한다. 그 후 환자가 잘 실천할 수 있는 범위(이를 '순응도'라고 함) 내에서 치료적 변화를 추구해야 하며, 개선된 행동양식이 꾸준히 유지될 수 있도록 해야 한다.
4) 행동의학 치료를 하는 의료인은 환자의 증상이나 행동에 대해 공감하면서도 치료적 효과에 도달할 수 있도록 개선점을 찾아 주고, 환자 스스로 문제점을 보완할 수 있도록 이끌어 주는 것이 중요하다.

077 ① 유관학습에서 유관성이란 행동과 그에 따르는 결과 사이의 관계를 말한다. 문제의 사례에서 욕설을 하지 않게 하기 위해 욕을 할 때마다(행동) 화장실 청소하기(결과)의 내용이 적합한 사례이다. 유관학습의 유관성 원리에서는 특정 행동반응이 일어남에 따라 주어지는 보상의 유형을 구체화시킨다. 따라서 새롭거나 적응적인 행동은 그 행동이 일어날 때 마다 제공되는 보상에 의해 촉진된다.
② 손톱 물어뜯기를 줄이기 위해 손톱에 쓴 약을 바르기 → 반응방지법(부정적 행동을 감소시키기 위한 환경 개선의 방법 등)
③ 충격적 스트레스 사건이 떠오를 때 '그만!'이라는 구호 외치기 → 사고중지법
④ 뱀에 대한 공포가 있는 사람에게 뱀을 만지는 사람의 영상 보여주기 → 노출법(간접노출)

---

2 출처 : Schwartz GE, Weiss SM. Behavioral medicine revisited: An amended definition. Journal of Behavioral Medicine 1978;1:249-51. / 대한가정의학회 편저. 가정의학 총론. 의학출판사. 2016.

078 ④ 환자가 처방한 대로 약을 잘 복용하고, 의사의 치료적 권고를 준수하게 하기 위한 가장 적절한 방법은 <u>치료자가 약의 효과 등에 대해 친절하고 상세하게 설명하는 것이다.</u>

079 ③ <u>면접과정에서 드러난 고통스런 경험에 대한 이해와 심리적 격려는 치료의 중기단계에서 이루어진다.</u> 환자와의 초기면접에서 면접자가 주로 탐색하는 정보의 내용은 기본적으로 환자의 증상과 주 호소, 도움을 요청하게 된 이유, 의뢰 경위, 최근 환자의 적응기제를 혼란시킨 스트레스 사건의 유무, 기질적 장애의 가능성 및 의학적 자문의 필요성에 대한 탐색 등의 기본적인 내용이다.

> **참고**
>
> 기질성(氣質性)은 개인의 생리적 현상 또는 물리적인 신체적 상태가 원인이 되어 장애가 나타나는 증상을 가리킨다. 정신적·심리적 원인으로 생기는 심인성과는 반대되며 외상적인 것과는 구별될 수 있는 의학용어이다.

080 ① Wechsler 지능검사, ② MMPI 다면적 인성검사, ③ Bender-Gestalt 검사는 최초 개발 후 개정된 검사들이다. ① Wechsler 지능검사의 경우 성인용은 4번째 판까지, 아동용은 5번째 판까지 출시되었으며, ② MMPI 다면적 인성검사의 경우 2번째 판까지 출시되었고, ③ Bender-Gestalt 검사의 경우 2번째 판까지 출시되었다.
CF ④ 심리평가 도구 중 최초 개발된 이후에 검사의 재료가 변경된 적이 없는 것은 로샤(Rorschach) 검사이다.

| 081 | ④ | 082 | ① | 083 | ① | 084 | ④ | 085 | ④ | 086 | ② | 087 | ④ | 088 | ④ | 089 | ④ | 090 | ② |
| 091 | ① | 092 | ① | 093 | ④ | 094 | ② | 095 | ③ | 096 | ④ | 097 | ③ | 098 | ② | 099 | ④ | 100 | ③ |

081 모두 옳은 내용이다.

실력다지기

인지적 오류의 종류

1) 전부 아니면 전무의 사고(이분법적 사고)

생활 사건의 의미를 '이것 아니면 저것'이라는 식의 이분법적 범주로 나누어 둘 중의 하나로 생각하는 오류이다.

예 '완벽하게 성공하지 못하면 실패한 것이다.', '다른 사람이 나를 좋아하지 않으면 싫어하는 것이다.'

2) 과잉일반화

한두 번의 사건에 근거하여 일반적인 결론을 내리고 무관한 상황에도 그 결론을 적용하는 오류이다.

예 한두 번 시험에 떨어진 사람이 '나는 어떤 시험을 치든지 나의 노력이나 상황과는 상관없이 실패할 것이 뻔하다.'라고 일반화하여 생각하는 경우

3) 의미 확대와 의미 축소(극대화와 극소화)

어떤 사건의 의미나 중요성을 실제보다 지나치게 확대하거나 축소하는 오류이다.

예 불쾌한 감정을 자주 느끼는 사람은 자신의 단점이나 약점을 매우 중요한 것으로 확대해서 해석하여 심하게 걱정하면서, 장점이나 강점은 별 것 아닌 것으로 과소평가하는 경우

4) 정신적 여과 또는 선택적 추상화

어떤 상황에서 일어난 여러 가지 일 중에서 일부만을 뽑아 상황 전체를 판단하는 오류이다.

예 어떤 교수가 자신의 강의를 열심히 듣는 대다수의 학생보다, 졸고 있는 서너 명의 학생에 근거하여 '내 강의가 재미없나 보다, 나는 강의를 잘 못한다.'하고 결론 내리는 경우

5) 개인화

자신과 무관한 사건을 자신과 관련된 것으로 잘못 해석하는 것으로, 다른 사람의 행동에 대한 좀 더 타당한 설명을 고려하지 않고 자신이나 어떤 사람 때문에 다른 사람이 부정적으로 행동한다고 믿는 오류이다.

예 화장실에 갔다가 사무실로 들어오는데 동료들이 웃고 있는 모습을 보고서, '나에 대해 무엇인가 이야기하고 있었던 것 아냐?'라고 생각하는 경우

6) 재앙화(파국화)

미래에 대하여 좀 더 현실적인 다른 고려도 없이 부정적으로 예상하는 경우

예 화를 잘 내지 못하고 억누르는 사람들 중에는 '내가 한번 화를 내면 폭발하고 말거고, 그렇게 되면 난 전혀 제어하지 못하고 끔찍한 일이 일어나고 말거야.'라고 생각하는 경우

7) 임의적 추론

충분한 근거도 없이 막연히 느껴지는 감정에 근거하여 결론을 내리는 오류이다.

예 '내가 그렇게 느껴지는 것을 보니, 사실임에 틀림없다.', '불길한 느낌이 들어 일이 잘못된 게 틀림없어.'라고 생각하는 경우

082 지위비행은 성년일 경우 문제가 되지 않지만 청소년인 경우 문제가 되는 행위를 말하며, 음주, 흡연, 무단결석, 가출 등과 같이 비교적 심각성이 덜한 행위를 의미한다.

083 하렌은 진로발달과 진로의사결정에 포함되어 있는 중요 변인을 고려하여 광범위한 모형을 제안하였는데, 의사결정과정에 영향을 미치는 개인적 특성으로 자아개념과 의사결정유형을 제시하였다.

실력다지기

하렌(Harren)의 의사결정과정
1) 인식단계
   - 현재 진로계획이 없어서 만족하지 못하는 상태로 불행감을 느끼는 상태이다.
   - 불만족이 증가하면서 진로의사결정의 단계인 인식단계로 이전한다.
   - 불만족의 원인을 확인할 때 더욱 현실적이고 적절한 선택이 가능해진다.
2) 계획단계
   - 양자택일, 확장 조사와 구체화의 과정을 명확히 요구한다.
   - 불만족의 원인을 이해하고 대안을 수립한다.
   - 자기에 대한 이해가 높아지면서 불만족에 적절히 대응할 수 있다.
   - 자신과 직업세계에 대한 정보수집을 통해 잠정적 결정을 내릴 준비를 한다.
3) 확신단계
   - 자신이 계획했던 것에 대한 결정을 내린다.
   - 주변사람들과 결정에 대한 평가를 진행한다.
   - 부정적인 평가가 내려진다면 계획단계를 반복한다.
4) 실행단계
   - 자신의 결정을 행동으로 옮기는 단계이다.
   - 적응, 자율, 상호의존의 하위단계로 구분된다.

084 상담에 대한 동기가 낮은 내담자는 비자발성이 있으므로 단기상담에는 부적합하다. 그리고 성격장애로 진단된 경우는 대부분이 단기상담에 적합하지 않다.

실력다지기

단기상담이 적합한 내담자
1) 호소하는 문제가 비교적 구체적인 경우
2) 주 호소문제가 발달 과정상의 문제인 경우, 즉 임신, 출산, 자녀양육 등 부모로서의 역할을 비롯하여 은퇴, 죽음, 노화 등 인간으로서 겪는 다양한 발달 과업에 수반하는 심리적 변화를 겪는 내담자의 경우
3) 호소문제가 발생하기 이전에 비교적 기능적인 생활을 하였을 경우
4) 내담자 주위에 지지적인 대화 대상자가 있는 경우
5) 과거나 현재에 상호 보완적인 좋은 인간관계를 가져 본 일이 있는 경우, 즉 인간관계에서 소통이 잘 되고 정신기능이 능률적인 내담자의 경우 그 문제가 심각하지 않고 표면적인 것에 불과한 경우
6) 내담자가 자신의 문제를 분명하게 인식하고 문제의 해결책을 명확하게 알기를 원하는 경우
7) 위급한 상황에 놓인 군인, 학생 등의 각종 조직이나 기관의 구성원인 경우

8) 내담자의 생활이나 지위에 최근 어떤 변화가 일어나서 내담자가 정서적인 어려움을 갖고 있을 경우, 즉 급성적으로 발생한 문제로 고통받는 내담자

9) 인생에 중요한 영향을 끼친 주요 인물과 최근에 사별 또는 이별했을 경우

085 NLP 상담기법은 인간의 우수성과 잠재력을 개발하는 새로운 상담 접근 방법으로 NLP 상담기법의 전제조건에 해당한다.

실력다지기

NLP(Neuro - Linguistic Programming) 상담기법

1) NLP(Neuro - Linguistic Programming, 신경언어 프로그래밍)는 1970년대 중반에 미국의 심리학자이자 정보통신전문가인 밴들러(R. Bandler)와 캘리포니아대학의 언어학 교수인 그라인더(J.Grinder)가 창시한 기법이다.

2) 각 방면에서 탁월한 성과를 보인 사람들의 성공사례를 모방하면서 시작되어 미국의 게슈탈트 치료의 창시자인 펄스(F. Perls), 가족치료로 유명한 사티어(V. Satir), 세계적으로 유명한 정신과 의사이자 최면치료자인 에릭슨(M. Erickson) 등을 모델로 연구하였다.

3) 인간 성취와 우수성 개발을 위하여 다학제 간의 전문가(정보통신, 신경과학, 수학, 언어학, 커뮤니케이션, 정신분석, 가족치료, 게슈탈트, 심리학)들이 학문의 담을 헐고 공동으로 참여한 심리공학적 성취기술로서, 인간경험을 구조적 측면에서 총체적(감각기능, 뇌의 정보처리 방식, 주관적 경험, 생리심리적 연동성, 언어의 역할과 의미 등), 통합적으로 다루기 위해 만들어진 것이다.

4) NLP의 전제조건
   (1) 지도는 영토가 아니다.
   (2) 정신과 육체는 하나의 체계이다.
   (3) 경험은 구조를 가지고 있다.
   (4) 모든 행동은 긍정적 의도에서 나온다.
   (5) 선택할 수 있다는 것은 그렇지 못한 것보다 바람직하다.
   (6) 사람들은 그 당시에 할 수 있는 가장 최선의 선택을 한다.
   (7) 실패란 없다. 다만 피드백이 있을 뿐이다.
   (8) 타인의 세계관을 존중하라.
   (9) 누군가 할 수 있다면 다른 사람도 배울 수 있다.
   (10) 사람들은 이미 필요한 모든 자원을 가지고 있다.

086 정신분석이론은 심리성적발달단계를 제안했으며, 특정 발달단계의 고착이 심리적 갈등 및 증상의 원인이라고 보았다.

실력다지기

심리성적발달단계

1) 구강기(출생~18개월)
   수유경험은 후기 발달에 중요한 역할을 하며 특히 이유방식이 가장 중요하며 애착형성이 중요하다.

2) 항문기(18개월~3세)
   (1) 부모에 의한 대소변 가리기 훈련은 이후에 성격발달에 효과를 나타낸다.

(2) 잘못 발달된 성격
- 강박성, 완벽주의, 죄책감, 완고함, 인색한 성격 – 항문보유적 성격
- 양가감정, 더러움과 지저분함, 반항, 분노, 가학, 피학성을 지닌 성격 – 항문폭발적 성격

3) 남근기(3~6세)

(1) 남아 – 오이디푸스 콤플렉스(Oedipus complex) : 거세불안

(2) 여아 – 엘렉트라 콤플렉스(Electra complex) : 남근선망

(3) 잘못 발달된 성격 : 욕구 좌절, 욕구 충족이 너무 심했던 양극단의 경우를 겪는 남아의 경우 거세불안과 어른을 두려워하고, 여아는 유혹적이고 정서가 불안정한 히스테리 성격이 된다.

4) 잠복기(6~12세)

성적인 관심이 잠시 잠복되는 시기로서 전(前) 단계까지 경험해 온 성적 욕망이나 성적갈등 현상은 잠재되고 활발한 문화 활동과 또래에 관심을 보이는 것과 같은 '승화' 현상이 가능해진다.

5) 생식기(12세~성인기 이전)

(1) 이성에 대한 관심과 인식이 다시 증가하며 성적·공격적 충동이 다시 나타난다.

(2) 잘 발달된 성격은 성숙한 이성 관계를 수립하게 되고 주체성을 형성한다.

087 검사결과로 나타난 장점이 주로 강조되기보다는 가능성과 대안에 중점을 두어 검사결과를 해석하는 과정은 학생의 문제해결력을 키워주는 과정임을 인식하는 것이 좋다.

실력다지기

검사결과 해석 시 주의할 사항

1) 해석과정 중간 중간 내담자의 반응을 유도하여 정확하게 이해하고 있는지 확인

2) 내담자가 이해할 수 있는 용어를 사용하도록 하고, 내담자가 검사에서 얻고자 하는 목표에 초점을 맞추어 설명

3) 대상에 따라 다르게 접근할 수 있겠지만, 수검자에게는 가능성과 대안에 무게를 두어 설명

4) 검사결과 제시된 점수를 받아들이는 자세 안내

(1) 검사결과에 제시된 점수는 성적이 아님

(2) 높은/낮은 영역을 함께 고려하되 무엇에 주목할지에 따라 결과는 다르게 이해될 수 있음

(3) 검사결과는 규준에 의한 상대적인 위치를 보여주는 것이므로(가치관 검사 제외) 평소 자신이 느끼던 것과 다른 결과가 제시될 수도 있음

(4) 너무 작은 점수 차이에 집중하기보다는 전체적인 경향성을 고려할 것

5) 검사결과를 활용하여 진로 선택 시 다음의 사항을 고려하도록 안내

(1) 흥미, 적성은 변화할 수 있고, 개발 및 보완 가능함

(2) 검사결과로 진로를 결정하려 하기보다 주체적으로 스스로 결정하는 것이 중요함

(3) 검사결과에 현저하게 낮게 나온 영역은 피하는 방법 고려

(4) 성급하게 결정하려 하기보다 현명하게 미결정하는 것도 고려해볼 것

(5) 흥미, 적성의 발달시기는 모두 다르므로 남과 비교해서 불안해하지 말 것

6) 검사결과를 해석하는 과정은 학생의 문제해결력을 키워주는 과정임을 인식

088 펄스(Perls)는 게슈탈트상담의 창시자이다.

089 Satir 가족치료에서 자신의 의견보다는 상대방의 의견에 힘을 넘겨주는 의사소통 유형은 회유형이다.

의사소통 유형 - 사티어의 경험적 가족치료

구분	유형	의사내용분석	자신	타인	상황
기능적	일치형 (congruent)	• 언어적 메시지와 비언어적 메시지가 일치하는 의사소통 유형 • 자신, 타인, 상황을 모두 고려, 진솔한 의사소통유형	존중	존중	존중
역기능적	비난형 (blamer)	• 자기주장이 강하고 독선적이며 명령적이고 지시적인 사람들이 많이 사용하는 의사소통유형 • 잘못을 남의 탓으로 돌리며 자신에게는 충성과 복종을 요구함 • "다 너 때문이야.", "나에게는 잘못이 없어."	존중	무시	존중
	회유형 (placater)	• 상대방의 의견에 무조건 동의하고 상대방이 원하는 대로 행동 • 자신의 내적 감정이나 생각을 무시하고 타인의 비위에 맞추며 희생적으로 행동함 • "다 내 잘못이야.", "나는 신경 쓰지 마."	무시	존중	존중
	초이성형 (계산형, super - reasonable)	• 지나치게 이성적이고 잘 따지며 부정적인 측면을 잘 지적함 • 자신의 감정을 잘 표현하지 않으며 실수하지 않으려고 노력함 • "사람은 논리적이어야 해."	무시	무시	존중
	혼란형 (산만형, irrelevant)	• 상황에 적절하게 반응하지 못하고, 의사 표현에 초점이 없고 요점이 없음 • 타인의 말이나 행동과는 무관한 의사소통을 함	무시	무시	무시

090 성폭력 피해자 심리상담 초기단계의 유의사항으로 상담자가 상담내용의 주도권을 가지는 것이 아니라, 내담자에게 상담내용의 주도권을 주며 지금 - 여기의 시점에서 표현할 수 있는 내용에 대해서 이야기할 수 있도록 배려해야 한다.

성폭력 피해자 심리상담 초기단계의 유의사항

1) 내담자와 신뢰관계를 유지함으로써 라포관계 형성에 힘을 기울여야 한다.
2) 내담자에게 상담 내용의 주도권을 준다.
3) 지금 - 여기의 시점에서 표현할 수 있는 내용에 대해서 얘기할 수 있도록 배려해야 한다.
4) 내담자의 비언어적 메시지에 주의를 기울이며, 적절한 반응이 요구된다.
5) 성폭력 피해로 인한 합병증 등 여러 가지 증상을 파악해야 한다.
6) 내담자가 피해의 문제가 없다고 부인한다면, 이를 받아들이며 언제든지 상담의 기회가 있음을 권고하고 알려주어야 한다."

091 지능에 대한 학습자의 주관적인 인식은 학습 태도에 영향을 미친다.
예를 들어, 학습자가 학습에 지능이 절대적이라고 믿는다면 지능이 나쁘면 학습을 해도 소용없다와 같은 인식으로 학습 태도가 나빠질 것이기 때문이다.

092 상담 초기 단계에서 사용하기에 가장 적합한 기법은 경청이다.
내담자의 이야기를 주의 깊게 듣게 되면, 내담자의 문제를 이해할 수 있고, 상담자-내담자 간의 신뢰관계를 형성할 수 있게 된다.

093 생애기술 상담이론에서 기술언어(skills language)는 내담자의 행동을 설명하고 분석하기 위해 사용하는 것을 의미하는 것이다.

> **실력다지기**
>
> 생애기술 상담
>
> 1) 생애기술 상담은 넬슨과 존스(Nelson - Jones)가 사람들이 보다 효과적으로 일상생활의 문제에 대처하도록 돕기 위해서 제시한 접근방법이다.
>
> 2) 호흡과 같은 명백한 생물학적 기능과는 별개로, 대부분의 인간 행동은 후천적으로 학습된 생애기술이라고 볼 수 있는데, 이 생애기술은 한 사람이 살아가면서 자신의 잠재력을 개발시키고 유지하는데 도움이 되는지에 따라서 장점이 되기도 단점이 되기도 한다.
>
> 3) 생애기술 상담에서는 사람들이 공동체 속에서 발전적인 방향으로 생애기술을 획득하고 유지할 수 있도록 도와, 결과적으로 문제를 해결하는 것뿐만 아니라 그 문제를 유지시키는 보다 근본적인 기술을 변화시키는 것을 목표로 한다.
>
> 4) 생애기술 상담은 [DASIE] 구조라고 불리는 체계적인 5단계 모형에 따라서 진행되는데, DASIE의 5단계는 관계를 맺고 문제를 명료화하는 첫 단계(D : Develop), 기술적 용어로 문제를 다시 정의하는 단계(A : Assess), 목표를 진술하고 중재를 계획하는 단계(S : State), 생애기술을 발달시키는 단계(I : Intervene), 실제 생활에의 적용을 강조하고 종결하는 마지막 단계(E : Emphasize)로 이루어져 있다.

094 알코올중독 가정의 성인아이는 낮은 자존감과 의존성, 타인을 통한 자신감 확보욕구 등의 문제가 발생할 수 있다. 따라서 권위자와 친밀감을 갖기보다는 권위자를 두려워하고 적대시하게 된다.

> **실력다지기**
>
> 알코올중독 가정의 성인아이(Adult Child)
>
> 1) 알코올중독 가정의 성인아이란 부모가 알코올 중독자인 가정에서 자라 성인이 된 사람(Adult Children of Alcoholics)을 말한다.
>
> 2) 알코올중독 가정의 경우 공동의존(codependency) 문제가 주목받았으며, 자녀에게도 알코올중독 문제가 쉽게 전파되는 것으로 알려져 있다.
>
> 3) 알코올중독자 가족들이 환자의 치료에 집중하게 되면서 자녀에게 상대적으로 등한시 되었기 때문에, 낮은 자존감과 굴욕감으로 타인을 통해 자신감을 얻으려고 하는 공의존적 경향이 발생한다.
>
> 4) 이러한 경향은 물질중독, 행동중독, 관계중독 등의 문제로 연결되게 된다.

095 병적 도박은 DSM - IV에서 충동조절장애로 분류되었다가 DSM - 5에서 중독 장애 중 비물질관련장애의 도박장애로 분류되었다.

096 효과적인 집단상담자는 구성원의 침묵의 의미를 이해하고, 자연스럽게 참여할 수 있도록 분위기를 형성하는 것이 필요하다. 구성원의 비생산적인 침묵이 계속될 경우에는 참여를 하도록 초대하거나 한사람씩 소감을 발표하도록 기회를 부여하는 것도 좋은 방법이 될 수 있다.

실력다지기

"내담자가 '침묵'을 나타낼 때 그 이유나 의미

1) 내담자가 상담 초기 관계형성에서 두려움을 느끼는 경우
2) 내담자가 상담자에게 적대감을 가지고 저항하는 경우
3) 내담자가 자신의 말에 대한 상담자의 확인이나 해석을 기대하고 있는 경우
4) 내담자가 자신의 감정 표현으로 인한 피로에서 회복하고 있는 경우
5) 내담자가 할 말이 더 이상 생각나지 않거나 무슨 말을 해야 할지 모르는 경우

097 **자살생존자**

1) 자살생존자란 사회적 관계 안에서 자살로 인해 영향을 받는 사람을 말한다.
2) 자살생존자의 요구에 맞지 않는 대응이나 문제를 들춰내려고 하는 태도는 좋지 않다.
3) 상실의 경험을 이야기하면서 충분한 애도의 과정이 필요하다."

실력다지기

자살 유가족을 대하는 태도

1) 자살 유가족 지원은 유가족의 요구에 맞지 않는 대응이나 무리하게 캐물으려고 하는 것은 이차적인 상처가 될 수도 있기 때문에 신중한 대응을 필요로 하다.
2) 상담자의 바람직한 태도
 • 유가족의 심리와 반응을 충분히 이해한 후 대응한다.
 • 프라이버시를 지켜주면서 감정을 표출할 수 있도록 배려된 조용한 장소에서 접촉한다.
 • 받아들이고 공감하는 마음으로 경청(말을 잘 들어주고 상대의 기분을 제대로 받아들이는)하고 온화하게 대응한다. 또한 상담에 필요한 충분한 시간을 잡는다.
 • 판단을 섞지 않는 태도 (유가족의 생각에 해석이나 판단을 하지 말고 「내가 어떻게 해야 당신에게 도움이 될 수 있을까요?」라고 물어 보는 자세)를 견지한다.
 • 유가족 스스로 원하는 지원을 한다(유가족의 주체성을 존중한다).
 • 유가족의 마음으로 대한다(우선 함께 있어준다).
 • 혼란스러워 하는 유가족의 문제를 정리하면서 요구를 명확히 한다.
 • 정신 건강 문제에만 주목하기 쉬운데, 경제, 교육, 재판, 편견, 신앙 등 구체적인 문제에 조심스럽게 이야기를 듣는다.
 • 「힘든 일이 있으면 언제든지 상담하라」는 지원 표명과 약속.

(출처: 자살 유가족 지원을 위한 종합 매뉴얼, 자살종합대책추진센터)

098 자아는 성격의 조화와 통합을 위해 노력하는 원형이라는 개념은 융의 분석심리학에 해당한다.

099 행동주의 상담의 한계로, 상담자와 내담자의 관계보다는 기술을 지나치게 강조한다.

행동주의 상담의 공헌

1) 치료기법의 체계적인 접근
2) 기법의 다양화
3) 중재가 가능한 모든 사람에게 적용할 수 있는 다양한 영역에 적용 가능
4) 실험 연구와 치료 결과에 대한 평가 가능

행동주의 상담의 한계

1) 행동은 변화시킬지 모르나 감정은 변화시키지 못함
2) 행동치료자들은 치료에서 중요하게 관련되는 요인들을 무시함
3) 통찰을 제공하지 않음
4) 현재 행동에 관련한 과거의 원인들을 무시함
5) 치료자에 의한 통제와 조작

100 상담의 기본적 윤리원칙 중 상담자가 내담자와 맺은 약속을 잘 지키며 믿음과 신뢰를 주는 행동에 해당하는 키치너의 원칙은 성실성(또는 충실성)이다.

■ 상담윤리의 원칙(키치너)

일반적으로 상담윤리의 원칙에는 자율성의 원칙, 무해성의 원칙, 자선의 원칙, 정의 및 공정성의 원칙, 성실의 원칙이 있다.

1) 자율성의 원칙
   자율성이란 개인의 가치에 기초한 신념을 가지고 선택을 하고 행동할 수 있는 개인의 권리이며, 개인의 선택은 다른 사람에 의해 강요될 수 없음을 의미한다.
2) 자선의 원칙
   내담자의 정신건강이나 복지에 최선을 다해서 긍정적인 방향으로 성장할 수 있도록 돕는 원칙이다.
3) 무해성의 원칙
   타인에게 해를 입히지 말아야 할 소극적인 의무로서, 다른 사람(내담자 및 제3자)에게 피해를 주지 않아야 한다는 원칙이다.
4) 성실(충실성)의 원칙
   성실은 상담자가 성실하게 약속을 지키려고 하는 것과 약속을 할 때의 신뢰와 정직성을 표현하는 것이다.
5) 정의(공정성)의 원칙
   내담자가 다른 사람과 달리 취급받아서는 안 된다는 것으로서, 성, 인종, 장애여부 등의 차이로 차별을 받는 것이 아니라, 평등하게 취급받아야 한다는 원칙이다.

2022

제3회 임상심리사 2급 필기 정답 및 해설

제1과목   심리학개론

001	③	002	①	003	④	004	④	005	③	006	②	007	④	008	①	009	③	010	④
011	②	012	③	013	③	014	①	015	②	016	②	017	④	018	④	019	②	020	②

001 ③ 초자아는 프로이트의 심리성적발달단계 상 남근기에 해당하며, 부모와의 동일시를 통해 사회적 규범을 받아들이면서 초자아가 발달된다.

002 ① 집단사고는 집단의 리더가 민주적일 때보다는 오히려 지시적일 때 발생한다.

실력다지기

집단사고(Janis)

1) 집단사고란 집단 구성원 간에 존재하는 지나친 일치화(concurrence) 경향으로 특징지어지는 집단 의사결정의 한 모습을 말한다.

2) Janis(1983)에 따르면, 집단사고(groupthink)란 집단내의 압력으로 인해 정신적 효율성과 현실 적합성 및 도덕적 판단이 결함되고, 이런 상태에서 의사결정을 하는 것을 일컫는다.

3) 집단사고는 3가지 조건에서 흔히 발생하게 된다.

   (1) 첫 번째 조건은 집단내의 높은 응집력(high group cohesiveness)이다.

   (2) 두 번째 조건은 집단의 구조적 문제들로, 외부의견으로부터의 집단의 고립(insulation of group from outside opinions), 지시적인 리더(directive leader) 등을 특징으로 한다.

   (3) 세 번째 조건은 위기 상황(crisis situation)으로, 외부 위협으로부터의 강한 스트레스나 리더의 의견 외에는 더 나은 해결책의 부재 상황 등을 특징으로 한다. 이러한 상황에서 집단구성원들은 리더의 의견에 반대하거나 리더와 다른 의견을 제시하기가 어렵고, 오히려 비합리적일 수 있는 리더의 의견을 보다 적극적으로 옹호하고 강화시키는 행동을 하게 된다."

003 ④ 불안정-회피애착 아동의 특징은 주양육자에 대한 무관심한 태도이다.

애착유형 - 에인스워스(Mary Ainsworth)의 낯선 상황(strange situation) 검사

1) 안정 애착

　(1) 엄마가 같이 있을 때는 활달하게 놀았으며 적극적으로 탐색하는 행동을 보였다.

　(2) 엄마가 없거나 낯선 사람과 함께 있을 때는 약간 놀라면서 탐색하는 것이 줄었으나, 엄마가 다시 돌아왔을 때 적극적으로 엄마에게 접근하여 접촉하려고 하였다.

2) 불안정 회피 애착

　(1) 엄마가 떠났을 때는 무관심한 것처럼 보였다.

　(2) 엄마가 돌아왔을 때는 적극적으로 회피하고 무시하였다.

3) 불안정 저항 애착

　(1) 엄마가 떠났을 때는 극심한 분리불안을 보였다.

　(2) 엄마가 돌아왔을 때는 화를 내지만, 엄마에게 다가가 안겼다가는 이내 화난 듯 밀쳐내는 반응을 보였다.

4) 혼란 애착

　(1) 회피애착과 저항애착이 결합된 것이다.

　(2) 엄마가 돌아왔을 때는 얼어붙은 표정으로 엄마에게 접근하고 엄마가 안아줘도 먼 곳을 쳐다보았다.

004 ④ 안면 타당도는 검사자 또는 일반인이 검사에 관한 피상적 관찰을 통해 문항의 목적을 알 수 있는 정도를 의미한다. 문제에서 참가자의 인지기능과 가입 정당은 피상적 관찰을 통해 연관성을 알기 어렵기 때문에 안면 타당도가 낮게 나올 것이다.

005 ③ 투사는 자신이 가진 바람직하지 않은 자질들을 과장하여 다른 사람에게 부여하는 것이다.

① 불쾌한 현실이 있음을 부정하는 것 → 부인

② 아주 위협적이고 고통스러운 충동이나 기억을 의식에서 추방시키는 것 → 억압

④ 반대되는 동기를 강하게 표현함으로써 자신의 동기를 숨기는 것 → 반동형성

006 ② 행동조형(Shaping behavior)은 최종 목표행동을 여러 단계로 나누어 낮은 단계부터 하나씩 강화하여 점진적으로 목표행동에 접근시키는 방법이다. 행동조성에서 강화보다 처벌을 강조한다는 것은 적절하지 않다.

007 ④ 모든 개인의 성격은 타인으로부터 독특한 반응을 이끌어 내는데, 이것을 유도적 상호작용(evocative interaction)이라고 한다.

성격과 환경 간의 상호작용 유형

1) 반응적 상호작용(reactive interaction)

　(1) 동일한 환경을 접하더라도 서로 다른 개인은 그 환경을 다르게 해석하고, 경험하고 반응함.

(2) 아동의 성격으로 인해 주관적인 심리적 환경을 추출해내기 때문에 다른 반응이 나타나게 됨.

(3) 만약 모든 아동에게 동일한 양육 환경을 제공하더라도 모든 아동이 심리적으로 동일하게 경험되지 않을 것임.

2) 유도적 상호작용

(1) 모든 개인의 성격은 타인으로부터 독특한 반응을 이끌어냄.

(2) 유순한 아동은 공격적인 아동에 비해 부모로부터 덜 통제하는 양육방식을 이끌어 낼 것임.

(3) 아동의 성격이 부모의 양육방식을 조성했을 수 있고, 그 양육방식이 아동의 성격을 조성했을 수 있음.

3) 주도적 상호작용

(1) 자라면서 아동은 부모가 제공하는 환경을 벗어날 수 있고, 자기 자신의 환경을 선택하고 구성하게 됨. 이러한 환경이 아동의 성격을 조성함.

(2) 사교적인 아동은 혼자 있기 보다는 친구들과 어울려 영화를 보려고 할 것임.

(3) 자신의 성격을 발달시키는 데 개인의 능동적인 주체가 되는 과정

(출처 : 앳킨슨과 힐가드의 심리학원론 재구성)

008 ① 사회촉진(Social Facilitation)은 혼자 있을 때보다 타인이 존재할 때 과제에 대한 친숙성이 높을 경우 더 잘하게 되는 현상을 말한다. 이를 관중 효과라고도 한다.

📝 오답노트

② 동조효과(conformity effect) : 다른 사람의 주장이나 행동에 자신의 의견을 일치시키거나 편승하려는 심리

③ 사회태만 : 집단의 크기가 커질수록 개인의 공헌도가 떨어지는 현상. 링겔만 효과(Ringelmann effect)라고도 함.

④ 방관자효과(bystander effect) : 주위에 사람들이 많을수록 어려움에 처한 사람을 돕지 않게 되는 현상. 제노비스 신드롬(Genovese syndrome)이라고도 함.

009 ③ 효과의 법칙(Law of effect)은 동물이 어떤 반응을 하였을 때 그 반응이 결과적으로 동물에게 즐거움을 초래할 경우 다음의 유사상황에 놓였을 때 그 반응이 일어나기 쉽다는 것이다.

실력다지기

도구적 조건형성

1) 도구적 조건형성(Instrumental conditioning)는 행동주의 심리학의 이론으로, 유기체가 어떤 결과들을 얻거나 회피하기 위해서 반응을 만들어 내는 것을 의미한다.

2) 유기체는 모두 그들에게 긍정적인 상황을 가져오거나 부정적인 상황을 회피하도록 하는 방식으로 행동하는 경향이 있다. 유기체는 주어진 자극(S, Stimulus)에 반응(R, Response)하고 이를 통해 얻어진 결과(C, Consequence)를 가지고 다시 반복하거나 회피하는 반응을 보인다.

3) 손다이크의 효과의 법칙을 기반으로 스키너가 도구적 조건형성이라는 패러다임으로 제시하였다. 도구적 조건화는 행동의 결과가 반응의 확률에 영향을 미친다는 점에서 조건 자극에 대한 조건 반응의 학습을 보이는 고전적 조건형성과는 다르다.

손다이크의 고양이 실험연구

1) 미국 심리학자 에드워드 손다이크는 인간과 동물의 지적 능력의 차이를 연구하는 비교심리학에 관심을 가졌다. 그리고 이를 연구하기 위해 문제상자를 만들었다. 여기서 문제상자에 갇힌 고양이가 해결해야 하는 과제는 상자로부터 빠져나가는 것이었다.

2) 상자는 페달을 누름으로써 빗장이 벗겨져 문이 열리도록 되어 있었다. 상자 안의 이곳저곳을 건드리던 고양이는 우연히 페달을 누르고 빗장을 벗겨 문을 열고 상자를 탈출하게 된다.

3) 이 일을 반복할수록 고양이는 점점 더 빠른 시간 안에 빗장을 내리고 탈출하게 된다. 즉, 고양이는 탈출 직전에 자기가 한 행동과 탈출이라는 결과를 조금씩 연결함으로써 불필요한 행동을 점차 줄이고 올바른 반응에 접근해 갔다. 손다이크는 이러한 문제상자 학습을 '시행착오에 의한 학습'이라고 하였다.

4) 이 실험결과를 통해 손다이크는 효과의 법칙이라는 개념을 제시했다. 즉, 긍정적인 결과가 자극과 반응의 결합을 강화시킨다는 이론이다.

010 ④ 현상학적 성격이론(로저스)은 어린 시절의 동기를 분석하기보다는 지금 – 여기의 관점에서 어떠한 주관적인 경험을 하고 있는지에 초점을 둔다.

011 ② 보존개념의 획득은 구체적 조작기에 이루어진다.

실력다지기

Piaget의 인지발달 단계 중 구체적 조작기에 나타나는 특징

1) 논리적 사고 : 이 시기의 논리적 사고는 관찰이 가능한 구체적 사물이나 사건에 한정되며, 가역적 사고를 특징으로 한다.
   (1) 보존개념 : 보존개념은 물체의 외형상 변화에도 불구하고 그 물체의 특정한 양은 그대로 보존된다고 판단할 수 있는 능력이다. 보존개념은 동일성, 역조작성, 보상성의 개념 획득을 전제로 한다.
   (2) 유목화(= 분류) : 전체와 부분 간의 공통점과 차이점, 관련성을 이해할 수 있는 능력이다.
   (3) 서열화 : 어떤 대상물을 순서대로 나열할 수 있는 능력이다.
2) 조망수용능력 : 자기중심성에서 벗어나 타인의 입장과 감정을 추론하고 이해하는 능력이다.

012 ③ 일반적으로 표본 크기가 30보다 적으면 작은 표본으로 분류하여 t 분포를 이용한다.

실력다지기

분포의 종류

1) 정규분포는 연속 확률 분포의 하나이다. 정규분포는 수집된 자료의 분포를 근사하는 데에 자주 사용되며, 이것은 중심극한정리에 의하여 독립적인 확률변수들의 평균은 정규분포에 가까워지는 성질이 있기 때문이다.
2) t 분포 : 정규분포의 평균을 측정할 때 주로 사용되는 분포이다. 일반적으로 표본 크기가 30보다 적으면 작은 표본으로 분류하여 t 분포를 이용한다.
3) χ^2분포 : k개의 서로 독립적인 표준정규 확률변수를 각각 제곱한 다음, 합해서 얻어지는 분포이다. 이때 k를 자유도라고 하며, 카이제곱 분포의 매개변수가 된다. 카이제곱 분포는 신뢰구간이나 가설검정 등의 모델에서 자주 등장한다.
4) F 분포 : 통계학에서 사용되는 연속 확률 분포로, F 검정과 분산분석 등에서 주로 사용된다.

013 ③ 다면적 인성검사(MMPI)는 가장 널리 사용되고 있는 성격검사이다. MMPI는 종합심리검사에 포함되어 있는 임상적 질문지로 객관적 검사이다. 나머지 보기는 투사적 검사에 해당한다.

014 ① 학습이론에는 크게 연합주의적 학습이론과 인지주의적 학습이론이 있다. 연합주의적 학습이론에는 고전적 조건형성 이론과 조작적 조건형성 이론이 있고, 인지주의적 학습이론에는 통찰학습, 관찰학습, 인지도 학습, 개념학습 등이 있다. 연합주의적 학습이론은 행동주의적 접근을 의미한다. 고전적 조건형성 이론은 무조건 자극과 조건자극의 연합에 의해 학습된다고 보기 때문에 인간의 행동이 수동적인 역할에 국한된다. 능동적 차원의 행동변화는 조작적 조건형성에 의해 더 잘 설명된다.

015 ② 문제의 애착 유형은 불안정 회피 애착에 해당한다.

에인스워스(Mary Ainsworth)의 낯선 상황(strange situation) 검사

유아가 친숙하지 않은 상황에서 미리 계획된 방식으로 주 양육자가 같이 있거나 없거나 하면서 낯선 사람이 들어왔을 때와 나갔을 때 유아가 보이는 불안 행동을 측정.

1) 안정 애착
   (1) 엄마가 같이 있을 때는 활달하게 놀았으며 적극적으로 탐색하는 행동을 보였다.
   (2) 엄마가 없거나 낯선 사람과 함께 있을 때는 약간 놀라면서 탐색하는 것이 줄었으나, 엄마가 다시 돌아왔을 때 적극적으로 엄마에게 접근하여 접촉하려고 하였다.

2) 불안정 회피 애착
   (1) 엄마가 떠났을 때는 무관심한 것처럼 보였다.
   (2) 엄마가 돌아왔을 때는 적극적으로 회피하고 무시하였다.

3) 불안정 저항 애착
   (1) 엄마가 떠났을 때는 극심한 분리불안을 보였다.
   (2) 엄마가 돌아왔을 때는 화를 내지만, 엄마에게 다가가 안겼다가는 이내 화난 듯 밀쳐 내는 반응을 보였다.

4) 혼란 애착
   (1) 회피애착과 저항애착이 결합된 것이다.
   (2) 엄마가 돌아왔을 때는 얼어붙은 표정으로 엄마에게 접근하고 엄마가 안아줘도 먼 곳을 쳐다보았다.

---

016 ② 효과의 법칙(law of effect)은 반응 후에 수반되는 결과가 바람직한 것이면 그 반응이 나타날 확률이 증가되고 결과가 바람직하지 않으면 확률이 감소되는 학습법칙이다.

손다이크(Thorndike)의 3대 법칙(1898)

1) 연습의 법칙(the law of exercise)
   (1) 연습이 자극과 반응 사이의 결합을 강화한다는 법칙, 즉 자극과 반응의 결합은 그 반응횟수에 비례해서 강화된다고 하는 것이다.
   (2) 반복하며 사용할수록 강화되므로 사용의 법칙(the law of use)이라 할 수 있다.
   (3) 사용을 하지 않으면 그 만큼 약화되므로 이를 불사용의 법칙(the law of disuse)이라고 할 수 있다.

2) 효과의 법칙(the law of effect)
   (1) 자극 - 반응 결합에 따르는 만족감이 크면 클수록 그 결합은 강화된다(만족의 법칙).
   (2) 반대로 불만족을 주는 상태가 계속된다면 그 결합은 약화된다(불만족의 법칙).

---

3) 준비성의 법칙(the law of readiness)

어떤 행동단위는 행동할 준비성을 갖추고 있을 때 비로소 만족하게 행할 수 있으며 반대로 행동할 준
비성을 갖추고 있지 않을 때 실패를 가져오기 쉽다는 법칙이다.

017 ④ 올포트는 행동 상에 미치는 정도에 따라 주 특질(성향), 중심특질(성향), 2차적 특질(성향)으로 구분하였
다. 문제에서 중심특질이 2차적 특질보다 기본적인 특질에 해당한다.

② Cattell의 원천 특질과 표면 특질로 구별하였는데 원천 특질이 기본적인 특질에 해당한다. Cattell은 세
가지 방식으로 특질을 분류하였으며, 공통특질 대 독특한 특질, 능력특질 대 기질특질 대 역동적 특질,
원천 특질 대 표면 특질이다.

③ Eysenck는 성격을 하나의 위계로 보았으며, 외향성 - 내향성 등의 특질군을 보편적 차원으로 위계의
맨 위로 분류하였다.

018 ④ 처벌의 강도를 점진적으로 높이는 것은 처벌에 적응하게 되기 때문에 효과가 없다. 처벌의 원칙에서는 일
관성, 강도, 즉시성 등을 제시하고 있다. 즉, 처벌이 효과적으로 시행되는 조건은 일관성의 원칙, 즉각성
(즉시성)의 원칙, 처벌의 강도(강도 제한)에 관한 원칙, 이성적인 처벌이 효과적인 처벌의 조건이라 할 수
있다.

실력다지기

처벌의 종류

1) 정적 처벌(positive punishment) 반응 후에 혐오적 자극이 제시되는 것이다.
동생을 때리면 엄마가 회초리로 때리는 경우
2) 부적 처벌(negative punishment) 반응 후에 매력적인 자극이 제거되는 것이다.
동생을 때리면 용돈을 주지 않거나 컴퓨터 게임을 못하게 하는 경우

처벌의 효과

1) 어떤 행동을 하려는 강력한 동기를 가지고 있는데, 다른 방법으로는 그 동기를 충족시킬 수 없을 경우
에 하는 처벌은 비효과적이다.
2) 처벌은 일시적으로 행동을 억압할 뿐, 영구적으로 약화시키지는 못한다.
3) 처벌의 효과를 높이려면 일관성 있게 처벌이 부여되어야 하고, 처벌의 대상이 행동한 사람이 아니라
행동 자체라는 것을 분명히 하고, 바람직하지 못한 행동 대신 다른 대안적 행동에 대한 정보를 제공
하여야 한다.

019 ② 프로이트의 심리성적 발달단계 중 2단계인 항문기(anal stage)는 배변훈련과 관련 되어 있는 시기로, 잘
못 발달된 성격으로 첫째 항문보유적(강박적) 성격은 질서정연하거나 인색하고 완고하다. 둘째, 항문폭
발적 성격은 극단적으로 지저분하거나 무절제한 성격의 특징을 보인다.

020 ② '작고 털이 있는 동물은 강아지'라고 알고 있는 한 아이가 고양이를 보고 '강아지'라고 이야기하였다면 새
로운 사물 등에 대한 도식이 형성되지 않아, 기존의 도식으로 이해를 하였기 때문에 동화(assimilation)에
해당한다.

CF 평형화(equilibration)란, 동화와 조절이 균형을 이루도록 하는 적응의 과정을 의미한다.

| 021 | ④ | 022 | ④ | 023 | ① | 024 | ③ | 025 | ④ | 026 | ④ | 027 | ④ | 028 | ④ | 029 | ② | 030 | ① |
| 031 | ① | 032 | ③ | 033 | ② | 034 | ② | 035 | ① | 036 | ② | 037 | ④ | 038 | ③ | 039 | ② | 040 | ① |

021 ④ 뚜렛장애(Tourette's Disorder)는 여러 가지 운동 틱과 1가지 또는 그 이상의 음성 틱이, 장애의 경과 중 일부 기간 동안 나타난다. 단, 두 가지 틱이 반드시 동시에 나타나는 것은 아니다.

실력다지기

뚜렛 장애(Tourette's Disorder) 진단 기준

1) 여러 가지 운동 틱과 1가지 또는 그 이상의 음성 틱이, 장애의 경과 중 일부 기간 동안 나타난다. 단, 두 가지 틱이 반드시 동시에 나타나는 것은 아니다(틱은 갑작스럽고, 빠르고, 반복적, 비율동적, 상동증적인 동작 또는 음성이다).
2) 틱은 1년 이상의 기간 동안 거의 매일 또는 간헐적으로 하루에 몇 차례씩(대개 발작적으로) 일어나고, 이 기간 동안에 틱이 없는 기간이 3개월 이상 지속되지는 않는다.
3) 장해는 사회적, 직업적, 또는 다른 중요한 기능 영역에서 심각한 고통이나 장해를 일으킨다.
4) 18세 이전에 발병한다.
5) 장해는 물질(예: 자극제)이나 일반적인 의학적 상태(예: 헌팅턴 병 또는 바이러스성 뇌염)의 직접적인 생리적 효과로 인한 것이 아니다.

상동증적 운동장애(Stereotypic Movement Disorder) 진단 기준

1) 반복적이고, 억제할 수 없는 것처럼 보이고, 비효율적인 운동 행동(예: 손 흔들기, 손장난하기, 몸 흔들기, 손가락을 무의미하게 움직이기, 머리 부딪치기, 물어뜯기, 피부 또는 몸의 구멍을 후비기, 자기 몸을 때리기).
2) 정상적인 활동을 심하게 방해하고, 치료를 받아야 할 만큼 자기 신체에 해로운 결과를 초래한다(또는 보호 장비를 사용하지 않았다면 그와 같은 손상을 초래할 것이다).
3) 만약 정신지체가 있는 경우라면, 상동증적 행동 또는 자해적 행동이 치료의 초점이 될 만큼 충분히 심각하다.
4) 이런 행동은 강박적 행동(강박장애), 틱(틱 장애), 광범위성 발달장애의 증상인 상동증, 머리카락 뽑기(발모광)에 의해 잘 설명되지 않는다.
5) 물질이나 일반적인 의학적 상태의 직접적인 생리적 효과로 인한 것이 아니다.
6) 이러한 행동이 적어도 4주 동안 지속되어야 한다.

022 ④ 마찰도착장애 - 변태성욕장애

> **실력다지기**
>
> 성기능장애(Sexual Dysfunctions; 성기능부전)의 하위유형(DSM - 5)
>
> 1) 사정지연장애(Delayed Ejaculation)
> 2) 발기장애(Erectile Disorder)
> 3) 남성 성욕감퇴장애(Male Hypoactive Sexual Desire Disorder)
> 4) 조기사정장애(Premature Ejaculation) = 조루증
> 5) 여성 절정감 장애(Female Orgasm Disorder; 여성 극치감 장애)
> 6) 여성 성적 관심/흥분장애(Female Sexual Interest/Arousal Disorder)
> 7) 성교통증장애(Genito - Pelvic Pain/Penetration Disorder)

023 ① 반사회성 인격장애는 18세 이후에 나타나고 15세 이전에는 품행장애의 증거가 있어야 한다.

> **실력다지기**
>
> 반사회성 인격장애의 진단기준
>
> A. 15세 이후에 시작되고 다음과 같은 다른 사람의 권리를 무시하는 행동 양상이 있고 다음 중 3가지(또는 그 이상)을 충족한다.
>   1. 체포의 이유가 되는 행위를 반복하는 것과 같은 법적 행동에 관련된 사회적 규범에 맞추지 못함.
>   2. 반복적으로 거짓말을 함. 가짜 이름 사용. 자신의 이익이나 쾌락을 위해 타인을 속이는 사기성이 있음.
>   3. 충동적이거나, 미리 계획을 세우지 못함.
>   4. 신체적 싸움이나 폭력 등이 반복됨으로써 나타나는 불안정성 및 공격성
>   5. 자신이나 타인의 안전을 무시하는 무모성
>   6. 일정한 직업을 갖지 못하거나 혹은 당연히 해야 할 재정적 의무를 책임감 있게 다하지 못하는 것 등의 지속적인 무책임성
>   7. 다른 사람을 해하거나 학대하거나 다른 사람 것을 훔치는 것에 대해 아무렇지도 않게 느끼거나 이를 합리화하는 등 양심의 가책이 결여됨.
> B. 최소 18세 이상이어야 한다.
> C. 15세 이전에 품행장애가 시작된 증거가 있다.
> D. 반사회적 행동은 조현병이나 양극성장애의 경과 중에만 발생되지는 않는다.

024 ③ 학습된 무기력감 모델에서의 학습된 무기력(learned helplessness)은 반복되는 실패를 경험한 후에 환경에 대해 통제를 할 수 없다는 무기력을 학습하는 것이다. 즉, 우울의 원인에 대한 근거로 우울한 사람들은 무엇을 해도 소용이 없다고 믿는다. 즉, 사람이 스트레스 장면에 처하게 되면 일차적으로 불안해지고 그 장면을 통제할 수 없게 되면 우울해진다는 것이다.

025 ④ 사회불안장애는 공포스러운 사회적 상황이나 활동 상황에 대한 회피, 예기 불안으로 일상생활, 직업 및 사회적 활동에 영향을 받는다. 문제에서 A는 다른 사람들이 자신의 발표에 대해 나쁘게 평가할 것 같아 다른 사람 앞에서 발표하기를 피해왔다. 발표 시간이 다가오자 온 몸에 땀이 쏟아지고, 숨 쉬기가 어려워졌으며, 곧 정신을 잃고 쓰러질 것 같이 느껴졌다면 사회불안장애와 관련된다.

026 ④ 와해된 행동, 와해된 언어(혼란스럽고 비논리적이며 지리멸렬한 언어 표현)은 망상, 환각, 괴이하고 혼란된 행동 등과 함께 조현병의 양성증상이다.

실력다지기

조현병의 양성증상

환청이나 환시 같은 감각의 이상, 비현실적이고 기괴한 믿음을 가지고 있는 망상, 사고의 흐름에 이상이 생기는 사고 과정의 장애들을 말한다. 양성증상은 음성증상에 비해 이질적이며 기괴하고 심각해 보이나 음성증상에 비해 약물 치료의 효과가 빠르고 쉽게 나타나는 편이다.
1) 환각 : 남들에게는 보이지 않는 것이 보이거나 들리거나 느낌으로 나타남
   - 종류 : 환청, 환시, 환촉, 환후, 환미
2) 망상 : 논리적이고 이성적인 설득으로도 고쳐지지 않는 병적인 믿음
3) 와해된 언어와 사고

조현병의 음성증상

정상적인 감정반응이나 행동이 감소하여 둔한 상태가 되며 사고의 내용이 빈곤해지고 정서적 둔마, 은둔과 사회적 고립, 의욕과 의지 상실, 등을 보인다. 음성증상은 양성증상보다 약물치료의 효과가 낮은 것이 사실이다. 그러나 최근 효과 있는 새로운 종류들의 약물이 개발되고 있으며 지역사회 내의 재활치료 등을 통해 증상의 회복과 완화에 도움을 받을 수 있다.
1) 정동의 둔화 : 무의욕증, 무쾌감증, 무사회증
2) 감퇴된 정서적 표현

027 ④ 코티솔은 콩팥(신장)의 부신 피질에서 분비되는 스트레스 호르몬이다.

실력다지기

스트레스 호르몬이라고 불리는 코티솔 (cortisol)

1) 코티솔은 급성 스트레스에 반응해 분비되는 물질로, 스트레스에 대항하는 신체에 필요한 에너지를 공급해 주는 역할을 한다.
2) 코티솔은 콩팥(신장)의 부신 피질에서 분비되는 스트레스 호르몬이다.
3) 코티솔은 외부의 스트레스와 같은 자극에 맞서 몸이 최대의 에너지를 만들어 낼 수 있도록 하는 과정에서 분비되어 혈압과 포도당 수치를 높이는 것과 같은 역할을 수행한다.
4) 코티솔의 역할
   (1) 분비된 코티솔은 스트레스와 같은 외부 자극에 맞서 신체가 대항할 수 있도록 신체 각 기관으로 더 많은 혈액을 방출시키며 그 결과 맥박과 호흡이 증가한다.
   (2) 또한 근육을 긴장시키고 정확하고 신속한 상황 판단을 하도록 하기 위해 정신을 또렷하게 하며 감각기관을 예민하게 한다.
   (3) 그러나 문제는 스트레스를 지나치게 받거나, 만성 스트레스가 되면 코티솔의 혈중농도가 높아지고 그 결과 식욕이 증가하게 되어, 지방의 축적을 가져온다.
   (4) 또한 혈압이 올라 고혈압의 위험이 증가하며, 근조직의 손상도 야기될 수 있다.
   (5) 불안과 초조 상태가 이어질 수 있고 체중의 증가와 함께 만성 피로, 만성 두통, 불면증 등의 증상이 나타날 수 있으며 면역 기능이 약화되어 감기와 같은 바이러스성 질환에 쉽게 노출될 우려도 있다.

028　④ 아동 A에게 진단할 수 있는 가장 가능성이 높은 장애는 자폐 스펙트럼 장애이다. 아래의 [실력 다지기]에서 밑줄 친 부분을 이해하길 바란다.

> **실력다지기**
>
> 자폐스펙트럼 장애 진단기준
>
> 1) 다양한 맥락에서 사회적 의사소통과 상호작용에 지속적인 결함이 나타난다. 이러한 결함은 현재 또는 과거에 다음과 같은 방식으로 나타날 수 있다.
>   (1) 사회적 – 정서적 상호작용의 결함을 나타낸다(예 타인에게 비정상적인 사회적 접근을 시도하거나 정상적인 주고받는 대화가 실패됨. 또는 타인과 흥미나 감정 공유가 어렵고, 사회적 상호작용의 시작 및 반응에 실패함).
>   (2) 사회적 상호작용을 위한 비언어적인 의사소통 행동의 결함을 나타낸다(예 언어적, 비언어적 의사소통의 불완전한 통합. 눈 맞춤이 어렵고 비정상적인 몸동작을 보임. 타인의 몸동작을 이해하지 못하며 몸동작 사용을 못함. 얼굴 표정과 비언어적 의사소통의 전반적 결핍).
>   (3) 관계발전, 유지 및 관계에 대한 이해의 결함을 나타낸다(예 다양한 사회적 상황에 적합한 적응적 행동의 어려움, 상상 놀이를 공유하거나 친구 사귀기가 어려움, 동료들에 대한 관심이 없음).
> 2) 제한적이고 반복적인 행동이나 흥미, 활동이 현재 또는 과거력 상 다음 4가지 중 2가지 이상 나타난다.
>   (1) 상동증적이거나 반복적인 운동성 동작, 물건 또는 언어의 사용(예 단순 운동 상동증, 장난감 정렬하기, 또는 물체 튕기기, 반향어, 특이한 문구 사용)
>   (2) 동일성에 대한 고집, 일상적인 것에 대한 융통성 없는 집착, 또는 의례적인 언어나 비언어적 행동 패턴(예 작은 변화에 대한 극심한 고통, 변화의 어려움, 완고한 사고방식, 의례적인 인사, 같은 길로만 다니기, 매일 같은 음식 먹기 등)
>   (3) 극도로 제한되고 고정된 흥미를 갖는데, 강도나 초점에 있어서 비정상적임(예 특이한 물체에 대한 강한 애착 또는 집착, 과도하게 국한되거나 고집스러운 흥미)
>   (4) 감각 정보에 대한 과잉 또는 과소 반응, 또는 환경의 감각 영역에 대한 특이한 관심(예 통증/온도에 대한 명백한 무관심, 특정 소리나 감촉에 대한 부정적 반응, 과도한 냄새 맡기 또는 물체 만지기, 빛이나 움직임에 대한 시각적으로 매료됨)
> 3) 이러한 증상은 반드시 초기 발달 시기부터 발생해야 한다.
> 4) 이러한 증상은 사회적, 직업적, 또는 다른 중요한 현재의 기능 영역에서 뚜렷한 손상을 초래한다.
> 5) 이러한 장애는 다른 의학적 상태에 의한 것이 아니다.

029　② 전환(conversion)이란 정신적인 에너지(예 불안하다는 생각)가 신체증상(예 배 밑의 신체부분에 감각을 잃게 되었고 움직일 수 없었음)으로 변환되었다는 의미이며, 고전적으로 히스테리 신경증이라고 불리던 질환이다.

030　① 우울증의 원인으로 뇌의 시상하부(hypothalamus)의 기능장애, 또는 신경전달물질인 노르에피네프린, 에피네프린, 도파민을 포함하는 호르몬인 카테콜아민의 결핍으로 설명하려는 이론 등이 있다.

031　① 치매는 기억장애를 필수적으로 포함하여 실어증, 실행증(失行症), 실인증, 실행 기능의 장애가 나타날 경우 치매로 진단된다. 함구증은 관련이 없다.

032 ① 노출장애 : 동의하지 않는 사람에게 자신의 성기나 신체 일부를 반복적으로 나타내는 경우

② 관음장애 : 다른 사람이 옷을 벗고 있는 모습을 몰래 훔쳐봄으로서 성적 흥분을 느끼는 경우

④ 성적피학장애 : 굴욕을 당하거나 매질을 당하거나 묶이는 등 고통을 당하는 행위를 중심으로 성적 흥분을 느끼거나 성적행위를 반복

033 ① 정신증적 증상이 나타나더라도 주요우울장애로 진단할 수 있다. – 양극성 장애

③ 주요우울장애의 유병률은 문화권에 따라 상이하다. 국내 정신질환의 평생유병률은 외국과 비교하면 유럽 평균인 25%와는 유사하고, 미국과 뉴질랜드보다는 낮지만, 중국보다는 높은 것으로 조사됐다(2011년 통계).

④ 주요우울장애의 유병률을 연령으로 보면, 주요 우울장애는 주로 20대에서 발병한다. 45세 이상에서 더 높은 평생유병률을 보이나, 우리나라 최근 통계자료에 따르면 주요 우울장애의 1년 유병률(지난 1년 동안 해당 질환의 이환율)은 18~29세에서 가장 높았다(2019년 자료).

034 ② Hippocrates는 모든 질병은 그 원인이 신체에 있다고 하였다.

심화학습

히포크라테스(Hippocrates)

1) 기원전 4세기 경 히포크라테스는 심리적 장애를 포함해서 모든 질병은 그 원인이 신체에 있다고 보았다.

2) 히포크라테스는 환경자극이 심리적 혼란을 가져올 수 있다고 인정했지만 근본적으로는 신체적 요소가 심리적 장애를 일으킨다고 보았다.

3) 직접 심리적 장애를 관찰해서 객관적으로 기술하였다.

4) 히포크라테스는 처음으로 이상행동에 관한 신체 의학적 또는 생물적 이론을 발전시켰다.

5) 히포크라테스는 최초로 심리적 장애를 분류하여 조증, 우울증, 그리고 광증(狂症)으로 구분하였다.

6) 히포크라테스는 사람의 기질에는 4가지 기본적인 형태가 있다는 학설을 발표했으며 이 4가지 형태는 체내에 있는 4가지 액 – 혈액, 황색 담즙, 흑색 담즙, 점액 – 의 우세에 따라 좌우된다는 주장까지 하였다.

7) 히포크라테스는 그 원인이 된다는 액에 따라 4가지 기질의 이름을 붙였고, 거기서 다혈질(혈액), 담즙질(황색 담즙), 우울질(흑색 담즙), 점액질(점액)등의 이름이 나오게 되었다.

8) 그에게 있어 이 단어들은 각각 '생기 있다', '능동적이다', '우울하다', '느리다' 등의 뜻을 암시하는 것이다.

035 ① 사회공포증(사회불안장애)은 다른 사람들과 상호작용하는 사회적 상황을 두려워하는 공포증이다. 사회불안장애(사회공포등)은 공포가 너무 지나치거나 비합리적임을 인식한다.

실력다지기

DSM – 5에 근거한 사회불안장애 진단 기준

1) 한 가지 또는 그 이상의 사회적 상황에서 타인에 의해 주시되는 것에 대한 현저한 공포나 불안

　(1) 예 사회적 관계(대화, 친숙하지 못한 사람들과 만나는), 관찰되는 상황(먹기, 마시기), 사람들 앞에서 수행하기(발표)

　(2) 주의 아동은 성인과의 상호관계에서뿐만 아니라 또래관계에서도 불안이 일어나야 함

2) 자신이 불안 증상을 나타내거나 타인에서 보일 것이기 때문에 부정적으로 평가될 것에 대한 두려움(수치스럽거나 당혹스럽게 행동할까봐 ; 타인에게 거부되거나 타인을 불쾌하게 할까봐)

3) 사회적 상황은 언제나 불안과 공포를 유발

　주의 아동은 사회적 상황에서 울거나, 성질부리거나, 몸이 굳거나 매달리거나 움츠리거나 말을 못함.

4) 사회적 상황을 회피하려 하고 그렇지 못할 경우 강한 공포나 불안을 경험

5) 공포나 불안은 사회적 상황에 의한 실제 위협이나 사회문화적 맥락에 비해 지나침

6) 공포, 불안, 회피는 전형적으로 6개월 이상 지속

7) 공포, 불안, 회피는 사회적, 직업적 또는 다른 중요한 기능영역에서 임상적으로 심각한 고통이나 손상 야기

8) 공포, 불안, 회피는 물질이나 다른 의학적 상태의 직접적인 생리적 효과로 인한 것이 아님

9) 공포, 불안, 회피는 공황장애, 신체이형장애나 자폐 스펙트럼장애와 같은 다른 정신 장애의 증상으로 더 잘 설명되지 않음

10) 만약 다른 의학적 상태가 존재한다면(파킨슨 병, 비만, 화상이나 부상으로 인한 상처), 공포, 불안, 회피는 이와 연관되지 않거나 지나침

036 ① 1952년 미국의학심리학협회(APA)는 정신장애 분류 체계인 DSM – I을 발표하였다. DSM – I의 최종본은 1951년에 APA에서 승인이 되어 1952년에 발행되었다.

② Kraepelin은 정신병리의 유형에 관한 분류를 하였으며 1883년 출간한 '정신의학개론'에서 정신질환에 대한 초기 분류체계를 소개하여 정신질환의 생물학적 속성을 명확히 하고자 시도하였다.

③ 1939년에 웩슬러 벨레뷰 지능검사(개인용)를 개발했다. 최초의 집단용 지능 검사는 제1차 세계대전 중에 일반적인 지능 수준을 근거로 육군 징집자들을 분류해야 할 필요성 때문에 군 심리학자(Robert Yerkes와 그 외 여섯 명)에 의해 개발된 army 알파검사이다.

④ Philippe Pinel(1745 - 1826)은 정신병자에게 인도주의적인 대우를 해주어야 한다고 주장한 최초의 사람이다.

　CF 기원전 4세기 경 히포크라테스(Hippocrates)는 심리적 장애를 포함해서 모든 질병은 그 원인이 신체에 있다고 보았다.

037 ④ 변증법적 행동치료에서는 내담자 중심치료의 공감이나 무조건적인 수용을 비판하고 지시적인 방법을 사용하기보다는 내담자 중심치료의 공감이나 무조건적인 수용을 받아들여 내담자를 공감하는 태도를 견지한다.

038 ③ [ㄱ]. 신체증상 장애, [ㄴ]. 질병불안 장애, [ㄷ]. 전환 장애는 신체증상 및 관련장애(Somatic Symptoms and Related Disorders)의 하위유형이다. [ㄹ]. 공황 장애는 불안장애(Anxiety Disorders)의 하위유형이다.

> 신체증상 및 관련장애(Somatic Symptoms and Related Disorders)의 하위유형
> 1) 신체증상장애(Somatic Symptom Disorder) : 신체화장애
> 2) 질병불안장애(Illness Anxiety Disorder) : 건강염려증
> 3) 전환장애(Conversion Disorder) : Functional Neurological Symptom Disorder
> 4) 의학적 상태에 영향을 미치는 심리적 요인(Psychological Factors Affecting Other Medical Conditions)
> 5) 인위성장애(Factitious Disorder) : 허위성 장애

039 ② 중뇌변연계부위(Mesolimbic pathway)에서의 도파민 과잉 공급은 조현병(정신분열증, schizophrenia)의 양성증상과 관련되어 있다.

    CF ④ 엔도르핀이 수치가 높아지면, 통증이 감소되고, 쾌락과 기쁨, 안녕을 느끼게 된다.

실력다지기

조현병(정신분열증, schizophrenia)과 도파민

1) 조현병(정신분열증, schizophrenia) 환자는 뇌의 특정 부위에서 도파민이라는 물질의 신경전달 과정에 이상이 생기면서 증상이 나타난다.
2) 도파민이 활성화되면, 양성증상인 망상, 환청, 혼란된 사고가 나타난다.
3) 최근에는 도파민 외에 세로토닌 등 여러 신경 생화학적 변화가 상호작용을 일으켜 복합적으로 조현병과 관련된다고 추정하고 있다.
4) 결론적으로 뇌의 일부인, 중뇌변연계부위(Mesolimbic pathway)에서의 도파민 과다분비에 의하여 망상, 환각, 이상행동 등의 양성증상을 유발하며, 다른 부위인, 중뇌피질부위(Mesocortical pathway)에서의 도파민 결핍에 의하여 무감각, 무의욕, 무쾌감 등과 같은 음성증상의 발생에 관여한다.

040 ① 분열성(조현성, schizoid) 성격장애 : 타인에 대한 무관심, 은둔

밑줄 친 부분이 힌트이다.
25세인 G는 <u>사회적 상호작용에 관심이 없으며</u> 지속적으로 <u>사회적 관계를 회피하고 둔마한 감정반응</u>을 보인다. G는 가족을 포함한 친밀한 관계에도 <u>무관심하고 혼자 있는 것을 선호</u>하며, 다른 사람의 칭찬이나 비난에도 <u>무관심</u>하다.

② 분열형(조현형, schizotypal) 성격장애 : 이상하거나 괴상한 생각 및 행동 **암기법** 우리 형은 괴짜다!
③ 회피성(avoidant) 성격장애 : 거절의 두려움으로 인해 대인 접촉을 회피
④ 강박성(obsessive-compulsive) 성격장애 : 완벽주의, 엄격 및 고집

041	③	042	③	043	②	044	④	045	④	046	②	047	②	048	②	049	①	050	③
051	①	052	③	053	④	054	①	055	①	056	①	057	④	058	③	059	①	060	③

041 ③ 연령에 의해 영향을 받으며, 동작성 검사와 관련된 지능은 유동적 지능이다.

실력다지기

Cattell과 Horn(1966)의 지능모델

1) 유동성 지능(Fluid Intelligence : Gf)
- 연령이 높아질수록 뇌 손상에 의해 감소될 수 있다.
- 비언어적이며, 문화적 경험과 적게 관련된다.
- 정신작용과 과정을 중시하며, 학습된 능력이 아니다.
- 복합적인 정보에 대한 처리와 문제해결능력을 측정한다(ex. 언어추리력).

2) 결정성 지능(Crystallized Intelligence : Gc)
- 연령이 높아질수록 꾸준히 증가하며, 뇌 손상에 의해 감소되지 않는다.
- 문화적 경험으로 발달하는 지식 또는 기능과 관련된다.
- 숙달된 인지적 능력으로 학습된 능력과 연관된다.
- 정보의 단순한 회상이나 재인과 같은 구체적 능력을 측정한다(ex. 어휘력).

042 ③ 지능을 일반요인(또는 공통요인)과 특수요인으로 구분한 학자는 스피어만이다.

실력다지기

지능의 이론적 개념

1) 비네(Binet, 1905)
지능이란 잘 판단하고, 이해하고, 추리하는 일반적이고 기본적 능력으로서 그 구성요소는 판단력, 이해력, 논리력, 추리력, 기억력이며, 이러한 기본적 능력이 행동차원에서 평가될 수 있다.
2) 스피어만(Spearman, 1904)
모든 지적 기능에는 일반 요인(G)과 특수 요인(S)이 존재한다는 2요인설을 제시하였다.
3) 손다이크(Thorndike, 1909)
추상적, 언어적 능력과 실용적 지능, 사회적 지능 등의 특수 능력을 분류하였다.
4) 웩슬러(Wechsler, 1939)
지능은 유목적적으로 행동하고, 합리적으로 사고하고, 환경을 효과적으로 다루는 개인의 종합적인 능력으로 성격의 다른 부분과 분리될 수 없으며 이러한 인지적, 정서적, 동기적 측면을 모두 포함하는 전체적 능력이다.
5) 써스톤(Thurstone, 1941)
지능의 다요인이론으로 기본정신 능력으로 7개 요인을 제시(7 - PMA)하였다.
6) 커텔(Cattell, 1971)
유동성 지능(fluid intelligence)과 결정성 지능(crystallized intelligence)으로 구분하였다.

7) 가드너(Gardner, 1983)

독립적 9요인(언어적, 음악적, 논리 - 수학적, 공간적, 신체 - 운동적, 개인 간, 개인 내 요소, 자연탐구, 실존지능)을 제시하였다.

043 ② HTP 검사는 1948년 벅(Buck)에 의해 처음 제창되었으며 1958년 햄머(Hammer)에 의해 크게 발전되었다. 머레이(H. Murray)가 개발한 검사는 TAT(주제통각검사)이다.

실력다지기

집-나무-사람(HTP) 검사의 특징

1) 1948년 벅(Buck)에 의해 처음 제창되었으며 1958년 햄머(Hammer)에 의해 크게 발전되었다.
2) 집, 나무, 사람은 누구에게나 친밀한 주제이기 때문에 이것을 그리게 하여 환경에 대한 적응적인 태도, 무의식적 감정과 갈등을 파악하려고 하였다.
3) 로샤검사와 TAT검사가 제시된 자극에 반응하는 성격의 수동적인 과정에 중점을 두는 반면, HTP검사는 적극적인 반응을 구성해 가는 성격의 표출과정을 중시한다.
4) TAT검사가 언어적 의사소통(verbal communication)에 근거한다면 HTP검사는 상징적인 도식적 의사소통(graphic communication)에 의해 성격의 여러 면을 표현하게 된다.

044 ④ 피아제의 인지발달이론에 따르면 12세 이후가 되면 형식적 조작기에 해당하며, 성인과 같은 인지발달 수준을 형성한다. 따라서 인지발달은 주로 아동기에 급격히 이루어지는 내용으로 청소년기보다 속도가 느리다는 설명은 옳지 않은 내용이다.

045 ④ FBS 척도는 증상타당성을 의미한다. 이 척도의 높은 점수는 신체적, 인지적 증상에 대한 과대보고를 시사한다.

실력다지기

증상타당도 척도 (Symptom Validity, FBS)

1) 2011년 7월부터 MMPI - 2 타당도 척도 상에서 증상 타당도 척도(Symptom Validity, FBS)가 추가되었다.
2) FBS(증상 타당도) 척도
FBS 척도는 총 43개의 문항으로 구성되어 있으며, 개인 상해 소송(personal injury litigation) 장면에서 자신의 증상을 과장하는 사람들을 가려내기 위한 목적 하에 개발되었다(Lees - Haley, English와 Glenn, 1991).

046 ② 신경심리검사는 환자에 대한 진단, 환자의 강점과 약점, 향후 직업능력의 판단, 치료계획, 법의학적 판단, 연구 등에 널리 활용된다. - 옳은 내용이다.

📝 오답노트

① X레이, MRI등 의료적 검사결과가 정상적으로 나온 경우에는 신경심리검사보다는 의료적 검사결과를 신뢰하는 것이 타당하다. → 신경심리검사는 의료적 검사로 확인하기 어려운 미세한 변화를 평가하는데 효과적이다.

③ 신경심리검사는 고정식(fixed) battery와 융통식(flexible) battery 접근이 있는데, 두 가지 접근 모두 하위검사들이 독립적인 검사들은 아니다. → 고정식 battery의 경우에는 총집의 형태로 표준화된 검사이기 때문에 하위검사들을 독립적으로 사용하지 않는다.

④ Broca와 Wernicke는 실행 중 연구에 뛰어난 업적을 남겼으며, Benton은 임상신경심리학의 창시자라고 할 수 있다. → Broca(1861)는 신경심리와 뇌구조를 연결시킨 첫 번째 성공 사례로 브로카 영역을 발견하여, 임상신경심리학의 아버지라는 평가를 받고 있다. Benton은 후대의 인물로 1946년 벤톤 시각검사(The Benton Visual Retention Test)를 개발하였다.

047 ② 보기의 MMPI-2 프로파일은 타당도 척도에서 F척도가 78점, 임상척도에서 6(Pa)척도 점수가 76점, 8(Sc)척도 점수가 73점, 7(Pt)척도 점수가 72점으로 높은 점수가 나타났다. 따라서 심각한 정신병리가 예상되며, 6-8 code type의 임상적 특징이 나타날 수 있다. 이 프로파일과 가장 관련이 있는 진단은 조현병으로 볼 수 있다.

048 ② 피로가 많은 상태에서는 검사 결과를 신뢰하기 어렵다. 또한 어려운 검사를 계속하다보면 동기가 낮아지고, 검사에 대한 저항감이 커지기 때문에 어려운 검사와 쉬운 검사를 교대로 실시하는 것이 좋다.

📝 오답노트

① 운동 기능을 측정하는 검사는 과제제시와 검사 사이에 간섭과제를 사용한다. → 간섭과제는 주의력 또는 기억력 등을 측정하는 검사에서 사용한다.

③ 진행성 뇌질환의 경우 6개월 정도가 지난 후에 정신상태와 인지기능을 평가하는 것이 바람직하다. → 신경심리검사에서 인지기능 장애 유무가 확실하지 않은 사람들은 6개월 후에 동일한 과정을 반복해야 한다.

④ 두부 외상이나 뇌졸중 환자의 경우에는 급성기에 바로 검사를 실시하는 것이 바람직하다. → 급성기 뇌졸중 환자의 경우 빠른 처치가 필요하기 때문에 문진을 통한 선별검사를 통해 치료 개입을 판단하는 것이 바람직하다.

049 ① 정신성 운동속도의 손상은 우울증과 같은 정신질환에서 동반되는 기억력의 저하(가성치매)가 있을 때 주로 나타난다.

050 ③ MCMI 밀론 다축 임상성격검사(Millon Clinical Multiaxial Inventory-IV)는 DSM - 5에 약술된 특정 정신질환을 포함하여 성격 특성과 임상적 진단 정보를 제공하기 위한 심리 평가 도구로 성격검사에 해당한다. MCMI는 다른 성격검사와 다르게 밀론의 진화론에 바탕을 두고 다축적으로 구성된 성격검사이다.

051 ① 일반능력지수는 언어이해지수와 지각추론지수의 합산점수로 산출한다.

WAIS - IV의 주요 구조

	지표점수(Index Scales)의 구조	
전체척도(Full Scale)	일반능력 지표(GAI)	언어이해 지표(VCI)
		지각추론 지표(PRI)
	인지효능 지표(CPI)	처리속도 지표(PSI)
		작업기억 지표(WMI)

052 ③ 피검자 반응은 그대로 기록하는 것이 원칙이다.

① 피검자가 응답할 수 있을 때까지 충분한 여유를 주어야 하지만, 시간제한이 있는 경우는 그렇지 않다.
② 검사에서 정답을 알려주어서는 안 된다.
④ 모호하거나 이상하게 응답한 문항을 다시 질문하여 확인할 필요가 있다.

053 ④ 뇌 손상으로 인해 기능이 떨어진 환자들은 흔히 피로, 주의력저하, 동기저하 등을 호소한다.

뇌 손상으로 인해 기능이 떨어진 환자를 평가하고자 할 때 흔히 부딪힐 수 있는 환자의 문제

1) 외상성 뇌 손상 후 우울증이 오는 기전은 기저핵이나 전두엽 - 피질하 백질을 지나는 생체 아민 함유 신경계의 파괴에 의한 것이다.
2) 외상성 뇌 손상 후 우울증은 10~70%에 이르는데 피로(29%), 주의 산만(28%), 분노 / 이자극성 (28%), 반추(25%)가 가장 흔한 우울 증상이었고 외상성 뇌 손상 환자의 27%가 절망감, 무가치함, 흥미상실(동기저하) 등의 주요우울장애 진단기준에 부합했다.
3) 또한 외상성 뇌 손상 환자 중 의식소실이 있었던 환자가 없었던 환자에 비해 자살률이 4배 높았다
　　　　　(출처 : 최진영 외, 외상성 뇌 손상의 신경정신과적 후유증의 진단과 약물치료, 2009, 재인용)

054 ① 검사 사이의 시간간격이 짧으면 앞의 검사가 뒤의 검사에 영향을 더 많이 주기 때문에 이월효과가 커진다.

055 ① 표준화된 검사가 다른 검사에 비하여 객관적인 해석을 가능하게 해 주는 이유는 규준이 마련되어 있어 상대적인 비교가 가능하기 때문이다.

056 ① 검사자는 검사제작의 기술적 측면 뿐아니라 피검사자의 복지와 이익을 증진시키기 위해서 최선의 노력을 기울여야 한다.

057

MMPI - 2 내용척도 CYN

1) CYN : 냉소적 태도(23문항)
2) 측정내용 : 사람들이 파렴치하고, 부도덕하며, 이기적이고, 불성실하고, 비겁한 동기를 실행한다는 근거없는 염세적 신념을 반영함.
3) 내용소척도
  (1) CYN1(염세적 신념) : 사람들이 기만적이고, 이기적이며, 동정심이 없고, 믿을 수 없다는 관점을 반영한다.
  (2) CYN2(대인적 의심) : 냉소적, 적대적, 착취적인 행동의 표적이 되어 다른 사람을 의심하고 경계할 때 느끼는 주제를 반영한다.

058 ③ 가드너(Gardner, 1983)는 독립적 7요인(언어적, 음악적, 논리 - 수학적, 공간적, 신체 - 운동적, 개인간, 개인 내 요소)을 제시하였다. 이후 자연친화지능과 실존지능을 포함하여 9요인으로 제시하고 있다. 결론적으로 지능이란 유전적, 환경적 결정요인을 지니는 것으로 검사를 통해 측정되는 지능은 유전적 결정요인뿐만 아니라, 초기 교육적 환경, 후기교육과 작업경험, 현재의 정서적 상태 및 기질적, 기능적 정신장애, 검사 당시의 상황요인의 상호작용 결과로 나타나는 개인의 전체적인, 잠재적인 적응능력이다.
  ① Thurstone은 지능을 7개의 요인으로 구성되어 있다고 보는 다요인설을 주장하고, 이를 인간의 기본 정신능력이라고 하였다.
  ② Spearman은 지능이 g요인과 s요인으로 구분하여 지능의 개념을 가정하였다.
  ④ Cattell은 지능을 선천적이며 개인의 경험과 무관한 유동성 지능과, 후천적이며 학습된 지식과 관련된 결정성 지능으로 구분하였다.

059 ① 신뢰도는 검사에서 측정하고자 하는 특성을 얼마나 일관되게 측정하고 있는가를 의미한다.
  → 신뢰도는 측정의 일관성을 의미하는 것으로, 옳은 내용이다.

📝 오답노트

② 객관적 검사에 비해 투사적 검사의 신뢰도가 더 낮다.
③ 검사의 실시와 채점 및 해석이 표준화되어 있는 대표적 검사로 객관적 검사(자기보고형 검사, 표준화된 검사)들이 있다. 주제통각검사(TAT)는 투사적 검사이다.
④ 준거타당도(criterion validity)에는 예언타당도(predictive validity)와 공인타당도(concurrent validity)가 있다. 구성타당도(construct validity)는 해당되지 않는다.

060 ③ 표준화된 진로검사를 선정할 때 고려해야 하는 기준으로 [ㄹ]. 검사점수의 절대적 위치는 해당되지 않는다. 그 이유는 표준화된진로검사는 상대적 비교가 가능한 규준참조검사에 해당하기 때문이다.

061	③	062	①	063	②	064	②	065	④	066	④	067	②	068	②	069	②	070	②
071	①	072	②	073	②	074	④	075	②	076	③	077	①	078	①	079	④	080	③

061 ③ 유사관찰은 제한이 가해진 환경에서 관찰하는 방법이다. 유사관찰은 통제된 관찰과 같은 의미로, 관찰대상과 장소와 방법을 한정하고, 행동을 인위적으로 일으키거나 조작적으로 변화시켜서 관찰하는 방법이다.

062 ① 심리상담 및 심리치료의 과정 중 상담관계에서 내담자는 처음부터 새로운 방식으로 반응하고 행동하게 되는 것이 아니라, 처음에는 내담자의 방어적인 태도로 인해 상담관계 형성이 그리 쉽지 않다.

063 ② 전통적 심리평가는 예후(징후)를 알고, 예측하기 위한 것이므로 행동 평가보다 추론의 수준이 높다.

064 ② 개인은 현실에 대한 지각을 통해 현실 그 자체를 알 수 없다. 즉, 글래서는 인간은 현실을 지각할 수 있지만, 현실 그 자체를 알 수는 없다고 주장한다.

065 ④ 아동의 심리적 문제를 해결하기 위한 상담에는 흔히 아동과의 직접적 면담 이외에도 가족상담이나 놀이치료 및 행동수정 등의 방법이 활용되고 있다. 아동상담의 대상은 사회적인 또는 법률적인 미성년자들이므로 아동에게 치료 중 일어난 일은 성인의 경우와 달리, 부모 등에게 알려야 하는 상황이 발생할 수 있다. 이는 비밀보장의 예외가 될 수 있다는 점을 유의하면 된다. 비밀보장의 한계에 대하여 부모나 아동에게 사전에 알려주어야 하며 아동의 동의하에 법적인 보호자인 부모에게 아동의 정보를 제공하는 것이 바람직하다. 비밀보장의 예외에 미성년자의 법적 보호자인 부모의 요구도 포함된다.

066 ④ F(P)척도는 F척도에 비해 심각한 정신병리에 덜 민감하지만 F척도 상승의 의미를 명확하게 해준다. 즉, F척도의 상승이 실제 정신병적인 문제에 기인한 것인지, 아니면 의도적으로 부정적인 모습을 보이려고 하는 것인지 판단하는데 도움이 된다. VRIN, TRIN 척도가 F척도의 상승 원인이 되지 않을 때 F(P)척도를 확인해야 한다. 비전형-정신병리 척도(Infrequency-Psychopathology, F(P))의 경우 VRIN과 TRIN의 T점수가 정상 범위에 있다면, 피검자는 실제보다 정신병리를 의도적으로 과장하여 표현하는 것이다. 점수 상승의 가능한 이유들로는 무작위 반응이나 부정왜곡(부정가장, faking bad)을 통해 극단적인 수준으로 정신병적 문제가 있음을 나타내려는 경우이다. 100T 이상이면 무효일 것이다.

실력다지기

긍정왜곡과 부정왜곡

자료를 타당하지 않게 하는 요인으로는 크게 긍정 왜곡(아니다, faking good)과 부정 왜곡(그렇다, faking bad)으로 분류할 수 있다.

1) 긍정 왜곡이란 심리적 증후군(psychological symptomatology)을 부인하거나 줄여서 보고하려는 고의적 혹은 무의식적 노력을 말하며 취직 등과 같은 다양한 상황에서 나타날 수 있다.

2) 부정 왜곡이란 실제 경험되는 것보다 증상을 더 과장하여 보이려는 의식적 무의식적 시도를 말한다. 부정 왜곡은 주로 개인의 상해나 근로자의 배상 문제를 둘러싼 금전적인 이득이 고려될 때 일어날 수 있다.

VRIN 척도와 TRIN 척도

1) 무선반응 비일관성(VRIN) 척도

무선반응 비일관성(variable response inconsistency: VRIN) 척도는 수검자가 문항에 비일관적으로 응답하는 경향이 있는지를 탐지한다. 이는 내용면에서 유사한 혹은 정반대인 문항들로 짝지어진 문항에 대해 수검자가 비일관적으로 응답할 때마다 원점수가 1점씩 높아진다. MMPI-2 매뉴얼에서는 이 척도가 원점수 13점 이상일 때는 무선반응이 시사된다고 설명하고 있다. VRIN 척도를 확인함으로써 무선반응 뿐만 아니라, F 척도의 상승 이유를 이해하는 데에도 도움을 받을 수 있다.

2) 고정반응 비일관성(TRIN) 척도

고정반응 비일관성(true response inconsistency: TRIN) 척도는 문항내용과 상관없이 모두 긍정 혹은 모두 부정으로 응답하는 경향을 탐지하기 위해서 개발되었다. 이 척도는 내용면에서 정반대인 문항들의 쌍으로 구성되어 있다. VRIN 척도와 마찬가지로 채점이 까다롭기 때문에 컴퓨터로 채점하는 것이 좋다. MMPI-2 매뉴얼에서는 TRIN 척도의 원점수가 13점 이상 혹은 5점 이하인 경우에는 무분별한 반응임이 시사된다고 설명하고 있다. TRIN 척도를 통해 무선적으로 입력된 '그렇다'와 '아니다' 반응세트에 대한 민감한 탐지도 가능하다.

과장된 자기제시 척도 (Superlative Self-Presentation, S척도)

S척도는 파일럿 응시자와 규준집단 간의 반응을 비교하여 반응률의 차이를 보이는 문항을 선별하였다. S척도는 K척도와 함께 방어성을 측정하는 척도로서 두 척도 간 상관이 상당히 높다. 그러나 S척도는 검사의 전반과 후반에 골고루 문항이 퍼져 있지만, K척도는 검사의 전반부에 문항이 분포해 있다. S척도는 총 50문항으로 구성되어 있으며 이 중 44개 문항이 '아니다' 방향으로 채점되기 때문에 해석 시에 TRIN 척도를 고려해야 한다.

MMPI-2의 개요

1) 총 567 문항으로 구성됨
2) 각 질문에 대해 [그렇다], [아니다]로 응답함
3) 검사 소요시간 : 약 50-60분 정도
4) 총 9개의 타당도척도
5) 총 10개의 임상척도와 9개의 재구성 임상척도
6) 총 5개의 성격병리척도
7) 총 15개의 내용척도와 총 15개의 보충척도

067 ② 가족치료의 발달사를 보면, 볼비 등은 아동지도 클리닉에서 가족에 대한 연구와 상담을 활발히 전개하였으며, 초기 가족치료발달에 큰 영향을 미쳤는데, 이는 비행청소년과 가족상담이 계기가 되었다. 그리고 구조적 가족치료모델의 미누친은 1960년 뉴욕의 윌트위코 학교에서 비행청소년들을 교정하는 정신과 의사로 일하면서 비행청소년 가족치료를 하였다.

068 ② 기말고사에서 전 과목 100점을 받은 경희는 최우수상을 받고 친구들 앞에서 선생님께 칭찬도 받았다. 선생님은 경희에게 조건화 학습과정을 사용하고 있다. 즉, 강화를 주어 보다 앞으로도 공부를 잘 할 수 있게 하는 것이므로 조작적 조건화와 관련된다.

069 ② 내담자의 미해결된 과제(기억)를 지금 - 여기서 해결하도록 조력하는 상담은 형태주의 상담, 즉 게슈탈트 상담이론이다. 즉, '지금 - 여기'에서 미해결된 과제에 초점을 맞추고 해결하고자 하는 상담은 게슈탈트 치료이다.

070 ② 주의력검사는 대뇌기능의 편재화 평가와는 관련이 없다. 대개 인간의 신체 중 쌍으로 이루어진 눈이나 손 또는 발은 대뇌기능의 편재화를 평가하는데 있어 유용한 검사도구로 활용될 수 있다. 문제 지문의 ① 손잡이(handedness)검사, ② 발잡이(footedness) 검사, ④ 눈의 편향성 검사 등

071 ① MMPI에서 8번 척도가 65T 이상으로 유의하게 상승되어 있는 내담자이므로 조현병적 증상을 보일 것이다. 따라서 망상, 환각이 나타나고 Rorschach 검사의 모든 반응이 형태를 근거로 한 단조로운 반응이므로 판단력이 저하되어 있을 가능성이 있다.
　② 우울한 기분, 무기력한 증상이 나타날 가능성이 크다. - 척도 2(우울) 상승
　③ 합리화나 주지화를 통해 성공적인 방어기제를 작동시킬 가능성이 있다. - 척도 7(강박증) 상승
　④ 회피성 성격장애의 특징을 보일 가능성이 있다. - 척도 0(내향성) 상승

072 ② 어떠한 경우에도 내담자의 비밀은 보장해야 하는 것은 아니다. 한계가 존재하기 때문이다.

073 ② [ㄴ]. 의과대학과 병원에서의 교육은 비학구적인 장면에서의 교육에 포함되지 않는다. 이는 학구적인 장면이다.

실력다지기

임상심리사의 역할 중 교육
1) 학구적인 장면에서의 교육
　(1) 대학이나 대학교의 심리학과
　　① 임상심리학, 이상심리학(정신병리학), 심리검사, 심리치료, 심리통계, 면담법 등을 강의
　　② 대학, 대학원생의 임상사례들에 대한 개별적 또는 집단적 지도감독 : 학생들의 평가, 치료, 자문 활동들을 검토, 지도함으로써 양질의 개입을 보증함
　(2) 대학이나 대학교의 다른 학과
　　교육학, 여성학, 경영학, 사회복지학, 아동복지학 등의 학과에서 강의
　(3) 의과대학과 병원
　　① 의과대학생, 레지던트, 간호사, 스텝진 등을 위한 강의
　　② 발달심리학, 건강심리학, 성격심리학 등의 강의
　　③ 질병의 발병, 유지, 치료에 있어서의 심리적 요인들, 효과적인 의사소통법 등에 대한 세미나
　　④ 사례토의, 수련생의 지도감독
2) 비학구적 장면에서의 교육
　(1) 진료소 : 정신건강센터, 개업진료소, 재활기관 등
　　특정 장애들을 가진 환자들을 평가하고 치료하는 방법에 대한 강의 : 특정 집단(인종, 연령집단, 특수질병집단)을 효과적으로 다루는 방법
　(2) 워크숍 : 주로 학회나 학교에 의해 운영됨
　　① 특정한 주제를 가지고 집중적으로 하루, 몇 일간 지속해서 교육
　　② 상세한 정보와 수련을 제공할 수 있음
　　③ 학생, 일반인, 환자의 가족, 교사, 사회복지사, 의사, 간호사 등을 대상으로 함

(3) 환자 혹은 그의 가족을 위한 심리교육
    ① 정신과적 문제를 이해하고 다룰 수 있도록 가르침
    ② 심리치료에 통합될 수 있음
(4) 사업체와 산업체
    특정한 주제에 대한 강의나 프로그램 운영
(5) 일반대중
    교회, 자원봉사단체, 대중매체에 출연, 글을 쓰는 행위

074 ④ 인간중심 심리치료의 기본적 치료 기제인 치료자의 3가지 기본 특성은 <u>무조건적인 존중, 정확한 공감, 진솔성이다.</u>

075 ② 혐오치료(행동치료기법)를 적용하기에 가장 적합한 장애는 성도착 문제 중 하나인 소아 기호증이다. 즉, 혐오 요법은 환자가 성도착 행위에 대한 충동을 느낄 때마다 불쾌한 냄새나 전기자극을 줌으로써 성적 충동을 억제하는 방법이다.

076 ③ 체중 감량을 위해 상담소를 찾은 여대생에게 치료자가 적용할 수 있는 가장 적합한 행동관찰법은 자기관찰이다. 자기 관찰은 비만을 유발하는 습관을 찾아내기 위해 먹는 습관과 운동습관을 자신이 직접 기록하면서 관찰하는 것이다. 자기 관찰을 통해 자신의 문제 행동 중에서 변화할 수 있는 사항을 찾아낼 수가 있으며, 또 문제가 되는 행동을 효과적으로 개선할 수 있다. 또한 체중 변화를 기록하여 식습관과 운동습관이 제대로 개선되고 있는지 알 수 있다.

077 ① <u>전위(전치)는 에너지를 만족되지 않는 욕구로부터 덜 위협적인 다른 대상(문제에서는 동생)으로 바꿈으로써 긴장을 완화시키려는 방어기제이다.</u>
    사례 직장에서 승진하기 위해 상사에게 저자세의 태도를 취한 사람이, 퇴근 후 집에 가서 아들과 부인에게 큰소리를 치는 경우

> **행동화 (acting out)**
> 1) 행동화는 금지된 욕구에 의해 생기는 불안을 감소시키기 위해 그것들을 표현하는 것을 의미한다.
> 2) **사례** 복수심에 불타는 아동의 행동 또는 성취도가 낮은 아동이 금지된 아픈 감정을 표현하기 위해 폭력이나 만행, 또는 절도에 관여하는 행동을 하는 경우

078 ① 학생의 연령대가 높을수록 반응이 솔직하고 신뢰도와 타당도가 높다.

실력다지기

사회성 측정법 : 사회관계 측정법 (sociogram)
1) 사회성 측정은 집단내의 개인 간에 존재하는 사회적 관계를 기술하는 방법이다. 이 방법은 여러 상황에서 학생들이 선택하거나 배척하는 사람은 누구인가를 물음으로써 개인 사이의 수용이나 배척관계를 알 수 있다. 특히 생활지도에서 이 방법은 매우 유용한 것으로 개인의 집단생활에의 적응과 학생 간의 관계에 대한 이해에 유용하다.

2) 인간이 성장을 위해서 상호작용하는 환경 중에서 학교환경 특히 학생 집단 사회에서 학생이 어느정도 인정되고 수용되느냐의 문제는 사회적 발달측면에서 뿐만 아니라 정서적 및 지적 활동에도 많은 영향을 미친다. 그리고 흔히 문제는 사회적 적응에의 실패에서 발생하기 때문에 더욱 그 중요성이 인정된다. 이러한 의미에서 집단내의 인간관계에 대한 올바른 파악은 생활지도에 필수적이며 그 방법이 바로 사회성 측정법인 것이다. 이것은 일명 수용성 검사 혹은 교우관계 조사법이라고도 한다.

3) 사회성 측정법은 친우 관계의 유형을 알게 하고, 수용이나 배척의 상호 관계를 알게 하며, 집단의 구조를 분석할 수 있게 하며, 수락 또는 매력과 반발의 강도나 빈도를 측정함으로써 집단에 대한 개인의 위치, 집단 자체의 구조 및 설명 또는 발견, 평가하게 해 준다.

4) 사회성 측정법을 이용할 때 고려할 점
   (1) 집단이 형성된 시간을 고려해야 한다.
   (2) 집단의 연령수준을 고려해야 한다.
   (3) 집단의 크기가 알맞아야 하고 모든 성원을 참여시켜야 한다.
   (4) 자연적인 활동을 통해서 반응을 측정해야 한다.
   (5) 실시집단은 필요한 정보를 얻는 데 적합해야 한다.

5) 사회성 측정방법은 그 분석유형에 따라 동료평정법, 지명법, 추인법, 사회적 거리추정법, 사회도로 나눌 수 있다.

079 ① 백(A. Beck)은 내담자의 기분과 행동은 <u>생각이나 가정에 의해 영향을 받는다</u>고 주장하였다.
② 백(A. Beck)은 내담자의 역기능적 인지도식을 찾아 <u>가설을 세우고 이 가설의 타당성을 체계적으로 검증해야 한다</u>고 주장하였다.
③ 백(A. Beck)의 인지치료에서는 내담자 치료를 위해 <u>언어적, 인지적, 행동적 기법을 사용한다.</u>

> **백(A. Beck)의 인지치료 기법들[1]**
>
> 1) 언어적 기법
>   내담자에게 인지치료의 이론적 근거를 설명하고, 자신의 부정적 사고를 인식하고 감찰하여 역기능적 사고일지에 기록하는 것을 가르친다. 그리고 <u>이를 논리성, 타당성, 적응성의 측면에서, 긍정적 행동을 촉진하는지 아니면 병리성 유지에 기여하는가의 측면에서 서로 토론하면서 검토한다.</u>
>
> 2) 인지적 기법
>   내담자의 잘못된 생각과 부적응적인 가정을 파괴하고 검증하는 것을 목표로 한다. 이는 매우 바람직한 학습경험들로 이루어지는 데 내담자들은 이를 통해 다음을 배우게 된다.
>   (1) 부정적 자동적 사고를 감찰하기
>   (2) 인지, 정서, 행동 간의 관련성을 인식하기
>   (3) 왜곡된 자동적 사고의 증거와 반대 증거를 검토하기
>   (4) 이러한 편파 된 인지를 보다 더 현실지향적인 해석으로 대체하기
>   (5) 경험을 왜곡하는 소인으로 작용하는 역기능적 신념 파악하고 수정하기

---

1 류승민(2022). 아론 백(A. Beck)의 인지이론. 한국통합심리상담협회 홈페이지.

3) 행동적 기법

보다 심각한 우울증 내담자에게 사용하는 것으로 행동을 변화시키기 위한 것 뿐 아니라 어떤 행동과 연관된 인지를 이끌어내기 위해 사용된다. 이는 무기력함을 없애고 내담자를 움직여서 건설적인 행동을 하도록 하는 데 상대적으로 더욱 효과적이다. 또한 행동목표의 성취를 통해 성공경험을 하게 하는 것은 인지적 기법을 적용한 것보다도 "난 아무 것도 할 수 없어"라는 식의 잘못된 신념을 수정하는 데 효과적일 수 있다.

④ 엘리스(A. Ellis)의 합리정서행동치료(REBT)에서는 비합리적 생각을 합리적인 생각으로 바꾸기 위해 적극적인 논박을 사용한다. → ABCDE모형

실력다지기

백(A. Beck)의 인지치료(cognitive therapy)[2]

내담자는 인지와 정서와의 관계뿐만 아니라 인지나 가정들을 인식하고 관찰하며 제어하는 법을 배운다. 이것은 행동적 기법뿐만 아니라 언어적 기법도 포함한다. 이것은 또 내담자가 인지적 왜곡을 수정할 수 있도록 과제를 부과하고 잘못된 가정들에 대한 통계자료를 모으고 기록된 여러 자료를 사용하는 것을 포함한다. 그리고 대안적인 해석을 하는 것을 포함한다. 백(A. Beck)은 자기관찰을 할 수 있는 체계적인 기술을 내담자에게 가르쳐야 한다고 주장하는데, 이것은 내담자가 그의 사고와 정서 간의 관계를 볼 수 있도록 해주기 위해서이다. 내담자는 자신의 행동에 대한 어떤 가설을 만들어서 특수한 문제해결법을 적용하며 그러한 상황에 대처하는 기술을 배우게 된다.

080 ① 스트레스 사건을 곱씹거나 그 상황에 대해 공상하기 → 정서 중심 대처방식
② 다른 사람들의 정서적 지지 구하기 → 정서 중심 대처방식
③ 스트레스의 근원을 없애려 노력하기 → 문제 중심 대처방식
④ 자신의 감정을 표현하기 → 정서 중심 대처방식

---

2 류승민(2022). 아론 백(A. Beck)의 인지이론. 한국통합심리상담협회 홈페이지.

081	③	082	①	083	①	084	②	085	④	086	③	087	④	088	①	089	③	090	④
091	①	092	②	093	③	094	③	095	④	096	②	097	③	098	②	099	①	100	④

081 ③ 검사결과로 나타난 장점이 주로 강조되기보다는 가능성과 대안에 중점을 두어 검사결과를 해석하는 과정은 학생의 문제해결력을 키워주는 과정임을 인식하는 것이 좋다.

실력다지기

검사결과 해석 시 주의할 사항

1) 해석과정 중간 중간 내담자의 반응을 유도하여 정확하게 이해하고 있는지 확인

2) 내담자가 이해할 수 있는 용어를 사용하도록 하고, 내담자가 검사에서 얻고자 하는 목표에 초점을 맞추어 설명

3) 대상에 따라 다르게 접근할 수 있겠지만, 수검자에게는 가능성과 대안에 무게를 두어 설명

4) 검사결과 제시된 점수를 받아들이는 자세 안내

   (1) 검사결과에 제시된 점수는 성적이 아님

   (2) 높은/낮은 영역을 함께 고려하되 무엇에 주목할지에 따라 결과는 다르게 이해될 수 있음

   (3) 검사결과는 규준에 의한 상대적인 위치를 보여주는 것이므로(가치관 검사 제외) 평소 자신이 느끼던 것과 다른 결과가 제시될 수도 있음

   (4) 너무 작은 점수 차이에 집중하기보다는 전체적인 경향성을 고려할 것

5) 검사결과를 활용하여 진로 선택 시 다음의 사항을 고려하도록 안내

   (1) 흥미, 적성은 변화할 수 있고, 개발 및 보완 가능함

   (2) 검사결과로 진로를 결정하려 하기보다 주체적으로 스스로 결정하는 것이 중요함

   (3) 검사결과에 현저하게 낮게 나온 영역은 피하는 방법 고려

   (4) 성급하게 결정하려 하기보다 현명하게 미결정하는 것도 고려해볼 것

   (5) 흥미, 적성의 발달시기는 모두 다르므로 남과 비교해서 불안해하지 말 것

6) 검사결과를 해석하는 과정은 학생의 문제해결력을 키워주는 과정임을 인식

082 ① 알코올중독 가정의 성인아이는 낮은 자존감과 의존성, 타인을 통한 자신감 확보욕구 등의 문제가 발생할 수 있다. 따라서 권위자와 친밀감을 갖기보다는 권위자를 두려워하고 적대시하게 된다.

실력다지기

알코올중독 가정의 성인아이(Adult Child)

1) 알코올중독 가정의 성인아이란 부모가 알코올 중독자인 가정에서 자라 성인이 된 사람(Adult Children of Alcoholics)을 말한다.

2) 알코올중독 가정의 경우 공동의존(codependency) 문제가 주목받았으며, 자녀에게도 알코올중독 문제가 쉽게 전파되는 것으로 알려져 있다.

3) 알코올중독자 가족들이 환자의 치료에 집중하게 되면서 자녀에게 상대적으로 등한시 되었기 때문에, 낮은 자존감과 굴욕감으로 타인을 통해 자신감을 얻으려고 하는 공의존적 경향이 발생한다.

4) 이러한 경향은 물질중독, 행동중독, 관계중독 등의 문제로 연결되게 된다.

083 ① 아노미(Anomie)는 사회적 혼란이나 사회의 해체 등으로 인해 기존의 공통적으로 인식된 행동의 규범이 사라지거나 도덕적 기준이 붕괴되면서 나타나는 사회적, 개인적 불안정 상태를 의미한다. 아노미 이론은 이러한 아노미 현상 때문에 개인이 불안과 욕구불만에 빠지게 되고, 자살이나 반사회적 행동에 이르게 된다고 주장한다.

실력다지기

청소년 비행의 원인 - 사회학적 관점
1) 아노미이론
 (1) 뒤르케임 - 범죄는 아노미 상태에서 발생한다.
 (2) 머튼 - 긴장유발이론(하위계층의 목표달성에 대한 좌절)
2) 생태학이론(문화갈등이론)
 시카고 학파 - 각 지역사회의 문화적 갈등을 통해 범죄나 비행이 발생한다.
3) 사회해체론
 (1) 버게스와 파크(Burgess & Park)
  시카고 지역을 5개의 동심원지대로 나누어 각 지대별 특성과 범죄의 관련성을 조사하여 빈곤, 인구 유입, 실업 등과 관련이 있다고 규정하였다.
 (2) 쇼와 맥케이(Shaw & Macay)
  도시의 특정지역에서 범죄가 일반화되는 이유는 인구의 유입보다는 지역사회의 내부에 있다고 규정하였다.
4) 하위문화이론
 (1) 코헨
  하류계층의 청소년들이 목표와 수단의 괴리를 통해 중류계층에 대한 저항으로 비행을 저지르며, 목표달성의 어려움을 극복하기 위해 자신들만의 하위문화를 만들게 되며, 범죄는 이러한 하위문화에 의해 저질러지는 것이다.
 (2) 밀러
  범죄는 하위문화의 가치와 규범이 정상적으로 반영된 것이다
5) 차별적 접촉이론
 서덜랜드가 대표적 학자로서, 범죄는 범죄적 전통을 가진 사회에서 많이 발생하며 이러한 사회에서 개인은 범죄에 접촉, 참가, 동조하면서 학습하게 된다.
6) 중화기술이론
 맛차와 사이크스가 대표적 학자로서 청소년은 비행의 과정에서 합법적, 전통적 관습, 규범, 가치관 등을 중화시킨다.
7) 사회적 유대이론(사회통제이론)
 허쉬가 대표적 학자로서 범죄의 원인은 사회적인 유대가 약화되어 통제되지 않기 때문이라고 주장한다.
8) 낙인이론
 범죄자로 만드는 것은 행위의 질적인 면이 아닌 사람들의 인식이다.

084 ② 최면상태는 점진적 이완을 느끼는 자연스러운 상태이다. 최면에 들어가더라도 스스로를 통제할 수 있기 때문에 자신의 가치관이나 신념에 어긋나는 암시는 거부할 수 있다. 얕은 최면상태에서는 언제든 스스로 깨어날 수 있기 때문에 치료자에 의해서가 아니더라도 최면에서 깨어날 수 있다.

085 ④ 학습상담을 할 때 학습문제와 개인의 심리적 문제는 관련이 있을 수 있기 때문에 이를 회피하지 않고 탐색할 필요가 있다.

086 ③ 보딘(Bordin)이 제시한 작업동맹의 3가지 측면은 <u>유대(결속), 작업의 동의(과업), 목표에 동의(목표)</u>이다.

087 ④ 현재 상황과 관련된 과거에 초점을 맞추는 상담은 정신분석 상담으로 위기개입에 적절하지 않다. <u>위기개입은 위기가 발생하면 즉각적으로 개입</u>하는 것을 말하며, 위기개입을 통해 내담자가 어느 정도 안정을 확보하면 <u>위기 이전의 기능수준으로 회복</u>하도록 돕는 개입전략이다.

088 ① 정보제공이나 진로선택에 관한 문제를 명료화하는 개입은 진로 미결정 내담자를 위한 개입방법에 해당한다.

> ### 실력다지기
>
> 진로 의사결정수준에 따른 내담자 분류
> 1) 진로 미결정자
>   (1) 특징 : 정상적인 발달과정에 있는 사람으로 진로선택을 구체화할 수 없어 의사결정을 연기된 상태임.
>   (2) 문제원인 : 자기 명료화 부족, 직업에 관한 정보 부족, 결단성의 부족 등
>   (3) 상담목표 : 진로탐색 및 직업정보 활용, 자기 탐색, 의사결정 연습
> 2) 우유부단형
>   (1) 특징 : 결정을 잘 못하는 성격적 특성이 있는 사람으로 불안, 좌절, 낮은 자존감, 남을 탓하는 경향이 있음.
>   (2) 문제원인 : 성격적 문제, 경쟁적, 타인을 지나치게 의식함. 감정적인 의사결정 등
>   (3) 상담목표 : 불안, 우울의 감소, 불확실감의 감소, 긍정적 자아개념의 확립, 자아 정체감 형성, 자존감 향상, 가족 갈등의 해소, 수동-공격적 성향의 극복 등(진로 의사결정과정을 연습하는 것보다는 심리상담이 필요함)

089 ③ AA모임은 제 7전통에 의해 외부의 기부금을 사절하며, 전적으로 자립해 나가야 한다.

> 익명의 알코올중독자들의 12전통 (A.A. Traditions)
>
> 초기 10년동안에는 A.A.는 멤버의식을 갖고, 비공식형태의 생존의 확신 속에서 어떤 모임의 태도나 원칙이 특히 소중하다는 사실을 실제로 경험하면서 이를 축적해왔다. 1946년에 멤버를 위한 국제적인 잡지인 A.A."포도나무"에 이런 원칙들이 A.A.의 12전통들로서 초기멤버나 창설자들에 의해 문서화되었다. 그리고 1950년도에 오하이오주 클리브랜드에서 개최된 세계A.A.총회에서 전체적으로 멤버의 동의하에 채택되었다.
>
> 1. 우리의 공동 복리가 무엇보다 우선되어야 한다. 개인의 회복은 A.A.의 단합(A.A. Unity)에 달려 있다.
> 2. 우리의 그룹 목적을 위한 궁극적인 권위는 하나이다. - 이는 우리 그룹의 양심 안에 당신 자신을 드러내 주시는 사랑 많으신 신(神)이시다. - 우리의 지도자는 신뢰받는 봉사자일 뿐이지 다스리는 사람들은 아니다.

3. 술을 끊겠다는 열망이 A.A.의 멤버가 되기 위한 유일한 조건이다.

4. 각 그룹은 다른 그룹이나 A.A. 전체에 영향을 끼치는 문제를 제외하고는 반드시 자율적이어야 한다.

5. 각 그룹의 유일한 근본 목적은 아직도 고통받고 있는 알코올중독자들에게 메시지를 전하는 것이다.

6. A.A. 그룹은 관계 기관이나 외부의 기업에 보증을 서거나 융자를 해주거나 A.A.의 이름을 빌려 주는 일 등을 일체 하지 말아야 한다. 돈이나 재산, 명성의 문제는 우리를 근본목적에서 벗어나게 할 우려가 있기 때문이다.

7. 모든 A.A. 그룹은 외부의 기부금을 사절하며, 전적으로 자립해 나가야 한다.

8. A.A.는 항상 비직업적이어야 한다. 그러나 서비스센터에는 전임 직원을 둘 수 있다.

9. A.A.는 결코 조직화되어서는 안 된다. 그러나 봉사부나 위원회를 만들 수는 있으며, 그들은 봉사 대상자들에 대한 직접적인 책임을 갖게 된다.

10. A.A.는 외부의 문제에 대해서는 어떤 의견도 가지지 않는다. 그러므로 A.A.의 이름이 공론에 들먹여져서는 안 된다.

11. A.A.의 홍보 원칙은 요란한 선전보다 A.A.의 본래 매력에 기초를 둔다. 따라서 대중 매체에서 익명을 지켜야 한다.

12. 익명은 우리의 모든 전통의 영적 기본이며, 이는 각 개인보다 항상 A.A.의 원칙을 앞세워야 한다는 것을 일깨워주기 위해서이다.

[에이에이 한국연합 홈페이지 참조]

090 ④ 자살을 하거나 시도하는 학생들에게 공통적으로 나타나는 성격특성에는 충동성이 있으므로 과도한 신중성은 거리가 멀다.

실력다지기

청소년기 자살의 특성

발달 단계적 특성상 자살 시도율이 높은 시기이다.	• 전두엽 발달이 완전하지 못하여 종합적 사고가 어려운 시기 • 신체적, 정서적 많은 변화로 인한 격동의 시기 • 지적 변화로 기존의 가치나 규범에 도전하는 시기 • 자아정체성이 확립되지 않은 정체성 혼란의 시기 • 학교생활과 학업 스트레스가 많은 시기
계획적인 경우보다 충동적인 경우가 많다.	• 무가치하다고 생각될 때 충동적으로 선택 • 부모나 주변 어른들의 잔소리가 싫어질 때 충동적으로 선택 • 여러 사람 앞에서 비난이나 꾸중을 들을 때 충동적으로 선택
자기 나름대로의 분명한 자살동기를 갖는다.	• 자살을 준비하던 중 "나가 죽어라"라는 말이 방아쇠가 되어 바로 시도 • 고통의 끝이나 문제해결의 대안으로 선택 • 분명한 이유를 만들어 합리화하는 경향 • 남을 조종하거나 보복하려는 동기로 선택
동반자살 및 모방 자살가능성이 있다.	• 자살사이트를 통한 관심 • 연예인이나 추종자의 죽음으로 연쇄 자살
죽음에 대한 환상을 갖고 있다.	• 판타지 소설류나 인터넷 게임의 영향 • 대중매체가 전하는 자살소식을 여과장치 없이 받아들임 • 죽음을 문제해결방법으로 잘못 생각

091 ① 메이(May), 프랭클(Frankl)은 실존치료 상담과 관련된 학자이다.

092 ② 상담의 기본원리 중 수용의 원리는 내담자의 행동이나 태도를 있는 그대로 이해하고, 내담자를 인격체로 존중하는 태도를 유지시켜 나가는 행동상의 원칙이다.

093 ③ 하고 싶은 일이 너무 많다고 호소하는 경우 적성과 흥미를 탐색하는 것을 통해 객관적으로 자기를 이해하는 것이 필요하다.

실력다지기

윌리암슨의 특성 - 요인 진로 상담 과정

1. 자료수집 및 분석/종합단계
   1) 개인에 관한 자료수집, 표준화된 검사 실시, 적성, 흥미, 동기 등과 관련된 심리검사 실시
   2) 개인의 성격, 장단점, 욕구, 태도 등에 대한 이해를 위해 정보수집 후 종합
2. 진단단계 : 문제의 원인들을 탐색하고 문제를 해결할 수 있는 다양한 방법들을 검토한다.
3. 예측단계 : 상담으로 인한 조정가능성이나 문제해결 대안으로 가능한 여러 결과를 판단하고 대안적 조치와 중요한 점을 예측한다.
4. 상담단계 : 현재 또는 미래의 바람직한 적응을 위하여 무엇을 해야 하는지 함께 상담을 통해 협력적인 분위기를 유도한다.
5. 사후지도(추수지도) : 새로운 문제가 대두되면 위의 과정을 반복하고 바람직한 행동 계획을 실천할 수 있도록 계속적으로 원조한다.
※ 위의 과정에서 자료수집 및 분석/종합단계에서 예측단계까지는 상담자가 주도적 역할을 하고 상담단계와 사후지도는 내담자가 능동적으로 참여한다.

094 ③ 정신분석적 상담에서 내적 위험으로부터 아이를 보호하고 안정시켜주는 어머니의 역할처럼, 내담자가 막연하게 느끼지만 스스로는 직면할 수 없는 불안과 두려움에 대해 상담자의 이해를 적절한 순간에 적합한 방법으로 전해주면서 내담자에게 의지가 되어주고 따뜻한 배려로 마음을 녹여주는 활동은 버텨주기(holding) 기법이다.

실력다지기

위니컷의 Holding과 비온의 Containment

1) 위니컷(Winnicott, 1971)는 상담사가 내담자를 위해 만들어주는 지원 환경을 지칭하기 위해 'holding'이라는 용어를 사용했다. 엄마가 아이와 함께 하는 양육과 돌봄 행태에 비유할 수 있는 개념으로 신뢰와 안전감을 갖게 된다. 위니컷은 이러한 'holding environment'가 치료 환경에 매우 중요하며 상담사가 내담자와 직접 관계를 맺음으로써 만들어질 수 있다고 믿었다.
2) 비온(Bion, 1967)은 Containment의 개념을 한 사람이 다른 사람의 감정적인 의사소통에 압도되지 않고 다른 사람들의 감정적인 의사소통을 받아들이고 이해 한 후 다른 사람에게 이해와 인정을 전달할 때 발생하는 것이라고 한다. 이러한 Containment 과정은 상대방의 사고 능력을 회복시킬 수 있다고 주장한다.
3) 위니컷의 holding과 비온의 Containment는 유사한 개념이지만, holding이 실제적인 환경과 돌봄의 개념이라면 containment는 정신적인 과정이라는 점에서 차이를 갖는다.

095 ④ 과정적 목표는 상담의 중기에 이루어진다. 일련의 과정적 목표를 달성해 나가면서 최종적 목표 달성에 이르게 된다.

096 ② 상호작용적 개입은 습관, 일상생활 방식 보다는 다른 사람 또는 상황에 대한 관계 패턴을 다루는 방법이다.

청소년의 대인관계 문제 해결을 위한 상담전략

1) 정서적 개입
 (1) 주요목표 : 내담자가 감정을 인식하고, 표현하도록 돕는다.
 (2) 주요기법 : 역할바꾸기, 빈의자 기법, 감정카드 등
2) 인지적 개입
 (1) 주요목표 : 인지적 신념체계의 오류를 변화시키거나 교정하도록 돕는다.
 (2) 주요기법 : 인지 재구조화, 재결단, 인지적 과제 등
3) 행동적 개입
 (1) 주요목표 : 바람직한 행동의 강화를 돕는다.
 (2) 주요기법 : 행동시연, 모델링, 체계적둔감화 등
4) 상호작용적 개입
 (1) 주요목표 : 다른 사람 또는 상황에 대한 바람직한 관계 패턴 활용하기
 (2) 주요기법 : 의사소통 연습, I - message 등

097 ③ 사람들은 고통, 좌절, 스트레스를 비롯하여 감각자극이나 내적 자극에 대한 반응을 나타내는 식별역이 다르기 때문에 중다양식적 접근을 활용한다.

098 ② 내담자가 과도기 단계 이후에 생산적인 작업을 위해 강도 높은 자기 개방을 하였다가 이후 불안을 느껴 철수할 수 있다.

099 ① 무의식이 의식보다 중요하다고 본다. – 정신분석적 상담이론

② 인간을 목적론적 존재로 본다.
 아들러(Adler)의 개인심리학적 상담이론 인간관 : 총체적·사회적·목표지향적인 인간관
 인간관에서 과거의 어떤 경험에 너무 치우치지 않았다는 것과 인간이 가지고 있는 능력을 강조했다는 것, 또한 열등감을 어떤 보상활동을 통해서 우월감으로 바꾸는 것, 어떤 환경이나 유전에 의한 영향보다 인간이 가지고 있는 능력을 더욱 강조하였다.
③ 내담자가 사회적 관심을 갖도록 돕는다.
 아들러(Adler)의 개인심리학적 상담이론의 기본목표는 내담자의 사회적 관심, 즉 잘못된 사회적 가치를 바꾸는 것이다. 내담자로 하여금 사회적 상호작용을 통하여 자기 안에 존재하는 사회적 관심을 재개발해서 우월감을 추구하는, 창조적이고 긍정적이며 목표 지향적인 사람이 되도록 돕는 것이다.
④ 낙담한 내담자에게 용기를 불어넣는 격려(동기부여를 위한 격려)에 초점을 둔다.
 아들러(Adler)의 개인심리학적 상담이론은 행동수정보다는 동기수정에 관심을 가지며 기본적인 삶의 전제들, 즉 생의 목표에 도전하려 한다. 행동 패턴을 바꾸고 증상을 제거하는 일보다는 인생목적, 자아개념, 사고방식 등을 바꾸는 데 주된 관심이 있다. 또한 내담자로 하여금 부정적인 자기평가, 즉 열등감을 감소하도록 돕는 것이다.

④ 생활양식 분석이 중요한 과제이다. → 아들러의 개인주의 상담이론에서 활용하는 분석이다.

CF 게슈탈트(Gestalt) 상담은 여기 - 지금(Here-Now)이 중요한 개념으로, 자각(각성, 알아차람)과 개인의 책임을 강조하고, 전경과 배경이 자연스럽게 교차되는 것(알아차림-접촉주기)을 건강한 상태로 가정한다.

실력다지기

아들러(Adler)의 개인주의 상담의 생활양식 분석

1) 아들러(Adler)의 개인주의 상담에서 내담자의 생활양식을 이해하는 것이 매우 중요하다.

2) 아들러(Adler) 개인심리학에서 중요하게 생각하는 삶의 과제가 있는데, 그것은 일, 사랑, 우정이다. 일을 통한 관계, 좋은 친구와의 관계, 사랑하는 사람과 관계는 가장 기본적인 삶의 관계이면서 사회적 삶 속에서 살아가는 근간이 되는 부분이다.

3) 이러한 삶의 주제들에 대해 내가 어떻게 살아왔는지에 대한 탐색이 생활양식(life style)의 개념이며, 이런 삶의 경험을 통해 갖추게 된 신념과 자신의 행동규칙을 생활양식이라고 할 수 있다.

4) 결론적으로 생활양식 분석의 주된 목적은 내담자로 하여금 자신을 어떤 존재로 인식하고 있으며 어떻게 지금의 자신이 되었는지를 이해함으로써 자신의 무의식적인 목표를 의식의 수준으로 끌어올리는 것이다.

2021

임상심리사 2급
필기 기출문제

제1회 임상심리사 2급 필기 정답 및 해설

제1과목 | 심리학개론

001	③	002	③	003	③	004	②	005	③	006	③	007	①	008	①	009	①	010	③
011	④	012	④	013	②	014	③	015	①	016	③	017	③	018	③	019	①	020	④

001 ③ 조건형성효과가 지속되기 위해서는 조건자극이 먼저 제시되고 무조건자극이 나중에 제시되어야 한다. 따라서 지연 배열이 효과적이다. 조건형성효과가 높은 순서 : 지연 > 흔적 > 동시 > 역행,

암기법 지적동행

실력다지기

조건자극(CS)과 무조건자극(UCS) 사이의 시간적 관계
1) 동시 조건형성
   조건자극(CS)과 무조건자극(UCS)이 동시에 제시되는 경우
2) 지연 조건형성
   조건자극(CS)이 먼저 제시되어 무조건자극(UCS)이 제시될 때까지 지속되는 경우
3) 흔적 조건형성
   조건자극(CS)이 먼저 제시되지만, 무조건자극(UCS)이 제시되기 전에 조건자극(CS) 종료되는 경우
4) 역행 조건형성
   무조건자극(UCS)이 먼저 제시되고 조건자극(CS)이 나중에 제시되는 경우

※ 조건자극(CS)이 먼저 제시되고 무조건자극(UCS)이 나중에 제시되는 지연조건형성과 흔적조건형성이 학습이 잘된다. (지연 > 흔적 > 동시 > 역행) 즉, 역행조건형성의 경우 조건자극(CS)이 무조건자극(UCS)을 전혀 예측하지 못하기 때문에 가장 비효과적이다.

002 ③ 행동조형(Shaping behavior)은 최종 목표행동을 여러 단계로 나누어 낮은 단계부터 하나씩 강화하여 점진적으로 목표행동에 접근시키는 방법이다. 행동조성에서 강화보다 처벌을 강조한다는 것은 적절하지 않다.

003 ③ 타인에 대한 이타성을 나타내는 성격요인은 우호성이다.

실력다지기

5요인 모형의 특질

1) 개방성(O, openness to experience)

상상력이 풍부하고 창의적이며 호기심이 많고 생각이 깊은 경향

2) 성실성(C, conscientiousness)

조직적이고 책임감이 있으며 철저하고 근면하며 신중한 경향

3) 외향성(E, extraversion)

따뜻하고 사교적이며 자기주장을 하며 활동적인 경향

4) 우호성(A, agreeableness)

타인에게 친절하며 이타적이고 솔직하고 협동적인 경향

5) 신경증적 경향성(N, neuroticism)

불안과 분노와 적대감과 우울과 자의식과 충동성이 높으며 상처받기 쉬운 경향

004 ② 방어기제 중 한 개인이 가지고 있는 옳지 못한 충동이나 욕구를 다른 사람이나 대상에 전가하여 다른 사람들이 그러한 옳지 못한 욕구나 충동을 갖고 있다고 비난함으로써 자기의 긴장상태의 불안을 경감하는 것을 투사라고 한다. 예를 들어, 내가 싫어하는 것이 아니라 그 여자가 나를 싫어한다고 하는 경우가 있다.

005 ③ 성 도식 이론(gender-schema theory)은 성 역할 개념의 습득과정을 설명하는 정보처리이론으로, 사회학습이론과 인지발달이론의 요소를 결합한 것이다(Bem, 1981). 성 도식이론에 따르면, 아동의 성 역할 발달은 아동의 인지발달 수준이나 사회문화적 요인의 영향을 받지만 동시에 성도식화 과정을 통해 형성된다고 본다. 성 도식이 발달하면 성 도식에 맞지 않는 새로운 정보는 왜곡하는 경향이 있다(성 역할의 고정관념).

실력다지기

성 역할 발달이론

1) 정신분석학 이론

(1) 남녀의 역할 발달은 심리성적 발달단계 중 남근기(3단계)에서의 서로 다른 경험에 기인한다고 봄.

(2) 남아는 오이디푸스 콤플렉스, 여아는 엘렉트라 콤플렉스를 경험함.

(3) 남아는 거세불안을 감소시키기 위해 아버지를 동일시하며, 여아는 어머니의 애정을 잃을 것을 두려워하여 근친상간적 욕망을 억압하고 어머니를 동일시한다고 함.

2) 사회학습 이론

(1) 성 역할의 발달은 직접학습과 간접학습에 의해 발달한다고 봄.

(2) 직접학습은 부모, 교사, 친구 등 주변 인물들이 아동의 성에 적합한 행동을 강화하거나 적합하지 않은 행동을 처벌하는 것을 말한다.

(3) 간접학습(관찰학습)은 부모, 친구 또는 다양한 매체를 통해 자기 성에 적합한 행동을 학습하고 강화하면서 내면화하는 것을 말한다.

3) 인지발달 이론
  (1) 부모가 자녀의 성별에 따라 다르게 대하고, 아동 자신이 '남자' 또는 '여자'의 성별 자아개념을 인식하게 되면, 이후 동일시가 발생한다고 봄.
  (2) 같은 성의 부모와의 동일시는 성유형화의 결과로 발생됨.
  (3) 성 역할에 대한 인지적 확립이 고정되면, 사회적 강화로 변화되기 어려움.
4) 성 도식 이론
  (1) 성 역할 개념의 습득과정을 설명하는 정보처리이론(Bem, 1981)
  (2) 아동의 인지발달 수준이나 사회문화적 요인의 영향을 받지만, 동시에 성 도식과 과정을 통해 형성됨(사회학습이론 + 인지발달이론).
  (3) 아동은 성에 적합한 역할에 대한 정보를 추구하면서 성 도식을 구성하게 됨. 이후 성 도식에 따라 적합한 행동을 하려고 함.
  (4) 이러한 성 도식에 근거하여 성 역할 발달이 이루어지며, 성 도식에 맞지 않는 새로운 정보는 왜곡하려는 성 역할의 고정관념이 발생함.
5) 성 역할 초월이론
  (1) 전통적인 성 역할 사회화 이론이 인간의 잠재력을 위축시키고 성별의 양극 개념과 여성을 열등성을 조장하는 것이라는 비판.
  (2) 인간의 역할을 재정의하고 성차별의 근원을 제거하려는 목적에서 새로운 모델을 제시함.
  (3) 성 역할을 3단계(①미분화 단계, ②양극화 단계, ③초월 단계)로 구분함.
  (4) 초월 단계는 융통성, 다원성, 개인적 선택 및 개인이나 현재의 양극화된 성 역할에서 벗어나는 새로운 가능성을 의미함.

006 ③ 외인적 오차(External error)는 측정시 온도나 습도와 같은 알려진 외인적 영향으로 생기는 오차를 말한다. 외인적 오차는 계통적 오차(systematic error)로 측정 결과에 변화를 준다. 계통적 오차(=체계적 오차)는 반복적인 측정에서 일정하게 유지되거나 예측 가능한 방식으로 나타나는 측정 오차 유형이다. 계통적 오차는 측정 결과에 영향을 주며, 오차의 크기와 부호를 추정(detection)할 수 있고 보정(correction)할 수 있는 오차이다.

📝 오답노트
① 해석적 오차 → 해석 상에 발생하는 오차
② 항상적 오차 → 검사시행시 나타나는 목표점수와 실제 점수 간의 격차를 방향성을 고려하여 나타낸 값
④ 검사자 오차 → 검사자가 측정도구인 경우 측정에 있어 검사 신뢰도에 영향을 줌.

007 ① 자아는 현실원리, 초자아는 도덕원리, 원초아는 쾌락원리를 따른다.

📝 오답노트
② 자아는 일차적 사고과정을 따른다. → 일차적 사고과정은 본능이나 욕동 등과 일치하는 의미로 원초아에 해당한다.
③ 자아는 자아이상과 양심으로 구성되어 있다. → 초자아가 자아이상과 양심으로 구성된다.
④초자아는 성적욕구와 관련된 것으로 쾌락의 원리를 따른다. → 초자아는 도덕원리, 원초아는 쾌락원리를 따른다.

008 ① 내적일치도(internal consistency)란 요인분석을 통해 문항이 그룹화 되면 문항들이 하나의 개념을 얼마나 잘 표현하고 있는지 알아보는 것을 말한다. 내적일치도를 계산한 값이 크론바흐 알파(Cronbach's α)이다. 이를 문항의 신뢰도라고도 한다.

009 ① 모든 개인의 성격은 타인으로부터 독특한 반응을 이끌어 내는데, 이것을 유도적 상호작용(evocative interaction)이라고 한다.

> **실력다지기**
>
> 성격과 환경 간의 상호작용 유형
> 1) 반응적 상호작용(reactive interaction)
>   (1) 동일한 환경을 접하더라도 서로 다른 개인은 그 환경을 다르게 해석하고, 경험하고 반응함.
>   (2) 아동의 성격으로 인해 주관적인 심리적 환경을 추출해내기 때문에 다른 반응이 나타나게 됨.
>   (3) 만약 모든 아동에게 동일한 양육 환경을 제공하더라도 모든 아동이 심리적으로 동일하게 경험되지 않을 것임.
> 2) 유도적 상호작용
>   (1) 모든 개인의 성격은 타인으로부터 독특한 반응을 이끌어냄.
>   (2) 유순한 아동은 공격적인 아동에 비해 부모로부터 덜 통제하는 양육방식을 이끌어 낼 것임.
>   (3) 아동의 성격이 부모의 양육방식을 조성했을 수 있고, 그 양육방식이 아동의 성격을 조성했을 수 있음.
> 3) 주도적 상호작용
>   (1) 자라면서 아동은 부모가 제공하는 환경을 벗어날 수 있고, 자기 자신의 환경을 선택하고 구성하게 됨. 이러한 환경이 아동의 성격을 조성함.
>   (2) 사교적인 아동은 혼자 있기 보다는 친구들과 어울려 영화를 보려고 할 것임.
>   (3) 자신의 성격을 발달시키는 데 개인의 능동적인 주체가 되는 과정
>
> (출처 : 앳킨슨과 힐가드의 심리학원론 재구성)

010

> **실력다지기**
>
> 켈리(Kelly)의 개인적 구성개념이론
> 1) 켈리의 성격이론은 개인이 자신의 삶을 해석하는 방법에 맞춰져 있으며, 과학자로서 개인을 보는 관점을 전제한다.
> 2) 개인 구성개념
>   (1) 개인이 사건을 해석하고 예언하는데 사용하는 인지적 구조를 개인 구성개념(personal construct)이라고 함.
>   (2) 개인은 주관적인 개인 구성개념에 따라 행동하고, 행동의 결과를 평가함.
>   (3) 개인은 새로운 경험을 통해 지속적으로 구성개념을 수정하며 대안적 구성개념을 갖게 되는데 이를 구성개념적 대안주의(constructive alternativism)라고 함.

3) 11가지 추론
    (1) 구성개념 추론 : 반복되는 사건의 유사성을 파악함으로써 사건을 예견함.
    (2) 개별성 추론 : 개인마다 구성개념은 개별성을 갖음.
    (3) 조직화 추론 : 구성개념 간에 어떤 체계를 발전시킴.
    (4) 이분법 추론 : 구성개념 체계는 이분법적 개념들로 구성됨.
    (5) 선택 추론 : 이분법적 구성개념에서 어느 하나를 선택하며, 이를 통해 체계의 확장을 예견할
        수 있음.
    (6) 범위 추론 : 구성개념은 사건들의 유한한 범위 내에서 예견됨.
    (7) 경험 추론 : 구성개념의 체계는 연속적인 사건의 반복을 해석하면서 변화됨.
    (8) 조절 추론 : 구성개념의 변화는 구성된 체계 내에서 제한될 수 있음.
    (9) 분열 추론 : 구성개념들 간에 비교되지 않는 하위체계를 구성할 수 있음.
    (10) 공통성 추론 : 유사한 경험의 구성개념을 사용하는 정도에 따라 심리적 과정이 유사해짐.
    (11) 사회성 추론 : 한 사람이 다른 사람의 구성개념을 해석하는 것을 통해 사회적 과정의 역할을 수행
        하게 됨.
3) 성격이론의 적용
    (1) 성격 평가기법 : 역할구성개념 목록검사(Role Construct Repertory Test; Rep Test)를 통해 개인
        적 구성개념 체계를 평가한다.
    (2) 치료적 활용 : 고정역할치료(fixed role therapy)는 역할 시연을 통해 새로운 조망을 얻도록 고안
        된 치료기법으로 내담자로 하여금 자기 스스로 새로운 방식으로 표현, 행동, 이해하도록 돕는다.
        참고문헌 노안영, 강영신(2018) 성격심리학 2판. 학지사.

011 ④ 성격은 개인이 속한 가정과 사회적 환경에 영향을 받는다.

실력다지기

성격의 정의
여러 성격 연구자들이 성격을 정의하는데 있어 공통적으로 강조하는 성격의 정의는 두 가지가 있다.
1) 행동의 독특성 : 성격은 한 개인이 다른 사람과는 구별되는 점을 일컫는 말이다.
2) 안정성과 일관성
    (1) 성격은 시간과 공간의 변화에 따라 매 순간 바뀌는 것이 아니고, 어느 정도 안정적으로 일관되게
        나타나야 한다.
    (2) 성격이란 시간과 공간의 변화에도 불구하고 어느 정도 안정적이고 일관되게 나타나야 하는 특성
        때문에 우리가 타인의 성격을 파악하기 위해서는 어느 정도의 시간이 요구된다.
    (3) 그러나, 성격이 안정성과 일관성이 있어야 한다는 말의 의미가 결코 성격이 변화되지 않는다는 것
        을 의미하는 것은 아니다.
    (4) 우리는 의식적으로 때로는 무의식적으로 성격의 변화를 시도하기도 한다.
    (5) 이러한 변화가 결코 쉽게 이루어지지는 않지만 한번 변화된 성격은 또 일정 기간 안정적으로 그리
        고 일관되게 우리의 행동에 영향을 미치게 된다.
3) 정리하면, 성격이란 개인이 환경에 따라 반응하는 특징적인 양식으로서, 타인과 구별되게 하는 독특
    하고 일관성이 있으며 안정적인 사고, 감정 및 행동방식의 총체이다.

012 ④ 거대한 도서관에 비유할 수 있는 것은 장기기억에 해당한다.

단기기억 (Short - term Memory)

1) 감각기억을 거친 자극 정보가 장기기억에 저장되기 전에 거치는 일차적 작업대 또는 작업과정으로, 단기기억은 활동 중인 기억, 또는 인지과정을 통제하는 중앙 통제적 기억으로서 작동중인 기억이라는 용어를 사용한다.

2) 단기기억에 정보가 머무르는 시간은 평균적으로 3~5초, 길어야 30초 정도 정보를 기억한다. 그러나 정보를 반복하여 되뇌이는 시연(rehearsal)을 하면 그 정보가 단기기억으로 머무르는 시간이 늘어나고 장기 기억으로 들어가 저장된다.

3) 단기기억에 들어온 정보는 처음에는 시각적, 청각적 부호형태로 유지되고 처리되기 쉬운 언어 의미적 형태로 변화한다.

4) 단기기억의 용량은 제한되어 있고, 단기기억에서 한 번에 나를 수 있는 용량은 7개 내외이며 정보들을 덩어리 짓기(chunking)를 통해 제한된 기억용량을 극복할 수 있다.

5) 단기기억을 장기기억 속에 부호화하지 않으면 사라진다.

013 ② 과잉정당화 효과란 외부에서 오는 많은 요인들로 인해 내적 요인의 효과가 감소하는 것을 말한다. 외재적 보상을 주게 되면, 행동의 동기를 내부가 아닌 외부에서 찾게 되는 심리적 현상을 의미한다. 즉, 지나친 보상은 내적 동기를 약화시킬 수 있다.

① 사회억제 효과 : 타인의 존재가 수행의 억제요인이 되는 경우. 다른 사람이 있는 경우 위축되어 평소보다 잘 못하게 됨. 반대의 의미로 사회적 촉진효과가 있음.

③ 인지부조화 현상 : 인지부조화(cognitive dissonance)는 두 가지 이상의 반대되는 믿음, 생각, 가치를 동시에 지닐 때 또는 기존에 가지고 있던 것과 반대되는 새로운 정보를 접했을 때 개인이 받는 정신적 스트레스나 불편한 경험 등을 말한다.

④ 책임감 분산 효과 : 사람들이 집단에 속하게 되면, 개인적 책임감을 적게 느끼는 것을 말한다. 방관자 효과(bystander effect)라고도 한다.

014 ③ 실험집단은 연구자가 검증하고자 하는 가설의 원인이 제공된 집단으로 처치된 집단이다. 한편, 가설의 원인이 제공되지 않은 집단은 통제집단이다.

015 ① 스턴버그(R. Sternberg)는 사랑의 삼각형 이론에서 사랑의 3요소는 열정(passion), 친밀감(intimacy), 헌신(commitment)라고 하였다.

사랑의 삼각형 이론(Sternberg, 1986)

1) 사랑의 3요소 : 친밀감, 열정, 헌신

   (1) 친밀감 : 사랑하는 관계에서 나타나는 가깝고 연결되어 있으며 결합되어 있다는 느낌

   (2) 열정 : 사랑하는 관계에서 낭만, 신체적 매력, 성적인 몰입과 같은 것들로 이끄는 욕망

(3) 헌신 : 단기적인 측면에서 사랑하기로 하는 결심을 의미하며, 장기적인 측면에서 사랑을 지속시키 겠다는 헌신을 의미함.

2) 사랑의 유형
친밀감, 열정, 헌신을 결합하여 8가지 하위 요소를 도출함.
(1) 좋아함 : 친밀감만 있는 경우
(2) 도취성 사랑 : 열정만 있는 경우
(3) 공허한 사랑 : 헌신만 있는 경우
(4) 낭만적 사랑 : 친밀감과 열정의 결합
(5) 우애적 사랑 : 친밀감과 헌신의 결합
(6) 얼빠진 사랑 : 열정과 헌신의 결합
(7) 성숙한 사랑 : 친밀감과 열정과 헌신의 결합
(8) 사랑이 아님 : 친밀감, 열정, 헌신이 모두 부재함.

016 ③ 사회촉진(Social Facilitation)은 혼자 있을 때보다 타인이 존재할 때 과제에 대한 친숙성이 높을 경우 더 잘하게 되는 현상을 말한다. 이를 관중 효과라고도 한다.

📝 **오답노트**

①동조효과(conformity effect) : 다른 사람의 주장이나 행동에 자신의 의견을 일치시키거나 편승하려 는 심리
②방관자효과(bystander effect) : 주위에 사람들이 많을수록 어려움에 처한 사람을 돕지 않게 되는 현 상. 제노비스 신드롬(Genovese syndrome)이라고도 함.
④사회태만 : 집단의 크기가 커질수록 개인의 공헌도가 떨어지는 현상. 링겔만 효과(Ringelmann effect)라 고도 함.

017 ③ 척도상의 대표적 수치를 의미하는 값은 집중경향값, 또는 집중경향치라고 한다. 집중경향값은 한 집단에 서 집단 구성원들의 특성을 측정하여 이를 점수화했을 때 이 집단의 점수분포를 하나의 값으로 요약, 기 술해주기 위해 사용한다. 집중경향값으로는 산술평균, 중앙치, 최빈치 등이 사용된다.

018 ③ 기억의 처리과정은 정보의 부호화(encoding), 저장(storage), 인출(retrieval) 등의 인지과정이다. (1)부호 화 과정은 정보를 저장하기 위해 기억 속에 저장 가능한 표상으로 전환되는 과정을 말한다. (2)저장 과정 은 부호화된 정보를 기억 속에 유지하는 역할을 한다. (3)인출 과정은 기억 속의 정보를 과제 수행을 위해 이끌어 내는 과정이다.

019 ① 2개의 모평균 간에 차이를 검정하는 통계방법은 T검정이다.

020 ④ 소거가 되었다고 해도 조건반응 자체가 영구적인 망각이 되었다는 것은 아니다. 예를 들어 소거가 된 파 블로프의 개에게 종소리를 갑자기 들려주면 침을 흘리게 되는데 이런 과정을 자발적 회복(Spontaneous Recovery)라고 한다. 즉 자발적 회복은 소거가 영구적인 망각이 아니라는 증거가 될 수 있다.

021	③	022	③	023	③	024	②	025	③	026	②	027	④	028	②	029	①	030	③
031	②	032	④	033	④	034	④	035	②	036	①	037	④	038	④	039	②	040	①

021 ③ 신뢰도는 한 분류체계를 적용하여 환자들의 증상이나 장애를 평가했을 때 동일한 결과가 도출되는 정도를 의미한다. 타당도는 '측정하고자 하는 것을 제대로 측정하고 있는가'에 대한 개념이다.

실력다지기

분류체계의 신뢰도와 타당도

1) 신뢰도 : 동일한 결과가 도출되는 정도
2) 타당도 : 서로 다른 장애들을 제대로 분류하고 있는가에 대한 평가
3) 원인론적 타당도 : 같은 범주의 장애는 같은 원인에 의해서 유발되는 것
4) 공존(공인)타당도 : 같은 장애 환자이면 다른 증상도 비슷한 것
5) 예언타당도 : 동일한 장애로 진단된 사람들이 미래에 얼마나 동일한 행동과 반응을 나타내는가?

022 ③ 와해된 행동, 와해된 언어(혼란스럽고 비논리적이며 지리멸렬한 언어 표현)은 망상, 환각, 괴이하고 혼란된 행동 등과 함께 조현병의 양성증상이다.

실력다지기

조현병의 양성증상

환청이나 환시 같은 감각의 이상, 비현실적이고 기괴한 믿음을 가지고 있는 망상, 사고의 흐름에 이상이 생기는 사고 과정의 장애들을 말한다. 양성증상은 음성증상에 비해 이질적이며 기괴하고 심각해 보이나 음성증상에 비해 약물 치료의 효과가 빠르고 쉽게 나타나는 편이다.
1) 환각 : 남들에게는 보이지 않는 것이 보이거나 들리거나 느낌으로 나타남
   - 종류 : 환청, 환시, 환촉, 환후, 환미
2) 망상 : 논리적이고 이성적인 설득으로도 고쳐지지 않는 병적인 믿음
3) 와해된 언어와 사고

조현병의 음성증상

정상적인 감정반응이나 행동이 감소하여 둔한 상태가 되며 사고의 내용이 빈곤해지고 정서적 둔마, 은둔과 사회적 고립, 의욕과 의지 상실, 등을 보인다. 음성증상은 양성증상보다 약물치료의 효과가 낮은 것이 사실이다. 그러나 최근 효과 있는 새로운 종류들의 약물이 개발되고 있으며 지역사회 내의 재활치료 등을 통해 증상의 회복과 완화에 도움을 받을 수 있다.
1) 정동의 둔화 : 무의욕증, 무쾌감증, 무사회증
2) 감퇴된 정서적 표현

023 ③ 모르핀과 헤로인은 진정제의 대표적 종류이다.
CF 흥분제(각성제)는 암페타민, 코카인, 에페드린, 메틸페니데이트, 카페인 등이며, 진정제는 알코올, 헤로인, 모르핀, 바리움, 벤조다이아제핀 등이다.

024 ② 순환성장애는 <u>양극성 장애에 속한다.</u>

> **실력다지기**
>
> 조현병 스펙트럼 및 기타 정신증적 장애의 하위유형
> 1) 조현병(Schizophrenia)
> 2) 조현형 성격장애(Schizotypal Personality Disorder)
> 3) 망상장애(Delusional Disorder)
> 4) 단기 정신증적 장애(Brief Psychotic Disorder)
> 5) 조현양상 장애(정신분열형 장애 : Schizophreniform Disorder)75)
> 6) 조현정동장애(분열정동장애 : Schizoaffective Disorder)
> 7) 긴장성 강직증(Catatonia)

025 ③ 반사회성 성격장애는 붕괴된 자아와 강한 도덕성 발달이 원인이 아니라, <u>초자아 기능의 장애로 인하여 낮은 도덕성 발달이 원인이 된다.</u>

> **실력다지기**
>
> 반사회적 성격장애
> 1) 사회의 정상적이고 일반적인 규범에 맞추지 못하고 만성적, 반복적으로 비이성적, 비도덕적, 충동적, 반사회적 또는 범죄적 행동을 하고 남의 권리를 무시하거나 침해하고 더 나아가 남을 해치는 행동 등을 나타내는 장애이다.
> 2) 충동적이고 잦은 거짓말을 하는 등의 사기성을 보이며 공격성, 무책임함을 보이고 양심의 가책이 결여되어 있다.
> 3) <u>이는 18세 이후에 나타나고 15세 이전에는 품행장애의 증거가 있어야 한다.</u>
> 4) 반사회적 성격장애를 갖고 있는 사람은 다른 이에 비하여 세로토닌의 활동수준이 비정상적으로 저하되어 있다. – <u>신경전달물질인 세로토닌(Serotonin)의 부족</u>
> 5) 환경적 요인
>   (1) 반사회적 성격의 발달력에는 부모의 적대감이 주목되는데, <u>부모의 적대감과 학대의 대상이 됨으로써 그 반응으로 아이에게는 적대감이 발생될 뿐만 아니라 아이는 부모를 하나의 모델로 관찰함으로써 적대감을 배울 수도 있다.</u>
>   (2) 또 다른 환경적 요인은 적절한 부모 모델의 결여로서, 부모의 상실보다도 변덕스럽고 충동적인 부모가 더욱 문제가 된다.

026 ② <u>A군 성격장애 : 편집성 성격장애</u>

027 ④ 노출장애는 동의하지 않는 사람에게 자신의 성기나 신체 일부를 반복적으로 나타내는 경우로, 성기노출과 관련된 성적 환상이나 행위가 6개월 이상 지속되어 사회적 적응에 문제가 되는 정신장애를 의미하며, <u>노출 대상은 사춘기 이전의 아동에게 국한되지 않는다.</u>

노출장애 (exhibitionistic disorder)

1) 낯선 사람에게 자신의 성기를 노출시키는 것이다. - 성도착적 초점
2) 보는 사람을 놀라게 하거나 충격을 주고자 하는 것이지, 실제로 성행위를 시도하고자 하는 경우는 거의 없다.
3) 성기를 노출시켰다는 상상을 하면서 자위행위를 하기도 한다.
4) 보통 18세 이전에 발생되나 그 이후에 시작될 수도 있다.
   : 청소년기나 성인기 초기에 시작되는 것으로 알려져 있다.
5) 40세 이후에는 상태가 완화되는 것으로 보인다.

028   ② 분리불안장애는 불안장애의 하위유형이다.

신경발달장애(Neuro - developmental Disorders)의 하위유형

1) 지적 장애(Intellectual Disability, Intellectual Developmental Disorder)
2) 의사소통장애(Communication Disorders)
3) 자폐스펙트럼장애(Autism Spectrum Disorders)
4) 주의력결핍 - 과잉행동장애(ADHD)
5) 특정 학습장애(Specific Learning Disorder) : 읽기장애, 쓰기장애, 산수장애
6) 운동장애(Motor Disorders)
   발달성 협응장애(Developmental Coordination Disorder), 상동증적 운동장애(Stereotypic Movement Disorder), 틱 장애(Tic Disorders)

029   ① 코티솔은 콩팥(신장)의 부신 피질에서 분비되는 스트레스 호르몬이다.

스트레스 호르몬이라고 불리는 코티솔 (cortisol)

1) 코티솔은 급성 스트레스에 반응해 분비되는 물질로, 스트레스에 대항하는 신체에 필요한 에너지를 공급해 주는 역할을 한다.
2) 코티솔은 콩팥(신장)의 부신 피질에서 분비되는 스트레스 호르몬이다.
3) 코티솔은 외부의 스트레스와 같은 자극에 맞서 몸이 최대의 에너지를 만들어 낼 수 있도록 하는 과정에서 분비되어 혈압과 포도당 수치를 높이는 것과 같은 역할을 수행한다.
4) 코티솔의 역할
   (1) 분비된 코티솔은 스트레스와 같은 외부 자극에 맞서 신체가 대항할 수 있도록 신체 각 기관으로 더 많은 혈액을 방출시키며 그 결과 맥박과 호흡이 증가한다.
   (2) 또한 근육을 긴장시키고 정확하고 신속한 상황 판단을 하도록 하기 위해 정신을 또렷하게 하며 감각기관을 예민하게 한다.
   (3) 그러나 문제는 스트레스를 지나치게 받거나, 만성 스트레스가 되면 코티솔의 혈중농도가 높아지고 그 결과 식욕이 증가하게 되어, 지방의 축적을 가져온다.

(4) 또한 혈압이 올라 고혈압의 위험이 증가하며, 근조직의 손상도 야기될 수 있다.

(5) 불안과 초조 상태가 이어질 수 있고 체중의 증가와 함께 만성 피로, 만성 두통, 불면증 등의 증상이 나타날 수 있으며 면역 기능이 약화되어 감기와 같은 바이러스성 질환에 쉽게 노출될 우려도 있다.

030 ③ 노출(exposure) 및 반응 방지(response prevention) 기법은 강박장애 환자의 치료로 유명하다.

> **심화학습**
>
> 강박장애 환자의 치료기법 및 효과적인 치료과정 4단계
>
> 1) 노출(exposure) 및 반응 방지(response prevention) 기법 - ERP
>   노출 및 반응 방지 기법은 강박증 환자가 불안을 느끼는 어떤 상황에 노출시킨 후에 불안을 줄이기 위해서 보이는 강박행동을 못 하도록 막는 것이다.
> 2) 치료과정 4단계
>   (1) 1단계 : 치료 프로그램의 과정과 목적 공유
>   치료프로그램(ERP)의 과정과 목적 등을 환자와 공유하여 환자가 치료과정에 적극적으로 임하고 동기부여를 할 수 있도록 한다.
>   (2) 2단계 : 노출 및 반응방지법 진행
>   환자의 불안과 증상으로 나타나기까지의 과정에 대한 이해를 바탕으로 불안을 스스로 완화하는 방법을 연습하는 동시에 강박행동을 줄이는 데까지 연습이 이루어지도록 한다.
>   (3) 3단계 : 왜곡된 인지적 평가 수정
>   환자가 흔히 왜곡되게 인지하는 경우와 상황은 어떤 것들이 있는지 확인하고 그 다음으로 환자 스스로가 자신의 왜곡된 인지를 알고 평가하여 이를 올바르게 고쳐나가는 방법을 익혀나가도록 한다.
>   (4) 4단계 : 재발 방지 및 효과 평가
>   이 과정은 환자 가족이 생각하기에 환자가 호전증상을 보이고 있는 상황에서 불필요하게 느껴질 수 있지만, 이 과정을 통해 강박증 재발과 더 악화될 수 있는 상황과 대처방법에 대해 논의하고 익히며 종결하게 된다.

031 ② 기억회복치료(memory recovery therapy)는 1980년대 미국에서는 정신분석학적 최면이나 상담 요법을 이용해 억압된 기억을 되살리는 치료로 크게 유행했다. 감당할 수 없는 엄청난 사건을 겪게 되면, 당사자는 그 사건 자체를 기억에서 아예 지워버리려고 하는데, 이러한 억압된 기억은 또 다른 심리적 문제들을 야기한다고 한다. 따라서 기억회복치료(기억력 복구 기법)란 억압된 기억을 되살려 그 사건을 정면으로 맞부딪혀 해결하도록 하는 심리치료를 말하며, 해리성 기억상실증에서 활용하는 치료법이다.

> **심화학습**
>
> 우울장애에 대한 치료방법[1]
>
> 1) 정신치료
>   정신치료는 다양한 형식으로 집단, 가족, 부부, 개인에게 제공된다. 모든 정신치료의 공통점은 환자가 치료자와 이야기하는 것이다. 많은 다양한 정신치료가 우울증에 기여하거나 이를 유지시키는 요소들에 대한 통찰을 갖도록 환자를 돕기 위해 설계되었다. 정신치료에서 문제는 논의되어져야 하고, 통찰,

---

1 출처 : 분당 차병원 홈페이지

이해, 언어적인 주고받음을 통해 얻어진 정서적 지지를 통해 해결된다. 치료자는 개인의 욕구와 관심에 따라, 다양한 정신치료적 접근으로부터 요소들을 끌어낸다. 약물치료를 병행할 경우 정신치료의 빈도는 우울증의 복잡성에 따라 한 주에 한번에서 수차례까지 다양하다.

2) 대인관계 정신치료

대인관계 치료는 주요 우울증을 진단받은 환자의 외래 통원치료를 위해 만들어진 치료방법이다. 대인관계 치료는 우울증의 발병 소인에 관해 유전학적, 생화학적, 발달학적 그리고 인격상의 문제들을 인정하면서도 특히, 우울증 환자가 현재 겪고 있는 갈등과 대인관계 문제에 초점을 두는 단기 집중치료이다. 현재의 대인관계내의 다양한 문제를 다룸으로써 현재의 사회적 역할을 잘 수행하고 대인관계의 상황에 잘 대처해 나갈 수 있도록 돕는 것이 이 치료의 궁극적인 목적이다.

3) 인지행동 치료

인지행동 치료는 개인의 행동이 우울증에 기여하는 문제에 어떻게 영향을 주는지 정의하고 그러한 행동의 변화에 초점을 둔다. 인지행동치료는 환자가 우울증에 기여하는 부정적이거나 왜곡된 태도 - 전형적으로 자신 또는 사람들과 그들을 둘러싼 사건에 관해 - 를 갖고 있을 때 특히 유용하다. 인지행동치료는 경하거나 중등도의 우울증을 다루는데 유용하며, 특히 이러한 치료가 약물치료와 병합되었을 때 효과적이다.

4) 행동 치료

행동 치료는 통찰에 초점을 두기보다는 질병에 기여하는 즉각적인 행동을 변화시키거나 일상적인 활동으로부터 보다 나은 만족을 얻을 수 있도록 개인을 돕기 위한 치료적 방법이다. 이 치료는 자극에 대하여 어떻게 반응하는가 뿐만 아니라 긍정적 강화가 미약하거나 환경으로부터 부정적 강화를 많이 받는 경우 우울증이 발생하는 것으로 해석하고, 자기주장과 대화기술, 사회적 기능을 향상시키기 위한 사회기술훈련 등의 치료기술을 통해 즐겁고 보상적인 경험을 주는데 초점을 두고 있으며, 자기 강화나 자기평가의 자기조절의 행동의 수정을 도모한다.

5) 단기 정신역동적 정신치료

단기 정신역동적 접근은 내부의 심리적 갈등들이 개인의 우울증에 중요한 요소라는 가정에 기초한다. (예를 들어, 어떤 사람은 독립과 동시에 보호받기를 원하기도 한다. 어떤 사람은 항상 친절하고 사랑받아야만 한다고 믿기 때문에 분노를 느낀다.) 성공적인 치료는 이러한 갈등을 해결할 수 있는지 달려있고, 그것은 종종 초기 아동기로부터 기원된다. 치료의 목표는 갈등에 대해 마음을 열도록 하는 것이며, 거기서 치료자의 통찰과 함께 환자는 문제를 해결할 수 있다.

6) 부부 치료와 가족 치료

부부치료와 가족치료는 우울증의 맥락 내에서 가족구성원들 속에 일반적인 문제에 대한 행동적, 정신역동적 또는 대인관계적 기술과 교육적 노력의 결합이다. 예를 들어, 우울한 배우자나 환자의 거부적인 행동은 가족의 다른 구성원들에게 스트레스가 될 수 있다. 가족 내의 상호작용 양식은 우울증에 대한 한 구성원의 취약성을 증가시키거나 치료에 있어 환자의 회복을 방해하기도 한다.

7) 집단 정신치료

집단치료는 우울증과 다른 기분장애를 가진 다른 개인들과 함께 관찰과 통찰을 공유함으로부터 이득을 얻는 사람들에게 특히 유용할 수 있다. 약물 유지 지지 집단은 비슷한 이득을 제공한다. 그들은 또한 약물복용과 스트레스, 치료과정에의 순응의 중요성에 관한 교육을 제공받는다. 다른 집단은 환자와 가족구성원에게 정보를 제공한다. 공통적인 경험의 공유는 정신질환이 일반적인 의료적 질병과 다르지 않다는 사실과 효과적으로 치료될 수 있다는 메시지를 강화하도록 돕는다. 국립 우울증과 조울증협회(national depressive and manic-depressive association)와 같이 환자를 위하여, 그리고 환자에 의해 운영되는 집단은 종종 정신치료의 중요한 보완물이 될 수 있다.

8) 전기충격요법

전기충격요법은 우울증에 대해 예외적으로 효과적인 치료방법이다. 이것은 증상을 빠르게 감소시키고, 통제 불가능한 자살행동 또는 위험한 영양부족상태를 유발할 수 있는 식사거부를 포함하는 우울증의 삽화가 있을 때 특히 유용하다. 전기충격요법은 또한 환자의 우울증이 정신병적 증상을 동반하거나 임신과 같이 약물복용이 어려울 때 좋은 대체치료방법이다. 전기충격요법 치료동안 뇌는 경련발작을 발생시키는 전류로 자극된다. 마취제와 근육이완제가 몸의 경련을 막기 위해 이용된다. 전기충격요법의 중요한 부작용으로 단기간의 치료과정에 따르는 혼돈상태와 일시적인 기억상실이 일어날 수 있다. 특히 최근 심장발작을 가진 환자나, 불규칙한 심박리듬, 또는 심장의 상태에 따라 주의가 필요하다. 이 치료는 심박률과 혈압을 일시적으로 상승시키고 심장에 추가적인 부담을 줄 수 있기 때문이다.

9) 광 치료

계절성 정동장애는 늦가을, 낮이 점점 짧아질 때 나타나고, 점점 낮 시간이 길어지는 봄에 사라지는 것으로 매해 나타나는 우울증의 한 유형이다. 비록 질병의 원인이 분명하지 않을지라도 치료에 대한 반응은 뇌 화학물질의 불균형과 상당히 관련 있는 것으로 보인다. 불충분한 자연적 빛을 밝은 인위적인 불빛으로 보충하는 빛 치료, 또는 광선치료는 계절성 정동 장애의 증상을 경감시키는데 효과적이다. 빛은 적외선을 제외하고 자연광선의 모든 스펙트럼을 생산해낸다. 계절성 정동장애를 가진 사람은 아침에 30분 또는 그 이상 불빛아래 앉고, 가능하다면 저녁에도 빛을 쬐게 된다. 빛 치료만으로 경한 계절성 정동장애의 증상을 경감시킬 수 있다. 그러나 때로는 빛 치료는 항우울제 치료의 보조수단으로서 더 유용하다. 빛 치료와 약물치료 사이의 상호작용에 관해 알려진 것은 없다. 그러나 빛 치료는 두통, 눈의 피로, 불안정성과 같은 부작용은 상대적으로 적은 것으로 보고된다.

032 ① 가족력이나 유전과는 관련성이 있다. 가족이나 친척 중에 환자가 있을 경우 가족력이 없는 사람들보다 알코올에 의존할 확률이 더 높다.
② 성인 남자가 성인 여자보다 유병률이 높다.
③ 자살, 사고, 폭력과의 관련성이 있다. 알코올 중독에 빠지면 우리 뇌는 충동을 참는 능력이 눈에 띄게 떨어진다. 이 때문에 자살, 폭력, 사고, 범죄를 포함한 다양한 병적 행동이 나타나기 쉽다.

실력다지기

알코올 사용장애의 진단 기준(DSM-5)
1) 거듭되는 알코올 사용으로 직장, 학교 혹은 집에서의 주요 역할 임무를 수행할 수 없게 되는 경우
2) 신체적으로 해가 되는 상황에서도 거듭된 알코올 사용
3) 알코올 섭취에 대한 갈망이나 강한 욕구 또는 충동
4) 알코올의 영향이 원인이 되거나 이로 인해 사회적 혹은 대인관계 문제가 반복적으로 악화됨에도 불구하고 알코올을 계속 사용
5) 알코올 내성(원하는 효과를 얻기 위해 알코올의 현저한 양적증가를 요구하거나 동일한 양으로 계속 사용 시 효과가 현저하게 감소된 경우)
6) 알코올 금단(금단 증상 혹은 금단 완화를 위한 재사용)

7) 조절 상실(알코올이 종종 의도한 것보다 더 많은 양이 사용되거나 보다 장기간 사용될 때)

8) 알코올 사용을 중단하거나 조절하기 위해 지속적인 욕구가 있거나 노력해도 성공하지 못하는 경우

9) 알코올을 얻거나 사용하는 데 필요한 활동 또는 그 효과로부터 회복하는 데 필요한 활동에 많은 시간이 소모될 때

10) 중요한 사회적, 직업적 또는 휴식 활동을 알코올 사용 때문에 단념하거나 감소될 때

11) 알코올을 사용함으로써 유발되거나 악화될 가능성이 있는 지속적이거나 재발되는 신체적 또는 심리적 문제를 가진다는 인식에도 불구하고 알코올 사용이 지속될 때

033 ④ 간헐적 폭발성 장애는 공격적 충동이 조절되지 않아, 심각한 공격적 행동이나 재산 및 기물을 훼손하는 파괴적 행동을 반복적으로 나타내는 경우이다. 간헐적 폭발성 장애는 언어적 공격과 신체적 공격을 모두 포함해야 하는 것이 아니라, 두 가지 중 하나라도 보이는 경우 진단된다.

CF 병적 도벽은 미리 계획하는 것이 아니며 훔칠 기회를 노리는 일도 없고, 즉흥적이며 언제나 혼자서 저지른다.

품행장애 유병률

국가정신건강정보포털에 따르면 품행장애의 유병률(청소년)은 약 4% 정도며, 아동기에서 청소년기로 성장할수록 증가하는 모습을 보인다. 여자에 비해 남자가 3~4배 가량 많은데, 이는 품행문제를 일으킬 수 있는 주의력결핍 과잉행동장애(ADHD)나 자폐스펙트럼장애 등 신경발달장애가 남자에게 더 흔하게 나타나기 때문으로 추정하고 있다.

심화학습

간헐적 폭발성 장애

1) 진단기준

A. 공격적인 충동을 통제하지 못해서 보이는 반복적인 행동폭발로 다음의 항목 중 하나를 특징적으로 보인다.

1. 언어적 공격성(분노발작, 장황한 비난, 논쟁이나 언어적 다툼) 또는 동물, 타인에게 가하는 신체적 공격성이 3개월 동안 평균적으로 일주일에 2회 이상 발생 / 신체적 공격성이 재산 피해나 재산 파괴를 초래하지 않으며 동물이나 다른 사람에게 상해를 입히지 않음

2. 재산 피해나 파괴 그리고/또는 동물이나 다른 사람에게 상해를 입힐 수 있는 신체적 폭행을 포함하는 폭발적 행동을 12개월 이내에 3회에 보임

B. 반복적인 행동폭발 동안 표현된 공격성의 정도는 정신사회적 스트레스 요인에 의해 촉발되거나 유발되는 정도를 심하게 넘어선 것이다.

C. 반복적인 공격적 행동폭발은 미리 계획된 것이 아니며(충동적이거나 분노로 유발된 행동), 유형적인 대상에만 한정된 것이 아니다(돈, 권력, 친밀감).

D. 반복적인 공격적 행동 폭발은 개인에게 현저한 심리적 고통을 유발하거나 직업적 또는 대인관계 기능에 손상을 주거나 경제적 또는 법적 문제와 관련된다.

E. 생활연령은 적어도 6세 이상이다.

F. 다른 정신장애로 설명되지 않으며(반사회성 성격장애, 경계선 성격장애, 정신증적 장애, 조증 삽화, 품행 장애, 주의력결핍 및 과잉행동 장애), 물질(약물 남용, 투약) 또는 일반적인 의학적 상태(두부외상, 알츠하이머 병)의 직접적인 생리적 효과로 인한 것이 아니다. 6~18세 아동의 경우에 적응장애의 일부로 보이는 공격적 행동을 이 진단으로 고려해서는 안 된다.

병적 방화

1) 진단기준

A. 1회 이상의 계획적이고 목적적인 방화가 존재한다.

B. 행위 전의 긴장 또는 정서적인 흥분이 나타난다.

C. 불에 대한 그리고 불과 연관되는 상황에 대한 매혹, 흥미, 호기심, 끌림(방화용품, 그것의 사용, 방화 결과)을 가지고 있다.

D. 불을 지르거나 목격하거나 그 결과에 참여할 때의 기쁨, 만족, 안도감

E. 방화는 금전적 이득을 위해, 사회정치적 이념을 표현하기 위해, 범죄활동을 숨기기 위해, 분노나 복수심을 표현하기 위해, 생활환경을 개선하기 위해, 망상이나 환각에 대한 반응으로 또는 판단 장해의 결과(주요 신경인지장애, 지적장애, 물질중독)로 행해지지 않는다.

F. 방화는 품행 장애 조증 삽화 또는 반사회성 성격장애로 잘 설명되지 않는다.

병적 도벽

1) 진단기준

A. 개인적으로 쓸모없거나 금전적으로 가치 없는 물건을 훔치려는 충동을 저지하는데 반복적으로 실패

B. 훔치기 직전에 고조되는 긴장감

C. 훔쳤을 때의 기쁨, 충족감, 안도감

D. 훔치는 것이 분노나 복수를 나타내는 것이 아니고, 망상이나 환각에 대한 반응도 아니다.

E. 훔치는 것이 품행장애, 조증삽화, 또는 반사회성 성격장애로 설명되지 않는다.

---

034 ④ 활동 의욕이 줄어들어 과다 수면을 취한다. - 우울 삽화와 관련이 있다.

심화학습

제 I형 양극성장애(Bipolar I Disorder) 진단기준

제 I형 양극성장애를 진단하기 위해서는 조증 삽화에 대한 다음의 진단기준을 만족시켜야 한다. 조증 삽화는 경조증이나 주요우울 삽화에 선행하거나 뒤따를 수 있다.

조증삽화

A. 비정상적으로 들뜨거나, 의기양양하거나, 과민한 기분, 그리고 목표 지향적 활동과 에너지의 증가가 적어도 일주일간(만약 입원이 필요한 정도라면 기간과 상관없이) 거의 매일, 하루 중 대부분 지속되는 분명한 기간이 있다.

B. 기분 장애 및 증가된 에너지와 활동을 보이는 기간 중 다음 증상 가운데 3가지 (또는 그 이상)를 보이며 (기분이 단지 과민하기만 하다면 4가지) 평소 모습에 비해 변화가 뚜렷하고 심각한 정도로 나타난다.

1. 자존감의 증가 또는 과대감
2. 수면에 대한 욕구 감소 (예 단 3시간의 수면으로도 충분하다고 느낌)
3. 평소보다 말이 많아지거나 끄기 어려울 정도로 계속 말을 함
4. 사고의 비약 또는 사고가 질주하듯 빠른 속도로 꼬리를 무는 듯한 주관적인 경험
5. 주관적으로 보고하거나 객관적으로 관찰되는 주의산만 (예 중요하지 않거나 관계없는 외적 자극에 너무 쉽게 주의가 분산됨)
6. 목표 지향적 활동의 증가(직장이나 학교에서의 사회적 활동 또는 성적 활동) 또는 정신운동 초조 (예 목적이나 목표 없이 부산하게 움직임)
7. 고통스러운 결과를 초래할 가능성이 높은 활동에의 지나친 몰두 (예 과도한 쇼핑 등 과소비, 무분별한 성행위, 어리석은 사업 투자 등)

C. 기분 장애가 사회적, 직업적 기능의 현저한 손상을 초래할 정도로 충분히 심각하거나 자해나 타인의 피해를 예방하기 위해 입원이 필요, 또는 정신병적 양상이 동반된다.
D. 삽화가 물질 (예 남용약물, 치료약물, 기타 치료)의 생리적 효과나 다른 의학적 상태로 인한 것이 아니어야 한다.

> ※ 주의 : 우울증 치료(예 약물치료, 전기경련 요법) 중 나타난 조증 삽화라 할지라도 그 치료의 직접적인 생리적 효과가 나타날 수 있는 기간 이후까지 명백한 조증 증상이 지속된다면, 제 I형 양극성으로 진단할 수 있다.
> ※ 주의 : 진단기준 A부터 D까지는 조증 삽화를 구성한다. 일생 동안 적어도 1회는 조증 삽화가 있어야 제 I형 양극성장애로 진단될 수 있다.

[경조증 삽화]
A. 비정상적으로 들뜨거나, 의기양양하거나, 과민한 기분, 그리고 활동과 에너지의 증가가 적어도 4일 연속으로 거의 매일, 하루 중 대부분 지속되는 분명한 기간이 있다.
B. 기분 장애 및 증가된 에너지와 활동을 보이는 기간 중 다음 증상 가운데 3가지(또는 그 이상)를 보이며 (기분이 단지 과민하기만 하다면 4가지)평소 모습에 비해 변화가 뚜렷하고 심각한 정도로 나타난다.
1. 자존감의 증가 또는 과대감
2. 수면에 대한 욕구 감소 (예 단 3시간의 수면으로도 충분하다고 느낌)
3. 평소보다 말이 많아지거나 끊기 어려울 정도로 계속 말을 함
4. 사고의 비약 또는 사고가 질주하듯 빠른 속도로 꼬리를 무는 듯한 주관적인 경험
5. 주관적으로 보고하거나 객관적으로 관찰할 수 있는 주의산만(Ex. 중요하지 않거나 관계없는 외적 자극에 너무 쉽게 주의가 분산됨)
6. 목표 지향적 활동의 증가(직장이나 학교에서의 사회적 활동 또는 성적 활동) 또는 정신운동 초조 (예 목적이나 목표 없이 부산하게 움직임)
7. 고통스러운 결과를 초래할 가능성이 높은 활동에의 지나친 몰두(Ex. 과도한 쇼핑 등 과소비, 무분별한 성행위, 어리석은 사업 투자 등)

C. 삽화는 증상이 없을 때의 개인의 특성과는 명백히 다른 기능의 변화를 동반한다.
D. 기분의 장애와 기능의 변화가 객관적으로 관찰될 수 있다.

E. 삽화가 사회적, 직업적 기능의 현저한 손상을 일으키거나 입원이 필요할 정도로 심각하지는 않다. 만약 정신병적 양상이 있다면, 이는 정의상 조증 삽화다.

F. 삽화가 물질 (예 남용약물, 치료약물, 기타 치료)의 생리적 효과로 인한 것이 아니다.

> ※ 주의 : 우울증 치료 (예 약물치료, 전기경련 요법) 중 나타난 경조증 삽화라 할지라도 치료의 직접적인 생리적 효과가 나타날 수 있는 기간 이후까지 경조증 증상이 지속된다면 이는 경조증 삽화로 진단할 수 있는 근거가 된다. 하지만 진단 시 주의가 필요하고, 한두 가지 증상(증가된 과민성, 불안 또는 항우울제 사용 이후의 초조)만으로 경조증 삽화를 진단하지는 못하며, 이는 양극성 경향에 대해서도 마찬가지다.
>
> ※ 주의 : 진단기준 A부터 F까지는 경조증 삽화를 구성한다. 경조증 삽화는 제 I형 양극성장애에서 흔히 나타나지만 제 I형 양극성장애를 진단하는 필수조건은 아니다.

주요우울 삽화

A. 다음의 증상 가운데 5가지(또는 그 이상)의 증상이 2주 연속으로 지속되며 이전의 기능 상태와 비교할 때 변화를 보이는 경우, 증상 가운데 적어도 하나는 (1) 우울 기분이거나 (2) 흥미나 즐거움의 상실이어야 한다.

> ※ 주의 : 명백한 다른 의학적 상태로 인한 증상은 포함되지 않아야 한다.

1. 하루 중 대부분, 그리고 거의 매일 지속되는 우울 기분이 주관적인 보고 (예 슬픔, 공허감 또는 절망감)나 객관적인 관찰 (예 울 것 같은 표정)에서 드러남(※ 주의 : 아동, 청소년의 경우는 과민한 기분으로 나타나기도 함)
2. 거의 매일, 하루 중 대부분, 거의 또는 모든 일상 활동에 대해 흥미나 즐거움이 뚜렷하게 저하됨
3. 체중 조절을 하고 있지 않은 상태에서 의미 있는 체중의 감소 (예 1개월 동안 5% 이상의 체중 변화)나 체중의 증가, 거의 매일 나타나는 식욕의 감소나 증가가 있음
   (※ 주의 : 아동에서는 체중 증가가 기대치에 미달되는 경우)
4. 거의 매일 나타나는 불면이나 과다수면
5. 거의 매일 나타나는 정신운동 초조나 지연(객관적으로 관찰 가능함, 단지 주관적인 좌불안석 또는 처지는 느낌뿐만이 아님)
6. 거의 매일 나타나는 피로나 활력의 상실
7. 거의 매일 무가치감 또는 과도하거나 부적절한 죄책감(망상적일 수도 있는)을 느낌(단순히 병이 있다는 데 대한 자책이나 죄책감이 아님)
8. 거의 매일 나타나는 사고력이나 집중력의 감소 또는 우유부단함(주관적으로 호소하거나 객관적으로 관찰 가능함)
9. 반복적인 죽음에 대한 생각(단지 죽음에 대한 두려움이 아닌), 구체적인 계획 없이 반복되는 자살 사고, 또는 자살 시도나 자살 수행에 대한 구체적인 계획

B. 증상이 사회적, 직업적, 또는 다른 중요한 기능 영역에서 임상적으로 현저한 고통이나 손상을 초래한다.

C. 삽화가 물질의 생리적 효과나 다른 의학적 상태로 인한 것이 아니다.

> ※ 주의 : 진단기준 A부터 C까지는 주요우울 삽화를 구성한다. 주요우울 삽화는 제 I형 양극성장애에서 흔히 나타나지만 제I형 양극성장애를 진단하는 필수 조건은 아니다.
>
> ※ 주의 : 중요한 상실 (예 사별, 재정적 파탄, 자연재해로 인한 상실, 심각한 질병이나 장애)에 대한 반응으로 극도의 슬픔, 상실에 대한 반추, 불면, 식욕 저하, 그리고 진단기준 A에 기술된 체중의 감소가 나타날 수 있고 이는 우울 삽화가 유사하다. 비록 그러한 증상이 이해될 만하고 상실에 대한 적절한 반응으로 판단된다고 할지라도, 정상적인 상실 반응 동안에도 주요우울 삽화가 존재한다면 이는 주의 깊게 다루어져야 한다. 이에 대한 감별을 위해서는 개인의 과거력과 상실에 대한 고통을 표현하는 문화적 특징을 근거로 한 임상적인 판단이 필요하다.

035 ② DSM-IV의 전반적 발달장애에 포함되어 있던 레트장애(Rett's disorder)는 고유한 유전적 원인이 밝혀지면서 자폐 스펙트럼 장애에서 제외되었다.[2]

실력다지기

주요 신경인지 장애[2] : 병인에 따른 아형 세분화(Specify whether due to)
1) 알츠하이머병 (Alzheimer's disease)
2) 전측두엽 퇴화 (전측두엽 변성, Frontotemporal lobar degeneration)
3) 루이소체병 (Lewy body disease)
4) 혈관성 질환 (Vascular disease)
5) 외상성 두뇌 손상 (Traumatic brain injury)
6) 물질 / 약물 유발형 (물질 / 치료약물 사용, Substance / medication induced)
7) 인간면역결핍 바이러스(HIV) 감염 (HIV infection)
8) 프라이온 병 (Prion disease)
9) 파킨슨병 (Parkinson's disease)
10) 헌팅턴병 (Huntington's disease)
11) 다른 의학적 상태 (Another medical condition)
12) 다양한 병인 (Multiple etiologies)
13) 불특정형 (명시되지 않는 경우, Unspecified)

---

2 신경인지장애의 하위유형에는 주요 신경인지장애(Major Neurocognitive Disorders), 경도 신경인지장애(Minor Neurocognitive Disorders), 섬망(Delirium)이 있다.

036 ① 아동 A에게 진단할 수 있는 가장 가능성이 높은 장애는 자폐 스펙트럼 장애이다. 아래의 [실력 다지기]에서 밑줄 친 부분을 이해하길 바란다.

> **실력다지기**
>
> 자폐스펙트럼 장애 진단기준
>
> 1) 다양한 맥락에서 사회적 의사소통과 상호작용에 지속적인 결함이 나타난다. 이러한 결함은 현재 또는 과거에 다음과 같은 방식으로 나타날 수 있다.
>   (1) 사회적 - 정서적 상호작용의 결함을 나타낸다(예 타인에게 비정상적인 사회적 접근을 시도하거나 정상적인 주고받는 대화가 실패됨. 또는 타인과 흥미나 감정 공유가 어렵고, 사회적 상호작용의 시작 및 반응에 실패함).
>   (2) 사회적 상호작용을 위한 비언어적인 의사소통 행동의 결함을 나타낸다(예 언어적, 비언어적 의사소통의 불완전한 통합. 눈 맞춤이 어렵고 비정상적인 몸동작을 보임. 타인의 몸동작을 이해하지 못하며 몸동작 사용을 못함. 얼굴 표정과 비언어적 의사소통의 전반적 결핍).
>   (3) 관계발전, 유지 및 관계에 대한 이해의 결함을 나타낸다(예 다양한 사회적 상황에 적합한 적응적 행동의 어려움, 상상 놀이를 공유하거나 친구 사귀기가 어려움, 동료들에 대한 관심이 없음).
> 2) 제한적이고 반복적인 행동이나 흥미, 활동이 현재 또는 과거력 상 다음 4가지 중 2가지 이상 나타난다.
>   (1) 상동증적이거나 반복적인 운동성 동작, 물건 또는 언어의 사용(예 단순 운동 상동증, 장난감 정렬하기, 또는 물체 튕기기, 반향어, 특이한 문구 사용)
>   (2) 동일성에 대한 고집, 일상적인 것에 대한 융통성 없는 집착, 또는 의례적인 언어나 비언어적 행동 패턴(예 작은 변화에 대한 극심한 고통, 변화의 어려움, 완고한 사고방식, 의례적인 인사, 같은 길로만 다니기, 매일 같은 음식 먹기 등)
>   (3) 극도로 제한되고 고정된 흥미를 갖는데, 강도나 초점에 있어서 비정상적임(예 특이한 물체에 대한 강한 애착 또는 집착, 과도하게 국한되거나 고집스러운 흥미)
>   (4) 감각 정보에 대한 과잉 또는 과소 반응, 또는 환경의 감각 영역에 대한 특이한 관심(예 통증/온도에 대한 명백한 무관심, 특정 소리나 감촉에 대한 부정적 반응, 과도한 냄새 맡기 또는 물체 만지기, 빛이나 움직임에 대한 시각적으로 매료됨)
> 3) 이러한 증상은 반드시 초기 발달 시기부터 발생해야 한다.
> 4) 이러한 증상은 사회적, 직업적, 또는 다른 중요한 현재의 기능 영역에서 뚜렷한 손상을 초래한다.
> 5) 이러한 장애는 다른 의학적 상태에 의한 것이 아니다.

037 ① 치매는 기억손실이 많다.

② 치매는 약물남용의 가능성이 적다.

③ 치매증상은 해가 지면 심해진다. 치매환자들은 해가 지면 불안해하며 이치에 맞지 않는 이상한 소리와 과격한 행동을 보이는 경우가 있는데, 이것을 '일몰효과'라고 한다.

CF 치매는 자기의 무능이나 손상을 숨기려 하고, 자신의 무능을 자각하지 못하기도 한다.

038 ④ 모두 옳은 내용이다. 아래의 [실력 다지기]를 참고하길 바란다. 공황 발작은 갑자기 시작되는 단기간의 극도의 고통, 불안, 또는 공포로, 신체 증상 및/또는 감정적 증상이 동반된다. 공황 장애의 경우 공황 발작이 재발하며, 향후 발작에 대한 과도한 걱정 및/또는 발작을 유발할 수 있는 상황을 피하기 위한 행동 변화로 이어진다.

실력다지기

공황 발작에는 강렬한 공포나 불편과 함께 다음의 신체적 감정적 증상 중 최소 4개의 증상이 갑자기 나타난다.

1) 흉부 통증 또는 불편감　　　　　　　2) 질식되는 느낌
3) 어지럼증, 불안정함, 또는 현기증　　　4) 죽음에 대한 두려움
5) 미칠 것 같은 두려움이나 통제력 상실의 두려움
6) 비현실감, 기묘한 기분 또는 환경과의 분리　7) 상기됨 또는 오한
8) 구역, 복통 또는 설사　　　　　　　　9) 무감각 또는 저린 느낌
10) 심계항진 또는 심박수 증가　　　　　11) 숨이 차거나 질식할 것 같은 느낌
12) 발한　　　　　　　　　　　　　　　13) 떨림

039 ② 해리 현상을 유발하는 가장 주된 방어기제는 투사가 아니라, '부인'과 '억압'이라는 방어기제이다. 해리 = 부/억

참고

해리장애 (dissociative disorder)
1) 의의 : 의식, 기억, 행동 및 자기정체감의 통합적 기능에 갑작스러운 이상을 나타내는 장애
2) 해리(dissociation)의 의미 : 자기 자신, 시간, 주위 환경에 대한 연속적인 의식이 단절되는 현상
3) 해리의 기능
　(1) 감당하기 어려운 충격적 경험으로부터 자신을 보호함
　(2) 진화론적으로 적응적 가치가 있음
4) DSM - Ⅳ의 해리장애의 4유형
　해리성 기억상실증, 해리성 둔주, 해리성 정체감 장애, 이인증 장애
5) 해리성 기억상실증의 경우 '부인'과 '억압'의 방어기제를 통해 경험 내용이 의식에 이르지 못하게 된 상태를 보인다.

040 ① 거절에 대한 두려움은 회피성 성격장애가 있는 사람의 특징이다. 회피성 성격장애의 경우 직장에서조차 사회적 교류를 피하는데, 이는 비판이나 거절당할 것이라는 두려움이나 본인에게 반감을 품을 것이라는 두려움 때문이다.

심화학습

주요 우울삽화의 진단기준

1) 다음 9가지 증상 가운데 5개(또는 그 이상) 증상이 연속 2주 기간 동안 지속되며, 이러한 상태가 이전 기능으로부터의 변화를 나타내는 경우 : 증상 가운데 적어도 하나는 우울 기분이거나, 흥미나 즐거움의 상실이어야 한다.

> ※ 주의 : 명백한 일반적인 의학적 상태나 기분과 조화되지 않는 망상이나 환각으로 인한 증상이 포함되지 않는다.

(1) 하루의 대부분, 그리고 거의 매일 지속되는 우울한 기분이 주관적인 보고(슬프거나 공허하다고 느낀다)나 객관적인 관찰(울 것처럼 보인다)에서 드러난다.

> ※ 주의 : 소아와 청소년의 경우는 과민한 기분으로 나타나기도 한다.

(2) 모든 또는 거의 모든 일상 활동에 대한 흥미나 즐거움이 하루의 대부분 또는 거의 매일같이 뚜렷하게 저하되어 있을 경우(주관적인 설명이나 타인에 의한 관찰에서 드러난다.)

(3) 체중 조절을 하고 있지 않은 상태에서 의미 있는 체중 감소나 체중 증가, 거의 매일 나타나는 식욕 감소나 증가가 있을 때(예 1개월 동안 체중 5% 이상의 변화)

> ※ 주의 : 소아의 경우 체중 증가가 기대치에 미달되는 경우 주의할 것

(4) 거의 매일 나타나는 불면이나 과다 수면

(5) 거의 매일 나타나는 정신 운동성 초조나 지체(주관적인 좌불안석 또는 처진 느낌이 타인에 의해서도 관찰 가능하다.)

(6) 거의 매일의 피로나 활력 상실

(7) 거의 매일 (망상적일 수도 있는) 무가치감 또는 과도하거나 부적절한 죄책감을 느낌(단순히 병이 있다는 데 대한 자책이나 죄책감이 아님)

(8) 거의 매일 나타나는 사고력이나 집중력의 감소, 또는 우유부단함(주관적인 호소나 관찰에서)

(9) 반복되는 죽음에 대한 생각(단지 죽음에 대한 두려움뿐만 아니라), 특정한 계획 없이 반복되는 자살 생각 또는 자살 기도나 자살 수행에 대한 특정 계획

2) 증상이 혼재성 삽화의 기준을 충족시키지 않는다.

3) 증상이 사회적, 직업적, 기타 중요한 기능 영역에서 임상적으로 심각한 고통이나 장애를 일으킨다.

4) 증상이 물질(예 약물 남용, 투약)이나 일반적인 의학적 상태(예 갑상선 기능저하증)의 직접적인 생리적 효과로 인한 것이 아니다.

> ※ 주의 : 증상이 중요한 상실(사별, 재정적 파탄, 자연재해, 심각한 질병이나 장애)이 있을 경우, 주의 깊게 판단하며, 문화적 특징을 근거로 한 임상적 판단이 필요하다.

| 041 | ④ | 042 | ④ | 043 | ② | 044 | ② | 045 | ① | 046 | ① | 047 | ② | 048 | ③ | 049 | ④ | 050 | ④ |
| 051 | ④ | 052 | ③ | 053 | ④ | 054 | ④ | 055 | ④ | 056 | ② | 057 | ③ | 058 | ④ | 059 | ④ | 060 | ② |

041 ④ BGT(벤더-게슈탈트 검사), DAP(인물화 검사), 시계그리기 검사는 그리기 검사로 그림을 통해 시공간 구성 능력을 평가할 수 있다.

실력다지기

시계 그리기 검사

환자에게 지름 8cm의 원을 제시하고 그 안에 시계를 그리도록 지시하고 지시된 숫자를 배열하는 방법에 따라 1점(심한 무시)에서 4점(무시 없음)을 준다.

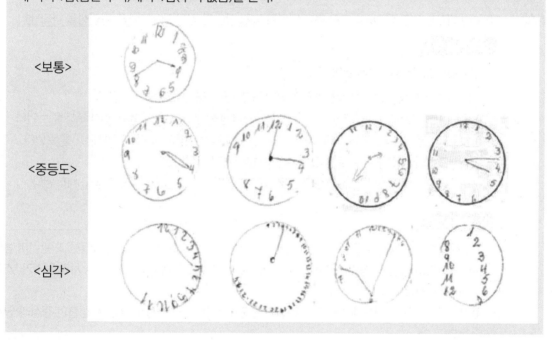

042 ④ 옳은 내용이다.

오답노트

① Broca와 Wernicke는 실행 중 연구에 뛰어난 업적을 남겼으며, Benton은 임상신경심리학의 창시자라고 할 수 있다. → Broca(1861)는 신경심리와 뇌구조를 연결시킨 첫 번째 성공 사례로 브로카 영역을 발견하여, 임상신경심리학의 아버지라는 평가를 받고 있다. Benton은 후대의 인물로 1946년 벤톤 시각검사(The Benton Visual Retention Test)를 개발하였다.

② X레이, MRI등 의료적 검사결과가 정상적으로 나온 경우에는 신경심리검사보다는 의료적 검사결과를 신뢰하는 것이 타당하다. → 신경심리검사는 의료적 검사로 확인하기 어려운 미세한 변화를 평가하는데 효과적이다.

③ 신경심리검사는 고정식(fixed) battery와 융통식(flexible) battery 접근이 있는데, 두 가지 접근 모두 하위검사들이 독립적인 검사들은 아니다. → 고정식 battery의 경우에는 총집의 형태로 표준화된 검사이기 때문에 하위검사들을 독립적으로 사용하지 않는다.

043 ② [ㄷ] 컴퓨터로 실시하는 심리검사도 특정한 교육과 자격이 필요하다.

044 ② 모집단의 구성 비율을 알고 있는 경우 표집의 대표성을 위해 모집단의 구성 비율과 같도록 표집을 실시하는 방법은 유층 표집이다.

> **실력다지기**
>
> 확률표집(확률 표본추출)의 종류
>
> **암기법** 단층집계 확률!
>
> 1) 단순무작위 표집   2) 층화표집 = 유층표집
> 3) 집락표집 = 군집표집   4) 계통적 = 체계적 = 계층적 표집

045 ① 6번 척도는 편집증(Pa) 척도로 60T 내외로 약간 상승한 경우 대인관계의 과민성을 나타낸다.

> **실력다지기**
>
> 6번(Pa) 척도의 높은 점수 의미
>
> 1) Pa > 70 인 경우, 명백한 정신병적 증상, 사고장애, 피해망상 등을 나타낸다.
> 2) 60 < Pa < 70 인 경우, 대인관계의 과민성, 지나친 의심, 완고하며 융통성 부족 등을 보인다.
> 3) 척도3이 동반상승한 경우 척도3이 더 높으면 편집증적 징후가 보다 사회화된 면을 보인다.
> 4) 정서표현이 감소하고, 주로 합리화, 주지화 방어기제가 나타난다.
> 5) 비판에 과도하게 민감하고 여성의 경우 슬프고 불안하며 현실도피적인 경향을 나타낸다.

> **오답노트**
>
> ② 2번 척도는 반응성 우울증보다는 내인성 우울증과 관련이 높다. → 반응성 우울증과 관련이 높다.
> ③ 4번 척도의 상승 시 심리치료 동기가 높고 치료의 예후도 좋음을 나타낸다. → 치료 동기가 낮고 치료의 예후도 나쁘다.
> ④ 7번 척도는 불안 가운데 상태불안 증상과 연관성이 높다. → 만성적 불안, 특성불안 증상과 연관성이 높다.

046 ① 지적장애의 경우 학습과 관련된 어려움이 많으므로 학습과 관련된 소검사를 많이 포함하고 있는 언어이해 지수에 해당한다.

K - WISC - IV의 소검사 구성

지표	소검사
언어이해 지표(VCI)	공통성, 어휘, 이해, (상식), (단어추리)
지각추론 지표(PRI)	토막짜기, 공통그림찾기, 행렬추론, (빠진 곳 찾기)
작업기억 지표(WMI)	숫자, 순차연결, (산수)
처리속도 지표(PSI)	기호쓰기, 동형찾기, (선택)

※ ( ) 안의 것은 보충 소검사임.

047   ② Guilford의 지능구조 입체모형에서 <u>조작(operation) 요인은 평가, 수렴, 확산, 기억장치, 기억저장, 인지로 6개 요인</u>이 해당된다.

실력다지기

지능의 구조모형(Guilford, 1967, 1988)

1) <u>길포드(Guilford)는 지능을 내용차원, 조작차원, 산출자원의 세 차원을 구성하는 요소들이 상호 결합하여 얻어지는 상이한 정신능력으로 구성된다고 보았다.</u> 이를 지능의 구조모형이라고 한다.

2) 최초에는 120개의 요인으로 제시되었으나 180개로 확장되었다.

3) 길포드는 지능의 구조모형에 해당하는 180개의 요인을 설명하기 위해 조작, 산출, 내용의 세 가지 요소를 축으로 하는 입방형 모형을 제시하였다.

   (1) 내용의 차원 : 시각, 청각, 상징, 의미, 행동(5개)
      ① 시각 : 시각을 통해 인지되는 정보
      ② 청각 : 청각을 통해 인지되는 정보
      ③ 상징 : 상징, 기호 등으로 인식되는 정보(예 아라비아 숫자, 알파벳 문자, 음악 기호 등)
      ④ 의미 : 언어적 의미와 개념에 관계됨.
      ⑤ 행동 : 사람들의 행동으로 인식되는 정보

   (2) 조작의 차원 : 평가, 수렴, 확산, 기억장치, 기억저장, 인지(6개)
      ① 인지 : 정보를 발견하고, 인식하고 이해하는 능력
      ② 기억장치(기록) : 정보를 입력하는 능력
      ③ 기억저장(보존) : 정보를 불러오는 능력
      ④ 확산 : 문제에 대한 다양한 해결방안을 생성할 수 있는 능력, 창의성.
      ⑤ 수렴 : 문제에 대한 해결방안을 하나로 추론할 수 있는 능력, 규칙준수 또는 문제해결능력
      ⑥ 평가 : 정보의 정확성, 일관성 또는 유효 여부를 판단할 수 있는 능력

   (3) 결과의 차원 : 단위, 종류, 관계, 체계, 변용, 함축(6개)
      ① 단위 : 단일 지식 항목
      ② 종류 : 공통 특성을 공유하는 집합
      ③ 관계 : 반대 또는 연관성, 배열 또는 유사성으로 연결된 단위
      ④ 체계 : 다양한 관련성을 갖는 구조 또는 네트워크
      ⑤ 변용 : 지식에 대한 관망, 전환 또는 변화과정
      ⑥ 함축 : 지식에 대한 예측, 추론, 결과 또는 기대

048   ③ <u>지수 간의 유의한 차이가 있을 경우 전체척도IQ는 해석할 수 없다.</u> 왜냐하면, 전체IQ는 지수의 합으로 산출되는데, 지수 간 유의한 차이가 발생한 경우 전체IQ가 각 지수를 대표한다고 볼 수 없기 때문이다.

049   ④ 보기의 MMPI-2 프로파일은 타당도 척도에서 F척도가 78점, 임상척도에서 6(Pa)척도 점수가 76점, 8(Sc)척도 점수가 73점, 7(Pt)척도 점수가 72점으로 높은 점수가 나타났다. 따라서 심각한 정신병리가 예상되며, 6-8 code type의 임상적 특징이 나타날 수 있다. 이 프로파일과 가장 관련이 있는 진단은 조현병으로 볼 수 있다.

050 ④ BSID-II의 구성척도는 운동척도, 정신(지능)척도, 행동평정 척도이다.

실력다지기

Bayley 발달척도(BSID - II)를 구성하는 하위 척도

1) 운동척도(Motor Scale) : 운동능력의 평가
   - 소근육 발달 : 잡기, 쓰기, 도구의 사용, 손 운동의 모방 등
   - 대근육 발달 : 구르기, 기기, 앉기, 서기, 걷기, 뛰기, 균형 잡기 등
2) 정신척도(Mental Scale)
   - 인지 발달 : 기억, 문제해결, 일반화, 분류, 변별, 타인 조망, 숫자 세기 등
   - 언어 발달 : 발성, 어휘, 수용 언어, 표현 언어, 전치사 사용 등
   - 개인/사회성 발달
3) 행동평정 척도(BRS : Behavior Rating Scale) : 사회적 반응이나 목표지향성 같은 아동의 행동평가
   - 아동의 주의 및 각성 상태
   - 과제 및 검사자에 대한 참여 정도, 정서 조절
   - 운동의 질

051 ④ 성격을 측정하는 자기보고형 검사는 객관적 성격검사를 의미한다. 나머지 보기는 투사적 검사의 특징에 해당한다.

실력다지기

객관적 성격검사(자기보고형 검사 / 지필 검사)

1) 장점
   (1) 검사 실시의 간편성
       객관적 검사는 시행과 채점, 해석의 간편성으로 인하여 임상가들에게 선호되는 경향이 있고 검사에 따라 차이가 있지만 시행시간이 비교적 짧다는 장점도 있다.
   (2) 검사의 신뢰도와 타당도
       투사적 검사에 비해 검사제작 과정에서 신뢰도와 타당도 검증이 이루어지고 신뢰도와 타당도가 충분한 검사가 표준화되기 때문에 신뢰도와 타당도가 높다.
   (3) 객관성의 증대
       투사적 검사에 비해 검사자 변인이나 검사 상황변인에 따라 영향을 적게 받기 때문에, 그리고 개인 간 비교가 객관적으로 제시될 수 있기 때문에 객관성이 보장될 수 있다.
2) 단점
   (1) 사회적 바람직성
       문항의 내용이 사회적으로 바람직한 내용인가에 따라 문항에 대한 응답결과가 영향을 받는다.
   (2) 반응 경향성
       개인이 대답하는 방식에 있어서 일정한 흐름이 있으므로, 이러한 방식에 따라 결과가 영향을 받는다.
   (3) 문항 내용의 제한성
       객관적 검사문항이 특성 중심적 문항에 머무르기 때문에 특정 상황에서의 특성 - 상황 상호작용 내용이 밝혀지기 어렵다.

(4) 묵종 경향성

자기의 이해와 관계없이 협조적인 대답으로 일관함으로써 결과에 영향을 미친다.

052 ③ 바인랜드 적응행동척도 2판(K - Vineland - II)은 사회성숙도 검사(SMS)의 개정판이다. 이는 연령범위가 0~90세까지이다. 사회성숙도 검사(SMS)는 0~30세인 것과 비교하면 80세 이상의 노인 집단용 규준이 마련되어 있다는 것이 차이점이다. 측정영역은 의사소통영역, 일상생활기술영역, 사회화영역, 운동영역, 부적응 행동영역이다.

> 📝 **오답노트**
>
> ① MMPI-A → 13세~18세
> ② K - WISC - IV → 만 6세 0개월~16세 11개월
> ④ SMS(Social Maturity Scale) → 0세~30세

053 ④ 좋은 형태의 수준을 가진 M(M+)의 출현은 공감능력을 나타내며, 사람에 대한 지각과 상호작용, 환경에 대한 적응성을 나타낸다. 낮은 지능과는 관련 없고, M- 반응의 경우 왜곡된 지각과 적응의 어려움을 시사한다.

> **실력다지기**
>
> 로샤 검사에서 인간운동 반응(M)의 해석
>
> 1) 인간운동 반응(M)은 인물, 활동, 대인관계에 대한 의미있는 단서를 제공함.
> 2) 인간운동 반응(M)을 포함하는 형태반응은 사회적 지각의 정확성과 다른 사람 및 대인관계적인 사건에 대해 현실적인 인상을 형성할 수 있는 능력에 대한 정보를 제공함.
> 3) Accurate M반응(M+, Mo, Mu)은 공감능력을 나타냄. (2<Accurate M : 적절한 공감능력)
> 4) 지각적으로 왜곡된 인간운동 반응(M-)은 공감능력의 결함을 시사함.
> 5) M- 반응이 많을수록 사람에 대한 지각과 사회적 상호작용에 대한 지각적 왜곡이 발생할 수 있음. 적응과 어려움과 심각성이 시사됨.
>
> (출처 : 로르샤하 해석의 원리에서 재구성)

054 ④ 자아 강도(Es) 척도는 효율적인 기능과 스트레스를 견디는 능력을 반영한다. F 척도가 높다는 것은 비전형성이 높다는 것으로, 심각한 정신병리를 시사하기 때문에 F척도와 Es척도는 반비례 관계에 있다고 볼 수 있다.

055 ④ MMPI-2 검사를 실시하기 위해서는 6학년정도(13세 이상)의 독해력이 필요하다.

056 ② 피로가 많은 상태에서는 검사 결과를 신뢰하기 어렵다. 또한 어려운 검사를 계속하다보면 동기가 낮아지고, 검사에 대한 저항감이 커지기 때문에 어려운 검사와 쉬운 검사를 교대로 실시하는 것이 좋다.

> ### 📝 오답노트
>
> ① 두부 외상이나 뇌졸중 환자의 경우에는 급성기에 바로 검사를 실시하는 것이 바람직하다. → 급성기 뇌졸중 환자의 경우 빠른 처치가 필요하기 때문에 문진을 통한 선별검사를 통해 치료 개입을 판단하는 것이 바람직하다.
> ③ 운동 기능을 측정하는 검사는 과제제시와 검사 사이에 간섭과제를 사용한다. → 간섭과제는 주의력 또는 기억력 등을 측정하는 검사에서 사용한다.
> ④ 진행성 뇌질환의 경우 6개월 정도가 지난 후에 정신상태와 인지기능을 평가하는 것이 바람직하다. → 신경심리검사에서 인지기능 장애 유무가 확실하지 않은 사람들은 6개월 후에 동일한 과정을 반복해야 한다.

057 ③ 구성타당도는 평가도구에 의해 구성개념이 제대로 측정되었는가를 말하는 것이다. 즉, 측정도구로 측정한 결과와 이론개념이 부합하는가의 문제로 구성개념에 대한 평가도구의 충실성을 말한다.

058 ④ 결정성 지능은 학습이나 경험을 통해 습득되어 나이가 들어도 잘 변하지 않는 특성을 갖는다. 이러한 결정성 지능은 유동성 지능에 비해 학습경험이나 문화적 요인에 의해 더 많은 영향을 받는다.

> ### 실력다지기
>
> 유동성 지능과 결정성 지능의 특징
> 1) 유동성 지능
>   (1) 타고난 지능으로서 생물학적으로 결정되고 새로운 정보를 처리하는 능력이며 경험이나 학습과는 무관한 지능이다. - 동작성 검사와 관련됨
>   (2) 학습된 능력이 아니면서 모든 문화권에 보편적인 문제해결 능력을 의미한다.
>   (3) 공간지각, 추상적 추론, 지각 속도, 언어적 유추능력, 단순 암기능력, 도형 간 관계 이해능력 등이 여기에 속한다.
>   (4) 유동성 지능은 10대 후반에 절정에 도달하며 성년기에는 중추신경계의 점차적 노화로 인해 감소하게 된다.
> 2) 결정성 지능
>   (1) 학교학습이나 경험을 통해 획득된 능력이다.
>   (2) 어휘 이해력, 수리력, 일반적 지식 등이 여기에 속한다.
>   (3) 성인기에서의 교육 경험의 결과로 생의 말기까지 계속 증가하는 경향이 있다.

059 ④ 적성검사는 개인이 앞으로 얼마나 잘 학습할 수 있는가를 예측하는 반면에 학업성취도 검사는 현재 상태에 있어서 지식이나 기술, 혹은 성취도의 수준을 측정한다. 따라서 학업적성과 실제 학업성취도는 일치하지 않을 수 있다.

060 ② 인지효능지표는 처리속도 지표와 작업기억 지표의 합으로 산출한다. 행렬추리는 지각추론 지표에 해당하는 소검사로 인지효능지표에 해당하지 않는다.

실력다지기

K-WISC-IV 지표점수의 구조

지표점수(Index Scales)의 구조		
전체척도 (Full Scale)	일반능력 지표 (GAI)	언어이해 지표(VCI)
		지각추론 지표(PRI)
	인지효능 지표 (CPI)	처리속도 지표(PSI)
		작업기억 지표(WMI)

| 061 | ③ | 062 | ② | 063 | ④ | 064 | ③ | 065 | ④ | 066 | ② | 067 | ① | 068 | ③ | 069 | ③ | 070 | ② |
| 071 | ① | 072 | ④ | 073 | ③ | 074 | ① | 075 | ③ | 076 | ① | 077 | ③ | 078 | ② | 079 | ③ | 080 | ② |

061 **법정심리학의 정의**

1) 법률이나 사법제도에 관련된 논제들에 대한 모든 심리학자의 업무와 관련된 것으로, 법적인 문제와 관련된 심리학적 연구와 법정에서의 심리학을 실질적으로 적용하는 것이다.

2) 형사재판, 민사사건, 청소년 법정심문 및 아동보호 감호를 포함하며 다양한 법적 소송절차에서의 소송 당사자 평가 및 증언 등과 관련된다.

3) 법정심리학은 '직접적으로 법원, 법적 절차, 교정 및 법정신적 시설 그리고 사법적 지위를 가지는 행정적, 법적, 입법 단체에 심리학적 문제들에 대한 도움을 줄 수 있는 법/심리학적 전문가의 모든 전문적 활동'을 말한다.

4) 결론적으로, 법정심리학은 강제입원, 아동 양육권, 여성에 대한 폭력, 배심원 선정 등의 문제에 특히 관심을 가지는 심리학 영역이다.

062 ② F(P)척도는 F척도에 비해 심각한 정신병리에 덜 민감하지만 F척도 상승의 의미를 명확하게 해준다. 즉, F척도의 상승이 실제 정신병적인 문제에 기인한 것인지, 아니면 의도적으로 부정적인 모습을 보이려고 하는 것인지 판단하는데 도움이 된다. VRIN, TRIN 척도가 F척도의 상승 원인이 되지 않을 때 F(P)척도를 확인해야 한다. 비전형-정신병리 척도(Infrequency-Psychopathology, F(P))의 경우 VRIN과 TRIN의 T점수가 정상 범위에 있다면, 피검자는 실제보다 정신병리를 의도적으로 과장하여 표현하는 것이다. 점수 상승의 가능한 이유들로는 무작위 반응이나 부정왜곡(부정가장, faking bad)을 통해 극단적인 수준으로 정신병적 문제가 있음을 나타내려는 경우이다. 100T 이상이면 무효일 것이다.

> **실력다지기**
>
> **긍정왜곡과 부정왜곡[3]**
>
> 자료를 타당하지 않게 하는 요인으로는 크게 긍정 왜곡(아니다, faking good)과 부정 왜곡(그렇다, faking bad)으로 분류할 수 있다.
>
> 1) 긍정 왜곡이란 심리적 증후군(psychological symptomatology)을 부인하거나 줄여서 보고하려는 고의적 혹은 무의식적 노력을 말하며 취직 등과 같은 다양한 상황에서 나타날 수 있다.
>
> 2) 부정 왜곡이란 실제 경험되는 것보다 증상을 더 과장하여 보이려는 의식적 무의식적 시도를 말한다. 부정 왜곡은 주로 개인의 상해나 근로자의 배상 문제를 둘러싼 금전적인 이득이 고려될 때 일어날 수 있다.
>
> **VRIN 척도와 TRIN 척도[4]**
>
> 1) 무선반응 비일관성(VRIN) 척도
>
> 무선반응 비일관성(variable response inconsistency: VRIN) 척도는 수검자가 문항에 비일관적으로 응답하는 경향이 있는지를 탐지한다. 이는 내용면에서 유사한 혹은 정반대인 문항들로 짝지어진 문항

---

3 출처 : 고숙남 외(1998). 알코올 의존 환자의 MMPI 프로파일. 중독정신의학. 2(2): 244-251
4 출처 : 마인드플니스 심리상담연구소 블로그

에 대해 수검자가 비일관적으로 응답할 때마다 원점수가 1점씩 높아진다. MMPI-2 매뉴얼에서는 이 척도가 원점수 13점 이상일 때는 무선반응이 시사된다고 설명하고 있다. VRIN 척도를 확인함으로써 무선반응 뿐만 아니라, F 척도의 상승 이유를 이해하는 데에도 도움을 받을 수 있다.

2) 고정반응 비일관성(TRIN) 척도

고정반응 비일관성(true response inconsistency: TRIN) 척도는 문항내용과 상관없이 모두 긍정 혹은 모두 부정으로 응답하는 경향을 탐지하기 위해서 개발되었다. 이 척도는 내용면에서 정반대인 문항들의 쌍으로 구성되어 있다. VRIN 척도와 마찬가지로 채점이 까다롭기 때문에 컴퓨터로 채점하는 것이 좋다. MMPI-2 매뉴얼에서는 TRIN 척도의 원점수가 13점 이상 혹은 5점 이하인 경우에는 무분별한 반응임이 시사된다고 설명하고 있다. TRIN 척도를 통해 무선적으로 입력된 '그렇다'와 '아니다' 반응세트에 대한 민감한 탐지도 가능하다.

과장된 자기제시 척도 (Superlative Self-Presentation, S척도)

S척도는 파일럿 응시자와 규준집단 간의 반응을 비교하여 반응률의 차이를 보이는 문항을 선별하였다. S척도는 K척도와 함께 방어성을 측정하는 척도로서 두 척도 간 상관이 상당히 높다. 그러나 S척도는 검사의 전반과 후반에 골고루 문항이 퍼져 있지만, K척도는 검사의 전반부에 문항이 분포해 있다. S척도는 총 50문항으로 구성되어 있으며 이 중 44개 문항이 '아니다' 방향으로 채점되기 때문에 해석 시에 TRIN 척도를 고려해야 한다.

MMPI-2[5]의 개요

1) 총 567 문항으로 구성됨
2) 각 질문에 대해 [그렇다], [아니다]로 응답함
3) 검사 소요시간 : 약 50-60분 정도
4) 총 9개의 타당도척도
5) 총 10개의 임상척도와 9개의 재구성 임상척도
6) 총 5개의 성격병리척도
7) 총 15개의 내용척도와 총 15개의 보충척도

---

063   역할-연기는 자기주장훈련, 사회적 기술, 행동시연, 모델링 등과 관련된 행동기법으로 이완훈련과는 거리가 멀다. ④ 이완훈련은 체계적 둔감법, 근 이완 등이 해당된다.

064   ③ 제2차 세계대전으로 인해 군인들에 대한 심리치료의 필요성이 급증하게 되었고, 정신과 인력은 부족하여 임상심리학자의 역할에 대한 요구가 증대되었다. 임상심리학이 전문직으로서 인정을 받고 영역이 크게 확대된 계기가 되었으며, 임상심리가 비약적으로 발전하게 된 계기는 제2차 세계대전(1939년 9월 1일 ~1945년 9월 2일)이다.

065   ④ 심리학자는 다른 심리학자가 윤리규정을 위반한 것을 인지하게 되면 그 심리학자로 하여금 윤리규정에 주목하게 함으로써 문제를 해결하도록 노력한다. 그러나 문제가 해결되지 않거나 명백한 윤리규정 위반으로 비공식적 방식이 적절하지 않은 경우, 임상심리학회 산하학회 또는 임상심리학회 상벌 및 윤리위원회에 보고한다. 임상심리학회 산하학회 또는 임상심리학회 상벌 및 윤리위원회는 문제를 학회에 보고한 심리학자의 신원을 외부에 공개해서는 안 된다.

---

5   MMPI-2는 새롭게 개발되고 보강된 척도로, 검사 결과의 정확성 및 변별력 증가와 보다 현대적이고 보편성 있는 문항 구성으로 응답의 용이성이 높아졌다.

윤리규정[6]

제1장 윤리규정의 시행에 관한 지침

제1조 윤리규정 서약
임상심리학회 회원으로 가입하기 위해서는 윤리규정에 서약해야 한다. 본 윤리규정의 발효시 기존 회원은 본 윤리규정에 서약한 것으로 간주한다.

제2조 윤리규정과 현행법과의 갈등
현행법이 윤리규정을 제한할 경우는 전자가 우선적으로 적용된다. 만약 윤리규정이 현행법이 요구하는 것보다 엄격한 기준을 설정하고 있다면, 심리학자는 윤리규정을 따라야 한다.

제3조 윤리규정과 조직 요구와의 갈등
심리학자가 소속되어 있는 기관이 윤리규정에 반하는 요구를 할 경우, 심리학자는 자신이 윤리규정에 이미 서약하였음을 알리고, 윤리규정을 준수하는 방식으로 그 갈등을 해결하도록 노력한다. 또한, 윤리규정에 반하는 기관의 요구를 학회 및 상벌위원회에 알리고 자문을 구하여야 하며, 위원회는 적절한 자문을 해주어야 한다.

제4조 윤리위반의 보고
심리학자는 다른 심리학자가 윤리규정을 위반한 것을 인지하게 되면 그 심리학자로 하여금 윤리규정에 주목하게 함으로써 문제를 해결하도록 노력한다. 그러나, 문제가 해결되지 않거나 명백한 윤리규정 위반으로 비공식적 방식이 적절하지 않은 경우, 임상심리학회 산하학회 또는 임상심리학회 상벌 및 윤리위원회에 보고한다. 임상심리학회 산하학회 또는 임상심리학회 상벌 및 윤리위원회는 문제를 학회에 보고한 심리학자의 신원을 외부에 공개해서는 안 된다.

제5조 상벌 및 윤리위원회와의 협조
윤리규정 위반으로 보고된 심리학자는 학국심리학회 산하학회 또는 임상심리학회 상벌 및 윤리위원회에서 행하는 조사에 협조해야 한다. 윤리조사에 협조하지 않는 것 자체가 윤리규정 위반이 된다.

제6조 소명 기회의 보장
윤리규정 위반으로 보고된 심리학자에게 충분한 소명의 기회가 주어져야 한다.

제7조 징계심사 대상자에 대한 비밀 보호
윤리규정 위반에 대해 임상심리학회 이사회의 징계 결정이 내려질 때까지 임상심리학회 산하학회의 윤리위원과 임상심리학회 상벌 및 윤리위원은 해당 심리학자의 신원을 외부에 공개해서는 안 된다.

제8조 윤리규정의 수정
윤리규정의 수정 절차는 임상심리학회 회칙 개정 절차에 준한다. 윤리규정이 수정될 경우, 수정 전의 규정에 서약한 회원은 추가적인 서약 없이 새로운 규정에 서약한 것으로 간주한다.

---

6 출처 : 한국임상심리학회 윤리강령

066 ② 시각적 처리와 시각적으로 중재된 기억의 일부 측면에 관여하는 뇌의 위치는 후두엽이다. 눈으로 들어온 시각정보가 시각피질에 도착하면 사물의 위치, 모양, 운동 상태를 분석한다. 여기에 장애가 생기면 눈의 다른 부위에 이상이 없더라도 볼 수 없게 된다.

> **실력다지기**
>
> ① 두정엽(頭頂葉, parietal lobe)은 기관에 운동명령을 내리는 운동중추가 있다. 체감각 피질과 감각연합 영역이 있어 촉각, 압각, 통증 등의 체감각 처리에 관여하며 피부, 근골격계, 내장, 미뢰로부터의 감각 신호를 담당한다.
> ③ 전두엽(前頭葉, frontal lobe)은 대뇌반구의 전방에 있는 부분으로 전전두엽 관련 영역을 가져 기억력·사고력 등의 고등행동을 관장하며 다른 연합영역으로부터 들어오는 정보를 조정하고 행동을 조절한다. 또한 추리, 계획, 운동, 감정, 문제해결에 관여한다.
> ④ 측두엽(側頭葉, temporal lobe)은 대뇌반구의 양쪽 가에 있는 부분으로 청각연합영역과 청각피질이 있어 청각정보의 처리를 담당한다.

067 ① 단기적·점진적 노출치료의 경우 불안장애, 공황장애에 가장 효과적인 치료법으로, 내담자를 짧은 시간동안(보통 몇 초부터 몇 분까지), 즉 불안을 유발하는 수준이 낮은 사건에서 높은 수준의 사건으로 점진적으로 노출하는 치료법이다.

068 ③ 저항반응은 여러 가지 양상을 보인다. 즉, 불안을 유발하는 기억과 통찰을 무의식적으로 억압하거나 회피하려는 시도로 치료 기간에 잦은 지각이나 침묵과 의사소통의 회피 등을 보인다.

069 ③ 특정 표적행동은 관찰이 가능하므로 조작적 정의가 가능하며, 이러한 조작적 정의는 한 가지로 한정할 수 없기 때문에 상이할 수 있음을 고려해야 한다.

> **오답노트**
>
> ① 행동평가는 자연적인 상황에서 실제 발생한 것뿐만 아니라, 인위적 상황에서의 대상을 평가한다.
> ② 행동평가는 내면심리를 반영하지 않는다.
> ④ 행동관찰 결과는 요구특성이나 피험자의 반응성 요인과 관련이 있다.

070 ② 문장완성검사(SCT)는 완성되지 않은 문장을 완성하도록 되어 있는 투사검사 중의 하나이기 때문에 수검자의 검사자극의 내용을 감지할 수 있도록 구성되어 있다. 즉, 문장완성검사는 수검자가 검사자극의 내용을 감지할 수 있도록 구성되어 있어, 다른 투사검사보다 의식수준의 심리적 현상이 잘 반응되는 경향이 있다.

> **심화학습**
>
> 문장완성검사(SCT: Sentence Completion Test)
> 1) 단어연상검사의 응용으로 에빙하우스(H. Ebbinghaus)에 의해 발전되었다.
> 2) 현재 임상 현장에서는 Sacks의 문장완성검사(SSCT)가 가장 널리 사용되고 있으며, 개인과 집단 모두에게 실시될 수 있다.

3) 투사검사로서 다른 투사검사에 비해 개인의 심리적 특성이 투사될 가능성이 제한되는 것은 사실이나, 투사적 검사로서 유용성이 확인되었다.

4) Sacks는 가족, 성, 자기개념, 대인관계의 네 가지 영역을 세분화하여 총 15개의 영역으로 분류하였으며 총 50개의 문항이 현재 많이 사용되고 있다.

(1) 수검자에 따라 각 문항의 모호함 정도는 달라질 수 있다.

(2) 아버지에 대한 태도, 어머니에 대한 태도, 가족에 대한 태도, 여성에 대한 태도, 남성에 대한 태도, 이성과 결혼에 대한 태도, 친구에 대한 태도(대인지각), 권위자에 대한 태도, 두려움에 대한 태도, 죄책감에 대한 태도, 자신의 능력에 대한 태도, 과거에 대한 태도, 미래에 대한 태도, 목표에 대한 태도

5) 검사결과의 해석

성격적인 요인으로 지적 능력, 정의적 측면, 가치 지향적 측면, 정신 역동적 측면을 알아볼 수 있고, 결정적 요인으로 신체적 요인, 가정적·성장적 요인, 대인적·사회적 요인 등을 알 수 있어 그 분석을 통해 개인의 성격이나 적응 상태를 이해할 수 있다.

071 ① 심리치료 이론 중 전이와 역전이의 중요성을 강조하고 치료에 활용하는 접근은 정신분석적 접근이다.

072 ④ 인간중심 치료는 내담자가 정상인인가, 신경증 환자인가, 정신병 환자인가에 따라 각기 다른 치료원리가 적용되는 것이 아니라, 상담자의 상담촉진적인 관계를 지향하는 태도 3가지(수용적 존중, 공감적 이해, 진솔성)의 치료원리가 모든 내담자에게 적용된다.

073 ③ 언어치료는 언어치료사의 역할로, 임상심리사가 수행하는 역할이 아니다.

074 ① 자연관찰법 (naturalistic observation)은 내담자의 집, 학교, 병원 등에서 자연스럽게 나타나는 문제행동을 관찰하는 것이다. 문제행동의 빈도, 강도, 만성화된 문제행동을 유지시키는 요인들을 실제장면(자연적인 현장)에서 관찰하는데 효과적이라는 것이 장점인 반면, 시간과 비용이 많이 들며, 대부분의 사람들은 자신들이 관찰된다는 것을 알고 있을 때 다르게 행동할 수 있다(방어성을 보임)는 단점이 있다.

075 ③ 문제의 사례를 다시 살펴보면, 주의력 결핍장애를 가진 아동의 혼란된 행동을 다루는 방법(사례)을 확신하지 못하고 있는 초등학교 3학년 담임교사(피자문자)에게 자문을 해주었다는 내용이다. 이는 피자문자 중심 사례 자문에 해당한다. 이는 피자문자가 경험한 도전에 초점을 맞추며 피자문자의 무경험, 정보의 부족 및 실수들이 자문(토론)의 주제가 된다.

문항설명

1) 내담자 - 중심 사례자문
특정한 환자의 치료나 보호에 책임이 있는 다른 동료 전문가에게 자문하는 것을 포함하는 것으로서, 더 적절하게 환자의 욕구를 충족시키기 위해 그 자문가의 조언을 구한다.

2) 프로그램 - 중심 행정자문
개인적인 사례보다는 프로그램이나 제도에 초점을 둔다.

3) 피자문자 – 중심 행정자문

일반적으로 기관 내의 행정적인 쟁점과 인사 쟁점에 관한 업무가 포함된다.

076 ① 가족치료의 발달사를 보면, 볼비 등은 아동지도 클리닉에서 가족에 대한 연구와 상담을 활발히 전개하였으며, 초기 가족치료발달에 큰 영향을 미쳤는데, 이는 비행청소년과 가족상담이 계기가 되었다. 그리고 구조적 가족치료모델의 미누친은 1960년 뉴욕의 월트위코 학교에서 비행청소년들을 교정하는 정신과 의사로 일하면서 비행청소년 가족치료를 하였다.

실력다지기

사티어의 합동가족치료(conjoint family therapy)[7]

가족면접을 중심으로 하는 가족치료의 한 형태로서 전 가족성원을 동시에 합동으로 면접을 실시하면서 치료하는 방식이다. 여기에는 모든 가족성원 즉 중요한 친족과 때로는 반드시 혈연이 아니라도 관계의 긴밀한 사이로서 친족 이외의 중요한 인물도 포함된다. 합동가족치료는 가족 상호작용이나 기능, 역할 균형상태, 커뮤니케이션과 가족권위 등을 가장 빨리 이해할 수 있고 즉시 전체를 파악할 수 있는 장점을 지닌다. 클라이언트의 문제는 가족원과의 역동적인 관계에 있기 때문에 그 원조과정에 가족원 전원을 참가시켜 상호의 의사소통을 촉진시키고 상호이해를 깊게 하고 상호의 협력을 강화하는데 의의가 있다.

077 ③ 창의성은 Rogers가 제안한 내담자의 긍정적 변화를 촉진시키기 위한 치료자의 3가지 조건에 해당하지 않는다. 상담자의 상담촉진적인 관계를 지향하는 태도 3가지(수용적 존중 또는 무조건적 존중, 공감적 이해 또는 정확한 공감, 진솔성 또는 솔직성)의 치료원리가 모든 내담자에게 적용된다.

078 ② 접수면접은 환자가 내원하여 처음으로 받는 면접으로서 라포 형성, 제공되는 서비스에 대한 일반적인 설명, 그리고 접수한 기관에서 치료가 어려울 경우 다른 기관으로의 의뢰 등을 생각해 볼 수 있다. 그리고 주목적은 가장 적절한 치료나 중재 계획을 권고하고 환자의 증상이나 관심을 더 잘 이해하기 위해 실시한다. 결론적으로 접수면접은 환자가 내원하여 처음으로 받는 면접으로서 라포 형성, 제공되는 서비스에 대한 일반적인 설명, 그리고 접수한 기관에서 치료가 어려울 경우 다른 기관으로의 의뢰, 내원 사유를 정확히 파악, 기관의 서비스가 환자의 필요와 기대에 부응하는지 판단, 치료에 대해 가질 수 있는 비현실적 기대를 줄여 주는 등을 고려하는 면접이 이루어진다.

문항설명

① 환자의 심리적 기능 수준과 망상, 섬망 또는 치매와 같은 이상 정신현상의 유무를 선별하기 위해 실시한다. – 진단면접

③ 환자가 중대하고 외상적이거나 생명을 위협하는 위기에 있을 때 그 상황에서 구해내기 위해서 실시한다. – 위기면접

④ 환자가 보고하는 증상들과 문제들을 진단으로 분류하기 위해서 실시한다. – 진단면접

7   출처 : 이철수 외(2009). 사회복지학 사전

위기면접

1) 외상적이거나 생명을 위협하는 위기 상황에 있는 환자에 대한 면접이다.

2) 발생한 문제에 대해 면접하고 즉각적인 방책을 강구하는 것이다.

3) 일어날 수 있는 재난을 피하게 하는 것으로, 진료소를 찾아오도록 북돋아주고, 다른 전문가에게 의뢰함으로써 문제를 장기적으로 해결하게 하는 것이다.

4) 신속하게 핵심을 파악하는 면접 양식이 필요하다.

5) 사례

　자살을 위해 먹은 수면제의 양이 치사량인지, 몇 알을 가지고 있는지 혹은 이를 먹었는지 확인하고 즉각적인 조치를 취하는 경우

진단면접

1) DSM-5의 평가 기준에 따라 진단을 내리기 위한 면접이다.

2) 전통적으로 개방형 질문형식인 비구조적 면접을 사용해 왔으며, 이에 대한 대안으로 구조적 면접이 개발되었다.

3) 구조적 면접의 구성은 흐름도 형식으로 매우 구체적인 질문들이 제시되어 있으며, 질문들은 의사결정도(Decision)에 따라 체계적으로 배열되어 있다.

079 이 문제는 오류가 있다고 생각할 수 있지만, 학자들의 견해에 따라 달리 설명하고 있어 다음 2가지로 말할 수 있다. 즉, 조셉 울피는 1950년대에 체계적 둔감화의 단계를 설명할 때, 불안위계목록 작성 - 이완훈련 - 단계적 둔감화로 설명하였지만, 모리스(1986)는 이완훈련 - 불안위계목록 작성 - 단계적 둔감화로 설명하였다. 따라서 본 문제는 조셉 울피의 정의에 따르면, {[ㄷ]. 불안 자극의 위계를 정한다. - [ㄹ]. 불안 상태와 양립 불가능하여 불안을 억제하는 효과를 지닌 이완기법을 배운다. - [ㄱ]. 이완 상태에서 가장 낮은 위계의 불안자극에 노출한다. - [ㄴ]. 이완 상태에서 더 높은 위계의 불안자극에 노출한다.} 의 순서가 옳은 내용이다. 주의할 것은 이번 시험에서 불안위계목록 작성 - 이완훈련 - 단계적 둔감화의 내용이 답이 되었지만, 다른 국가전문자격시험이나, 국가기술자격시험에서 이완훈련 - 불안위계목록 작성 - 단계적 둔감화를 정답으로 처리한 내용이 있으니, 2가지로 정리하여 좋을 듯하니, 참고 바란다.

체계적 둔감화(systematic desensitization)

체계적 둔감화는 울피의 고양이 실험과 불안조건형성 및 상호억제 이론으로부터 직접적으로 발전되었다. 둔감화 기법은 다양한 신체적, 사회적 사건에 의해 불안이 유발되는 환자에게 권유된다. 상호억제이론에 기반을 두고 있기 때문에 체계적 둔감화는 역불안반응(counter-anxiety response)과 연합된 최소한의 불안을 유발시키는 자극을 필요로 한다. 표준화된 수행에서, 불안유발자극을 일으키고 조절하기에 가장 편리한 방식은 자기주장의 위계에 따라 배열된 사건을 환자에게 상상하도록 말로 지시하는 것이다. 이완은 불안과 상반되는 반응을 제공해 준다. 따라서 체계적 둔감화는 불안의 위계 설정하기, 이완 훈련하기 및 불안자극을 이완으로 대치하기의 중요한 세 단계로 구성되어 있다.

체계적 둔감화의 과정은 다음과 같다.

상담자는 불안에 대한 구체적 정보를 알아내고 내담자에 대한 정확한 배경 정보를 수집하기 위한 초기 면접을 한다. 이 면접은 몇 회기 동안 지속될 수 있는데 내담자가 어떤 사람인지에 대해 이해할 수 있게 해준다. 상담자는 내담자에게 조건 형성된 공포를 일으키는 구체적 환경에 대해 질문한다. 일단 둔감법을 사용하기로 결정하면 상담자는 내담자에게 상담 절차의 논리와 실제로 어떤 것을 하는지에 대해 간략하게 설명을 해준다. 모리스(1986)는 체계적 둔감법의 3가지 구성요소를 세 단계로 나누었다.

(1) 이완훈련

이 단계에서는 제이콥슨(1938)이 개발하고 울프(1990)가 상세히 기술한 이완훈련을 일부 수정한 것이다. 심리상담/치료자는 매우 조용하고 부드럽고 기분 좋은 목소리로 단계적으로 근육이완을 가르친다. 내담자에게 매일 30분 동안 회기 밖에서 이완연습을 하도록 한다.

(2) 불안위계표 작성

상담자는 확인된 영역에 대한 불안위계표를 내담자와 함께 작성한다. 거부, 질투, 비판, 무시, 혹은 공포 등과 같은 불안을 일으키는 자극들을 분석한다. 심리상담/치료자는 불안이나 회피의 정도에 따라 상황들을 서열(위계)목록표를 만든다. 위계는 내담자가 생각할 수 있는 가장 나쁜 상황에서 아주 적은 불안을 일으키는 상황까지 순서대로 정렬한다.

(3) 체계적 둔감법 실시

초기면접 후 몇 회기 동안은 둔감법을 시작하지 않는다. 내담자가 심리상담/치료실에서 이완을 배우고 집에서 연습하고 불안위계를 구조화할 충분한 시간이 필요하다. 둔감법 과정은 눈을 감고 완전히 이완된 상태에서 실시한다. 처음에는 불안이 없는 중립적인 장면을 제시하고 상상을 하도록 한다. 내담자가 충분히 이완 상태로 있을 수 있게 되면, 불안위계표에 있는 가장 적은 불안유발 장면을 상상하라고 한다. 심리상담/치료자는 내담자가 불안을 경험하고 있다고 신호할 때까지 단계적으로 위계를 올리며 불안을 경험하고 있다는 신호를 하면 중단한다. 이완을 다시 시작하고 내담자는 계속해서 위계를 올려간다. 이전에 가장 혼란스럽고 가장 많은 불안을 일으켰던 장면을 상상하는 동안에도 이완된 상태를 내담자가 계속 유지할 수 있을 때 심리상담/치료는 끝이 난다. 체계적 둔감법의 핵심은 불안유발상황에 대한 드러내기를 반복하면서 어떤 부정적인 결과를 경험하지 않아야 한다는 것이다. 과제와 과제에 대한 확인은 성공적 둔감법의 필수 구성요소이다. 내담자는 매일 몇 장면들을 선택해서 이완절차를 연습하며, 이 연습시간에 이들은 이전 회기에서 완수한 장면을 떠올린다. 점차적으로 이들은 불안을 더 깊이 있게 다루기 위해 실제 생활에도 실시해본다.

원문 - The Process of Systematic Desensitization

The process of systematic desensitization will never look alike for two people because therapists work to study and understand how each person's trigger affects them. In general, though, systematic desensitization follows a routine progression that involves defining the fear, rating situations that trigger different fear ratings, exposure, reviewing progress, and repeating the exposure/review process until the ultimate fear is completed.

Psychoeducation & Relaxation

Even though the concept of "facing one's fears" is commonly understood, some clients may struggle to understand how exposure to a stressor will result in less stress in the future. The mental health professional will thoroughly explain the process and receive full consent from the client to begin treatment. Along with psychoeducation, relaxation techniques are an essential element of systematic desensitization. They aim to lower the body's overall reaction to the trigger. This way, the person will be more likely to continue on with treatment and accomplish their goals.

Establishing the Fear Hierarchy

A "fear hierarchy" is a list established between the therapist and client to describe and rate triggering stimuli. The list begins with the scariest, most challenging situation at the top to represent the level-ten item. Then, the discussion shifts to the lowest situation that would cause fear to represent the level-one stress. Once the range is established, the therapist and client will brainstorm steps along the way that cover the entire spectrum of anxiety. Having many steps and exposures is necessary, so at least 15 separate items should be on the fear hierarchy. With too few, there are not enough opportunities for exposure.

Complete Level-One Exposure

Systematic desensitization relies on completing the fear hierarchy in a step-by-step progression by starting with the scenario that will cause the least amount of stress before moving to level two. This exposure could occur during therapy session, or it could be assigned as homework for in between sessions. Ideally, the process happens in the office, so the therapist can model, shape, and guide the client's experience by giving prompts and reinforcement. Due to practical issues, many exposures need to happen outside of session, too. When the exposure takes place, the client will experience an expected increase in anxiety. They will utilize their relaxation techniques to calm their body and mind to remain engaged in the process while emotional, processing, extinction, habituation, and self-efficacy grow. Once the anxiety drops by at least 50% of its peak value, the exposure ends and is qualified as a success. The client then reflects or documents their experience to share with the therapist.

Review & Repeat

As long as the first exposure is successful, the client and therapist will meet to discuss the effects of exposure, track the symptoms, and the use of relaxation. Unless something transpired to make them rethink the hierarchy, the client will move on to the next exposure. From here, a consistent pattern emerges with exposure, review, and repeat. This routine is where systematic desensitization gets its name. It is thoughtful, deliberate, and measured. Completing the exposures in this way creates the sense that each step of the hierarchy is only as challenging as the one before because the negative associations are breaking down.

080　② 가장 높은 수준의 공감적 표현방법은 '해석'이며, 내담자가 표현한 것에 정확한 의미와 정서를 추가하는 것은 표현한 것에 대한 설명의 하나인 '해석'이다.

　　CF 심상이란, 내담자가 상상을 통해 중요한 사건을 다시 회상하도록 하여 사건이 일어났을 당시의 생각과 감정을 떠올리도록 돕는 것이다. 해석은 내담자 자신의 내면과 부합하는 심상을 면접자가 수용하는 동시에 표현한 것에 정확한 의미를 설명하는 것을 의미한다.

081	②	082	③	083	④	084	②	085	④	086	①	087	③	088	②	089	③	090	④
091	③	092	④	093	④	094	③	095	①	096	③	097	③	098	①	099	③	100	②

081 ② 보기는 가능성이 높은 활동을 통해 가능성이 낮은 활동의 빈도를 높이는 것으로 프리맥의 원리를 적용한 사례이며, 프리맥의 원리는 정적강화에 해당한다.

실력다지기

프리맥(Premack)의 원리

1) 가능성이 높은 활동이, 가능성이 낮은 활동에 대해 강화물이 될 수 있다는 원리이다.
2) 새로운 행동(A : 숙제하는 것)은 그 행동을 한 후 학습자가 쉽사리 보이는 옛 행동(B : 야구경기 관람)이 즉각적으로 따를 때 학습이 된다는 것, 즉 B행동이 A행동과 관련성이 있을 때 학습이 증진된다는 것이다.
   <예시> 게임-가능성이 높은 활동, 공부-가능성이 낮은 활동 => 공부를 한 이후 게임을 하도록 함.
3) 프리맥의 원리는 정적강화의 원리를 적용한 것인데, 그 이유는 정적강화란 강화물을 제공하여 행동의 빈도를 높이는 것으로 '게임'을 강화물로 제공하여 '공부'의 빈도를 높이기 때문이다.

082 ③ 보딘(Bordin)이 제시한 작업동맹의 3가지 측면은 유대(결속), 작업의 동의(과업), 목표에 동의(목표)이다.

실력다지기

Bordin(1979)이 제시한 치료동맹(작업동맹)의 3대 요소

1) 유대(결속), 작업의 동의(과업), 목표에 동의(목표)가 Bordin(1979)이 제시한 치료동맹(작업동맹)의 3대 요소이다.
2) '결속'은 참여자들 간의 관계의 질을 말하고 '목표'는 치료적 여행의 목적지이며 '과업'은 이 목표를 성취하는 수단이다.

083 ④ 아동은 중요한 타인(부모)의 무조건적 긍정적 존중을 통해 현실적인 자기를 형성한다. 부모의 기대와 가치를 내면화하게 되면 부모가 원하는 데로 행동하고자 하는 가치조건화를 형성하게 된다.

실력다지기

인간중심상담의 자기실현경향성과 가치조건화

1) 자기실현경향성 : 유기체가 자신을 유지하거나 성장시키는데 도움이 되는 방향을 자신의 모든 능력을 개발하려는 선천적인 경향성이다. 즉, 모든 인간이 갖는 자신의 잠재력을 실현하고자 하는 경향성을 말한다.
2) 자기개념 : 자신의 존재와 기능의 경험들로 구성된 자기에 관한 일련의 이미지를 말한다.
3) 가치조건화 : 유기체는 긍정적 존중의 욕구가 있으며, 양육환경에서 존중 받은 경험을 통해 긍정적인 존중을 받지 못했던 경험을 회피하려는 조건부가치가 생겨나는데, 이를 가치조건화라고 한다.

084 ② 저항은 억압된 내용들이 의식화되는 것을 막고, 현재 상태를 유지하려는 욕구에 의해 발생한다. 때문에 상담진행을 방해하고 상담의 목적달성에 방해요소로 작용한다. 상담 장면에서의 저항은 침묵, 피상적 진술, 연상의 단절, 당황, 불안 등의 형태로 나타난다.

> **실력다지기**
>
> 정신분석에서 저항의 형태
>
> 1) 정신치료 도중에 상담자의 말에 내담자가 대답을 하지 않고 침묵을 완강하게 고집하는 경우
> 2) 상담사가 내담자의 무의식적 억압과 관련된 내용에 대해 의표를 찌르는 말을 할 경우 이를 강하게 부인하는 경우
> 3) 정신치료 장면에서 상담자의 해석에 대해 내담자가 화를 내는 경우
> 4) 정신치료 그 자체를 회피하기 위해 치료시간에 지각하거나, 상담/치료와 관련없는 엉뚱한 이야기만 하며 상담/치료과정을 늘어지게 하거나, 아예 상담/치료과정에 의도적으로 불참해버리는 경우
>
> (출처 : 나무위키)

085 ④ 크럼볼츠(Krumboltz)는 직업상담에서 사회학습이론을 주장한 학자로 상담의 목표설정시 고려할 점을 4가지 제시하였다. (1)구체적일 것 (2)실현가능할 것 (3)내담자가 원하고 바라는 것 (4)상담자의 기술과 양립 가능할 것 등이다.

086 ① 비자발적인 내담자의 경우 관계성 질문 등을 통해 구체적인 상담목표를 설정하는 것이 필요하다.

087 ③ 현실치료 이론에서 기본적인 욕구는 (1)소속과 사랑의 욕구, (2)힘의 욕구, (3)즐거움의 욕구, (4)자유의 욕구, (5)생존의 욕구이다. (**암기법** 소힘즐자생) 자존감은 해당되지 않는다.

088 ② 게슈탈트 상담은 프릿츠 펄스(Fritz Perls)가 창안한 이론으로 지금-여기의 욕구와 감정을 자각(알아차림)하는 것을 중요시한다. 게슈탈트 상담은 정신분석 치료이론을 위시하여 유기체 이론, 신체 이론, 장 이론, 게슈탈트 심리학, 사이코드라마, 연극과 예술 철학, 실존철학 그리고 동양사상 가운데서 특히 도가와 선사상 등의 광범위한 영향을 받으며 탄생하였다. 이러한 배경에서 생겨난 게슈탈트 심리치료는 다양한 삶의 문제들을 각각 하나씩 따로 분리된 것으로 보지 않고, 서로 전체적이고 유기적으로 관련되어 있다고 본다. 또한 신체와 정신, 그리고 환경을 서로 불가분의 관계에 있는 통합적이고 유기적인 존재로 이해하는 인간관과 세계관을 갖는다.

089 ③ 현재 상황과 관련된 과거에 초점을 맞추는 상담은 정신분석 상담으로 위기개입에 적절하지 않다. 위기개입은 위기가 발생하면 즉각적으로 개입하는 것을 말하며, 위기개입을 통해 내담자가 어느 정도 안정을 확보하면 위기 이전의 기능수준으로 회복하도록 돕는 개입전략이다.

090 ④ 도박 중독자들은 자신이 중독이라는 것을 인정하지 않으려는 경향이 있다.

도박중독의 심리·사회적 특징

1) 도박 중독자들은 도박에 집착하면서 개인적인 문제(가정문제, 경제적 문제, 대인관계 문제, 직업적 문제 등)를 많이 가지고 있다.
2) 도박 중독자들은 직장에서 도박자금을 마련하기 위해 남보다 더 열심히 노력하지 않고 도둑질, 위조지폐, 사기 등 불법행위를 시도한다.
3) 심리적 특징으로 한탕주의를 노리는 단기적인 만족을 추구한다.
4) 도박행동에 문제가 있음을 인정하지 않고 변명하려 든다.
5) 도박하는데 많은 시간을 보내며, 도박 행위를 절제하겠다고 약속은 하지만 지키지 않는다.
6) 감정의 기복을 심하게 경험하고, 걱정과 우울 등 극단적 감정을 경험한다.
7) 지속적인 노력과 느긋하게 보상을 기다리는 일을 하기 어려워한다.
8) 자신의 삶이 자신의 자발적 선택의 결과라고 생각하기 보다는 숙명적인 결과로 이해하고, 외부 요인에 의해 조종된다고 생각한다.

(출처 : 중독의 이해와 상담의 실제 재구성)

091 ③ 학습문제에 영향을 주는 것은 인지적인 원인만 있는 것은 아니다.

092 ④ 모든 사람 또는 모든 시대에 효과적인 상담이론이나 기법은 존재하기 어렵다. 반복적으로 검증된 상담이론이나 기법이라고 하더라도 시대 및 사회여건, 또는 내담자의 특성에 따라 개별적으로 적용되어야 한다.

093 ④ 성희롱 피해자의 초기개입에 가해자에 대한 공감 훈련은 적절하지 않다. 가해자에 대한 용서를 생각해볼 수 있지만, 초기개입으로 적절하지 않으며, 중기 이후에도 필수적인 것은 아니다. 오히려 자신에 대한 용서가 우선적으로 필요하다.

성폭행 경험의 치유 과정(Ellen bass, 2004)

1) 치유를 결심하기
   성폭력의 경험이 자신의 삶에 영향을 주고 있음을 깨닫고 치유하겠다는 적극적인 다짐을 하는 것이다.
2) 위기 단계
   억압되었던 성폭력 기억을 드러내면, 그 동안 억눌려 왔던 감정들을 직면하게 된다. 이때 급격한 소용돌이에 휘말리게 되고, 위기 단계를 경험하게 된다.
3) 기억하기
   많은 생존자들이 성폭력 경험을 기억하지 않으려고 억누른다. 기억하기는 지나간 기억과 감정을 모두 불러일으키는 과정이다.
4) 그것이 일어났음을 믿기
   생존자들은 자신이 인식하고 있는 바를 종종 의심하기도 한다. 성폭력이 실례로 일어났다는 것, 그리고 그 성폭력 때문에 자신이 상처를 입었다는 사실을 믿게 되는 것이야말로 치유과정에서 중요한 부분이다.

5) 침묵 깨기

어른이 된 대부분의 생존자들은 성폭력 당했던 사실을 어릴 때의 비밀로 간직하였다. 당신에게 일어났던 일을 다른 사람에게 이야기한다는 것은 그 동안 생존자가 지니고 살아왔던 수치심을 꺾을 수 있는 강한 힘이다.

6) 당신의 탓이 아니었음을 이해하기

아이들은 성폭력이 자신의 잘못 때문에 일어났다고 생각하기 쉽다. 어른이 된 생존자는 비난받아 마땅한 책임 소재, 즉 가해자에게 직접적인 책임이 있다는 것을 분명히 밝혀야 한다.

7) 자기 자신의 내면의 아이와 만나기

많은 생존자들이 상처받기 쉬운 자신의 취약점을 돌보지 않았다. 내면에 있는 아이와 친밀하게 만나면 스스로에게 애정을 느끼게 되고 가해자에게 훨씬 큰 분노를 느끼게 된다. 뿐만 아니라 다른 사람들과는 더욱더 친밀한 관계를 만들어 갈 수 있다.

8) 자신을 신뢰하기

치유로 이끄는 가장 좋은 안내자는 자기 내면에서 들려오는 목소리이다. 당신의 깨달음과 감정, 직관을 신뢰하는 법을 깨달음으로써 새로운 행동방식의 토대를 구축할 수 있다.

9) 슬퍼하고 애도하기

아이였을 때 성폭력을 당한 뒤 살아나려고 애쓴 대부분의 생존자들은 자신들이 무엇을 잃었는지조차 느끼지 못한다. 애도는 당신의 고통을 존중하고 여기에서 벗어나서 당신으로 하여금 현재에 충실하게 하는 방법이다.

10) 분노 – 치유의 중추

분노는 강력하면서도 당신을 자유롭게 하는 힘이다. 분노할 필요성을 느끼든 혹은 충분히 분노할 여지를 마련했든 당신의 분노를 가해자에게 그리고 당신을 보호하지 못했던 사람들에게 정면으로 들이미는 일은 치유에 필수적이다.

11) 드러내기와 직면하기

가해자 또는 가족과 직접 맞닥뜨리는 일이 모든 생존자에게 가능한 것은 아니지만 극적이고 명쾌한 방법이 될 수 있다.

12) 용서

가해자를 용서하라고 많이 권유하기는 하지만 치유과정에 필수적인 부분이 아니다. 오히려 당신 스스로에 대한 용서야말로 필요 불가결하다.

13) 영성

당신보다 더 큰 존재가 있음을 아는 것 또한 치유과정에 유용한 자산이 될 수 있다. 영성은 고유한 개별적 체험이다. 전통적인 종교나 묵상, 자연 혹은 지지 집단을 통해서 영성적인 성숙을 찾을 수 있다.

14) 통합과 전진

반복적인 과정을 통해 통합으로 나아간다. 통합 이후에는 주변사람들과 관계를 재정립하고, 성폭력 경험의 기억을 지우지 않으면서도 삶을 긍정적으로 변화시키게 된다.

성인 성폭행 피해자의 치료 과정(채규만, 2001)

1) 성폭력 피해에 관련된 사고와 감정의 파악
2) 자동적인 사고를 확인하기
3) 자동적인 사고 논박하기

4) 성폭력 피해에 대한 핵심적인 사고를 파악하기

5) 핵심적인 사고를 논박하기

6) 변화를 유지시키기

(출처 : 헤븐 통합복지센터 blog 재구성)

094 ③ 욕구실현이론은 매슬로우의 욕구이론으로 인간이 5단계의 욕구를 가지며, 마지막 5단계는 자아실현의 욕구라고 본다. 따라서 비행이론과는 거리가 멀다.

실력다지기

청소년 비행의 원인 - 사회학적 관점

1) 아노미이론

   (1) 뒤르케임 - 범죄는 아노미 상태에서 발생한다.

   (2) 머튼 - 긴장유발이론(하위계층의 목표달성에 대한 좌절)

2) 생태학이론(문화갈등이론)

   시카고 학파 - 각 지역사회의 문화적 갈등을 통해 범죄나 비행이 발생한다.

3) 사회해체론

   (1) 버게스와 파크(Burgess & Park)

   시카고 지역을 5개의 동심원지대로 나누어 각 지대별 특성과 범죄의 관련성을 조사하여 빈곤, 인구유입, 실업 등과 관련이 있다고 규정하였다.

   (2) 쇼와 맥케이(Shaw & Macay)

   도시의 특정지역에서 범죄가 일반화되는 이유는 인구의 유입보다는 지역사회의 내부에 있다고 규정하였다.

4) 하위문화이론

   (1) 코헨

   하류계층의 청소년들이 목표와 수단의 괴리를 통해 중류계층에 대한 저항으로 비행을 저지르며, 목표달성의 어려움을 극복하기 위해 자신들만의 하위문화를 만들게 되며, 범죄는 이러한 하위문화에 의해 저질러지는 것이다.

   (2) 밀러

   범죄는 하위문화의 가치와 규범이 정상적으로 반영된 것이다.

5) 차별적 접촉이론

   서덜랜드가 대표적 학자로서, 범죄는 범죄적 전통을 가진 사회에서 많이 발생하며 이러한 사회에서 개인은 범죄에 접촉, 참가, 동조하면서 학습하게 된다.

6) 중화기술이론

   맛차와 사이크스가 대표적 학자로서 청소년은 비행의 과정에서 합법적, 전통적 관습, 규범, 가치관 등을 중화시킨다.

7) 사회적 유대이론(사회통제이론)

   허쉬가 대표적 학자로서 범죄의 원인은 사회적인 유대가 약화되어 통제되지 않기 때문이라고 주장한다.

8) 낙인이론

   범죄자로 만드는 것은 행위의 질적인 면이 아닌 사람들의 인식이다

095 ① 교류분석에서 치유의 4단계는 사회적 통제력 강화 - 증상의 경감 - 전이의 치유 - 각본의 치유이다.

암기법 통-증-전-각

실력다지기

교류분석에서 치유의 단계(Berne, 1961, 1966)

1) 에릭 번은 교류분석에서 치유의 단계에 대한 개념을 발전시켰다.

2) Berne의 이론에 의하면, 변화과정의 첫 번째 단계는 사회적 통제(social control)로, 그 사람은 타인과의 상호작용에 있어 자신의 행동의 통제를 발달시킨다.

3) 다음 단계인 증세 완화(symptomatic relief)의 단계에서는 개인이 불안과 같은 자신의 증세의 완화를 주관적으로 느끼는 것을 포함한다.

4) Berne의 체계에서 다음 단계는 전이치유(transference cure)로, 내담자는 치료사를 하나의 내사물(introject)로서 '자신의 머리 속에' 보유함으로써 건강을 유지할 수 있게 된다(Clarkson, 1992; Stewart, 2007). 이와 같이 내담자는 중요한 심리적 내사물을 보유하는 동안 치유상태가 유지된다고 보는 것이다.

5) Berne의 마지막 치유단계는 각본치유(script cure)로, 내담자는 그의 각본에서 완전히 벗어나 제한적 각본결단을 재결단하여, 자율적인 사람이 되는 것을 포함한다.

096 ③ 정보제공이나 진로선택에 관한 문제를 명료화하는 개입은 진로 미결정 내담자를 위한 개입방법에 해당한다.

실력다지기

진로 의사결정수준에 따른 내담자 분류

1) 진로 미결정자
   (1) 특징 : 정상적인 발달과정에 있는 사람으로 진로선택을 구체화할 수 없어 의사결정을 연기된 상태임.
   (2) 문제원인 : 자기 명료화 부족, 직업에 관한 정보 부족, 결단성의 부족 등
   (3) 상담목표 : 진로탐색 및 직업정보 활용, 자기 탐색, 의사결정 연습

2) 우유부단형
   (1) 특징 : 결정을 잘 못하는 성격적 특성이 있는 사람으로 불안, 좌절, 낮은 자존감, 남을 탓하는 경향이 있음.
   (2) 문제원인 : 성격적 문제, 경쟁적, 타인을 지나치게 의식함. 감정적인 의사결정 등
   (3) 상담목표 : 불안, 우울의 감소, 불확실감의 감소, 긍정적 자아개념의 확립, 자아 정체감 형성, 자존감 향상, 가족 갈등의 해소, 수동-공격적 성향의 극복 등(진로 의사결정과정을 연습하는 것보다는 심리상담이 필요함)

097 ③ 두 약물의 약리작용이 비슷할 경우에 한 약물에 내성이 생기면 동시에 다른 약에 대해서도 내성을 나타나게 되는데 이를 교차내성이라고 한다.

098 ① 임상심리학의 시작은 1896년 위트머(L. Witmer)가 펜실베이니아 대학에 몸이 불편한 아동을 위해 심리클리닉을 개설한 것을 계기로 한다. 위트머가 임상심리학이란 용어를 사용하면서 강조한 점은 각 개인의 요구에 따라 관찰과 실험의 과학적 방법을 적용한다는 것이며, 아울러 임상심리사는 사람들이 능력을 개발하도록 조력하는 교육적 역할을 한다는 것이었다.

099 ③ 합리정서행동치료(REBT)의 치료과정모형인 ABCDE에서 C는 Consequence(결과)로 정서적, 행동적 결과에 해당한다.

> **실력다지기**
>
> 합리정서행동치료의 ABCDE 모형
>
> 1) A(Antecedents) : 내담자가 노출되었던 문제 장면 또는 선행사건
> 2) B(Belief system) : 문제 장면에 대한 내담자의 관점 또는 신념
> 3) C(Consequences) : 선행사건 때문에 생겨났다고 내담자가 보고하는 정서적·행동적 결과
> 4) D(Dispute) : 비합리적 신념에 대한 상담자의 논박
> 5) E(Effect) : 내담자의 비합리적 신념을 직면 또는 논박한 효과

100 ② 연결하기란 집단상담의 독특한 상담기법으로 집단상담 장면에서 한 집단원의 말과 행동을 다른 집단원의 관심사나 공통점과 연결시키고 관련짓는 기술이다. 이러한 상담자의 기법을 통해 공통의 관심사를 공유함으로써 집단응집력을 촉진한다.

제3회 임상심리사 2급 필기 정답 및 해설

제1과목 | 심리학개론

001	①	002	③	003	④	004	②	005	②	006	②	007	③	008	①	009	②	010	④
011	①	012	③	013	③	014	④	015	③	016	③	017	②	018	③	019	①	020	④

001 ① 불안정-회피애착 아동의 특징은 주양육자에 대한 무관심한 태도이다.

실력다지기

애착유형 - 에인스워스(Mary Ainsworth)의 낯선 상황(strange situation) 검사

1) 안정 애착
   (1) 엄마가 같이 있을 때는 활달하게 놀았으며 적극적으로 탐색하는 행동을 보였다.
   (2) 엄마가 없거나 낯선 사람과 함께 있을 때는 약간 놀라면서 탐색하는 것이 줄었으나, 엄마가 다시 돌아왔을 때 적극적으로 엄마에게 접근하여 접촉하려고 하였다.

2) 불안정 회피 애착
   (1) 엄마가 떠났을 때는 무관심한 것처럼 보였다.
   (2) 엄마가 돌아왔을 때는 적극적으로 회피하고 무시하였다.

3) 불안정 저항 애착
   (1) 엄마가 떠났을 때는 극심한 분리불안을 보였다.
   (2) 엄마가 돌아왔을 때는 화를 내지만, 엄마에게 다가가 안겼다가는 이내 화난 듯 밀쳐내는 반응을 보였다.

4) 혼란 애착
   (1) 회피애착과 저항애착이 결합된 것이다.
   (2) 엄마가 돌아왔을 때는 얼어붙은 표정으로 엄마에게 접근하고 엄마가 안아줘도 먼 곳을 쳐다보았다.

002 ③ 온도나 지능검사의 점수는 동 간격 정보를 알 수 있는 등간 척도에 해당한다.

실력다지기

척도의 수준

1) 명명척도(= 명목척도) : 정보 차이만을 담고 있는 척도 **예** 성별, 지역, 눈 색깔 등
2) 서열척도(= 순위척도) : 상대적 크기, 순위 관계에 관한 정보도 담고 있는 척도
   예 석차, 만족도 등

3) 등간척도(= 동간척도) : 수치 차이가 반영하는 속성 차이가 동일하다는 등간정보도 포함
   예 지능지수, 온도 등
4) 비율척도 : 수의 비율에 관한 정보도 담고 있는 척도로 절대영점이 있는 변수를 측정한 경우에 얻을
   수 있음.
   예 길이, 무게 등

003 ④ 인출과정은 정서 요인에 의해서도 영향을 받는다.

실력다지기

정서가 기억에 영향을 미치는 5가지 방식

1) 되뇌기
   정서가 개입된 상황에 대해 더 많이 생각하는 경향이 있다. 밋밋한 기억보다는 흥미진진한 기억을 더
   많이 되뇌고 체계화한다.
2) 섬광기억
   섬광기억은 정서적으로 충만한 중요한 사건을 학습했던 상황에 대한, 명료하면서도 비교적 영속적인
   기억을 말한다.
3) 불안을 통한 인출간섭
   불안은 인출을 방해하는 요인이 되는데, 시험을 치고 있는 상황에서 첫번째 문제를 풀지 못하면 다음
   문제에도 영향을 미치는 경우에 해당한다.
4) 맥락효과
   인출할 때의 맥락이 기억을 부호화할 때의 맥락과 맞아떨어지면 가장 우수한 기억을 하게 된다.
5) 억압
   프로이트의 무의식 이론에 따라 어떤 극단적인 외상경험은 억압되고, 무의식에 저장되며 궁극적인 인
   출 실패를 나타낸다.

004 ② 내현성격이론은 특정 행동이나 신체적 특징이 성격과 연관되었을 것이라는 신념을 의미한다.

실력다지기

*인상형성

1) 인상형성
   (1) 일반적으로 매우 짧은 시간과 한정적인 정보만을 가지고 상대방에 대한 전반적인 인상을 형성하
       며, 어떤 사람에 대해 일단 한 번 형성된 인상은 상당히 오랜 시간 동안 지속된다.
   (2) 인상형성 시 정보처리를 할 때 최소의 노력으로 빨리 처리하려고 하기 때문에 많은 오류나 편향
       을 나타내는데, 이러한 현상에서 인간을 '인지적 구두쇠'라고 보는 입장도 있다.
2) 인상형성의 차원
   평가적 차원(좋은 사람 - 나쁜 사람)이 우선적으로 판단되는데, 이러한 평가적 차원 내에 지적인 평가
   (똑똑하다, 현명하다 등)와 사회적 평가(성실하다, 친절하다 등)으로 나누어 질 수 있다.
3) 인상에 관한 정보의 통합
   인상정보 통합방식에 대해 앤더슨(Anderson)은 평균원리(averaging principle)를 제시하였다가 이후
   이론을 수정하여 가중평균원리(weighted averaging principle)를 주장하였다.

(1) 평균원리(averaging principle)

성격특성의 점수에 대한 평균을 최종 인상형성에 사용한다.

(2) 가중평균원리(weighted averaging principle)

어떤 사람에게 중요하다고 생각하는 특성에 더 많은 비중을 두어 전반적인 인상형성을 한다.

4) 인상형성의 특징

(1) 후광효과(halo effect)

어떤 사람에 대해 일단 좋은 사람이라는 인상이 형성되면, 능력도 뛰어나고 똑똑하다는 긍정적인 특성이 있을 것이라고 생각하는 경향이다.

(2) 부적 효과(negativity effect)

좋은 특성과 나쁜 특성을 똑같이 가지고 있을 때, 그 사람에 대한 평가가 중립적이라기보다는 나쁜 사람이라는 쪽으로 형성되는 경향이다.

(3) 정적 편향(positivity bias)

일반적으로 다른 사람을 평가하는데 부정적 평가를 하려기보다는 긍정적 평가를 하는 경향이 있는데, 이를 타인에 대해 관대하게 봐주려고 하는 경향이라고 하여 관용 효과(leniency effect)라고도 한다.

(4) 유사성 가정(assumed similarity)

일반적으로 사람들은 타인들이 자기와 비슷하다고 판단하는 경향이다.

*내현성격이론 (Implicit Personality Theory)

1) 사람들은 누구나 살아가면서 나름대로 독특한 성격판단의 기준을 터득하게 되며 누구나 사회생활과 대인 경험을 통하여, 혹은 민간의 속설이나 독서와 관상학 등을 통하여 나름대로 사람의 성격을 파악하는 기준을 지니게 된다.

2) 예를 들어 키가 큰 사람은 싱겁다든가, 입술이 얇은 사람은 신의가 없다든가, 달변인 사람은 신뢰성이 없다든가, 뚱뚱한 사람은 마음이 여유롭고 마른 사람은 신경질적이라든가, 곱슬머리인 사람은 고집이 세다든가 하는 것 등이다.

3) 이처럼 사람들이 개인적 경험에 의하여 나름대로 터득하여 지니게 되는 자신만의 독특한 성격 판단의 기준을 '내현 성격 이론'이라고 한다.

4) 내현 성격 이론은 사람들의 어떤 신체적 행동적 특성이 성격 특성과 서로 도식적인 관련성이 있다는 개인적 신념이다.

005 ② 현실 원리를 따르는 성격 요소는 자아이다. 초자아는 도덕 원리, 원초아는 쾌락 원리를 따른다.

실력다지기

성격의 구조(지그문트 프로이트)

1) 원초아(Id)

(1) 성격의 원형이며 본질적인 체계로서 본능을 포함하고 있으며, 출생 시부터 타고나는 것이며, 정신 에너지의 저장고이다.

(2) 원초아(본능)는 일생동안 그 기능과 분별력이 유아적인 수준에 머물러 있으며 외부세계와 단절되어 있어 법칙, 논리, 이성 또는 가치에 대해 전혀 알지 못하므로 시간이나 경험에 따라서도 변화하지 않는다.

(3) 원초아는 고통을 피하고 쾌락을 추구하는 쾌락원칙에 입각하여 작동한다.

(4) 원초아는 1차적 사고를 하게 되는데 1차적 사고과정이란 본능 또는 무의식에서 유래되는 것으로 신체적 긴장을 경감시키는데 필요한 대상의 기억표상을 만드는 과정이다.

2) 자아(Ego)

(1) 자아는 외적 세계의 직접적인 영향에 의해 수정된 본능의 일부이다.

(2) 자아는 성격의 조직적이고 합리적이며 현실 지향적 체계로서, 성격의 집행자이다.

(3) 자아는 본능과 초자아 사이의 갈등을 조정하고 본능을 통제하는 데 사용된다.

(4) 자아는 본능적 충동을 충족시킬 수 있는 바람직한 대상과 방법이 발견될 때까지 정신에너지의 맹목적인 방출을 지연시키고 만족을 지연시키는 현실원칙에 입각하여 작동된다.

(5) 자아는 2차적 사고과정을 하게 되는데 1차적 사고과정이 대상의 표상을 만드는 것이라면 자아는 실제로 그러한 대상을 발견하는 데 작동하는 것이다.

(6) 2차적 사고과정은 긴장감소를 위해 수립한 행동계획의 실현가능성을 판단하는데 이것을 현실검증이라고 한다.

(7) 현실검증을 통하여 충동을 더욱 잘 지배할 수 있게 되며, 환상과 현실을 구분할 수 있는 능력이 강화된다.

3) 초자아(Super ego)

(1) 초자아는 성격의 도덕적인 부분이며 심판자로서 자아와 함께 작용하여 개인이 자신의 행동을 통제할 수 있게 해준다.

(2) 초자아는 성격발달의 기제인 동일시 과정이 초자아를 형성해서 에너지를 공급하는 작용을 한다.

(3) 즉, 부모나 양육자의 말이나 행동 등에 담겨져 있는 가치, 신념, 행동 등을 내면화하는 과정에서 형성되는 것이다.

(4) 초자아는 자아이상과 양심이라는 두 개의 하위체계로 구성된다.

① 자아이상은 부모가 도덕적으로 바람직한 것이라고 간주하는 것으로서, 부모의 칭찬에 의해 형성되는 부분이다.

② 양심은 부모가 도덕적으로 나쁘다고 간주하는 것으로서 부모의 처벌에 의해 형성된다.

006 ② 체형이나 기질은 생물학적(유전적) 요인을 중요시하는 개념이다.

실력다지기

성격이론의 체계

007 ③ 훈련받은 행동이 빨리 습득되고 높은 비율로 오래 유지되는 강화계획은 변동(변화)비율계획이다.

실력다지기

반응률의 순서(소거에 대한 저항이 가장 큰 순서)

1) 일반적으로 간격보다는 비율이, 그리고 고정적인 것보다 변동적으로 강화를 주는 것이 훨씬 강화 효과가 크며 형성된 학습행동이 더 오래 지속되는 경향이 있다.

2) 변동비율 > 고정비율 > 변동간격 > 고정간격의 순서로 반응률이 나타난다. **암기법** 변비 - 고비 -

008 ① 안면 타당도는 검사자 또는 일반인이 검사에 관한 피상적 관찰을 통해 문항의 목적을 알 수 있는 정도를 의미한다. 문제에서 참가자의 인지기능과 가입 정당은 피상적 관찰을 통해 연관성을 알기 어렵기 때문에 안면 타당도가 낮게 나올 것이다.

009 ② 절차기억은 행위나 기술에 관한 기억으로 장기기억에 해당한다.

실력다지기

단기기억 (Short - term Memory)

1) 감각기억을 거친 자극 정보가 장기기억에 저장되기 전에 거치는 일차적 작업대 또는 작업과정으로, 단기기억은 활동 중인 기억, 또는 인지과정을 통제하는 중앙 통제적 기억으로서 작동중인 기억이라는 용어를 사용한다.

2) 단기기억에 정보가 머무르는 시간은 평균적으로 3~5초, 길어야 30초 정도 정보를 기억한다. 그러나 정보를 반복하여 되뇌이는 시연(rehearsal)을 하면 그 정보가 단기기억으로 머무르는 시간이 늘어나고 장기 기억으로 들어가 저장된다.

3) 단기기억에 들어온 정보는 처음에는 시각적, 청각적 부호형태로 유지되고 처리되기 쉬운 언어 의미적 형태로 변화한다.

4) 단기기억의 용량은 제한되어 있고, 단기기억에서 한 번에 나를 수 있는 용량은 7개 내외이며 정보들을 덩어리 짓기(chunking)를 통해 제한된 기억용량을 극복할 수 있다.

5) 단기기억을 장기기억 속에 부호화하지 않으면 사라진다.

010 ④ 인간을 타고난 욕구에 끌려 다니는 존재로 간주하는 것은 정신분석 이론이다.

실력다지기

현상학적 관점(인본주의 관점, 실존주의 심리학)

1) 1950년대 장 폴 사르트르 등의 철학자가 주창한 실존주의의 영향으로 인본주의 심리학이 파급되었다.

2) 주요 심리학자로는 욕구이론을 주창한 에이브러햄 매슬로(Abraham Maslow), 인간중심 심리치료를 주창한 칼 로저스(Carl Rogers), 직관적이며 전체적 인지를 중시한 장 이론인 게슈탈트 심리학을 주창한 프리츠 펄스(Fritz Perls) 등이 있다.

3) 로저스의 현상학적 이론은 프로이트의 정신분석에서 취하는 치료자중심보다 내담자중심치료를 강조하였고, 윌리암슨의 특성 - 요인적 상담에서 취하는 지시적 접근보다 비지시적 접근이 내담자를 돕는 데 보다 효과적임을 주장하였다.

4) 개인의 주관적 경험을 가장 중요한 연구대상으로 하는데, 즉 인생을 살아가면서 자기인식, 경험 및 선택을 통해 '우리 자신을 창조해 나간다.'는 접근법이다.

5) 모든 행동은 어떻게 생각하고 행동할 것인지를 선택하는 개인의 능력에 달려 있다고 보며 이러한 선택은 각 개인이 세상을 어떻게 보느냐에 따라 달라진다.

011 ① 자극을 구분하여 반응하는 것을 변별이라고 한다. 자극을 제시할 때 차별화된 자극을 제시할수록 변별이 될 가능성이 높아진다.

> **자극의 일반화**
>
> 1) 자극일반화(Stimulus Generalization)
>   조건자극과 유사한 다른 자극에 동일한 조건반응이 나타나는 것을 말한다. 이는 "자라 보고 놀란 가슴, 솥뚜껑 보고 놀란다."라는 우리 속담이 가지는 의미와 같으며 또한 산낙지를 먹다가 목에 걸린 적이 있는 아이가 산낙지를 피하려는 모습을 예로 들 수 있다.
> 2) 변별(Discrimination)
>   자극을 구분하여 반응하는 것을 변별이라 하며 자극일반화는 자극 변별에 실패한 상태라 할 수 있다. 사례로는 산낙지를 잘게 썰어서 우연히 먹은 아이는 다시 산낙지를 먹을 수 있게 된다. 이런 현상을 변별(Discrimination)이라고 한다.
> 3) 조형(shaping)
>   목표행동에 좀 더 가깝게 근접하는 행동을 연속적으로 강화하면서 그전의 행동은 소거하고 새로운 행동을 발달시키는 것을 말한다.

012 ③ 사례수가 작으면 표준오차가 커지기 때문에 신뢰도가 낮아진다.

013 ③ 발달의 각 영역은 서로 배타적이라기 보다는 상호의존적이다.

실력다지기

> *발달(development)의 개념
> 1) 발달은 인간의 전 생애에 걸쳐 생활주기에서 나타나는 신체적, 정신적, 사회적 그리고 경험적인 변화이다.
> 2) 미리 예측 가능하지만, 그 변화속도는 인간 각 개인마다 매우 달라 독특한 양상을 보이면서 속도는 일정하지 않고 발달의 속도는 개인별로 개인차가 있다.
> 3) 신체적, 지적, 정서적, 사회적 측면에서 조화와 균형을 유지하면서 발달한다.
> 4) 출생에서부터 죽음에 이르기까지 인생 전반에 걸쳐 단계적으로 연속성을 가지고 일어나는 변화의 과정이다.
> 5) 기능과 구조가 상승적 변화로만 성장 발달하는 것이 아니라, 이 기능이 약화되고 위축되는 현상도 나타나는데 이를 하강적 또는 퇴행적 변화라고 한다.

014 ④ 맞는 내용이다. 보기의 오답을 확인해보면 다음과 같다.

① 중립자극은 무조건 자극 이전에 제시되어야 한다. → 중립자극이 먼저 제시되어 무조건 자극이 제시될 때까지 지속되어야 한다.

② 행동변화의 효과를 거두기 위해서는 적절한 반응의 수나 비율에 따라 강화가 이루어져야 한다. → 조작적 조건형성에 해당하는 내용이다.

③ 적절한 행동은 즉시 강화하고, 부적절한 행동은 무시함으로써, 새로운 행동을 가르칠 수 있다. → 조작적 조건형성에 해당하는 내용이다.

015 ③ 투사는 자신이 가진 바람직하지 않은 자질들을 과장하여 다른 사람에게 부여하는 것이다.

보기의 내용을 확인해보면 다음과 같다.

① 아주 위협적이고 고통스러운 충동이나 기억을 의식에서 추방시키는 것 → 억압

② 반대되는 동기를 강하게 표현함으로써 자신의 동기를 숨기는 것 → 반동형성

④ 불쾌한 현실이 있음을 부정하는 것 → 부인

016 ③ 실험연구는 변인들 간의 관계를 발견하기 위해 독립변인을 인위적으로 조작한 통제된 상황 하에서 종속변인에 미치는 영향을 측정한다. 보기의 사례에서 인위적으로 정장과 캐주얼 복장(독립변수)으로 그룹을 만들어 면접점수(종속변수)를 측정하였기 때문에 실험연구에 해당한다.

017 ② 성격 5요인 중 성실성 점수는 전두엽 활성화에 영향을 주는 것으로 나타났다(Raluca Petrican, 2008).

018 ③ 대뇌의 우반구는 시·공간 능력, 좌반구는 언어·학습 능력에 영향을 미친다. 따라서 우반구가 손상되면 시·공간 능력이 필요한 얼굴 재인에 영향을 미치게 될 것이다.

019 ① 정신분석적 입장에서 인간의 정신문제는 무의식적 갈등에서 비롯된다고 본다.

020 ④ 능력 귀인은 내적, 안정적 귀인이며, 통제 불가능한 귀인 유형이다. 내적, 안정적, 통제가능한 귀인 유형은 노력 귀인이다.

와이너(Weiner)의 인과적 귀인 모형				
	내적		외적	
	안정적	불안정적	안정적	불안정적
통제 가능	평소 노력	즉시적 노력	교사의 편견	타인의 도움
통제 불가능	고정된 능력	기분	과제 난이도	행운

| 021 | ② | 022 | ③ | 023 | ① | 024 | ④ | 025 | ④ | 026 | ④ | 027 | ③ | 028 | ① | 029 | ② | 030 | ④ |
| 031 | ③ | 032 | ② | 033 | ④ | 034 | ③ | 035 | ④ | 036 | ④ | 037 | ③ | 038 | ② | 039 | ③ | 040 | ④ |

021　② 반사회성 인격장애는 18세 이후에 나타나고 15세 이전에는 품행장애의 증거가 있어야 한다.

실력다지기

반사회성 인격장애의 진단기준

A. 15세 이후에 시작되고 다음과 같은 다른 사람의 권리를 무시하는 행동 양상이 있고 다음 중 3가지(또는 그 이상)을 충족한다.
1. 체포의 이유가 되는 행위를 반복하는 것과 같은 법적 행동에 관련된 사회적 규범에 맞추지 못함.
2. 반복적으로 거짓말을 함. 가짜 이름 사용. 자신의 이익이나 쾌락을 위해 타인을 속이는 사기성이 있음.
3. 충동적이거나, 미리 계획을 세우지 못함.
4. 신체적 싸움이나 폭력 등이 반복됨으로써 나타나는 불안정성 및 공격성
5. 자신이나 타인의 안전을 무시하는 무모성
6. 일정한 직업을 갖지 못하거나 혹은 당연히 해야 할 재정적 의무를 책임감 있게 다하지 못하는 것 등의 지속적인 무책임성
7. 다른 사람을 해하거나 학대하거나 다른 사람 것을 훔치는 것에 대해 아무렇지도 않게 느끼거나 이를 합리화하는 등 양심의 가책이 결여됨.

B. 최소 18세 이상이어야 한다.
C. 15세 이전에 품행장애가 시작된 증거가 있다.
D. 반사회적 행동은 조현병이나 양극성장애의 경과 중에만 발생되지는 않는다.

022　이상행동 및 정신장애의 판별기준은 1) 적응적 기능의 저하 및 손상, 2) 주관적 불편감과 개인의 고통, 3) 문화적 규범의 일탈, 4) 통계적 규준의 일탈이다. ③ 가족의 불편감과 고통은 해당되지 않는다.

023　② 주요우울장애는 자기의 무능이나 손상을 과장하는데 반해 알츠하이머병으로 인한 신경인지장애에서는 숨기려한다.
　　③ 알츠하이머병으로 인한 신경인지장애보다 주요우울장애에서 알코올 등의 약물남용이 많다.
　　④ 알츠하이머병으로 인한 신경인지장애는 증상의 진행이 고른데 반해 주요우울장애에서는 몇 주 안에도 진행이 고르지 못하다.

024　① 자신의 목적을 달성하기 위해서 타인을 이용한다. - 자기애성 성격장애
　　② 타인에게 과도하게 매달리고 복종적인 경향을 띤다. - 의존성 성격장애
　　③ 친밀한 관계를 바라지도 않으며 타인의 칭찬이나 비판에 무관심해 보인다. - 조현성 성격장애

025 ④ 페닐케톤뇨증은 선천성 아미노산 대사 이상으로 인해 지능장애, 담갈색 모발, 피부의 색소 결핍을 유발하는 상염색체 열성 유전 질환이다.

> **실력다지기**
>
> 주요 신경인지 장애 : DSM - 5 ⇒ 병인에 따른 아형 세분화(Specify whether due to)
>
> 1) 알츠하이머병(Alzheimer's disease)
> 2) 전측두엽 퇴화(Frontotemporal lobar degeneration)
> 3) 루이체병(Lewy body disease)
> 4) 혈관성 질환(Vascular disease)
> 5) 외상성 두뇌 손상(Traumatic brain injury)
> 6) 물질 / 약물 유발형 (Substance / medication induced)
> 7) 인간면역결핍 바이러스(HIV) 감염 (HIV infection)
> 8) 프리온 병(Prion disease)
> 9) 파킨슨병(Parkinson's disease)
> 10) 헌팅턴병(Huntington's disease)
> 11) 다른 의학적 상태(Another medical condition)
> 12) 다양한 병인(Multiple etiologies)
> 13) 불특정형(Unspecified)

026 ④ 지속성 우울장애 (dysthymia)는 적어도 2년 동안, 하루의 대부분 우울한 기분이 있고, 우울 기분이 없는 날보다 있는 날이 더 많고, 이는 주관적인 설명이나 타인의 관찰로 드러난다.

> ※ 주의 : 소아와 청소년에서는 기분이 과민한 상태로 나타나기도 하고, 기간은 적어도 1년이 되어야 한다.

CF 우울증의 평균 발병연령은 20대 후반에서 30대 초반이다. 여성이 남성에 비해 우울증이 약 2배 정도 많다.

027 ③ 양극성 장애에서는 갑자기 기분이 고양되고 의기양양해지고 유별나게 쾌활하고 낙관적이며 정력에 넘쳐서 지나치게 활동적이고 사교적인 양상을 보이다가 갑자기 이런 고양상태가 사라진다. 어느 기간 정상적인 생활을 하는 경우도 있고 그렇지 않은 경우도 있다가 서서히 우울증을 나타낸다. 일반적으로 우울증은 서서히 나타나지만 조증(기분이 고양되는 것)은 갑작스럽게 시작되고 짧게 지속되다가 증상이 사라질 때도 갑자기 사라진다.

028 학습된 무기력감 모델에서의 학습된 무기력(learned helplessness)은 반복되는 실패를 경험한 후에 환경에 대해 통제를 할 수 없다는 무기력을 학습하는 것이다. 즉, 우울의 원인에 대한 근거로 우울한 사람들은 무엇을 해도 소용이 없다고 믿는다. 즉, 사람이 스트레스 장면에 처하게 되면 일차적으로 불안해지고 그 장면을 통제할 수 없게 되면 우울해진다는 것이다.

029 ② 장기간의 알코올 사용과 관련이 있는 코르사코프 증후군(Korsakoff's syndrome)은 뇌의 티아민(비타민 B1)의 결여에 의해 생기는 신경학적 장애이다. 기억 상실-작화 증후군(amnestic-confabulation syndrome)이라고도 불리는 이 증후군은 신경 정신학자 세르게이 코르사코프(Sergei Korsakoff)에 의해 명명되고 대중화되었다.

④ 황인종은 백인이나 흑인에 비해 술에 약한 사람이 많다. 그 이유는 황인종에 알콜의 독을 없애주는 효소(아세트알데히드 탈수소효소)가 부족하기 때문이라는 연구결과가 있다.

헌팅턴병[8]

1) 헌팅턴병은 유전질환으로 특정 뇌 부위의 퇴행을 초래하여 치매에 이른다.
2) 환자의 의도와는 상관없이 행해지는 동작이 마치 춤을 추는 듯 보이기 때문에 헌팅턴 무도병이라고도 한다.
3) 헌팅턴병은 드문 질환으로 30세에서 50세 사이에 주로 발생한다.
4) 헌팅턴병은 한쪽 부모에게서 비정상적 상염색체 우성 유전자를 받을 경우 발병한다.
5) 이 유전자를 가진 사람이 자손에게 동일 유전자를 물려줄 확률은 반이다.
6) 증상이 30세 이후에서야 나타나므로 환자는 자신이 이 질환에 걸렸는지 알기 이전에 자손을 얻게 된다.
7) 현재는 유전자검사를 통해 비정상 유전자를 가지고 있는지를 알아낼 수 있다(비정상 유전자 검사).

---

030 ④ 허위성 장애(가성장애, 인위성 장애)는 환자의 역할을 하기 위하여 신체적 또는 심리적 증상을 의도적으로 만들어 내거나 위장하는 경우를 말하며, 허위성 장애(가성장애, 인위성 장애)는 외적 보상이 없는 상태에서도 기만적 행위가 분명하다. 즉, 허위성장애 또는 가성장애는 행동의 외적 유인(예 꾀병에서와 같은 경제적 이득, 법적 책임을 회피하려는 의도, 혹은 신체적 안녕을 꾀하는 것들)이 없어야 한다.[8]

031 ③ 조현병은 6개월 이상 지속되며, 1개월 이상의 활성기 증상이 있어야 한다(즉, 다음 두 가지 또는 그 이상 : 망상, 환각, 와해된 언어, 전반적으로 와해된 행동 및 긴장된 행동, 음성증상).

032 ② 동성애(homosexuality)는 DSM - IV(1994, 정신장애 진단 및 통계 편람)에서 삭제되었다.

033 ④ 둔화된 정서는 조현병의 음성증상이다.

실력다지기

조현병의 음성증상 (negative symptoms, diminished function)
양성증상이 있어서는 안 될 것이 새로 생기는 증상이라면, 음성증상은 있어야 할 것이 없어지는 증상이다.
1) 자발적인 언어의 제한(alogia)
   말을 거의 못하는 경우뿐만 아니라, 말이 많더라도 의미가 전달되는 말이 거의 없다.
2) 무 쾌감증(anhedonia)
   즐거움을 느끼지 못하고, 취미를 가지는 데도 흥미가 없고, 성욕도 줄어든다.

---

8 출처 : 서울대학교 병원 홈페이지

3) 자극에 대한 행동유발 저하(avolition)

   활동을 많이 하기 싫어한다.

4) 단조로운 정동(affective flattening)

   겉으로 보기에 매우 단조롭고 억양 없는 목소리로 말한다. 안면 표정의 변화도 별로 없다. 실제로는 피부전도도를 관찰해보면 생리적인 변화는 일반인과 차이가 없고, 겉으로 드러나는 점만 그렇다.

5) 감정의 감소 = 둔화된 정서

   정동이 드러나는 표현이라면 감정(emotion)은 실제 환자가 느끼는 것이다. 실제 감정 자체도 줄어든다.

6) 집중력 저하

034 ③ 정신장애는 인지적 기능의 편향 및 결손과 밀접하게 연관되어 있다면 인지가 문제원인이다. 인간의 감정과 행동은 객관적, 물리적 현실보다는 주관적, 심리적 현실에 의해 결정된다는 입장은 인지적 입장이다.

심화학습

이상행동에 대한 인지적 입장

1) 인간의 감정과 행동은 객관적, 물리적 현실보다는 주관적, 심리적 현실에 의해 결정된다.

   (1) 주관적 현실은 외부현실에 대한 인간의 심리적 구성으로서 이러한 구성과정은 수동적인 과정이 아니라, 능동적인 과정이다.

   (2) 인간의 주관적 현실은 주로 인지적 활동을 통해 구성되며 사고와 심상 등 인지적 내용에 의해 표상된다고 본다.

2) 정신장애는 인지적 기능의 편향이나 결손과 밀접하게 연관되어 있으며 또 이러한 인지적 요인에 의해 유발될 수 있다. 인지적 왜곡과 결손의 수정과 변화를 통해서 정신장애는 완화되고 치료될 수 있다.

035 ④ 사회불안장애는 공포스러운 사회적 상황이나 활동 상황에 대한 회피, 예기 불안으로 일상생활, 직업 및 사회적 활동에 영향을 받는다. 문제에서 A는 다른 사람들이 자신의 발표에 대해 나쁘게 평가할 것 같아 다른 사람 앞에서 발표하기를 피해왔다. 발표 시간이 다가오자 온 몸에 땀이 쏟아지고, 숨 쉬기가 어려워졌으며, 곧 정신을 잃고 쓰러질 것 같이 느껴졌다면 사회불안장애와 관련된다.

036 ④ 어린 나이에 시작된 품행장애는 성인기에 반사회성 성격장애를 보일 가능성이 있어서 아동기 발병형은 청소년기 발병형에 비해 성인기까지 지속되는 경향이 있다.

037 DSM - 5에서는 물질관련장애를 10가지 중독성 물질, 즉 알코올, 니코틴, 카페인, 흡입제, 아편류, 환각제, 대마계 제제, 자극제(암페타민, 코카인, 등), 진정제, 수면제 또는 항불안제에 따라 구분하고 있다. 다만, DSM - 5에서는 담배(타바코) 중독(intoxication) 진단명은 인정하지 않았다. 그리고 DSM - 5에서 물질사용장애에서는 카페인 사용장애 진단명은 인정하지 않았다.

038 ③ 고도의 지적장애인 - 완전한 보호가 필요한 수준(complete care group) - 의 경우, 훈련을 해도 걷기, 약간의 말하기, 스스로 먹기 같은 기초기술을 배우거나 나아질 수 없다.

심화학습

지적장애의 수준

경도 지적장애, 중등도 지적장애, 고도 지적장애, 최고도 지적장애의 4가지로 구분한다. 지적수준(IQ), 신변처리 가능 여부(개인 위생활동, 옷 입기, 화장실 가기, 식사 등), 직업 활동(주변의 보조 여부 등), 사회활동(대중교통, 간단한 돈 계산, 물건 사기 등) 가능 여부 등에 따라 구분한다.

1) 경도 지적장애 - Educable level (교육 가능 수준)
   (1) 전체의 70-75% 가량을 차지하고, 대부분의 지적장애가 이에 해당하며 주변에서 흔히 볼 수 있으며, IQ가 50-69 정도로, 정신연령은 초등학교 고학년인 만 8-10세 경에 해당한다.
   (2) 자발적으로 개인위생관리, 식생활 관리가 가능하며, 주변의 보조 하에 직업 활동 가능하고 주위의 도움을 받아서 독립된 생활이 가능하다.

2) 중등도 지적장애 - Trainable level (훈련 가능 수준)
   (1) 전체의 20% 가량이 이에 해당하며, IQ가 35-49 정도이며, 정신연령은 초등학교 저학년인 만 4-8세 경에 해당한다.
   (2) 자발적으로 개인 위생관리, 식생활 관리가 가능하며, 주변의 적극적인 보조 하에 단순 직업 활동이 가능하고 주변의 도움 하에 독립활동이 가능하다.

3) 고도 지적장애 - 완전한 보호가 필요한 수준(complete care group)
   전체의 3-4% 가량이 여기에 해당하며, IQ 20-34 정도로, 정신연령은 2-3세이다. 간단한 의사소통만 가능하다. 개인 신변 관리는 혼자서 못하고 주변의 도움이 필요하다.

4) 최고도 지적장애 - 보호자의 완전한 보조가 필요한 수준(complete care group)
   1-2% 가량이 여기에 해당하며, IQ 20 미만으로 2세 미만의 정신연령으로, 언어의 발달이 거의 되지 않는다.

039 ③ 야뇨증(야간 유뇨증)은 남아가 여아보다 두 배 정도 많게 보이지만 주뇨증은 여아들 사이에서 더욱 보편적인 경향이다.

CF 사람의 수면은 크게 빠른 안구 움직임이 관찰되는 REM(rapid eye movement) 수면(렘수면)과 빠른 안구 움직임이 없는 NREM(non-rapid eye movement)수면(비렘수면)으로 구분된다. REM(rapid eye movement) 수면(렘수면)은 꿈꾸는 수면이며, NREM수면은 흔히 얕은 수면이라고 말하는 1~2단계 수면과 좀처럼 깨우기 어려운 깊은 수면인 3~4단계 수면으로 나뉜다. 수면의 각 단계는 1~2 단계의 얕은 수면에서부터 3~4단계의 깊은 수면을 거쳐 REM수면으로 바뀌게 되며, 이 과정이 하룻밤 동안 3~5회 반복된다.

참고

유뇨증 진단

1) 소변 보기가 적어도 3개월 동안 주당 최소한 2회 있거나, 사회, 학업(직업), 또는 다른 중요한 기능영역에서 임상적으로 심각한 고통이나 손상을 입어야 한다.

2) 연령은 소변을 가릴 수 있는 나이에 도달되어야 한다(즉, 아동의 생활연령이 최소 5세, 발달지연이 있는 소아에서는 정신연령이 최소 5세).

야뇨증의 원인

1) 야뇨증은 크게 <u>야간 방광용적, 야간 요량 및 깊은 수면이 관여한다</u>고 알려져 있는데 특징적으로 한 가지 혹은 2개 이상이 동시에 발생한다.

2) 즉, 야간 요량이 증가하지 않더라도 야간 방광용적이 작으면 야간뇨가 일어나고 야간 방광용적이 작지 않더라도 야간 요량이 증가한다면 야간뇨가 발생한다.

040　① 광장공포증의 남녀 간 비율을 비교하면, 남자가 더 많다. 2016년 우리나라 통계자료에 따르면 평생유병률은 남자가 0.8%, 여자가 0.6%였다.

② 발병률은 19세~29세에 가장 높다.

③ 광장공포증이 있으면 광장공포증을 동반한 공황장애로 진단할 수 있다.

광장공포증[9]

광장공포증은 공포증의 한 가지 유형으로 불안증상이 생겼을 때 도움받기 어렵거나 급해 빠져나갈 수 없는 광장 같은 공간이나 비행기 안 같은 상황에 놓이는 경우 심하게 두려워하거나 회피가 심한 것을 말한다. <u>평생유병률은 전체 0.7%, 남자 0.8%, 여자 0.6%였고, 일년유병률은 0.2%, 남자 0.3%, 여자 0.1%로 나타났다.</u> 기혼집단에 비해 이혼/별거/사별 집단이, 도시보다는 농촌에 거주하는 집단이 광장공포증의 위험도가 높은 것으로 발견되었다.

광장공포증 일년유병률의 성별 및 연령에 따른 분포

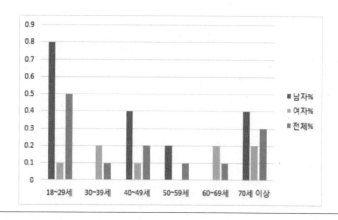

광장공포증

1) 광장공포증을 지닌 사람은 다음 5가지 상황 중 두 가지 이상에서 현저한 공포와 불안을 나타낸다.

　(1) 대중교통 이용(자동차, 버스, 기차, 배, 비행기)

　(2) 열린 공간에 있는 것(주차장, 시장, 다리)

　(3) 밀폐된 공간에 있는 것(상점, 공연장, 영화관)

(4) 줄서기, 군중 속에 있기

(5) 집 밖에 혼자 있기

　　※ 주의 : 만약 회피가 하나의 특정 상황이나 소수의 특정 상황에 한정되어 있다면 특정공포증의
　　　　　　 진단을 고려하고, 회피가 오로지 사회적 상황에만 국한되어 있다면 사회공포증의 진단을
　　　　　　 고려한다.

2) 상황을 회피하거나(예 여행을 제한함), 공황발작이나 공황과 유사한 증상이 일어나는 데 대한 현저한 불편감이나 불안을 참고 견디거나 동반자를 필요로 한다.

3) 이러한 장애는 전형적으로 6개월 이상 지속된다.

041	①	042	③	043	②	044	①	045	①	046	④	047	④	048	①	049	④	050	③
051	④	052	③	053	④	054	①	055	②	056	③	057	④	058	②	059	①	060	③

041　① HTP 검사는 1948년 벅(Buck)에 의해 처음 제창되었으며 1958년 햄머(Hammer)에 의해 크게 발전되었다. 머레이(H. Murray)가 개발한 검사는 TAT(주제통각검사)이다.

실력다지기

*집-나무-사람(HTP) 검사의 특징

1) 1948년 벅(Buck)에 의해 처음 제창되었으며 1958년 햄머(Hammer)에 의해 크게 발전되었다.

2) 집, 나무, 사람은 누구에게나 친밀한 주제이기 때문에 이것을 그리게 하여 환경에 대한 적응적인 태도, 무의식적 감정과 갈등을 파악하려고 하였다.

3) 로샤검사와 TAT검사가 제시된 자극에 반응하는 성격의 수동적인 과정에 중점을 두는 반면, HTP검사는 적극적인 반응을 구성해 가는 성격의 표출과정을 중시한다.

4) TAT검사가 언어적 의사소통(verbal communication)에 근거한다면 HTP검사는 상징적인 도식적 의사소통(graphic communication)에 의해 성격의 여러 면을 표현하게 된다.

042　③ 뇌의 영역 중에서 행동을 조절하고 계획, 추리, 감정, 문제해결에 관여하는 부위는 전두엽이다.

실력다지기

*뇌의 4가지 영역

1) 후두엽

① 뇌 뒤쪽에 있으며, 이 후두엽에는 시각 중추가 있어서 시각 피질이라고도 부른다.

② 망막에서 들어오는 시각정보를 받아 분석하며, 이 영역이 손상되면 안구가 정상적인 기능을 하더라도 시력을 상실하게 된다.

2) 측두엽

① 언어를 인식하는 데 중추적인 역할을 하며, 정서적 경험이나 기억에 중요한 역할을 담당한다.

② 베르니케 실어증(Wernicke's aphasia)의 경우 뇌의 좌반구 측두엽 뒤쪽에 입은 손상 때문에 생기는 언어장애이다

3) 두정엽

① 보고 들은 정보를 종합해서, 알맞게 몸을 움직이도록 한다.

② 운동에 관한 정보를 받아들이지는 않는다.

③ 두정엽은 기관에 운동명령을 내리는 운동중추가 있다.

④ 체감각 피질과 감각연합영역이 있어 촉각, 압각, 통증 등의 체감각 처리에 관여하며 피부, 근골격계, 내장, 미뢰로부터의 감각신호를 담당한다.

4) 전두엽

① 대뇌반구의 전방에 있는 부분으로 전전두엽 관련 영역을 가져 기억력·사고력 등의 고등행동을 관장하며 다른 연합영역으로부터 들어오는 정보를 조정하고 행동을 조절한다.

② 추리, 계획, 운동, 감정, 문제해결에 관여한다.

043 ② 혼(J. L. Horn, 1928~2006)은 커텔(Cattell)과 함께 유동적 지능과 결정화된 지능의 이론을 주장하였다. 지능을 독립적인 7개 요인(PMA)으로 구성되었다고 제안한 이론가는 써스톤(Thurstone)이다.

044 ① 선로잇기 검사(Trail Making Test)는 지속적인 주의 집중력, 정신 추적 능력, 주의 전환 능력 등을 측정하는 검사이다.

> **실력다지기**
>
> **선로잇기 검사(Trail Making Test)**
> 1) 선로잇기 검사(TMT)는 기호잇기 검사라고도 하며, 임상신경심리검사 상에서 가장 유용한 진단 도구 중 하나이다.
> 2) 선로잇기 검사에서의 수행능력 저하는 전두엽 부위의 다양한 손상과 연관되어 있다고 알려져 있다.
> 3) 선로잇기 검사 Black & White(TMT - B&W)는 선로잇기 검사와 다양한 유사점을 가지고 있으나, Part B에서 알파벳 글자를 사용하는 대신 검정색과 흰색의 원을 사용하여 구성되었고 알파벳을 알아보지 못하는 문화권이나, 혹은 낮은 교육 수준의 환자에게도 검사를 진행할 수 있도록 고안하였다.
> 4) ADHD 진단에 사용되는 신경심리검사의 같은 그림 찾기(Matching Familiar Figure Test)는 충동적 인지 양식을 측정하고, 집중력과 정신적 추적능력을 알아보기 위해 사용되는 선 잇기(Trail Making Test), 추상적 사고와 분류기억, 작업기억, 유연성 등의 실행기능을 측정하는 위스콘신 카드분류 검사(Wisconsin Card Sorting Test, WCST) 등이 ADHD 평가에 도움을 줄 수 있다.
>
>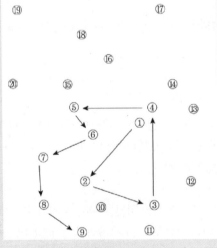
>
> <선로잇기 검사(Trail Making Test)>

045 ① C´는 무채색 반응의 부호화이다.

> **실력다지기**
>
> *로샤에서 채점되는 반응 결정인(Determinant)
>
> | 범주 | 기호 | 정의 | 범주 | | 기호 | 정의 |
> |---|---|---|---|---|---|---|
> | 형태 | F | 형태반응 | 무채색 | | C' | 무채색반응 |
> | 고동 | M | 인간운동반응 | | | C'F | 무채색-형태반응 |
> | | FM | 동물운동반응 | | | FC' | 형태-무채색반응 |
> | | m | 무생물운동반응 | 음 | 재질 | T,TF,FT | 음영-재질반응 |
> | | a-p | 능동-수동 | 영 | 차원 | V,VF,FV | 음영-차원반응 |

범주	기호	정의	범주	기호	정의
유채색	CF	색채-형태반응	음영	확산	Y,YF,FY	음영-확산반응
	FC	형태-색채반응	형태차원	FD	
	C	순수 색채반응	쌍반응	(2)	
	Cn	색채 명명반응	반사반응	Fr,rF	

046 ④ WAIS-IV의 언어이해 지수 척도의 소검사는 공통성, 상식, 어휘, 이해이다. 이중 보충 소검사는 이해 소검사이다.

*WAIS - IV의 주요 구조 및 소검사

지표	소검사
언어이해 지표(VCI)	공통성, 상식, 어휘, (이해)
지각추론 지표(PRI)	토막짜기, 퍼즐, 행렬추론, (빠진 곳 찾기), (무게비교)
작업기억 지표(WMI)	숫자, 산수, (순서화)
처리속도 지표(PSI)	기호쓰기, 동형찾기, (지우기)

※ ( ) 안의 것은 보충 소검사임.

047 ④ 한국심리학회 윤리강령에 따르면 검사결과를 해석해주는 자동화된 해석 서비스를 사용하는 심리학자는 이에 대해 내담자/ 환자로부터 동의를 얻어야 하며, 검사결과의 기밀성과 검사 안정성이 유지되도록 해야 하며, 법정증언을 포함하여 추천서, 보고서, 진단적, 평가적 진술서에서 수집된 자료의 제한성에 대해 기술해야 한다(제50조 제3항). 또한 심리학자가 직접 검사를 실시, 채점, 해석하거나, 자동화된 서비스 또는 기타 서비스를 사용하더라도, 평가도구의 적절한 적용, 해석 및 사용에 대해 책임을 져야 한다(제54조 제3항)고 규정되어 있다. 따라서 자동화된 서비스를 사용할 경우라도 검사자는 이에 대한 책임을 벗어난다고 할 수 없다.

048 ① 피아제의 인지발달이론에 따르면 12세 이후가 되면 형식적 조작기에 해당하며, 성인과 같은 인지발달 수준을 형성한다. 따라서 인지발달은 주로 아동기에 급격히 이루어지는 내용으로 청소년기보다 속도가 느리다는 설명은 틀린 내용이다.

049 ④ 카우프만 아동용지능검사(K-ABC)는 2세 6개월~12세 5개월의 아동을 대상으로 한다. 반면에 아동용 웩슬러지능검사(WISC)는 4판의 경우 6세 0개월~16세 11개월까지의 아동을 대상으로 하기 때문에 동일한 연령대의 아동을 대상으로 한다고 보기 어렵다.

*카우프만 아동용 지능검사(K - ABC : Korean Kaufman Assessment Battery for Children)

1) 특수아동, 영재아동 및 학습장애 아동의 평가 및 교육적 처치에 탁월한 지능검사 도구
2) 목적 : 영재아동 판별 및 좌뇌 IQ, 우뇌 IQ, 인지과정처리 IQ, 습득도 IQ 측정
3) 대상 : 2세 6개월~12세 5개월

4) 소요시간 : 45~75분
5) 특징
   (1) 정보처리이론을 바탕으로 개발된 검사로서 기존 내용중심의 검사와 달리 아동이 왜 그러한 정도의 수행을 하였는지에 대한 설명이 가능하다.
   (2) 학교 현장이나 교육 현장에서 문제해결능력과 학습한 정도를 서로 비교할 수 있으며, 또한 좌뇌 지향적인지, 우뇌 지향적인지에 대한 비교분석이 가능하다.
   (3) 발달수준에 근거한 연령별 실시, 하위검사 구분
      기존의 검사들은 피검자의 발달수준을 고려하지 않은 채 모든 연령이 동일한 검사를 실시함으로써 피검자들이 실제 그 검사를 실시할 수 있는가의 역량이 고려되지 않고 있다. 카우프만 아동용 지능검사는 이를 보완하였다.
   (4) 좌·우뇌의 기능을 고루 측정하는 하위검사 구성
      대부분의 지능검사들이 좌뇌의 기능을 측정하는 하위검사들로 구성되어, 우뇌가 발달한 아동이나, 우뇌중심권 문화권에서 성장한 아동들은 상대적으로 지능이 평가절하되는 경향이 있다. 카우프만 아동용 지능검사는 이를 보완하였다.
   (5) 처리중심의 검사
      대부분의 지능검사들은 내용중심의 검사로서 지능의 구성요인을 측정하는 데 그쳐, 실제 검사결과를 가지고 이를 학습현장이나 임상현장에서 활용을 하는 데 제한이 있다. 카우프만 아동용 지능검사는 이를 보완하였다.
   (6) 5가지 지능점수의 산출
      ① K – ABC는 인지처리과정이론에 근거하여 지능을 인지처리과정으로 보고 이를 문제 또는 과제의 해결이 순차 처리적이냐 동시 처리적이냐에 따라 분리하여 측정한다.
      ② 지능사정에 있어 언어능력이 배제된 비언어성 척도를 마련하여 언어장애 아동의 지능을 효과적으로 사정 할 수 있다.
      ③ 학교나 가정, 기타 후천적으로 습득한 지식을 지능척도와 분리하여 평가함으로써 아동의 문제해결능력과 그러한 문제해결력을 사용해 얻어진 습득된 능력을 비교할 수 있게 해준다.
   (7) 척도구성(5가지)
      동시처리 척도, 순차처리 척도, 인지처리과정 척도, 습득도 척도, 비언어성 척도

050 ③ MMPI의 제작방식은 경험적 문항선정방식으로 정신장애군과 정상군의 반응을 비교하여 두 집단을 변별하는 통계적 결과에 따라 제작되었다.

실력다지기

*미네소타 다면적 인성검사(Minnesota Multi - phasic Personality Inventory)
1) 미네소타 다면적 인성검사(Minnesota Multi - phasic Personality Inventory)는 객관적 성격검사로 미네소타 대학의 Starke Hathaway와 Joyian Mckinley에 의해 처음으로 발표되었다.
2) MMPI는 정신질환자를 평가하고 진단함에 있어 보다 효율적이고 신뢰로운 심리검사를 개발하려는 목적으로, 이전의 논리적 제작 방식을 탈피하여 외적 준거방식 및 경험적 제작방식을 이용하여 개발된 것이다.

3) 준거집단에 해당하는 환자집단과 일반 정상집단을 잘 변별해 주는 문항들을 비교하여 척도를 구성하는 방식이다.

4) MMPI에서 각 임상척도의 평균과 표준편차는 평균 50, 표준편차 10(T점수)이다.

5) MMPI는 각 임상척도의 원점수를 백점만점 점수로 환산한 후 이를 T점수로 변환하여 규준집단에서 비교하도록 되어 있다.

051 ④ 표준점수인 Z점수는 원점수가 평균에서 얼마나 떨어져 있는가를 나타낸다. 따라서 Z점수가 0이라는 것은 평균치에 해당한다는 의미이다. 1표준편차 위에 있다면 Z점수가 1일 것이다.

052 ③ 노년기의 인지발달은 지적 변화양상의 개인차가 크고, 연령에 따른 지능의 변화 양상은 지능의 하위 능력에 따라 다르다.

실력다지기

노년기 인지발달의 특징

1) 지능
   (1) 유동성 지능의 감퇴와 반응속도의 둔화(처리속도의 감소)
   (2) 노년기 인지기능의 저하는 처리속도의 감소와 관련이 있다.
   (3) 최종 급강하 현상(kleemeier, 1961) : 지능, 지각, 정신운동기능, 성격 등의 영역에서 갑작스럽게 큰 폭으로 감퇴를 보이는 현상.
   (4) 지적 변화양상의 개인차가 크고, 연령에 따른 지능의 변화 양상은 지능의 하위 능력에 따라 다르다.

2) 기억력
   (1) 기억력 감퇴 이론
       ① 생물학적 가설 : 중추신경계의 손상 등 생물학적 요인으로 인해 기억능력 쇠퇴가 발생한다는 이론
       ② 정보처리 가설 : 주요 정보에 할당하는 주의능력의 결함과 정보처리 역량 감소가 원인이라는 이론
       ③ 맥락적 가설 : 경험, 동기, 성격, 문화적 요인들이 미치는 영향을 중시하는 이론
   (2) 단기기억의 감퇴가 일어나며, 장기기억은 단기기억보다 감퇴되는 정도가 적다.
   (3) 장기기억 중 의미기억이나 절차기억보다는 일화기억의 능력이 저하된다. 일화기억은 특정 사건이나 경험에 대한 기억이며, 의미기억은 법칙과 관련된 기억으로 의미기억보다는 일화기억이 더 많이 쇠퇴한다.
   (4) 최근에 일어난 일에 대한 기억보다는 오래전에 일어난 일을 회상하는 먼 기억(remote memory)을 잘한다.
   (5) 노인들은 인지기능의 쇠퇴에 직면하여 목표범위를 좁혀나가는 등의 최적화 책략(메모 등의 기억방략)의 사용이 증가한다. 그러나 체계적인 기억방략(예 정교화, 조직화, 군집화 등)의 사용은 감소한다.

053 ④ 에니어그램은 인간의 성격유형을 9개로 설명한다.

에니어그램

1) 에니어그램(Enneagram)은 사람을 9가지 성격으로 분류하는 성격 유형 지표이자, 인간이해의 틀이다. 희랍어에서 9를 뜻하는 에니어(ennear)와 점, 선, 도형을 뜻하는 그라모스(grammos)의 합성어로, 원래 '9개의 점이 있는 도형'이라는 의미이다.

2) 9가지 유형

9가지 유형	특징	힘의 중심
2유형(조력가)	타인에게 도움을 주려는 사람	가슴 (감정중추)
3유형(성취자)	성공을 추구하는 사람	
4유형(예술가)	특별한 존재를 지향하는 사람	
5유형(사색가)	지식을 얻어 관찰하는 사람	머리 (사고중추)
6유형(충성가)	안전을 추구하고 충실한 사람	
7유형(낙천가)	즐거움을 추구하고 계획하는 사람	
8유형(지도자)	강함을 추구하고 주장이 강한 사람	장 (본능중추)
9유형(중재자)	조화와 평화를 바라는 사람	
1유형(개혁가)	완벽함을 추구하는 사람	

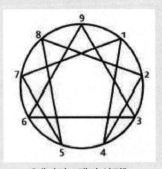

[에니어그램의 상징]

054 ① 게젤 발달검사(The Gesell developmental schedules, 1925)는 영유아용 발달 검사 중 최초의 검사 도구로 생물학적 성숙이론에 배경을 두고 있으며, 생후 4주에서 5세까지의 영유아를 대상으로 적응행동(adaptive behavior), 대근육운동(gross motor), 소근육운동(fine motor), 언어(language), 개인 - 사회적 행동(personal - social behavoir)의 5개의 하위영역으로 구성되어 있는 직접관찰을 통한 부모보고식 평가이다.

055　② FBS 척도는 증상타당성을 의미한다. 이 척도의 높은 점수는 신체적, 인지적 증상에 대한 과대보고를 시사한다.

증상타당도 척도 (Symptom Validity, FBS)

1) 2011년 7월부터 MMPI - 2 타당도 척도 상에서 증상 타당도 척도(Symptom Validity, FBS)가 추가되었다.
2) FBS(증상 타당도) 척도
　FBS 척도는 총 43개의 문항으로 구성되어 있으며, 개인 상해 소송(personal injury litigation) 장면에서 자신의 증상을 과장하는 사람들을 가려내기 위한 목적 하에 개발되었다(Lees - Haley, English와 Glenn, 1991).

056　③ 수검자의 특성을 파악하여 목적달성에 적절한 검사를 선정해야 한다.

심리검사를 선정할 때 고려하여야 할 사항

1) 심리검사 선정을 위해서는 각 심리검사가 지니고 있는 검사로서의 기본 조건과 특징, 장점 및 단점을 이해하는 것이 요구된다.
2) 심리검사를 선정할 때 고려하여야 할 사항은 다음과 같다.
　(1) 심리검사의 목적을 분명히 하고 목적달성에 적절한 검사를 선정해야 한다.
　(2) 표준화된 검사를 사용하는 경우 검사의 신뢰도를 검토해 보아야 한다.
　(3) 표준화된 검사일지라도 검사의 타당도가 검사요강에 제시되어 있지 않은 경우가 있는데, 이는 신뢰도 검증에 비해 타당도 검증이 쉽지 않기 때문에 타당도 검증을 거치지 않고 표준화 검사로 사용되기 때문이다.
　(4) 심리검사의 실용성을 고려해 보아야 하는데, 즉 검사 시행과 채점의 간편성, 시행시간, 심리검사지의 경제성 등을 검토해야 할 것이다.

057　④ 위크콘신 카드분류 검사(WCST)는 주로 전두엽 집행기능을 평가하는데 사용된다. WCST는 (1)추상적 개념을 형성하는 능력 (2)인지적 세트를 이동하고 유지하는 능력 (3)환류(feedback)을 활용하는 능력을 평가하며, 변화하는 환경적 유연성들에 대한 반응에 있어서 인지적 전략을 이동시키는 능력과 추상적 능력을 평가하고, 전략적 계획화, 조직화된 탐색, 인지적 세트(set)를 이동하기 위해 환경적 feedback을 사용하는 능력, 목표 - 지향적 행동, 충동적 반응을 조절하는 능력을 요구하는 면에서 집행(executive)기능을 측정한다.

Wisconsin Card Sorting Test(WCST)

1) 특징
　(1) Grant와 Berg(1948)에 의해 사고의 유연성을 측정하기 위해 개발되었음.
　(2) 추상적 개념을 형성하는 능력, 셋트(set)를 이동하고 유지하는 능력, feedback을 활용하는 능력을 평가함

(3) 변화하는 환경적 유연성들에 대한 반응에 있어서 인지적 전략을 이동시키는 능력과 추상적 능력을 평가함

(4) 전략적 계획화, 조직화된 탐색, 인지적 세트(set)를 이동하기 위해 환경적 feedback을 사용하는 능력, 목표 - 지향적 행동, 충동적 반응을 조절하는 능력을 요구하는 면에서 집행(executive)기능을 측정함

(5) 문제해결적인 행동측면에 대한 정보 제공

2) 사용방법[10]

(1) 4개의 자극카드, 자극카드와 동일한 64개의 반응카드 두 묶음(전체 128개)으로 구성됨.

(2) 4개의 자극카드는 한 개의 빨간색 삼각형, 두 개의 초록색 별, 세 개의 노란색 십자가, 네 개의 파란색 원으로 구성되어 있고, 반응카드에는 다양한 형태와 색, 수가 표시된 카드로 구성됨.

(3) 테이블 위에 4개의 자극카드를 놓고, 피검자는 반응카드를 뽑아 자극카드와 짝이 된다고 생각되는 카드에 놓으면 맞았는지 여부를 통해 숨겨진 규칙을 알아내는 방식으로 진행함.

058 ② 동작성 가족화 검사(KFD: Kinetic Family Drawing)는 가족화에 움직임을 첨가한 투사검사의 일종이다. "당신을 포함해서 당신의 가족 모두가 무엇인가를 하고 있는 그림을 그려보세요."라는 지시를 통해서 피험자는 그림을 완성하게 된다. KFD 검사는 그림을 통해서 가족 간의 정서적 관계, 가족 역동성, 가족 상호작용 등을 파악하기에 용이하다.

059 ① 독일의 심리학자인 윌리엄 슈테른(William Stern, 1914)은 비율지능(Ratio IQ)을 계산하는 방식을 제안하였는데, RIQ = 정신연령 ÷ 실제의 나이(신체 연령) 으로 계산하여 지능을 평가할 수 있도록 하였다.

060 ③ 병전지능을 추정하기 위해서는 뇌손상에 영향을 덜 받는 영역을 측정하는 소검사를 통해 추정할 수 있다. 웩슬러 지능검사에서 상식, 어휘와 같은 소검사 또는 토막짜기와 같은 소검사가 주로 활용된다.

실력다지기

*병전지능(웩슬러 검사)

1) 웩슬러 지능검사에서 병전지능이라는 것은 원래의 지능수준을 말하는 것이다.

2) 병전지능은 지능검사를 시행한 후 피검자의 원래의 지능수준을 추정하여 현재의 지능수준과의 차이를 계산해 봄으로써 급성적, 만성적, 병적 경과, 지능의 유지나 퇴보정도를 파악하는데 도움이 된다.

3) 원래의 지능수준은 어휘문제를 기준으로 하여 추정되는 방식이 제안되었고 일반적으로는 기본 상식(기본 지식), 어휘 문제, 토막 짜기 결과와 내담자의 연령, 학력, 직업, 학교성적 등 인구사회학적 특징을 고려하여 추정한다.

암기법 상 / 어 / 인구 / 토막

---

10 한국심리연구소 홈페이지 참조

| 061 | ② | 062 | ③ | 063 | ② | 064 | ② | 065 | ④ | 066 | ④ | 067 | ④ | 068 | ③ | 069 | ③ | 070 | ① |
| 071 | ④ | 072 | ② | 073 | ③ | 074 | ① | 075 | ② | 076 | ③ | 077 | ④ | 078 | ③ | 079 | ④ | 080 | ② |

061 ② 전통적 심리평가는 예후(징후)를 알고, 예측하기 위한 것이므로 행동 평가보다 추론의 수준이 높다.

> **실력다지기**
>
> 행동평가와 전통적 심리평가 간의 차이점
>
> 1) 행동평가
>   (1) 성격이란 특정한 상황에서의 행동적 경향성 즉, 성향이라기보다는 일련의 능력과 기술을 의미한다.
>   (2) 기저의 성격 특성을 탐색하기보다는 행동과 상황의 상호작용을 알아보려고 한다.
>   (3) 형용사적 속성에 맞춰진다. → (공격적인 행동)
>   (4) 검사반응(행동)은 그 사람의 행동 목록 중 한 표본(sample)을 보여준다.
>   (5) 추론의 수준이 낮다.
> 2) 전통적 심리평가
>   (1) 행동의 기저에 있는 변인들을 측정하려고 한다.
>   (2) 안정적인 성격 특징을 측정하려고 한다.
>   (3) 명사에 초점을 둔다. → (공격성)
>   (4) 행동은 기저의 원인에 대한 징후(sign)이다.
>   (5) 추론의 수준이 행동평가보다 더 높다.

062 ③ 정신재활치료에서의 약물치료는 의사의 처방에 의해 이루어지는 것이므로 임상심리학자의 고유한 역할은 아니다. 나머지 보기는 임상심리학자의 고유한 역할에 해당된다.

063 행동평가의 목적은 행동과잉이나 행동결핍 찾아내기, 현재 문제행동의 원인을 밝히기 위해 강조된다. ② 진단명을 탐색하기 위한 목적은 아니다.

> 행동평가는 문제를 분명히 정의하고, 초기목표 설정하며, 표적행동을 정확하게 선정하여 정의한다. 또한, 표적행동의 유지조건 확인하고 치료계획과 진전 상태 점검의 필요한 정보를 제공하기 위해 실시한다.

064   ② 셀리에(Selye)의 일반적응증후군의 단계는 경고 → 저항 → 소진이다. 자세한 내용은 아래 [실력 다지기]
를 참고하길 바란다.

실력다지기

일반적응증후군(general adaptation syndrome; GAS)

1) 자극의 종류에 관계없이 스트레스 반응은 비(非)특정적으로 발생한다고 주장하는데, 즉 매우 다양한
상황들이 스트레스 반응을 일으킬 수 있지만 그 반응은 항상 동일한 과정을 거친다고 믿는 것이 일반
적응증후군이다.

2) 스트레스의 단계
   (1) 경계 반응 단계(alarm reaction stage)
      ① 충격기와 역충격기의 두 하위체계로 구분된다.
      ② 충격기는 위험에 처했을 때 즉각적으로 나타나는 반응(빠른 맥박, 체온과 혈압 감소)과, 역충격
         기는 충격에 대응현상이 일어나는 단계로 방어력을 동원한다.

2) 저항 단계(resistance stage)
   신체가 외부자극에 완전히 적응하여 저항하는 시기로서, 스트레스의 증상은 호전되거나 없어지는 것
   처럼 보인다.

3) 탈진 단계(소진단계, exhaustion stage)
   (1) 적응에너지의 고갈, 즉 스트레스에 대한 적응에너지가 제한되어 있기 때문에 스트레스에 계속 노
      출되면 증상은 다시 나타나고 우리 신체는 탈진 상태가 된다.
   (2) 결국 스트레스는 스트레스 요인에 대처하여 평온한 상태(항상성, 동질정체 ; Homeostasis)를 유지
      하기 위한 생리적인 반응이다.

065   ① 필압은 에너지 수준과 긴장정도, 충동성과 공격성에 대한 정보를 시사한다. 강한 필압은 성격이 단호하고
자기주장성이 높다.
   ② 지우기는 내적 갈등을 의미하며, 지우개를 과도하게 많이 사용한 사람은 내적 갈등이 심하고, 우유부단하
며, 불안과 초조가 높다.
   ③ 집 그림 중에서 지붕은 내적 공상 활동에 대한 정보를 제공하는 중요한 지표이다.

066   접수면접은 환자가 내원하여 처음으로 받는 면접으로서 라포 형성, 제공되는 서비스에 대한 일반적인 설명,
그리고 접수한 기관에서 치료가 어려울 경우 다른 기관으로의 의뢰, 환자의 요구와 임상장면에 대한 기대, 치
료적 동기와 대안적인 치료방법 안내, 임상장면의 특징에 대한 소개 등이 이루어질 수 있다. 다만, ④ 환자가
자신이나 다른 사람을 해칠 중대한 위험상태에 있는지 결정하는 것은 조사와 진단과정(진단면접)에서 이루
어지는 것이다.

067   ④ 체계적 둔감법은 불안한 상황을 상상하고 그에 대처하는 상상노출법 또는 점진적 노출법 중 하나로, 심상
적 노출법(홍수법) - 공포 자극을 상상하게 하여 노출 - 과 유사하다.

068 ③ 개인은 현실에 대한 지각을 통해 현실 그 자체를 알 수 없다. 즉, 글래서는 인간은 현실을 지각할 수 있지만, 현실 그 자체를 알 수는 없다고 주장한다.

📖 읽을 거리

현실치료에서의 좋은 세계[11]

Glasser(1981)에 따르면, 인간은 객관적인 현실세계에 살지 않는다. 인간은 현실을 지각할 수 있지만, 현실 그 자체를 알 수는 없다. Glasser는 현실 그 자체보다 현실에 대한 인식이 인간의 행동을 결정하는 데 더 중요하다고 보았다. 인간은 내적인 욕구를 만족시키기 위하여 머릿속에 그림(picture)을 만들어낸다. 특히 욕구가 잘 충족되었을 때 경험했던 사람, 물체, 사건에 대한 그림을 보관한다. 이러한 기억과 이미지들은 Glasser가 '좋은 세계(Quality world)'라고 지칭한 내면세계에 보관된다. 좋은 세계는 개인의 욕구와 소망이 충족되는 세계이며 Glasser(1998)는 이를 '우리가 원하는 모든 것으로 이루어진 세계(all-we-want-world)'라고 부르기도 했다. 좋은 세계는 기본욕구를 반영하여 구성되며 인식된 현실세계와 비교되어 어떻게 행동할 것인지를 선택하는 바탕이 된다. Glasser는 이런 점에서 좋은 세계를 '비교장소(comparing place)'라고 부르기도 했다. 인간은 좋은 세계와 일치하는 현실세계 경험을 하기 위해서 행동한다. 인간은 자신만의 좋은 세계에 포함시킬 심상들을 선택할 수 있다. 성취할 수 없는 심상들을 선택하거나 욕구를 잘 충족시켜주지 않을 심상을 선택한다면 좌절과 실망을 겪게 될 것이다. 인간은 자신의 좋은 세계에 존재하는 심상과 욕구를 잘 인식할수록 더 지혜롭고 현실적인 선택을 해서 욕구를 더 성공적으로 충족시킬 수 있을 뿐만 아니라 자신의 삶에 대한 통제감을 더 많이 갖게 될 것이다.

전체행동

Glasser에 따르면, 행동을 통제하는 행동체계(behavioral system)는 두 개의 하위체계로 이루어져 있다. 한 하위체계는 우리에게 만족스러운 결과를 유발하는 익숙한 행동을 반복하는 것을 담당하는 반면, 다른 하위체계는 좋은 세계와의 괴리를 해소하기 위해서 새로운 행동을 창조적으로 구성하는 역할을 담당한다. Glasser(1985)는 인간이 생각하고 느끼고 행위하고 생리적으로 반응하는 모든 것을 행동(behavior)이라고 넓게 정의하면서 이를 총칭하기 위해서 '전체행동(total behavior)'이라는 용어를 사용하고 있다. 전체행동은 행동하기, 생각하기, 느끼기, 생리작용의 네 가지 요소로 구성된다. 행동하기(acting)는 걷기, 말하기, 움직이기와 같은 모든 활동적인 행동을 뜻하며 자발적인 것일 수도 있고 비자발적인 것일 수도 있다. 생각하기(thinking)는 의식적인 사고를 비롯하여 공상이나 꿈과 같은 모든 인지적 활동을 포함한다. 느끼기(feeling)는 행복감, 만족감, 즐거움, 실망감, 불안감과 같은 유쾌하거나 불쾌한 모든 감정을 포함한다. 생리과정(physiology)은 의도적인 반응이든 자율적인 반응이든 신체 생리적 기능에 따라 나타나는 모든 신체반응을 의미한다.

069 ③ 문제에 대한 회피는 단기 심리치료에서 좋은 결과를 이끌어 내기 위한 요인이 아니다. 문제에 대한 인식하고 이를 해결하려는 노력이 더 중요하다.

070 ① 두뇌기능의 국재화(localization of function)는 두뇌의 특정 영역이 특정한 기능을 수행한다는 원칙이다. 이에 대해 비판한 Lashley는 쥐의 미로실험을 통해 두뇌의 손상정도에 따라 학습수행에 차이는 있지만, 학습된 경험의 내용이 두뇌의 특정 영역과 긴밀히 관계되는 것은 아니라고 주장하였다.

---

[11] 출처 : 한국방송통신대학교 청소년상담 수업자료

② Wernicke 영역은 좌반구 측두엽 손상으로 수용적 언어결함과 관련된다.

③ Broca 영역은 좌반구 전두엽 손상으로 표현 언어결함과 관련된다.

④ 뇌의 국재화 기능문제 확인에는 외과적 검사보다 MRI 및 CT로 가능하다. 뇌 기능의 국재화에 관한 연구 논리는 연구자가 MRI 등을 통해 확인이 가능하다. 말이 아닌 소리, 예를 들어, 교향곡 같은 것을 들을 때와 비교해서 말을 들을 때 뇌의 어떤 부분이 활동적이 되는가를 알아보려 한다고 가정해 보자. 이 문제를 다루는 한 가지 방법은 각 청취조건에서 MRI 촬영 사진을 조사한 후에 아무 것도 듣지 않고 편안히 쉬고 있을 때와 비교하는 것이다. 3가지 사진을 비교하면 어느 조건에서 좀 더 활동적이 되는지를 결정할 수 있다. 좀 더 구체적으로 말하면, 어느 한 영역이 말소리 조건에서는 활동적이지만 다른 조건에서는 그렇지 않다면 바로 그 영역이 말소리 처리 과정에서 중요하다고 생각할 수 있을 것이다. 즉 MRI 촬영은 정상적인 뇌의 활동 수준에 대한 정보를 제공할 수 있다.[12]

실력다지기

> 1) 1861년 Broca는 좌측 대뇌반구의 전두엽 후부이며 운동영역인 중앙전회(precentral gyrus)의 하부가 손상을 받으면 언어의 생성능력, 즉 말하는 능력에 장애가 나타남을 관찰하였고, 이 영역을 Broca영역이라고 하였다.
>
> 2) 1876년 Wernicke는 좌측 대뇌반구의 측두엽 상부가 손상을 받으면 말하는 능력에는 이상이 없이 언어를 이해하는 능력에 장애가 나타남을 관찰하였고, 이 영역을 Wernicke 영역이라고 하였다.

071 ④ 임상심리학자로서의 책임과 능력 면에서 자신만의 경험을 기준으로 내담자를 대하기보다는 객관적이고 과학적으로 검증된 방법으로 내담자를 검사하고 평가하는 것이 바람직하다.

072 ① 투사(projection) : 자신의 자아에 내재해 있으나 받아들일 수 없는 것들을 다른 사람의 특성으로 돌려 버리는 수단이다. 즉, 자신의 심리적 속성이 타인에게 있는 것처럼 생각하고 행동하는 것이다.

③ 퇴행(regression) : 이전의 만족방식이나 이전 단계의 만족대상으로 후퇴한다.

④ 반동형성(reaction formation) : 무의식적 추동과는 정반대로 표현한다.

073 ③ 기능적 분석(Functional Analysis)은 교류분석상담이론에서의 구조분석의 개념으로, 자아상태는 구조와 기능이라는 두 가지 측면에서 살펴볼 수 있다. 성격의 구조는 P, A, C 세 가지의 자아상태로 구성되어 있지만, 다섯 가지의 기능을 수행한다. 구조적 모형이란 자아상태에 어떤 것이 있는가를 보여준다. 기능적 분석이란 개개인의 자아상태가 실제적인 면에서 어떻게 나타나는가를 알기 위해 구조분석에 의한 3가지 자아상태를 보다 기능적으로 세분화하여 5가지 자아상태로 구분하여 분석하는 것이다.

실력다지기

단기 정신역동치료 (Short-term dynamic psychotherapy)

1) 치료의 시간이 짧아 시간 제한적이다.

2) 치료시간을 미리 정하는 것이 원칙이며, 대개 20-25회기 이내이다.

3) 치료의 초점화

   (1) 치료시간의 단축을 위해 신속한 사례개념화(원인이 되는 발달사나 가족관계, 현재 적응/정서상태 평가)를 한다.

---

[12] 출처 : 실험심리학 용어사전

(2) 주 호소 문제를 주로 다루게 되는데, 예를 들어, 핵심적 갈등관계 주제, 분리개별화와 갈등, 분리불안의 극복, 애도반응의 극복 등을 들 수 있다.

4) 치료자는 능동적 역할을 수행한다.

5) 통찰을 위한 적극적인 방법들을 사용하며(예 해석, 직면, 명료화 등), 이것이 효과적이기 위해 공감적, 신뢰로운 관계를 구축해야 한다.

074 ① 잠재적인 학습문제의 확인, 학습실패 위험에 처한 아동에 대한 프로그램 운용, 학교 구성원들에게 다양한 관점 제공, 부모 및 교사에게 특정 문제행동에 대한 대처기술을 제공하는 학교심리학자의 역할은 예방이 옳다. 예방의 역할은 진단평가에 앞서 시행되는 의뢰 전 개입과 전교생을 대상으로 하거나, 문제발생의 가능성이 높은 고위험군 학생들에게 문제가 발생하기 전에 실시하는 것으로 부모 및 교사에게 특정 문제행동에 대한 대처기술을 제공하는 것도 포함된다.

> **CF** 자문은 상담자가 학생의 문제해결을 위해 직접 만나는 것이 아니라 제 삼자(부모, 친구, 선생님 등)을 통해 도움을 주는 것이다.

075 ② 아동의 심리적 문제를 해결하기 위한 상담에는 흔히 아동과의 직접적 면담 이외에도 가족상담이나 놀이치료 및 행동수정 등의 방법이 활용되고 있다. 아동상담의 대상은 사회적인 또는 법률적인 미성년자들이므로 아동에게 치료 중 일어난 일은 성인의 경우와 달리, 부모 등에게 알려야 하는 상황이 발생할 수 있다. 이는 비밀보장의 예외가 될 수 있다는 점을 유의하면 된다. 비밀보장의 한계에 대하여 부모나 아동에게 사전에 알려주어야 하며 아동의 동의하에 법적인 보호자인 부모에게 아동의 정보를 제공하는 것이 바람직하다. 비밀보장의 예외에 미성년자의 법적 보호자인 부모의 요구도 포함된다.

076 행동치료를 위해 현재문제에 대한 기능분석은 문제행동을 일으키는 자극이나 선행조건(S) - 문제행동과 관련 있는 유기체 변인(O) - 반응(response) 혹은 문제행동(R) - 문제행동의 결과(C)로 이루어진다. ③ 문제행동과 관련된 인지적 해석은 관련이 없다.

실력다지기

행동치료를 위해 현재 문제에 대한 기능분석

1) 행동평가는 문제행동의 직접적 평가(자연관찰), 선행(상황적)조건, 그리고 결과(강화물)를 강조한다.

2) 이러한 기능분석을 수행함으로써 임상가들은 행동의 맥락과 원인을 더 정확하게 이해할 수 있다고 보았다.

3) 또한 행동평가는 진행과정이며, 치료 중의 모든 시점에서 일어난다는 것이다.

4) SORC 모델

행동적 관점에서 임상적 문제들을 개념화하는 모델로, 이 모델에서 S는 문제행동을 가져오는 자극(stimulus) 혹은 선행조건, O는 문제행동과 관련 있는 유기체적 변인(organismic variable)들, R은 반응(response) 혹은 문제행동, C는 문제행동의 결과(consequence)이다.

077 ④ 재구성기법은 생각을 바꾸는 기법으로, 예를 들어, 친한 친구와 심하게 다퉈 헤어졌을 때 마음이 많이 아프지만 이 상황을 자신의 의사소통이나 대인관계 방식을 돌아보면서 다툼의 원인을 바꾸어 생각해보는 것이다.

> **CF** 사고 중지 기법
>
> 부정적이고 자기패배적으로 흘러가는 사고, 생각이 떠오를 때마다 자신에게 '중지!' 혹은 '그만'이라고 큰 소리로 (혹은 마음속으로 큰 소리로) 외치게 하여 그 생각을 멈추게 하는 기법이다. 사고 중지 기법은 자신의 생각이 자신에게 도움이 되지 않고 현실적으로 일어나지 않을 것이라는 것을 알고 있음에도 불구하고 그 생각을 완전히 떨쳐버리지 못하고 그 생각에 사로잡혀서 계속 생각하고, 더 나쁜 상황을 상상하면서 고통 받는 사람들에게 도움이 될 수 있다.

078 ③ 헌팅톤병, 파킨슨병, 알츠하이머병은 주요신경인지장애에 해당하는 것으로, 퇴행성 뇌질환과 관련이 있다.

079 ④ 공격성 척도(AGG) - 치료고려 척도

실력다지기

성격평가 질문지(PAI, Personality Assessment Inventory)의 구성척도

4개의 타당성 척도, 11개의 임상척도, 5개의 치료척도, 2개의 대인관계 척도로 구성되어 있으며, 이 중 10개의 척도는 3~4개의 하위 척도를 포함하고 있다.

1) 타당도 척도(4)

   비일관성 척도, 저 빈도 척도, 부정적 인상척도, 긍정적 인상척도

2) 임상척도(11)

   신체적 호소 척도, 불안 척도, 불안 관련장애 척도, 우울 척도, 조증 척도, 망상 척도, 조현병 척도, 경계선적 특징 척도, 반사회적 특징 척도, 알코올 문제 척도, 약물문제 척도

3) 치료고려 척도(5)

   공격성 척도, 자살관념 척도, 스트레스 척도, 비지지 척도, 치료거부 척도

4) 대인관계 척도(2)

   지배성 척도, 온정성 척도

080 ② 혐오치료법에서 주로 사용되는 자극은 전기와 화학약물이다. 전기치료에서는 환자가 바람직하지 않은 행동을 할 때마다 약간 고통스러운 전기 쇼크를 가한다. 이 방법은 변태성욕을 치료하는 데 사용되어 왔다. 화학치료법에서는 바람직하지 않은 행동과 결합될 때, 구토와 같은 불쾌한 효과를 내는 약물이 환자에게 투여된다. 이 방법은 약을 복용하고 술을 마시면 구토증이 일어나게 하여 알코올 중독 치료에 흔히 사용되어 왔다.

| 081 | ① | 082 | ② | 083 | ② | 084 | ③ | 085 | ① | 086 | ③ | 087 | ② | 088 | ① | 089 | ③ | 090 | ④ |
| 091 | ④ | 092 | ③ | 093 | ② | 094 | ③ | 095 | ④ | 096 | ① | 097 | ④ | 098 | ④ | 099 | ④ | 100 | ④ |

081 ① 아노미(Anomie)는 사회적 혼란이나 사회의 해체 등으로 인해 기존의 공통적으로 인식된 행동의 규범이 사라지거나 도덕적 기준이 붕괴되면서 나타나는 사회적, 개인적 불안정 상태를 의미한다. 아노미 이론은 이러한 아노미 현상 때문에 개인이 불안과 욕구불만에 빠지게 되고, 자살이나 반사회적 행동에 이르게 된다고 주장한다.

실력다지기

청소년 비행의 원인 - 사회학적 관점

1) 아노미이론
   (1) 뒤르케임 - 범죄는 아노미 상태에서 발생한다.
   (2) 머튼 - 긴장유발이론(하위계층의 목표달성에 대한 좌절)
2) 생태학이론(문화갈등이론)
   시카고 학파 - 각 지역사회의 문화적 갈등을 통해 범죄나 비행이 발생한다.
3) 사회해체론
   (1) 버게스와 파크(Burgess & Park)
      시카고 지역을 5개의 동심원지대로 나누어 각 지대별 특성과 범죄의 관련성을 조사하여 빈곤, 인구유입, 실업 등과 관련이 있다고 규정하였다.
   (2) 쇼와 맥케이(Shaw & Macay)
      도시의 특정지역에서 범죄가 일반화되는 이유는 인구의 유입보다는 지역사회의 내부에 있다고 규정하였다.
4) 하위문화이론
   (1) 코헨
      하류계층의 청소년들이 목표와 수단의 괴리를 통해 중류계층에 대한 저항으로 비행을 저지르며, 목표달성의 어려움을 극복하기 위해 자신들만의 하위문화를 만들게 되며, 범죄는 이러한 하위문화에 의해 저질러지는 것이다.
   (2) 밀러
      범죄는 하위문화의 가치와 규범이 정상적으로 반영된 것이다
5) 차별적 접촉이론
   서덜랜드가 대표적 학자로서, 범죄는 범죄적 전통을 가진 사회에서 많이 발생하며 이러한 사회에서 개인은 범죄에 접촉, 참가, 동조하면서 학습하게 된다.
6) 중화기술이론
   맷차와 사이크스가 대표적 학자로서 청소년은 비행의 과정에서 합법적, 전통적 관습, 규범, 가치관 등을 중화시킨다.
7) 사회적 유대이론(사회통제이론)
   허쉬가 대표적 학자로서 범죄의 원인은 사회적인 유대가 약화되어 통제되지 않기 때문이라고 주장한다.
8) 낙인이론
   범죄자로 만드는 것은 행위의 질적인 면이 아닌 사람들의 인식이다.

082 ② 내담자가 치료과정에 불성실하게 임하는 경우는 치료에 대한 저항이 나타나는 것으로 저항을 다루는 작업을 통해 내담자가 치료에 참여할 수 있도록 개입하는 것이 필요하다.

083 ② 정신분석에서 내담자가 지속적이고 반복적인 학습을 통해 자신이 이해하고 통찰한 바를 충분히 소화하는 과정은 훈습과정이다. 훈습은 환자의 저항, 분석자의 저항에 대한 해석, 해석에 대한 환자의 반응을 반복적으로 하는 과정이며 반복, 정교화, 확대로 구성된다.

084 ③ 항갈망제는 중독문제를 치료하는데 사용하며, 날트렉손과 아캄프로세이트가 대표적이다. 노르트립틸린은 우울증치료에 사용되는 항우울제에 해당한다

실력다지기

알코올 문제 치료약물의 분류[13]

1) Garbutt 등은 1966년부터 1997년까지 18년간 발표된 알코올 문제를 대상으로 한 총 52개의 약물치료 임상연구를 meta-analysis하여, 그 효과 및 안정성을 기준으로 알코올 의존의 치료약물을 4군으로 분류하였다.
2) A (Good)군 : 충분한 임상연구를 통해 그 효과와 안정성이 판명됨. ex) 아캄프로세이트(acamprosate)와 날트렉손(naltrexone)
3) B (Fair)군 : 임상연구의 수는 충분하나 그 효능이 일정치 않음. ex) 다이설피람(disulfiram)
4) C (Poor)군 : 임상연구의 수는 충분하나 그 효능이 위약에 비해 유의한 차이를 보여주지 못함. ex) 리튬(lithium)
5) I (Insufficient)군 : 아직 그 효능을 판단할 만큼의 충분한 임상연구가 이루어지지 않음. ex) 선택적 세로토닌 재흡수 차단제(SSRI)를 포함한 세로토닌계 약물

085 ① 개인화는 자신과 무관한 사건을 자신과 관련된 것으로 잘못 해석하는 것으로, 보기의 내용은 관계가 끝나버린 것이 모두 자신의 잘못이라고 자신과 무관한 사건을 자신과 관련된 것으로 잘못 해석하고 있다.

086 ③ 고트프레드슨의 직업포부 발달이론은 직업과 관련된 개인의 발달단계를 (1)힘과 크기 지향성 (2)성역할 지향성 (3)사회적 가치 지향성 (4)내적 및 고유한 자아 지향성 등 4단계로 구분한다.

실력다지기

고트프레드슨(Gottfredson)의 발달이론 - 직업적 포부이론

1) 직업적 포부의 발달이 중요하고 사회계층, 지능수준 및 다양한 경험은 진로선택의 중요한 요인이며, 이미지에 맞는 직업을 희망하기 때문에 직업발달에서 자아개념이 진로선택의 중요요인이다. 따라서 자아성찰과 사회계층의 맥락에서 직업적 포부가 더욱 발달된다고 본다.
2) 직업포부의 발달단계
   (1) 직업과 관련된 개인발달 단계 : 힘과 크기 지향성(3~5세), 성역할 지향성(6~8세), 사회적 가치 지향성(9~13세), 내적 고유한 자아 지향성(14세 이후)의 단계로 구분한다.
   (2) 직업적 선호와 발달단계 : 자아개념이 발달하면서 포부에 대한 한계를 설정하며 사회경제적 배경과 지능수준을 강조한다.

---

13   남궁기. "알코올 사용 장애의 약물 치료." 신경정신의학 43.6 (2004): 652-658.

(3) 직업과 관련된 개인의 발달단계를 4단계로 나눈다. 암기법 힘 - 성 - 사 - 내
　　㉠ 힘과 크기 지향성(3~5세) : 사고과정이 구체화되며 어른이 된다는 것의 의미를 알게 된다.
　　㉡ 성역할 지향성(6~8세) : 자아개념이 성의 발달에 의해서 영향을 받게 된다.
　　㉢ 사회적 가치지향성(9~13세) : 사회계층에 대한 개념이 생기면서 자아를 인식하게 되며 직업에
　　　　대한 귀천의식이 생긴다.
　　㉣ 내적 및 고유한 자아 지향성(14세~) : 자아성찰과 사회계층의 맥락에서 직업적 포부가 더욱 발
　　　　달하게 된다.

087 ② 행동조형법(behavior shaping)은 목표행동에 근접하는 행동을 보일 때마다 강화를 하여 점진적으로 목
　　　표행동을 학습시키는 방법이다.

실력다지기

행동조형(behavior shaping)
1) 원하는 목표행동을 단계적으로 조작하여 최종적으로 내담자가 하기를 바라는 반응에 점차적으로 근
　　접해 가도록 하는 것이다.
2) 기대하는 반응과 행동을 학습하고 목표로 삼는 바람직한 행동으로 강화시켜 점진적인 과정을 거쳐 나
　　아가는 행동 양상이다.

088 ① 최면상태는 점진적 이완을 느끼는 자연스러운 상태이다. 최면에 들어가더라도 스스로를 통제할 수 있기
　　　때문에 자신의 가치관이나 신념에 어긋나는 암시는 거부할 수 있다. 얕은 최면상태에서는 언제든 스스로
　　　깨어날 수 있기 때문에 치료자에 의해서가 아니더라도 최면에서 깨어날 수 있다.

089 ③ 가족치료의 주된 목표는 가족의 체계적 문제에 개입하여, 가족 내 역기능적인 패턴을 수정하는데 있다. 즉
　　　가족이 하나의 단위가 되는 것이며, 특정 가족구성원만의 문제행동을 다루는 것은 아니다.

090 ④ 직면은 불일치함을 지적하여 자신의 행동에 대한 통찰을 높이는 기법이다. 보기의 사례에서 집단원이 느
　　　낌이 아무렇지 않다고 대답했지만 이와 다르게 얼굴표정은 굳어져 있었고, 이러한 불일치를 지적하는 것
　　　이 직면기법이다.

091 ④ 비밀보장의 원칙과 비밀보장의 한계에 대해서 사전에 설명해주어야 한다.

092 ③ 습관적으로 부모에 대한 반항이나 저항을 보이는 경우는 자살의 위험인자에 해당하지는 않는다.

실력다지기

청소년 자살 경고적 징후 (위험인자)
1) 타인에게 자살할 것이라고 위협을 하거나 죽고 싶다는 말을 자주 하는 것
2) 죽음에 대해 지나치게 생각하거나 몰두하는 것
3) 충동적으로 행동하는 것

4) 지속적인 슬픔을 느끼거나 가족 상실로 인한 슬픔이 지속되는 것
5) 친구 또는 좋아하는 활동을 포기하는 것
6) 학교 성적이 갑작스럽게 떨어지는 것
7) 섭식 또는 수면습관이 급작스럽게 변하는 것
8) 심각한 죄의식과 수치감을 갖는 것
9) 자신의 가치에 대해 회의감을 갖는 것
10) 약물을 남용하는 것
11) 자살을 시도하는 것
12) 아끼는 물건을 다른 사람에게 주거나 버리는 행위 등

093 ② 주창(advocacy talk) 대화는 내담자의 저항을 심화시키는 상담자의 대화반응이다. 설득이나 비난과 비판 등이 포함되며, '내가 전문가이니 내말을 들어라'와 같은 메시지를 전달하기 때문에 내담자로 하여금 저항 행동을 불러일으키게 된다.

094 ③ <u>특성 - 요인 상담은 내담자에 대한 정서적 이해보다는 문제의 객관적 이해에 중점을 둔다.</u> 진로 및 직업상 담에서 많이 활용하는 이론으로 특성 - 요인 상담은 내담자가 자신의 문제를 객관적으로 볼 수 없고 독립 적으로 해결하지 못한다는 기본적인 가정을 전제로 하여 내담자의 특성과 직업적 요인의 매칭을 강조하 므로 문제의 객관적 이해가 중시된다.

095 학습상담을 할 때 학습문제와 개인의 심리적 문제는 관련이 있을 수 있기 때문에 이를 회피하지 않고 탐색할 필요가 있다.

096 ① 로저스(Rogers)의 인간중심상담 단계는 1단계에서 내담자는 자기와의 대화를 거부한다. 2단계에서 내담 자는 자기 문제를 인식하고, 도움을 요청하게 된다. 3단계에서 내담자는 대상으로서의 경험을 표현한다. 4단계에서 내담자는 지금-여기의 경험을 자연스럽게 표현하며, 5단계에서 내담자는 감정을 수용하고, 선 택에 대한 책임감을 높인다. 6단계에서 내담자는 경험과 인식의 일치를 경험하고, 7단계에서 자기실현의 경험을 갖게 된다.

실력다지기

인간중심상담의 치료단계 7단계
• 1단계: 자기와 의사소통의 부재.
• 2단계: 자신의 문제 인식 및 도움 요청
• 3단계: 타인에 반영된 대상 존재로서의 자기를 표현함.
• 4단계: 지금-여기에서의 느낌이나 경험을 표현함.
• 5단계: 자기감정을 수용하고, 문제에 대한 책임감이 수용됨.
• 6단계: 경험과 인식이 일치됨.
• 7단계: 경험의 개방과 자기실현

097 ④ 성폭력은 성적 자기결정권의 침해이다. 성폭력은 '성을 매개로 상대방의 의사에 반해 이뤄지는 모든 가해 행위'로써, 개인의 성적 자기결정권을 침해함으로써, 개인 혹은 집단에 대해 신체적·심리적·사회적 고통을 야기하는 행위를 의미한다.

098 ④ 적극적인 경청은 항상 말로 확인을 시켜주는 것은 아니다. 표정이나 제스처 같은 비언어적 방법으로도 가능하다.

099 ④ 가족상담 기법 중 가족들이 어떤 특정한 사건을 언어로 표현하는 대신에 공간적 배열과 신체적 표현으로 묘사하는 기법은 가족조각 기법(경험적 가족치료)이다. 이는 가족구성원에게 어떤 위치에 있게 하고, 그들이 의사소통과 관계 유형을 어떻게 지각하는지를 명백히 보여주기 위해서 다른 가족성원들의 신체적 배치를 의미한다.

① 재구조화는 구조적 가족치료모델의 기법으로서, 가족성원이 다른 역할을 수행하는 전체의 한 부분으로 서로 원활하게 상호작용을 할 수 있도록 가족 체계를 활성화시키는 것이다. 여기에는 '경계 만들기', '균형 깨뜨리기' 등이 있다.
② 순환질문은 전략적 가족치료모델의 기법으로서, 가족성원들이 문제에 대해 단선적인 시각에서 벗어나 순환적 인과성에 의해 문제의 순환성을 깨닫도록 하기 위해 연속적으로 질문을 하는 것이다.
③ 탈삼각화는 다세대적 가족치료의 기법으로서, 제3자를 두 사람의 관계에서 분리시켜 가족 내에 형성되어 있는 삼각관계를 벗어나게 함으로써 가족원들이 자아분화가 되도록 돕는 기법이다.

100 ④ 임상심리학의 시작은 1896년 L. 위트머가 펜실베이니아 대학에 몸이 불편한 아동을 위해 클리닉을 개설하고, 1909년 W. 힐리가 빗나가는 청소년들의 개진을 위한 시설 건설을 시작으로 한다.

MEMO

2020

임상심리사 2급
필기 기출문제

제1, 2회 통합 임상심리사 2급 필기 정답 및 해설

제1과목 | 심리학개론

001	①	002	②	003	②	004	②	005	④	006	④	007	④	008	②	009	④	010	①
011	③	012	④	013	①	014	③	015	④	016	②	017	①	018	①	019	①	020	④

001 ① 리커트척도는 척도의 신뢰도와 타당도를 높이기 위해서 서열적 측정치를 구성한다.

실력다지기

1. 리커트척도
   1) 측정에 동원된 모든 문항들이 그 중요도에서 동등한 가치를 갖고 있는 것으로 간주한다.
   2) 개별 항목들의 답을 단순 합산해서 측정치가 만들어지고, 그것으로 측정 대상들에 대한 서열을 매긴다.
   3) 다수의 문항을 사용했을 때 나타나는 복잡성 문제를 개선하여 좀 더 간단하고 정확하게 변수를 측정할 수 있다.
   4) 실용성이 높아 사회과학의 자료수집방법들에서 가장 보편적으로 사용되고 있다.

2. 거트만척도
   1) 누적 스케일링의 대표적인 형태로, 척도도식법(scalogram method)이라고도 부른다.
   2) 척도에 동원된 개별 문항들을 서열화시켜 구성한다.
   3) 리커트척도가 단순합산에 의한 서열화라면, 거트만척도는 개별항목 자체에 서열성을 미리 부여하여 구성한다.
   4) 도출된 점수에 의해 결과의 의미의 위치를 쉽게 파악할 수 있지만, 동일한 간격을 확인하기 어렵다.

3. 써스톤척도
   1) 어떤 사회현상이나 태도를 측정하는 여러 구성문항이 어떤 속성의 정도나 강도를 측정하는 가장 공통적 문항이면 대부분의 평정자, 혹은 판단자들은 그 공통적인 문항에 동의하는 것이 일반적이라는 원칙에 기초한다.
   2) 어떤 사실에 대하여 가장 긍정적인 태도와 가장 부정적인 태도를 나타내는 양극단을 등간적으로 구분하여 여기에 수치를 부여함으로써 등간척도를 구성하는 방법이다.

4. 어의변별척도
   1) 오스굿 등(Osgood et al.)이 개발한 척도로 어의적 분화척도라고도 한다.
   2) 언어적으로 유동적인 주제들에 대해서 그 개념의 의미에 대해 직접적으로 질문하는 것이 효과적이라고 본다.
   3) 리커트척도와 유사하지만 측정하고자 하는 대상을 표현하는 일정한 형용사들을 양 극단에 대칭적으로 배열하여 각 평정 점수를 가지고 주관적으로 평가하도록 한다.

002 ② 피아제(Piaget)는 구성주의적 인식론을 전제로 하였으며, 선천적 또는 생득적인 인지구조가 존재하지 않는다고 보았다. 피아제는 동화와 조절과 같은 경험을 통해서 구조를 발달시킨다고 이해하였다. 따라서 피아제에게 인간 마음의 변화는 경험적인 시각으로 접근될 수 있다.

실력다지기

촘스키의 선천주의 가설에 대한 논쟁

1. 촘스키의 선천주의 가설
   1) 촘스키는 언어사용을 가능하게 하는 선천적 체계가 있다고 전제한다.
   2) 이는 인간이 학습이전에 보편문법체계를 알고 있다는 것을 통해 유추된다.
   3) 촘스키는 생성문법이 결국 보편문법체계로 귀결된다는 것을 증명하여, 언어능력이 선천적 또는 생득적이라고 주장하였다.
2. 피아제의 반론
   1) 피아제는 인간이 학습의 전제가 되는 합리적 구조가 선천적으로 있다라는 점을 반대한다.
   2) 보편문법체계를 통한 언어능력에 대한 설명보다 학습에 의해 구성된다고 설명한다.

참고문헌 https://knun.net/ezview/article_main.html?no = 16249

003 ② 집단의 크기가 커질수록 동조의 경향성은 커진다.

실력다지기

동조(conformity)행동에 영향을 미치는 요인

1) 동조행동이란 한 사회 집단의 구성원들이 그 집단 특유의 사고나 감정, 행동 양식 따위를 공유하고 그대로 답습하는 행동을 말한다.
2) 정보가 부족할 때, 타인이 정보원의 역할을 하기 때문에 동조현상이 일어난다고 볼 수 있으며, 다만 아주 명확한 상황에서도 집단적 의견에 동조하려는 경향이 있다.
3) 동조행동은 집단이 전문가로 이루어졌을수록, 자기 확신도가 적을수록, 집단의 응집성이 클수록, 집단의 크기가 커질수록, 만장일치일수록 동조의 경향성이 커진다.

004 ② 일반적으로 표본 크기가 30보다 적으면 작은 표본으로 분류하여 t 분포를 이용한다.

실력다지기

분포의 종류

1) 정규분포는 연속 확률 분포의 하나이다. 정규분포는 수집된 자료의 분포를 근사하는 데에 자주 사용되며, 이것은 중심극한정리에 의하여 독립적인 확률변수들의 평균은 정규분포에 가까워지는 성질이 있기 때문이다.
2) t 분포 : 정규분포의 평균을 측정할 때 주로 사용되는 분포이다. 일반적으로 표본 크기가 30보다 적으면 작은 표본으로 분류하여 t 분포를 이용한다.
3) x^2분포 : k개의 서로 독립적인 표준정규 확률변수를 각각 제곱한 다음, 합해서 얻어지는 분포이다. 이때 k를 자유도라고 하며, 카이제곱 분포의 매개변수가 된다. 카이제곱 분포는 신뢰구간이나 가설검정 등의 모델에서 자주 등장한다.
4) F 분포 : 통계학에서 사용되는 연속 확률 분포로, F 검정과 분산분석 등에서 주로 사용된다.

005 ④ 성격이란, 개인이 환경에 따라 반응하는 특징적인 양식으로서, 타인과 구별되게 하는 독특하고, 일관성이 있으며, 안정적인 사고, 감정 및 행동방식의 총체라고 할 수 있다. ④ 적응성은 해당되지 않는다.

006 ① 무의식적 욕구나 동기를 강조한다. - 정신분석이론
② 사회학습이론은 Bandura, 행동주의 학습이론은 Watson이다.
③ 외부 환경자극에 의해 행동이 결정된다고 본다. - 행동주의 학습이론

> **실력다지기**
>
> 로저스가 주장한 '충분히 기능하는 사람'(fully functioning person)의 특성
>
> 완전히 기능하는 사람(fully functioning person)은 자신의 잠재력을 인식하고 능력과 자질을 발휘하여 자신에 대한 완벽한 이해와 경험을 풍부히 하는 방향으로 이동해 나가는 사람이다. 새롭고 다양한 경험에 대해 개방적이며, 자신의 삶에 충실하고 자기 자신을 신뢰한다. 그리고 실존의 삶, 즉 매 순간에 충실히 삶을 영위한다. 창조적이며 제약 없이 자유롭다.

007 ④ 효과적인 설득을 위해서는 설득자의 자아존중감 보다는 설득행위가 일어난 상황을 이해하고, 피설득자의 특질과 상태를 고려할 필요가 있다.

008 ② 개인은 상징화되지 않은 감정들로 구성되어 있는 것이 아니라, 어떤 경험을 변별하고 경험에 반응할 수 있는 것이다. 나머지는 옳은 내용이다.
③ 자기에는 지각된 자기(현실적 자기) 외에 되고 싶어 하는 자기(이상적 자기)도 포함된다.

> **실력다지기**
>
> Rogers의 상징화와 자기
> 1) 로저스는 상징화의 개념을 개인은 객관적 현실이 아닌 자신의 현상학적 장(場)에 입각하여 재구성된 현실에 반응하게 되는 것이라고 보았다.
> 2) 자기 구조의 발달에 뒤를 이어, 실현화(actualization)는 자기 내부에 상징화되어 있는 유기체 경험의 일부로써 표현되기도 한다.
> 3) 개인적인 경험의 일부를 자기 경험으로 자각되도록 상징화가 이루어진다.
> 4) 자신의 존재와 기능에 대한 자각이 발달함에 따라 개인은 환경 내에서 자기 자신의 존재 및 기능에 대한 경험으로 이루어지는 자기감(sense of self)을 획득하게 된다.

009 ④ 일반적 강화인이란 하나 이상의 1차 강화물과 연합되어 강화적 속성을 띠게 되는 2차 강화인을 말한다. 스키너(1953)는 인간의 행동을 상당 부분 지탱하는 중요한 <u>다섯가지 일반화된 강화인으로 관심, 승인, 애정, 타인의 복종, 토큰(돈)</u>을 제안하였다.

010 ① 감각기억에서 주의를 기울인 정보는 단기기억(작업기억)으로 전이된다. 단기기억이 암송되면 비교적 영구적인 장기기억으로 전환된다.

011 ③ 다면적 인성검사(MMPI)는 가장 널리 사용되고 있는 성격검사이다. MMPI는 종합심리검사에 포함되어 있는 임상적 질문지로 객관적 검사이다. 나머지 보기는 투사적 검사에 해당한다.

012 ④ 도덕적 가치는 초자아(Super ego)에 해당하는 내용이다.

013 ① 독립변인이란 실험을 위해 조작 및 통제되는 변인을 말하며, 종속변인이란 독립변인의 조작결과로 나타나는 변인을 말한다. 문제는 기온에 따라 학습 능률이 어떻게 달라지는가를 알아보기 위한 실험으로, 기온을 13도, 18도, 23도인 세 조건은 실험처지이므로 이는 독립변인이다. 종속변인은 학습능률이다.

014 ③ 극단값은 과거의 경험으로는 그 존재 가능성을 확인할 수 없기 때문에 일반적인 기대 영역 바깥에 놓여 있는 관측 값을 가리키는 통계학 용어이다. 극단값의 영향을 가장 많이 받는 문제점이 있는 것은 산술평균이며 중앙치와 최빈치는 극단값의 영향을 덜 받는다.

015 ④ 성격의 5요인 모델은 개방성, 성실성, 외향성, 우호성, 신경증적 경향성이 포함된다.

실력다지기

5요인 모형의 특질

① 개방성(O, openness to experience) : 상상력이 풍부하고 창의적이며 호기심이 많고 생각이 깊은 경향
② 성실성(C, conscientiousness) : 조직적이고 책임감이 있으며 철저하고 근면해 신중함
③ 외향성(E, extraversion) : 따뜻하고 사교적이며 자기주장을 하며 활동적인 경향
④ 우호성(A, agreeableness) : 타인에게 친절하며 이타적이고 솔직하고 협동성
⑤ 신경증적 경향성(N, neuroticism) : 불안과 분노와 적대감과 우울과 자의식과 충동성이 높으며 상처 받기 쉬운 경향

016 ② 강화의 숫자가 예측할 수 없도록 계획하는 것은 변동비율 강화계획이다.

실력다지기

간격과 비율강화계획 전략(고정과 변동) 두 가지

강화계획에는 강화를 제공하는 간격(interval)을 고정 또는 변동시키느냐 하는 전략과 다른 강화의 비율(ratio)을 고정시키느냐 변동시키느냐 하는 두 가지 전략이 있다.

1) 간격 계획
   (1) 고정 - 간격 강화전략은 매 3분마다 혹은 매 5일마다 일정한 간격을 정해서 학습자에게 강화를 제공하는 것을 말한다.
   (2) 변동 - 간격 강화전략은 정해진 시간 간격 없이 2분마다 또는 20분마다 불규칙적으로 강화를 제공하는 것을 말한다.
2) 비율 계획
   (1) 강화 제공의 준거로서 시간 간격이 아닌 학습자의 반응수에 따라 강화계획을 잡는 것을 말한다.
   (2) 고정 - 비율 강화계획은 예를 들면, 학습자가 매 10가지 과제를 정확하게 해결할 때마다 강화를 주는 것을 말한다.

(3) 변동 – 비율 강화 계획은 일정한 반응수마다 강화를 주지 않고 불규칙적으로 강화를 주는 것으로 처음에는 5가지 과제를 맞추면 강화를 주다가 다른 때에는 7가지 과제를 맞추면 강화를 주는 계획을 말한다.

3) 일반적으로 간격보다는 비율이, 그리고 고정적인 것보다 변동적으로 강화를 주는 것이 훨씬 강화 효과가 크며 형성된 학습행동이 더 오래 지속되는 경향이 있으며 변동비율 > 고정비율 > 변동간격 > 고정간격의 순서로 반응률이 나타난다.

암기법 변비 - 고비 - 변간 - 고간

---

017 ① 퀴블러 – 로스의 죽음의 수용 5단계는 부정 - 분노 - 타협 - 우울(또는 절망) - 수용이다.

암기법 부분타우수

---

018 ① 학습이론에는 크게 연합주의적 학습이론과 인지주의적 학습이론이 있다. 연합주의적 학습이론에는 고전적 조건형성 이론과 조작적 조건형성 이론이 있고, 인지주의적 학습이론에는 통찰학습, 관찰학습, 인지도학습, 개념학습 등이 있다. 연합주의적 학습이론은 행동주의적 접근을 의미한다. 고전적 조건형성 이론은 무조건 자극과 조건자극의 연합에 의해 학습된다고 보기 때문에 인간의 행동이 수동적인 역할에 국한된다. 능동적 차원의 행동변화는 조작적 조건형성에 의해 더 잘 설명된다.

---

019 ① 뉴런은 자연적 전하를 띠는데, 이를 안정 전위(resting potential, 뉴런의 세포막 안과 밖 사이의 전하 차이)라고 부른다. 활동전위(action potential)는 동작전위라고도 하며, 근육·신경 등 흥분성 세포의 흥분에 의한 세포막의 일시적인 전위 변화를 말한다. 세포막에 존재하는 나트륨·칼륨 등의 여러 이온 펌프의 활동에 의해 세포 안팎의 이온 조성은 차이가 있는데, 이러한 이온 조성차로 세포막 안쪽이 60~90 mV의 음전위(정지전위)를 나타낸다.

---

020 ④ 간섭을 최소화해야 기억을 왜곡을 줄일 수 있다.

실력다지기

망각과 교육방법

1) 망각이란 이전에 경험하였거나 학습한 기억이 일시적, 영속적으로 떠올리지 못하는 것을 말한다.
2) 망각의 주요원인은 간섭과 인출실패이다.
3) 간섭은 기억의 정보인출을 방해하는 것으로 역행간섭(새로운 정보에 의한 간섭)과 순행간섭(기존정보에 의한 간섭)이 있다.
4) 인출은 장기기억에 저장된 정보를 작업기억으로 이동시키는 과정을 말한다.
5) 인출의 방법으로 회상과 재인이 있는데, 회상은 어떠한 단서나 도움이 없이 장기기억의 정보를 인출하는 것(주관식)이며, 재인은 단서나 도움을 통해 장기기억의 정보를 인출해내는 것(객관식)이다.
6) 망각은 학습직후 가장 많이 일어남으로 학습한 직후에 바로 복습하는 것이 좋다.

| 021 | ④ | 022 | ① | 023 | ① | 024 | ③ | 025 | ① | 026 | ④ | 027 | ③ | 028 | ③ | 029 | ② | 030 | ② |
| 031 | ④ | 032 | ① | 033 | ② | 034 | ① | 035 | ② | 036 | ④ | 037 | ① | 038 | ③ | 039 | ④ | 040 | ③ |

021　④ 사회불안장애 : 다른 사람들과 상호작용하는 사회적 상황을 두려워하여 회피한다.

　　　CF 범불안장애(일반불안장애)에서 나타나는 불안의 특징은 불안의 대상이 분명하지 않은 부동불안(free - floating anxiety)이다.

022　① 자폐스펙트럼 장애는 사회적 - 감정적 상호성의 결함, 관계 발전, 유지 및 관계에 대한 이해의 결함, 상동증적이거나 반복적인 운동성 동작을 보인다.

　　　📝 오답노트

　　　② 이식증 : 비영양성 물질을 지속적으로 먹음

　　　③ 일반적인 의학적 상태 : 자폐스펙트럼 장애가 일반적인 의학적 상태를 동반하는 경우는 일반적인 의학적 상태와 일치되는 검사소견이 관찰되어야 한다.

　　　④ 품행장애 : 동물에게 신체적으로 잔혹하게 대함

023　대형 화재현장에서 살아남은 남성이 불이 나는 장면에 극심하게 불안증상을 느낄 때 의심할 수 있는 가능성이 가장 높은 장애는 외상후 스트레스 장애(PTSD)이다. 외상 후 스트레스 장애는 자신이나 타인에게 죽음이나 상해 당할 것에 대한 실제적 혹은 지각된 위협을 수반하는 사건을 경험하거나 목격(외상)한 후 나타나는 정신적인 고통이 1개월 이상 지속되는 경우를 의미한다.

024　① 관음장애 : 다른 사람이 옷을 벗고 있는 모습을 몰래 훔쳐봄으로서 성적 흥분을 느끼는 경우

　　　② 노출장애 : 동의하지 않는 사람에게 자신의 성기나 신체 일부를 반복적으로 나타내는 경우

　　　④ 성적피학장애 : 굴욕을 당하거나 매질을 당하거나 묶이는 등 고통을 당하는 행위를 중심으로 성적 흥분을 느끼거나 성적행위를 반복

025　① 펜시클리딘 또는 펜사이클리딘(phencyclidine, PCP)은 환각작용이 있는 약물이다. 마약(향정신성 의약품)으로 분류, 관리된다.

　　　CF 오피오이드(Opioid)는 마약성 진통제를 말한다. 예전에는 몰핀이 유명했지만, 요즘은 옥시코돈, 하이드로코돈, 하이드로몰폰, 펜타닐, 트라마돌, 메타돈 등이 있다.

　　　② 대마 : 진정제 ③ 카페인 : 각성제(흥분제)

026 심리사회적 또는 환경적 스트레스와 조합된 생물학적 또는 기타 취약성이 질병을 일으킨다는 것은 병적 소질(질병소인) - 스트레스 조망은 취약성 - 스트레스 접근이라고도 하며 정신장애의 발병요인의 상호 적용을 주장하는 접근이다.

> **소인 - 스트레스 이론**
>
> 조현병에 걸리기 쉬운 약한 뇌를 가진 사람은(질병 소인), 환경적인 스트레스 상황에서(스트레스) 조현병이 발병할 수 있다고 생각하는 이론이 소인 - 스트레스 이론(diathesis - stress theory)이다. 즉, ④ 소인은 스트레스 상황에서 발현된다고 설명하는 것이 가장 옳은 내용이다.

027 자신의 중요성에 대한 과장된 지각과 특권의식 요구의 내용이 자기애성 성격장애(Narcissistic Personality Disorder)이다.

③ 강박성 성격장애 : 자신의 방식에 따르지 않으면 일을 맡기지 않는다. 즉, 자신의 일하는 방법에 대해 정확하게 복종적이지 않으면 일을 위임하거나 함께 일하지 않으려한다. 즉, 타인이 자신의 방식을 그대로 따르지 않으면 타인에게 일을 맡기거나 같이 일하기를 꺼려한다. 타인이 자기 식과는 다른 더 좋은 방법을 제시하면 놀라고 초조해진다. 예정보다 일이 늦어져도 다른 사람의 도움을 청하지 않는다. 자기 이외에는 아무도 그 일을 제대로 할 사람이 할 수 있는 사람이 없다고 생각하기 때문이다.

028 ① 주요 우울장애와 양극성 장애의 발병률은 비슷하지 않다. 주요 우울장애의 발병률이 더 높다.

② 주요 우울장애는 여자가 남자보다 높지만, 양극성 장애는 성차가 거의 없으며 조증의 경우는 남자가, 울증의 경우는 여자가 높은 발병률을 보인다.

④ 주요 우울장애 환자나 양극성 장애환자 모두 성격적으로 자아가 약하고 의존적이며, 강박적인 사고를 보이는 경우, 그리고 병전 성격이 히스테리성 성격장애의 특징을 보인다.

029 ① 사회적 선택설 : 조현병 환자는 발병 후 도시에서 빈민거주지역으로 이동한다.

③ 어머니의 부적절한 양육태도 : 조현병이 냉정하고 지배적이며 갈등을 심어주는 어머니에 의해 유발된다.

④ 생물학적 요인 : 조현병이 뇌의 특정 영역의 구조적 손상에 의해 유발된다.

> **CF** 사회적 유발설 : 낮은 사회계층에 속하는 사람은 타인으로부터의 부당한 대우, 낮은 교육수준, 낮은 취업기회 및 취업조건 등으로 많은 스트레스와 좌절경험을 하게 되며 그 결과 조현병으로 발전할 수 있다.
>
> **CF** 표현된 정서(표출정서) : 조현병 환자의 가족은 비판적이고 분노감정을 과도하게 표현할 뿐 아니라 환자에 대해 과도한 간섭을 한다.

030 ① 초기에는 최근 과거에 관한 기억장애도 보인다.

③ 기질적 장애가 수반하는 정신병적 상태이다. 즉, 알츠하이머병은 대표적인 퇴행성 뇌 질환으로 뇌 속에 이상 단백질이 쌓여(amyloid plaque, neurofibrillary tangle) 뇌세포가 점점 파괴돼 없어지고 뇌 조직이 줄어들면서 뇌기능을 상실하게 되는 병이다.

④ 약물, 인지, 행동적 치료 성공률이 낮은 편이다. 특히, 약물들은 알츠하이머병의 치매 증상을 완화시키는 약물(symptomatic agents)에 불과할 뿐 병의 진행을 막아주지는 못한다.

031　① 주요우울장애의 유병률은 문화권에 따라 상이하다. 국내 정신질환의 평생유병률은 외국과 비교하면 유럽 평균인 25%와는 유사하고, 미국과 뉴질랜드보다는 낮지만, 중국보다는 높은 것으로 조사됐다(2011년 통계).

　　② 주요우울장애의 유병률을 연령으로 보면, 주요 우울장애는 주로 20대에서 발병한다. 45세 이상에서 더 높은 평생유병률을 보이나, 우리나라 최근 통계자료에 따르면 주요 우울장애의 1년 유병률(지난 1년 동안 해당 질환의 이환율)은 18~29세에서 가장 높았다(2019년 자료).

　　③ 정신증적 증상이 나타나더라도 주요우울장애로 진단할 수 있다. - 양극성 장애

032　② 일반적인 의학적 상태(갑상선 기능 항진증)의 직접적인 생리적 효과로 인한 것이 아니어야 한다.

　　③ 코티졸 분비감소가 아닌 노어에피네프린 및 세로토닌의 결핍과 관련이 있다.

　　④ 우울장애는 비타민 B_1, B_6, 엽산의 과다와 관련이 없다.

033　② 만성적인 알코올 중독자에게서 흔히 발생하는 것으로 비타민 B_1(티아민) 결핍과 관련이 깊으며, 지남력 장애, 최근 및 과거 기억력의 상실, 작화증(사실에 근거가 없는 것을 말하는 병적 상태) 등의 증상을 보이는 장애는 코르사코프 증후군이다.

034　② 훔친 후에 기쁨, 충족감, 안도감을 느낀다.

　　③ 훔치기 전에 고조되는 긴장감을 경험한다.

　　③ 배제진단 - 품행장애, 조증삽화, 반사회성 인격장애

035　② 되새김 증상(반추장애) 행동은 신경성 식욕부진증 또는 신경성 폭식증의 경과 중에만 발생하지는 않는다. 만약 증상이 정신지체 또는 광범위성 발달장애의 경과 중에만 발생한다면, 이 증상은 별도로 임상적 관심을 받아야 할 만큼 심각한 것이어야 한다.

036　④ 진단기준 평가 : 지적장애 개인의 지능 지수는 오차범위를 포함해서 대략 평균에서 2표준편차 이하로 평가한다. 이는 15의 표준편차와 평균이 100인 검사에서 65~75점을 의미한다.

실력다지기

개념적, 사회적, 실행적 영역 사례(경도 기준)

1) 개념적 영역

학령기와 성인기에는, 읽기나 쓰기, 수학, 시간, 돈이 포함된 학업적 기술의 습득에 어려움이 존재하는데, 그 연령대에서 기대되는 것에 충족되기 위해서는 하나 이상의 영역에서의 도움이 필요하다.

2) 사회적 영역

같은 연령대의 전형적인 발달과 비교할 때, 사회적 상호작용에서의 미성숙이 존재한다.
예를 들면, 동료들의 사회적 단서를 정확하게 감지하는데 어려움이 있을 것이다.

3) 실행적 영역

성인기에는, 일반적으로 식료품 쇼핑이나 교통이용, 가사와 자녀 - 돌보기, 영양가 있는 음식준비하기, 은행업무와 돈 관리하기에서 도움이 필요하다.

037 ① 폭식하거나 하제를 사용하는 경우도 해당한다.

> **신경성 식욕부진증 : 유형의 세분화**
>
> 1) 제한형 : 신경성 식욕 부진증의 현재 삽화 동안에 규칙적으로 폭식하거나 하제를 사용하지 않음(즉, 스스로 유도하는 구토 또는 하제, 이뇨제, 관장제의 남용이 없음)
> 2) 폭식 및 하제 사용형 : 신경성 식욕 부진증의 현재 삽화동안 규칙적으로 폭식하거나 하제를 사용함(즉, 스스로 유도하는 구토 또는 하제, 이뇨제, 관장제의 남용).

038 ③ Hippocrates는 모든 질병은 그 원인이 신체에 있다고 하였다.

> **심화학습**
>
> 히포크라테스(Hippocrates)
>
> 1) 기원전 4세기 경 히포크라테스는 심리적 장애를 포함해서 모든 질병은 그 원인이 신체에 있다고 보았다.
> 2) 히포크라테스는 환경자극이 심리적 혼란을 가져올 수 있다고 인정했지만 근본적으로는 신체적 요소가 심리적 장애를 일으킨다고 보았다.
> 3) 직접 심리적 장애를 관찰해서 객관적으로 기술하였다.
> 4) 히포크라테스는 처음으로 이상행동에 관한 신체 의학적 또는 생물적 이론을 발전시켰다.
> 5) 히포크라테스는 최초로 심리적 장애를 분류하여 조증, 우울증, 그리고 광증(狂症)으로 구분하였다.
> 6) 히포크라테스는 사람의 기질에는 4가지 기본적인 형태가 있다는 학설을 발표했으며 이 4가지 형태는 체내에 있는 4가지 액 – 혈액, 황색 담즙, 흑색 담즙, 점액 – 의 우세에 따라 좌우된다는 주장까지 하였다.
> 7) 히포크라테스는 그 원인이 된다는 액에 따라 4가지 기질의 이름을 붙였고, 거기서 다혈질(혈액), 담즙질(황색 담즙), 우울질(흑색 담즙), 점액질(점액)등의 이름이 나오게 되었다.
> 8) 그에게 있어 이 단어들은 각각 '생기 있다', '능동적이다', '우울하다', '느리다' 등의 뜻을 암시하는 것이다.

039 ① 성격장애는 아동기, 청소년기에는 진단할 수 있다.

> **📖 읽을 거리**
>
> 세계보건기구(WHO)가 국제질병분류(ICD, International Classification of Diseases) 제11판(ICD – 11)에서 '성격장애' 진단기준을 변경한다. 2022년부터 전 세계 회원국에서 시행될 예정으로, 1990년 제10판(ICD – 10) 개정 승인 이래 30여년 만이다. 지금까지는 10대 후반에서 20대 초반만 성격장애 초발 진단이 가능했다. 그러나 이번 개정으로 발병 연령 제한이 유연해져 청소년부터 중장년과 노년층까지도 성격장애 초발 진단이 가능하게 됐다.

② 반사회성 성격장애의 경우 품행장애의 과거력(15세 이전)이 있다면 적어도 18세 이상일 때 진단할 수 있다.

③ 회피성 성격장애의 유병률은 남성에게서 약간 더 높다.

040 ③ 섬망은 일반적으로 일련의 증상이 급격하게 갑자기 나타나는 경우가 많다. 섬망(delirium)은 의식이 희미해지고 주의의 집중 및 전환능력이 현저하게 감소하게 될 뿐 아니라 기억, 언어, 현실 판단 등의 인지기능에 장애를 뜻한다. 섬망은 단기간에 증상이 나타나며, 하루 중에도 증상이 변화하는 경우가 많다. 이러한 증상은 과다한 약물복용이나 신체적 질병(예 간질환, 당뇨, 뇌수막염)의 직접적 결과로 발생한 것이라고 명백한 근거가 있을 때 진단된다. 섬망은 일련의 증상이 급격하게 갑자기 나타나고 그 원인을 제거하면 증상이 갑자기 사라지는 경우가 많다.

| 041 | ② | 042 | ① | 043 | ③ | 044 | ④ | 045 | ② | 046 | ① | 047 | ② | 048 | ④ | 049 | ③ | 050 | ④ |
| 051 | ① | 052 | ③ | 053 | ① | 054 | ③ | 055 | ② | 056 | ① | 057 | ③ | 058 | ④ | 059 | ① | 060 | ④ |

041 ② 동형찾기는 여러 개의 도형 중에서 특정한 도형의 존재 여부를 얼마나 빠르게 판단할 수 있는가를 측정하는 검사이다. 시각운동협응 및 시각적 단기기억, 계획성 등을 측정하며, 토막짜기와 다르게 운동없이 정보처리 속도를 측정한다.

실력다지기

K - WAIS - Ⅳ 소검사 측정 능력요약

(1) 언어이해 지표
　① 공통성 : 추상적 사고
　② 어휘 : 언어적 개념 형성 및 언어 표현 능력
　③ 상식(기본 지식) : 결정화된 지능, 학습과 경험을 통해 축적된 지식
　④ 이해 : 관습적 기준, 사회적 판단력, 성숙도
(2) 지각추론 지표
　① 토막짜기 : 공간구성력, 지각적 조직력
　② 행렬추론 : 유동성 지능, 추상적 추론 능력
　③ 퍼즐 : 시공간 구성능력, 추론 능력
　④ 무게비교 : 추상적 추론 능력
　⑤ 빠진 곳 찾기 : 시간적 예민성, 사물의 본질적 세부사항에 대한 시각적 재인
(3) 작업기억 지표
　① 숫자
　　㉠ 바로 따라 하기 : 기계적 암기, 청각적 주의력
　　㉡ 거꾸로 따라 하기, 순서대로 따라 하기 : 작업기억, 정보변환
　② 산수 : 주의집중, 연산능력, 수추론 능력
　③ 순서화 : 청각적 작업기억, 계열화
(4) 처리속도
　① 동형찾기 : 처리속도, 시각적 변별, 동기
　② 기호쓰기 : 처리속도, 시 지각 - 운동 협응, 동기
　③ 지우기 : 처리속도, 각성, 시각적 선택주의

042 ① 추정의 표준오차는 실제 값과 추정치의 차이가 얼마인지 알려주며, 표본추출을 여러 번 했을 때 각 표본들의 평균이 모집단 전체의 평균과 얼마만큼의 차이를 보이는가를 알려주는 통계량이다. 표준오차는 표준편차를 표본크기의 양의 제곱근으로 나눈 것이다.

043 ③ Trail Making Test는 집중력과 정신적 추적능력을 측정하는데 사용된다.

① Bender Gestalt Test(BGT)는 시각 - 운동 협응능력이나 뇌 기질적 문제나 성격특성을 이해하는데 사용된다.

② Rey Complex Figure Test(RCFT)는 전전두엽기능과 관련이 있는 인간의 집행(executive)기능을 평가하는 데 유용한 도구이다.

④ Wisconsin Card Sorting Test(WCST)는 추상적 개념을 형성하는 능력, 셋트(set)를 이동하고 유지하는 능력, feedback을 활용하는 능력을 평가하며, 종합하는 능력을 통해 집행(executive)기능을 측정한다.

실력다지기

Trail Making Test(기호잇기 검사)

1) 기호잇기 검사(TMT)는 임상신경심리검사 상에서 가장 유용한 진단 도구 중 하나이다.

2) 기호잇기 검사에서의 수행능력 저하는 전두엽 부위의 다양한 손상과 연관되어 있다고 알려져 있다.

3) ADHD 진단에 사용되는 신경심리검사에서 같은 그림 찾기(Matching Familiar Figure Test)는 충동적 인지 양식을 측정하고, 집중력과 정신적 추적능력을 알아보기 위해 사용되는 선 잇기(Trail Making Test), 추상적 사고와 분류기억, 작업기억, 유연성 등의 실행기능을 측정하는 위스콘신 카드분류 검사(Wisconsin Card Sorting Test: WCST) 등이 ADHD 평가에 도움을 줄 수 있다.

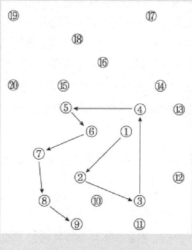

<Trail Making Test>

044 ④ 피검자 반응은 그대로 기록하는 것이 원칙이다.

오답노트

① 검사에서 정답을 알려주어서는 안 된다.

② 모호하거나 이상하게 응답한 문항을 다시 질문하여 확인할 필요가 있다.

③ 피검자가 응답할 수 있을 때까지 충분한 여유를 주어야 하지만, 시간제한이 있는 경우는 그렇지 않다.

045 ② 검사 점수를 해석할 때 그 사람의 배경이나 수행동기 등을 고려해야 한다.

실력다지기

검사결과 해석 시 주의할 사항
1) 해석과정 중간 중간 내담자의 반응을 유도하여 정확하게 이해하고 있는지 확인
2) 내담자가 이해할 수 있는 용어를 사용하도록 하고, 내담자가 검사에서 얻고자 하는 목표에 초점을 맞추어 설명
3) 대상에 따라 다르게 접근할 수 있겠지만, 수검자에게는 가능성과 대안에 무게를 두어 설명
4) 검사결과 제시된 점수를 받아들이는 자세 안내
    (1) 검사결과에 제시된 점수는 성적이 아님
    (2) 높은/낮은 영역을 함께 고려하되 무엇에 주목할지에 따라 결과는 다르게 이해될 수 있음
    (3) 검사결과는 규준에 의한 상대적인 위치를 보여주는 것이므로(가치관 검사 제외) 평소 자신이 느끼던 것과 다른 결과가 제시될 수도 있음
    (4) 너무 작은 점수 차이에 집중하기보다는 전체적인 경향성을 고려할 것
5) 검사결과를 활용하여 진로 선택 시 다음의 사항을 고려하도록 안내
    (1) 흥미, 적성은 변화할 수 있고, 개발 및 보완 가능함
    (2) 검사결과로 진로를 결정하려 하기보다 주체적으로 스스로 결정하는 것이 중요함
    (3) 검사결과에 현저하게 낮게 나온 영역은 피하는 방법 고려
    (4) 성급하게 결정하려 하기보다 현명하게 미결정하는 것도 고려해볼 것
    (5) 흥미, 적성의 발달시기는 모두 다르므로 남과 비교해서 불안해하지 말 것
6) 검사결과를 해석하는 과정은 학생의 문제해결력을 키워주는 과정임을 인식

046 ① 우울, 불안과 함께 위장계통의 신체 증상 호소는 2 - 3/3 - 2 코드 타입의 주요 특징이다.

실력다지기

2 - 3/3 - 2 코드 타입의 주요 특징
1) 만성적인 피로감과 무력감, 위장계통의 신체적 증상 호소
2) 우울이나 불안감이 모두 신체적 증상 때문이라고 생각
3) 성격특징은 수동적, 순응적이며 의존적임
4) 타인으로부터의 관심과 수용 그리고 보호를 받기도 함.
5) 피상적인 관계를 통해서 어느 정도의 안정감을 얻지만, 대인관계에서 미성숙하고 부적절하며 불편감을 느끼기 때문에 사회적 상황을 회피함.
6) 일과 관련해서는 성공이나 성취에 대한 욕구를 강하게 느끼고 있지만 경쟁상황에 대한 부담감과 실패에 대한 두려움으로 인해 종종 이런 상황에 직면하는 것을 회피함.
7) 주요 방어기제는 부인(denial)과 억압(repression)
8) 통찰력이 부족하고 불편감을 인내하는데 익숙해져 있어 치료적 예후가 좋지 않음

047 **0번 척도(사회적 내향성; Social Introversion)의 높은 점수 의미**

1) 사회적 상황 회피, 불편감, 자기억제, 감정표현이 미숙함을 나타낸다.

2) 다른 사람들로부터 회피하는 경향으로 자신을 돕는 사람과의 관계에서도 회피적이므로 다른 임상척도에서 나타나는 문제를 악화시키는 효과가 있다.

3) 내향적, 수줍음, 걱정, 과민, 불안이 높고 감정발산의 가능성이 적은 반면 명상이 많다.

048 ④ 정신지체가 의심되므로 지능검사를 하는 것이 바람직하며 6세 6개월 된 아동이므로 WPPSI를 적용하는 것이 바람직하다.

한국 웩슬러 유아 지능검사(Korean - Wechsler Preschool and Primary Scale of Intelligence, K - WPPSI)

1) 취학 전 아동 및 초등학교 저학년용으로 만들에서 만 3세에서 만 7세 3개월 된 아동의 지능을 측정한다.

2) K - WPPSI는 그 모체인 WPPSI 및 다른 웩슬러 검사들과 마찬가지로 지능을 가 영역별 능력이 개별적으로 존재하는 것이 아니라 다차원적인 속성을 가진 총체적인 지적 능력으로 보고 이들 능력을 측정하기 위하여 여러 소검사와 다양한 과제들로 구성되었다.

심리검사 실시 연령

① HTP : 연령제한 없음

② BGT - 2 : 만4세 이상 ~ 성인

③ K - WAIS - 4 : 만 16세 0개월 ~ 69세 11개월

---

049 ③ 채점 체계에 따라서 정서적 지수와 기질적 지수가 중복될 수 있다.

실력다지기

BGT 채점 체계

1) BGT가 Bender에 의해 개발된 이래로 Bender(1938, 1946), Pascal - Suttell(1951), Peek - Quast(1951), Hutt(1953, 1960, 1969, 1977, 1985), Hutt - Briskin(1960), Koppitz(1960, 1964, 1975), Hain(1964), Cooper - Barnes(1966), Pauker(1976), Lacks(1984), Perti - cone(1988)등의 많은 채점 방법들이 개발·제시되었다. 이 중에서 가장 널리 사용되고 있는 것은 Pascal - suttell(1951), Hain(1964), Hutt - Briskin(1960) 3가지 체계이고, 5세~10세를 위한 Koppitz(1960)아동용 체점 체계가 많이 사용되고 있다.

2) Koppitz(아동용)

5세에서 10세까지의 어린 아동을 대상으로 한 객관적 채점법이다. Koppitz는 정서지표를 개발하여 아동의 정서장애를 BGT로 식별하도록 하였다. 이로써 BGT를 통하여 아동의 지능, 학업성취도, 정신박약 및 정서적 문제 등을 식별 진단하고 예언할 수 있게 되었으며 아동에 대한 연구와 활동이 촉진되었다.

3) Koppitz(1974) 아동용 채점법이 개발된 후 우리나라의 경우 정종진(1986)에 의해서 BGT를 집단으로 실시했을 때의 신뢰도가 연구되고 오상우(1988)에 의해서 Koppitz의 아동용 BGT가 자세하게 소개되었으며 김민경, 신민섭(1995)에 의해 Koppitz의 아동용 규준을 위한 예비연구가 진행되었다. 그 밖에도 교육학과 심리학 분야에서 Koppitz의 채점체계를 사용한 아동의 지적능력 및 발달수준[박찬운, 임동찬(2003), 신민섭, 양윤란(1988), 심기변(1994), 송영혜(1989), 한종철, 윤희령(1995)]과 관련된 연구와 정서장애[김정규, 정종진(1984) 및 문제행동(박무직, 김병하(1978)]과 관련된 연구들이 활발하게 이루어지고 있다.

050 ④ S척도(과장된 자기제시 척도)는 MMPI - 2에서 추가된 타당도 척도이다.

MMPI - 2의 타당도 척도

성실성			비전형성				방어성		
?	VRIN	TRIN	F	F(B)	F(P)	FBS	L	K	S
무응답	무선반응	고정반응	비전형	비전형 후반부	비전형 정신병리	증상 타당도	부인	교정	과장된 자기제시

* 음영부분은 MMPI-2에서 추가된 척도임.

051 ① 뇌 손상으로 인해 기능이 떨어진 환자들은 흔히 피로, 주의력저하, 동기저하 등을 호소한다.

실력다지기

뇌 손상으로 인해 기능이 떨어진 환자를 평가하고자 할 때 흔히 부딪힐 수 있는 환자의 문제

1) 외상성 뇌 손상 후 우울증이 오는 기전은 기저핵이나 전두엽 – 피질하 백질을 지나는 생체 아민 함유 신경계의 파괴에 의한 것이다.
2) 외상성 뇌 손상 후 우울증은 10~70%에 이르는데 피로(29%), 주의 산만(28%), 분노 / 이자극성 (28%), 반추(25%)가 가장 흔한 우울 증상이었고 외상성 뇌 손상 환자의 27%가 절망감, 무가치함, 흥미상실(동기저하) 등의 주요우울장애 진단기준에 부합했다.
3) 또한 외상성 뇌 손상 환자 중 의식소실이 있었던 환자가 없었던 환자에 비해 자살률이 4배 높았다
(출처 : 최진영 외, 외상성 뇌 손상의 신경정신과적 후유증의 진단과 약물치료, 2009, 재인용).

052 ③ 일반능력지수(GAI)는 언어이해 지표와 지각추론 지표로 구성된다. 동형찾기는 처리속도 지표에 해당한다.

K - WAIS - IV 지표점수의 구조

지표점수(Index Scales)의 구조		
전체척도 (Full Scale)	일반능력 지표(GAI)	언어이해 지표(VCI)
		지각추론 지표(PRI)
	인지효능 지표(CPI)	처리속도 지표(PSI)
		작업기억 지표(WMI)

053 ① K - BNT(한국판 보스톤이름대기검사)는 실어증, 치매 등 언어장애 및 종합 신경심리평가에 사용된다.

054 ③ 재구성 임상척도 중 역기능적 부정적 정서를 나타내는 것은 RC7이다.

MMPI - 2 재구성 임상척도명과 내용

척도명			내용
RCd	dem	Demoralization	정서적 혼란과 관련된 문항
RC1	som	Somatic Complaints	신체적 불편감
RC2	lpe	Low Positive Emotions	낮은 긍정적 정서
RC3	cyn	Cynicism	냉소성
RC4	asb	Antisocial Behavior	반사회적 행동
RC6	per	Ideas of Persecution	피해의식
RC7	dne	Dysfunctional Negative Emotions	역기능적 부정적 정서
RC8	abx	Aberrant Experiences	기태적 경험(망상, 환각 등)
RC9	hpm	Hypomanic Activation	경조증적 상태

055 ② 지능은 추상적인 개념으로 조작적으로 정의된 개념이기 때문에 학자마다 이론적 개념이 다르며, 불변개념이 아니다.

실력다지기

지능의 이론적 개념

1) 비네(Binet, 1905)
   지능이란 잘 판단하고, 이해하고, 추리하는 일반적이고 기본적 능력으로서 그 구성요소는 판단력, 이해력, 논리력, 추리력, 기억력이며, 이러한 기본적 능력이 행동차원에서 평가될 수 있다.
2) 스피어만(Spearman, 1904)
   모든 지적 기능에는 공통 요인과 특수 요인이 존재한다는 2요인설을 제시하였다.
3) 손다이크(Thorndike, 1909)
   추상적, 언어적 능력과 실용적 지능, 사회적 지능 등의 특수 능력을 분류하였다.
4) 웩슬러(Wechsler, 1939)
   지능은 유목적적으로 행동하고, 합리적으로 사고하고, 환경을 효과적으로 다루는 개인의 종합적인 능력으로 성격의 다른 부분과 분리될 수 없으며 이러한 인지적, 정서적, 동기적 측면을 모두 포함하는 전체적 능력이다.
5) 써스톤(Thurstone, 1941)
   지능의 다요인이론으로 기본정신 능력으로 7개 요인을 제시(7 - PMA)하였다.

6) 커텔(Cattell, 1971)

　유동성 지능(fluid intelligence)과 결정성 지능(crystallized intelligence)으로 구분하였다.

7) 가드너(Gardner, 1983)

　독립적 9요인(언어적, 음악적, 논리 - 수학적, 공간적, 신체 - 운동적, 개인 간, 개인 내 요소, 자연탐구, 실존지능)을 제시하였다.

056　① 로샤에서 지각된 스트레스를 나타내는 구조변인은 es(경험자극)이다.

$$es \text{ (경험 자극)} = sum(FM + m) + sum(all\ C' + all\ T + all\ Y + all\ V)$$

M은 인간운동 반응으로 구조변인 중 EA(경험실제)에 해당하며, 스트레스 대처자원과 관련된다.

057　③ 로샤(Rorschach) 검사는 투사검사로 신경심리학적 평가에 적합하지 않다.

📝 **오답노트**

① SNSB(Seoul Neuropsychologic Screening Battery, 서울신경심리평가)
② K - VMI - 6(Korean Development Test of Visual Motor Integration - 6; 한국판 시각 - 운동 통합 검사 6판)
④ K - WAIS - IV(Korean Wechsler Adult Intelligence Scale - IV; 한국판 웩슬러 성인용 지능검사 4판)

058　④ 검사 사이의 시간간격이 짧으면 앞의 검사가 뒤의 검사에 영향을 더 많이 주기 때문에 이월효과가 커진다.

059　① 검사자는 검사제작의 기술적 측면 뿐아니라 피검사자의 복지와 이익을 증진시키기 위해서 최선의 노력을 기울여야 한다.

060　④ SSCT에서 4가지 영역은 가족, 성, 대인관계, 자기개념이다.

영역	내용
가족	어머니, 아버지, 가족에 대한 태도를 측정한다. 피검자가 회피적인 경향이 있더라도 4개의 문항 중 최소 한 개에서라도 유의미한 정보가 드러나게 된다.
성	이성관계에 대한 태도를 포함하고 있다. 이 영역의 문항들은 사회적인 개인으로서의 여성과 남성, 결혼, 성적 관계에 대하여 자신을 나타내도록 한다.
대인관계	친구와 지인, 권위자에 대한 태도를 포함한다. 이 영역의 문항들은 가족 외에 사람들에 대한 감정이나 자신에 대해 타인이 어떻게 느끼는지에 관한 피검자의 생각들은 표현하게 한다.
자기개념	자신의 능력, 과거, 미래, 두려움, 죄책감, 목표 등에 대한 태도를 포함한다. 이 영역에서 표현되는 태도들은 현재, 과거, 미래의 자기개념과 그가 바라는 미래의 자기상과 실제로 자기가 될 것 같다고 생각하는 모습에 대한 정보를 제공해 준다.

061	③	062	①	063	④	064	①	065	②	066	②	067	①	068	①	069	②	070	②
071	④	072	④	073	①	074	③	075	③	076	②	077	③	078	②	079	③	080	④

061　① 면접자 자신의 사적인 이야기를 꺼내는데 있어 심사숙고한다.
　　　② 침묵이 길어지지 않게 하기 위해 면접자는 즉각 개입할 준비를 하는 것보다 침묵을 활용하는 자세가 좋다.
　　　④ 내담자의 정보보다 감정에 보다 더 주목한다.

062　① 자신의 초기 경험이 타인에 대한 확장된 인식과 관계를 맺는다는 가정을 강조하는 치료적 접근은 <u>대상관</u>
　　　<u>계이론</u>이다. 초기 경험은 대상관계를 맺은 주 양육자와의 관계를 의미하며, 이는 타인에 대한 확장된 인
　　　식과 관계를 맺게 된다는 것은 기본전제로 한다.

063　④ 골수 이식을 받아야 하는 아동에게 불안과 고통에 대처하도록 돕기 위하여 교육용 비디오를 보게 하는 치
　　　료법은 골수 이식을 받은 아동에 대한 영상을 이용한 교육이라고 생각하면 되며 이는 관찰학습을 유도하
　　　는 사회학습법(모델링)이다.

유관관리 기법

유관학습에서 유관성이란 행동과 그에 따르는 결과 사이의 관계를 말한다. 욕설을 하지 않게 하기 위해
욕을 할 때마다(행동) 화장실 청소하기(결과)의 내용이 적합한 사례이다. 유관학습의 유관성 원리에서는
특정 행동반응이 일어남에 따라 주어지는 보상의 유형을 구체화시킨다. 따라서 새롭거나 적응적인 행동
은 그 행동이 일어날 때마다 제공되는 보상에 의해 촉진된다. 그러나, 문제행동은 이러한 강화를 제공하
지 않거나 제거함으로써 감소되는 것이다.

역조건형성

1) 개념 : 서로 양립하기 어려운 반응을 유발하는 자극을 포함하는 고전적 조건 형성 절차를 사용하여 이전
　　조건형성의 원치 않는 효과를 제거하는 것이다. 즉, 부적응적인 조건형성을 없애는 치료적 방법이다.
2) 원리 : 자연적으로 조건형성이 소멸되는 소거와 달리, 역조건 형성에서는 부적응적인 조건반응(CR)을
　　일으킨 조건자극(CS)을 그 사람이 좋아하는 무조건 자극(UCS)과 짝지어 조건자극(CS)에 대한 새로운
　　조건반응(CR)을 학습시킨다.
3) 사례 : 물에 빠져 죽을 뻔한 사람의 경우 물을 내담자가 좋아하는 어떤 것과 짝지어 물에 대해 좋은 느
　　낌을 학습시키는 것이다.

064　① <u>주의력 결핍 - 과잉행동장애(ADHD)는 상황을 종합적으로 분석하고, 목표를 계획하고 실행하는 기능에
　　　결함을 보인다는 측면에서 전두엽의 손상을 시사한다.</u> 뇌의 전두엽은 사고력을 주관하고 행동을 조절한
　　　다. 또한 판단력, 감정조절, 집중력 조절, 기획능력 등을 책임진다. 상황분석, 목표계획 및 실행과도 관련
　　　된다.

065 ② MMPI에서 8번 척도가 65T 이상으로 유의하게 상승되어 있는 내담자이므로 조현병적 증상을 보일 것이다. 따라서 망상, 환각이 나타나고 Rorschach 검사의 모든 반응이 형태를 근거로 한 단조로운 반응이므로 판단력이 저하되어 있을 가능성이 있다.
① 우울한 기분, 무기력한 증상이 나타날 가능성이 크다. - 척도 2(우울) 상승
③ 합리화나 주지화를 통해 성공적인 방어기제를 작동시킬 가능성이 있다. - 척도 7(강박증) 상승
④ 회피성 성격장애의 특징을 보일 가능성이 있다. - 척도 0(내향성) 상승

066 ② 자기 - 탐지 기법은 자기관찰에 해당한다.

> **통제된 관찰(유사관찰법)**
>
> 통제된 관찰은 실험적 관찰법으로 관찰 대상과 장소와 방법을 한정하고, 행동을 인위적으로 일으키거나 조직적으로 변화시켜서 관찰하는 방법이다. 모의실험, 스트레스 면접, 역할시연은 관찰대상과 장소와 방법을 한정하고, 행동을 인위적으로 일으킨 상태에서 이루어진다.

067 접수면접은 환자가 내원하여 처음으로 받는 면접으로서 라포 형성, 제공되는 서비스에 대한 일반적인 설명, 그리고 접수한 기관에서 치료가 어려울 경우 다른 기관으로의 의뢰, 내원 사유를 정확히 파악, 기관의 서비스가 환자의 필요와 기대에 부응하는지 판단, 치료에 대해 가질 수 있는 비현실적 기대를 줄여 주는 등을 고려하는 면접이 이루어진다. ① 환자가 미래의 문제들을 잘 다룰 수 있는지에 초점을 두는 것은 아니다.

068 ① Seligman의 학습된 무기력과 관련한 것은 우울증이다. 우울증의 원인이 되는 우울 유발적 귀인(depressogenic attribution)현상은 실패원인을 내부적, 안정적, 전반적(일반적)요인에 귀인한다.

> **Abramson 등의 우울증의 귀인이론 (attributional theory of depression)**
>
> 1) 우울증 귀인이론은 학습된 무기력 이론이 지니고 있는 문제점을 해결하기 위해서 진행되었다. 1978년 Abramson, Seligman, Teasdale(1987)은 사람을 피험자로 하여 소음이나 풀 수 없는 문제를 주어 실패경험을 하게 하는 실험을 하였을 때 동물과는 다른 심리적 과정을 발견하였다.
>   (1) 즉, 통제 불능 상태가 자신 때문인지 아니면 외부적 상황 때문인지를 판단하는 귀인방향에 따라서 무기력 양상이 달라짐을 발견하게 되었다.
>   (2) 이러한 발견에 근거하여 우울증에 취약한 사람은 독특한 인지적 특성을 지니며 이러한 인지적 특성은 어떤 결과에 대한 원인을 설명하는 귀인양식에 반영된다는 것이다.
> 2) Abramson의 주장에 따르면, 우울증에 취약한 사람들은 실패경험에 대해서 내부적, 안정적, 전반적 귀인을 하는 경향이 있다는 것이다.
> 3) 이러한 세 가지 귀인양식은 우울증의 세 가지 측면과 관련되어 있는데, 즉 실패경험에 대한 내부적 - 외부적 귀인은 자존감 손상과 우울증의 발생에 영향을 미치며, 안정적 - 불안정적 귀인은 우울증의 만성화 정도와 관련되어 있고, 전반적 - 특수적 귀인은 우울증의 일반화 정도를 결정하게 된다

069   ② 두 개 이상의 연구가 대기자들과 비교해 더 우수한 효능을 보이는 경우 : 근거 기반이 '어느 정도인(modest)
치료'

> **심화학습**
>
> 경험적으로 타당화 된 치료를 실시할 때, 증거가 잘 확립된 치료에 대한 기준
>
> 한국임상심리학회 학술위원회에서 채택한 근거기반치료 또는 경험적으로 지지된 치료의 기준은 미국
> 심리학회의 임상심리학 분과가 제안한 기준을 일부 보완한 것이다.
> 1) 근거 기반이 '강한 (strong) 치료'
>   (1) 최소 두 개의 잘 설계된 치료 연구들(서로 다른 연구진에 의한 것이어야 함)에서 약물이나 심리적
>   위약조건 또는 다른 치료조건보다 우월한 효과를 보여야 한다.
>   (2) 많은 일련의 단일사례 설계연구로서, 엄정한 실험설계 및 다른 치료와 비교하여 우수한 효능을 보
>   이는 경우
>   (3) 서로 다른 연구자들이 시행한 두 개 이상의 집단설계 연구로서, 이미 적절한 통계적 검증력(집단
>   당 30명 이상)을 가진 치료와 동등한 효능을 보이는 경우이다.
> 2) 근거 기반이 '어느 정도인(modest) 치료'
>   최소 두 편의 치료연구에서 대기자 통제집단보다 우월한 효과를 보여야 하며, 강한 수준의 잘 설계된
>   치료 연구가 하나인 경우(또는 두 개인데 연구진이 동일한 경우)

070   ② 어떠한 경우에도 내담자의 비밀은 보장해야 하는 것은 아니다. 한계가 존재하기 때문이다.

071   ① Wechsler Memory Scale : 웩슬러 기억검사
② Benton Visual Retention Test : 벤톤 시각기억검사(시각 지각, 기억력 및 시각적 구성 능력을 평가함)
③ Rey Complex Figure Test : 레이 복합도형검사(지각적 조직화와 시각적 기억력 및 계획 능력을 평가하
기 위한 목적으로 고안된 검사)
④ 위스콘신카드분류 검사(Wisconcin Card Sorting Test)는 전두엽 집행기능 평가를 위한 심리검사로 추
상적 개념을 형성하는 능력, set를 이동하고 유지하는 능력, 환류(feedback)를 활용하는 능력을 평가하
며, 변화하는 환경적 우연성들에 대한 반응에 있어서 인지적 전략을 이동시키는 능력과 추상적 능력을 평
가하고, 전략적 계획화, 조직화된 탐색, 인지적 set를 이동하기 위해 환경적 feedback을 사용하는 능력,
목표 - 지향적 행동, 충동적 반응을 조절하는 능력을 평가한다.

072   ④ 아동기에 기원을 둔 무의식적인 심리적 갈등에서 이상행동이 비롯된다고 가정한 조망은 정신역동적 조
망이다.

073 Rorschach 검사의 반응위치 중 S(space)는 공백반응이다. 이는 단독으로 표시되지 않고, WS, DS, DdS로 표시된다. 흰 공간뿐이 반응에서 사용되었을 경우에 표기한다.

> **Rorschach 검사 : 반응 위치**
>
> 반응위치에 대한 채점은 어떤 부분에서 반응이 일어났는가를 판단하는 과정이다. 피검자가 쉽게 위치를 말하지 못하는 경우가 있는데, 이런 경우는 "손가락으로 그 부분을 짚어 보세요."라고 지시를 준다.
>
> **채점기호**
> 1) W(whole) : 전체 반응
>   반점 전체를 반응에서 사용한 경우이다. 반점 중 아무리 작은 부분이라도 제외하면 W가 될 수 없다.
> 2) D(detail) : 부분반응
>   흔히 사용하는 부분에 대한 반응한 경우 D로 표시한다. '흔히 사용하는 영역'으로 79개가 있으며, 이를 보고 매긴다. 각 반응의 위치를 표시할 때 위치번호를 함께 기록한다.
> 3) Dd(unusual detail) : 드문 부분 반응
>   반응빈도가 5% 미만인 드문 반응이 나왔을 경우이다.
> 4) S(space) : 공백반응
>   단독으로 표시되지 않고, WS, DS, DdS로 표시된다.

074 ① 다면적 인성검사 : 1940년
② Strong 직업흥미검사 : 1927년
③ Rorschach 검사 : 1921년
④ 주제통각검사 : 1935년

075 삼차 예방은 질병의 장애기로서, 장애를 극복하고 사회에 복귀하는 것에 주안점을 두기 때문에 프로그램의 주요 초점은 사회 복귀이며, 직업능력 증진부터 내담자의 자기개념 증진에 걸쳐 있다고 할 수 있다. 일차 예방은 질병의 감수성기, 이차 예방은 질병 초기에 해당한다.

076 인지적 삼제(cognitive triad)는 자신, 세계, 미래를 나타낸다. 문제에서 자신을 무가치하고 사랑받지 못할 사람으로 간주하고, 자신이 경험하는 세계가 가혹하고 도저히 대처할 수 없는 곳이라고 지각하며, 자신의 미래는 암담하고 통제할 수 없으며 계속 실패할 것이라고 예상하는 것을 서술하고 있으므로 이는 인지적 삼제(cognitive triad)를 의미한다.

> 인지 트라이어드(cognitive triad) 또는 인지삼제는 네거티브 트라이어드(Negative Triad)라고도 하는 아론 벡(Aaron Beck)의 인지 트라이어드(Beck's cognitive triad)[는 우울증에 있는 개인의 신념 체계의 세 가지 핵심 요소에 대한 인지치료 관점이다. 1976년 아론 벡(Aaron Beck)에 의해 제안되었다. 이 트라이어드는 우울증에 대한 인지이론의 일부를 형성하며 이 개념은 특히 벡(Beck)의 '네거티브 자동 사고의 처리(TNAT)' 접근법에서 CBT(인지행동치료)의 일부로 사용된다. 트라이어드(triad)는 자기(self 또는 self - image), 세계(world) 또는 환경(environment), 미래(future)이다.

[ㄴ]. 의과대학과 병원에서의 교육은 비학구적인 장면에서의 교육에 포함되지 않는다. 이는 학구적인 장면이다.

실력다지기

임상심리사의 역할 중 교육

1) 학구적인 장면에서의 교육
  (1) 대학이나 대학교의 심리학과
    ① 임상심리학, 이상심리학(정신병리학), 심리검사, 심리치료, 심리통계, 면담법 등을 강의
    ② 대학, 대학원생의 임상사례들에 대한 개별적 또는 집단적 지도감독
      : 학생들의 평가, 치료, 자문활동들을 검토, 지도함으로써 양질의 개입을 보증함
  (2) 대학이나 대학교의 다른 학과
    교육학, 여성학, 경영학, 사회복지학, 아동복지학 등의 학과에서 강의
  (3) 의과대학과 병원
    ① 의과대학생, 레지던트, 간호사, 스텝진 등을 위한 강의
    ② 발달심리학, 건강심리학, 성격심리학 등의 강의
    ③ 질병의 발병, 유지, 치료에 있어서의 심리적 요인들, 효과적인 의사소통법 등에 대한 세미나
    ④ 사례토의, 수련생의 지도감독
2) 비학구적 장면에서의 교육
  (1) 진료소 : 정신건강센터, 개업진료소, 재활기관 등
    특정 장애들을 가진 환자들을 평가하고 치료하는 방법에 대한 강의
      : 특정 집단(인종, 연령집단, 특수질병집단)을 효과적으로 다루는 방법
  (2) 워크숍 : 주로 학회나 학교에 의해 운영됨
    ① 특정한 주제를 가지고 집중적으로 하루, 몇 일간 지속해서 교육
    ② 상세한 정보와 수련을 제공할 수 있음
    ③ 학생, 일반인, 환자의 가족, 교사, 사회복지사, 의사, 간호사 등을 대상으로 함
  (3) 환자 혹은 그의 가족을 위한 심리교육
    ① 정신과적 문제를 이해하고 다룰 수 있도록 가르침
    ② 심리치료에 통합될 수 있음
  (4) 사업체와 산업체
    특정한 주제에 대한 강의나 프로그램 운영
  (5) 일반대중
    교회, 자원봉사단체, 대중매체에 출연, 글을 쓰는 행위

② GBMI (guilty but mentally ill) 평결이란, 정신이상 항변을 한 피고인이 유죄로 판결되면 치료를 위해 정신과 시설로 보내진다. 최종적으로 정상상태로 판정되면 남은 형기를 채우기 위해 교도소로 보내는 것이다.

📖 읽을 거리

McNaughton(맥노튼) 원칙

종래의 McNaughton 원칙은 선과 악, 혹은 옳고 그른 것을 판별하는 인지적 능력에 의한 판단기준이라고 할 수 있다. 그런데 이 기준은 정신의학적, 그리고 심리학적인 의미에서 정신질환(mental disease)과는 너무나 거리가 먼 기준이기 때문에 당연히 정신의학자들과 심리학자들의 비판을 받게 되었다.

> McNaughton은 환상(delusion)을 가진 정신병자로서 Robert Peel을 죽이겠다는 결심을 하고, 자기는 신(神)으로부터 그런 계시(啓示)를 받고 Peel을 죽여야 할 사명을 가졌다고 하여 Peel을 쏜다고 한 것이 그의 비서를 쏘아서 살해한 사건이다. 이 McNnaughton의 재판에 있어서, 이는 완전히 의식이 없기 때문에 물론 책임능력이 없다는 판결을 받았지만, 그 후에 House of Lords는 여기에 관련하여 도대체 어떠한 한도 내에서 형사책임의 한계를 인정할 것이냐 하는 일반원칙을 수립할 것을 요구하여 각 판사에게 그 의견을 상신(上申)시켜서 여기에 McNaughton Rules라고 하는 원칙을 제정한 것이다. 그 여러 원칙 가운데 가장 중요한 것이 첫째는 그 행위자가 사물을 판단할 능력이 있느냐 하는 것이고, 둘째는 선(善)에서부터 악(惡)을 구분(Right - Wrong test)할 능력이 있느냐를 보아서 그 유무에 따라 형사책임능력을 결정할 것이라고 하는 판정을 내리었고, 그 후 약 100년 동안이나 이 원리는 영미법계에 있어 기본적인 형사책임의 정책이었던 것이다.

Durham 기준(생성원칙)

미국에서 1954년에 사기, 가택침입 등의 여러 가지 범죄로 기소된 Monte Durham에 대한 항소심에서 소위 생성원칙이라고 하는 새로운 원칙(이 원칙을 이 재판의 피고였던 Monte Durham의 이름을 따서 Durham 원칙이라고 부르기도 한다)이 도출되었는데 그 내용은, 불법행위가 정신질환이나 정신적 결함에 의해 생성된 것이면 피고는 형사책임을 지지 않는다는 것이다. 이는 전통적인 McNaughton Rules를 부정하고 의지적인 요소도 책임능력의 중요한 요소가 된다는 것을 인정한 판례이다

ALI 기준(Brawner 원칙)

생성원칙의 문제점을 보완하고자 미국 법학원(ALI : American Law Institute)에서 1962년에 모범형법전(model penal code)을 제작하고 여기에서 새로운 Brawner 원칙을 제시하였다. 이 원칙은 정신질환이나 정신적 결함에 의해 초래된 행위 시에 피고가 자기 행위의 범죄성을 감지할 수 있는 충분한 역량이 결여되어 있었거나 법이 요구하는 합당한 행위를 수행할 충분한 역량이 결여되어 있었을 때에는 그 범죄행위에 대하여 형사책임을 지지 않는다는 것이다. 이 원칙의 특징은 감지(appreciation)라는 용어를 사용함으로서 McNaughton 원칙에서처럼 선악판단을 위한 인지능력의 결함만을 규정한 것이 아니라 정서적인 판단의 결함까지 포함시켰다는 것과, 완전한 무능력의 상태가 아닌 충분한 역량의 결여만으로도 정신장애항변의 가능성을 허용한 것이다.

이 원칙이 현재 미국에서 가장 널리 적용되고 있으며 법관계자들의 재량권과 정신의학 전문가들의 전문의견 개진을 모두 충분히 허용하고 수용하는 기준으로 간주되고 있다.

GBMI 평결

정신장애 항변이 성공한 범죄인들이 높은 재범률을 보이고, 일반 시민들이 이 제도에 대하여 부정적인
태도를 가지고 있는 와중에, 이 제도의 결정적 변화를 초래하게 하는 한 사건이 1975년에 미국의 미시
간 주에서 발생하였다. 법적으로 무죄판결을 받은 사람들을 본인들의 의사에 반하여 정신병원에 수용
하는 것은 위헌이라는 판결이 나왔고, 이 판결에 따라 그때까지 정신장애 항변에 의해서 정신병원에 수
용되었던 모든 범죄자들의 퇴원사태가 발생한 것이다.

이 사건 이후 정신장애 항변에 대한 새로운 개념 정립의 필요성이 대두되었다. 종래에는 정신장애 항변
을 유죄, 무죄판결에 관련된 문제로 다루었는데, 이것을 형량을 결정하는 선고와 관련된 문제로 전환하
기 위하여 새로이 제안된 기준이 유죄지만, 정신질환적인(GBM : guilty but mentally ill) 상태라는 것이
다. 이 새로운 제도의 궁극적인 목적은 GBMI 판결을 받은 피고인을 일반 유죄판결을 받은 피고인들과
똑같이 취급하여 그의 범죄에 대한 선고량을 정하고, 다만 선고가 내려진 후 교도소에 수감하는 것이 아
니라 정신치료를 위해서 정신병원에 수용하며, 어느 정도 완쾌된 후 나머지 복역기간을 교도소에서 지
내게 하기 위한 것이다.

079 ③ 유관학습에서 유관성이란 행동과 그에 따르는 결과 사이의 관계를 말한다. 문제의 사례에서 수업시간에
가만히 자리에 앉아 있지 못하고 돌아다니며, 급우들의 물건을 함부로 만져 왕따를 당하고 있는 초등학교
3학년 10세 지적장애 남아의 문제행동을 도울 수 있는 가장 권장되는 행동치료법이라고 할 수 있다. 유관
학습의 유관성 원리에서는 특정 행동반응이 일어남에 따라 주어지는 보상의 유형을 구체화시킨다. 따라
서 새롭거나 적응적인 행동은 그 행동이 일어날 때 마다 제공되는 보상에 의해 촉진된다. 그러나, 문제행
동은 이러한 강화를 제공하지 않거나 제거함으로써 감소되는 것이다.

080 ④ 행동관찰은 외현적 - 운동 행동에 초점을 둔다. 인지와 정서적 상태에 대한 정보는 알기 어렵다.

| 081 | ② | 082 | ④ | 083 | ④ | 084 | ④ | 085 | ② | 086 | ③ | 087 | ④ | 088 | ① | 089 | ② | 090 | ④ |
| 091 | ① | 092 | ④ | 093 | ④ | 094 | ② | 095 | ② | 096 | ④ | 097 | ③ | 098 | ① | 099 | ③ | 100 | ③ |

081 ② 명확성(clarity)은 주요 윤리원칙에 해당하지 않는다.

실력다지기

주요 단체의 윤리원칙

1) Kitchener(1984)의 윤리적 상담을 위한 5가지 원칙
   (1) 자율성 존중(Respect for Autonomy)
   (2) 무해성(Nonmaleficence)
   (3) 복지 제공(Beneficience)
   (4) 공정성(Justice)
   (5) 충실성(Fidelity)
      → 키치너의 윤리원칙은 미국심리학회(APA), 미국상담협회(ACA)의 윤리규정에 모두 반영되어 있음.
2) 미국심리학회(APA)의 기본적인 도덕원칙
   (1) 유익성/무해성(Beneficence and Non - maleficence)
   (2) 신뢰/책임감(Fidelity and Responsibility)
   (3) 고결성(Integrity)
   (4) 공정성(Justice)
   (5) 인간의 권리와 위엄 존중(Respect for People's Rights and Dignity)
3) 미국상담협회(ACA)의 윤리원칙
   (1) 자율성(autonomy)
   (2) 무해성(nonmaleficence)
   (3) 복지 제공(Beneficence)
   (4) 공정성(justice)
   (5) 신뢰성(fidelity)
   (6) 진실성(veracity)
4) 미국상담협회(ACA) 윤리강령 (1996)
   (1) 상담관계, (2) 비밀보장 및 사생활 존중, (3) 전문적 책임감
   (4) 다른 전문가와의 관계, (5) 평가, 사정 및 해석
   (6) 수퍼비전, 훈련 및 교육, (7) 연구 및 출판
   (8) 원거리 상담, 기술 및 소셜미디어, (9) 윤리 문제의 해결

참고문헌

김화자. (2014). 한국과 미국의 상담윤리규정 비교 연구. Journal of Counseling and Gospel/제, 22(1).
양명주, 김가희, & 김봉환. (2016). 대학 진로, 취업상담자가 지각하는 윤리적 딜레마에 관한 개념도 연구. 상담학연구, 17(2), 101 - 119

082 ④ 도벽 행위는 일단 발생하면 반복되고 습관화되며 특히 청소년 비행 중 가장 일반적이고 흔히 있을 수 있는 행위로서 우발적이고 기회적이며 또 다른 비행과 복합되어 나타날 수 있다는 점이 문제이다.

> DSM - 5의 병적도벽 진단기준
>
> A. 개인적으로 쓸모가 없거나 금전적으로 가치가 없는 물건을 훔치려는 충동을 저지하는데 반복적으로 실패한다.
> B. 훔치기 직전에 고조되는 긴장감이 나타난다.
> C. 훔쳤을 때의 기쁨, 충족감, 안도감이 있다.
> D. 훔치는 것이 분노나 복수를 나타내는 것이 아니고, 망상이나 환각에 대한 반응도 아니다.
> E. 훔치는 것이 품행장애, 조증삽화(manic episode, 조증에서 보이는 기분 증상), 또는 반사회성 성격장애로 더 잘 설명되지 않는다.

083 ④ 상담자의 솔직한 감정을 즉시적으로 표현하는 것은 일치된 경험을 전달하는 것으로서 조기종결 시에도 적절한 개입이 될 수 있다.

084 ④ 상담의 기본원리 중 수용의 원리는 내담자의 행동이나 태도를 있는 그대로 이해하고, 내담자를 인격체로 존중하는 태도를 유지시켜 나가는 행동상의 원칙이다.

085 ② 반전: 다른 사람에게 하고 싶은 행동을 자기 자신에게 하는 것

> 형태치료(게슈탈트 치료)에서 접촉 - 경계 혼란을 일으키는 여러 가지 심리적 현상(접촉을 방해하는 것)
>
> 1) 내사(내면화, 투입, introjection)
> 개체가 환경과의 접촉을 통하여 자신에게 필요한 것을 외부로부터 받아들일 때 무비판적으로 받아들여서 자신의 것으로 동화시키지 못한 채 남아있으면서 개체의 행동이나 사고방식에 악영향을 미치는 타인의 행동방식이나 가치관이다.
> 2) 투사(projection)
> 개체가 자신의 생각이나 욕구, 감정 등을 타인의 것으로 지각하는 현상으로 개체가 자신의 욕구나 감정을 자신의 것으로 자각하고 접촉하는 것을 두려워한 나머지 그것에 대한 책임 소재를 타인에게 돌리면서 책임을 회피한다.
> 3) 융합(confluence)
> (1) 밀접한 관계에 있는 두 사람이 서로 간에 차이점이 없다고 느끼도록 합의함으로써 발생하게 되며 공허감과 고독을 피하기 위해 시작되고 유지된다.
> (2) 예 서로 지극히 위해주고 보살펴주는 것처럼 보이지만, 내적으로는 서로 독립적으로 행동하지 못하고 의존 관계에 빠진 경우
> 4) 반전
> (1) 개체가 다른 사람이나 환경에 하고 싶은 행동을 자기 자신에게 하는 것 또는 타인이 자기에게 해 주기를 바라는 행동을 스스로 자기 자신에게 하는 것이다.
> (2) 환경이 용납하지 않은 행동을 하지 않으면서 자신이 처벌이나 불이익을 받지 않으려는 것이다.
> (3) 대상이 자기 자신이기는 하지만, 반전행동을 통하여 부분적으로 욕구나 충동을 해소한다.

5) 편향(deflection)
    (1) 감당하기 힘든 내적 갈등이나 환경 자극에 노출될 때 이에 압도당하지 않으려고 자신의 감각을 둔화시켜서 환경과의 접촉을 피하거나 약화시키는 것이다.
    (2) 개체는 환경과의 접촉에서 사용되어야 할 에너지를 철회함으로써 접촉을 피한다.

086 ③ 집단상담의 필수요소로 상대방의 행동이 나에게 어떤 반응을 일으키는가에 대하여 상대방에게 직접 이야기 해주는 것은 피드백 주고받기이다. 피드백은 타인의 행동에 대한 자신의 반응을 상호 간에 솔직하게 이야기해주는 과정으로서, 집단성원으로 하여금 타인이 자신을 어떻게 보고 있고 어떻게 반응하는지에 대해 학습할 기회를 제공한다.

087 ④ '충분히 기능하는 사람'은 실존적인 삶을 중요시하므로 현재(지금 - 여기)가 중요하다.

로저스가 주장한 충분히 기능하는 사람(fully functioning person)의 특성

완전히 기능하는 사람(fully functioning person)은 자신의 잠재력을 인식하고 능력과 자질을 발휘하여 자신에 대한 완벽한 이해와 경험을 풍부히 하는 방향으로 이동해 나가는 사람이다.
새롭고 다양한 경험에 대해 개방적이며, 자신의 삶에 충실하고 자기 자신을 신뢰한다. 그리고 실존의 삶, 즉 매 순간에 충실히 삶을 영위한다. 창조적이며 제약 없이 자유롭다.

경험에의 개방성	가치의 조건에 아무런 제재를 받지 않는 상태로 자신의 감정과 태도를 자유로이 경험할 수 있다. (↔ 방어적인 삶)
실존적인 삶	경직성, 경험에 대한 의도적인 구조가 없는 삶이다. (↔ 전에 부모로부터 습득한 방식대로 삶)
자신의 유기체에 대한 신뢰	가장 만족스런 행동에 도달하는 믿을만한 수단이 자신의 유기체임을 믿는 상태이다. (↔ 유기체의 불신)
자유의식(선택의 자유)	삶에 대한 개인적 지배를 즐기며 그것은 일시적인 생각이나 환경, 과거의 사건들에 의해 결정되는 것이 아니라 자기 자신에게 달려있다고 믿는다. (↔ 조작되는 느낌, 자유롭게 선택할 수 없음)
창조성	타인들로부터의 인정에 별 관심이 없기 때문에 자기 자신이 존재하는 모든 영역에서 창의적인 자세와 삶으로 스스로 표현한다. (↔ 일상적이고 틀에 박힌)

088 ① 교류분석상담에서 성격이나 일련의 교류들을 자아상태 모델의 관점에서 분석하는 것은 구조분석이다. 즉, 구조분석은 부모자아, 성인자아, 아동자아의 상태라는 자아상태 모델의 관점에서 분석하는 것이다.

089 ② 무의식을 의식화하고 자아를 강화시키는 것은 정신분석적 상담의 목적에 해당한다.

실력다지기

합리정서행동치료(REBT) - 엘리스(Albert Ellis)

1) 합리정서행동치료는 정신분석적, 인간중심적, 형태주의 접근과는 다르며 사고, 판단, 행동을 강조한다는 점에서 인지치료 및 행동치료와 공통점이 더 많다.
2) 합리정서행동치료는 인지, 정서, 행동이 서로 영향을 주고, 상호 인과관계를 가진다는 가정을 기초로 한다.

3) 합리정서행동치료는 3가지 양식들과의 상호작용을 꾸준히 강조하고 있으므로, 중다양식적 접근 또는 통합적 접근이라는 특징이 있다.

4) 치료목표

합리정서행동치료에서 사용되는 많은 방법들은 내담자가 더 현실적이고 실현가능한 인생철학을 습득함으로써 정서적 문제나 자기 패배적 행동들을 최소화하는 것을 목표로 한다.

5) 치료자의 역할

(1) 합리정서행동 치료자들은 교육을 강조하며 근본적으로 인지적이며 지시적인 행동과정으로 치료자와 내담자 간의 밀접한 인간관계에 대해서는 그리 신경을 쓰지 않는다.

(2) 합리정서행동 치료자들은 내담자에게 많은 장애 행동을 유발하는 기본적 비합리적인 사고를 찾아내도록 격려한다.

(3) 합리정서행동 치료자들은 내담자에게 자신의 생각이 타당한지를 확인하도록 한다.

(4) 합리정서행동 치료자들은 논리적 분석을 통해 내담자의 비합리적 신념을 최소화한다.

(5) 합리정서행동 치료자들은 내담자의 신념이 얼마나 비생산적이며 어떻게 정서적, 행동적 장애를 일으키는지 보여준다.

(6) 합리정서행동 치료자들은 비합리적 사고를 경험적 토대를 가진 더 합리적인 사고로 대치할 수 있는 방법을 설명한다.

(7) 합리정서행동 치료자들은 사고에 과학적 접근을 적용하는 방법을 가르쳐서 그들이 관찰할 수 있도록 하고, 자기 파괴적 방식으로 느끼고 행동하게 만드는 현재나 미래의 비합리적 사고와 비논리적 추론을 최소화할 수 있게 한다.

(8) 합리정서행동 치료자들은 인지적, 정서적, 행동적 기법을 사용해서 내담자가 직접 자신의 감정을 처리하도록 도와 장애에 직면하여 행동하도록 한다.

090 ④ 소속된 비행하위집단 내에서 통용되는 삶의 방식들은 인생에서 자존감과 소속감을 지니는데 방해가 되므로 장기적으로 부적응적이라고 할 수 있다.

인성이론 - Weiner의 비행분류

인성이론은 성격, 신경증, 정신병적 요인이 비행발생과 관련이 있다고 보는 견해이다. 일시적 작용이나 분노에 의한 감정폭발 등이 여기에 해당하는데 Weiner(1982)는 심리적인 비행을 성격적 비행, 신경증적 비행 그리고 정신병적 비행으로 구분하였다. 성격적 비행은 비사회적인 성격구조, 자기통제 능력 부재, 충동성, 타인무시 등에 의한 행위이고 신경증적 비행은 자신의 요구가 거절되었을 때 급작스럽게 자신의 욕구를 표현하는 행위의 문제이고, 정신병적 비행은 행동을 통제하기 어려운 정신분열증이나 두뇌의 기질적 손상 등에 의해 나타나는 비행을 말한다.

---

091 ① 하고 싶은 일이 너무 많다고 호소하는 경우 적성과 흥미를 탐색하는 것을 통해 객관적으로 자기를 이해하는 것이 필요하다.

실력다지기

윌리암슨의 특성 - 요인 진로 상담 과정

1) 자료수집 및 분석/종합단계

(1) 개인에 관한 자료수집, 표준화된 검사 실시, 적성, 흥미, 동기 등과 관련된 심리검사 실시

(2) 개인의 성격, 장단점, 욕구, 태도 등에 대한 이해를 위해 정보수집 후 종합

2) 진단단계 : 문제의 원인들을 탐색하고 문제를 해결할 수 있는 다양한 방법들을 검토한다.

3) 예측단계 : 상담으로 인한 조정가능성이나 문제해결 대안으로 가능한 여러 결과를 판단하고 대안적 조치와 중요한 점을 예측한다.

4) 상담단계 : 현재 또는 미래의 바람직한 적응을 위하여 무엇을 해야 하는지 함께 상담을 통해 협력적인 분위기를 유도한다.

5) 사후지도(추수지도) : 새로운 문제가 대두되면 위의 과정을 반복하고 바람직한 행동 계획을 실천할 수 있도록 계속적으로 원조한다.

※ 위의 과정에서 자료수집 및 분석/종합단계에서 예측단계까지는 상담자가 주도적 역할을 하고 상담단계와 사후지도는 내담자가 능동적으로 참여한다.

092   ④ 가족상담의 기본적인 원리로, 현재(지금 - 여기)를 과거 상황보다 더 초점을 둔다.

가족상담의 일반적 원리

1) 내담자의 모든 말과 행동의 의미와 이유를 가능한 정확히 이해한다.

2) 내담자의 반응을 정확히 예측한다.

3) 상담목표를 분명하게 설정하고 중간목표 달성에 노력한다.

4) 문제보다는 문제에 대한 내담자의 대처방법에 주안점을 둔다.

5) 긍정적인 경험을 반복, 확대시킨다.

6) 가족체제의 문제성을 이해하도록 한다.

7) 자녀행동과 부모관계를 파악한다.

8) 감정노출보다는 생산적 이해에 초점을 둔다.

9) 과거보다 현재 상황에 초점을 둔다.

093   ④ 청소년기본법의 제정시기는 1991년이다.

청소년기본법은 1991년 청소년육성법(1987년)을 대체하여 제정되었다. 이후 수차례 개정을 거쳐 2017. 7. 6. 법률 제14839호로 개정되었다. 9세 이상 24세 이하를 청소년으로 규정하고, 청소년이 사회구성원으로서 정당한 대우와 권익을 보장받음과 아울러 스스로 생각하고 자유롭게 활동할 수 있도록 하며 보다 나은 삶을 누리고 유해한 환경으로부터 보호될 수 있도록 함으로써 국가와 사회가 필요로 하는 건전한 민주시민으로 자랄 수 있도록 하는 것을 기본이념으로 한다.

참고문헌 네이버 지식백과

094   ② 내담자가 성에 대한 올바른 지식을 가지고 있음을 전제하지 않는다.

성(性)문제 상담의 지침

1) 성문제 역시 인간이 느낄 수 있는 자연스럽고도 정상적인 인간의 문제이다.

어떤 성적 내용이라고 하더라도 이를 수용하는 자세가 필요하며 이를 위해서는 성에 대한 선입견, 편견, 고정관념을 버려야 할 것이다.

2) 성문제도 일반상담과 유사하게 접근할 수 있다.

듣고, 목표를 정하고, 정해진 목표를 풀어나가고, 끝을 내는 과정은 마찬가지이다.

3) 내담자와 연령의 차이를 분명하게 느낄 때는 자연스럽게 말을 낮추어서 응대한다.

4) 성문제는 문제발생의 배경이나 문제로 부각되기까지의 발생과정보다 해결해야 할 문제에 초점을 맞추어야 하는데, 이를 위해서는 신속하게 상담목표를 설정하는 것이 중요하다.

5) 성상담의 많은 부분은 정확한 성지식의 정보제공에 있으므로 상담자는 체계적인 성지식의 습득이 요구된다.

6) 상담자는 성에 대한 자신의 태도를 인식해야 한다.

7) 개방적인 의사소통 : 개방적이고 침착하며 솔직해야 한다. 직접적 용어를 사용하는데 거리낌이 없어야 한다.

8) 상담자가 구체적인 성에 관한 지식을 갖추고 있어야 한다.

9) 상담자 자신의 한계를 인식하고 필요한 경우 다른 전문가에게 의뢰해야 한다.

10) 상담자의 능력과 태도를 시험해보는 내담자의 회피적 태도를 잘 다루어야 한다.

095 ② [ㄱ]. 약물 남용 : 의도적으로 약물을 다른 목적으로 사용하는 것이다.

[ㄷ]. 약물 오용 : 의도적인 아니지만, 약물을 적절한 용도로 사용하지 못하고 잘못 사용하는 것이다.

096 ④ 가족문제나 학교 부적응 등의 관련요인들의 영향으로 인한 이차적인 약물남용의 문제를 보이는 경우, 상담의 목표를 약물남용 문제와 함께 가족문제나 학교 부적응 등의 관련요인의 해결로 설정하는 것이 필요하다.

상담자의 유의사항

1) 약물남용 청소년들에 대해서는 약물사용 문제 외의 여러 문제에 대한 다각적인 접근이 필요하다.

2) 즉, 상담의 목표나 전략을 정할 때 청소년이나 청소년의 부모가 제시하는 특정한 측면이나 문제에 국한하지 않고 신체, 인지, 정서, 사회성 등 각 영역에 있어서 청소년의 발달정도 및 특성, 능력 등을 고려하여야 한다.

3) 또한 청소년들은 사고보다는 행동을 지향하는 경향이 많기 때문에 수동적이고 간접적인 접근보다는, 적극적인 교육과 구체적인 내용을 포함하는 직접적이고 참여적인 치료적 접근이 더 유용하다.

097 ③ 트라우마 체계치료의 원리는 <u>최소한의 지원으로 작업하기</u>이다.

실력다지기

트라우마 체계 치료(TST)의 원리

1) <u>무너진 체계를 조정하고 복원하기</u>

2) 먼저 안전을 확보하기

3) 사실에 근거하여 명확하고 초점화된 계획을 만들기

4) 준비되지 않았을 때 시작하지 않기

5) <u>최소한의 자원으로 작업하기</u>

6) 책임, 특히 당사자의 책임을 주장하기

7) <u>현실에 맞추기</u>

8) 당신 자신과 팀을 돌보기

9) <u>강점으로 시작하기</u>

10) 더 좋은 체계를 만들어 남겨 두기

트라우마 체계 치료의 특징

1) 트라우마 체계 치료(TST)는 실제 또는 협박 사망 또는 심각한 부상을 초래한 사건 또는 자신 또는 타인의 신체적 완전성에 대한 위협을 경험하거나, 목격 또는 대면에 노출된 아동·청소년을 위한 정신건강 치료모델이다.

2) 트라우마 체계 치료는 아동·청소년의 정서적, 행동적 필요는 물론 아동·청소년이 거주하는 환경(가정, 학교, 커뮤니티)에 중점을 둔다.

3) TST는 기술 기반 심리 치료, 가정 및 지역 사회 기반 치료, 옹호, 정신 약리학 등 4가지 구성 요소가 포함된다.

4) 임상 시험에 따르면 TST는 외상을 입은 아동·청소년의 정신 건강과 복지를 향상시키는 데 효과적인 것으로 나타났다.

5) TST는 피해자만을 위한 것이 아니며, 피해자가 회복 할 때 피해자를 지원하고 미래의 스트레스가 많은 상황에서 감정을 통제 할 수 있도록 피해자에게 중요한 다른 사람들을 교육하는 것을 포함한다.

098 ① 정신분석적 상담에서 내적 위험으로부터 아이를 보호하고 안정시켜주는 어머니의 역할처럼, 내담자가 막연하게 느끼지만 스스로는 직면할 수 없는 불안과 두려움에 대해 상담자의 이해를 적절한 순간에 적합한 방법으로 전해주면서 내담자에게 의지가 되어주고 따뜻한 배려로 마음을 녹여주는 활동은 버텨주기(holding) 기법이다.

실력다지기

위니컷의 Holding과 비온의 Containment

1) 위니컷(Winnicott, 1971)는 상담사가 내담자를 위해 만들어주는 지원 환경을 지칭하기 위해 'holding'이라는 용어를 사용했다. 엄마가 아이와 함께 하는 양육과 돌봄 행태에 비유할 수 있는 개념으로 신뢰와 안전감을 갖게 된다. 위니컷은 이러한 'holding environment'가 치료 환경에 매우 중요하며 상담사가 내담자와 직접 관계를 맺음으로써 만들어질 수 있다고 믿었다.

2) 비온(Bion, 1967)은 Containment의 개념을 한 사람이 다른 사람의 감정적인 의사소통에 압도되지 않고 다른 사람들의 감정적인 의사소통을 받아들이고 이해 한 후 다른 사람에게 이해와 인정을 전달할 때 발생하는 것이라고 한다. 이러한 Containment 과정은 상대방의 사고 능력을 회복시킬 수 있다고 주장한다.

3) 위니컷의 holding과 비온의 Containment는 유사한 개념이지만, holding이 실제적인 환경과 돌봄의 개념이라면 containment는 정신적인 과정이라는 점에서 차이를 갖는다.

099 ③ 강화는 점차로 그 강도를 높여가는 것이 좋지만, 벌은 그 강도를 점차로 높이는 것은 좋지 않다.

실력다지기

벌을 통한 행동수정 시 유의사항

1) 벌 받을 행동을 구체적으로 세분화하고 설명한다.
2) 벌 받을 상황을 가능한 한 없애도록 노력한다.
3) 바람직한 행동을 하도록 그 조건을 극대화한다.
4) 가장 효과가 클 것으로 예상되는 벌을 선택한다.
5) <u>벌은 그 강도를 점차 높이지 않는다.</u>
6) 벌 받을 행동이 일어난 직후에 즉각적으로 벌을 준다.
7) 벌은 행동의 연속선상에서 전반부에 주는 것이 좋다.
8) 바람직한 행동이 무엇인지 사전에 말해준다.
9) 벌을 강화와 함께 주지 않도록 한다.

100 ③ 감춰진 동기를 드러내서 문제행동을 멈추도록 하는 것은 스프에 침뱉기 기법이다.

실력다지기

개인심리학의 상담기법

1) 격려하기
   불행, 우울, 분노, 불안의 심리 상태에 있는 사람은, 성장할 수 있고 보다 자기 충족적인 방향으로 모험을 감행할 수 있는 스스로의 능력에 대한 신뢰가 없기 때문이라고 생각한다. 따라서 이런 사람들의 내적 자원(resource)의 개발을 촉진하고 긍정적인 방향으로 나아갈 수 있는 용기를 북돋아 주는 것이 필요하다.
2) as if 기법
   내담자가 바라는 행동을 실제 장면이 아닌 가상장면에서 '마치 ~인 것처럼(as if)'해 보게 하는 것이다.
3) 역설적 의도
   (1) 바라지 않거나 바꾸고 싶은 행동을 의도적으로 반복 실시하게 함으로서 역설적으로 그 행동을 제거하거나 벗어날 수 있게 하는 기술이다. - Victor Frankl
   (2) 내담자가 두려워하는 행동이나 사고를 의도적으로 과장하여 하도록 하는 기법이다.
   (3) 내담자로 하여금 이러한 행동이 얼마나 어리석은가를 명확하게 인식하도록 함으로써 만족스러운 생활양식으로 유도하게 되면 내담자는 그 행동을 변화시키거나 포기하게 될 것이다.
4) 초인종 누르기(단추 누르기, push button technique)
   (1) 내담자가 자신의 감정을 창조하는 것임을 깨닫도록 돕는데 사용하는 기법이다.
   (2) 자신이 원하는 정서를 스스로 만들 수 있다는 사실을 알게 된다.
   (3) 단추 누르기 기법은 내담자가 유쾌한 경험과 유쾌하지 않은 경험을 번갈아 가면서 생각하도록 하고 각 경험과 관련된 감정에 관심을 가지도록 하는 것이다.
   (4) 이 기법의 목적은 내담자에게 그들이 무엇을 생각할지를 결정하여 자신이 원하는 감정은 무엇이든지 만들어 낼 수 있다는 사실을 가르치려는 것이다.
   (5) 단추 누르기 기법을 통해서 아들러 학파는 내담자가 자신의 우울을 선택했으며, 우울은 자기 생각의 산물임을 인식하도록 도와준다.

(6) 따라서 상담자는 내담자가 겪는 사건에서 우울 단추와 행복 단추 중 선택하도록 자기가 통제할 수 있다고 인식시킨다.

5) 스프에 침 뱉기(= 끓는 국에 찬물 끼얹기)

(1) 내담자의 행동 뒤에 숨겨진 의도나 목적을 드러내어 문제행동을 하는 것을 꺼리게 하는 기법이다.

(2) 상담자가 내담자의 어떤 행동의 목적과 대가를 인식하게 되면 상담자는 바로 그 행동이 총체적으로 손해되는 행동이라는 사실을 내담자에게 분명하게 보여줌으로써 내담자가 더 이상 손해되는 게임을 하지 못하도록 한다.

6) 수렁 피하기(= 악동 피하기)

(1) 내담자가 일상생활에서의 자기 패배적 행동양상을 상담 장면에 가져오는데 잘못된 가정도 사실로 인정받을 수 있는 기회가 있기 때문에 잘못된 가정에 매달려 있는 것인지도 모른다.

(2) 그래서 상담자는 함정에 빠지지 않도록 하며 내담자의 행동을 강화하지 않도록 주의해야 한다.

제3회 임상심리사 2급 필기 정답 및 해설

제1과목 | 심리학개론

001	①	002	②	003	①	004	②	005	①	006	②	007	③	008	②	009	③	010	③
011	①	012	①	013	②	014	③	015	④	016	④	017	③	018	②	019	③	020	③

001 ① 조건자극과 유사한 다른 자극에 동일한 조건반응이 나타나는 것을 자극일반화(Stimulus Generalization)라고 한다. 자극일반화의 예시로 생선을 먹다가 목에 가시가 걸린 적이 있는 아이가 식사 때마다 생선을 피하려는 모습을 들 수 있다. 그러나 가시가 많지 않거나 씹어 먹으면 되는 생선 통조림을 우연히 먹은 아이는 다시 생선을 먹을 수 있게 되는데, 이런 현상을 변별(Discrimination)이라고 한다.[14]

실력다지기

자극 변별

1) 자극 변별은 유사한 두 가지 자극의 차이를 식별하여 각각의 자극에 대하여 서로 다르게 반응하도록 학습하는 것이다.
2) (사례 1) 순종적이던 개가 실험과정에서 안절부절 못하고 공격적이며 대소변을 가리지 못하는 등의 실험신경증(experimental neurosis)의 경우 자극변별에 어려움이 있기 때문이다.
3) (사례 2) 종소리의 크기를 달리해서 특정 종소리에만 침 흘리게 하는 경우이다.

002 ② 전망이론(prospect theory)는 위험을 수반하는 대안들 간에 의사결정을 어떻게 내리는지를 설명하고자 하는 이론이다.

오답노트

① 가족유사성 이론(family resemblance theory) : 한 가족의 성원들이 모두 공유한 속성은 없지만 성원 중 누군가는 그 속성을 가지는 구조로 자연적인 범주의 대부분이 이런 특징을 갖음(Ross, 1973).
③ 본보기 이론(exemplar theory) : 우리는 새로운 사례와 범주의 다른 사례에 대한 기억을 비교함으로써 범주를 판단(Medin, 1978).
④ 합리적 선택 이론(rational choice theory) : 어떤 것이 일어날 가능성이 얼마인지를 결정하고, 그 결과의 가치를 판단한 후, 이둘을 곱하여 결정을 내림(Edward, 1955).

---

14 위키백과, 고전적 조건형성 참조

전망이론(prospect theory)

1) 1979년부터 아모스 트버스키와 대니얼 카너먼에 의해 기대효용이론이 맞지 않는 심리학적인 현상을 설명하기 위한 이론으로 발전되었다.

2) 이 이론은 실험에 의한 증거에 기반하여 개인이 어떻게 잠재적 이득과 손해를 평가하는지 설명하고 있다.

3) 이 이론은 두 가지 단계의 의사결정을 보여주고 있다.

   (1) 발견단계 : 어떤 발견법에 의해 얻어진 경험에 의해 가능한 의사결정의 결과가 순서대로 정리되었다. 특히 사람들은 기본적으로 이득과 손해가 같을 것이라고 생각되는 점을 준거점으로 잡고 이보다 낮은 경우 손해이고 높은 경우 이득이라고 생각한다.

   (2) 평가단계 : 다음의 평가 단계에서 사람들은 어떤 결정에 대한 효용이 어떠할 것인가를 평가하게 되는데 이것은 그들의 전망에 따른 확률에 따라 행동한다. 그리고 여기서 높은 효용을 가진 대안을 선택하게 된다.

003 ① 효과의 법칙(Law of effect)은 동물이 어떤 반응을 하였을 때 그 반응이 결과적으로 동물에게 즐거움을 초래할 경우 다음의 유사상황에 놓였을 때 그 반응이 일어나기 쉽다는 것이다.

도구적 조건형성

1) 도구적 조건형성(Instrumental conditioning)는 행동주의 심리학의 이론으로, 유기체가 어떤 결과들을 얻거나 회피하기 위해서 반응을 만들어 내는 것을 의미한다.

2) 유기체는 모두 그들에게 긍정적인 상황을 가져오거나 부정적인 상황을 회피하도록 하는 방식으로 행동하는 경향이 있다. 유기체는 주어진 자극(S, Stimulus)에 반응(R, Response)하고 이를 통해 얻어진 결과(C, Consequence)를 가지고 다시 반복하거나 회피하는 반응을 보인다.

3) 손다이크의 효과의 법칙을 기반으로 스키너가 도구적 조건형성이라는 패러다임으로 제시하였다. 도구적 조건화는 행동의 결과가 반응의 확률에 영향을 미친다는 점에서 조건 자극에 대한 조건 반응의 학습을 보이는 고전적 조건형성과는 다르다.

손다이크의 고양이 실험연구

1) 미국 심리학자 에드워드 손다이크는 인간과 동물의 지적 능력의 차이를 연구하는 비교심리학에 관심을 가졌다. 그리고 이를 연구하기 위해 문제상자를 만들었다. 여기서 문제상자에 갇힌 고양이가 해결해야 하는 과제는 상자로부터 빠져나가는 것이었다.

2) 상자는 페달을 누름으로써 빗장이 벗겨져 문이 열리도록 되어 있었다. 상자 안의 이곳저곳을 건드리던 고양이는 우연히 페달을 누르고 빗장을 벗겨 문을 열고 상자를 탈출하게 된다.

3) 이 일을 반복할수록 고양이는 점점 더 빠른 시간 안에 빗장을 내리고 탈출하게 된다. 즉, 고양이는 탈출 직전에 자기가 한 행동과 탈출이라는 결과를 조금씩 연결함으로써 불필요한 행동을 점차 줄이고 올바른 반응에 접근해 갔다. 손다이크는 이러한 문제상자 학습을 '시행착오에 의한 학습'이라고 하였다.

4) 이 실험결과를 통해 손다이크는 효과의 법칙이라는 개념을 제시했다. 즉, 긍정적인 결과가 자극과 반응의 결합을 강화시킨다는 이론이다.

004 ② 무조건 자극(UCS)이 조건자극(CS)에 선행하는 경우 조건자극(CS)이 무조건자극(UCS)을 전혀 예측하지 못하기 때문에 조건 반응이 발생하기 어렵다.

실력다지기

조건자극(CS)과 무조건자극(UCS) 사이의 시간적 관계
1) 동시 조건형성
  조건자극(CS)과 무조건자극(UCS)이 동시에 제시되는 경우
2) 지연 조건형성
  조건자극(CS)이 먼저 제시되어 무조건자극(UCS)이 제시될 때까지 지속되는 경우
3) 흔적 조건형성
  조건자극(CS)이 먼저 제시되지만, 무조건자극(UCS)이 제시되기 전에 조건자극(CS) 종료되는 경우
4) 역행 조건형성
  무조건자극(UCS)이 먼저 제시되고 조건자극(CS)이 나중에 제시되는 경우
※ 조건자극(CS)이 먼저 제시되고 무조건자극(UCS)이 나중에 제시되는 지연조건형성과 흔적조건형성이 학습이 잘 된다. (지연 > 흔적 > 동시 > 역행) 즉, 역행조건형성의 경우 조건자극(CS)이 무조건자극(UCS)을 전혀 예측하지 못하기 때문에 가장 비효과적이다.

005 ① '통계적으로 유의미하다'라는 말의 의미는 통계적으로 독립변인이 종속변인에 영향을 미친다는 내용과 같은 의미이다. 여기에서 독립변인은 실험처치와 같은 의미이므로 실험 결과(종속변인)가 우연이 아닌 실험처치(독립변인)에 의해서 나왔다는 의미로 이해하면 된다.

006 ② 인과성 발견법은 사건들 사이에 존재하는 관련성의 정도에 의해 판단하는 것이다.

실력다지기

대표성 발견법
사건의 가능성을 특정한 원형에 얼마나 잘 대표하거나 그 원형과 잘 들어맞는 것으로 보이느냐에 따라서 판단하는 것으로 대표성 발견법은 즉각적인 판단을 가능하게 해주지만 판단이 정확하지는 않다.

가용성 발견법(가용성 어림법)
가용성 발견법은 사건의 가능성을 기억의 가용성에 근거하여 추정하는 방법으로 사례들이 쉽게 마음에 떠오르면, 그러한 사건이 흔하다고 가정하게 된다. 이는 사람들이 흔히 범하는 확률추론 과정의 오류이다. 사례로는 주변에 교통사고를 당한 사람들이 많은 사람은 교통사고 발생률을 실제보다 높게 판단하는 것처럼 특정사건을 지지하는 사례들이 기억에 저장되어 있는 정도에 따라 사건의 발생가능성을 판단하는 경향을 들 수 있다.

007 ③ 알프레드 킨제이의 1948년 연구는 설문조사법으로 이루어졌으며 남성의 성행동(Sexual Behavior in the Human Male)의 경우 '남성 인구의 46%는 성인 시기에 이성 성경험과 동성 성경험을 모두 했거나, 또는 동성과 이성 모두에게 반응했다'는 사실을 주장하였다. 킨제이 척도는 특정 시점에서 한 사람의 성적 경험 또는 반응을 설명하고자 한다. 이 척도에는 완전한 이성애자를 뜻하는 0부터 완전한 동성애자를 뜻하는 6까지 있다.

② 방어기제 중 주지화에 해당되는 내용이다.

실력다지기

방어기제의 종류

부정	고통스럽거나 위협적인 상황을 부인(否認)해 버리는 것 **사례** 백혈병으로 죽어 가는 아들의 어머니가 아들이 곧 나을 거라고 생각하는 것
억압	대처할 수 없는 상황을 봉쇄하는 거부와는 달리, 받아들일 수 없는 충동이나 생각을 봉쇄하는 것 **사례** 망각의 한 형태로 지난 밤 술 모임의 당황스런 주정을 잊는 것
주지화 (지성화)	거부의 교묘한 형태로 어떤 문제로부터 위협받고 있다는 사실을 알고 있을 때, 그러한 문제들에 대하여 분석하고 지성적으로 다루는 척 하면서, 실제로는 그 문제 상황으로부터 벗어나려는 방어기제인데, 문제해결에 도움이 되지 않음 **사례** 자녀를 새 학교에 입학시킨 부모가 자녀문제로 면담하는 과정에서 면담이 시작된 지 잠시 후부터는 자녀의 교육문제가 아닌 골치 아픈 교육철학에 대하여 말하는 경우
반동 형성	거부가 행동으로 나타난 것으로 자기가 실제로 가지고 있는 감정과 정반대되는 감정을 나타내는 것으로 보통 과장형식을 띠게 됨 **사례** 유별나게 경쟁자를 칭찬하는 경우, 미운 놈 떡 하나 더 주기
전치 (전위)	에너지를 만족되지 않는 욕구로부터 덜 위협적인 다른 대상으로 바꿈으로써 긴장을 완화시키려는 방어기제 **사례** 직장에서 승진하기 위해 상사에게 저자세의 태도를 취한 사람이 집에 가서 아들과 부인에게 큰소리를 치는 경우
승화	원래의 욕구나 충동을 보다 사회적으로 용납될 수 있는 형태로 전환시킴으로써 만족을 얻고자 하는 방어기제 **사례** 폭력배가 유명한 권투선수가 되는 경우
투사	한 개인이 가지고 있는 옳지 못한 충동이나 욕구를 다른 사람이나 대상에 전가하여 다른 사람들이 그러한 옳지 못한 욕구나 충동을 갖고 있다고 비난함으로써 자기의 긴장상태의 불안을 경감하는 경우 **사례** 내가 싫어하는 것이 아니라 그 여자가 나를 싫어한다고 하는 경우
투입	투사의 반대개념으로 외부 대상을 자기내면의 자아체계로 받아들이는 경우 어머니를 미워하는 것이 자아에 수용될 수 없기 때문에 나 자신이 미운 것으로 대치되는 경우
동일시	다른 사람의 성격이나 역할을 따라서 자기의 일부로 삼는 과정 **사례** 청소년이 그들이 할 수 있다고 하는 것과 부모나 사회가 허락하는 것과의 사이에서 갈등을 갖게 되어 영화배우, 가수 등과 동일시하여 해소하는 경우
퇴행	심한 스트레스 상황에 처해 있는 사람들이 어렸을 때의 유치한 행동이나 원시적인 방법으로 돌아가는 경우 혹은 과거의 문제 해결된 방법으로 되돌아가는 것 **사례** 네 살 난 아이가 동생이 태어나면 대소변을 못 가리는 등 다시 젖먹이 때 행동으로 돌아가는 경우
보상	어떤 바람직한 특성을 강조하여 약점(결함)을 극복하거나 어떤 영역에서의 욕구불만을 다른 영역에서 과잉만족으로 대신하려는 것 **사례** 자신의 친부모에게 효도를 못한 사람이 이웃의 노인을 극진히 부양하는 경우
합리화	1) 자기의 실패나 약점이 자기의 무능 혹은 부덕의 소치인데도 불구하고 그것을 은폐하기 위하여 그럴듯한 이유를 붙여 정당화하는 경우 2) 기제 　(1) 신포도형(sour grapes) 　　어떤 목표를 달성하려 했으나 실패한 사람이 자신은 처음부터 그것을 원하지 않았다고 변명함 　　(여우와 신포도) 　(2) 달콤한 레몬형(sweet lemon) 　　자기가 현재 가지고 있는 것이 남들이 볼 때는 별 볼 일 없는 것이지만 본인은 바로 그가 원하던 것이라고 스스로 믿는 것 　(3) 투사형(projection) 　　자신의 결함이나 실수를 자기 이외의 다른 대상에게 책임을 전가시키는 것

	(4) 망상형(delusion)
	원하는 일이 마음대로 되지 않을 때 자신의 능력에 대해 허구적 신념을 가짐으로써 실패의 원인을 합리화시킴
취소	보상과 속죄의 행위를 통해 용납할 수 없거나 죄책감을 일으키는 충동이나 행동을 중화 또는 무효화하는 경우 **사례** 바람 피는 남자가 부인에게 비싼 선물을 하는 경우
해리	의식세계에서 받아들이기 힘든 성격의 일부가 자아의 지배를 벗어나 하나의 독립된 기능을 수행하는 경우 **사례** 지킬박사와 하이드, 이중인격, 기억상실증 등
전환	심리적 갈등이 신체증상(수의근, 감각기관)으로 바뀌는 것 **사례** 1) 글을 쓰는 데 갈등을 느끼는 소설가가 원고를 쓰는 오른팔에 마비가 오는 경우 2) 군에 입대하기 싫어하는 사람이 입영영장을 받아보고 시각 장애가 오는 경우
신체화	심리적 갈등이 감각기관, 수의근계를 제외한 기타 신체부위의 증상으로 표출되는 경우 **사례** 사촌이 땅을 사면 배가 아프다거나 오랫동안 병원에 입원한 환자가 '앵~앵' 119 자동차 소리에 심장이 뜀

009 ③ 자아가 원초아의 통제에 어려움을 겪게 될 때 신경증적 불안을 경험하게 되는데 이러한 불안을 감소시키기 위해서 억압, 부인, 반동형성, 합리화, 대치, 투사, 분리, 신체화, 퇴행, 승화와 같은 다양한 방어기제를 사용한다.

010 ③ 현상학적 성격이론(로저스)은 어린 시절의 동기를 분석하기보다는 지금 - 여기의 관점에서 어떠한 주관적인 경험을 하고 있는지에 초점을 둔다.

011 ① 명명척도는 정보 차이만 담고 있는 척도로 운동선수의 등번호는 적절한 예이다.

> **실력다지기**
>
> 척도의 종류
> 1) 명명척도(= 명목척도) : 정보 차이만을 담고 있는 척도
>   **예** 성별, 지역, 눈 색깔 등
> 2) 서열척도(= 순위척도) : 상대적 크기, 순위 관계에 관한 정보도 담고 있는 척도
>   **예** 석차, 만족도 등
> 3) 등간척도(= 동간척도) : 수치 차이가 반영하는 속성 차이가 동일하다는 등간정보도 포함
>   **예** 지능지수, 온도 등
> 4) 비율척도 : 수의 비율에 관한 정보도 담고 있는 척도로 절대영점이 있는 변수를 측정한 경우에 얻을 수 있음
>   **예** 길이, 무게 등

012 ① 대상영속성이란 어떤 대상이 우리 시야에서 사라졌다 하여도 그 존재가 소멸되지 않고 살아 있다는 것을 아는 것이다. 즉, 어떤 대상 다시 말해 어머니가 시야에서 사라졌다 하여도 그 존재가 소멸되지 않고 살아 있다는 것을 의미하고 안다는 것이다. Piaget는 대상개념도 하위단계에 준하는 여섯 개의 단계를 거쳐 발달한다고 믿는다.

1) 지각적 항상성(perceptual constancy)은 감각 자극(크기, 형태 등)은 변하는데 반해 물리적 세계의 지각은 동일하게 유지되는 것을 말한다. 영아는 지각적 항상성의 발달로 자신의 주변세계를 안정되게 지각할 수 있게 된다.
2) 보존(conservation) 개념은 물체의 외형상 변화에도 불구하고 그 물체의 특정한 양은 그대로 보존된다고 판단할 수 있는 능력이다. 보존개념의 획득은 Piaget의 구체적 조작기(7세~12세)에 해당한다.
3) 정향반사(orienting reflex)는 어떤 자극에 대해서 보이는 반사적 반응이다. 신생아가 자극의 변화에 대하여 민감한 반응을 보이며, 성장하면서 특정 자극에만 목적 있는 반응을 보이게 된다.

실력다지기

Piaget의 대상개념 하위단계

1) 1단계(출생~1개월) : 반사활동 단계
    (1) 이 시기에 가장 우세한 도식은 '빨기 도식'이다.
    (2) 이 밖에도 아기는 젖을 먹기 위해 자신의 머리를 움직여 가슴을 찾는 조절도 하게 된다.
2) 2단계(1~4개월) : 1차 순환반응
    순환반응이란 우연히 새로운 경험을 하고 그러한 경험을 하기 위해 행동을 반복하는 것이다.
3) 3단계(4~8개월) : 2차 순환반응
    (1) 2단계의 1차 순환반응은 관심이 자기 내부의 만족을 위한 것이라면 3단계는 자신이 아닌 외부에서 흥미로운 사건을 발견하여 반복하게 된다.
    (2) 4개월에서 8개월이 된 아이들은 자기내면보다도 어떤 외부환경에 의한 환경에서의 흥미로운 사건을 발견한다.
4) 4단계(8~12개월) : 2차 도식의 협응
    (1) 이 시기의 유아는 어떤 결과를 얻기 위해 둘로 분리된 도식을 협응하여 의도적이며 수단·목적적인 행동을 수행한다.
    (2) AB의 오류 : A에 숨겨진 물건을 B로 옮겨도 A에서 찾는 오류
5) 5단계(12~18개월) : 3차 순환반응
    (1) 이 시기의 유아는 외부세계에 대해 실험적이며 탐색적인 접근을 하게 된다.
    (2) 새로운 대상이 나타나면 탐색하고 다른 행동양식을 적용해 봄으로써 그 대상의 구조와 기능을 알려고 노력한다.
    (3) AB의 오류에서 벗어난다.
6) 6단계(18~24개월) : 상징적 표상단계(사고의 시작)
    (1) 이 시기의 유아는 주어진 대상에 대상의 실체가 존재하지 않더라도 스스로 상징을 만들어 그것에 대해 생각할 수 있게 된다.
    (2) 6단계에서 아동은 직접 행동하지 않고 상상하거나 생각함으로써 시험해 본다.

013 ② 섬광기억은 정서적으로 충만한 중요한 사건을 학습했던 상황에 대한, 명료하면서도 비교적 영속적인 기록을 말한다.

> **실력다지기**
>
> 기억을 분류하는 방법은 여러 가지가 있는데 크게 외현기억(explicit memory)과 암묵기억(implicit memory)으로 나눈다. 외현기억은 일화기억(episodic memory)과 의미기억(semantic memory)들 중에서 의식적으로 생각해 낼 수 있는 기억들을 말한다. 암묵기억은 의식이 관여하지 않는 것으로 절차기억, 초회감작(priming), 고전적인 조건반사들이 여기에 해당한다.[15]
>
> **CF** 구성기억(Constructive Memory)은 실제 일어나지 않은 사건에 대한 명백한 기억으로, 기억된 내용을 통해 무의식적으로 공백을 메우기 위해 사용된다.

014 ③ 인지부조화이론에 의하면, 어떤 사람이 맛이 없는 빵을 10개나 먹고 난 후 자신이 무척 맛이 있었다고 말할 것이다.

> **실력다지기**
>
> 인지부조화이론 (cognitive dissonance theory)
>
> 1) 우리의 신념 간에 또는 신념과 실제로 보는 것 간에 불일치나 비일관성이 있을 때 생기는 것으로, 인지부조화이론에 따르면 개인이 믿는 것과 실제로 보는 것 간의 차이가 불편하듯이 인지 간의 불일치가 불편하므로 사람들은 이 불일치를 제거하려 한다.
> 2) 인지부조화를 경험하면 개인은 평형상태를 유지하려는 경향 때문에 불편함을 느끼게 되고 자신의 신념이나 행동을 바꿈으로써 이를 해결하려고 시도한다.
> 3) 이는 개인의 관점에서 보면 인지부조화를 극복하여 인지 조화를 얻는 것이 더욱 편한 감정을 느낌으로 더욱 바람직한 것이다.

015 ④ 표집오차란 표본을 추출하는 과정에서 발생하는 오차이기 때문에 표본의 크기가 클수록 표집오차도 줄어든다.

016 ④ 어떤 행동에 대해 돈을 주거나 칭찬을 해 주는 것은 일반적으로 이차 강화물이다.

> **실력다지기**
>
> 강화물
>
> 1) 일차 강화물 : 음식이나 성적 자극처럼 다른 조건이나 사전 학습이 없어 그 자체만으로 강화하는 속성이 있는 선천적 강화물이다. 일차 강화물은 그 효과는 강력하지만 가짓수가 적고 학습에서 제한된 역할을 한다.
> 2) 이차 강화물은 일차 강화물과 연합되었을 때 비로소 강화력을 갖기 때문에 조건강화물이라고도 한다. 일반적으로 칭찬, 인정, 미소, 긍정적 피드백이 그 사례이다.

---

15 양동원 외(2013). 외현기억. 2013년 대한신경과학회 제32차 학술대회 - 강의록 -

017 ③ 보존개념의 획득은 구체적 조작기에 이루어진다.

> **실력다지기**
>
> Piaget의 인지발달 단계 중 구체적 조작기에 나타나는 특징
>
> 1) 논리적 사고 : 이 시기의 논리적 사고는 관찰이 가능한 구체적 사물이나 사건에 한정되며, 가역적 사고를 특징으로 한다.
>   (1) 보존개념 : 보존개념은 물체의 외형상 변화에도 불구하고 그 물체의 특정한 양은 그대로 보존된다고 판단할 수 있는 능력이다. 보존개념은 동일성, 역조작성, 보상성의 개념 획득을 전제로 한다.
>   (2) 유목화(＝분류) : 전체와 부분 간의 공통점과 차이점, 관련성을 이해할 수 있는 능력이다.
>   (3) 서열화 : 어떤 대상물을 순서대로 나열할 수 있는 능력이다.
> 2) 조망수용능력 : 자기중심성에서 벗어나 타인의 입장과 감정을 추론하고 이해하는 능력이다.

018 ② 옳은 내용이다. 노어에피네프린(NE)이라는 신경전달물질은 스트레스나 위기 상황에서 분비되는 것이다. 자극추구 성향이 높은 사람은 스트레스를 경험하고 노어에피네프린(NE)이라는 신경전달물질을 통제하는 체계에서 낮은 흥분수준을 보인다는 보고가 있다.

> **오답노트**
>
> ① 주커만(Zuckerman)은 자극추구 성향에 관한 척도를 제작했다.
> ③ 주커만은 자극추구에서 비롯되는 행동적 기질이 생물학적 기초, 즉 유전과 관련이 있다고 보고하고 있다.
> ④ 아이젱크(Eysenck)는 인간의 성격을 내향성 - 외향성, 신경증적 경향성, 정신병적 경향성의 3가지 특질로 구분하였다.

019 ③ 방어기제 중 성적인 충동이나 공격성을 사회적으로 용인된 바람직한 방향으로 변화를 이끄는 긍정적 방어기제는 승화이다.

020 ③ 단기기억의 기억용량은 7±2개이다.

> **실력다지기**
>
> 단기기억과 청킹 ('마법의 수 7 ± 2')
>
> 1) 단기기억의 중요한 특징은 용량이 제한되어 있다는 점이다. 숫자를 몇 개 들려주고 나서, 들려준 숫자를 순서대로 회상하게 하면 단기기억의 용량을 알 수 있는데, 일반적으로 사람들은 아무 관련이 없는 숫자는 대략 일곱 개 정도를 들려준 순서대로 회상할 수 있다.
> 2) 그런데 여기서 중요한 것은 이 일곱 개가 절대 개수가 아니라는 것이다. 낱자를 기억하게 하면 일곱 낱자 정도를 기억하지만, 단어를 기억하게 하면 일곱 단어 정도 기억한다. 이와 같이 우리가 기억할 때 어떤 단위로 부호화하느냐에 따라 절대 개수는 달라지지만, 처리 단위로 보면 비교적 일관되게 일곱 단위 정도로 그 용량이 제한되어 있다는 것이고, 이것이 조지 밀러의 유명한 구절 '마법의 수 7 ± 2'라는 것이다(Miller, 1956).
> 3) 낱자보다 단어일 때 훨씬 더 많은 철자를 기억할 수 있는데, 이와 같이 보다 큰 단위로 부호화하는 것을 청킹(chunking)이라 하며, 청킹을 통해 우리는 단기기억의 용량 제한을 어느 정도 극복할 수 있게 된다.

| 021 | ① | 022 | ④ | 023 | ② | 024 | ② | 025 | ② | 026 | ② | 027 | ④ | 028 | ② | 029 | ② | 030 | ③ |
| 031 | ① | 032 | ① | 033 | ④ | 034 | ② | 035 | ② | 036 | ① | 037 | ② | 038 | ③ | 039 | ③ | 040 | ① |

021　[ㄷ]. 전환장애는 대부분 순수한 의학적 질환의 증상과 유사하다. 증상은 심리적 갈등 욕구가 원인이 되어 신경계 증상이나 수의 운동기관의 증상이 한 가지 이상 오지만, 정밀검사를 하여도 해부 생리학적인 기전으로 설명되지 않는 경우 진단을 내리게 된다.

실력다지기

전환장애

1) 전환(conversion)이란 정신적인 에너지(예: 불안하다는 생각)가 신체증상(예 배 밑의 신체부분에 감각을 잃게 되었고 움직일 수 없었음)으로 변환되었다는 의미이며, 고전적으로 히스테리 신경증이라고 불리던 질환이다.
2) 증상은 심리적 갈등 욕구가 원인이 되어 신경계 증상이나 수의 운동기관의 증상이 한 가지 이상 오지만, 정밀검사를 하여도 해부 생리학적인 기전으로 설명되지 않는 경우 진단을 내리게 된다.
3) 사춘기나 성인초기에 잘 발병되며 여성에게서 더 많이 나타난다.

022　④ DSM-5의 주요우울장애(major depressive disorder는 조증 삽화 혹은 경조증 삽화가 존재한 적이 없어야 한다. 이는 양극성 장애와 관련이 있다.

실력다지기

주요 우울증 삽화의 진단 기준

1) 다음 증상 가운데 5개(또는 그 이상) 증상이 연속 2주 기간 동안 지속되며, 이러한 상태가 이전 기능으로부터의 변화를 나타내는 경우; 위의 증상 가운데 적어도 하나는 우울 기분이거나, 흥미나 즐거움의 상실이어야 한다.
　　주의 명백한 일반적인 의학적 상태나 기분과 조화되지 않는 망상이나 환각으로 인한 증상이 포함되지 않는다.
　　(1) 하루의 대부분, 그리고 거의 매일 지속되는 우울한 기분이 주관적인 보고(슬프거나 공허하다고 느낀다)나 객관적인 관찰(울 것처럼 보인다)에서 드러난다.
　　　주의 소아와 청소년의 경우는 과민한 기분으로 나타나기도 한다.
　　(2) 모든 또는 거의 모든 일상 활동에 대한 흥미나 즐거움이 하루의 대부분 또는 거의 매일같이 뚜렷하게 저하되어 있을 경우(주관적인 설명이나 타인에 의한 관찰에서 드러난다.)
　　(3) 체중 조절을 하고 있지 않은 상태(예 1개월 동안 체중 5% 이상의 변화)에서 의미 있는 체중 감소나 체중 증가, 거의 매일 나타나는 식욕 감소나 증가가 있을 때
　　　주의 소아의 경우 체중 증가가 기대치에 미달되는 경우 주의할 것
　　(4) 거의 매일 나타나는 불면이나 과다 수면
　　(5) 거의 매일 나타나는 정신 운동성 초조나 지체(주관적인 좌불안석 또는 처진 느낌이 타인에 의해서도 관찰 가능하다)

(6) 거의 매일의 피로나 활력 상실

(7) 거의 매일 무가치감 또는 과도하거나 부적절한(망상적일 수도 있는) 죄책감을 느낌(단순히 병이 있다는 데 대한 자책이나 죄책감이 아님)

(8) 거의 매일 나타나는 사고력이나 집중력의 감소, 또는 우유부단함(주관적인 호소나 관찰에서)

(9) 반복되는 죽음에 대한 생각(단지 죽음에 대한 두려움뿐만 아니라), 특정한 계획없이 반복되는 자살 생각 또는 자살 기도나 자살 수행에 대한 특정 계획

2) 증상이 혼재성 삽화의 기준을 충족시키지 않는다.

3) 증상이 사회적, 직업적, 기타 중요한 기능 영역에서 임상적으로 심각한 고통이나 장애를 일으킨다.

4) 증상이 물질(예 약물 남용, 투약)이나 일반적인 의학적 상태(예 갑상선 기능저하증)의 직접적인 생리적 효과로 인한 것이 아니다.

5) 증상이 사별에 의해 잘 설명되지 않는다. 즉, 사랑하는 사람의 상실 후에 증상이 2개월 이상 지속되거나, 현저한 기능 장애, 무가치감에 대한 병적 집착, 자살 생각, 정신증적 증상이나 정신성 운동 지체가 특징적으로 나타날 경우에만 이 장애의 진단이 내려진다.

023 ② 전환(conversion)이란 정신적인 에너지(예: 불안하다는 생각)가 신체증상(예 배 밑의 신체부분에 감각을 잃게 되었고 움직일 수 없었음)으로 변환되었다는 의미이며, 고전적으로 히스테리 신경증이라고 불리던 질환이다.

024 ② 대구 지하철 참사현장에서 생명의 위협을 경험한 이후, 재 경험 증상, 회피 및 감정 마비증상, 과도한 각성 상태를 1개월 이상 보이고 있는 30대 후반의 여성의 경우 외상 후 스트레스 장애와 관련이 있다.

025 ② 행동주의적 견해에 따르면 강박행동은 부적 강화와 관련이 있다. 강박의 대처행동은 우연한 경험에 근거하여 강박사고의 빈도와는 무관한 미신적 행동을 통해 강박사고를 통제하려고 시도하는 경우가 많다. 강박행동은 불안을 감소시키는 부적 강화효과가 있기 때문에 자꾸 반복하게 된다.

026 ② 자신의 중요성에 대한 과장된 지각과 특권의식 요구는 자기애성 성격장애(Narcissistic Personality Disorder)와 관련이 있다.

실력다지기

자기애성 성격장애(Narcissistic Personality Disorder) 주요 증상과 임상적 특징

1) 자기애성 성격장애는 자신이 대단히 중요한 사람이라는 웅대한 자기상을 지니고 있어서 다른 사람으로부터 칭찬을 받고자 하는 욕구가 강한 반면, 자신을 위해 타인을 이용하며 타인의 감정을 이해하는 공감능력이 결여되어 있는 특징이 있다.

2) 공상이나 행동에서의 웅대(雄大)성, 칭찬에 대한 욕구, 공감의 결여가 생활전반에 나타나며 다음의 특성 중 5개 이상의 항목을 충족시켜야 한다.

(1) 자신의 중요성에 대한 과장된 지각을 갖고 있다.

예 자신의 성취나 재능을 과장함, 뒷받침할 만한 성취가 없으면서도 우월한 존재로 인정되기를 기대함

(2) 무한한 성공, 권력, 탁월함, 아름다움 또는 이상적인 사랑에 대한 공상에 집착한다.

(3) 자신이 특별하고 독특한 존재라고 믿으며, 특별하거나 상류층의 사람들만이 자신을 이해할 수 있고 그러한 사람들(혹은 기관)하고만 어울려야 한다고 믿는다.

(4) 과도한 찬사를 요구한다.

(5) 특권의식을 가지는데, 예를 들어, 특별대우를 받을 만한 이유가 없는데도 특별대우나 복종을 바라는 불합리한 기대감을 가진다.

(6) 대인관계에서 착취적이며 자신의 목적을 위해서 다른 사람을 이용한다.

(7) 감정이입 능력이 결여되어 있어 타인들의 감정이나 욕구를 인식하거나 확인하려 하지 않는다.

(8) 흔히 타인을 질투하거나 타인들이 자신에 대해 질투하고 있다고 믿는다.

(9) 오만하고 건방진 행동이나 태도를 보인다.

027 ① 자폐스펙트럼 장애는 여아보다 남아에서 3~4배 더 많이 발병한다.
② 자폐스펙트럼 장애 유병률은 엄격한 진단기준을 적용하는 경우 인구 만 명당 2~5명으로 보고되고 있다.
③ 자폐스펙트럼 장애는 사회적 상호작용을 위해 여러 가지 비언어적 행동을 하는데 현저한 장애를 보인다.

028 ② 적어도 1개월 동안 비영양성·비음식물질을 먹는 장애는 이식증이다. 이식증은 급식 및 섭식장애(Feeding and Eating Disorders)의 하위유형으로, 비영양성 물질을 먹는 것이 발달수준에 부적절하며, 먹는 행동이 문화적으로 허용된 관습은 아니다.

029 ② 만발성 운동장애 (Tardive dyskinesis : TD)는 전통적인 항정신병 약물의 사용(보통 장기간 사용 시) 후에 나타난다. 일정한 비자발적인 운동 즉, 혀를 앞으로 내미는 것, 입맛을 다시는 모습, 씹는 것, 눈을 깜박이는 것, 얼굴을 찡그리는 것, 다리와 몸통의 무도병 같은 움직임, 다리를 떠는 것 등이다. 현재 TD에 대한 치료법은 없다.
  CF 추체외로 증상 : 대개 초기에는 근육경직(rigidity), 좌불안석증(aka - thiasis) 및 근긴장 이상반응(dystonic reaction) 등으로 일어난다.

030 ③ 우울증의 원인으로 뇌의 시상하부(hypothalamus)의 기능장애, 또는 신경전달물질인 노르에피네프린, 에피네프린, 도파민을 포함하는 호르몬인 카테콜아민의 결핍으로 설명하려는 이론 등이 있다.

031 ① 일반적 성격장애의 DSM-5의 진단기준에는 지속적인 유형이 물질(남용약물 등)의 생리적 효과나 다른 의학적 상태로 인한 것이 아니어야 한다고 되어 있다.

032 ① 55세의 A씨는 알코올 중독으로 입원한 후 이틀째에 혼돈, 망상, 환각, 진전, 초조, 불면, 발한 등의 증상은 알코올로 인한 금단 증상이다.

실력다지기

알코올 금단 [진단 기준]
1) 알코올 섭취를 중단한 이후 몇 시간 또는 며칠 이내에 다음 중 2개 이상의 증상이 나타날 때 해당된다.
  (1) 자율신경계가 기능 항진(발한 또는 맥박수가 100회 이상 증가)
  (2) 손 떨림(진전) 증가   (3) 불면증   (4) 오심 및 구토

(5) 일시적인 환시, 환청, 환촉, 또는 착각 (6) 정신운동성 초조증

(7) 불안   (8) 대발작

2) 이러한 증상으로 인해 사회적, 직업적, 또는 다른 중요한 기능 영역에서 임상적으로 심각한 고통이나 장애를 일으킨다.

3) 증상이 일반적인 의학적 상태로 인한 것이 아니며, 다른 정신장애에 의해 잘 설명되지 않는다.

033 ④ 다른 성별 구성원이 되고자 하는 강한 욕구가 강한 장애는 성별 불쾌감에 해당한다. 또한, 경험하는 성별과 자신의 성별 간 심각한 불일치와 자신의 성적 특성을 제거하고자 하는 강한 욕구가 있다.

034 [ㄱ]. Beck의 인지치료 : 1963년에 연구 시작, 1977년 치료효과가 과학적으로 검증됨

[ㄴ]. Freud의 꿈의 해석 발간 : 1900년 공식 출간

[ㄷ]. 정신장애 진단분류체계인 DSM - I 발표 : 1952년 미국정신의학회

[ㄹ]. Rorschach 검사 개발 : 1921년 최초의 투사법 검사인 로샤 검사 개발

[ㅁ]. 집단 지능검사인 army 알파 개발 : 1917년 여키스(Yerkes) 개발 (army 베타도 1917년)

035 ② 성정체감 장애는 성기능부전과 별개이다.

> **실력다지기**
>
> 성기능장애(Sexual Dysfunctions)의 하위유형(DSM - 5)
>
> 1) 사정지연장애(Delayed Ejaculation)
> 2) 발기장애(Erectile Disorder)
> 3) 남성 성욕감퇴장애(Male Hypoactive Sexual Desire Disorder)
> 4) 조기사정장애(Premature Ejaculation) = 조루증
> 5) 여성 절정감 장애(Female Orgasm Disorder)
> 6) 여성 성적 관심/흥분장애(Female Sexual Interest/Arousal Disorder)
> 7) 성교통증장애(Genito - Pelvic Pain/Penetration Disorder)

036 조현병의 유전적 요인은 여러 유전자 결함의 조합으로 나타나는 장애하고 보는 시각이다. 쌍생아 연구에서 일란성 쌍생아가 이란성 쌍생아보다 질병에 관한 공변률(동시발병률)이 높다는 연구가 있으며, 생물학적 가족이 입양 가족에 비해 동시발병률이 더 높다. 또한 ① 친족의 근접성과 동시발병률은 관련이 있다. Yousself(1996)의 연구에서 환자와 1차 친족에서의 동시발생률은 6.1%였으며, 형제에서는 8.3%로 나타났다.

037 치매는 기억장애를 필수적으로 포함하여 실어증, 실행증(失行症), 실인증, 실행 기능의 장애가 나타날 경우 치매로 진단된다. ② 함구증은 관련이 없다.

038 유병률은 인종 간 차이가 있다. 아래의 [실력 다지기]에 있는 연구결과를 참고하길 바란다.

실력다지기

Kariker-Jaffe et al.(2013)의 연구

Kariker-Jaffe 등은 전반적은 소득불평등뿐 아니라 미국의 특수성을 고려하여 인종 간 소득불평등을 함께 고려하여 불평등 지수와 음주량, 음주문제를 살펴보았다. 전국조사인 National Alcohol Study 자료를 활용하여 미국 50개주를 분석한 결과, 지역의 인종 간 소득불평등(지역 내 인종 간 빈곤율 계산) 수준이 높을수록 흑인과 히스패닉계의 음주문제가 높게 나타났다. 흑인-백인 간 빈곤율 비율이 높으면 음량이 높았고, 흑인의 음주문제와 의존률이 높았고, 히스패닉-백인 간 빈곤율로 측정한 불평등 수준이 높으면 백인과 흑인의 음주량이 높아지고, 히스패닉계의 음주문제와 의존 가능성이 높은 것으로 나타났다. 즉, 인종 간 소득불평등이 큰 주에서 백인에 비해 흑인이나 히스패닉, 즉 소수인종의 음주문제와 의존 위험성이 높다는 결과로 나타났고, 같은 양을 마셔도 흑인과 히스패닉 계 사람들은 더 심각한 정도의 음주문제를 경험한다는 것으로 나타났다. 이러한 결과는 음주문제가 사회적, 정책적 맥락의 문제일 수 있다는 점을 내포하며, 낙후된 지역일수록 사람들이 음주량이 많지 않다고 해도 더 많은 알코올 문제를 경험한다는 것을 알 수 있다.

알코올 사용장애의 진단 기준(DSM-5)

1) 거듭되는 알코올 사용으로 직장, 학교 혹은 집에서의 주요 역할 임무를 수행할 수 없게 되는 경우
2) 신체적으로 해가 되는 상황에서도 거듭된 알코올 사용
3) 알코올 섭취에 대한 갈망이나 강한 욕구 또는 충동
4) 알코올의 영향이 원인이 되거나 이로 인해 사회적 혹은 대인관계 문제가 반복적으로 악화됨에도 불구하고 알코올을 계속 사용
5) 알코올 내성(원하는 효과를 얻기 위해 알코올의 현저한 양적증가를 요구하거나 동일한 양으로 계속 사용 시 효과가 현저하게 감소된 경우)
6) 알코올 금단(금단 증상 혹은 금단 완화를 위한 재사용)
7) 조절 상실(알코올이 종종 의도한 것보다 더 많은 양이 사용되거나 보다 장기간 사용될 때)
8) 알코올 사용을 중단하거나 조절하기 위해 지속적인 욕구가 있거나 노력해도 성공하지 못하는 경우
9) 알코올을 얻거나 사용하는 데 필요한 활동 또는 그 효과로부터 회복하는 데 필요한 활동에 많은 시간이 소모될 때
10) 중요한 사회적, 직업적 또는 휴식 활동을 알코올 사용 때문에 단념하거나 감소될 때
11) 알코올을 사용함으로써 유발되거나 악화될 가능성이 있는 지속적이거나 재발되는 신체적 또는 심리적 문제를 가진다는 인식에도 불구하고 알코올 사용이 지속될 때

039 ① 사회 공포증은 10대 중반의 청소년기에 주로 발생한다. 청소년기에 발병되는 이유는 모두가 자신을 바라보고, 본인 중심으로 움직인다는 자의식 때문이다.

CF 외상 후 스트레스 장애는 불안장애의 하위유형(이전에는 하위유형이었으나, 현재는 따로 분리됨)은 아니지만, 문제에서는 '불안과 관련된 장애'라고 하였으므로 큰 오류는 아니라고 사료된다.

040 DSM - 5에 따르면, 지적장애(Intellectual Disability) 수준은 <u>경도, 중등도, 고도, 최고도</u>의 4가지로 구분된다.

📝 오답노트

② <u>경도</u> : 학령전기 아동에서는 개념적 영역은 정상발달과 뚜렷한 차이를 보이지 않을 수 있다.

③ <u>고도</u> : 개념적 기술을 제한적으로 습득할 수 있다.

④ <u>최고도</u> : 운동 및 감각의 손상으로 사물의 기능적 사용이 어려울 수 있다.

지적장애의 심각도 (4단계) : DSM - 5

심각도	경도
개념적 영역	학령기 이전에는, 개념적 차이점이 명백하게 나타나지 않을 수 있다. 학령기와 성인기에는, 읽기나 쓰기, 수학, 시간, 돈이 포함된 학업적 기술의 습득에 어려움이 존재하는데, 그 연령대에서 기대되는 것에 충족되기 위해서는 하나 이상의 영역에서의 도움이 필요하다. 성인기에는, 추상적 사고하기와 실행기능(📟 계획하기, 전략세우기, 우선순위 정하기, 인지적 유연성), 단기 기억뿐만 아니라 학업적 기술의 기능적 사용(📟 읽기, 돈 관리)에서 결함이 나타난다. 동일한 연령대와 비교할 때 어떤 문제와 해결에 다소 경직된 접근을 한다.
사회적 영역	같은 연령대의 전형적인 발달과 비교할 때, 사회적 상호작용에서의 미성숙이 존재한다. 예를 들면, 동료들의 사회적 단서를 정확하게 감지하는데 어려움이 있을 것이다. 의사소통과 대화, 언어는 그 연령대에서 기대되는 것보다 더 경직되어 있거나 미성숙할 것이다. 그 나이에 적절한 감정조절과 행동 조절에서의 어려움이 있을 것이다. 이러한 어려움들은 사회적 상황에서 동료들에 의해 알아채게 된다. 사회적 상황에서의 위험에 대한 이해가 한정적이다. 사회적 판단력이 나이에 비해 미성숙하여 다른 사람에 의해 조종될 위험이 있다(잘 속음).
실행적 영역	개인적인 보살핌으로 나이에 적절하게 활동할 것이다. 동료들과 비교할 때 복잡한 일과를 할 때 어떤 도움이 필요하다. 성인기에는, 일반적으로 식료품 쇼핑이나 교통이용, 가사와 자녀-돌보기, 영양가 있는 음식준비하기, 은행업무와 돈 관리하기에서 도움이 필요하다. 오락 생활적 기술은 같은 연령대와 비슷하지만, 웰빙이나 오락생활 계획과 연관된 판단에는 도움이 필요하다. 성인기에는, 개념적 기술이 강조되지 않은 일자리에 종종 취업하기도 한다. 일반적으로 건강관리나 법률적 결정, 직업 활동을 능숙하게 수행하기 위한 학습에 도움이 필요하다. 일반적으로 가족을 부양하는 데에도 도움이 필요하다.

심각도	중등도
개념적 영역	모든 발달기간에 걸쳐, 개념적 기술은 또래들에 비해 뒤쳐져 있다. 학령전기에는 언어기술과 학습준비 기술의 발달이 느리다. 학령기에는 읽기와 쓰기, 수학, 시간과 돈에 대한 이해가 느리게 발달하며 또래와 비교할 때 한계가 뚜렷하게 나타난다. <u>성인기에는 학업적 기술발달이 일반적으로 초등학교 수준이라서 직업생활과 사생활에서 요구되는 학업적 기술을 사용하기 위해서는 도움이 필요하다.</u> 일상생활에서의 개념적인 일을 수행하기 위해서는 날마다의 일과에 기초한 지속적인 도움이 필요하여, 다른 사람이 그 사람을 위해 책임을 전적으로 대신하기도 한다.
사회적 영역	모든 발달기간에 걸쳐, 사회적 행동과 의사소통 행동에서 또래들과의 차이가 뚜렷하게 나타난다. 구어가 사회적 의사소통을 위한 가장 일반적인 수단이 되지만, 또래들과 비교할 때 복잡성이 훨씬 떨어진다. 대인관계에 대한 능력이 있어 가족과 친구들과의 유대관계가 존재하며, 삶의 전반에 걸쳐 성공적인 우정을 나눌 수도 있고 때때로 성인기에 로맨틱한 관계를 가질 수도 있다. 그러나 사회적 단서들을 정확하게 인식하거나 해석하지 못하는 경향이 있다. 사회적 판단능력과 결정하는 능력에 제한점이 있어, 보호자가 중요한 결정을 내릴 때 반드시 도와주어야만 한다. 일반적으로 발달하는 또래들과의 친구관계에서 자주 의사소통의 한계나 사회적 한계가 나타난다. 성공적인 직업 환경을 위해서는 사회적이며 의사소통 활동에서 특별한 도움이 필요하다.

심각도	중등도
실행적 영역	일반 성인들처럼 식사나 옷 입기, 배설, 위생관리가 포함된 개인적 욕구를 처리할 수 있지만, 이러한 영역들이 독립적이 되기 위해서는 추가적인 교육과 시간이 필요하며 저러한 일을 상기시켜주는 것이 필요할 수도 있다. 성인기가 되면 집안일도 할 수 있지만, 앞의 내용과 유사하게 추가적인 학습기간이 필요하며 일반적으로 성인 수준의 수행을 위해서는 지속적인 도움이 필요하다. 제한된 개념적 기술과 의사소통이 요구되는 직업에 독립적인 취업이 가능하지만, 사회적 기대와 복잡한 업무를 해내기 위해서는 동료나 감독자, 다른 사람들의 도움이 필요하며 일정관리, 교통수단 이용, 의료보험, 금전관리와 같은 부수적인 책임에서도 마찬가지의 도움이 요구된다. 일반적으로 추가적인 도움과 학습 기회는 추가적인 기간 이상에 걸쳐 요구된다. 부적응 행동이 소수 존재하여 사회적 문제의 원인이 된다.

심각도	고도
개념적 영역	개념적 기술의 습득은 제한적이다. 일반적으로 문자언어 또는 수, 양, 시간, 돈이 포함된 개념에 대한 이해력이 적다. 보호자가 인생 전반에 걸쳐 추가적인 도움을 제공한다.
사회적 영역	구어는 어휘와 문법 영역에서 상당히 제한적이다. 말은 단어나 구 수준이거나 보완대체 수단으로 보충하게 될 수도 있다. 언어는 설명을 위해서라기보다는 사회적 의사소통을 위해 사용된다. 간단한 말이나 제스처적인 의사소통은 이해한다. 가족이나 친밀한 사람들과의 관계가 즐거움과 도움의 원천이 된다.
실행적 영역	식사나 옷 입기, 목욕, 배설이 포함된 모든 일상생활 용역에서 도움이 필요하다. 모든 시간 관리가 필요하다. 자기 또는 다른 사람의 행복에 대한 책임감 있는 판단을 할 수 없다. 성인기에, 가정이나 오락 활동, 일에 참여하기 위해서는 지속적인 지원과 도움이 필요하다. 기술습득을 위해서는 장기간의 교육과 지속적인 도움이 모든 영역에서 필요하다. 자해와 같은 부적응 행동이 소수의 경우 문제가 될 수 있다.

심각도	최고도
개념적 영역	개념적 기술은 일반적으로 상징적 과정이라기보다는 물질적 세계에 더 관련되어 있다. 자기관리나 일, 오락 활동을 위해 목표지향적인 형태로 사물을 이용할 수 있다. 물질적 성질에 기반을 둔 짝짓기나 분류하기와 같은 시, 공간적 기술을 습득할 수 있다. 그러나 동반된 운동적 손상이나 감각적 손상으로 사물의 기능적 사용이 방해받을 수 있다.
사회적 영역	말이나 제스처에 사용되는 상징적 의사소통에 대한 이해가 매우 제한되어 있다. 약간의 간단한 지시나 제스처만 이해할 것이다. 자신의 욕구와 감정은 대체로 비구어적 또는 비(非)상징적 의사소통 방식으로 표현한다. 잘 알고 있는 가족 구성원이나 보호자, 친숙한 사람들과의 관계를 즐기며, 제스처나 정서적 표현을 통해 사회적 상호작용을 시작하고 반응한다. 동반된 감각적 손상과 신체적 손상으로 인해 많은 사회적 활동이 제한적일 수 있다.
실행적 영역	모든 일상적인 신체적 관리, 건강, 안전에 대한 측면에서 다른 사람들에게 의존해야 하지만, 일부 활동에는 참여할 수도 있다. 심한 신체적 손상이 없는 경우, 테이블에 접시를 놓는 것과 같은 가정에서의 일과를 보조할 수 있다. 간단한 사물을 다루는 활동은 높은 수준의 지속적인 도움을 통해 어떤 직업적 활동에 참여하는 기초로 마련될 수 있다. 음악 듣기나 영화보기, 산책, 물놀이와 같은 오락 활동은 모두 다른 사람들의 도움과 함께해야 한다. 동반되는 신체적 손상과 감각적 손상으로 인해 종종 가정활동이나 오락 활동, 직업적 활동의 참여에 방해를 받게 된다. 소수의 경우 부적응 행동이 나타날 수 있다.

| 041 | ④ | 042 | ② | 043 | ① | 044 | ④ | 045 | ④ | 046 | ③ | 047 | ③ | 048 | ① | 049 | ③ | 050 | ③ |
| 051 | ③ | 052 | ② | 053 | ③ | 054 | ① | 055 | ④ | 056 | ② | 057 | ① | 058 | ④ | 059 | ④ | 060 | ④ |

041 ④ 순서화는 작업기억 소검사에 해당한다.

실력다지기

K - WAIS - IV의 소검사 구성

지표	소검사
언어이해 지표(VCI)	공통성, 상식, 어휘, (이해)
지각추론 지표(PRI)	토막짜기, 퍼즐, 행렬추론, (빠진 곳 찾기), (무게비교)
작업기억 지표(WMI)	숫자, 산수, (순서화)
처리속도 지표(PSI)	기호쓰기, 동형찾기, (지우기)

※ ( )안의 것은 보충 소검사임.

042 ② 컴퓨터로 실시하는 심리검사도 요구되는 특정한 교육과 자격을 갖추어야 한다.

043 ① 정신성 운동속도의 손상은 우울증과 같은 정신질환에서 동반되는 기억력의 저하(가성치매)가 있을 때 주로 나타난다.[16]

044 ④ 기능적 분석은 문제행동의 기능을 평가하는 방법이다. 발달검사는 규준 집단과의 비교를 통해 발달기능을 평가하는 것이 필요하다.

실력다지기

발달검사를 사용하여 아동을 평가할 때 고려해야 할 사항

1) 아동문제와의 관련성
   선택될 검사가 검사실시의 목적, 즉 아동 문제의 이해에 적합한 풍부한 정보를 제공하는가를 보아야 한다.

2) 표준화, 타당도, 신뢰도에 대한 고려
   검사 목적이 명확하고 구체적인 치료 목적이 제시되면 검사를 선택하게 된다.
   검사자가 검사를 선택할 때 가장 기본적으로 고려해야 할 점은 '표준화된 표본으로 검사를 제작하였는가?, 타당성 있는 검사인가?, 검사를 신뢰할 수 있나?'이다.

3) 실용성
   검사 실시와 채점의 간편성, 시행시간, 심리검사의 경제성 등을 검토하여, 가능하면 시행과 채점이 간편하고 시행시간도 적절하고 검사비용도 지나치게 부담되지 않는 검사를 선정하여야 한다.

---

16 김승현(2001). 기억력 장애. 대한임상노인의학회 춘계학술대회.

4) 유형별 장단점

심리검사는 특정되는 검사 내용과 제작 방법에 따라 주관적인 투사 검사와 객관적 검사로 구별될 수 있다. 어떤 검사도 완벽한 상태는 아니며 각각의 장단점을 지니고 있으므로 평가자가 이러한 점을 인식하고 검사 실시 및 해석과정에서 이를 고려하여야 할 것이다.

5) 비형식적인 관찰

표준화된 검사뿐 아니라 때로는 비형식적인 관찰도 평가에 많은 도움을 줄 수 있다.
검사가 종료되면 아동에게 인형을 주고 부모와 놀도록 하는 것이 일반적인 비구조화된 상황으로 볼 수 있다.

6) 부모와의 대화

검사자는 아동에게 초점을 맞추어야 하지만, 아동의 부모와 별도로 부모의 걱정, 검사자가 필요한 정보, 의논하고 싶은 화제에 대하여 이야기 할 필요가 있다.

045 ④ 토막짜기는 시각 - 운동 협응능력, 공간지각능력 등을 측정하는 소검사로, 시각 - 공간적 기능손상이 있는 뇌손상 환자는 웩슬러 검사의 동작성 검사에서 '토막 짜기'를 수행하기가 어렵다.

소검사명	측정 내용	관련 요인	문항수
토막 짜기	1) 시각 - 운동의 협응 능력 2) 지각 및 구성 능력 3) 공간지각 능력 4) 색채지각 능력	지각, 인지양식 등의 심리적 특성 관련 내용에 대한 경험	11

046 ③ 원점수는 척도의 종류로 볼 때 서열척도에 불과할 뿐 사실상 등간척도가 아니다.

047 ③ 옳은 내용이다.

> 📝 **오답노트**
>
> ① 표준화 검사는 검사의 제반 과정에서 검사자의 주관적인 의도나 해석이 개입되지 않도록 한다.
> ② 절차의 표준화는 환경적 조건에 대한 엄격한 지침을 제공함으로써 시간 및 공간의 변화에 따라 검사 실시 절차가 달라지지 않는다는 것을 의미한다.
> ④ 표준화된 여러 검사에서 원점수의 의미는 서로 같지 않다.

048 ① 일화기억은 특정 사건이나 경험에 대한 기억이며, 의미기억은 법칙과 관련된 기억으로 의미기억보다는 일화기억이 더 많이 쇠퇴한다.

> **실력다지기**
>
> 노년기 인지발달의 특징
>
> 1) 지능
> (1) 유동성 지능의 감퇴
> (2) 반응속도의 둔화(처리속도의 감소)
> (3) 최종 급강하 현상(kleemeier, 1961) : 지능, 지각, 정신운동기능, 성격 등의 영역에서 갑작스럽게 큰 폭으로 감퇴를 보이는 현상.

(4) 지적 변화양상의 개인차가 큼.
2) 기억력
    (1) 기억력 감퇴 이론
        ① 생물학적 가설 : 중추신경계의 손상 등 생물학적 요인으로 인해 기억능력 쇠퇴가 발생한다는 이론
        ② 정보처리 가설 : 주요 정보에 할당하는 주의능력의 결함과 정보처리 역량 감소가 원인이라는 이론
        ③ 맥락적 가설 : 경험, 동기, 성격, 문화적 요인들이 미치는 영향을 중시하는 이론
    (2) 단기기억의 감퇴가 일어나며, 장기기억은 단기기억보다 감퇴되는 정도가 적다.
    (3) 장기기억 중 의미기억이나 절차기억보다는 일화기억의 능력이 저하된다.
    (4) 최근에 일어난 일에 대한 기억보다는 오래전에 일어난 일을 회상하는 먼 기억(remote memory)을 잘한다.
    (5) 기억방략(메모 등)의 사용이 증가한다. 그러나 체계적인 기억방략(정교화, 조직화, 군집화 등)의 사용은 감소한다.

049　③ Rorschach 검사의 실시는 I번 카드부터 한 장씩 순서대로 제시한다.

실력다지기

Rorschach 잉크블롯 검사
1) 로샤 검사는 가장 대표적인 투사적 성격검사이다.
2) 이 검사는 1921년 Hermann Rorschach에 의해 처음 개발되었으며 여러 학자들에 의해 채점 및 해석 체계가 발전되었다.
3) 이 검사는 데칼코마니 양식에 의한 대칭형의 잉크 얼룩으로 이루어진 무채색 카드 5매, 부분적인 유채색 카드 2매, 전체적인 유채색 카드 3매로 모두 10매의 카드로 구성되어 있다.
4) 이 카드를 순서에 따라 피검사자에게 한 장씩 보여 주고 이 그림이 무엇처럼 보이는지 말하게 한다.
5) 모든 반응은 검사자에 의해 자세하게 기록되며 10장 카드에 대한 피검사자의 반응이 끝난 후에 검사자는 다시 각 카드마다 피검사자가 카드의 어떤 점 때문에 그렇게 보았는지를 확인하게 된다.
6) 이러한 자료에 근거하여 각 반응은 채점 항목과 기준에 따라 채점되며 채점의 주요항목은 반응영역, 결정요인, 반응내용, 반응의 독창성 여부, 반응의 형태질 등이며 그 밖에 반응 수, 반응시간, 채점항목 간의 비율 및 관계 등이 계산되어 구조적 요약표에 정리된다.

050　③ MCMI 밀론 다축 임상성격검사(Millon Clinical Multiaxial Inventory-IV)는 DSM - 5에 약술된 특정 정신질환을 포함하여 성격 특성과 임상적 진단 정보를 제공하기 위한 심리 평가 도구로 성격검사에 해당한다. MCMI는 다른 성격검사와 다르게 밀론의 진화론에 바탕을 두고 다축적으로 구성된 성격 검사이다.

051　③ F척도는 비전형 척도로 보통사람들과는 다른 생각(정신병을 가진 사람), 이상한 태도, 이상한 경험을 가진 사람에게서 높아지는 경향이 있다.

052　② 편차지능지수(편차 IQ)는 웩슬러지능검사에서 사용되었는데, 지능지수 산출방법은 동일 연령 대상으로 실시하여 평균 100, 표준편차 15를 적용하여 산출한다. 따라서 수검자의 점수는 같은 연령 범주 내에서 비교된다.

053 ③ MMPI - 2 임상척도 중 5번 척도는 병리적 특성을 재는 척도가 아니므로 임상적 정보를 제공하기보다는 다른 척도에서 나타나는 특징들을 강화 또는 약화시키는 역할을 한다.

054 ① MMPI - 2에서 정신병리의 심각성을 측정할 수 있는 척도는 비전형성 척도인 F척도이며, Rorschach 검사에서 지각적 왜곡 문제를 탐색할 수 있는 지표는 X - %(Distorted Form, 왜곡된 형태반응)이다.

실력다지기

로샤(Rorschach) 검사에서 X - %(Distorted Form, 왜곡된 형태반응) 지표

1) X - %는 전체 반응수에서 형태질이 - 인 반응이 차지하는 비율을 나타낸다.

$$X-\% = \frac{\sum FQX-}{R}$$

2) 형태질이 - 인 반응은 전체 규준집단에서 반응 빈도가 매우 낮은 반응으로 피검자가 어떻게 그렇게 지각하게 되었는지를 다른 사람들은 이해하기 어렵거나 전혀 이해할 수 없는 현실에 위배되는 반응이다.

3) 정상인 집단의 X - %의 평균은 7%정도이며, 정신과적 문제가 있는 경우 비율이 증가한다. X - %가 15% 이상일 경우에는 자극을 적절하게 지각하는데 문제가 있음이 시사되며, 20%이상일 때는 지각적 왜곡이나 손상이 있는 것으로 해석된다.

055 ④ MMPI - 2에서 T - 점수의 평균과 표준편차는 평균 : 50, 표준편차 : 10이다.

056 ② 미래 예측과 관련된 타당도는 예언타당도이다.

실력다지기

타당도의 종류

1) 내용타당도(content validity)
   (1) 내용타당도는 중요한 목표와 내용을 측정도구가 빠뜨리지 않고 포괄하고 있는가의 정도를 말한다.
   (2) 측정도구가 측정하려고 하는 내용이나 개념을 어느 정도로 충실히 측정하고 있는가 하는 타당도이다.

2) 준거 타당도
   검사점수와 어떤 준거점수와의 상관을 구하여 타당도를 추정한 것이다.
   (1) 예언타당도(예측타당도, predictive validity)
      예언타당도란 한 측정도구가 그 검사결과로서 피검사자의 미래의 행동이나 특성을 어느 정도로 정확하게 또한 완전하게 예언하느냐의 능률의 정도를 말한다.
   (2) 공인타당도(동시타당도, concurrent validity)
      공인타당도 계수(concurrent validity coefficient)는 검사점수와 준거점수를 동시에 수집할 수 있을 때, 두 점수 사이의 상관계수이며 준거의 성질이 예언이라는 데 있지 않고 공통된 요인이 있느냐, 없느냐에 있다.

3) 구인타당도(구성타당도, construct validity)
   구인타당도는 어떤 평가에서 아직 조작적으로 정의하지 않은 어떤 개념이나 성질을 측정했을 때 그 평가가 과연 과학적 이론에 비추어 보아 어느 정도 의미 있게 측정하고 있는가를 가리키는 개념이다.

(1) 수렴적 타당도(집중타당도)

동일한 개념이 여러 가지 다른 방법에 의해 측정될 때에 개념 간에 상관관계가 높다는 것을 나타내는 타당도를 말한다.

(2) 판별적 타당도(차별타당도)

여러 가지 다른 개념이 동일한 방법에 의해서 측정되고 있다고 하더라도 다른 특성의 측정결과 간에는 서로 상관이 높지 않다는 것을 나타내는 타당도를 말한다.

(3) 요인타당도(factorial validity)

요인타당도는 요인분석을 통하여 입증되는 구인타당도의 한 형태로서, 요인분석(factor analysis)은 일련의 변수들의 상관을 분석하고 변수들을 몇 개의 요인으로 수렴 분류하여 상호관계를 설명하는 수리적 절차이다.

057 ① 일반능력지수는 언어이해지수와 지각추론지수의 합산점수로 산출한다.

실력다지기

WAIS - IV의 주요 구조

	지표점수(Index Scales)의 구조	
전체척도 (Full Scale)	일반능력 지표 (GAI)	언어이해 지표(VCI)
		지각추론 지표(PRI)
	인지효능 지표 (CPI)	처리속도 지표(PSI)
		작업기억 지표(WMI)

058 ④ 신경심리학적 평가란 신경심리학 검사도구들을 사용하여 피검사자의 정보처리 능력, 행동실행 능력, 언어능력, 고등인지능력 등을 평가하여 뇌기능 손상에 대한 종합적인 평가를 내리고 뇌 손상 부위와 정도를 추론하는 과정이다. 따라서 신경심리평가는 주로 뇌손상 여부를 판단하는 목적으로 사용한다.

059 ④ 언어성 IQ와 동작성 IQ의 유의미한 차이가 있는 경우 임상적 정보를 해석할 수 있다. 사례의 경우 언어성 IQ가 동작성 IQ보다 높은 경우로 우울증상을 보일 것으로 해석할 수 있다.

실력다지기

구분	언어성 > 동작성	언어성 < 동작성
특징	고학력, 좌반구(언어)↑, 우반구(시공간)손상	저학력, 우반구↑, 좌반구손상
증상	우유부단, 우울증, 신경학적 장애, 강박장애, 조현병 등	정신지체, 학습장애, 반사회적 성격장애, ADHD 등
영향 요인	- 신경학적 손상(우반구) - 운동협응 능력 결여, 장애 가능성 - 시간제한에 대한 불안감 - 장 의존성 - 결정성 지능	- 신경학적 손상(좌반구) - 언어 능력 결함 - 청각적 결함(or 문화적 차이) - 장 독립성 - 유동성 지능

060 ④ 카텔(Cattell) - 결정성 및 유동성 지능 모형

061	②	062	④	063	③	064	①	065	③	066	②	067	②	068	③	069	①	070	①
071	③	072	②	073	④	074	②	075	①	076	①	077	④	078	②	079	②	080	③

061 ② 혐오치료를 사용하는 화학치료법에서는 바람직하지 않은 행동(흡연, 음주문제, 과식 등)과 결합될 때, 구토와 같은 불쾌한 효과를 내는 약물이 환자에게 투여된다. 이 방법은 약을 복용하고 술을 마시면 구토증이 일어나게 하여 알코올 중독 치료에 흔히 사용되어 왔다.

062 ④ 지역사회 심리학에서 지향하는 바는 지역사회보호이다. 따라서 자원의 활용, 예방, 사회복귀 등을 지향하기 때문에 결손된 능력보다는 유지되는 능력을 강조한다.

063 ① Boulder 모형 제안 : 과학자 - 전문가모형(scientist - practitioner model)은 1949년 미국 콜로라도 보울더(Boulder)에서 개최된 미국심리학회 회의에서 임상심리학자의 수련과 관련하여 제시된 모델이다.

② Wechsler-Bellevue 지능 척도 출판 : 1939년에 Wechsler - Bellevue Intelligence Scale이라는 성인용 지능검사 척도가 출판되었다.

③ George Engel 생물심리사회 모델 제안 : 1977년 엥겔(George L. Engel)에 의해 개발된 생물 심리 사회 모델(Biopsychosocial model)은 생물학, 심리학 및 사회 환경 요인 간의 상호 연결을 보는 학제 간 모델이다.

④ Rogers 내담자중심치료 출판 : 1951년에 인간 상호간의 관계와 성격변화를 다룬 내담자 중심적 치료(Client-Centered Therapy)를 출판하였다.

064 ① 기말고사에서 전 과목 100점을 받은 경희는 최우수상을 받고 친구들 앞에서 선생님께 칭찬도 받았다. 선생님은 경희에게 조건화 학습과정을 사용하고 있다. 즉, 강화를 주어 보다 앞으로도 공부를 잘 할 수 있게 하는 것이므로 조작적 조건화와 관련된다.

065 ③ 내담자에게 느끼는 치료자의 역전이 감정은 다소 부정적일 수도 있지만, 경력 또는 경험이 많은 치료자의 경우 치료의 중요한 도구로 활용할 수 있다. 심리치료에서 치료자가 역전이를 다루는 방식으로 바람직한 것은 내담자에게 느끼는 역전이 감정을 내담자의 전이와 함께 연결 지어 분석하는 것이다.

④ 치료자가 경험하는 역전이를 정확하게 인식해야 하지만, 이를 치료에 활용하는 것을 삼간다. - 이 내용도 일부 옳지만, 심리치료에서 치료자가 역전이를 다루는 방식과는 거리가 있다.

📖 **읽을 거리**

역전이의 의식화와 해결

역전이 반응을 다룰 때 명심할 문제는 상담자가 자신에게 이러한 반응들이 있음을 인정하고 그것들을 가능한 한 구체적으로 확인해 보는 것이다. 상담 과정동안 상담자는 계속해서 자기를 평가하고 내관(內觀)하면서 역전이 현상의 출현에 관심을 두어야 한다. 또한, 역전이 반응을 간접적으로 지지해 줄 수 있는 여러 가지 단서를 포착하여 부당한 수치심을 갖지 말고 이것들을 수용하는 것이 바람직하다. 역전이 갈등을 하나하나 확인해 나갈 때 상담자는 내담자와 마찬가지로 자기 자신에게도 정직하고 솔직한 평가 기준을 사용하는 것이 바람직하다. 역전이 갈등을 의식할 수 있으려면 상담자는 우선 자신의 저항을 극복할 수 있어야 한다.

역전이 반응이 나타날 때 상담자는 그것을 의식하여 중화(neutralize)시킬 수 있어야 한다. 즉, 역전이에 대한 자각을 확대해 감으로써 이것을 해결하게 되거나 또는 거기에 더 잘 순응할 수 있는 것이 중요하다. 역전이를 의식하고 처리할 수 있는 능력을 갖는다는 것은 전문가의 필수 요건이므로 상담자는 항상 역전이에 대한 경계심을 소홀히 하지 말아야 하며 여기에 따라오는 불쾌감을 직면할 수 있는 용기를 갖는 것이 좋다.

Deward(1969)는 내담자에 대한 상담자의 반응에는 의식적인 것과 무의식적인 것이 있는데 이 두 가지를 구분하여 생각하는 것이 좋다고 하였다. 내담자와 관계를 해 나가면서 상담자는 때때로 초조함, 지루함, 기쁨, 만족, 호기심, 관심, 동정, 실패감, 성공감 등과 같은 감정을 경험할 수 있다. 이들 정서적 반응들이 내담자의 자료나 행동에 비례하고 적절하며 또 이것들이 의식되어 상담에 자극을 가하지 않을 때 이러한 정서 반응들을 역반응이라 일컬을 수 있다. 상담자는 자신의 역반응(counter reaction)을 효과적으로 이용하여 내담자가 남들에게 가하는 영향을 직-간접으로 지적해 줄 수 있다. 즉, 자신의 의식적인 정서 반응에 대한 관찰을 하나의 지침으로 사용하여 내담자의 행동 이면에 숨겨져 있는 의미를 탐색할 수 있다.

예컨대, 자신의 상담 노력이 약해지고 방해를 받는다는 느낌을 가지면 내담자가 상담을 파괴하려는 숨은 욕구를 갖고 있지 않은지 관찰할 수 있다. 상담자가 만족과 기쁨을 느끼면 내담자가 그에게서 환심을 사고 인정을 받으려고 하는 전이 욕구를 갖고 있는지 살필 기회를 가질 수 있다. 만약 그가 초조해지고 짜증스러워지면 내담자가 도발적이거나 공격적인 행동을 취하려고 하는 것이 아닌지 자문해 볼 수 있다. 공감과 내관(內觀)에서 나온 모든 자료를 동원해서 상담자는 전반적인 전략과 전술을 계획하게 된다.

내담자를 다루면서 역전이 반응을 계속 직시하고 있으면 정서적 평형을 재수립할 수 있고 따라서 역전이 때문에 상담 상황이 오염되지 않도록 노력할 수 있다. 상담자가 역전이 태도를 의식하고 자각하게 되면 이것이 상쇄적인 역할을 하여 자신의 행동과 태도를 통제할 수 있다. 예컨대, 모든 내담자에게 지나치게 야심적인 상담자는 의식적으로 이를 통제하고 내담자나 자기에게 보다 현실적인 제한을 가할 수 있다. 성적 자료가 언급될 때마다 개입하고 싶은 충동을 가진 상담자는 자신의 성적 호기심을 자각하여 통제하거나 다른 영역에도 비슷한 개입을 함으로써 이러한 충동을 의식적으로 상쇄시킬 수 있다. 반대로 성적 호기심을 억제하거나 피하려는 상담자는 반대 방향의 노력을 통해 이것을 중화시킬 수 있다.

상담자가 부당한 죄의식이나 수치심을 갖지 말고 역전이의 출현을 기꺼이 수용할 것이며 이 반응들을 확인하고 이해하기 위해서는 정직한 자기 평가가 앞서야 한다. 상담자는 새로이 얻은 이해와 자각을 바탕으로 현재 상황에서의 자기의 행동과 반응을 변화시키고자 노력해야 한다. 자신의 심리적 진실에 직면하기 두려워하면서 내담자에게는 이것을 직면하도록 요구한다는 것은 어려운 일이다.

상담자가 내관(內觀)과 자기 평가를 통해 합리적인 노력을 함에도 불구하고 여전히 역전이 반응을 의식할 수 없는 경우, 또는 지속적으로 미해결된 역전이 반응이 남이 있으면 동료에게 자문을 구하는 것이 도움이 된다. 자기 분석과 동료의 자문을 통해서도 역전이를 다룰 수 없고 이것이 반복적으로 작용하여 상담 기능에 방해 작용을 한다면 개인 상담을 받는 것이 좋다.

066 ② 한국심리학회 윤리규정을 보면, 심리학자는 내담자의 개인정보 노출의 예외규정을 두고 있다. 아래를 참고하길 바란다.

> **실력다지기**
>
> **제19조 (비밀 유지 및 노출)**
>
> 1) 심리학자는 연구, 교육, 평가 및 치료과정에서 알게 된 비밀정보를 보호하여야 할 일차적 의무가 있다. 비밀 보호의 의무는 고백한 사람의 가족과 동료에 대해서도 지켜져야 한다. 그러나 내담자/환자의 상담과 치료에 관여한 심리학자와 의사 및 이들의 업무를 도운 보조자들 간에서나, 또는 내담자/환자가 비밀노출을 허락한 대상에 대해서는 예외로 한다. 그러나 이 경우에도 실명노출을 최소화하기 위해 노력한다.
>
> 2) 심리학자는 조직 내담자, 개인 내담자/환자, 또는 내담자/환자를 대신해서 법적으로 권한을 부여받은 사람의 동의를 얻어 비밀정보를 노출할 수도 있다. 이는 전문적인 연구 목적에 국한하여야 하며, 이 경우에는 실명을 노출해서는 안 된다.
>
> 3) 법률에 의해 위임된 경우, 또는 다음과 같은 타당한 목적을 위해 법률에 의해 승인된 경우에는 개인의 동의 없이 비밀 정보를 최소한으로 노출할 수 있다.
> (1) 필요한 전문적 서비스를 제공하기 위한 경우
> (2) 적절한 전문적 자문을 구하기 위한 경우
> (3) 내담자/환자, 심리학자 또는 그 밖의 사람들을 상해로부터 보호하기 위한 경우
> (4) 내담자/환자로부터 서비스에 대한 비용을 받기 위한 경우
>
> **제47조 (학생 및 수련생의 개인 정보 노출 요구)**
>
> 심리학자는 수업 또는 프로그램을 진행하는 과정에서 학생이나 지도감독을 받는 수련생에게 구두 상으로나 서면 상으로 개인정보 (성 관련 내력, 학대나 방치 내력, 심리학적 치료 경험 및 부모, 동료, 배우자 또는 중요한 타인들과의 관계)를 노출하도록 요구하지 않는다. 그러나 다음의 경우는 예외로 한다. (제19조 비밀 유지 및 노출 3항 참조)
> (1) 프로그램 신청 서류에 이 요건이 명시되어 있을 경우
> (2) 학생의 개인적 문제가 학생 자신의 수련활동과 전문적 활동에 방해가 되고 또 학생 자신과 타인에게 위협이 될 것으로 판단되어서, 학생에게 필요한 평가를 하여 도움을 주기 위해 학생에 대한 개인정보가 필요한 경우

067 사회기술 훈련 프로그램(대인관계 향상 등)의 구성요소로, 문제해결 기술, 의사소통 기술, 자기주장 훈련 등이 포함된다. ② 증상관리 기술은 거리가 멀다.

068 ① 행동평가는 초맥락적 일관성보다는 상황적 특성을 강조한다.
② 행동평가는 특정상황에 대한 개인의 개별적 행동에 초점을 맞추는 것이기 때문에 법칙정립적 접근보다는 개인차적 접근(idiographic approach) 또는 개별사례적 접근에 기초한다. 법칙정립적 접근은 서로 다른 개인들을 소수의 대표적 차원으로 구성된 개념체계 위에서 법칙과 같은 보편적으로 적용될 수 있는 진술로 엮어낼 수 있는 차원들을 찾아내려는 접근방법이다.
④ 성격 특성의 병인론을 기술하는데 초점을 둔다. → 전통적인 정신역동적 심리평가
③ 행동평가는 가설적 - 연역법을 적용하여 환경요인을 규명하기 때문에 행동을 징후라고 해석하기보다는 표본으로 간주한다.

069 ① 뇌반구는 반대방향과 관련이 있기 때문에 좌반구는 세상의 우측을 보고, 우반구는 좌측을 본다.

070 ①, ②, ④ 로저스의 내담자 중심 치료는 내담자와 치료자의 관계가 치료적 변화를 발생시킬 수 있는 필요충분조건이라고 강조한다. 즉, 치료자의 상담관계 촉진을 위해 갖추어야 할 태도인 무조건적 긍정적 존중, 공감적 이해, 진솔성이 이루어진다면 치료적 변화를 발생시킬 수 있다고 본다.
③ 로저스의 내담자 중심 치료는 치료기법보다 치료적 관계형성을 중요시했다.

071 ③ 내담자의 미해결된 과제(기억)를 지금 – 여기서 해결하도록 조력하는 상담은 형태주의 상담, 즉 게슈탈트 상담이론이다. 즉, '지금 – 여기'에서 미해결된 과제에 초점을 맞추고 해결하고자 하는 상담은 게슈탈트 치료이다.

072 ② 뇌의 편측성 효과를 탐색하는 방법은 이원청취기법(양분 청취법, Dichotic Listening Technique)이다. 이원청취 기법은 각 메시지를 양쪽 귀에 하나씩 들려준 다음 메시지의 재생률을 측정하는 방법으로, 반응정도에 따라 뇌의 편재화된 기능(편측성 효과)을 파악할 수 있다. 뇌의 편측성(대뇌 편재화)의 경우 뇌량의 수초화는 좌반구와 우반구를 연결해서 정보의 교환과 협응이 원활하게 한다.

073 ④ 정신병리(신경인지장애)가 의심될 때 주로 사용하는 구조화된 정신의학적 면접법은 정신상태평가이다. 정신상태평가는 원래 신체적 의학평가를 기초로 한 것으로, 중요한 정신기능의 체계를 점검한다. 그리고 정신상태 평가의 '원(raw)'자료를 전반적인 배경정보와 통합하여 환자에 대한 일관된 인상을 정리하고 진단을 내리게 된다.

> **CF** SADS(Schedule of Affective Disorders and Schizophrenia) : 정서장애와 조현병 측정

참고

SIRS-2(Structured Interview of Reported Symptoms-2)[17]

2010년에 개정된 SIRS-2(Rogers, Sewell, & Gillard, 2010)는 총 172문항으로 구성되어 있다. 증세를 가장하는 자들은 대부분 예상 밖의 증상이나 실제 장애를 가진 환자보다 훨씬 더 과장된 증상을 보고한다는 원리를 이용한다. 이 검사는 희귀 증상(RS), 증상 혼합(SC), 개연성이 낮거나 모순된 증상(IA), 노골적인 증상(BL), 미묘한 증상(SU), 선별적 증상(SEL), 극심한 증상(SEV), 관찰 증상(RO)의 8개 주요 척도 점수를 기준으로 증상을 판별한다.

074 ① 내담자가 더 현실적이고 실현 가능한 인생철학을 습득함으로써 정서적 혼란과 자기 패배적 행동을 최소화하는 것을 강조한다. – 인지행동치료
③ 현대의 소외, 고립, 무의미 등 생활의 딜레마 해결에 제한된 인식을 벗어나 자유와 책임 능력의 인식을 강조한다. – 실존치료
④ 가족 내 서열에 대한 해석은 어른이 되어 세상과 작용하는 방식에 큰 영향이 있음을 강조한다. – 개인심리치료

---

17 SIRS(Structured Interview of Reported Symptoms) : 증상에 대한 구조화된 면담평가 도구

075 Cormier와 Cormier가 제시한 적극적인 경청의 구체적 기술에는 명확화(clarification), 바꿔 말하기(부연, paraphrase), 반영(reflection), 요약(summarization) 등이 있다. ① 질문이나 해석은 해당하지 않는다.
① 명료화 : 당신이 그 사람과의 관계에서 재미없다고 말할 때 성적 관계에서 재미없다는 말씀으로 들립니다.

실력다지기

Cormier와 Cormier(1979)의 경청반응

1) 명확화(clarification) : '그것이 당신에게 의미하는 것은,' 또는 '당신이 말하려고 하는 것은'으로 시작되는 질문과 클라이언트가 전하는 말을 재확인해서 표현하는 것
2) 바꾸어 말하기(paraphrase) : 클라이언트가 전하는 말의 내용을 부연하기
3) 반영(reflection) : 클라이언트가 전하는 말(메시지)의 감정적인 부분을 부연하기
4) 요약(summarization) : 클라이언트가 전하는 말(메시지)을 요약하는 두 가지 또는 그 이상의 부연 또는 반영하기

076 ① 인간의 정신병리가 경험 회피와 인지적 융합으로 인한 심리적 경직성 때문이라고 주장하며 창조적 절망감, 맥락으로서의 자기 등의 치료 요소를 강조하는 가장 대표적인 치료법은 수용전념치료(ACT)이다.

실력다지기

수용전념치료(Acceptance and commitment therapy, ACT)[18]

1) 환자가 직면한 고통을 받아들일 수 있도록 도와 환자의 정신 질환과 같은 문제의 해결을 목적으로 하는 행동요법이다.
2) 우울증, 강박증, 업무 스트레스, 만성통증, 불안, 외상 후 스트레스 장애, 식사 장애, 헤로인이나 대마초 중독, 조현병과 같은 정신질환 치료에서 효과적인 것으로 알려져 있다.
3) ACT의 개념은 1982년 스티븐 C. 헤이즈에 의해 고안되었고 로버트 D. 제틀(Robert D. Zettle와)과 함께 1984년 적용되었으나, 우연한 행동(contingency-governed behavior)과 의도한 행동(rule-governed behavior)이란 개념을 도입하여 심리요법에 있어 언어와 행동의 관계를 발견하게 되었다.
4) ACT에서는 기존 의학과 정신병리학에서 건강을 정상이라고 보는 것과 달리, 인간의 삶에서 심리적 고통을 경험하는 것이 자연스럽고 피할 수 없는 것이므로 정상이라고 가정한다(Hayes, Strosahl, & Wilson, 1999).
5) 인간의 고통은 '심리적 경직성'에서 기인하며, 이는 언어가 지닌 기본적 속성인 인지적 융합과 그로 인한 경험 회피 과정을 통해서 나타난다.
6) 따라서 ACT의 치료 과정은 '심리적 유연성' 향상을 목표로 하며, 이를 위해 현재와 접촉하기, 인지적 탈융합, 수용(기꺼이 경험하기), 맥락으로서의 자기, 가치, 전념적 행동 등 6개의 핵심 요소를 강조한다(문현미, 2006).
7) ACT에서는 치료 기제로써 마음챙김, 인지적 탈융합, 내적 경험의 수용, 가치를 강조하고 있다(Zettle, Rains, & Hayes, 2011). 그 중에서도 가장 핵심이 되는 것이 인지적 탈융합과 수용이다. 왜냐하면 전통적인 CBT 접근(인지행동치료)에서 부적응적 인지의 내용이나 빈도를 감소시키는 데에 초점을 두는 것과는 달리, ACT에서는 인지, 정서, 기억 등 사적 경험과의 관계 또는 태도를 변화시키는 것이 더 중요하다고 보기 때문이다.

---

18 출처 : 김천수 외(2015), 수용전념치료(ACT)가 주부의 인지적 탈융합 및 수용에 미치는 효과에 관한 통합적 분석: 초기기억을 활용하여, 상담학 연구, 16(4): 481-501

8) 따라서 부정적인 인지나 정서의 '내용'이 아니라, 그것이 나타났다 사라지는 '과정'을 있는 그대로 수용하는 경험이 필수적이며, 이를 위해서는 그 경험에 대한 신념이나 규칙이 융합되어지는 것에서 벗어나는 인지적 탈융합이 선행되어야 한다(김미옥, 손정락, 2013; 이정화, 손정락, 2013).

9) 결론적으로 ACT에서는 인지에 대한 탈융합적 관계 그리고 내적 경험에 대한 수용적 태도가 치료의 핵심기제라는 것이다(Forman et al., 2007; Zettle, Rains, & Hayes, 2011).

변증법적 행동치료(다이어랙티컬 행동치료, DBT, Dialectical Behavior Therapy)

1) 변증법적 행동치료는 미국 워싱턴 대학의 마샤 리네한 박사에 의해 개발된 치료 기법으로, 감정조절의 어려움으로 인한 만성적인 자기 파괴적 행동과 자살 위기에 대한 임상 연구를 시작하여 많은 연구 업적을 남겼다.

2) 변증법적 행동치료의 핵심은 우리 자신을 비참하게 느끼게 하고 정신적으로 고통을 주는 모든 행동적, 감정적, 인지적 양식을 바꿀 수 있는 기술을 배우고 다듬어 나가는 것이다.

3) 이에 속하는 기술 훈련은 크게 네 가지 영역으로 나눌 수 있는데, 마음 챙김(마인드플니스) 기술, 감정 조절 기술, 대인 관계 효율성 기술, 고통 감내 기술이다.

4) 내담자는 치료자와 함께 줄여가야 할 행동과 늘려가야 할 행동의 목록을 만들고, 각각의 기술을 익혀 나가기 시작한다.

5) 이를 통해 충동적이거나 자기 파괴적인 행동을 줄이고, 감정을 효과적으로 조절하며, 사람들과의 따뜻한 관계를 나눌 수 있다.

마음 챙김에 기초한 인지치료 (mindfulness - based cognitive therapy)

1) 마음 챙김에 기초한 인지치료(MBCT)는 우울증의 재발을 방지하기 위하여 최근에 개발된 프로그램이다.

2) MBCT는 인지치료와 마음 챙김에 기초한 스트레스 감소 프로그램을 통합한 것이다.

(1) 최근 인지행동치료의 제3세대인 마음 챙김에 기반을 둔 개입(mindfulness-based intervention: MBI)에 대한 관심이 크게 증가하고 있다(문현미, 2005; 조용래, 2012; Cullen, 2011).

(2) 제1세대인 행동치료는 조건형성의 원리에 따라 학습된 행동의 변화를 강조하였으며, 제2세대인 인지행동치료(cognitive behaviour therapy: CBT)에서는 인지매개모델을 근거로 인지의 내용을 재구조화함으로써 정서 및 행동의 변화를 이끌어낼 수 있다고 보았다.

(3) 반면 제3세대 접근법들은 마음챙김 명상(Baer, 2009; Germer, Siegel, & Fulton, 2009)과 맥락주의 철학 (Hayes, Follette, & Linehan, 2009)을 바탕으로 인지 및 정서와의 관계나 태도 변화에 초점을 맞춘다.

077 ① 컴퓨터 기반 검사는 시행 시간을 절약해주며, 검사자 편파가능성도 낮아진다.

② 컴퓨터 기반 보고서는 임상가를 대체하는 임상적 판단을 제공하기 어렵다.

③ 컴퓨터 기반 검사를 사용하면 임상가가 유능하지 못한 영역이라면 임상적 판단을 제공할 수 없다. 검사를 자동화된 컴퓨터 검사일 경우에도 전문적인 훈련이 요구되기 때문이다.

> **참고**
>
> 심리학자들은 내담자의 검사 결과를 자동화된, 때로 컴퓨터 기반의 서비스에 의해 채점되고 해석되게 할 수 있다. 그런 서비스는 심리학자의 시간을 절약하고 비용 효율적인 대안으로 보일 수 있다. 하지만 윤리기준에는 심리학자에게 프로그램과 절차의 타당도에 기반 해 채점과 해석을 선택하라고 상기시킨다. 또한 심리학자는 스스로 채점하든 혹은 다른 서비스나 자동화된 서비스를 이용하든 책임감을 가진다. 심리학자는 내담자의 검사 결과 채점과 해석을 다른 사람에게 넘기기 보다는 주의 깊게 생각하고 결정해야 할 것이다.

078 ② 주의력검사는 대뇌기능의 편재화 평가와는 관련이 없다. 대개 인간의 신체 중 쌍으로 이루어진 눈이나 손 또는 발은 대뇌기능의 편재화를 평가하는데 있어 유용한 검사도구로 활용될 수 있다.

문제 지문의 ① 손잡이(handedness)검사, ② 발잡이(footedness) 검사, ④ 눈의 편향성 검사 등

079 자료 통계적 접근법은 양적접근법으로 이는 다수를 대상으로 하는 표본조사를 실시한다. 따라서 ② 다수의 이질적인 표본들을 대상으로 한 경우로 한 개인의 특성(단일사례)에 대한 관심은 적은 경우 자료 통계적 접근법이 바람직하다.

①, ③, ④번은 상세하게 들여다보아야 하는 질적 사례연구가 적합하다.

080 ③ 문제 사례에서 중현이는 동생에게 화풀이를 하고 있다. 이는 충동 등을 덜 위협적인 대상에게 옮기는 전치(전위) 방어기제이다.

> **참고**
>
> 행동화(acting - out)
>
> 반사회성 성격장애의 경우, 주요방어기제로 사용한다. 행동화는 공격적인 사고와 감정 및 외현적 행동들을 충동적으로 표출하는 경향이다. 사회적으로 용납되지 않는 행동을 바람직한 형태로 바꾸어 표현하지 않고 결과에 대한 고려 없이 직접적으로 방출하게 된다. 분노발작(temper tantrum)이 행동화의 특징적인 예이다.

| 081 | ① | 082 | ① | 083 | ④ | 084 | ④ | 085 | ③ | 086 | ② | 087 | ③ | 088 | ② | 089 | ① | 090 | ③ |
| 091 | ② | 092 | ② | 093 | ③ | 094 | ④ | 095 | ③ | 096 | ③ | 097 | ③ | 098 | ② | 099 | ④ | 100 | ③ |

081 ① 공감적 이해에 해당하는 내용이다.

실력다지기

인간중심치료 이론에서 치료자의 태도

1) 진실성(진지성, 일치성, 솔직성)
   상담자는 내담자와의 관계에서 경험하는 것을 충분하고 솔직하게 표현한다.
2) 무조건적 긍정적인 관심
   상담자가 내담자를 판단하지 않고 내담자가 나타내는 감정이나 행동 특성들을 있는 그대로 수용하며 존중하는 태도를 말한다.
3) 공감적 이해
   상담자가 내담자의 경험 또는 주관적인 세계를 민감하게, 그리고 정확하게 이해하려고 노력하는 것을 말한다.

082 ① 직업적성검사는 특수한 분야에서의 성공 가능성을 예언해주는 능력을 측정하는 것이며, 적성분야와 수준을 파악해 적합한 직업을 알려주는 검사이다.

083 ④ AA모임은 제 7전통에 의해 외부의 기부금을 사절하며, 전적으로 자립해 나가야 한다.

익명의 알코올중독자들의 12전통 (A.A. Traditions)

초기 10년동안에는 A.A.는 멤버의식을 갖고, 비공식형태의 생존의 확신 속에서 어떤 모임의 태도나 원칙이 특히 소중하다는 사실을 실제로 경험하면서 이를 축적해왔다. 1946년에 멤버를 위한 국제적인 잡지인 A.A."포도나무"에 이런 원칙들이 A.A.의 12전통들로서 초기멤버나 창설자들에 의해 문서화되었다. 그리고 1950년도에 오하이오주 클리브랜드에서 개최된 세계A.A.총회에서 전체적으로 멤버의 동의하에 채택되었다.

1. 우리의 공동 복리가 무엇보다 우선되어야 한다. 개인의 회복은 A.A.의 단합(A.A. Unity)에 달려 있다.
2. 우리의 그룹 목적을 위한 궁극적인 권위는 하나이다. - 이는 우리 그룹의 양심 안에 당신 자신을 드러내 주시는 사랑 많으신 신(神)이시다. - 우리의 지도자는 신뢰받는 봉사자일 뿐이지 다스리는 사람들은 아니다.
3. 술을 끊겠다는 열망이 A.A.의 멤버가 되기 위한 유일한 조건이다.
4. 각 그룹은 다른 그룹이나 A.A. 전체에 영향을 끼치는 문제를 제외하고는 반드시 자율적이어야 한다.
5. 각 그룹의 유일한 근본 목적은 아직도 고통받고 있는 알코올중독자들에게 메시지를 전하는 것이다.
6. A.A. 그룹은 관계 기관이나 외부의 기업에 보증을 서거나 융자를 해주거나 A.A.의 이름을 빌려 주는 일 등을 일체 하지 말아야 한다. 돈이나 재산, 명성의 문제는 우리를 근본목적에서 벗어나게 할 우려가 있기 때문이다.

7. 모든 A.A. 그룹은 외부의 기부금을 사절하며, 전적으로 자립해 나가야 한다.

8. A.A.는 항상 비직업적이어야 한다. 그러나 서비스센터에는 전임 직원을 둘 수 있다.

9. A.A.는 결코 조직화되어서는 안 된다. 그러나 봉사부나 위원회를 만들 수는 있으며, 그들은 봉사 대상자들에 대한 직접적인 책임을 갖게 된다.

10. A.A.는 외부의 문제에 대해서는 어떤 의견도 가지지 않는다. 그러므로 A.A.의 이름이 공론에 들먹여져서는 안 된다.

11. A.A.의 홍보 원칙은 요란한 선전보다 A.A.의 본래 매력에 기초를 둔다. 따라서 대중 매체에서 익명을 지켜야 한다.

12. 익명은 우리의 모든 전통의 영적 기본이며, 이는 각 개인보다 항상 A.A.의 원칙을 앞세워야 한다는 것을 일깨워주기 위해서이다.

[에이에이 한국연합 홈페이지 참조]

084 ④ 학습 부진아는 사회지향적이며, 낮은 포부수준과 빈약한 가족관계, 학교에 대한 부정적 태도 등을 가진다.

실력다지기

Taylor의 학습 과진아와 학습 부진아의 특성

1) 학업불안 : 학습 과진아는 불안이 덜하고 목표달성에 대한 내적인 통제력과 긴장감이 있는 반면, 학습 부진아는 불안을 가지고 있다.

2) 자존감 : 학습 과진아는 낙관적이며 자기 신뢰감을 가진 반면, 학습 부진아는 자기 비판적이고 부적절감을 가지고 있다.

3) 성인과의 관계 : 학습 부진아는 추종, 회피, 맹목적 반항 혹은 부모에 대한 적대감을 자지고 방어적으로 행동한다.

4) 대인관계 : 학습 부진아는 고립감을 느끼기 쉽고, 타인에 대해 무관심하거나 비판적이다.

5) 독립과 의존간의 갈등: 학습 과진아는 비교적 독립적이나 학습 부진아는 독립과 의존간의 갈등이 심하다.

6) 활동패턴 : 학습 과진아는 학업 지향적인 반면, 학습 부진아는 사회지향적이다.

7) 목표설정 : 학습 과진아가 보다 현실적이고 성공적인 반면, 학습 부진아는 목표에 대해 비현실적이고 계속적으로 실패하게 된다.

085 ③ 주로 과음, 흡연, 노출증 등의 문제를 해결하기 위해 활용되는 치료적 접근법은 혐오치료이다. 혐오치료법은 부적응적이고 지나친 탐닉이나 선호를 제거하는 데 사용되는 행동치료 방법이다. 혐오치료에서 주로 사용되는 자극은 전기와 화학약물이다. 전기치료에서는 환자가 바람직하지 않은 행동을 할 때마다 약간 고통스러운 전기 쇼크를 가한다. 이 방법은 변태성욕을 치료하는 데 사용되어왔다. 화학치료법에서는 바람직하지 않은 행동과 결합될 때, 구토와 같은 불쾌한 효과를 내는 약물이 환자에게 투여된다. 이 방법은 약을 복용하고 술을 마시면 구토증이 일어나게 하여 알코올 중독 치료에 흔히 사용되어왔다.

086 ② 전이의 해석은 정신분석 이론에 해당하는 기법이다.

실력다지기

아들러 개인심리학 상담기법

1) 격려하기

불행, 우울, 분노, 불안의 심리 상태에 있는 사람은, 성장할 수 있고 보다 자기 충족적인 방향으로 모험을 감행할 수 있는 스스로의 능력에 대한 신뢰가 없기 때문이라고 생각한다. 따라서 이런 사람들의 내적 자원(resource)의 개발을 촉진하고 긍정적인 방향으로 나아갈 수 있는 용기를 북돋아 주는 것이 필요하다.

2) 초인종 누르기(단추 누르기, push button technique)

내담자가 자신의 감정을 창조하는 것임을 깨닫도록 돕는데 사용하는 기법으로, 단추 누르기 기법은 내담자가 유쾌한 경험과 유쾌하지 않은 경험을 번갈아 가면서 생각하도록 하고 각 경험과 관련된 감정에 관심을 가지도록 하는 것이다.

3) 끓는 국에 찬물 끼얹기(= 스프에 침 뱉기)

내담자의 자기패배적 행동 뒤에 감춰진 의도나 목적을 드러내 밝힘으로써 내담자가 그 행동을 하는 것을 주저하게 하는 기법이다.

4) 수렁(악동) 피하기

내담자가 일상생활에서의 자기 패배적 행동양상을 상담 장면에 가져오는데 잘못된 가정도 사실로 인정받을 수 있는 기회가 있기 때문에 잘못된 가정에 매달려 있는 것인지도 모르므로, 상담자는 함정에 빠지지 않도록 하며 내담자의 행동을 강화하지 않도록 주의해야 한다.

5) 마치 ~인 것처럼 행동하기

상담자는 내담자가 자신의 바람을 이룬 자신으로 상상하고 행동하도록 역할놀이 상황을 설정하며, 내담자가 "만약 내가 …을 할 수 있다면"이라고 말하면 최소한 일주일 동안 그 환상 속의 역할을 실제로 행동해 보고 무슨 일이 일어났는지를 보도록 한다.

087 ③ 역기능적 인지도식은 부모처럼 어린시절 중요한 인물과의 상호작용 경험에서부터 형성된다. 또한 발달 과정에서 충격적인 사건이나 외상을 경험하게 되면 특정 인지도식을 형성하는데 영향을 주게 된다.

088 ② 상담의 기술 중 내담자의 감정에 대한 명확한 이해를 포함하여 내담자의 진술을 반복하거나 재표현하기도 하는 것은 감정반영이다. 감정반영을 사용하면 내담자는 자신이 느끼는 것을 알아차리고, 자신의 감정을 수용하게 된다. 또한 상담사가 내담자의 경험을 이해하고 있다고 느끼게 된다.

089 ① 옳은 내용이다.

오답노트

② 스트레스에 대한 생리적 반응으로 교감신경계가 활성화된다.
③ 스트레스 대처방안에는 문제중심형과 정서중심형 대처방법이 있다.
④ 스트레스에 대한 생리적 반응은 경고, 저항, 소진 단계 순으로 진행된다.

090 ③ 자살을 하거나 시도하는 학생들에게 공통적으로 나타나는 성격특성에는 충동성이 있으므로 과도한 신중성은 거리가 멀다.

실력다지기

청소년기 자살의 특성

발달 단계적 특성상 자살 시도율이 높은 시기이다.	• 전두엽 발달이 완전하지 못하여 종합적 사고가 어려운 시기 • 신체적, 정서적 많은 변화로 인한 격동의 시기 • 지적 변화로 기존의 가치나 규범에 도전하는 시기 • 자아정체성이 확립되지 않은 정체성 혼란의 시기 • 학교생활과 학업 스트레스가 많은 시기
계획적인 경우보다 충동적인 경우가 많다.	• 무가치하다고 생각될 때 충동적으로 선택 • 부모나 주변 어른들의 잔소리가 싫어질 때 충동적으로 선택 • 여러 사람 앞에서 비난이나 꾸중을 들을 때 충동적으로 선택
자기 나름대로의 분명한 자살동기를 갖는다.	• 자살을 준비하던 중 "나가 죽어라"라는 말이 방아쇠가 되어 바로 시도 • 고통의 끝이나 문제해결의 대안으로 선택 • 분명한 이유를 만들어 합리화하는 경향 • 남을 조종하거나 보복하려는 동기로 선택
동반자살 및 모방 자살 가능성이 있다.	• 자살사이트를 통한 관심 • 연예인이나 추종자의 죽음으로 연쇄 자살
죽음에 대한 환상을 갖고 있다.	• 판타지 소설류나 인터넷 게임의 영향 • 대중매체가 전하는 자살소식을 여과장치 없이 받아들임 • 죽음을 문제해결방법으로 잘못 생각

091 ② 비밀보장의 한계 상황에 해당된다.

비밀보장의 한계

상담자는 아래와 같은 내담자 개인 및 사회에 임박한 위험이 있다고 판단될 때 매우 조심스러운 고려 후에, 내담자에 관한 정보를 적정한 전문가 혹은 사회 당국에 제공할 수 있다.
1) 내담자의 생명이나 사회의 안전을 위협하는 경우
2) 내담자가 감염성이 있는 치명적인 질병이 있다는 확실한 정보를 가졌을 경우
3) 내담자가 심각한 학대를 당하고 있을 경우
4) 법적으로 정보의 공개가 요구되는 경우

092 ② 물품음란장애(Fetishistic disorder)는 무생물의 물체를 이용하거나, 성기가 아닌 신체 부위에 상당히 특정한 집착을 함으로써 반복적이고 강렬한 성적 흥분이 성적 공상, 성적 충동, 또는 성적 행동으로 발현되며 적어도 6개월 이상 지속된다.

실력다지기

물품음란장애(Fetishistic disorder)의 진단기준(DSM - 5)

A. 무생물의 물체를 이용하거나, 성기가 아닌 신체 부위에 상당히 특정한 집착을 함으로써 반복적이고 강렬한 성적 흥분이 성적 공상, 성적 충동, 또는 성적 행동으로 발현되며 적어도 6개월 이상 지속된다.
B. 이러한 성적 충동, 공상, 행위가 사회적, 직업적, 기타 중요 기능 영역에서 임상적으로 심각한 고통이나 장애를 일으킨다.

C. 물품음란의 대상이 되는 물체는 옷 바꿔 입기(cross dressing)에 사용되는 의복이나 접촉적인 성기자극을 위해 특별히 고안된 물품(예 진동기)에 국한되지 않는다.

093 ③ 도박중독은 DSM - IV에서는 충동조절장애의 하위범주로 분류되었으나, DSM - 5에서는 빗물질관련장애의 하위범주인 도박장애로 심각한 행동 장애로 분류되었다. 도박중독은 물질관련 장애와 같이 금단증상을 보일 수 있고, 심하면 자살을 초래한다.

094 ④ 발생적 원리는 인생후기의 갈등, 성격 특성, 심리적 구조 및 증상 등은 아동기의 중요한 사건과 소망 그것들의 환상에 기원을 둔다고 본다.

실력다지기

정신분석적 성격이론의 기본 원리
1) 지형학적(topography) 원리
   인간의 정신세계를 의식, 전의식, 무의식의 3층 구조로 구성되어 있다고 설명하여, 인간의 정신을 일종의 지도로 제시함.
2) 구조적 원리
   프로이트가 정신분석 초기의 개념을 통합하여 인간의 성격을 자아, 초자아, 원초아의 세 구조로 구성되었다고 설명함.
3) 역동적(dynamics) 원리
   개인이 충동 또는 욕구에 의해 행동의 추진력을 갖게 되지만, 사회적 기대와 갈등을 겪게 된다는 관점으로 개인의 행동을 설명함.
4) 경제적 원리
   인간의 행동은 본능에 기원하며, 정신에너지를 발산하는데 목적을 갖으며, 정신에너지의 양이 고정되어 있기 때문에 삶의 본능과 죽음의 본능에 대한 정신에너지의 배분 비율에 따라 개인이 보이는 행동이 달라진다고 함.
5) 발생적(genetic) 원리
   인생후기의 갈등, 성격 특성, 심리적 구조 및 증상 등은 아동기의 중요한 사건과 소망 그것들의 환상에 기원을 둔다고 설명함.
6) 결정론적 원리
   인간의 정신 행동이 우연이 아닌, 원인이 존재한다고 함. 특히 어린시절의 경험이 현재의 정신작용에 영향을 주며, 현재의 사건을 이전 경험들의 결과로 설명함.

095 ③ 상담 초기단계에서는 정보탐색과 상담관계를 형성하는 단계로 개방형 질문이 많이 사용된다. 직면, 자기개방, 심층적 질문 등은 상담사와 내담자가 신뢰로운 관계를 형성한 이후에 사용하는 것이 적절하다.

096 ③ 상담자는 내담자가 호소하는 문제를 중심으로 상담목표를 설정하고 문제해결을 위한 노력을 해야 한다.

097 ③ 메이(May), 프랭클(Frankl)은 실존치료 상담가이다.

098 ② 인간은 유한적 존재이다. 실존적 심리치료는 실존주의 철학에 기반을 둔 심리치료이다. 실존치료 상담가인 얄롬은 인간 존재에 주어진 궁극적인 실존적 주제로 죽음(유한성), 자유(불확실성), 고독(분리성), 무의미(무근거성)를 제시하였다. 인간은 실존적 불안을 지니고 살아가는 존재로 실존적 불안에 어떻게 대처하느냐에 따라 개인의 삶이 달라진다고 한다.

실력다지기

실존치료에서 인간 실존조건의 기본적 차원

1) 명제 1 : 자기 인식의 능력
   (1) 나는 살아 있고 경험하는 존재라는 것을 아는 것이다.
   (2) 나는 나 자신의 존재를 선택하며 이 때 선택은 지금 내가 무엇을 하고 싶은지에 대한 선택을 의미한다.
   (3) 자신에 대한 자각을 할 때 비로소 환경과 타인에 의한 희생에서 벗어날 수 있다.
2) 명제 2 : 자유와 책임
   인간은 자신에게 자유가 주어져야 하고 이에 대한 책임 주체가 된다.
3) 명제 3 : 정체감과 대인관계의 추구
   자신 존재에의 용기, 개인적 경험, 관계의 경험을 강조하며 이에 따라 대인관계를 추구하는 것이다.
4) 명제 4 : 의미의 추구
   이는 낡은 가치관을 없애는 문제이며 새 의미의 창조를 의미한다.
5) 명제 5 : 삶의 조건인 불안 존재
   불안은 생존하기 위한 욕구로써 역기능적인 요소인 것만은 아니다.
6) 명제 6 : 죽음과 비존재에 대한 인식
   죽음과 비존재에 대한 인식은 삶에 대한 열정이나 창조성의 근원이 된다.

099 ④ 사회배제(Social exclusion) 이론은 사회 구조적으로 다양한 영역에서의 박탈과 결핍, 불이익을 당해 사회·경제·정치 활동에 제대로 참여할 수 없게 됨으로써 인간으로서의 최소한의 기본권마저 침해당하는 상황을 말한다[19]. 사회배제 이론은 주로 인권이나 빈곤과 같은 주제를 설명하는 이론이다.

실력다지기

청소년 비행의 원인 - 사회학적 관점

1) 아노미이론
   (1) 뒤르케임 - 범죄는 아노미 상태에서 발생한다.
   (2) 머튼 - 긴장유발이론(하위계층의 목표달성에 대한 좌절)
2) 생태학이론(문화갈등이론)
   시카고 학파 - 각 지역사회의 문화적 갈등을 통해 범죄나 비행이 발생한다.
3) 사회해체론
   (1) 버게스와 파크(Burgess & Park)
       시카고 지역을 5개의 동심원지대로 나누어 각 지대별 특성과 범죄의 관련성을 조사하여 빈곤, 인구유입, 실업 등과 관련이 있다고 규정하였다.

---

19 국가인권위원회(2004). '사회적 배제'의 관점에서 본 빈곤층 실태 연구

(2) 쇼와 맥케이(Shaw & Macay)

　도시의 특정지역에서 범죄가 일반화되는 이유는 인구의 유입보다는 지역사회의 내부에 있다고 규정하였다.

4) 하위문화이론

(1) 코헨

　하류계층의 청소년들이 목표와 수단의 괴리를 통해 중류계층에 대한 저항으로 비행을 저지르며, 목표달성의 어려움을 극복하기 위해 자신들만의 하위문화를 만들게 되며, 범죄는 이러한 하위문화에 의해 저질러지는 것이다.

(2) 밀러

　범죄는 하위문화의 가치와 규범이 정상적으로 반영된 것이다

5) 차별적 접촉이론

　서덜랜드가 대표적 학자로서, 범죄는 범죄적 전통을 가진 사회에서 많이 발생하며 이러한 사회에서 개인은 범죄에 접촉, 참가, 동조하면서 학습하게 된다.

6) 중화기술이론

　맛차와 사이크스가 대표적 학자로서 청소년은 비행의 과정에서 합법적, 전통적 관습, 규범, 가치관 등을 중화시킨다.

7) 사회적 유대이론(사회통제이론)

　허쉬가 대표적 학자로서 범죄의 원인은 사회적인 유대가 약화되어 통제되지 않기 때문이라고 주장한다.

8) 낙인이론

　범죄자로 만드는 것은 행위의 질적인 면이 아닌 사람들의 인식이다.

100　③ 집단상담의 발달과정은 참여단계 → 과도기적 단계 → 작업단계 → 종결단계의 과정을 거친다. (ㄱ)은 참여단계, (ㄴ)은 종결단계, (ㄷ)은 작업단계, (ㄹ)은 과도기적 단계에 해당한다.

2019

임상심리사 2급
필기 기출문제

제1회 임상심리사 2급 필기 정답 및 해설

제1과목 | 심리학개론

001	④	002	①	003	③	004	④	005	③	006	①	007	②	008	②	009	②	010	③
011	①	012	③	013	②	014	②	015	①	016	④	017	①	018	③	019	②	020	④

001 ④ 장기기억에서 망각이 일어나는 주요 이유는 쇠퇴현상(부식)과 간섭 때문이다.

002 ① 많은 돈을 받은 사람은 외부적 보상으로 인해, 그 일에 대해서 흥미가 떨어지게 된다.

> 인지 부조화 이론
>
> 1) 인지 부조화의 개념
>   태도와 관련된 고전적 연구 주제 중의 하나로서, 둘 이상의 태도 사이 또는 자신의 행위와 태도 사이의 비일관성을 말한다.
> 2) 인지 부조화 이론
>   (1) 1959년 사회심리학자 페스팅거(Festinger)와 칼스미스(Carlsmith)가 제기한 이론으로, 현상의 실체에 대한 지각, 판단, 사고 등의 지식이 결합되어 형성된 하나의 인지가 다른 인지들과 논리적으로 불일치하여 발생한 부조화 관계를 말한다.
>   (2) 인지 부조화 이론은 원래 사람들의 자기 자신에 대한 지각과 그 환경에 대한 지각과의 관계를 취급한 것으로서, 이들 두 가지 지각이 서로 관계가 없을 때는 이들은 서로가 무관하다고 생각한다.
>   (3) 한쪽의 지각이 다른 쪽의 지각을 지지할 때는 이들은 서로 협력·화합하는 관계에 있다고 여긴다.
>   (4) 부조화는 서로 관계되는 두 가지 지각이 모순될 때에 생기며 이 부조화는 심리학적으로 매우 불유쾌한 긴장을 발생하고 개인에게 긴장 또는 부조화를 감소시키기 위하여 양립할 수 없는 지각의 한쪽을 수정하는 노력을 하게끔 한다.
>   (5) 어떤 의미에서 그 사람은 '조화 또는 균형의 조건'을 회복하기 위한 대안적 행동을 취하게 된다.
> 3) 인지 부조화의 구체적 조건
>   (1) 행동의 선택 - 자발적 선택
>   태도와 관련되는 행동이 상황적 압력에 의해서가 아니라 스스로가 선택한 행동일 때 부조화를 경험한다.
>   (2) 돌이킬 수 없는 행동 - 취소 불가능한 개입
>   자신이 취한 행동을 취소할 수 없을 때 부조화를 경험한다.

(3) 행동의 결과 예측 – 불충분한 유인가

자신이 선택한 행동이 바람직하지 못한 결과를 가져올 것을 알거나 예견할 수 있었는데도 행동을 하면 부조화를 경험한다. 인지 부조화의 구체적 조건

(4) 행동의 선택 – 자발적 선택

태도와 관련되는 행동이 상황적 압력에 의해서가 아니라 스스로가 선택한 행동일 때 부조화를 경험한다.

(5) 돌이킬 수 없는 행동 – 취소 불가능한 개입

자신이 취한 행동을 취소할 수 없을 때 부조화를 경험한다.

(6) 행동의 결과 예측 – 불충분한 유인가

자신이 선택한 행동이 바람직하지 못한 결과를 가져올 것을 알거나 예견할 수 있었는데도 행동을 하면 부조화를 경험한다.

003 ③ 행동주의적 성격이론에 따르면 성격은 학습에 의해 형성된 것으로 보고 있기 때문에 타고났다고 간주하지 않는다.

004

확률표집(확률 표본추출)의 종류

암기문장 단층집계 확률!

해설 1) 단순무작위 표집   2) 층화표집 = 유층표집
3) 집락표집 = 군집표집   4) 계통적 = 체계적 = 계층적 표집

005 ③ 거세불안은 남근기의 오이디푸스 콤플렉스에서 나타나는 남아의 현상이다. 오이디푸스 콤플렉스는 자신과 이성의 부모에 대한 근친상간적 욕망과 동성 부모에 대한 증오로 나타난다. 즉, 이성 부모에 대한 의존적 동일시와 동성 부모에 대한 방어적 동일시로 부모의 가치를 내면화 하면서 초자아의 요인인 자아 이상과 양심이 생성된다. 자아 이상은 내적인 역할 모델이며, 양심은 처벌적 요인이다.

006 ① 행동수정에서 강화인이나 처벌인은 반응 이후 즉시적으로 주는 것이 효과적이다.

처벌의 효과적인 사용방법

1) 어떤 행동을 하려는 강력한 동기를 가지고 있는데, 다른 방법으로는 그 동기를 충족시킬 수 없을 경우에 하는 처벌은 비효과적이다.
2) 처벌은 일시적으로 행동을 억압할 뿐, 영구적으로 약화시키지는 못한다.
3) 처벌의 효과를 높이려면 일관성 있게 처벌이 부여되어야 한다.
4) 처벌의 대상이 행동한 사람이 아니라 행동 자체라는 것을 분명히 한다.
5) 바람직하지 못한 행동 대신 다른 대안적 행동에 대한 정보를 제공하여야 한다.

007 ② Carl Rogers의 성격이론에서 심리적 적응에 가장 중요한 역할을 하는 것을 가정하는 개념은 자기(self)이다.

<성격 5요인과 뇌의 연결성[20]>

성격 5요인	뇌의 활성화 내용
외향성	복측피개영역(Ventral tegmental area)과 측좌핵(nucleus accumbens)영역의 반응성이 활성화 됨 (richard allen depue, 1999).
성실성	전전두(dorsolateral prefrontal)와 안와전두(orbitofrontal)등 전두엽 부분이 활성화 됨(Raluca Petrican, 2008)
친화성	상대방의 마음을 잘 읽지 못하거나 적대적으로 여기는 경향
개방성	지능과 높은 연관성을 보이며, 지적인 자극을 즐기는 전두엽의 인지회로 효율성과 관련이 높음. (McCrae, Robert R, 1987; Jefferey A. Lepine, 2006) 확산적 사고(divergent thinking)를 잘하는 특성으로 조현병(Schizophrenia) 관련성이 제기됨. (R Michael Bagby, 1997)
신경증	부정적인 자극에 크게 반응하는 편도(amygdala)가 일반인보다 더 활성화되어있음. (Henk R. Cremers, 2009)

009　② 비슷한 검사를 이용하여 측정하는 검사는 동형검사 신뢰도이다.

신뢰도의 종류

1) 검사 - 재검사 신뢰도
   (1) 검사 - 재검사 신뢰도(test - retest reliability)는 동일한 검사를 동일한 피검사자들에게 두 번 시행하고 그 결과에 대하여 상관관계를 산출하는 신뢰도 추정치이다.
   (2) 측정하고자 하는 특성이 얼마나 안정성이 있는가 하는 것을 나타내므로 일명 안정도계수(安定度係數, coefficient of stability)라고도 부른다.
2) 동형검사 신뢰도
   (1) 동형검사 신뢰도(equivalent form reliability)의 추정치는 두 동형검사의 관찰점수 간의 상관계수이다.
   (2) 같은 집단에 대해서 두 동형검사를 각각 다른 시기에 실시하여 얻은 점수 간의 상관관계를 구하는 것을 평행검사 신뢰도(parallel forms reliability)라고도 부른다.
3) 반분신뢰도
   반분신뢰도(split half reliability)는 한 개의 평가도구 혹은 검사를 한 피검사 집단에 실시한다음 그것을 적절한 방법에 의해서 두 부분의 점수로 분할하고 이 분할된 두 부분을 독립된 검사로 생각해서 그 사이의 상관을 내는 방법이다.
4) 내적 일관성 신뢰도(Cronbach의 α계수)
   검사를 구성하고 있는 문항 간의 내적 일관성 또는 합치도의 정도를 나타내 주는 지수 또는 측정치를 내적 일관성 신뢰도(homogeneity coefficient)라고도 부른다.

도피학습과 회피학습[21]

1) 도피학습(도피조건형성)

    (1) 개념 : 도피학습은 어떤 행동이 일어나자마자 어떤 혐오자극을 제거하면 그 행동이 일어날 확률이 높아지는 현상으로 혐오자극을 사용한다는 점에서 벌과 유사하나 벌과는 정반대의 개념이다.

    (2) 적용 : 도피학습은 일반적으로 최종수단으로 사용되기 보다는 회피학습을 습득하기 위한 예비 훈련으로 사용된다. 즉, 도피행동을 먼저 습득 ⇒ 회피학습을 형성한다.

    (3) 벌과 도피학습의 차이점 : 벌은 혐오자극을 통해 행동의 빈도가 감소되지만, 도피학습은 어떤 행동 후에 벌이 제거됨으로써 그 행동의 빈도가 증가하게 된다.

2) 회피학습(회피조건형성)

    (1) 개념 : 회피학습은 혐오자극을 피하기 위하여 어떤 행동을 학습하는 것이다. 어떤 자극에 적절히 반응하지 않으면 혐오자극이 온다는 것을 신호해 주는 절차를 거쳐서 학습하게 된다. 즉, 시간에 맞추어 반응을 하면 혐오자극은 오지 않는다. 하나의 반응을 함으로써 벌을 예방할 수 있으며 빈도가 낮은 반응의 발생 가능성을 증가시키거나 유지시키는 것이다.

    (2) 적용 : 나쁜 결과를 미연에 방지하는 것을 배우는 것으로, 벌이 되는 자극을 중단시키는 반응을 함으로써 부적강화 되는 것

       ① 적극적 회피 : 어떤 다른 행동을 함으로써 벌을 방지하는 것

          예 변기에 소변보기

       ② 소극적 회피 : 혐오자극과 맞닥뜨리기 전까지 반응하지 않는 것

          예 소변참기

3) 도피학습 및 회피학습의 효과적 사용

    (1) 도피학습은 벌이 표적행동에 선행하며, 벌이 제시되지 않으면 표적행동이 일어나지 않지만, 회피학습은 표적행동이 일어나지 않을 때에만 벌이 주어지며, 처벌자가 더 이상 나타나지 않게 될 때 표적행동이 감소하게 된다. 따라서 행동을 유지하기 위하여 회피과정을 택하는 것이 바람직하다.

    (2) 회피학습이 적용되기 이전에 도피학습에 의해서 표적 행동이 형성되어야만 한다. 회피학습은 도피학습이 먼저 형성되기만 하면 쉽게 형성된다.

    (3) 회피학습 기간 중 조건형성 된 혐오자극은 벌이 나타난다는 신호이어야만 한다. 이것이 어떤 행동이 일어나지 않으면 혐오자극이 발생할 것이라는 '경고'를 해 줌으로써 조건형성을 촉진시킨다.

    (4) 도피학습과 회피학습은 벌을 사용할 때와 같이 조심스럽게 사용해야 한다. 그 이유는 이들 과정에서 혐오자극이 제시됨으로써 공격적으로 되거나 불안해하는 행동 등 부작용이 발생하면 조건형성과정과 관련된 사람이나 사물까지도 도피하고 기피하는 경향이 나타날 수 있기 때문이다.

4) 표적행동에 대한 정적강화를 도피와 회피학습과 더불어 사용해야 한다. 정적 강화는 바람직한 행동을 증가시켜줄 뿐만 아니라 바람직하지 못한 부작용을 소멸시켜 주는 역할을 한다.

5) 도피 및 회피학습의 부작용

    (1) 바람직하지 않은 방법으로 벌을 피하는 것을 배우게 된다.

    (2) 부적절한 행동보다 더 해로운 행동이 도피나 회피학습 과정을 통하여 생겨날 수 있다.

    (3) 무의식적으로 조건화된 혐오자극을 형성하게 하여 이를 피하려는 방향으로 반응하게 한다.

21 http://www.wowplay.org/bbs/board_view.php3?board_id=study&no=204&page=19

011 ① 몰개성화(deindividuation)는 집단으로 행동하는 상황에서 구성원 개개인의 정체성과 책임감이 약화되어 집단 행위에 민감해지는 현상을 말한다.

> **몰개성화 과정모형 (Zimbardo, 1969)[22]**
>
> 1) 짐바르도(Zimbardo, 1969)는 몰개성화 상태를 '집단 구성원들이 평소 규범 등에 억제되어 잘 하지 못하는 행동에 대한 역치가 낮아지는 것을 경험하는 상태'라고 정의한다.
> 2) 몰개성화 과정 모형은 몰개성화를 초래하는 선행 요인과 그 결과로 야기되는 행동을 구체적으로 제시함으로써 몰개성화에 대한 다양한 연구의 자극제가 되었다.
>
> **다이너의 몰개성화 2요인모형 (Diener, 1980)**
>
> 1) 자기 인식의 감소와 경험의 변화가 몰개성화를 유발한다는 모형
> 2) 자기 인식의 감소는 주의의 초점이 어디를 향하는가와 큰 관련이 있다. 즉, 사람들이 어떠한 행동을 하거나 결정을 내릴 때 주의의 초점이 자신을 향해 있을 때는 자신의 행동에 신중을 기하지만, 주의의 초점이 타인이나 집단 등 외부를 향하면, 주의가 스스로를 향해 있을 때보다 신중하고 면밀한 판단 없이 행동하기 쉽다(Wicklund, 1975).
> 3) 몰개성화 상태에서는 주의 초점이 외부로 향해 있어 자의식이 낮아지기 때문에, 개인의 신중한 판단보다는 상황적 단서에 크게 영향을 받아 행동하게 된다.

012 ③ 신경증적 불안은 무의식과 관련된 불안이므로 Id의 충동과 Ego의 억제 사이의 무의식적 갈등으로부터 발생한다고 할 수 있다.

013 ② 시상하부는 자율신경계와 내분비계 그리고 생존과 관련된 행동을 통제하는 곳이다.

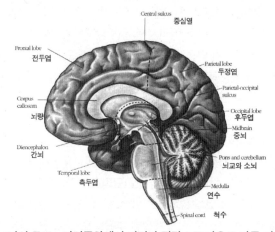

<뇌의 구조 - 머리중앙에서 지면과 직각으로 좌우로 가른 면>

014 ② 부호화 특정 원리 : 인간은 부호화를 하는 동안에 제시되는 단서가 회상을 하는데 최고의 단서로써 활용된다는 원리이다. 회상하려는 상황이 기억했었던 상황과 유사한 상황일 때 최고의 단서로써 활용되어 잘 회상된다.

① 처리수준 모형 : 기억은 단일구조로 이루어져 있으며 장·단기기억 간의 차이점을 설명하기 위해 사람들의 머릿속에서 어떤 차별적인 유형의 정보처리가 일어나는지를 규명하는 데 초점을 둔다.

③ 재인기억 : 어떤 자극이 이전에 제시되었는가의 여부를 확인하는 과정이다.

④ 우연학습 : 피험자들에게 실험의 의도를 모르게 한 채 실험을 실시하는 것이다.

실력다지기

부호화 특정성 원리 (encoding specificity principle)

1) 개념
   인간은 부호화를 하는 동안에 제시되는 단서가 회상을 하는데 최고의 단서로써 활용된다는 원리이다.

2) 부호화(encoding)
   부호화는 기억의 3단계로 거슬러 올라가게 되는데, 기억은 물체를 봤을 때 잠시 저장되는 감각 등록기, 조금 더 오래 저장하는 단기기억, 거의 영구적으로 저장하는 장기기억의 세 단계로 구분된다.

3) 부호화하는 과정
   감각등록기에서 단기기억, 단기기억에서 장기기억으로 넘어가는 과정이다. 즉, 충분한 시연이 있었을 경우에 부호화가 일어난다.

4) 부호화 특정성 원리를 쉽게 설명하면,
   (1) A가 예전에 어떤 것을 기억했다.
   (2) 그것을 기억할 때에는 여러 가지 상황이 있었을 것이다(장소, 상태, 기분 등).
   (3) A는 지금 그 어떤 것을 다시 회상하려 한다.
   (4) 그 회상하려는 상황이 기억했었던 상황과 유사한 상황일 때 최고의 단서로써 활용되어 잘 회상된다.
   (5) 상황이 그 기억을 용이하게 회상하도록 돕기 때문에 이것은 이 원리들로 지지된다.

5) 상태 의존 기억(state - dependent memory)
   부호화 그리고 회상할 때 사람의 신체적 상태와 관련된 것에 의존하는 기억으로 회상은 그 사람이 부호화 할 때의 상태와 일치할 때 더 잘 된다.
   예 A가 커피를 마셔서 심장이 두근두근 뛸 때 심리학을 공부했다고 하자. 그렇다면 심리학 시험을 칠 때, 커피를 마신다면 회상이 더 용이하게 될 것이다.

6) 기분 의존 기억(mood - dependent memory)
   (1) 이것은 부호화 그리고 회상할 때 사람의 기분에 의존하는 기억으로서, 부호화할 때와 같은 기분이라면 회상이 더 쉽다는 것이다.
   (2) 이것과 관련된 현상이 기분 일치 효과(mood - congruence effect)라는 것이 있는데, 기분 일치 효과는 사람의 현재 기분과 일치하는 기억을 회상하는 경향, 즉 사람은 지금 기분이 좋다면 좋은 기억을 회상하고 기분이 좋지 않다면 좋지 않은 기억을 회상하는 경향이 있다는 것이다.

015 ① 피아제의 인지발달이론에서 대상영속성 개념을 처음으로 획득하는 시기는 감각운동기가 적합하다. 문제에서 [처음으로]라는 단어가 힌트가 된다. 이는 대상영속성의 형성과 같은 내용이다.

016 ④ 고정간격(FI) 강화계획과 고정비율 강화계획에서의 반응학습의 특징은 강화 직후에 일시적 반응중단이 있으며, 일정시간 간격의 마지막에 가서 높은 반응을 보인다는 점이다.

017 ① 독립변수는 실험이나 모델링에서 사용되는 변수 또는 입력 값이나 원인을 나타낸다. 마리화나가 기억에 미치는 영향은 인과관계를 검증하는 내용으로서, 마리화나는 원인으로서 독립변수이며 기억은 결과로서 종속변수이다.

018 ③ 상관계수(r)의 절대치는 두 변수 사이의 관계의 강도를 의미한다.

> ### ✏️ 오답노트
> ① 두 변수 사이의 관계를 기술하기 위한 것으로 두 변수가 연합되는 정도의 통계측정치이다.
> ② 상관계수의 범위는 +1.0에서 –1.0까지이다.
> ④ 한 변수가 다른 변수에 영향을 미치는 인과관계를 추론할 수 있는 것은 회귀계수이다. 상관계수는 상관관계를 규명하는 것이다.

019 ② 의미 있는 '0'의 값을 갖는 의미는 절대 0점이다. 따라서 비율척도가 옳은 내용이다.

020 ④ 부신은 클루코코르티코이드와 카테콜아민 등의 호르몬을 분비하면, 이는 스트레스 및 혈압을 조절하는 역할을 한다.

> #### 부신의 역할[23]
> 1) 부신(콩팥위샘)은 콩팥 위에 위치한 내분비기관으로, 크게 겉질(피질)과 속질(수질)로 이루어져 있다.
> 2) 겉질에서는 글루코코르티코이드, 염류코르티코이드, 남성 호르몬을, 속질에서는 에피네프린, 노르에 피네프린과 같은 카테콜아민을 만들고 분비한다. 글루코코르티코이드는 스트레스나 자극에 대한 우리 몸의 대사와 면역 반응을 조절하고, 염류코르티코이드는 알도스테론이라고도 하며 혈압, 혈액량, 전해질 조절에 관여한다. 남성 호르몬은 이차 성징의 발현에 영향을 준다.
> 3) 부신속질(콩팥위샘속질)은 에피네프린과 노르에피네프린을 만들고 분비하는데, 이는 혈압 조절에 중요한 역할을 한다.
>
> #### 송과선
> 1) 송과선은 척추동물의 간뇌 등면에 돌출해 있는 내분비선으로 대뇌의 등면을 따라 앞으로 뻗어 두부의 피부를 통과하여 들어오는 빛을 감수(感受)할 수 있다.
> 2) 사람의 송과선은 뇌에 부속한 내분비기관으로, 멜라토닌을 생성·분비한다. 눈으로 들어오는 광자극이 망막에서 수용되면 흥분은 신경을 거쳐 대부분 시각중추로 보내지는데 일부는 신경섬유를 거쳐 간뇌의 시교차상핵(視交叉上核)에 전달된다.

23 네이버 지식백과

| 021 | ① | 022 | ② | 023 | ③ | 024 | ④ | 025 | ② | 026 | ① | 027 | ② | 028 | ③ | 029 | ② | 030 | ① |
| 031 | ④ | 032 | ④ | 033 | ① | 034 | ③ | 035 | ① | 036 | ④ | 037 | ② | 038 | ③ | 039 | ④ | 040 | ④ |

021 ① DSM - 5에 따르면, 지적장애(Intellectual Disability) 수준은 경도, 중등도, 중도, 최중도의 4가지로 구분된다. 문제 보기의 지적장애(Intellectual Disability) 수준은 경도에 해당한다. 경도 수준은 지적 장애의 가장 많은 비율(약 85%)을 차지하고 있으며 주요 특징은 아래 [실력 다지기]와 같다.

실력다지기

지적장애(Intellectual Disability) 수준 - 경도

1) 개념적 영역
 (1) 학령기 이전에는, 개념적 차이점이 명백하게 나타나지 않을 수 있다.
 (2) 학령기와 성인기에는, 읽기나 쓰기, 수학, 시간, 돈이 포함된 학업적 기술의 습득에 어려움이 존재하는데, 그 연령대에서 기대되는 것에 충족되기 위해서는 하나 이상의 영역에서의 도움이 필요하다.
 (3) 성인기에는, 추상적 사고하기와 실행기능(예 계획하기, 전략세우기, 우선순위 정하기, 인지적 유연성), 단기 기억뿐만 아니라 학업적 기술의 기능적 사용(예 읽기, 돈 관리)에서 결함이 나타난다.
 (4) 동일한 연령대와 비교할 때 어떤 문제와 해결에 다소 경직된 접근을 한다.
2) 사회적 영역
 (1) 같은 연령대의 전형적인 발달과 비교할 때, 사회적 상호작용에서의 미성숙이 존재한다.
 (2) 예를 들면, 동료들의 사회적 단서를 정확하게 감지하는데 어려움이 있을 것이다.
 (3) 의사소통과 대화, 언어는 그 연령대에서 기대되는 것보다 더 경직되어 있거나 미성숙할 것이다.
 (4) 그 나이에 적절한 감정조절과 행동조절에서의 어려움이 있을 것이다.
 (5) 이러한 어려움들은 사회적 상황에서 동료들에 의해 알아채게 된다.
 (6) 사회적 상황에서의 위험에 대한 이해가 한정적이다. 사회적 판단력이 나이에 비해 미성숙하여 다른 사람에 의해 조종될 위험이 있다(잘 속음).
3) 실행적 영역
 (1) 개인적인 보살핌으로 나이에 적절하게 활동할 것이다.
 (2) 동료들과 비교할 때 복잡한 일과를 할 때 어떤 도움이 필요하다.
 (3) 성인기에는, 일반적으로 식료품 쇼핑이나 교통이용, 가사와 자녀 - 돌보기, 영양가 있는 음식준비하기, 은행업무와 돈 관리하기에서 도움이 필요하다.
 (4) 오락 생활적 기술은 같은 연령대와 비슷하지만, 웰빙이나 오락생활 계획과 연관된 판단에는 도움이 필요하다.
 (5) 성인기에는, 개념적 기술이 강조되지 않은 일자리에 종종 취업하기도 한다.
 (6) 일반적으로 건강관리나 법률적 결정, 직업활동을 능숙하게 수행하기 위한 학습에 도움이 필요하다.
 (7) 일반적으로 가족을 부양하는 데에도 도움이 필요하다

022 ② 조현형 성격장애는 친밀한 인간관계를 불편해하고 인지적 또는 지각적 왜곡과 더불어 기괴한 행동을 나타내는 성격장애이다. 심한 사회적 불안을 느끼며 마술적 사고나 기이한 신념에 집착하고 말이 상당히 비논리적이고 비현실적이며 기괴한 외모나 행동을 나타내는 경향이 있다. 친밀한 대인관계에 대한 현저한 불안감, 인간관계를 맺는 제한된 능력, 인지적 또는 지각적 왜곡 그리고 기이한 행동으로 인해 생활 전반에서 대인관계와 사회적 적응에 현저한 손상을 나타내야 한다.

023 ③ 공황을 경험하거나 옴짝달싹 못하게 되었을 때, 도망가기 어렵거나 도움이 가능하지 않은 공공장소나 상황에 있는 것을 두려워하는 불안장애는 광장공포증이다.

④ 폐쇄공포증은 밀실공포라고도 하며 '창문이 작거나 없는 밀실에서 극심한 공포를 느끼는 증상'을 일컫는다.

실력다지기

광장공포증

1) 광장공포증 을 지닌 사람은 다음 5가지 상황 중 두 가지 이상에서 현저한 공포와 불안을 나타낸다.
   (1) 대중교통 이용(자동차, 버스, 기차, 배, 비행기)
   (2) 열린 공간에 있는 것(주차장, 시장, 다리)
   (3) 밀폐된 공간에 있는 것(상점, 공연장, 영화관)
   (4) 줄서기, 군중 속에 있기
   (5) 집 밖에 혼자 있기

> ※ 주의 : 만약 회피가 하나의 특정 상황이나 소수의 특정 상황에 한정되어 있다면 특정공포증의 진단을 고려하고, 회피가 오로지 사회적 상황에만 국한되어 있다면 사회공포증의 진단을 고려한다.

2) 상황을 회피하거나(예 여행을 제한함), 공황발작이나 공황과 유사한 증상이 일어나는 데 대한 현저한 불편감이나 불안을 참고 견디거나 동반자를 필요로 한다.
3) 이러한 장애는 전형적으로 6개월 이상 지속된다.

024 ④ 탈억제성 사회적 유대감 장애(dis - inhibited social engagement disorder)는 「외상 및 스트레스 관련 장애」에 해당한다.

실력다지기

의사소통장애(communication disorder) 유형

1) 언어 장애(Language Disorder)
   증상이 지속적인 경우에 해당하며, 표현성 결핍에 비해 수용성 결핍이 있을 때 예후가 더 나쁘다. 수용성 언어의 결핍이 있는 경우에는 치료가 힘들고 독해에 있어 어려움이 있는 경우가 흔하다.
2) 언어음(발화음) 장애(말소리장애, Speech Sound Disorder)
   아동의 연령과 발달 단계가 고려된다. 예를 들어 3세경에는 발음 생성 기술을 습득하여 대부분이 이해할 수 있게 말해야 하며, 7세경에는 대부분의 말소리는 명료하게 생성해야 한다.
3) 아동기 발병 유창성 장애(Childhood - Onset Fluency Disorder / Stuttering)

4) 사회적(실용성) 의사소통 장애(Social(Pragmatic) Communication Disorder)

   사회적 의사소통 장애와 자폐 스펙트럼 장애는 동시에 진단될 수 없으며 감별 진단해야 한다.

5) 불특정형 의사소통 장애(Unspecified Communication Disorder)

025 ② 항우울제를 항불안제보다 공황장애 환자들의 치료에 우선적으로 쓰인다. 항우울제로는 선택적 세로토닌 재흡수 차단제들(SSRIs)이 가장 많이 사용되고 있으며, 항우울제로 충분한 효과를 보지 못할 경우에는 항불안제와 병행하는 것을 고려해야 한다.

실력다지기

공황장애의 약물치료 - 항우울제와 신경안정제

1) 흔히 사용되는 항불안제로는 알프라졸람(자낙스)과 같은 벤조디아제핀 계열의 약물들이 있다. 이 계열의 약들은 무분별하게 사용할 경우 의존성을 보일 수도 있기 때문에 꼭 의사의 처방대로만 사용되어져 하며 그럴 경우에는 특별한 문제는 없다.

2) 항우울제로는 선택적 세로토닌 재흡수 차단제들(SSRIs)이 가장 많이 사용되고 있으며, 항우울제로 충분한 효과를 보지 못할 경우에는 항불안제와 병행하는 것을 고려해야 한다.

026 ① Young에 의해 개발된 것으로, 전통적인 인지치료를 통해 긍정적인 치료효과를 보지 못했던 만성적인 성격문제를 지닌 환자와 내담자를 위한 치료법은 심리도식 치료(schema therapy)이다.

실력다지기

심리도식 치료 (schema therapy)

1) 심리도식치료(Schema Therapy)는 미국의 임상심리학자 Jeffrey E. Young이 개발한 통합적인 심리치료이다.

2) Jeffrey E. Young은 성격장애를 효과적으로 치료하는 방법을 제시하기 위해서 인지행동치료, 대상관계치료, 게슈탈트치료 및 정신분석치료의 핵심요소를 통합하였으며, 다양한 심리장애의 밑바닥에 깔려있는 만성적인 성격문제를 이해하는 개념 틀로 18가지 유형의 초기 부적응도식(early maladaptive schema)을 소개하였다.

3) 또한 시시각각 변하는 내담자의 상태를 설명하기 위해서 양식(mode)이라는 새로운 개념을 도입하였다.

4) 심리도식치료로 인해 내담자의 성격문제를 풍성한 내용(content)으로 설명할 수 있을 뿐만 아니라 다각적 전략(strategy) 즉, 인지적 치료전략, 행동적 치료전략, 체험적 치료전략, 관계적 치료전략으로 치료할 수 있다.

심화학습

변증법적 행동치료(다이어랙티컬 행동치료, DBT, Dialectical Behavior Therapy)

1) 변증법적 행동치료는 미국 워싱턴 대학의 마샤 리네한 박사에 의해 개발된 치료 기법으로, 감정조절의 어려움으로 인한 만성적인 자기 파괴적 행동과 자살 위기에 대한 임상 연구를 시작하여 많은 연구 업적을 남겼다.

2) 변증법적 행동치료의 핵심은 우리 자신을 비참하게 느끼게 하고 정신적으로 고통을 주는 모든 행동적, 감정적, 인지적 양식을 바꿀 수 있는 기술을 배우고 다듬어 나가는 것이다.

3) 이에 속하는 기술 훈련은 크게 네 가지 영역으로 나눌 수 있는데, 마음 챙김(마인드풀니스) 기술, 감정 조절 기술, 대인 관계 효율성 기술, 고통 감내 기술이다.

4) 내담자는 치료자와 함께 줄여가야 할 행동과 늘려가야 할 행동의 목록을 만들고, 각각의 기술을 익혀 나가기 시작한다.

5) 이를 통해 충동적이거나 자기 파괴적인 행동을 줄이고, 감정을 효과적으로 조절하며, 사람들과의 따뜻한 관계를 나눌 수 있다.

마음 챙김에 기초한 인지치료 (mindfulness - based cognitive therapy)

1) 마음 챙김에 기초한 인지치료(MBCT)는 우울증의 재발을 방지하기 위하여 최근에 개발된 프로그램이다.

2) MBCT는 인지치료와 마음 챙김에 기초한 스트레스 감소 프로그램을 통합한 것이다.

027 히스테리성 성격장애(연기성 성격장애, Histrionic Personality Disorder)의 주요 증상과 임상적 특징

1) 연극성 성격장애라고도 하고 과도하고 극적인 감정표현을 하고 지나치게 타인의 관심과 주의를 끄는 행동을 특징적으로 나타낸다.

2) 이러한 사람들은 항상 사람들로부터 주목받는 위치에 서고자 노력하고 외모에 신경을 많이 쓰며, 자신을 과장된 언어로 나타내는 경향이 강하다.

3) 지나친 감정표현과 관심 끌기의 행동이 생활전반에 나타나는데 다음 특성 중 5개 이상의 항목을 충족시켜야 한다.

   (1) 자신이 관심의 초점이 되지 못하는 상황에서는 불편함을 느낀다.

   (2) 다른 사람과의 관계에서 흔히 상황에 어울리지 않게 성적으로 유혹적이거나 도발적인 행동을 특징적으로 나타낸다.

   (3) 감정의 빠른 변화와 피상적 감정 표현을 보인다.

   (4) 자신에게 관심을 끌기 위해서 지속적으로 육체적 외모를 활용한다.

   (5) 지나치게 인상적으로 말하지만, 구체적 내용이 없는 대화 양식을 가지고 있다.

   (6) 자기 연극화, 과장된 감정표현을 나타낸다.

   (7) 타인이나 환경에 의해 쉽게 영향을 받는 피 암시성이 높다.

   (8) 대인관계를 실제보다 더 친밀한 것으로 생각한다.

028 알츠하이머 질환

1) 일종의 뇌 질환인 치매의 종류는 다양하며 이는 알츠하이머형 치매, 혈관성 치매, 파킨슨 치매, 외상에서 오는 치매, 음주와 흡연에서 오는 치매 등이다.

2) 여러 종류의 치매 중 가장 흔한 치매는 알츠하이머형 치매와 혈관성 치매이다.

3) 알츠하이머 치매는 '베타 아밀로이드'라고 불리는 단백질과 관련성이 높고, 혈관성 치매는 뇌졸중이나 중풍처럼 뇌혈관과 관련이 많다.

4) 알츠하이머형 치매의 원인은 '베타 아밀로이드'가 뇌 신경세포 내 미토콘드리아에서 배출되는 활성산소를 증가시키며 생긴다.

5) 증가된 활성산소는 뇌 조직에 염증을 일으켜 뇌 세포 내 단백질이나 DNA에 치명적인 손상을 입혀 치매 증상의 원인이 된다.

6) 혈관성 치매 역시 알츠하이머 치매와 진행 과정이 비슷하며 혈관이 막히면서 뇌세포를 손상 또는 사망시켜 치매 증상을 일으킨다.

029 조현병 유발요인 - 가족관계 및 사회환경적 요인

  1) 어머니의 부적절한 양육태도
    (1) 차갑고 지배적이며 자녀에게 갈등을 조장하는 경향이 있다.
    (2) 조현병 유발적 어머니는 자녀의 감정에 무감각, 거부적, 친밀감에 대한 두려움 또는 자녀에게 과잉보호적, 과도한 자기희생을 보인다.
  2) 이중구속이론
    (1) 조현병 환자의 부모는 이중적 의미의 의사소통을 하는 경향이 있다.
    (2) 부모 가운데 한 사람이 동일한 사안에 대해서 서로 다른 시기에 상반된 의사를 전달하거나, 동일한 사안에 대해 부모가 서로 상반된 지시나 설명을 한다.
  3) 환자 가족의 의사소통 문제
    (1) 불분명한 소통방식과 비논리적 소통방식을 보인다.
    (2) 정상적이고 합리적인 사고나 의사소통을 방해함으로써 발병이나 경과에 영향을 미칠 수 있다.
  4) 표현된 정서
    조현병 환자의 가족은 비판적이고 분노감정을 과도하게 표현할 뿐 아니라 환자에 대해 과도한 간섭을 한다.
  5) 부모의 부부관계
    (1) 편향적 부부관계 : 수동적인 배우자가 정신적으로 건강하지 못한 배우자에게 가족에 대한 통제권을 양보한 채 자녀에게 집착하는 경우
    (2) 분열적 부부관계 : 부부가 만성적인 갈등상태에서 서로의 요구를 무시하고 자녀를 자기편으로 만들기 위해 치열하게 경쟁하는 경우
  6) 사회문화적 환경
    (1) 사회적 유발설
      낮은 사회계층에 속하는 사람은 타인으로부터의 부당한 대우, 낮은 교육수준, 낮은 취업기회 및 취업조건 등으로 많은 스트레스와 좌절경험을 하게 되며 그 결과 조현병으로 발전할 수 있다.
    (2) 사회적 선택설
      조현병 환자들이 부적응적인 증상으로 인하여 사회의 하류계층으로 옮겨가게 된 것이다.

030 Beck의 우울 이론 중 부정적 사고의 세 가지 형태(인지삼제)는 자신에 대한 부정적 사고, 미래에 대한 부정적 사고, 주변환경(경험)에 대한 부정적 사고이다. ① 과거에 대한 부정적 사고는 해당되지 않는다.

031 ④ 공포증에 대한 2요인 이론(마우러의 이론)은 고전적 조건형성과 조작적 조건형성의 결합을 말한다.

실력다지기

마우러의 2요인 이론

  1) Mowrer의 2요인 이론에 띠르면 회피반응의 획득과 유지는 고전적 및 조작적 조건형성의 과정이 작용한다.
  2) 회피학습의 2요인이론에 따르면 회피학습에서 경고자극인 불빛은 전기충격과 반복해서 짝지어짐으로써 점차 공포를 유발시키는 조건자극이 되고(고전적 조건형성), 공포는 유기체에게 혐오적이기 때문에 공포감소는 부적 강화의 기능을 한다는 것이다(조작적 조건형성).
  3) 요컨대, 2요인 이론에 따르면 회피반응의 결과 전기충격과 같은 외적인 혐오자극뿐 아니라 조건형성된 공포와 같은 내적인 혐오자극도 제거된다는 것이다.

032 코르사코프 증후군

1) 비타민 B₁(티아민)의 결핍으로 발생하는 신경계 질환이다.
2) 알코올 중독자에게 흔히 일어나는 병이며 그 외에도 비타민 B₁을 넣지 않은 수액 주사를 오랫동안 맞은 중환자실 입원 환자 등에게서도 볼 수 있다.
3) 티아민 결핍으로 인해 발생하며 모든 생명체에게는 생존을 위해 티아민이 필요하지만 세균과 진균류 그리고 식물만이 체내에서 스스로 합성할 수 있기 때문에 다른 동물들은 먹이를 통해 티아민을 섭취해야 한다.
4) 그런데 만성 알코올 중독자들은 제대로 된 식사를 하지 않고 술만 마시므로 전반적으로 영양 공급이 부실해진다.
5) 또한 소화관에서 티아민의 흡수가 잘 되지 않고 알코올 중독으로 인한 지방간이나 간 섬유증(fibrosis)으로 인해 간에 저장된 티아민의 양이 줄어든다.
6) 거기에 더해서 티아민의 체내 대사를 위해서는 마그네슘이 필요한데 만성적인 알코올 섭취로 인해 마그네슘이 결핍되고 이로 인해 티아민의 대사가 힘들어져서 체내 세포의 티아민 결핍을 더욱 부채질한다.
7) 이로 인하여 최근 및 과거 기억을 상실하고 새롭게 기억을 형성하지 못하는 인지손상장애이다.

033 ① 해리장애는 의식, 기억, 행동 및 자기 정체감의 통합적 기능에 갑작스러운 이상을 나타내는 정신장애로, 충격적인 경험을 한 이후 발생되는 경향이 있으며, '억압'이라는 방어기제를 주로 활용한다.

034 ③ 고양된 기분과 관련된 조현 스펙트럼 밀 정신증적 장애는 조현정동장애이다. 조현정동장애는 기분 삽화와 조현병의 활성기 증상이 동시에 나타나는 장애로, 뚜렷한 기분 증상이 없는 상태에서 망상이나 환각이 적어도 2주 이상 선행되어야 한다.

035 리탈린 (Ritalin)

1) ADHD 아이들의 치료약으로 가장 잘 알려진 것은 '리탈린(Ritalin)'이라는 약이다.
2) 리탈린은 상품명으로서 주 성분은 메칠페니데이트(methylphenidate)이다.
3) 리탈린은 1937년 스위스의 노바티스 회사에 의해 개발되었으며, 이 약은 대뇌의 전두엽을 자극, 활성화함으로써 집중력을 강화하는 것이 가장 큰 특징이다.
4) 그러나 이 약은 식욕 저하, 구역질, 불면증, 두통, 복통, 우울감 등의 부작용이 있는 것으로 보고되고 있으며, 식욕이 저하되는 부작용 때문에 심한 비만 환자의 다이어트용으로 처방되기도 한다.
5) 하지만 이 약은 약효가 체내에서 유지되는 시간이 한계가 있어 하루 2~4회 복용해야 했으나, 최근에 개발되어 한국얀센에서 시판되고 있는 '콘서타'라는 특수 오로스(OROS)제형의 약물은 아침 1회 복용으로 총 12시간 동안 작용을 하므로 편리하며 약 효과의 변동이 없이 지속된다. 이 약의 대표적인 부작용은 우울로 잘 우는 것으로 알려져 있다.

036 ④ 다른 특정공포증의 유형은 일반적으로 심장 박동 수가 증가하지만, 혈액 - 주사 - 손상형(피를 보거나 주사를 맞거나 기타 찌르는 검사에 대한 공포)은 공포상황에서 초반에 짧게 심박 수와 혈압이 증가된 후 갑자기 심박 수와 혈압의 저하가 뒤따르고 그 결과 실신하거나 실신할 것 같은 반응을 경험한다.

037 ② 양극성 장애의 유전적 소인은 강해서 단극성 장애보다 유전 가능성이 더욱 높다. 즉, 한쪽 부모가 양극성 장애일 때 자식이 기분장애를 가질 확률은 25%이며, 양쪽 부모가 양극성 장애일 때 자식이 기분장애를 가질 확률은 50 - 75%로 높아진다.

038 ③ 과도한 수면은 외상 후 스트레스 장애의 주된 증상이 아니다. 수면교란(잠들기 어려움 또는 잠을 계속 자기 어려움)이 주요 증상이다.

실력다지기

외상 후 스트레스 장애의 진단기준

1) 실제적이거나 위협적인 죽음, 심각한 상해 또는 성폭력에 노출되는 것이 다음 중 한 가지 이상에서 나타난다.
  (1) 외상 사건의 직접적 경험
  (2) 다른 사람에게 일어난 외상 사건을 직접 목격하는 것
  (3) 가까운 가족이나 친구에게 외상 사건이 일어난 것을 알게 되는 것
  (4) 외상 사건의 혐오스러운 세부사항에 반복적으로 극단적으로 노출되는 것(단, 전자매체, TV, 영화, 사진을 통한 것은 제외)
2) 외상 사건 이후 외상 사건과 관련된 침습 증상이 다음 중 한가지 이상에서 나타난다.
  (1) 외상 사건의 고통스러운 기억이 반복적이고 불수의적이며 침습적으로 경험됨
    ※ 주의 : 아동의 경우 반복적인 놀이를 통한 재현으로 나타날 수 있음
  (2) 외상 사건과 관련된 고통스러운 꿈의 반복적 경험
    ※ 주의 : 아동의 경우 꿈의 내용이 외상 사건과 연관 없는 악몽의 형태로 나타날 수 있음
  (3) 마치 외상성 사건이 재발하고 있는 것 같은 행동이나 느낌(사건을 다시 경험하는 듯한 지각, 착각, 환각, 해리적인 환각 재현의 삽화들, 이런 경험은 잠에서 깨어날 때 혹은 중독 상태에서의 경험을 포함한다.)
    ※ 주의 : 아동의 경우 외상의 특유한 재연(놀이를 통한 재경험)이 일어날 수 있음
  (4) 외상적 사건과 유사하거나 상징적인 내적 또는 외적 단서에 노출되었을 때 심각한 심리적 고통
  (5) 외상적 사건과 유사하거나 상징적인 내적 또는 외적 단서에 노출되었을 때의 생리적 재 반응
3) 외상 사건과 관련된 자극에 대한 지속적인 회피가 다음 중 한 가지이상에서 나타난다.
  (1) 외상 사건과 밀접하게 관련된 고통스러운 기억, 생각, 감정을 회피하거나 회피하려는 노력
  (2) 외상 사건과 밀접하게 관련된 고통스러운 기억, 생각, 감정을 초래하는 외적인 단서들(예 사람, 장소, 대화, 활동, 대상, 상황)을 회피하거나 회피하려는 노력
4) 외상 사건 이후 외상 사건과 관련된 인지와 감정의 부정적 변화가 다음 중 2가지 이상에서 나타난다.
  (1) 외상 사건에 대한 중요한 내용을 기억할 수 없는 무능력
  (2) 자신, 타인, 세상에 대한 지속적이고 과장된 부정적인 신념과 기대
  (3) 외상 사건의 원인이나 결과에 대한 지속적인 왜곡된 신념으로 자신과 타인을 책망함
  (4) 부정적인 정서 상태(예 공포, 경악, 화, 죄책감 또는 수치심)가 지속됨
  (5) 주요 활동에 대한 흥미와 참여가 현저하게 감소됨
  (6) 타인과의 관계에서 거리감이나 소외감을 느낌
  (7) 긍정 정서(예 행복감, 만족, 사랑)를 경험할 수 없는 지속적인 무능력

5) 증가된 각성 반응의 증상(외상 전에는 존재하지 않았던)이 2가지 이상 나타난다.
  (1) 자극에 과민한 상태 또는 분노의 폭발
  (2) 무모하거나 자기 파괴적인 행동
  (3) 지나친 경계
  (4) 악화된 놀람 반응
  (5) 집중의 어려움
  (6) 수면교란(잠들기 어려움 또는 잠을 계속 자기 어려움)
6) 장애의 기간이 1개월 이상이다.
7) 증상이 임상적으로 심각한 고통이나 사회적·직업적 다른 중요한 기능 영역에서 장애를 초래한다.

039 ④ DSM - 5에서 주요 우울장애는 주기적인 활력의 증가와 감소가 아니라, 거의 매일의 피로나 활력상실의 핵심증상이다.

040 ④ 동성애(homosexuality)와 성별 불쾌감(성 정체감 장애)는 구분된다.

실력다지기

동성애
1) 동성인 사람에 대해서 성적인 애정과 흥분을 느끼거나 성적 욕구를 충족시키기 위한 성행위를 하는 경우를 말한다.
2) 동성애자는 자신의 생물학적 성이나 성역할에 해서 불편감을 겪지 않으며 성전환을 원하지도 않는다.
3) 물론 일부의 동성애자 중에는 성정체감 장애를 지니는 경우가 있다.
4) 미국의 정신의학회에서 다수의 동성애자들이 양호한 사회적 적응을 하고 있어 동성애를 정신장애 분류체계에서 삭제하였다.
5) 현재 동성애는 독특하지만 정상적인 성적 성향이자 생활방식으로 인정되고 있다.

041	②	042	①	043	③	044	④	045	①	046	①	047	④	048	①	049	③	050	②
051	④	052	③	053	①	054	②	055	①	056	④	057	④	058	④	059	④	060	①

041 ② 지능은 독립적인 7개 요인으로 이루어져 있다고 주장한 학자는 가드너이다(Gardner, 1983) 이후 자연친화지능과 실존지능을 포함하여 9요인으로 제시하고 있다.

<가드너 9가지 다중지능>[24]

042 ① 코드유형(code type)은 T점수가 65점 이상으로 상승된 상승척도 쌍을 해석하는 형태분석으로, 임상척도를 개별적으로 해석할 때보다 진단적으로 더욱 풍부하고 유용한 정보를 얻을 수 있다.

> MMPI - 2 결정문항 (critical items)
>
> 1) MMPI - 2의 결정적 문항은 17개 영역으로 Koss - Butcher의 6개 영역과 Lachar - Wrobel의 11개 영역을 포함한다.
> 2) 결정적 문항은 정신과 환자가 주로 호소하는 증상과 문제들을 수집하여 MMPI 문항을 통제집단과 비교하여 문항을 구성하였다.
> 3) 결정적 문항은 임상가들이 현장을 중심으로 문항을 구성하였기 때문에 안면 타당도가 높다는 장점이 있지만, 문화적 배경에 따른 차이가 있을 수 있다.

043 ③ 비율지능지수(RIQ) = (피험자의 정신연령 ÷ 피험자의 생활(신체)연령) × 100이므로, 12 ÷ 10 × 100 = 120이 된다.

---

24 https://blog.adioma.com/9-types-of-intelligence-infographic/

044 **MMPI 코드 타입 : 4 - 9 / 9 - 4 코드 타입의 특징**

1) 생각과 행동의 과잉, 갈등, 자기중심적 사고방식으로 타인과의 마찰이 많다.
2) 반사회적 성격장애를 가질 수 있다.
3) 충동적이고 무책임하며 타인과 관계에서 신뢰성이 없다.
4) 우울증 환자의 경우 자살위험이 있다.
5) 활동에너지가 높다.

045 ① 카드 I의 평범반응은 박쥐 또는 나비이다.

> 평범반응 정리 **암기법** 평범반응 : 나박 / 동인거 / 나박 / 동인동 / 괴인 / 게미
>
> 1) I (위치 : W) : 박쥐 / 나비
> 2) II (위치 : D1) : 동물의 전체 형태
> 3) III (위치 : D1) : 인간의 모습
> 4) IV (위치 : W) : 거인
> 5) V (위치 : W) : 나비 / 박쥐
> 6) VI (위치 : W) : 동물 가죽
> 7) VII (위치 : D1) : 얼굴(인간)
> 8) VIII (위치 : D1) : 동물 전체
> 9) IX (위치 : D1) : 인간, 괴물
> 10) X (위치 : D1) : 게 / 거미

046 ① SAT(노인용 주제통각 기법; Senior Apperception Technique)는 노인용 주제통각 기법으로 노인을 대상으로 한다.

실력다지기

검사별 대상자 연령범위

KPRC	K - CBCL	K - Vineland - II
만 3~17세 아동의 보호자를 대상	만 4~17세 학생을 대상으로 부모가 평가	연령범위가 0~90세까지임

047 ④ MMPI는 원판의 용어를 그래도 사용하면서, DSM 체계의 최신 진단 분류의 흐름에 부합하지 않는 측면이 있다. 가령 척도 7(Pt)의 '신경쇠약(psychasthenia)'이라는 용어 또는 척도 1, 척도 2와 척도 3을 통칭하는 '신경증적 3요소(neurotic triad)'라는 용어 등은 최신의 DSM 체계로는 설명하기 어렵다. 따라서 MMPI 척도가 DSM체계와 일치한다는 표현은 적절하지 않다.

048 ① 형태질의 부호화는 4가지로 +, o, u, - 이다. v는 발달질의 부호화 내용이다.

실력다지기

형태질의 부호화 내용

기호	정의	기준
+	superior - overlaborated	일반적인 형태 설명보다 수준이 높게, 우수하고 정교하게 설명함
o	ordinary	일반적인 형태 특징을 설명함
u	unusual	흔하지는 않지만 어느 정도는 그렇게 볼 수도 있는 반응
–	minus	전혀 맞지 않고 왜곡된 반응

049 ③ 병전지능 수준을 추정하기 위한 자료
　① 교육수준, 연령, 성별과 같은 인구학적 자료
　② 웩슬러 지능검사에서 상황적 요인에 의해 잘 변화하지 않는 소검사 점수 - 뇌 손상에 비교적 둔감한 소검사들 : 기본 상식(기본 지식), 어휘 문제, 토막 짜기
　④ 이전의 직업기능 수준 및 학업 성취도 - 지능과 유관한 병전 측정치들

050 ② 신경심리 평가 시 성별은 고려하지 않는다.

> **실력다지기**
>
> 신경심리평가
>
> 1) 신경심리평가는 뇌 손상이 의심되거나 실제 손상이 있는 경우, 그 손상 여부와 정도에 대해 정밀하게 평가할 수 있는 검사를 말한다.
> 2) 뇌 손상 환자에 특화된 심리검사를 실시하고, 뇌 손상으로 인한 각종 인지기능의 손상 여부를 객관적으로 판정함으로서, 치료계획을 세우는데 도움을 준다.
> 3) 예를 들면, 뇌 손상 여부의 평가, 뇌 수술 전후 뇌기능검사, 변별진단, 치매판별 등이 포함된다.
> 4) <u>신경심리 평가 시 고려해야 할 사항은 뇌 손상의 정도, 뇌 손상 후 경과시간, 뇌 손상 당시 연령, 뇌 손상 전 환자 상태 등을 파악한다.</u>

051 ④ 심리적 구성개념과 대응되는 구체적인 행동 모두를 관찰한 이후야 결론에 이를 수 있는 것은 아니다.

052 ③ 평균 100, 표준편차 15로 IQ 85와 115는 정규분포상 표준편차가 - 1, + 1로 전체 규준 집단의 약 68%가 포함된다.

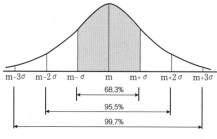

<정규분포 곡선>

053 ① 선로잇기 검사는 주의력 및 전두엽 손상을 평가하는 유용한 도구이다.

> **실력다지기**
>
> 선로잇기 검사 (Trail making test; TMT)[25]
>
> 1) 선로잇기 검사는 임상신경심리학 영역에서 가장 흔히 사용되는 검사의 하나로써 간편하고, 검사시간이 짧지만 뇌 기능을 예민하게 탐지한다는 점이 입증되어 널리 사용되어왔다.
> 2) 선로잇기 검사에서의 수행능력 저하는 전두엽 부위의 다양한 손상과 연관되어 있다고 알려져 있다.
> 3) 선로잇기 검사는 A형과 B형으로 구성되어 있으며, 시지각능력(visual perceptual ability), 시각적 주사(visual scanning), 지속적인 주의 집중능력 및 전두엽 손상을 평가하는 유용한 도구이다.

054 ② 주의력 결핍 및 과잉활동장애(ADHD)로 진단된 아동의 웩슬러 지능 검사상 수행이 저하되기 쉬운 소검 사는 숫자와 관련된 소검사이다. 그 이유는 주의 집중력이 부족한 아동은 주의력 결핍 및 과잉활동장애 (ADHD)의 특징이기 때문이다.

	소검사명	측정 내용	관련 요인	문항수
언어성	상식	일반적이고 비의도적인 사실과 지식	• 가정의 풍부한 초기 환경 조건 • 선천적인 능력 • 학교생활 및 문화적 경험	30
	공통성	논리적·추상적 사고 및 개념	상동(위와 같음)	17
	산수	계산능력(가감승제)	사고력, 수리능력, 주의 집중력	18
언어성	어휘	기억력, 어휘 및 언어능력	• 교육적, 문화적 경험과 환경 • 아동의 학습 능력	32
	이해	• 문제해결능력 • 경험을 평가, 종합하는 능력	• 일상생활 및 문화적 경험 • 대인관계 • 사회적 관습과 도덕 개념의 발달수준	17
	숫자 (보충)	• 주의력, 단기기억능력 • 요소 재구성 능력	주의 집중력, 불안	바로 : 7 거꾸로 : 7
동작성	빠진 곳 찾기	• 집중력 • 사고력(시각적 예민성) • 시각적 기억력과 구성력	• 지각, 인지, 판단 등의 심리적 특성 • 불확실한 상황에서의 반응능력	26
	차례 맞추기	• 계획 능력 • 전체 상황을 이해하고 구성하는 능력 • 시각적 구성 능력	창의성, 다양한 문화적 경험	12
	토막 짜기	• 시각 - 운동의 협응능력 • 지각 및 구성 능력 • 공간지각 능력 • 색채지각 능력	• 지각, 인지양식 등의 심리적 특성 • 관련 내용에 대한 경험	11
동작성	모양 맞추기	• 시각 - 운동의 협응능력 • 지각 및 구성 능력	• 지각, 인지양식 등의 심리적 특성 • 불확실한 상황에서의 반응능력 • 관련 내용에 대한 경험	4
	기호 쓰기	• 시각 - 운동의 협응능력 • 단기기억 능력	• 검사 내용에 대한 이해 정도 • 민첩성, 주의 집중력	A : 45 B : 93
	미로 (보충)	• 계획 및 지각구성 능력 • 시각 - 운동 협응능력	• 관련 내용에 대한 경험 • 주의집중, 속도와 정확성	9

055 ① 타당화하려는 검사와 외적 준거 간에는 상관이 높아야 하고, 어떤 검사를 실시하여 얻은 점수로 부터 수검자의 다른 행동을 예측할 수 있어야 한다는 것은 예측 타당도이며 이는 준거관련 타당 도에 속한다.

056 MMPI - 2 검사에서 임상척도 6 - 8 / 8 - 6 코드 타입의 해석
  1) 이 프로파일은 심각한 정신병리의 가능성을 시사하며 보통 F 척도가 함께 상승하며, 척도 6과 8의 T점수 가 70 이상 상승되어 있고 7과 10점 이상 차이가 나면 정신분열을 의심해 보아야 한다.
  2) 특징
    (1) 편집증적 경향과 사고장애이다.

(2) 사고는 자폐적, 단절적, 우회적이며 사고의 내용은 기태적(奇態的)이고 주의집중 곤란 및 지속적 주의력의 곤란을 호소한다.

(3) 기억력의 둔화와 판단력의 장애를 보이며, 체계화된 망상(과대 혹은 피해) 및 환각이 나타나며, 비현실감을 호소한다.

(4) 많은 시간을 백일몽과 환상 속에서 보내며, 추상적·이론적인 주제나 종교적·성적인 주제 등에 집착하여 깊이 생각한다.

(5) 현실생활에 명백하고 구체적인 일들에 대해서는 무관심하다.

(6) 스트레스에 긴장하고 우울증상을 보이며 감정은 둔화된다.

(7) 회피, 의심, 불신, 타인과 정서적 거리 유지하여 대인관계에서 고립된다.

(8) 대인관계가 있다면 원한과 의심과 적개심이 함께 하며 예측 불허의 행동과 사회적으로 부적절함 무감동이 행동전반에 깔려 있다.

(9) 깊은 열등감과 불안정감을 가지고 있으며, 지나치게 수줍어하고 자신감과 자기존중심이 결여되어 있으며 실패라고 생각되는 것에 죄책감을 느낀다.

(10) 혼자 있을 때 편안함을 느끼며 다른 사람들은 그들을 화를 잘 내고 변덕이 심하며 비우호적이며 부정적인 사람으로 본다.

(11) 가장 많은 진단은 정신분열증(조현병)이며, 다음으로는 분열성(조현성) 또는 편집형 성격장애이다.

057 ④ 웩슬러 지능검사에서도 라포 형성이 필요하다.

웩슬러 지능검사의 시행 및 채점상의 주의점

1) 검사 시행의 표준 절차를 철저하게 지키는 것이 매우 중요하다.

2) 검사가 시행되는 방은 조명이 잘 되어 있고 환기가 잘 되어야 하고 가능하면 조용해야 하며 피검자의 주의를 분산시키는 자극이 없어야 한다.

3) 지능검사는 피검자의 최대 능력이 발휘될 수 있는 분위기에서 시행될 수 있어야 할 것이다.

4) 검사 상황에서 질문을 시작할 때는 피검자가 반응하도록 기대되는 내용에 대해 일반적인 말로 간단하게 설명해 준 다음에 질문하는 것이 바람직하다. 원칙적으로 검사자가 피검자를 격려하는 것은 바람직하지만 정답 여부를 직접 가르쳐 주지는 않는다.

5) 임상가는 검사를 시행하는 과정에서 미리 채점의 원칙을 잘 알고 있어야 한다.

6) 지능검사 수행에 소요되는 시간은 1시간이나 1시간 30분 정도이다. 특별한 이유가 없는 한 1회에 전체 소검사를 완성하는 것이 바람직하다. 예를 들면 쉽게 피로하거나 오래 집중하지 못하는 노인 환자나 뇌손상 환자, 심한 정신증적 환자의 경우는 2~3회 나누어 검사를 시행한다.

7) 웩슬러 지능검사는 개인용 지능검사로서 검사 수행 시 세밀한 행동관찰이 매우 유용한 정보를 제공해 준다.

8) 지능검사 시행을 불가피하게 중단해야 하는 경우가 있다. 임상가의 노력에도 불구하고 검사에 대한 피검자의 저항이 해결되지 않거나 피검자의 조건이 검사를 시행하기에 적절하지 않은 경우 검사 시행을 중단하거나 면담을 통하여 이러한 상황을 극복하도록 시도해 보는 것이 바람직하다.

9) 지능검사에 나타난 반응을 채점하는 과정에서 검사자는 철저하게 채점의 원리를 파악하고 독특한 반응들을 채점 원리에 따라 정확하게 채점할 수 있도록 훈련되어야 한다.

10) 모호하거나 이상하게 응답되는 문항은 다시 질문하여 확인하여야 한다. 검사자가 채점의 원칙을 미리 잘 알고 있어야 피검자 반응의 불분명한 점을 알아채고 채점 원칙에 비추어 적절히 질문할 수 있을 것이다. 검사 채점은 실시 요강의 채점안내에 제시된 기준에 따른다.

11) 시간제한이 없는 검사에서는 피검자가 응답할 수 있을 때까지 충분한 시간 여유를 주어야 한다. 시간제한이 있는 경우에는 원칙적으로 시간제한을 지켜서 실시하지만, 과제를 성공적으로 해결할 수 있는지를 검토하기 위해서는 제한시간이 지나더라도 어느 정도 시간을 주고 결과를 지켜보는 것이 필요하다(한계 검증).

12) 피검자의 반응을 기록할 때는 항상 피검자가 한 말을 그대로 기록하도록 한다.

058 ④ 문항의 내용과 무관하게 응답하는 경향을 측정하는 척도는 타당도 척도 중 비일관성 척도에 해당한다. 비일관성 척도는 무선반응 비일관성척도(VRIN)과 고정반응 비일관성척도(TRIN)이 있다. 나머지 보기는 비전형성 척도에 해당하며, 비전형 척도(F), 비전형 - 정신병리 척도(Fp), 증상타당도 척도(FBS)가 있다.

<MMPI - 2 타당도 척도>

성실성			비전형성				방어성		
?	VRIN	TRIN	F	F(B)	F(P)	FBS	L	K	S
무응답	무선반응	고정반응	비전형	비전형 후반부	비전형 정신병리	증상 타당도	부인	교정	과장된 자기제시

059 ④ 검사 결과는 사생활 보장과 비밀유지가 원칙이지만, 경우에 따라서 제한도 가능하다. 따라서 어떠한 경우라도 수검자 본인에게만 전달되어야 하는 내용은 옳지 않다.

실력다지기

심리검사의 검사자(사용자) 윤리

1) 피검사자가 기법, 목적, 본질을 충분히 이해 받을 권리가 있으므로 이에 대한 설명을 해야 한다.
2) 검사를 개발하고 표준화할 때 기존의 과학적 방법을 따라야 한다.
3) 평가 결과의 해석을 타인이 오용하지 않도록 하며, 신뢰도와 타당도 높은 검사를 사용하고, 이에 대한 한계를 지적한다.
4) 적절한 훈련, 교습, 지도감독을 받은 사람만이 심리검사를 시행한다.
5) 피검사자의 사생활을 보호한다.
6) 채점, 해석과정, 프로그램의 타당도에 대한 적절한 준거를 가지고 있어야 한다.
7) 검사내용, 문항이나 자극들을 수검 대상자에게 미리 알려준다.
8) 일정한 자격을 갖춘 사람만이 심리검사를 구매할 수 있다.
9) 쉽게 이해할 수 있고 검사 목적에 맞는 용어로 검사결과를 제시하는 것이 좋다.

060 ① Category Test는 추상개념 형성능력을 측정하며, 전두엽 실행기능 평가에 효과적이다. 나머지 신경심리검사는 주의력 손상을 측정과 관련된 검사이다.

061	④	062	②	063	②	064	①	065	④	066	④	067	②	068	④	069	③	070	②
071	②	072	②	073	①	074	④	075	①	076	②	077	③	078	④	079	③	080	③

061　① Wechsler 지능검사　→ 현재 4번째 개정판(WAIS - IV)
　　② MMPI 다면적 인성검사 → 현재 2번째 개정판(MMPI - 2)
　　③ Bender - Gestalt 검사　→ 현재 2번째 개정판(Bender - Gestalt II)

062　① 모든 문제들은 똑같이 치료가 어려운 것은 아니다. 문제원인을 규명하여 같은 방법으로 치료할 수 있기 때문이다.
　　③ 사회경제적 지위와 치료효과의 상관성에는 의문을 제기할 수 있다. 즉, 사회경제적 지위가 낮더라도 좋은 치료효과를 예언할 수 있다.
　　④ 치료자의 치료경험과 치료성과 간의 관계는 일관적이 아닐 수 있다. 즉, 많은 치료경험이 꼭 좋은 성과로 일관적으로 나타나지 않을 수 있다.

063　치료효과에 긍정적인 영향을 미치는 유능한 치료자의 특성으로 인간적 자질과 전문적 자질이 요구된다. 치료자에게 중요한 인간적 자질로 모우러는 '인간적 성숙'을 로저스는 '도움을 주려는 의욕'을 제시했으며, 전문적 자질은 훈련하고 학습해야 할 카운슬링의 전문적 지식, 기법 및 태도를 의미한다. 문제의 보기에서 ① 의사소통 능력, ③ 치료적 관계 형성 능력, ④ 자기관찰과 관리기술 등은 관련이 있으나, ② 이론적 모델은 거리가 멀다.

064　**인간중심치료 이론에서 치료자의 태도**
　1) 진실성(진지성, 일치성, 솔직성)
　　상담자는 내담자와의 관계에서 경험하는 것을 충분하고 솔직하게 표현한다.
　2) 무조건적 긍정적인 관심(존중)
　　상담자가 내담자를 판단하지 않고 내담자가 나타내는 감정이나 행동 특성들을 있는 그대로 수용하며 존중하는 태도를 말한다.
　3) 공감적 이해(정확한 공감)
　　상담자가 내담자의 경험과 감정을 이해하려고 노력하는 것을 말한다.

065　④ 내담자의 경험에 초점을 두고 심리치료적 상호작용에서 감정이입, 따뜻함, 무조건적인 긍정적 존중을 강조한 접근은 인본주의 접근(로저스)이다.

066　④ 임상심리사가 개인적인 문제와 관련하여 공격적이거나 적대적인 내담자와의 관계에서 자주 갈등을 일으키며 이 때문에 심리적 고통이 심하고 업무수행이 곤란한 상황이라면, 자신이 개인심리치료에 참여하여 치료를 받는 태도가 우선적으로 필요하다.

067 ② 결과를 해석할 경우 개인내 간 차이(개인내적 차이)는 각 하위척도 점수를 표준점수로 환산하여 오차를 없앤 뒤 절대값을 산출하는 것이 아니라, 개인내적 차이는 개인 간의 차이를 밝힐 때 측정의 표준오차를 사용하는 것과 마찬가지로, 개인내적 차이를 알아보는 가장 정확한 방법은 차이의 표준오차를 사용하여 피검사자의 두 하위척도 점수 간 차이를 통계적으로 밝힐 수 있다. 따라서 <u>개인내적 차이의 경우 차이의 표준오차를 사용하기 때문에 오차를 없애는 것은 바람직하지 않다.</u>

> **참고**
>
> <u>외적 준거로 채택한 검사에서 받을 수 있는 점수를 좀 더 정확하게 추정하는 것은 준거타당도(criterion validity)를 살펴보는 것과 관련이 있다.</u> 즉, 준거타당도(criterion validity)는 검사 점수와 외적 준거 사이의 관계를 실증적으로 연구하여 검사가 준거행동의 수행능력을 어느 정도 잘 예언하고 있는지 계량적으로 나타내는 것이다. 이 때 <u>이용할 수 있는 것은 상관관계분석(correlation analysis)과 단순회귀분석(simple regression analysis)</u>인데, 이는 검사 점수와 외적 준거 사이에 어떤 종류의 연관성을 가지고, 그 강도는 어느 정도인가?라는 연관성을 파악할 수 있고, 회귀방정식이 결정되면, 특정한 X값에 대하여 어떠한 Y값이 나타나는지에 대해 예측 할 수 있는 예측의 목적이 있다.

068 ④ <u>내담자의 주요 문제의 원인이 되는 것으로 추정되는 어린 시절의 외상경험은 접수면접에서 반드시 확인되어야 할 사항은 아니다. 이는 이례적으로 정신분석상담에서 활용된다.</u>

069 ③ 치료과정에서 내담자의 <u>열등감 극복을 주요과제로 상정하고 보상을 향한 추구행동으로서의 생활방식을 변화시키는데 강조점을 둔 심리학은 아들러의 개인심리학이다. 아들러 이론의 주요 개념으로 열등감과 보상, 우월성 추구 노력, 사회적 관심, 생활양식 등이 있다.</u>

070 ② <u>임상심리학의 발전에 최초로 가장 직접적인 공헌을 한 사람은 Witmer이다.</u> Witmer는 심리학의 실용적인 적용영역을 '임상심리학'으로 명명하였다. Witmer는 Pennsylvania 대학교에 1896년 최초의 심리치료소(심리상담소)를 설립하여 학습장애나 행동장애를 겪는 아동에 대한 치료를 하였다.

071 ② <u>행동주의모델은 자문가가 학습이론이 어떻게 개인, 집단 및 조직의 문제에 실질적으로 적용될 수 있는지를 가르치고 보여주는 인정된 전문가로 인식한다.</u> 이는 학습이론이 문제해결에 도움을 준다고 가정하며 자문 목표는 환자의 바람직하지 않은 행동의 빈도를 감소시키고 바람직한 행동의 빈도를 증가시키는 것이다.

> 1) 정신건강모델은 환자에게 문제해결능력이 있다고 가정하며, 치료자와 환자 간의 관계는 평등하며, 치료자는 조언과 지시를 제공하는 역할을 수행한다.
> 2) 조직모델에는 조직인간관계 모델과 조직사고 모델이 있다.
>   (1) 조직인간관계 모델
>   조직 내에서 사람들 간의 상호작용이 어떻게 이루어지는가에 관심을 지닌다.
>   (2) 조직사고 모델
>   조직인간관계 모델의 변형된 형태로써, 의사소통과 의사결정, 목표설정 및 역할규정, 조직 내 갈등 등에 관심을 지닌다.
> 3) 과정모델은 기본적으로 치료자와 환자 간의 협력을 강조하는 것으로, 조직의 상호작용을 분석하여 문제해결책을 모색한다. 이 모델에서는 환자가 대인관계 상호작용에 대한 이해를 높이는 것이 중요하다.

072 ① 투사(projection) : 주어진 상황에서 결과에 대해 타인에게 책임을 전가하는 행동을 한다.

③ 퇴행(regression) : 이전의 만족방식이나 이전 단계의 만족대상으로 후퇴한다.

④ 반동형성(reaction formation) : 무의식적 추동과는 정반대로 표현한다.

073 ② 후광효과가 나타날 수 있다는 단점이 있다.

③ 행동을 평가하는 것이므로 내현적이거나 추론된 성격 측면을 평가하는데 부적합하다.

④ 각각의 항목에 대해 극단적인 점수에 평정하는 경향은 그리 많지 않다.

074 ④ 정상적 지능의 성인이 나머지 가족원을 살해한 사건에서 법정 임상심리학자가 가장 우선적으로 고려해야 할 사항은 범행 당시 가해자의 정신상태이다. 그 이유는 법정 임상심리학자는 살해사건에서 가해자의 법적인 문제와 관련된 심리상태를 파악하는 것이 중요하기 때문이다.

실력다지기

법정심리학의 정의

1) 법률이나 사법제도에 관련된 논제들에 대한 모든 심리학자의 업무와 관련된 것으로, 법적인 문제와 관련된 심리학적 연구와 법정에서의 심리학을 실질적으로 적용하는 것이다.

2) 형사재판, 민사사건, 청소년 법정심문 및 아동보호 감호를 포함하며 다양한 법적 소송절차에서의 소송 당사자 평가 및 증언 등과 관련된다.

3) 법정심리학은 '직접적으로 법원, 법적 절차, 교정 및 법정신적 시설 그리고 사법적 지위를 가지는 행정적, 법적, 입법 단체에 심리학적 문제들에 대한 도움을 줄 수 있는 법/심리학적 전문가의 모든 전문적 활동'을 말한다.

4) 결론적으로, 법정심리학은 강제입원, 아동 양육권, 여성에 대한 폭력, 배심원 선정 등의 문제에 특히 관심을 가지는 심리학 영역이다.

075 ① 불안을 갖고 있는 내담자를 치료하는 과정에서 체계적 둔감법을 사용하였고, 공황을 느끼고 있는 내담자에게 참여 모델링 기법을 사용했다면 행동적 기법을 활용한 행동주의적 접근이다.

076 ② 상담자가 자신의 내담자와 치료를 진행하는 기간은 전문적 관계에 해당하고, 내담자 가족에게 식사초대를 받아 식사를 한 경우는 사적인 관계에 해당하므로 이는 이중관계가 되며, 윤리적으로 바람직하지 않다.

077 ③ 정상적인 적응상태에 있는 사람을 심리평가를 할 경우에 임상적으로 무의미한 일반적인 행동(일상적인 행동)까지 심리평가보고서에 포함시키는 것은 바람직하지 않다.

078 임상적 평가의 목적으로 예측적인 목적이 있는데, 이는 치료의 효과에 대한 예측, 미래 수행에 대한 예측, 위험성 예측 등이다. 다만, ④ 임상적 평가로 인해 '심리의 본질을 발견하기'는 어렵다고 할 수 있다.

참고

심리검사 및 심리평가의 개념

1) 심리검사는 지능검사, 성격검사, 적성검사 등의 개별적인 검사를 지칭하는 말인데 비해, 심리평가는 여러 종류의 '심리검사'를 실시하여 얻어진 자료와 '임상적 면담' 그리고 '체계적인 행동관찰'을 통해 얻어진 모든 정보를 종합하고 해석하는 전문적인 과정을 말한다.

2) 그리고 그 결과를 내담자나 보호자 혹은 심리평가를 의뢰한 사람에게 '전달하고 의사 소통'하는 과정을 포함한다.

3) 심리평가는 풍부한 임상경험을 갖춘 임상심리사 / 임상심리전문가가 실시한다.

심리검사 및 심리평가의 목적

1) 심리검사 및 평가의 목적은 환자의 상태에 대한 정확한 진단 및 핵심적 갈등영역에 대한 정보, 그리고 적합한 치료계획을 수립하기 위한 것이다.

2) 환자들이 느끼는 증상이나 고통의 정체가 무엇인지 파악함으로써 정확한 진단을 하고 핵심적인 갈등의 영역을 바탕으로 현재 경험하는 괴로움의 근원이 무엇인지 파악하고 향후 어떻게 치료해야 할지에 대한 보다 효율적이고 체계적인 치료 계획을 수립하고자 한다.

079 문제의 보기 중에서 아동의 바람직하지 않은 행동을 감소시키기 위해 사용할 수 있는 적합한 기법은 과잉교정이다. '교정'이라는 단어가 힌트가 된다. ① 행동연쇄(Chaining), ② 토큰경제(Token economy), ④ 주장훈련(Assertive training)은 바람직한 행동의 증가를 위한 기법들이다.

> **심화학습**
>
> 과잉교정 (overcorrection)
>
> 1) 과잉교정은 잘못된 행동이 지나치게 일어날 때 특히 효과적이다.
> 2) 과잉교정은 강화로 제공될 대안행동이 거의 없거나 효과적인 강화인자가 없을 때 유용한 기법이다 (Karoly, 1980).
> 3) 과잉교정은 파괴행동을 하는 아동이나 병원에 있는 어른들에게 적용된다.
> 4) 과잉교정의 절차는 내담자에게 먼저 자신의 부적응행동 후에 즉각적으로 자연스런 상황을 재구성하도록 요구한다.
> 5) 사례
>   (1) 사례 1
>   어떤 사람이 집단 속의 다른 사람에게 말이나 신체적으로 공격을 가했다면, 그 공격을 한 내담자로 하여금 전체 집단원에게 뿐 아니라, 직접 상처를 받은 집단원에게 사과를 하게 하는 것이다. 이때 공격한 내담자는 사과하는 행동을 반복해서 실행할 것을 요구받는다.
>   (2) 사례 2
>   화가 나서 먹을 것을 집어 던진 어떤 아동에게 우선 흩어진 것들을 치우도록 요구하고 그런 다음 마룻바닥을 깨끗이 닦게 함으로써 '이전보다 더 나은' 상태가 되게 한 후 음식물을 다시 원상태로 정돈하게 하는 것이다.

080 ③ 행동평가는 특정 상황에 대한 개인의 개별적 행동에 초점을 맞추는 것이기 때문에 법칙정립적 접근보다는 개인차적 접근(idiographic approach) 또는 개별사례적 접근에 기초한다.

> **참고**
>
> 법칙 정립적 접근
>
> 법칙 정립적 접근은 서로 다른 개인들을 소수의 대표적 차원으로 구성된 개념체계 위에서 법칙과 같은 보편적으로 적용될 수 있는 진술로 엮어낼 수 있는 차원들을 찾아내려는 접근방법이다. 따라서 이 접근에서 각 개인의 행동은 다른 모든 개인들에게서도 같은 식으로 나타나는 일반적인 차원들로 기술될 수 있고, 또한 일반적인 법칙을 빌어 개인의 행동을 설명할 수 있다.

081	④	082	①	083	④	084	①	085	④	086	①	087	④	088	④	089	③	090	③
091	④	092	④	093	③	094	①	095	②	096	③	097	②	098	③	099	①	100	②

081 ④ 이미 선택한 진로에 대해 후회하지 않도록 유도한다는 진로상담의 목표는 틀린 내용이다. 진로 상담은 일과 직업에 대한 올바른 가치관을 형성하는 데 도움을 준다. 진로상담의 목표는 내담자가 자기 자신과 직업세계에 대해 알지 못했던 사실을 발견하도록 도와주는 것으로, 내담자가 이미 잠정적으로 선택한 진로 결정을 확고하게 해주는 것이다. 또한 내담자의 합리적인 의사결정능력을 증진시키고 직업의식을 확립시키는 등 내담자의 성장과 능력향상에 그 목적이 있다.

082 ① 불안을 유발하기 때문에 지금까지 피해왔던 상황을 더 이상 회피하지 않고 그 상황에 직면하게 하는 행동 치료기법은 노출훈련이다.

> **노출훈련**
> 1) 사회공포증 치료에서 극복을 위한 집단치료 프로그램 내용 중 불안을 유발하기 때문에 지금까지 피해왔던 상황을 더 이상 회피하지 않고 그 상황에 직면하게 하는 일종의 행동치료기법이다.
> 2) 사회공포증(Social phobia)은 낯선 사람과 이야기하거나, 다른 사람들 앞에서 연설을 하는 등의 사회적 상황에 대한 두려움과 불안이 있어서 그런 상황을 가능한 한 피하려 하는 질환이다.
> 3) 사회공포증으로 고통 받는 사람들이 하는 훈련의 대부분이 노출훈련이다.
> 4) 이 노출훈련으로 최대의 성과를 얻기 위해서는 두려워하는 상황에 가능한 한 자주 노출하고, 공포감이 줄어들 때까지 두려운 상황에 머물러 있는 것이 중요하다.

083 ④ Perls는 게슈탈트 상담이론의 창시자이다.

084 ① 성폭력은 성적 자기결정권의 침해이다. 성폭력은 '성을 매개로 상대방의 의사에 반해 이뤄지는 모든 가해 행위'로써, 개인의 성적 자기결정권을 침해함으로써, 개인 혹은 집단에 대해 신체적·심리적·사회적 고통을 야기하는 행위를 의미한다.

085 ④ 상담윤리의 원칙 중 상호성(mutuality)의 원칙이 포함되지 않는다.

> **상담자를 위한 윤리적 의사결정모델 (Kitchener, 1984; Meara, Schmidt & Day, 1996)**
> (**암기법** 자선 / 무성 / 공진)
> 1) 자율성(autonomy)
> 내담자가 원하는 것을 선택하고 그것을 할 수 있는 권리를 인정하는 것
> 2) 선의(beneficence)
> 내담자의 안녕과 복지를 증진시키는 것
> 3) 무해성(non - maleficence)
> 내담자에게 고통이나 피해를 줄 수 있는 위험한 행동이나 활동을 하지 않는 것

4) 성실성(fidelity)

상담자는 전문가로서 지킬 수 있는 정직한 약속을 하고 신뢰관계를 형성하여 자신의 책임을 다해야 한다는 것

5) 공정성(justice)

내담자의 연령, 성별, 인종, 경제적 수준, 문화적 배경, 종교 등에 상관없이 모든 내담자에게 동등한 수준의 서비스를 제공하는 것

6) 진실성(veracity)

상담관계에서 내담자가 신뢰성을 갖도록 하는 것

086 ① 내담자, 상담자 모두 기본적 배경(문화, 인종, 성별 등)을 고려해야 한다.

087 ④ Satir 가족치료에서 상대방의 의견에 무조건 동의하는 의사소통 유형은 회유형이다.

<의사소통 유형 – 사티어의 경험적 가족치료>

구분	유형	의사내용분석	자신	타인	상황
기능적	일치형 (congruent)	• 언어적 메시지와 비언어적 메시지가 일치하는 의사소통 유형 • 자신, 타인, 상황을 모두 고려, 진솔한 의사소통유형	존중	존중	존중
역 기능적	비난형 (blamer)	• 자기주장이 강하고 독선적이며 명령적이고 지시적인 사람들이 많이 사용하는 의사소통유형 • 잘못을 남의 탓으로 돌리며 자신에게는 충성과 복종을 요구함 • "다 너 때문이야.", "나에게는 잘못이 없어."	존중	무시	존중
	회유형 (placater)	• 상대방의 의견에 무조건 동의하고 상대이 원하는 대로 행동 • 자신의 내적 감정이나 생각을 무시하고 타인의 비위에 맞추며 희생적으로 행동함 • "다 내 잘못이야.", "나는 신경 쓰지 마."	무시	존중	존중
	초이성형 (계산형, super – reasonable)	• 지나치게 이성적이고 잘 따지며 부정적인 측면을 잘 지적함 • 자신의 감정을 잘 표현하지 않으며 실수하지 않으려고 노력함 • "사람은 논리적이어야 해."	무시	무시	존중
	혼란형 (산만형, irrelevant)	• 상황에 적절하게 반응하지 못하고, 의사 표현에 초점이 없고 요점이 없음 • 타인의 말이나 행동과는 무관한 의사소통을 함	무시	무시	무시

088 ④ 사례의 내담자는 '의지할 사람이 아무도 없어요.'라고 외로움을 간접적으로 표현하였다. 이에 상담자가 내담자의 외로움에 대한 감정을 반영하는 반응을 보였다. 즉, 반영기법을 활용하였다.

089 ③ 병적 도박은 DSM – IV에서 충동조절장애로 분류되었다가 DSM – 5에서 중독 장애 중 비물질관련장애의 도박장애로 분류되었다.

090 ③ 개인화는 자신과 무관한 사건을 자신과 관련된 것으로 잘못 해석하는 것으로, 다른 사람의 행동에 대한 좀 더 타당한 설명을 고려하지 않고 자신이나 어떤 사람 때문에 다른 사람이 부정적으로 행동한다고 믿는 오류이다.

예 화장실에 갔다가 사무실로 들어오는데 동료들이 웃고 있는 모습을 보고서, '나에 대해 무엇인가 이야기하고 있었던 것 아냐?'라고 생각하는 경우

인지적 오류의 종류

1) 잘못된 명명의 오류(mislabelling)

사람의 특성이나 행위를 기술할 때 과장되거나 부적절한 이름의 사용으로 판단하는 것을 잘못된 명명의 오류라고 한다.

예 '나는 실패자다' '나는 인간쓰레기다' 라는 부정적인 이름의 사용

2) 독심술적 오류(mind - reading)

충분한 근거 없이 타인의 마음을 추측하여 단정 짓는 오류를 독심술적 오류라고 한다. 이러한 오류를 범하는 사람들은 자신이 타인의 마음을 정확하게 꿰뚫어 볼 수 있는 능력을 지녔다고 믿는 경우가 많은데, 이는 상대의 마음을 확인할 방법이 없고, 자신이 믿는 대로 행동하기 때문에 이러한 오류를 갖는다.

3) 예언자적 오류(fortune telling)

충분한 근거 없이 미래에 일어날 일을 단정 짓는 오류를 예언자적 오류라고 한다. 미래의 결과를 부정적으로 추론하고 이를 굳게 믿는다.

예 '미팅에 나가면 호감 가는 이성에게 분명히 거부당할 것이다.'라고 생각하는 경우

---

091 ④ 상호작용적 개입은 습관, 일상생활 방식 보다는 다른 사람 또는 상황에 대한 관계 패턴을 다루는 방법이다.

청소년의 대인관계 문제 해결을 위한 상담전략

1) 정서적 개입
   (1) 주요목표 : 내담자가 감정을 인식하고, 표현하도록 돕는다.
   (2) 주요기법 : 역할바꾸기, 빈의자 기법, 감정카드 등

2) 인지적 개입
   (1) 주요목표 : 인지적 신념체계의 오류를 변화시키거나 교정하도록 돕는다.
   (2) 주요기법 : 인지 재구조화, 재결단, 인지적 과제 등

3) 행동적 개입
   (1) 주요목표 : 바람직한 행동의 강화를 돕는다.
   (2) 주요기법 : 행동시연, 모델링, 체계적둔감화 등

4) 상호작용적 개입
   (1) 주요목표 : 다른 사람 또는 상황에 대한 바람직한 관계 패턴 활용하기
   (2) 주요기법 : 의사소통 연습, I - message 등

092 ④ NLP 상담기법은 인간의 우수성과 잠재력을 개발하는 새로운 상담 접근 방법으로 NLP 상담기법의 전제조건에 해당한다.

NLP(Neuro - Linguistic Programming) 상담기법[26]

1) NLP(Neuro - Linguistic Programming, 신경언어 프로그래밍)는 1970년대 중반에 미국의 심리학자이자 정보통신전문가인 밴들러(R. Bandler)와 캘리포니아대학의 언어학 교수인 그라인더(J.Grinder)가 창시한 기법이다.

2) 각 방면에서 탁월한 성과를 보인 사람들의 성공사례를 모방하면서 시작되어 미국의 게슈탈트 치료의 창시자인 펄스(F. Perls), 가족치료로 유명한 사티어(V. Satir), 세계적으로 유명한 정신과 의사이자 최면치료자인 에릭슨(M. Erickson) 등을 모델로 연구하였다.

3) 인간 성취와 우수성 개발을 위하여 다학제 간의 전문가(정보통신, 신경과학, 수학, 언어학, 커뮤니케이션, 정신분석, 가족치료, 게슈탈트, 심리학)들이 학문의 담을 헐고 공동으로 참여한 심리공학적 성취기술로서, 인간경험을 구조적 측면에서 총체적(감각기능, 뇌의 정보처리 방식, 주관적 경험, 생리심리적 연동성, 언어의 역할과 의미 등), 통합적으로 다루기 위해 만들어진 것이다.

4) NLP의 전제조건
  (1) 지도는 영토가 아니다.
  (2) 정신과 육체는 하나의 체계이다.
  (3) 경험은 구조를 가지고 있다.
  (4) 모든 행동은 긍정적 의도에서 나온다.
  (5) 선택할 수 있다는 것은 그렇지 못한 것보다 바람직하다.
  (6) 사람들은 그 당시에 할 수 있는 가장 최선의 선택을 한다.
  (7) 실패란 없다. 다만 피드백이 있을 뿐이다.
  (8) 타인의 세계관을 존중하라.
  (9) 누군가 할 수 있다면 다른 사람도 배울 수 있다.
  (10) 사람들은 이미 필요한 모든 자원을 가지고 있다.

---

093 ③ 상담초기에는 경청과 동기부여, 반영, 무조건적인 긍정적 존중과 같은 상담관계 형성을 위한 기법을 활용한다. 상담관계가 형성된 중기 이후에 내담자의 문제를 변화시키는 상담적 개입이 진행되는 것이 효과적이다.

상담 초기, 중기, 후기의 해석 기법

1) 상담초기 : 내담자와 신뢰로운 관계형성을 위해 무비판적이며, 공감적인 태도로 감정을 반영한다.
2) 상담중기 : 내담자의 문제를 해결하는 단계이며, 저항을 해결하기 위해 명료화와 직면을 통해 내담자 스스로 통찰하도록 한다.
3) 상담후기 : 내담자가 알아차린 무의식의 내용이 반복되고 있음을 새로운 설명체계로 제공한다.

---

094 ① 개인은 무의식과 의식, 감정과 사고, 행동이 각각 분리되어 있는 것으로 본다.

---

26 네이버 백과사전 참조

095 ② 동기강화상담의 OARS기법은 열린질문하기, 인정하기, 반영하기, 요약하기로 구성되어 있다.

> **동기강화 상담의 기본 원리와 기법**
>
> 1) 기본원리
>   (1) 공감표현하기   (2) 불일치감 만들기
>   (3) 저항과 함께 구르기   (4) 자기효능감 증진하기
> 2) 기본기법(OARS)
>   (1) O - 열린 질문 사용하기(Open question)   (2) A - 인정하기(Affirming)
>   (3) R - 반영하기(Reflecting)   (4) S - 요약하기(Summary)
> 3) 동기강화 상담의 4단계
>   (1) 관계형성하기   (2) 초점맞추기
>   (3) 유발하기   (4) 계획하기

096 ③ 타이드만과 오하라(Tiedeman & O'Hara)의 발달이론은 에릭슨의 영향으로 직업발달을 자아정체감을 형성해나가는 과정으로 이해하였다.
  ① Ginzberg의 발달이론 : 긴즈버그(Ginzberg)는 직업선택과정이 아동기부터 초기 성인기까지의 사회, 문화적 환경에 따라 주관적으로 평가, 발달된다고 주장하며 특히, 초기선택의 중요성을 강조하였다. 또한 직업선택은 일생 동안의 의사결정과정이며 진로목표와 현실의 직업 세계 간 조정의 과정이라고 주장 하였다.
  ② Super의 발달이론 : 수퍼(Super)는 직업발달이 평생 동안 이루어진다는 전 생애론적 발달론을 제시하였다.
  ④ Tuckman의 발달이론 : 터크만(Tuckman)은 자아인식, 진로인식, 진로의사결정의 3요소를 중심으로 8단계의 진로발달이론을 주장하였다. (일방적 의존성 단계 - 자기주장단계 - 조건적 의존성 단계 - 독립성 단계 - 외부지원 단계 - 자기결정 단계 - 상호관계 단계 - 자율성 단계)

> **타이드만과 오하라(Tiedeman & O'Hara)의 발달이론**
>
> 1) 에릭슨의 영향으로 자아정체감이 발달하면서 진로관련 의사결정이 이루어진다고 본다.
> 2) 개인은 사회에서의 통합, 즉 직업세계로 통합을 희망한다.
> 3) 진로결정의 기제로서 4개의 예상 측면과 3개의 실행 측면을 제시하였다.
> 4) 예상측면(탐색/구체화/선택/명료화), 실행 측면(유도(순응)/재형성(개혁)/통합)
>
> | 예상기 혹은 전 작업기 암기법 탐구/선명 | | | | → | 실행기 혹은 적응기 | | |
> |---|---|---|---|---|---|---|---|
> | 탐색기 | → | 구체화기 | → | 선택기 | → | 명료화기 | |
> | | | | | | 순응기 | → | 개혁기 | → | 통합기 |

097 ② 감정의 명료화에서 내담자가 원래 제시한 것보다 더 많은 의미를 추가하여 반응할 수 있다. 내담자가 자신의 감정을 분명히 인식하기 어려울 수 있기 때문에 상담자가 내담자의 감정을 보다 풍부하게 제시할 수 있다.

098 ③ 사람들은 고통, 좌절, 스트레스를 비롯하여 감각자극이나 내적 자극에 대한 반응을 나타내는 식별역이 다르기 때문에 중다양식적 접근을 활용한다.

099 ① 탐색단계는 인간중심상담을 기반으로 내담자가 그들의 생각과 감정을 탐색하는 것을 목적으로 한다.

> Hill & O'Brien의 3단계 모델(Three - Stage Model)
> 1) 탐색단계(Exploration)
>   탐색단계는 인간중심상담을 기반으로 내담자가 그들의 생각과 감정을 탐색하는 것을 목적으로 한다.
> 2) 통찰단계(Insight)
>   통찰단계는 정신역동 이론을 기반으로 내담자가 그들의 생각과 감정에 대한 이유를 이해하도록 돕는 데 목적이 있다.
> 3) 실행단계(Action)
>   실행단계는 행동주의 이론을 기반으로 내담자가 그들의 삶에서 희망하는 변화를 만들어내도록 하는 데 목적이 있다.

100 ② 자살 문제에 대한 구체적인 질문을 통해 자살가능성을 낮출 수 있다.

제3회 임상심리사 2급 필기 정답 및 해설

| 001 | ② | 002 | ④ | 003 | ④ | 004 | ③ | 005 | ③ | 006 | ② | 007 | ③ | 008 | ④ | 009 | ③ | 010 | ① |
| 011 | ④ | 012 | ① | 013 | ② | 014 | ④ | 015 | ③ | 016 | ④ | 017 | ② | 018 | ③ | 019 | ① | 020 | ④ |

001　② 맥락 단서(맥락효과, context cue) 어떤 사건을 사건이 일어났던 맥락 속으로 돌아가서 생각해봄으로써 기억의 인출을 돕는 것이다.

　　① 인출단서 기억 속에 있는 특정한 정보에 접근하는 것을 도와주는 자극으로서, 인출 실패 상태에 있는 기억은 인출단서를 제시함으로 되살아날 수 있다.

　　③ 기분 효과(정서 일치 효과, mood - congruence effect) 행복한 기분일 때 불쾌한 정보보다는 유쾌한 정보를 더 잘 기억하고, 슬프거나 우울한 기분일 때는 즐거운 정보보다 불쾌한 정보를 잘 기억하는 현상이다.

> **맥락효과 (context cue)**
>
> 맥락효과를 연구하기 위하여 수중 다이버에게 40개의 단어를 해변이나 20피트 물속에서 학습을 하도록 하였다. 그리고 그 다이버들은 이 외운 목록을 외운 장소와 같은 환경이나 다른 환경에서 회상을 했다. 그 결과 다이버들은 그들이 학습한 맥락과 동일한 맥락에서 회상했을 때, 최적의 수행을 보였다. 즉, 물속에서 학습한 사람은 물속에서 외운 내용을 가장 잘 인출할 수 있었으며, 해변에서 기억한 사람은 해변에서 외운 내용을 가장 잘 인출할 수 있었다. 또한 단지 이런 물리적 맥락과 같은 외적 단서뿐만 아니라 기쁠 때나 슬플 때와 같은 정서적 맥락을 포함하는 내적 맥락에 서도 마찬가지 효과를 보이고 있다. 이러한 연구결과는 결국 학습할 때와 가장 유사한 환경과 정서상태에서 그 학습내용을 인출할 때, 가장 좋은 결과를 보일 수 있다는 것을 의미한다.

002　④ 타인에 대한 호감이나 매력의 정도를 결정짓는 요인은 근접성, 유사성, 친숙성, 상보성 등이다.

> **대인 매력의 규정요인**
>
> 1) 근접성(지리적으로 가까운 것)
>   (1) 근접성은 친근감과 호감을 높이는 경향이 있다.
>   (2) 근접성은 유사성을 더욱 증가시킨다.
> 2) 유사성 - 근접성보다 유사성이 대인매력의 중요한 요인으로 작용한다.
>   (1) 유사성 자체가 인간관계에 강화를 줄 수 있는 요인이다.
>   (2) 상호 간의 가치관, 의식구조, 인간적인 믿음을 확인시켜 줄 수 있다.

3) 친숙성

빈번한 접촉에 호감이 증가되며, 부정적 자극에는 노출효과가 나타나지 않는다.
4) 좋은 특성을 가지고 있는 사람(신체적 매력, 능력 등)
5) 나에게 보상을 주거나 이익이 되는 사람
    (1) 상호성 원리(친교 행동에서의 상호성 원리)

        자신을 좋아하는 사람을 좋아하게 되고, 자기를 싫어하는 사람을 상대적으로 싫어하는 원리
    (2) 득실 현상

        타인으로부터 보상적인 행동이 증가하면 변함없는 보상을 받을 때보다 득을 보게 되어 좋아하고,
        반대로 부정적 행동이 증가하면 변함없는 처벌보다 실을 보게 되어 싫어하게 된다.
6) 신뢰하는 친구가 좋아하는 사람(균형이론)

    내가 신뢰하는 친구가 좋아하는 사람을 좋아하는 경향이 있으나 내가 신뢰하지 못하는 친구가 좋아
    하는 사람을 나는 싫어하게 되고, 내가 신뢰하지 못하는 친구가 싫어하는 사람을 좋아하게 되는 경향
7) 자기개방

    대인관계에서 자신의 여러 가지 측면이 다른 사람에게 알려지게 되는 과정

003 ④ 뉴런 휴식기에 세포 내부는 약 –70mv의 전압으로 외부와 비교하여 음성(–)을 띠고 있다. 이때 어떤
외부 자극을 받게 되면 뉴런 내부에 있던 칼륨이온이 밖으로 나가고, 뉴런 외부에 있던 나트륨 이온이
내부로 들어온다. 이런 과정에서 전기신호가 발생하고, 신경전달물질이 시냅스 틈으로 방출된다.

004 ③ 프로이트의 심리성적 발달단계에서 남근기(성기기)는 약 3~6세경으로 근친상간에 대한 환상, 오이디푸
스 갈등, 불안, 초자아가 발달되는 시기이다.

	구강기 (출생~18개월)	수유경험은 후기 발달에 중요한 역할을 하며 특히 이유방식이 가장 중요하며 애착 형성이 중요하다.

심리
성적
발달
단계
	항문기
	(18개월~3세)
		1) 부모에 의한 대소변 가리기 훈련은 이후에 성격발달에 효과를 나타낸다.
		2) 잘못 발달된 성격
		    (1) 강박성, 완벽주의, 죄책감, 완고함, 인색한 성격 – 항문보유적 성격
		    (2) 양가감정, 더러움과 지저분함, 반항, 분노, 가학, 피학성을 지닌 성격 – 항문폭
		        발적 성격

	남근기
	(3~6세)
		1) 남아 – 오이디푸스 콤플렉스(Oedipus complex) : 거세불안
		2) 여아 – 엘렉트라 콤플렉스(Electra complex) : 남근선망
		3) 잘못 발달된 성격 : 욕구 좌절, 욕구 충족이 너무 심했던 양극단의 경우를 겪는 남
		    아의 경우 거세불안과 어른을 두려워하고, 여아는 유혹적이고 정서가 불안정한 히
		    스테리 성격이 된다.

	잠복기 (6~12세)	성적인 관심이 잠시 잠복되는 시기로서 전(前) 단계까지 경험해 온 성적 욕망이나 성 적 갈등 현상은 잠재되고 활발한 문화 활동과 또래에 관심을 보이는 것과 같은 '승화' 현상이 가능해진다.
	생식기 (12세~성인기 이전)	1) 이성에 대한 관심과 인식이 다시 증가하며 성적·공격적 충동이 다시 나타난다. 2) 잘 발달된 성격은 성숙한 이성 관계를 수립하게 되고 주체성을 형성한다.

005 ③ 문제의 애착 유형은 불안정 회피 애착에 해당한다.

> **에인스워스(Mary Ainsworth)의 낯선 상황(strange situation) 검사**
>
> 유아가 친숙하지 않은 상황에서 미리 계획된 방식으로 주 양육자가 같이 있거나 없거나 하면서 낯선 사람이 들어왔을 때와 나갔을 때 유아가 보이는 불안 행동을 측정.
> 1) 안정 애착
>   (1) 엄마가 같이 있을 때는 활달하게 놀았으며 적극적으로 탐색하는 행동을 보였다.
>   (2) 엄마가 없거나 낯선 사람과 함께 있을 때는 약간 놀라면서 탐색하는 것이 줄었으나, 엄마가 다시 돌아왔을 때 적극적으로 엄마에게 접근하여 접촉하려고 하였다.
> 2) 불안정 회피 애착
>   (1) 엄마가 떠났을 때는 무관심한 것처럼 보였다.
>   (2) 엄마가 돌아왔을 때는 적극적으로 회피하고 무시하였다.
> 3) 불안정 저항 애착
>   (1) 엄마가 떠났을 때는 극심한 분리불안을 보였다.
>   (2) 엄마가 돌아왔을 때는 화를 내지만, 엄마에게 다가가 안겼다가는 이내 화난 듯 밀쳐 내는 반응을 보였다.
> 4) 혼란 애착
>   (1) 회피애착과 저항애착이 결합된 것이다.
>   (2) 엄마가 돌아왔을 때는 얼어붙은 표정으로 엄마에게 접근하고 엄마가 안아줘도 먼 곳을 쳐다보았다.

006 ② Freud가 설명한 인간의 3가지 성격 요소 중 현실 원리는 자아이다. 원초아는 쾌락의 원리, 초자아는 완전 또는 도덕의 원리이다.

007 ③ 사회적 촉진 : 일반적으로 누군가가 옆에 있으면 경쟁의식을 느끼고 긴장하며 행동의 속도가 빨라짐
① 몰개성화 : 평소에 얌전하던 사람이 군중 속에 휘말리면 자기도 모르는 사이에 흥분하고 대담해짐
② 군중 행동 : 군중이 특정 사건을 대상으로 똑같은 감정적 반응을 일으킨 결과로 발생하는 집합적 행동
④ 동조 행동 : 한 사회 집단의 구성원들이 그 집단 특유의 사고나 감정, 행동 양식 따위를 공유하고 그대로 답습하는 행동

008 ④ 문제의 사례는 자신의 행위에 그럴듯한 이유를 붙여 정당화하는 경우로 방어기제 유형은 합리화에 해당한다.

> **방어기제 유형 중 합리화**
>
> 1) 자기의 실패나 약점이 자기의 무능 혹은 부덕의 소치인데도 불구하고 그것을 은폐하기 위하여 그럴듯한 이유를 붙여 정당화하는 경우
> 2) 기제
>   (1) 신포도형(sour grapes)
>   어떤 목표를 달성하려 했으나 실패한 사람이 자신은 처음부터 그것을 원하지 않았다고 변명함(예. 여우와 신포도)

(2) 달콤한 레몬형(sweet lemon)

자기가 현재 가지고 있는 것이 남들이 볼 때는 별 볼 일 없는 것이지만 본인은 바로 그가 원하던 것이라고 스스로 믿는 것

(3) 투사형(projection)

자신의 결함이나 실수를 자기 이외의 다른 대상에게 책임을 전가시키는 것

(4) 망상형(delusion)

원하는 일이 마음대로 되지 않을 때 자신의 능력에 대해 허구적 신념을 가짐으로써 실패의 원인을 합리화시킴

009 ③ 실험 관찰법은 실험실적 관찰(laboratory observation) 또는 유사 관찰법이라고 한다. 즉, 관찰하고자 하는 행동이 나타날 수 있는 상황을 인위적으로 만들어놓고 그 상황에서의 행동을 관찰하는 방법으로 일반적인 관찰연구에서 사용된다.

010 ① 눈덩이 표집(snowball sampling = 누적 표집)은 연구에 필요한 소수의 사례 표본을 찾고 그 표본을 통해서 다른 사람을 추천받아 점차로 표본의 수를 늘려가는 표집방법이다.

비확률표집의 종류

암기문장 누유임할 - 비확률

해설 1) 누적(= 눈덩이)표집　　　　2) 유의(= 판단)표집
　　　　3) 임의(= 편의)표집　　　　4) 할당표집

011 ④ 문제의 사례는 행동주의 원리에 해당되는 것으로 모두 맞는 답이다.

012 ① 생리적 욕구는 가장 강력한 욕구로서 생존에 필요한 음식, 물, 공기 등에 관한 욕구이다.

<매슬로의 욕구위계이론 중 욕구 5단계>

결핍 동기	생리적 욕구	1) 가장 강력한 욕구로서 유기체의 생존과 유지에 관련됨. 2) 인간의 생존을 위해 필요한 음식, 물, 공기 등에 관한 생리적 욕구가 다른 욕구에 비해서 가장 기본적이고 강력함.
	안전의 욕구	1) 질서있고 안정적이며, 예언할 수 있는 세계에 대한 유기체의 욕구. 2) 안전 욕구의 만족을 위해 안전, 보호, 질서, 공포와 불안으로부터의 자유가 요구됨.
	소속과 애정의 욕구	개인은 다른 사람과의 친밀한 관계, 연인 관계를 맺기를 원하며 특별한 집단에 소속되기를 바람.
	자기존중의 욕구	1) 자신으로부터의 존중과 타인으로부터의 존중을 필요로 하며 자아존중을 이루기 위해 유능감, 자신감, 성취, 독립, 자유 등을 갖는 것이 요구됨.(→ 사회적 인정) 2) 자아존중의 욕구를 충족시킨 사람은 자신의 힘, 가치에 대해 확신을 가짐.
성장 동기	자아실현의 욕구	발달의 마지막 단계인 자아실현은 자신의 모든 잠재력과 능력을 인식하고 충족시키는 것으로 가장 높은 수준의 욕구임 - 가장 중시하는 욕구.

013 ② 효과의 법칙(law of effect)은 반응 후에 수반되는 결과가 바람직한 것이면 그 반응이 나타날 확률이 증가되고 결과가 바람직하지 않으면 확률이 감소되는 학습법칙이다.

> **손다이크(Thorndike)의 3대 법칙(1898)**
>
> 1) 연습의 법칙(the law of exercise)
>   (1) 연습이 자극과 반응 사이의 결합을 강화한다는 법칙, 즉 자극과 반응의 결합은 그 반응횟수에 비례해서 강화된다고 하는 것이다.
>   (2) 반복하며 사용할수록 강화되므로 사용의 법칙(the law of use)이라 할 수 있다.
>   (3) 사용을 하지 않으면 그 만큼 약화되므로 이를 불사용의 법칙(the law of disuse)이라고 할 수 있다.
> 2) 효과의 법칙(the law of effect)
>   (1) 자극 – 반응 결합에 따르는 만족감이 크면 클수록 그 결합은 강화된다(만족의 법칙).
>   (2) 반대로 불만족을 주는 상태가 계속된다면 그 결합은 약화된다(불만족의 법칙).
> 3) 준비성의 법칙(the law of readiness)
>   어떤 행동단위는 행동할 준비성을 갖추고 있을 때 비로소 만족하게 행할 수 있으며 반대로 행동할 준비성을 갖추고 있지 않을 때 실패를 가져오기 쉽다는 법칙이다.

014 ④ 산포도는 데이터의 흩어진 정도를 의미하며, 정적 상관을 보일 경우 우상향하는 모양으로 표현된다. 부적 상관일 때는 좌하향하는 모양으로 표현된다.

015 ③ 통계적 검증력을 높이려면 ① 표집의 크기를 크게 하거나 ② 실험의 절차 혹은 측정의 신뢰도를 높여서 오차변량을 줄이거나 ③ 양방검증보다는 일방검증을 사용하거나(이유는 일방검증이 영가설이 사실임에도 영가설을 기각할 확률이 높아 1종 오류가 클 수 있기 때문) ④ 1종 오류의 한계, 즉 알파 수준을 높여서 2종 오류인 베타 수준(표집의 크기가 적절하면 2종 오류를 줄일 수 있음)을 감소시키는 등 4가지 방법이 있다.

016 ④ 강화계획 중 소거에 대한 저항이 가장 큰 것은 변동비율 강화계획으로 변동비율 강화계획 > 고정비율 강화계획 > 변동간격 강화계획 > 고정간격 강화계획 순이다.

017 ② 보기의 내용은 합리화라기보다는 자기중심적 사고에 해당한다.

018 ③ 걸맞추기 가설(matching hypothesis)은 사회적 가치나 태도가 동등하거나 유사한 두 사람 사이에 관계가 형성된다고 주장하는 대인관계 매력 이론이다. 즉, 두 사람 사이에 유사성이 높을수록 관계형성이 잘 될 가능성이 높다.

019 ① 부호화 특수성(encoding specificity)의 원리는 기억의 인출단서가 부호화 했던 것과 유사할 때 인출 가능성이 크다는 이론이다.

② 설단현상은 장기기억에 존재하는 특정한 정보에 대해 정확하게 접근할 수 없기 때문에 발생하는 것으로 특정 정보가 저장되어 있다는 증거로 볼 수 있다.

③ 회상은 기억해내야 할 대상(target)을 직접 보지 않는 상태에서 간접적 단서에만 의지하여 표적(target)을 인출하는 방식이며, 재인은 표적을 직접 보고 있는 상태에서 그것을 사전에 접하였는지 판단하는 인출 방식이라 할 수 있다. 즉, 회상과 재인은 모두 명시적 인출 방법이다.

④ 기억탐색 과정은 부호화하고 저장했던 정보를 기억에서 끄집어내는 인출 과정을 말한다.

020 ④ 올포트는 행동 상에 미치는 정도에 따라 주 특질(성향), 중심특질(성향), 2차적 특질(성향)으로 구분하였다. 문제에서 중심특질이 2차적 특질보다 기본적인 특질에 해당한다.

② Eysenck는 성격을 하나의 위계로 보았으며, 외향성 - 내향성 등의 특질군을 보편적 차원으로 위계의 맨 위로 분류하였다.

③ Cattell의 원천 특질과 표면 특질로 구별하였는데 원천 특질이 기본적인 특질에 해당한다. Cattell은 세가지 방식으로 특질을 분류하였으며, 공통특질 대 독특한 특질, 능력특질 대 기질특질 대 역동적 특질, 원천특질 대 표면 특질이다.

올포트(Allport)의 특질론

1) 올포트는 특질은 개인에게 여러 가지 다른 자극이나 상황에 대해 유사한 방식으로 반응하도록 조작하는 실체로서, 개인의 사고, 정서 및 행동을 결정하는 중요한 역할을 한다고 주장하였다.

2) 올포트는 행동 상에 미치는 정도에 따라 주(기본) 특질(cardinal trait), 중심특질(central trait), 이차적 특질(secondary trait)로 구분하였다.

  (1) 주 특질(cardinal trait)

    주 특질은 영향력이 매우 커서 한 개인의 행동 전반에 영향을 미치며 이러한 주 특질의 지배를 받는 사람은 마치 주 특질의 노예가 되어있는 것처럼 여겨진다.

    눈만 뜨면 재산을 모으려고 한다든지, 권력을 잡으려고 애쓰는 사람들은 주 특질을 소유한 사람들인데, 다행스럽게 이러한 열정적인 주 특질은 소수의 사람들만이 가지게 된다.

  (2) 중심특질(central trait)

    중심특질은 주 특질보다 행동에 미치는 영향력은 적지만, 비교적 보편적이고 일관된 영향을 끼치는 것으로 우리가 한 개인을 기술할 때 사용하는 특성들이다.

    어떤 사람은 시간을 잘 지키고, 사리가 분명하며 믿을 수 있다고 한 개인의 특성을 기술 한다면, 이는 중심특질에 해당한다.

  (3) 이차적 특질(secondary trait)

    이차적 특질은 중심특질보다 덜 보편적이고 덜 일관적인 영향을 미치는 것이다.

    한 개인이 학교에서는 깔끔하지만 집에서는 깔끔하지 않은 경우 이차적 특질에 해당한다.

021	③	022	③	023	③	024	③	025	②	026	②	027	④	028	③	029	①	030	④
031	③	032	③	033	②	034	②	035	①	036	②	037	④	038	④	039	④	040	③

021 ③ 혈관성 치매는 허혈성 혈관 문제 혹은 뇌경색과 관련이 있다.

실력다지기

알츠하이머병 - 조절할 수 없는 위험인자

1) 성별에 따른 치매의 위험도를 살펴보면, 알츠하이머 치매의 경우 여성이 남성보다 많은 것으로 되어 있으며 특히 80세 이상에서는 이러한 현상이 두드러진다. 비록, 임상적으로 치매로 진단된 환자들 중에서 알츠하이머병의 병리적 소견이 남성에서보다 여성에서 많이 발견된다는 보고와 동물실험에서 Amyloid precursor protein (APP)의 생성이 성별로 다르다는 보고도 있으나 성별에 따른 치매 유병률의 차이는 대체적으로 호르몬, 교육, 평균수명의 차이로 설명한다. 여성호르몬인 에스트로겐의 경우 베타아밀로이드 침착을 감소시키고 뇌혈류를 증가시키는 등의 효과가 있는 것으로 설명하고 폐경기 이후의 여성들의 뇌세포가 이러한 호르몬 변화에 취약하다는 가설 등도 있으나, 여성호르몬 치료는 인지기능이나 병의 경과에는 효과가 없었다. 그리고 최근의 연구들은 치매 발병의 성별 차이를 확실히 보여주지 않고 있어 치매의 성별에 따른 차이는 고려되지 않는 추세이다.

2) 1991년의 어느 날, 미국 듀크 대학교의 신경학자인 워런 스트리트매터(Warren Strittmatter)는 자신의 보스에게 황당한 데이터를 내밀며 조언을 구했다. 당시 스트리트매터는 알츠하이머병 환자들의 뇌에서 발견되는 분자 덩어리(molecular clumps)의 핵심 구성요소인 베타아밀로이드(Aβ: amyloid-β)를 연구하던 중이었다. 그는 뇌척수액(cerebrospinal fluid)에서 아밀로이드 결합 단백질(amyloid-binding proteins)을 찾다가, 외견상 알츠하이머병과는 무관해 보이는 아포지단백 E(ApoE : apolipoprotein E)을 찾아낸 것이다. 앨런 로지스 교수(유전학)는 순간, 뭔가 흥미로운 게 발견됐음을 직감했다. 그로부터 2년 전, 그가 이끄는 연구팀은 알츠하이머병과 19번 염색체 간에 유전적인 연관성이 있음을 발견했었다. 또한 로지스는 ApoE를 코딩하는 유전자가 19번 염색체 상에 있다는 것을 알고 있었다. "나는 마치 번개에 맞은 듯한 기분이었다. 그것은 내 인생을 송두리째 바꿔 버렸다"고 로지스는 말했다.

3) 알츠하이머병의 병리학적 특징으로는 환자의 뇌에 노인반점(senile plaques)과 신경섬유뭉치(neuro-fibrillary tangles)가 관찰되며 이로 인하여 신경세포의 소실이 뚜렷이 나타나게 된다.

혈관성 치매

혈관성 치매의 원인은 크게 급성 뇌경색과 만성 뇌허혈성 변화의 두가지로 나눌 수 있다. 뇌의 큰동맥이 막히는 경우 급성 허혈성 뇌경색이 발생하며, 뇌혈관이 터지는 경우는 급성 출혈성 뇌경색이 발생할 수 있다. 뇌경색이 반복해서 오거나, 중요한 인지기능을 담당하는 뇌 부위에 뇌경색이 오게 되면 한 번의 뇌경색으로도 치매증상이 생길 수 있다. 반복되는 뇌경색에 의한 혈관성 치매를 다발성 뇌경색 치매라고 하고, 한 번의 중요 뇌부위의 뇌경색에 의한 치매를 단일 전략 뇌부위경색 치매라고 한다. 뇌의 작은동맥이 좁아져 혈액공급량이 줄어들게 되면 넓은 부위의 뇌 조직이 허혈성 손상을 입게 되며, 이 경우 주로 피질하 부위에 손상을 많이 받게 되는데, 이런 경우를 피질하 혈관성치매라고 한다. 뇌경색 및 만성 허혈성 뇌손상의 대표 위험 요인에는 고혈압, 흡연, 심근경색, 심방세동, 당뇨병, 고콜레스테롤 혈증, 운동부족 등이 있다.

(출처 : 삼성서울병원 신경과)

③ 알코올 금단을 경험하는 대부분의 사람들이 진전섬망을 경험하는 것은 아니다.

실력다지기

알코올 금단

1) 지속적으로 사용하던 알코올을 중단 했을 때 여러 가지 신체 생리적 또는 심리적 증상이 나타나는 상태를 말한다.
2) 주요 특징
   (1) 발병연령은 어느 연령에서도 오지만 대개는 비교적 음주력의 초기에 많고 30~40대에 많다.
   (2) 선행요인으로는 영양부족, 피로, 우울, 내과적 질환의 악화 등이 있다.
   (3) 경과로는 금단증상은 음주 중단 직후에 시작하여 5~7일간 지속된다.
   (4) 알코올의 금단증상 중 더 심각하고 중대한 양상으로서 알코올 진전섬망이 있는데 치사율이 15%인 나쁜 예후를 갖고 있으며 치료 없이는 사망 또는 영구적인 신체장애가 온다.
   (5) 장기간 심한 폭주를 계속하던 사람이 갑자기 음주를 중단 했을 때 나타나는 진전 및 섬망 상태로 응급을 요하는 질환이다.
   (6) 그 외 알코올 환각증, 알코올성 건망증후군, 알코올성 치매도 넓은 의미의 알코올 금단 증상 범주에 포함시킬 수 있다.

알코올 금단 진전섬망

금주 후 48 - 72시간 사이에 일어나는 진전섬망(delirium tremens)은 심한 금단 증상의 특징이다. 알코올 금단 진전섬망은 지남력장애, 착각 및 환각의 지각 이상, 혼동되거나 무질서한 사고, 정신운동초조(psychomotor agitation) 혹은 드물게 정신운동지연(psychomotor retardation), 수면 – 각성 주기 이상 등을 특징으로 하는데, 정신운동지연으로 나타날 경우 간뇌병증, 저나트륨혈증(hyponatremia), 다른 의학적 질환들과 동반을 의심해야 한다.

알코올 금단 [진단 기준]

A. 알코올 섭취를 중단한 이후 몇 시간 또는 며칠 이내에 다음 중 2개 이상의 증상이 나타날 때 해당된다.
   ① 자율신경계가 기능 항진(발한 또는 맥박수가 100회 이상 증가)
   ② 손 떨림(진전) 증가   ③ 불면증
   ④ 오심 및 구토   ⑤ 일시적인 환시, 환청, 환촉, 또는 착각
   ⑥ 정신운동성 초조증   ⑦ 불안
   ⑧ 대발작
B. 이러한 증상으로 인해 사회적, 직업적, 또는 다른 중요한 기능 영역에서 임상적으로 심각한 고통이나 장애를 일으킨다.
C. 증상이 일반적인 의학적 상태로 인한 것이 아니며, 다른 정신장애에 의해 잘 설명되지 않는다.

023　**통합이론**

1) 취약성(질병 소인) - 스트레스 모델

　취약성 - 스트레스 모델은 특정한 장애에 걸리기 쉬운 개인적 특성인 취약성(질병 소인)과 환경으로부터 주어지는 심리사회적 스트레스가 상호작용하여 정신장애가 유발된다는 입장이다.

2) 생물 심리사회적 모델

　생물 심리사회적 모델은 기존의 특정한 이론적 입장에 구애받지 않은 탈이론적 입장으로써 이상행동과 정신장애의 이해와 치료를 위해서 생물학적, 심리적, 사회적 요인을 종합적으로 고려해야 한다는 입장이다.

024　**주요 우울증 삽화의 진단 기준**

DSM - 5 주요 우울 삽화의 진단에는 9가지 증상 중 5개(또는 그 이상) 증상이 연속 2주 기간 동안 지속되며, 이러한 상태가 이전 기능으로부터의 변화를 나타내는 경우 ; 위의 증상 가운데 적어도 하나는 <u>우울 기분이거나, 흥미나 즐거움의 상실</u>이어야 한다.

025　사회공포증(사회불안장애)은 다른 사람들과 상호작용하는 사회적 상황을 두려워하는 공포증이다.

　② 사회불안장애(사회공포등)은 공포가 너무 지나치거나 비합리적임을 인식한다.

> **실력다지기**
>
> DSM - 5에 근거한 사회불안장애 진단 기준
>
> 1) 한 가지 또는 그 이상의 사회적 상황에서 타인에 의해 주시되는 것에 대한 현저한 공포나 불안
>   (1) **예** 사회적 관계(대화, 친숙하지 못한 사람들과 만나는), 관찰되는 상황(먹기, 마시기), 사람들 앞에서 수행하기(발표)
>   (2) **주의** 아동은 성인과의 상호관계에서뿐만 아니라 또래관계에서도 불안이 일어나야 함
> 2) 자신이 불안 증상을 나타내거나 타인에서 보일 것이기 때문에 부정적으로 평가될 것에 대한 두려움(수치스럽거나 당혹스럽게 행동할까봐 ; 타인에게 거부되거나 타인을 불쾌하게 할까봐)
> 3) 사회적 상황은 언제나 불안과 공포를 유발
>   **주의** 아동은 사회적 상황에서 울거나, 성질부리거나, 몸이 굳거나 매달리거나 움츠리거나 말을 못함.
> 4) 사회적 상황을 회피하려 하고 그렇지 못할 경우 강한 공포나 불안을 경험
> 5) 공포나 불안은 사회적 상황에 의한 실제 위협이나 사회문화적 맥락에 비해 지나침
> 6) 공포, 불안, 회피는 전형적으로 6개월 이상 지속
> 7) 공포, 불안, 회피는 사회적, 직업적 또는 다른 중요한 기능영역에서 임상적으로 심각한 고통이나 손상 야기
> 8) 공포, 불안, 회피는 물질이나 다른 의학적 상태의 직접적인 생리적 효과로 인한 것이 아님
> 9) 공포, 불안, 회피는 공황장애, 신체이형장애나 자폐 스펙트럼장애와 같은 다른 정신 장애의 증상으로 더 잘 설명되지 않음
> 10) 만약 다른 의학적 상태가 존재한다면(파킨슨 병, 비만, 화상이나 부상으로 인한 상처), 공포, 불안, 회피는 이와 연관되지 않거나 지나침

026   ① Philippe pinel (1745 - 1826)은 정신병자에게 인도주의적인 대우를 해주어야 한다고 주장한 최초의 사람이다.
　　CF 기원전 4세기 경 히포크라테스(Hippocrates)는 심리적 장애를 포함해서 모든 질병은 그 원인이 신체에 있다고 보았다.
② Kraepelin은 정신병리의 유형에 관한 분류를 하였으며 1883년 출간한 '정신의학개론'에서 정신질환에 대한 초기 분류체계를 소개하여 정신질환의 생물학적 속성을 명확히 하고자 시도하였다.
③ 1939년에 웩슬러 벨레뷰 지능검사(개인용)를 개발했다. 최초의 집단용 지능 검사는 제1차 세계대전 중에 일반적인 지능 수준을 근거로 육군 징집자들을 분류해야 할 필요성 때문에 군 심리학자(Robert Yerkes와 그 외 여섯 명)에 의해 개발된 army 알파검사이다.
④ 1952년 미국의학심리학협회(APA)는 정신장애 분류 체계인 DSM - I을 발표하였다. DSM - I의 최종본은 1951년에 APA에서 승인이 되어 1952년에 발행되었다.

027   ④ 정신병질(사이코패시, psychopathy) : 습관적으로 이기적, 반사회적 행동을 하지만, 그런 상황이 정신적 질병의 징후를 나타내지 않는 사람들을 구별하여 잔혹하고 무책임하며 도덕심이 없는 특징을 가지고 있으나 정신착란과 같은 격앙됨이 없는 조증상태이다.

028   ③ 도박장애는 물질관련 및 중독장애의 하위유형이다.
　　CF DSM - 5 이전에는 충동조절장애(Impulse Control Disorder)의 하위유형이었다.

029   ① 편집성 성격장애는 타인에 대한 강한 불신과 의심을 가지고 적대적인 태도를 나타내어 사회적 부적응을 나타내는 성격특성을 보인다.

030   ④ 게슈탈트치료는 정신장애에 대한 사회문화적 치료라기보다는 개인치료라고 할 수 있다.

031   ③ 페닐알라닌 수산화효소 결핍증(Phenylalanine hydroxylase deficiency)이란 페닐케톤뇨증(PKU, phenylketonuria), 비케톤성 고페닐알라닌혈증(non - PKU HPA), 그리고 다양한 페닐케톤뇨증 유형을 포함한 유전질환이다.

> **실력다지기**
>
> ADHD와 유전성
>
> 1) Attention - Deficit/Hyperactivity Disorder(이하 ADHD)는 학령전기 또는 학령기 아동들에서 가장 흔히 관찰되는 정신 질환 중 하나로 부주의(inattention), 충동성(impulsivity), 과잉행동(hyperactivity)과 같은 임상적 특성을 나타내며, 소아정신과 및 정신보건 서비스 기관으로 의뢰되는 아동의 약 30~50%를 차지한다.
> 2) 그간 ADHD의 원인에 대한 많은 연구들이 있어 왔으나, 아직까지 그 원인이 정확하게 밝혀지지 않은 상태이고, 현재로서는 다양한 유전적 혹은 비유전적, 즉 환경적 원인에 대한 연구들이 진행되고 있는 실정이다. 우선 유전적 원인에 대한 연구에서 이란성 쌍둥이보다 일란성 쌍둥이에서 더 높은 유병률을 보이며 가족연구에서 양부모나 입양된 형제들에 비해 직접적으로 가까운 혈연 친족들 사이에서 ADHD의 발생 일치율이 더 높게 나타났다. 하지만 일란성 쌍생아에서 100%의 일치율을 보이지 않는 점을 감안했을 때 유전적 요인뿐 아니라 비유전적 요인도 영향을 주는 것으로 추측되어 현재로서는 ADHD가 단일 위험 요인으로 설명될 수 없고 여러 위험 요인들이 복합적으로 상호작용하여 나타나는 다요인적 질환으로 이해되고 있다.

032 ③ 외상 후 스트레스 장애는 강간, 폭행, 교통사고, 자연재해, 가족이나 친구의 죽음 등 충격적 사건에 뒤따라 <u>침습 증상, 지속적 회피, 인지와 감정의 부정적 변화, 각성과 반응성의 뚜렷한 변화</u> 등이 나타나는 심리적 장애이다.

033 ② 변증법적 행동치료에서는 내담자 중심치료의 공감이나 무조건적인 수용을 비판하고 지시적인 방법을 사용하기보다는 <u>내담자 중심치료의 공감이나 무조건적인 수용을 받아들여 내담자를 공감하는 태도를 견지한다.</u>

034 ② 조현병의 증상 중 의지 결여, 정서의 메마름, 언어빈곤, 사회적 철회 등은 <u>음성증상</u>에 해당한다.

> **실력다지기**
>
> 조현병
>
> 1) 양성 증상 : 망상, 환각, 지리멸렬한 사고 장애, 괴이하고 혼란된 행동 등 생산성 증상(예후 좋음)
> 2) 음성 증상 : 무언증, 감정이 무뎌짐, 자폐증, 사회적 격리, 철퇴 및 자발성의 감소, 주의력 결핍 등 결핍성 증상(예후 나쁨)

035 ① 생리학적으로 <u>세로토닌 수준이 낮아지면</u> 우울증에 걸리게 된다고 설명하고 있다.

> **📖 읽을 거리**
>
> Freud의 정신분석 이론에서의 우울증 원인론 중
>
> <u>프로이트에게서 우울증은 사랑하던 대상의 상실에 대한 반응이다. 사랑하는 대상을 상실하면 상실의 슬픔 뿐 아니라 자신을 버려두고 떠나간 대상에 대해 분노를 느끼게 된다.</u> 그러나 이러한 분노의 감정은 도덕적 억압으로 무의식화되고, 분노의 감정은 분노의 대상이 이미 사라진 상태이므로 자신에게 내향화되면 자신을 비난하고 책망하며 죄책감을 느끼게 되는 원리다. 자기 가치감이 저하되고 자아기능 역시 약화돼 우울증으로 발전하게 된다. 그러나 정신분석에서도 우울증에 대한 이론은 학자에 따라 다양하다. 우울증 이론은 프로이트 이후 여러 정신분석'
> 학자에 의해 다양하게 발전됐기 때문이다. 대표적인 학자로는 아브라함(K. Abraham), 클라인(M. Klein), 아리에티(S. Arieti), 벰포라드(A. Bemporad), 블래트(G. Blatt) 등이 있다.
> 출처 : 김충렬, 프로이트에게 우울증은 '사랑의 상실에 대한 반응

036 ② 탈억제성 사회적 유대감 장애는 외상 및 스트레스 관련 장애(Trauma - and Stress - related Disorders)의 하위유형이다.

> **실력다지기**
>
> DSM - 5의 신경발달장애(Neuro - developmental Disorders)의 하위유형
>
> 1) 지적 장애(Intellectual Disability, Intellectual Developmental Disorder) : 경도, 중등도, 중도, 최중도 (4가지)
> 2) 의사소통장애(Communication Disorders)
> 3) 자폐스펙트럼장애(Autism Spectrum Disorders)
> 4) 주의력결핍 - 과잉행동장애(ADHD)

5) 특수 학습장애(Specific Learning Disorder) : 읽기장애, 쓰기장애, 산수장애
6) 운동장애(Motor Disorders) : 발달성 운동조정(협응)장애, 정형적 동작장애(상동증적 운동장애), 틱장애(뚜렛장애 등)

037 ④ 급식 및 섭식장애에서 부적절한 보상행동에는 <u>스스로 유도하는 구토 또는 하제, 이뇨제, 관장제의 남용</u>이 있다.

실력다지기

급식 및 섭식장애 중 신경성 식욕부진증 진단 기준

1) 연령과 신장에 비하여 체중을 최소한의 정상 수준이나 그 이상으로 유지하기를 거부한다.
2) 낮은 체중임에도 불구하고 체중 증가와 비만에 대한 극심한 두려움이 있다.
3) 체중과 체형이 체험되는 방식이 왜곡되고, 체중과 체형이 자기 평가에 지나친 영향을 미치며, 현재의 낮은 체중의 심각함을 부정한다.
4) 월경이 시작된 여성에서 무월경, 즉 적어도 3회 연속적으로 월경 주기가 없다(만일 월경 주기가 에스트로겐과 같은 호르몬 투여 후에만 나타날 경우 무월경이라고 간주된다).
5) 유형의 세분화
   (1) 제한형 : 신경성 식욕 부진증의 현재 삽화 동안에 규칙적으로 폭식하거나 하제를 사용하지 않음 (즉, 스스로 유도하는 구토 또는 하제, 이뇨제, 관장제의 남용이 없음)
   (2) 폭식 및 하제 사용형 : 신경성 식욕 부진증의 현재 삽화동안 규칙적으로 폭식하거나 하제를 사용함(즉, 스스로 유도하는 구토 또는 하제, 이뇨제, 관장제의 남용).

038 모두 옳은 내용이다.

실력다지기

조현병의 예후[27]

- 좋은 예후인자 : 늦은 발병(late onset), 분명한 유발요인(stress factor), 급성발병(acute onset), 발병이전에 좋은 사회/직업/대인관계(good premorbid adaption), 기혼, 기분장애와 관련성(mood component), 좋은 지지체계(good supportive system), 양성증상(positive symptom)
- 안 좋은 예후인자 : 이른 발병(early onset), 불분명한 선행인자(vague stress factor), 점진적인 발병(insidious on set), 좋지 않은 발병이전 모습(poor premorbid adaption), 조현병의 가족력(schizophrenic family hx), 미혼/이혼/별거, 좋지 않은 지지체계(poor support system), 용성증상(negative symptom), 신경학적인 결손/뇌의 구조적인 문제(neurologic sx. / anatomic problem), 초기 3년 동안 질병의 좋지 않은 경과, 법적인 문제, 많은 재발(multiple episode)

27 https://m.blog.naver.com/

039 ④ 강력한 성적 흥분을 느끼기 위해 반대 성의 옷을 입는다. – <u>의상 성도착증으로서, 성적 쾌락을 얻기 위해 이성(異性)의 옷을 입는 성적 이탈을 의미한다.</u>

실력다지기

성 정체감 장애(성불편증, 성별 불쾌감)의 진단 기준

1) 강하고 지속적인 반대 성과의 성적 동일시(반대 성이 된다면 얻게 될 문화적 이득을 단순히 갈망하는 정도여서는 안 된다), 소아의 경우에서 다음 사항 중 4가지 이상의 양상이 드러난다.
   (1) 반복적으로 반대 성이 되기를 소망한다.
   (2) 소년은 옷 바꿔 입기 또는 여성 복장 흉내 내기를 좋아한다. 소녀는 오로지 인습적인 남성복장만을 고집한다.
   (3) 놀이에서 강력하고 지속적인 반대 성역할에 대한 선호, 혹은 반대 성이라고 믿는 지속적인 환상을 보인다.
   (4) 반대 성의 인습적인 놀이와 오락에 참여하기를 간절히 원한다.
   (5) 반대 성의 놀이 친구에 대한 강한 편애를 보인다.
2) 청소년과 성인에서 이 장애는 반대 성이 되고 싶다는 욕구의 표현, 빈번히 반대 성으로 행세하는 것, 반대 성으로 살거나 취급 받고자 하는 소망, 그리고 반대 성의 전형적인 느낌과 반응을 자신이 갖고 있다는 확신과 같은 증상들이 나타난다.
3) 1차 및 2차 성징을 제거하려는 성전환 수술에 집착한다.
4) 자신의 생물학적 성에 대해 지속적으로 불쾌감을 느낀다.

040 [ㄱ]. 신체증상 장애, [ㄴ]. 질병불안 장애, [ㄷ]. 전환 장애는 신체증상 및 관련장애(Somatic Symptoms and Related Disorders)의 하위유형이다.
[ㄹ]. <u>공황 장애는 불안장애(Anxiety Disorders)의 하위유형이다.</u>

신체증상 및 관련장애(Somatic Symptoms and Related Disorders)의 하위유형
1) <u>신체증상장애(Somatic Symptom Disorder) : 신체화장애</u>
2) <u>질병불안장애(Illness Anxiety Disorder) : 건강염려증</u>
3) <u>전환장애(Conversion Disorder) : Functional Neurological Symptom Disorder</u>
4) 의학적 상태에 영향을 미치는 심리적 요인(Psychological Factors Affecting Other Medical Conditions)
5) 인위성장애(Factitious Disorder) : 허위성 장애

041	②	042	③	043	①	044	②	045	②	046	①	047	④	048	④	049	①	050	④
051	④	052	①	053	①	054	③	055	②	056	①	057	①	058	③	059	②	060	③

041 ② 언어성 검사와 동작성 검사 두 부분으로 나누어져 있는 지능검사는 웩슬러 지능검사이다.

> 스탠포드 - 비네 지능검사
> 1) 인지능력의 5가지 요인을 통해 지능을 측정한다.
> 2) 측정요인 : 유동적 추리(fluid reasoning), 지식(knowledge), 양적 추리(quantitative reasoning), 시각적 - 공간적 처리(visual - spatial processing), 작업기억력(working memory)
> 3) 언어적 반응과 비언어적 반응을 모두 측정한다.

042 **MMPI - 2 내용척도 CYN**
1) CYN : 냉소적 태도(23문항)
2) 측정내용 : 사람들이 파렴치하고, 부도덕하며, 이기적이고, 불성실하고, 비겁한 동기를 실행한다는 근거 없는 염세적 신념을 반영함.
3) 내용소척도
   (1) CYN1(염세적 신념) : 사람들이 기만적이고, 이기적이며, 동정심이 없고, 믿을 수 없다는 관점을 반영한다.
   (2) CYN2(대인적 의심) : 냉소적, 적대적, 착취적인 행동의 표적이 되어 다른 사람을 의심하고 경계할 때 느끼는 주제를 반영한다.

043 ① 뇌손상의 영향으로 지적 능력 수준이 떨어질 수 있다.
② 의사소통장애가 있는 모든 뇌손상환자들이 실어증을 수반하는 것은 아니다.
③ 뇌손상이 있는 환자는 복잡한 자극에 더 시지각장애를 보인다.
④ 뇌손상이 있는 환자는 대부분 일차 기억을 더 상세하게 기억한다.

044 ② 문제의 사례는 기질적 뇌손상에 해당한다.

> 기질적 뇌손상 (organic brain syndrome)
> 1) 토막짜기, 바꿔쓰기, 차례 맞추기, 모양 맞추기 점수가 낮다.
> 2) 숫자 외우기 소검사에서 '바로 따라 외우기'와 '거꾸로 따라 외우기' 점수 간에 큰 차이를 보인다.
> 3) 공통성 문제 점수가 낮고 개념적 사고의 손상을 보인다.
> 4) 어휘, 상식, 이해 소검사의 점수는 비교적 유지되어 있다.
> 5) 실수를 할 가능성이 높다.

045 ② 표준화된 검사가 다른 검사에 비하여 객관적인 해석을 가능하게 해 주는 이유는 <u>규준이 마련되어 있어 상대적인 비교가 가능하기 때문</u>이다.

046 ① 질문단계에서 반응영역, 반응 결정인, 반응 내용을 정확히 채점할 수 있어야하며, 직접적인 질문을 하지 않도록 주의해야 한다.

> **로샤검사의 실시**
>
> 1) 준비단계
>   (1) 로샤 카드 세트, 충분한 양의 반응 기록지와 반응영역 기록지, 필기도구를 준비한다.
>   (2) 좌석배치는 마주보는 위치보다는 옆으로 나란히 앉거나 90도 방향으로 앉는 것이 좋다.
> 2) 소개단계
>   (1) 피검사자에게 로샤 검사를 소개한다.
>   (2) 상상력이나 창의력 검사라는 인상을 주어서는 안된다.
> 3) 자유연상단계
>   "이것이 무엇처럼 보입니까?"라는 간단한 지시문을 통해 피검자의 반응을 기록한다.
> 4) 질문단계
>   (1) 피검자의 반응을 정확히 기호화하기 위해 진행한다.
>   (2) "당신이 본 것을 나도 볼 수 있도록 말씀해 주시기 바랍니다"라는 지시문을 통해 피검자가 말하는 내용을 반응 기록지에 기록하면서, 반점의 위치를 반응 영역 기록지에 표시한다.
>   (3) 이 단계에서 검사자는 ㉠반응위치, ㉡반응 결정요인, ㉢반응 내용에 대한 정보를 획득한다.
> 5) 한계음미단계
>   (1) 질문단계 이후 한계음미 단계를 실시할 수 있다.
>   (2) 채점 상 포함되지 않으며, 피검자의 상태를 좀 더 정확히 파악하는 데 필요하다고 판단 될 경우 사용하게 된다.

047 **MMPI - 2 프로파일에서 4 - 6 코드 타입의 특성**

1) 만성적인 적대감과 분노
2) 투사와 행동화 방어기제를 선호하며, 자신의 잘못을 다른 사람에게 돌리기 때문에 통찰이 어려움.
3) 충동통제 및 지속적인 노력이 요구되는 과제에서 어려움
4) 자기애적, 의존적, 관심을 요구하면서도 자기중심적인 경향. 과도한 요구에 대해 분개함.
5) 비난에 극도로 예민하고, 타인들의 동기를 의심하며, 앙심을 품는 경향이 있고, 합당한 대우를 받지 못하고 있다고 느낌.
6) 사회적 부적응, 결혼생활 부적응, 알코올 남용 및 성적 부적응 등을 시사함.
7) 성격장애의 가능성이 높고, 척도8이 동반상승할 경우 경계선 장애나 정신병적 장애 가능성을 고려할 수 있음.

048 ④ 준거관련타당도에는 예언타당도와 공인타당도가 있다. 문제에서 직원선발에서 사용된 적성검사의 점수가 이후 직무수행 결과를 어느 정도 예측하는지를 확인하는 것이 적절함으로 예언타당도에 해당한다. 따라서 적성검사와 직무수행점수와의 상관을 구하는 것이 가장 바람직하다.

049 ① 타당도 척도 해석을 통해 전체프로파일을 해석하는 것이 타당한 지를 확인하는 것이 우선적이다.

> **MMPI - 2 검사의 일반적인 해석 단계**
>
> 1) 1단계 : 피검자의 검사태도를 검토한다.
> 2) 2단계 : 척도별 점수를 검토한다.
> 3) 3단계 : 척도들 간 연관성 또는 인과성에 대한 분석을 한다.
> 4) 4단계 : 척도들 간의 응집 혹은 분산을 찾아보고 그에 따른 해석적 가설을 세운다.
> 5) 5단계 : 낮은 임상 척도에 대해서 검토한다.
> 6) 6단계 : 형태적 분석을 한다.
> 7) 7단계 : 전체 프로파일 형태에 대한 분석을 한다.

050 ④ 실행적 기능(executive function)을 담당하는 뇌 부위는 전두엽이다. 전두엽 관리기능의 주요한 요소로는 인지적 유연성, 창의성, 계획력, 판단력, 추상적 사고, 통찰력, 자발성, 억제력 등이 가장 많이 거론된다. 문제에서는 실행적 기능(executive function)을 담당하는 뇌 부위가 손상된 환자라고 하였으므로 전두엽 부위가 손상된 것으로 이해하면 된다. 따라서 순서대로 진행하는 일들, 즉 계획력에 문제가 발생 한다.
① 벤더 도형검사(BGT)에서 도형의 배치 순서를 평가하는 항목의 점수가 유의하게 낮게 나타날 것이다.
② 웩슬러 지능검사에서 차례 맞추기 소검사의 점수가 유의하게 낮게 나타날 것이다.
③ Stroop test의 간섭시행 단계에서 특히 점수가 낮게 나타날 것이다.
④ 웩슬러 지능검사의 상식 소검사는 뇌 손상 여부에 대해 영향이 많지 않은 것으로 평가된다.

051 **WAIS - IV의 연속적인 수준 해석 절차**
1) 전체척도 IQ해석
2) 지수점수 및 CHC 군집 해석
3) 소검사 변산성 해석
4) 소검사 반응내용 분석

052 ① NEO - PI - R은 성격검사로 신경인지장애 환자를 대상으로 실시하기에 적합하지 않다.
② MMSE : Mini - Mental State Examination, 간이정신상태검사
③ COWA Test : Controlled Oral Word Association Test, 통제단어연상검사

> COWAT은 범주 유창성 검사와 글자 유창성 검사의 두 종류로 구성되어 있는 생성이름대기 검사이다. COWAT가 전두엽 손상의 탐지에 매우 유용하다는 사실은 여러 선행 연구들(e.g., Vilkki & Holst, 1994)에서 이미 밝혀진 바 있으며 최근에는 국내외에서 치매환자의 평가에 COWAT가 널리 사용되고 있다.[28]

④ CERAD : Consortium to Establish a Registry for Alzheimer's Disease

---

28 강연욱, 진주희, 나덕렬, Chang, K.S., & 박재설 (2000). 통제 단어 연상 검사(Controlled Oral Word Association Test)의 노인 규준 연구.

> **CERAD 평가집[29]**
>
> 1) 1986년 미국에서는 알츠하이머병 환자를 위한 표준화된 평가 및 진단을 위해 National Institute on Aging의 연구비 지원을 받아 알츠하이머병 연구자들로 구성된 연구협의체인 CERAD(the Consortium to Establish a Registry for Alzheimer's Disease)가 결성되었다.
> 2) CERAD 평가집은 CERAD에서 개발된 표준화된 평가도구로 국내에서는 CERAD - K를 사용한다.
> 3) CERAD - K 임상 평가집은 지침에 따라 환자의 인구학적 자료, 병력, 개인력, 가족력, 임상력, 신체검사, 신경학적 검사, 임상병리 및 영상학적 검사, 일상생활동작평가나 치매행동평가척도를 위한 선별검사, 한국어판 간이 블레스트 검사 등의 평가를 시행하고 전산상 등록하여 제시된 기준에 따라 치매를 진단한다.
> 4) 처음에는 알츠하이머병을 진단하기 위한 목적으로 개발되었으나 이후 혈관성 치매, 파킨슨병 치매와 같은 비알츠하이머병에 대한 진단 항목도 추가되었다.

053 ① VMI는 아동용 시지각 - 운동통합 발달검사로 24개의 도형을 따라 그리는 검사임.

> **VMI(아동용 시지각 - 운동 통합 발달검사)[30]**
>
> 1) 감각운동통합능력 발달을 평가하는 수단으로 VMI가 개발되었음(Keith E. Beery, 1967)
> 2) BGT가 성인용으로 고안된 것에 비해, VMI는 아동용으로 2~15세 아동에게 실시 가능함.
> 3) 실시목적
>   (1) 시지각과 소근육운동 협응능력 평가
>   (2) 조기 선별 및 판별을 통해 학습 및 행동문제 예방
> 4) 검사의 구성
>   (1) 24개의 도형으로 구성됨
>   (2) 페이지마다 3개씩 배열되어 있고, 각 도형 아래 모사할 빈 공간이 구성됨.
>   (3) 도형은 단순한 것에서 복잡한 것으로 난이도에 따라 배열됨.
> 5) 검사의 실시
>   (1) 검사자의 시연없이 아동에게 모사하도록 지시함
>   (2) 아동이 처음 3개의 도형을 바르게 대답할 수 없을 때 시연을 통해 모방하도록 함.
>   (3) 지시문 : "지금부터 몇 개의 도형이 나오는데 도형을 순서에 따라 똑같이 따라 그리세요."
>   (4) 3개 연속 실패할 경우 검사를 중단함.
> 6) 채점방법
>   (1) 원점수는 3개 연속 실패할 때까지 성공한 도형의 수이며, 원점수를 환산표를 이용하여 표준점수로 환산한다.
>   (2) 표준점수는 평균이 10, 표준편차가 3인 점수로 환산된다.

② BGT : 벤더게슈탈트 검사, 9개의 도형으로 구성되어 있음.
③ CPT : Countinous Performance Test, 지속수행능력 검사. 컴퓨터를 사용해 주의력과 충동성 등을 평가함. 시각자극검사와 청각자극검사로 구성됨.
④ CBCL : Child Behavior Checklist, 아동행동평가척도.

---

29 Kim, H. J., & Im, H. (2015). Assessment of dementia. Brain & Neurorehabilitation, 8(1), 11 - 18.
30 https://blog.naver.com/healing2010/220454036602 재구성

054 ③ 가드너(Gardner, 1983)는 독립적 7요인(언어적, 음악적, 논리 - 수학적, 공간적, 신체 - 운동적, 개인 간, 개인 내 요소)을 제시하였다. 이후 자연친화지능과 실존지능을 포함하여 9요인으로 제시하고 있다. 결론적으로 지능이란 유전적, 환경적 결정요인을 지니는 것으로 검사를 통해 측정되는 지능은 유전적 결정요인뿐만 아니라, 초기 교육적 환경, 후기교육과 작업경험, 현재의 정서적 상태 및 기질적, 기능적 정신장애, 검사 당시의 상황요인의 상호작용 결과로 나타나는 개인의 전체적인, 잠재적인 적응능력이다.

　① Spearman은 지능이 g요인과 s요인으로 구분하여 지능의 개념을 가정하였다.

　② Cattell은 지능을 선천적이며 개인의 경험과 무관한 유동성 지능과, 후천적이며 학습된 지식과 관련된 결정성 지능으로 구분하였다.

　④ Thurstone은 지능을 7개의 요인으로 구성되어 있다고 보는 다요인설을 주장하고, 이를 인간의 기본정신능력이라고 하였다.

055 ② HTP 실시는 집, 나무, 사람 그림에 대하여 별도의 용지를 사용한다. 노인을 대상으로 HTP 검사를 하여도 실시 방법에 변화를 주지 않는다.

056 ① 자기보고식 검사도구의 경우 아동이 직접 보고하기 어렵기 때문에 보호자의 보고에 의존하여 검사를 진행한다.

　　예 게젤 발달검사, 아동청소년 행동평가 척도(CBCL) 등

057 ① F(비전형) 척도는 비전형성을 평가하며, K(교정), L(부인), S(과장된 자기제시) 척도는 방어성을 평가한다.

058 ③ 길포드(Guilford, 1967, 1988)는 지능을 내용차원, 조작차원, 산출자원의 세 차원을 구성하는 요소들이 상호 결합하여 얻어지는 상이한 정신능력으로 구성된다고 보았다. 이를 지능의 구조모형이라고 한다.

　　최초에는 120개의 요인으로 제시되었으나 180개로 점차적으로 늘어나고 있다.

　　Guilford(지능구조 입체모형)는 180개의 요인을 설명하기 위해 조작, 산출, 내용의 세 가지 요소를 축으로 하는 입방형 모형을 제시하였다.

　　1) 내용의 차원 : 시각, 청각, 상징, 의미, 행동(5개)

　　2) 조작의 차원 : 평가, 수렴, 확산, 기억장치, 기억저장, 인지(6개)

　　3) 결과의 차원 : 단위, 종류, 관계, 체계, 변용, 함축(6개)

　　4) 3차원의 상호작용 결과(5 × 6 × 6)로 180개의 지능요인이 존재함을 밝혀냈다.

059 ② MMPI - 2에서는 단축형 검사 실시를 쉽게 하기 위해서 원판 타당도 척도(L, F, K)와 임상척도들은 최초 370문항 안에 모두 배치하였기 때문에 대부분의 무응답 문항이 370번 문항 이후에 나타났다면, 단지 무응답 문항의 수가 많다는 이유만으로 전체 검사결과의 타당성을 의심할 필요는 없다.

> ? (무응답, cannot say) 척도
>
> 1) ? 척도는 ① 빠뜨린 문항과 ② '그렇다'와 '아니다'에 모두 응답한 문항의 단순한 합산임
>
> 2) 한 문항도 빠짐없이 응답하도록 권유가 필요함
>
> 3) 원 점수 30 이상이면 전체 결과가 무효일 수 있음

060 ③ K - WISC - IV의 일반능력지표(GAI)는 언어이해 지표와 지각추론 지표의 합산점수로 구성된다. 따라서 언어이해 지표와 지각추론 지표의 소검사에 해당하는 내용을 고르면 된다.

<K - WISC - IV의 소검사 구성>	
지표	소검사
언어이해 지표(VCI)	공통성, 어휘, 이해, (상식), (단어추리)
지각추론 지표(PRI)	토막짜기, 공통그림찾기, 행렬추리, (빠진곳 찾기)
작업기억 지표(WMI)	숫자, 순차연결, (산수)
처리속도 지표(PSI)	기호쓰기, 동형찾기, (선택)

※ ( ) 안의 것은 보충 소검사임.

061	③	062	①	063	④	064	③	065	①	066	④	067	②	068	③	069	①	070	④
071	②	072	④	073	②	074	①	075	④	076	①	077	④	078	②	079	③	080	④

061 ③ 결핵, 폐렴 및 독감과 같은 전염성 질환들은 건강심리학 분야의 초점 영역과 거리가 멀다. 건강심리학은 심장병, 암, 당뇨와 같은 만성질환들과 관련이 있다.

실력다지기

비만, 스트레스 관리, 과민성 대장증후군, 고혈압 등과 가장 밀접히 관련되는 것은 건강심리학이다. 건강심리학은 건강을 증진하고 유지하는 것과 병을 예방하고 치료하는 것, 그리고 건강 및 그와 관련된 기능장애의 원인과 진단적 상관물을 밝히는 것에 대한 학문이다. 일상생활에서 현대인들의 건강과 밀접하게 연관된 금연, 체중조절(비만), 스트레스 관리 등을 위한 다양한 프로그램을 연구하여 적용하고 있다.

건강심리학(특수 분야)의 주요 관심 영역

1) 건강행동(흡연, 폭주, 불균형한 식사, 비만(운동부족), 스트레스 등의 해결)
2) 건강보호(금연, 절주, 균형 잡힌 식사, 적절한 운동, 스트레스 관리, 치아 관리, 자가 검진)
3) 주요 만성질병(심장질환, 뇌졸중, 암, 소화 장애, 당뇨병, 만성통증)
4) 주요 치료기법(명상법, 이완법, 바이오피드백, 최면법, 인지행동치료)
5) 인지적 요인(건강 신념, 내적 통제, 자기효능감)
6) 건강보호 전달(치료자 - 환자 간의 관계, 의료적 수술 준비, 치료사항 준수)

062 ① 아동의 심리적 문제를 해결하기 위한 상담에는 흔히 아동과의 직접적 면담 이외에도 가족상담이나 놀이치료 및 행동수정 등의 방법이 활용되고 있다. 아동상담의 대상은 사회적인 또는 법률적인 미성년자들이므로 아동에게 치료 중 일어난 일은 성인의 경우와 달리, 부모 등에게 알려야 하는 상황이 발생할 수 있다. 이는 비밀보장의 예외가 될 수 있다는 점을 유의하면 된다.

063 지역사회 심리학은 지역사회보호, 자원연계, 사전예방, 지역사회 복귀 등을 지향한다. 따라서 ④ 정신병원시설의 확장은 거리가 멀다.

064 인간중심 심리치료의 기본적 치료 기제인 치료자의 3가지 기본 특성은 ① 무조건적인 존중, ② 정확한 공감 ④ 진솔성이다.

065 **미국 심리학협회에서 제시하고 있는 다섯 가지 기본원칙**[31]
유익성/무해성(Beneficence and Nonmaleficence), 신뢰/책임감(Fidelity and Responsibility), 고결성(Integrity), 공정성(Justice), 그리고 인간의 권리와 위엄 존중(Respect for People's Rights and Dignity)이다.
1) 유익성/무해성
내담자의 유익을 위하고 해를 입히지 말라는 것으로 다른 사람에게 미칠 영향에 대해 주의를 기울이는 것이다.

---

[31] 김화자(2014), 한국과 미국의 상담윤리규정 비교 연구, 「복음과 상담」 제22권 1호(2014): 9 - 50

2) 신뢰/책임감

사회와 공동체에 대한 의무로, 다른 전문가들과 협력하며 동료들의 윤리적 의무에도 관심을 가지도록 한다.

3) 고결성

연구, 교육, 상담에서 정직하고 정확하며 믿을 수 있도록 하는 것이다.

4) 공정성

모든 사람을 공정하게 대하며 편중될 가능성이나 자신의 능력의 한계를 인지하는 것이다.

5) 인간의 권리와 위엄 존중

개인의 사생활 보호와 의사 결정권, 내담자의 문화, 개인차, 역할을 존중하고 편견에 유의하는 것이다.

066 도허티(Dougherty)가 정의한 임상심리학자들의 6가지 공통적인 자문 역할에는 전문가, 수련가/교육자, 옹호자, 협력자, 진상조사자, 과정 전문가이다. ④ 조직 관리자는 해당되지 않는다.

실력다지기

도허티(Dougherty)가 정의한 임상심리학자들의 6가지 공통적인 자문 역할[32]

Dougherty(1995)는 임상심리학자들이 여섯가지 공통적인 자문 역할을 정의하였다. 전문가, 수련가/교육자, 옹호자, 협력자, 진상 조사자 과정 전문가이다.

1) **전문가 자문가** : 피자문자가 문제를 해결하는데 필요한 전문 기술이나 지식 및 경험을 가지고 있는 기술적 조언자이다. 예를 들어, 어떤 전문 자문가는 영재 프로그램에 지원하는 아동들에게 지능검사를 수행할 수 있는 특별한 기술을 가지고 있을 수 있다. 이 학교는 자신들이 이 검사 점수가 무엇을 의미하는지 이해하고 이 프로그램에 지원할 아동을 가장 잘 선별하는 방법을 밝혀주도록 자문가를 고용한다.

2) **수련가/교육자 자문가** : 교육을 통해 획득될 수 있는 전문적인 정보를 갖고 있다. 예를 들어, 어떤 자문가는 이완 기법을 사용함으로써 한 회사의 피고용자들이 스트레스를 더 잘 다루도록 훈련시켜 줄 것을 요청받을 수도 있다. 또는 여러 회기의 워크샵을 통해 아동의 질병이나 신체적 학대의 양상을 탁아소 근무자들에게 가르칠 수도 있다. 또한 가정 폭력에 대한 지식이 있는 자문가는 경찰관이 이 문제의 징후와 증상들을 인식하도록 수련시킬 수 있다.

3) **옹호자 자문가** : 자문가가 바람직하다고 믿는 어떤 일을 하도록 피자문자에게 확신시키려고 애쓴다. 예를 들어, 정신건강 진료소에서 자문가는 스스로 자신의 권리를 옹호하는데 어려움을 겪는 심각하게 무능력한 환자의 권리를 옹호할 수 있다. 개별 교육 계획을 토론하는 학교회의에 참여하도록 고용된 자문가는 학습 장애 아동을 위한 특수 서비스 규정을 옹호할 수 있다. 옹호자 자문가는 신체적으로 장애가 있는 아동이나 성인이 시설에 접근할 수 있는 권리를 얻도록 도울 수 있다.

4) **협력자 자문가** : 자문가가 피자문가와 공동목적을 성취하기 위해서 함께 일하는 동등한 파트너임을 의미한다. 자문가와 피자문가는 모두 그들의 협력으로 이익을 유지한다. 예를 들어, 한 연구자가 우울증과 운동효과에 관심 있고, 운동에 대해서는 많이 알고 있지만 우울증에 대한 지식이 없다면, 우울에 관하여 전문가인 협력 자문가와 함께 일하기로 결정할 수 있다. 또는 동일한 환자를 치료하는 개인 심리치료자와 집단 심리치료자는 그들의 각각의 치료양식에 협력할 수 있다.

5) **진상조사자 자문가** : 전문성, 시간, 에너지 또는 심리학적인 민감성이 결핍된 피자문자들이 스스로 그 과제를 행하도록 정보를 찾고, 그 결과를 전달해 주는 것이 포함된다. 예컨대, 사원들의 사기가 낮아진 것을 걱정하는 회사는 외부의 진상조사 자문가를 고용하여 문제의 원인을 조사하도록 할 수 있다.

6) 과정 - 전문가 자문가 : 피자문자가 문제의 원인이 될 수도 있는 사건의 과정을 더 잘 이해하도록 돕는 것이다. 예를 들면, 스탭 회의 운영 방법에 불만족하는 진료소 관리자는 회의를 관찰하고 의사소통 및 스탭 참가를 개선하는 방법을 제안하도록 과정 전문가 자문가를 고용할 수 있다.

067 ② <u>무의식적 갈등에 대한 해석보다는 저항에 대한 해석을 우선시 한다.</u>

📖 읽을 거리

해석 (Interpretation)

1) 해석이란 내담자의 연상이나 정신작용 가운데서 명확하지 않은 부분에 대해서 상담자가 추리하여 내담자에게 설명해주는 것으로 내담자의 생각과 감정을 구체화하고 앞으로 탐색되어야 할 부분에 내담자의 관심을 집중시키고 잡다한 자료에서 핵심적인 주제를 가려내거나 이해가 보다 잘되도록 요약하기 위해 사용한다.

2) 내담자가 새로운 방식으로 자신의 문제들을 돌아볼 수 있도록 사건들의 의미를 설정해주고, 자신의 문제를 새로운 각도에서 이해할 수 있도록 그의 생활 경험과 행동, 행동의 의미를 설명한다.

3) <u>상담자는 내담자의 자유연상, 꿈, 저항, 전이 등에 내재된 숨은 의미를 통찰하며, 내담자의 사고, 행동, 감정의 패턴을 드러내거나 이를 통해 나타나는 문제를 이해할 수 있도록 새로운 틀을 제공한다.</u>

4) 해석은 내담자가 수용할 수 있을 것으로 판단될 때 이루어져야 하며, <u>무의식적 갈등에 대한 해석보다는 저항에 대한 해석이 우선시되어야 한다.</u>

5) 해석하려는 내용이 내담자의 의식수준에 가까이 있을 때, 즉 내담자가 아직 스스로 깨닫지는 못하고 있지만 견뎌낼 수 있거나 내담자가 수용할 수 있다고 판단될 때 해석이 이루어져야 한다. 그렇지 않을 때 내담자는 상담자의 해석을 받아들이지 않게 된다.

6) 해석은 표면적인 것에서 시작해서 깊이 들어가도록 한다.

7) 해석의 내용은 내담자의 원초아적 충동, 내담자의 인생사와 현재 문제 간의 관련성과 의미, 내담자의 불안, 내담자의 초아자적 규범, 내담자의 자기 이미지, 그리고 내담자의 관점과 현실세계 간 괴리 등이 될 수 있다.

068 **유관성 관리(contingency management) = 유관학습 = 유관계약**

1) 유관학습에서 유관성이란 행동과 그에 따르는 결과 사이의 관계를 말한다.

2) <u>유관학습의 사례로는 욕설을 하지 않게 하기 위해 욕을 할 때마다(행동) 화장실 청소하기(결과)의 내용이 적합한 사례이다.</u>

3) 유관학습의 유관성 원리에서는 특정 행동반응이 일어남에 따라 주어지는 보상의 유형을 구체화시킨다.

4) 따라서 <u>새롭거나 적응적인 행동은 그 행동이 일어날 때마다 제공되는 보상에 의해 촉진되는데, 문제에서처럼 정신건강의학과 병동에 입원한 환자들 중 단체생활의 규칙을 잘 지키지 않는 환자들의 행동문제들을 개선하는데 가장 효과적인 치료적 접근이다.</u>

5) 그러나, 문제행동은 이러한 강화를 제공하지 않거나 제거함으로써 감소되는 것이다.

069 ① <u>형태주의적 접근은 1950년대 이전에 등장하였다.</u>

형태주의 심리학의 개관과 발달

1) 형태주의적 접근은 Frederich(Frederick or Fritz) Salomon Perls에 의해 창안되었다.

2) Perls는 S. Freud의 냉대를 받으면서 골드슈타인의 유기체 이론과 Jan Smuts의 생태학 이론을 토대로 개체와 환경을 하나의 전체적인 통합체로 보는 새로운 철학을 정립하기 시작하였다.

3) 1942년, Freud의 공격 본능 이론을 비판하는 새로운 이론을 개발하여 'Ego, Hunger and aggression' – 자아, 배고픔, 공격 – 이라는 형태주의적 심리치료에 대한 최초의 책을 펴내면서 Freud와 완전히 결별하였다.

4) 1950년, '알아차림(awareness)'에 관한 이론을 정립하는 한편, 처음으로 'Gestalt therapy(게슈탈트 치료)'라는 용어를 제시하였다.

070 ④ 자해 행동을 보이는 아동에 대한 심리평가는 행동의 문제가 있기 때문에 행동평가가 적합하다.

071 혐오치료(행동치료기법)를 적용하기에 가장 적합한 장애는 성도착 문제 중 하나인 ② 소아 기호증이다. 즉, 혐오 요법은 환자가 성도착 행위에 대한 충동을 느낄 때마다 불쾌한 냄새나 전기자극을 줌으로써 성적 충동을 억제하는 방법이다.

072 ④ 합리화는 베일런트(Vaillant)의 성숙한 방어기제가 아니다.

심화학습

베일런트(Vaillant)의 성숙한 방어기제

1) 이타주의(altruism)
   본능적인 욕구 충족을 타인을 돕는 일로 대신하는 행동으로 이타적 포기라는 말도 있는데, 이는 자신이 직접 욕구를 충족하는 대신 다른 사람이 충족할 수 있도록 도와서 대리 만족을 느끼는 것이다. 가족을 위해 자신의 즐거움을 모두 희생하는 어머니가 이타주의의 예다.

2) 금욕주의(asceticism)
   현실에서 경험할 수 있는 욕망의 충족과 쾌락을 없애고, 금욕을 통해 만족을 얻는 태도이다. 도덕적인 면이 강하게 작용한다. 놀고 싶고 갖고 싶은 것도 많지만, 대학 진학을 위해 모두 포기하고 공부만 하는 것도 금욕주의적 행동이다.

3) 유머(humor)
   불쾌하고 기분 나쁘거나 공격적인 충동이 생겨도 농담으로 방어하는 것이다. 그 덕분에 불쾌한 감정을 견딜 수 있고, 공격적인 행동을 하지 않고도 넘어간다.

4) 승화(sublimation)
   사회적으로 용인되거나 바람직한 목적을 추구하여 무의식적인 욕망을 충족하는 행동으로, 본능적인 에너지가 가로막히거나 분산되지 않고 바람직한 방향으로 배출된다. 공격적인 충동이 강한 사람이 의대에 들어가서 외과 의사가 되는 것도 승화의 일종으로 본다.

5) 억제(suppression)
   의식 차원에서 느껴지는 충동과 갈등을 의식 혹은 전의식 차원에서 축소하거나 조절하는 것이다. 불편함을 느끼기는 하지만 압도당하지 않고 최소한을 경험하는 선에서 제어한다.

073 **변증법적 행동치료(다이어랙티컬 행동치료, DBT, Dialectical Behavior Therapy)**

1) 변증법적 행동치료는 미국 워싱턴 대학의 마샤 리네한 박사에 의해 개발된 치료 기법으로, 감정조절의 어려움으로 인한 만성적인 자기 파괴적 행동과 자살 위기에 대한 임상 연구를 시작하여 많은 연구 업적을 남겼다.

2) 리네한 박사는 1990년대에 변증법적 행동치료를 통해 감정 조절의 어려움을 가진 환자들(예 경계성 성격장애)의 자살 위기가 현격하게 감소했다는 연구 결과를 발표하면서, 본격적으로 이 치료를 보급하기 시작했다.

3) 변증법적 행동치료의 핵심은 우리 자신을 비참하게 느끼게 하고 정신적으로 고통을 주는 모든 행동적, 감정적, 인지적 양식을 바꿀 수 있는 기술을 배우고 다듬어 나가는 것이다.

4) 이에 속하는 기술 훈련은 크게 네 가지 영역으로 나눌 수 있는데, 마음 챙김(마인드플니스) 기술, 감정 조절 기술, 대인 관계 효율성 기술, 고통 감내 기술이다.

5) 내담자는 치료자와 함께 줄여가야 할 행동과 늘려가야 할 행동의 목록을 만들고, 각각의 기술을 익혀 나가기 시작한다.

6) 이를 통해 충동적이거나 자기 파괴적인 행동을 줄이고, 감정을 효과적으로 조절하며, 사람들과의 따뜻한 관계를 나눌 수 있다.

> 경계선 성격장애자는 아무리 효과적인 약물요법을 받고 있더라도 심리사회적 치료가 필수적인 것으로 알려져 있다. 이 매뉴얼에 있는 심리사회적 기술훈련은 다이어렉티컬 행동치료(Dialectical Behavior Therapy : DBT)라는 치료모델을 기초로 하고 있다.
>
> 이론과 철학은 치료자가 내담자를 대하는 태도와 치료방법 자체에 대한 태도를 결정하기 때문에 치료자와 내담자의 관계에 핵심적인 역할을 하게 된다. 올바른 치료적 관계를 형성하는 것은 자살 위기를 겪고 있거나 경계선 성격장애를 보이는 사람을 치료하는 데 필수적인 것이다.

074 ① T점수로 변환하여 모든 척도 점수의 분포가 동일한 정규 분포가 되도록 했다. : MMPI - 2

실력다지기

MMPI - 2의 장점

1) 검사문항의 향상
   원판 MMPI에서 내용상 부적절하거나 성차별적인 문항 및 구식 표현 삭제. 새로운 문항을 추가하여 주제나 문제의 영역을 확대하였다.

2) 동형(Uniform) T점수의 사용
   원판 MMPI에서는 예를 들어, Hs척도의 T점수 70과 D척도의 T점수 70점이 동일한 백분위의 의미를 갖지 않았다. MMPI - 2에서는 이러한 문제점을 해결하고자 동형 T점수를 사용하였다.

3) 타당도 척도의 추가
   MMPI - 2에는 기존의 L, F, K척도에 더하여 VRIN, TRIN, F(B), F(P), S의 5개 타당도 척도가 추가되었으며, 이를 통해서 보다 체계적이고 정확하게 피검자의 수검 태도를 평가할 수 있다.

4) 재구성 임상 척도(Restructured Clinical Scales, RC)의 개발
   (1) MMPI 임상 척도의 가장 큰 제한점은 척도간의 높은 상관이다.
   (2) 임상 척도를 개발할 때 경험적 문항 선정의 방법을 사용한 불가피한 결과이기는 하지만, 임상 척도 간의 높은 상관은 각 임상 척도의 해석과 예측이 차별적이기 힘들게 만든다.

(3) MMPI - 2에서는 이러한 문제의 해결책으로 재구성 임상 척도가 개발되었다.

(4) RC척도는 각각의 임상 척도가 다른 척도와는 구분되는 핵심적인 임상적 특성을 측정한다는 가정 하에 만들어졌다.

5) 새로운 내용 척도의 개발

(1) MMPI - 2에서는 표준 척도 채점에 사용되지 않는 기존의 문항을 삭제하였으며, 이를 대체하여 자살, 약물 및 알코올 남용, Type A행동, 대인관계 등에 관한 새로운 문항을 추가하였다.

(2) 늘어난 문항 군집에 기초하여 개발된 MMPI - 2의 내용 척도(15개)는 원판 MMPI의 Wiggins내용 척도(13개)와 척도명에서 유사성을 보이지만, 전혀 다른 문항 구성을 가진 새로운 내용 척도이다.

6) 새로운 보충 척도의 개발

MMPI - 2에는 성격병리 5요인(PSY - 5)척도를 비롯하여, 중독 인정 척도(AAS), 중독 가능성 척도(APS), 남성적 성역할(GM) 척도, 여성적 성역할(GF) 척도, 결혼생활 부적응 척도(MDS) 등의 새로운 보충 척도들이 추가되었다.

075 ④ 투사검사는 환자의 욕구나 근심이 드러나도록 비구조화하는 방법을 활용한다.

076 ② DSM - IV에 있던 다축진단체계를 폐지하였다.
③ 모든 진단은 정신병리의 차원모형에 근거하고 있는 것은 아니다.
④ DSM - IV에 있던 모든 진단이 유지된 것은 아니다. 다른 장애의 유형으로 이동하기도 하고 새로운 장애 유형이 포함되기도 하였다.

실력다지기

GAF 점수

1) 글로벌 기능 평가(GAF, 다축진단체계에 의한 점수체계)는 정신건강전문가가 개인이 일상생활에서 얼마나 잘 작동하는지 평가하는 점수 시스템이다.

2) 이 척도는 한 때 사람의 삶과 일상적인 기능 및 기술에 대한 정신 질환의 영향을 측정하는 데 사용되었다.

3) 점수의 범위는 0에서 100까지이며, 100은 우수한 기능을 나타낸다.

4) 정신건강전문가인 의사는 점수를 지정하기 전에 사회적, 직업적, 학교 및 심리적 기능으로 일상 생활에서 얼마나 어려움을 겪고 있는지 고려한다.

5) 이런 채점 시스템은 정신장애 진단 및 통계 매뉴얼 (DSM) 제3판에 최초로 등장했다. 6) DSM - 5 매뉴얼에서는 GAF 점수가 나타나지 않는다.

DSM - 5의 개정 변화 - 발달장애의 개념 규명을 중심으로

1) 신경발달장애군(ND) 신설을 통해 좀 더 임상적 증거를 기반으로 진단 기준을 마련하고자 하였다.

2) 주요 내용은 다축진단의 폐지, 중증도의 평가 도입, 19개 장애군에서 20개 장애군으로 증가, 차원적 평가 도입, 문화적 차이 고려 등이다.

3) DSM - 5는 의학과 정신장애 간에 인위적 구별을 제거하기 위해 기존의 다축 체계를 폐지하였다.

4) 파괴적 기분조절장애, 가벼운 인지기능장애, 폭식장애, 월경 전 불쾌장애 등이 DSM - 5에 새롭게 장애로 포함되었다.

5) 특히 DSM - Ⅳ에서 자폐성장애, 아스퍼거, 소아기 붕괴성장애, 달리 분류되지 않는 광범위성발달장애로 구분하였던 것을 자폐스펙트럼장애로 통합하였다.

6) 성격장애는 기존과 동일하게 범주적 진단체계를 유지하였으며, 대신 차원 - 범주 모델이 섹션 Ⅲ에 수록되었다.

> DSM - Ⅳ(1994)에서 임상적 관심의 초점이 될 수 있는 '유아, 아동, 청소년기에 처음으로 진단되는 장애들'이라는 부분이 DSM - 5에서는 완전히 사라지고, 각 장애범주마다 3점, 또는 그 이상의 척도 점수로 증상의 심각도를 명시하도록 하여 지원 수준을 결정하도록 한 점은 그동안 범주적 접근의 한계를 인식하고 생애주기적 접근과 질환에 대한 차원적 접근을 사용하고자 한다는 점에서 중요한 변화의 하나라고 하겠다.

7) 특정불능(unspecified)의 대책으로 달리 분류되지 않는 전반적 발달장애(PDD - NOS)의 명칭을 삭제했다.

8) 자폐 스펙트럼장애(ASD)로의 장애명칭 변경과 그 준거가 3세 이전의 증상 발현에서 아동기로 확대되고, 사회적 상호작용과 의사소통을 하나의 차원인 사회적 의사소통으로 보고, 반복적 상동행동과 함께 2가지 진단차원으로 줄여서 진단준거를 제시하고 있다.

9) 주의력결핍 및 과잉행동장애(ADHD)의 진단기준을 7세 이전의 발생 나이에서 12세로 확대하고 청년, 성인(17세 이상)은 진단기준 5항목으로 나타내고 있다.

077 기억력과 관련된 뇌 부위는 측두엽인데, 특히 내측 측두엽의 해마에서 담당한다고 알려져 있으며 최근 연구에서는 기억을 저장하고 인출할 때 전두엽이 중요하고 능동적인 역할을 한다는 보고가 나오고 있어, 측두엽뿐 아니라 전두엽에 손상이 와도 기억력 장애가 생길 수 있다.
Cabeza와 Nyberg(2000)도 일화의 부호화는 좌전전두피질, 인출은 우전전두피질이 관여한다는 것을 보여주었다. 또한 의미적 인출에는 좌전전두피질이 관여하는 것으로 나타났다.

078 ② 연구자가 종소리를 들려주고 10초 후 피실험자에게 전기 자극을 주었다는 것은 무조건 자극(UCS)이 제시되기 전에 조건자극(CS) 종료되는 경우이므로 흔적조건형성이다.

079 ③ 관찰자가 다른 활동 때문에 관찰에 지장을 받아 기록에 오류를 범할 가능성이 높다. - 참여관찰법의 단점
CF 비(非)참여 관찰법은 객관적 관찰에 유리하다는 장점이 있다.

> 참여 관찰법
> 연구자가 직접 연구 대상의 생활에 참여해서 현상을 관찰하고 자료를 수집하는 방법이다.
> 1) 장점
>   (1) 현장에서 생생한 자료수집 가능함 - 자료의 실제성 보장
>   (2) 문자 해독을 못하거나 의사소통이 어려운 대상도 연구 가능하다.
> 2) 단점
>   (1) 관찰하고자 하는 현상이 나타날 때까지 기다려야 한다.
>   (2) 연구자의 주관이나 편견 개입의 가능성이 있다.
>   (3) 관찰자 효과나 조사자가 예상하지 못한 문제가 발생할 수 있다.

참여관찰과 비참여관찰

1) 참여관찰

참여관찰은 연구자가 관찰 대상 집단의 구성원이 되어서 함께 생활하면서 관찰을 하는 것이다. 이것은 깊이 있는 관찰이 가능하다. 질적 연구방법에서 활용하며, 참여관찰은 객관적인 관찰이 어려워질 수 있는 단점도 있고, 참여로 인하여 관찰내용을 기록하는데 제한이 있을 수 있다.

2) 비참여 관찰

비참여 관찰은 연구자가 관찰자의 역할만 수행하는 것으로 사전에 관찰 사실을 알리고 시행한다. 이 경우 연구대상들은 관찰자를 의식하여 자연스럽지 못한 행동이 나타날 수 있다.

080 ④ Cronbach's alpha는 평가자간(여러 명) 신뢰도가 아닌 <u>신뢰도 평가자가 한명인 경우</u>에 사용하는 계수이다.

카파 계수(Kappa 계수)는 코헨이 제안했다고 하여 Cohen's Kappa 계수라 불린다. 이것은 두 관찰자 간의 측정 범주 값에 대한 일치도(agreement)를 측정하는 방법이다.

| 081 | ④ | 082 | ③ | 083 | ① | 084 | ② | 085 | ② | 086 | ④ | 087 | ① | 088 | ① | 089 | ② | 090 | ③ |
| 091 | ④ | 092 | ② | 093 | ④ | 094 | ④ | 095 | ③ | 096 | ① | 097 | ③ | 098 | ② | 099 | ④ | 100 | ② |

081 ④ 청소년 상담은 청소년기의 발달적인 측면에 관심을 가지는 것으로, ① 일반적인 청소년의 발달과정에 대한 규준적 정보 ② 한 개인의 발달단계와 과업수행 정도 ③ 내담자 개인의 영역별 발달수준 등을 고려하여야 한다. 내담자의 이전 상담경력과 관련된 사항은 특히 고려할 요소가 아니다.

082 ③ AA모임은 자조집단으로 단주를 목표로 한다.

> **12단계 촉진치료**
> 1) 자조집단인 단주모임(A.A.)의 12단계 중 첫 3단계의 목표를 달성하도록 촉진시키는 치료 프로그램이다.
> 2) 알코올 의존자의 회복 과정에서는 영적 요소는 필수이며 12단계의 영적인 요소들이 알코올 의존자의 삶의 문제를 다루게 함으로써 영적 각성을 통한 영적 성장, 즉 삶의 변화를 유도하여 단주와 더불어 삶의 회복을 기대할수 있게 되는 것이다.

083 ① 정신분석적 상담에서 내적 위험으로부터 아이를 보호하고 안정시켜주는 어머니의 역할처럼, 내담 자가 막연하게 느끼지만 스스로는 직면할 수 없는 불안과 두려움에 대해 상담자의 이해를 적절한 순간에 적합한 방법으로 전해주면서 내담자에게 의지가 되어주고 따뜻한 배려로 마음을 녹여주는 활동은 버텨주기 기법이다.
③ 현실검증(reality testing)은 정신분석 이론에서 자아가 수행하고 있는 가장 주요한 기능의 하나로써, 현실의 조건과 상태를 여러 가지 기준에 비추어 비교하고 평가하고 판단하는 것이다

084 ② 목표는 구체적으로 수립한다.
① 기억하고자 하는 의도를 갖도록 노력한다. - 학습동기
② 학습의 목표를 중요도와 긴급도에 따라 구체적으로 수립한다. - 시간관리 전략
③ 시험이 끝난 후 오답을 점검한다. - 인지전략
④ 처음부터 장시간 공부하기보다는 조금씩 자주 하면서 체계적으로 학습한다. - 주의집중

> **시간관리 전략**
> 1) 학업을 위해서 시간을 어떻게 관리하고 조절하는가를 의미하며, 학업 전반에 투자하는 시간과 노력, 시간과 노력의 효율성, 시간표 짜기, 계획 세우고 관리하기 등이 해당된다.
> 2) 학습에서의 시간관리는 자신의 목표가 무엇인지를 알고 우선순위를 정할 수 있는 것이며 미래의 요구와 가능한 변화를 예상하고 자기 자신을 시간의 통제 안에 두는 것이다.

085 ② 과정적 목표는 상담의 중기에 이루어진다. 일련의 과정적 목표를 달성해 나가면서 최종적 목표 달성에 이르게 된다.

086 ④ Rogers가 제시한 인간중심 상담에서 내담자는 의사소통의 과정에서 상담자의 선택적이 아닌, 무조건적 긍정적 존중(수용적 존중) 및 공감적 이해를 지각하고 경험한다.

087 ① 치료적 직면은 돌봄의 과정 속에서 도전이 아닌 분명하게 하기 위한 목적으로 사용되어야 한다. 내담자와 충분한 라포형성이 된 이후에 직면 기법을 사용하는 것이 효과적이다.

088 ① 문제의 사례는 조건자극 줄이기에 해당한다. 조건자극 줄이기는 행동의 원인이 되는 자극을 통제하여 행동의 빈도를 줄이는 기법이다.

089 ② 아들러(Adler) 상담이론의 주요개념은 우월성 추구, 생활양식, 열등감과 보상, 사회적 관심 등이다.

개념	내용
생활양식[33] (Life Style)	1) 인생목표 뿐 아니라 자아개념, 타인에 대한 감정, 세상에 대한 태도 등 스스로 설계한 한 개인의 독특한 특징으로 유형으로는 지배형, 기생형, 회피형, 사회적 유용형이 있다. 2) 열등감과 무력감을 극복하고 우월성을 향해 노력하며 개인에게 의미를 주는 삶의 목표를 추구하며 자신만의 독특한 생활양식이 만들어진다. 3) 생활양식은 5세 이전에 형성되어 일생을 통해 유지되는 경향이 있다.
열등감과 보상	1) 열등감 개인이 잘 적응하지 못하거나 해결할 수 없는 문제에 직면했을 때 생기는 것이며 모든 인간으로 하여금 무언가를 추구할 수 있게 하는 동기로서 아들러는 열등감 콤플렉스의 세 가지 원천, 즉 생활양식을 왜곡할 수 있는 것으로 신체적으로 병약하거나 허약한 아동, 응석받이, 거부당하는 아동을 제시하였다. 2) 보상 잠재력을 발휘하도록 인간을 자극하는 건전한 반응, 즉 열등감에서 우월감을 갖도록 어떤 것을 유발하는 건전한 반응이다.
사회적 관심	각 개인이 이상적인 공동사회의 목표를 달성하고자 할 때 사회에 공헌하려는 성향이다.
자아의 창조적인 힘 (= 창조적 자아)	자아의 창조적인 힘은 생(生)의 의미를 제공하는 원리로 작용하면서 풍요롭게 만들며 자신의 인생목표와 이를 추구하는 방법을 결정하고 사회적 관심의 발달에 영향을 미친다.
우월성 추구 (= 우월을 향한 노력)	열등감을 보상하려는 욕구에서 출발하며 인간생활의 궁극적 목적은 우월하게 되는 것이다.
가상적 목표 (아들러의 목적론)	1) 아들러는 우리의 궁극적인 목표는 현실에서 검증되거나 확인될 수 없는 가상의 목표라고 하였다. 2) 개인의 행동을 이끄는 마음 속의 중심 목표를 가상적 목표라고 한다. 3) 가상적 목표는 완전해진 상태에 대한 개인의 궁극적 목표나 특정 방향으로 가려는 지속적 경향성을 의미하는데, 목표 때문에 우리가 진실을 받아들인다거나 어떤 행동을 하고 어떻게 사상을 해석할지 선택하는 창조적 힘을 가질 수 있다고 보았다. 4) 가상적 목표는 미래에 실재할 것이라기보다는 주관적으로 또는 정신적으로 현재의 행동에 영향을 주는 이상으로 지금 - 여기에 존재하며, 어떤 상황에서 개인이 추구하는 안전한 상태의 자기상이라고 하였다. 5) 인간의 모든 심리현상은 이 가상적 목적을 이해함으로써 설명될 수 있다. 6) 이는 우월성의 추구 및 생활양식의 지침이 된다.

---

33 아들러는 사회적 관심과 활동수준에 따른 생활양식을 네 가지, 즉 지배형(the ruling type), 기생형(the getting type), 회피형(the avoiding type), 사회적 유용형(the socially useful type)으로 설명하였다. 지배형·기생형·회피형은 바람직하지 않은 유형으로, 사회적 관심이 부족하다는 공통점이 있으나 활동수준에는 차이가 있다. 사회적 유용형은 바람직한 유형으로 사회적 관심과 아울러 활동수준도 높다. 아들러는 이러한 생활유형은 가정에서 어린 시절에 부모의 영향하에서 주로 형성된다고 보았다.

090 상담에서 나타날 수 있는 윤리적 갈등의 해결단계는 다음과 같다.
(확인) 현 상황에서 문제점이나 딜레마를 확인한다. → (고찰) 관련 윤리강령, 법, 규정 등을 살펴본다. → (자문) 한 사람 이상의 전문가에게 자문을 구한다. → (결정) 다양한 결정의 결과를 열거해보고 결정한다.

091 ④ 집단상담의 후기 단계에서는 회기를 마무리해야 되는 시기로 교정적인 피드백이 줄어들게 된다.

092 ② 성폭력 피해자 심리상담 초기단계의 유의사항으로 상담자가 상담내용의 주도권을 가지는 것이 아니라, 내담자에게 상담내용의 주도권을 주며 지금 - 여기의 시점에서 표현할 수 있는 내용에 대해서 이야기할 수 있도록 배려해야 한다.

> 성폭력 피해자 심리상담 초기단계의 유의사항
>
> 1) 내담자와 신뢰관계를 유지함으로써 라포관계 형성에 힘을 기울여야 한다.
> 2) 내담자에게 상담 내용의 주도권을 준다.
> 3) 지금 - 여기의 시점에서 표현할 수 있는 내용에 대해서 얘기할 수 있도록 배려해야 한다.
> 4) 내담자의 비언어적 메시지에 주의를 기울이며, 적절한 반응이 요구된다.
> 5) 성폭력 피해로 인한 합병증 등 여러 가지 증상을 파악해야 한다.
> 6) 내담자가 피해의 문제가 없다고 부인한다면, 이를 받아들이며 언제든지 상담의 기회가 있음을 권고하고 알려주어야 한다.

093 ④ 진로상담은 직업선택과 직업생활에서 순응적인 태도를 함양하는 과정은 아니다. 진로상담의 목표는 내담자가 자기 자신과 직업세계에 대해 알지 못했던 사실을 발견하도록 도와 주는 것으로, 내담자가 이미 잠정적으로 선택한 진로결정을 확고하게 해주는 것이다. 또한 내담자의 의사결정능력을 증진시키고 직업의식을 확립시키는 등 내담자의 성장과 능력향상에 그 목적이 있다

094 ④ Golan(1987)은 위기를 긍정적으로 극복하면 재통합의 단계로 진행된다고 보았다. 재통합의 단계에서는 문제를 이해하고 감정을 표현하며, 변화를 수용하고, 새로운 대처행동을 개발하게 된다.

> Golan(1987)의 위기반응단계
> 골란은 위기반응의 단계를 위험사건 → 취약상태 → 촉발요인 → 실제 위기상태 → 재통합으로 구분하였다(Golan, 1978).
>
> 1) 위험사건
>   위기는 개인, 가족, 집단, 사회에서 언제라도 일어날 수 있다. 대개 위험사건에 의해 시작되며, 외부적, 내부적 압력이나, 단일적 또는 연속적 사건일 수도 있다.
>   (1) 단일 위험사건 : 갑작스러운 배우자의 죽음, 교통사고로 인해 장애, 해고, 이혼, 강간, 이민 등
>   (2) 연속적인 사건 : 직장에서 상사와 갈등이 있는 여성이 남편의 질환, 시집과의 갈등, 자녀의 성적 부진 등을 연속적으로 경험하면서 위기에 빠지는 경우

2) 취약상태

위험사건으로 항상적 균형을 잃으면 취약상태가 된다. 취약상태에서는 이전의 평형상태를 회복하기 위해 평소 사용하던 문제해결기제를 시도하며, 이에 성공하지 못하면 위기상황에 대처하기 위한 새로운 방법을 강구하게 된다.

3) 촉발요인

촉발요인이란 긴장과 불안을 최고조로 올려놓음으로써 취약상태를 불균형 상태로 만드는 요인이다. 어떤 위기상황에서는 위험사건이 압도적이어서 동시에 촉발요인이 되지만, 어떤 경우에 촉발요인은 위험사건과 직접 관련이 없을 수도 있다.

예 최근 이혼한 여성이 운전 중 접촉사고를 당하고 가까스로 유지하여 오던 평형상태가 깨지면서 실제 위기를 맞는 경우이다.

4) 실제 위기상태

실제 위기상태는 격심한 정서적 혼란상태로 혼돈, 불안, 염려, 절망, 분노와 같은 감정을 동반한다. 실제 위기상태에서 개인은 심리적 취약성, 방어기제의 위축, 문제해결 및 대처능력의 와해를 경험한다.

5) 재통합

재통합 단계에서는 위기에 대해서 인지하고, 위기와 관련된 감정을 표현하며, 변화를 수용하고, 새로운 대처능력을 개발한다. 위기상황의 성공적인 극복을 통해 자기효능감과 자아존중감이 증진되며, 앞으로 예상되는 문제에 대처하는 데 적용될 수 있다. 하지만 부적절한 대처기제를 학습한 경우에는 오히려 전반적 기능이 떨어질 수 있다.

예 위기상황에서 음주습관을 형성하거나 '아무것도 소용없다'는 학습된 무기력을 습득하는 경우

095 ③ 목표는 내담자의 의도에 부합하여야 한다.

상담목표(goal)를 설정할 때 고려해야 할 사항

1) 목표는 구체적이고 측정가능한 것이어야 한다.

예 '1개월 안에 다른 직업을 찾고 싶어요.'라는 목표는 상담초점에 대한 초기 아이디어를 제공하기 때문에 충분히 구체적이어야 한다.

2) 목표들은 실현가능해야 한다.

실현가능하거나 성취 가능한 목표는 내담자가 목표달성에 필요한 시간, 에너지, 능력, 자원을 가지고 있음을 의미한다.

3) 목표들은 내담자가 원하고 바라는 것이어야 한다.

해야만 하는 것 또는 타인의 기대를 반영한 목표들은 내담자의 동기를 저해한다.

4) 내담자의 목표는 상담자의 기술과 지식에 상응하여야 한다.

상담원의 능력에 걸 맞는 목표를 설정하는 것이 바람직하다.

5) 목표는 성장을 강조하는 긍정형으로 서술한다.

096 ① 보조자아는 사이코드라마의 구성요소이다.

> **게슈탈트 상담이론**
>
> 1951년 독일의 Fritz Perls가 창안한 게슈탈트 심리치료는 정신분석 치료이론을 위시하여 유기체 이론, 신체 이론, 장 이론, 게슈탈트 심리학, 사이코드라마, 연극과 예술 철학, 실존철학 그리고 동양사상 가운데서 특히 도가와 선사상 등의 광범위한 영향을 받으며 탄생하였다. 이러한 배경에서 생겨난 게슈탈트 심리치료는 다양한 삶의 문제들을 각각 하나씩 따로 분리된 것으로 보지 않고, 서로 전체적이고 유기적으로 관련되어 있다고 본다. 또한 신체와 정신, 그리고 환경을 서로 불가분의 관계에 있는 통합적이고 유기적인 존재로 이해하는 인간관과 세계관을 갖는다.

097 ③ 제시된 지문은 정화에 해당한다. 정화(카타르시스)는 감정의 개방을 통해 내적 긴장을 완화시켜 집단에서 생산적인 작업을 촉진시킨다.

> **집단상담의 치료요인(얄롬)**
>
> 1) 희망을 심어주기
>   (1) 집단의 구성원들은 종종 비슷한 문제를 지녔으나 치료의 효과로 인해 회복된 다른 사람과 만나게 된다.
>   (2) 집단치료가 끝날 무렵 환자들이 다른 환자의 회복을 지켜보는 것이 얼마나 중요했는지에 관한 언급을 하는 것을 종종 듣곤 하며, 이로 인해 치료효과에 대한 희망이 생길 수 있다.
> 2) 보편성
>   모임의 초기 단계에서 나만 이렇다는 환자의 느낌이 사실이 아님을 보여주는 것은 환자에게 상당한 위안이 된다.
> 3) 정보전달
>   치료자나 환자들이 제공하는 충고, 제안 또는 직접적 지도뿐만 아니라 치료자가 제시해 주는 정신건강, 정신질 환, 일반 정신역동에 관한 교수적 강의를 포함한다.
> 4) 이타주의
>   자기가 남들에게 중요할 수 있다는 사실을 발견하는 경험은 생기를 주며 그들의 자아존중감을 북돋워 준다.
> 5) 모방행동
>   (1) 치료초기에는 동일시할 집단의 치료자를 더 필요로 하기 때문에 모방행동은 집단치료의 후기보다는 초기에 더 중요한 역할을 한다.
>   (2) 모방행동이 오래 가지는 못할지라도 새로운 행동을 실험할 수 있도록 경직된 개인을 풀어 주고 결국 이를 통해 적응적 연속순환을 시작할 수 있게 된다.
> 6) 초기가족의 교정적 재현
>   가족 내 갈등이 교정적으로 다시 살아난다.
> 7) 사회화 기술의 발달
>   기본적인 사회기술의 개발인 사회학습은 가르칠 기술의 본질과 그 과정의 명료성이 집단치료의 유형에 따라 매우 다양하기는 하지만, 모든 집단치료에서 작용하는 치료적 요인이다.

8) 대인관계학습

집단성원과의 상호작용을 통해 자신의 대인관계에 대한 통찰과 자신이 원하는 관계 형성에 대한 아이디어를 가질 수 있으며, 대인관계 형성의 새로운 방식을 시험해 볼 수 있다.

9) 집단 응집력

응집력은 집단원들이 집단에 남아 있도록 하는 모든 힘의 합이나, 좀 더 간단히 구성원들이 느끼는 집단의 매력이며 구성원들이 집단에서 따뜻함과 편안함, 소속감을 느끼고 집단을 가치 있게 여긴다.

(1) 응집력이 높은 집단은 자기개방을 많이 한다.

(2) 응집력은 집단상담의 성공에 매우 중요한 요소가 된다.

(3) 응집력이 높은 집단은 지금 - 여기에서의 사건이나 일에 초점을 맞춘다.

(4) 응집력이 높은 집단은 집단의 규범이나 규칙을 지키지 않는 다른 집단원을 제지한다.

10) 정화(카타르시스)

정서를 개방적으로 표현하는 것은 집단치료에 절대적으로 필요한 것이다.

11) 실존적 요인들

자신이 다른 사람들로부터 아무리 많은 지도와 지지를 받는다 할지라도 자기 인생을 살아가는 방식에 대한 궁극적인 책임은 자신에게 있다는 점을 알게 된다.

098 ② 처벌을 사용할 때 중요하게 고려해야 할 사항으로 옳지 않은 것은 융통성이다. 처벌의 원칙에서는 일관성, 강도, 즉시성 등을 제시하고 있다. 즉, 처벌이 효과적으로 시행되는 조건은 일관성의 원칙, 즉각성(즉시성)의 원칙, 처벌의 강도(강도 제한)에 관한 원칙, 이성적인 처벌이 효과적인 처벌의 조건이라 할 수 있다.

099 ④ 모두 맞는 내용이다.

개인심리학의 기본적 오류 (Mosak, 1989)

1) 정의 : 개인의 생활양식의 자기 패배적 측면으로 다른 사람으로부터의 철회나 회피, 이기심 또는 권력에 대한 열망을 반영하는 자기 패배적 양상을 의미한다.

2) 다섯가지 범주

(1) 과잉일반화 : "세상에 공정함이란 없다."

(2) 안전에 대한 그릇된 확신 : "잘못하면 끝이 날 거야."

(3) 삶의 요구에 대한 잘못된 지각 : "나의 생활은 너무 힘들다."

(4) 개인가치의 평가절하 또는 부인 : "나는 근본적으로 멍청하다."

(5) 그릇된 가치 : "누가 상처를 받든지 말든지 개의치 말고 일등이 돼라."

100 ② 단기상담에 적합한 구체적인 목표가 있거나, 발달과정상의 문제가 있는 내담자가 단기상담에 적합한 내
담자이다.

단기상담이 적합한 내담자

1) 호소하는 문제가 비교적 구체적인 경우
2) 주 호소문제가 발달 과정상의 문제인 경우, 즉 임신, 출산, 자녀양육 등 부모로서의 역할을 비롯하여 은
   퇴, 죽음, 노화 등 인간으로서 겪는 다양한 발달 과업에 수반하는 심리적 변화를 겪는 내담자의 경우
3) 호소문제가 발생하기 이전에 비교적 기능적인 생활을 하였을 경우
4) 내담자 주위에 지지적인 대화 대상자가 있는 경우
5) 과거나 현재에 상호보완적인 좋은 인간관계를 가져 본 일이 있는 경우, 즉 인간관계에서 소통이 잘 되
   고 정신 기능이 능률적인 내담자이고 그 문제가 심각하지 않고 표면적인 것에 불과한 경우
6) 내담자가 자신의 문제를 분명하게 인식하고 문제의 해결책을 명확하게 알기를 원하는 경우
7) 위급한 상황에 놓인 군인, 학생 등의 각종 조직이나 기관의 구성원인 경우
8) 내담자의 생활이나 지위에 최근 어떤 변화가 일어나서 내담자가 정서적인 어려움을 갖고 있을 경우,
   즉 갑자기 발생한 문제로 고통 받는 내담자
9) 인생에 중요한 영향을 끼친 주요 인물과 최근에 사별 또는 이별했을 경우

MEMO

MEMO

김 형 준 교수

| 학력 및 경력

- 사회복지학 박사 / 교육학 박사 / 심리학 박사
- 현) 오산대학교 사회복지상담학과 겸임교수
- 현) 노량진 메가공무원학원 심리학 전임교수
- 현) 서울복지상담협동조합 이사장
- 현) 대한민국가족지킴이(비영리 사단법인) 등기이사
- 현) 나눔복지교육원, 나눔**book** 대표
- 현) 에이치알디이러닝 (주) 대표이사

유 상 현 교수

| 학력 및 경력

- 상담학 박사 / 전문상담사 **1**급(**No. 847**)
- 전) 천안보호관찰소 상담위원
- 현) 제페토상담센터 센터장
- 현) 한국법무보호복지공단 충남지부 상담위원
- 현) 직업상담사**2**급 전임교수(직업상담학, 나눔복지교육원)
- 현) 직업상담사**1**급 전임교수(고급직업상담학, 나눔복지교육원)
- 전) 단국대학교 보건복지대학원 강사

2025 임상심리사 2급 필기 기출문제집 해설편

발행일 2025년 1월 20일

발행처 인성재단(나눔book)

발행인 조순자

편저자 김형준, 유상현

편집디자인 서시영

ISBN 979-11-94539-30-8(전2권)

정 가 49,000원